JN197292

論究

新時代の弁護士

多様化社会における弁護士の役割と倫理

髙中正彦・石田京子 編

弘文堂

はしがき

AI（人工知能）の驚異的な進歩に代表されるデジタル社会の伸展、LGBTQ受容を含む多様性社会の到来、国境を越えてヒト・モノ・カネが激しく交錯する国際化社会への変貌など現代社会は予測ができない速度でめまぐるしく変化している。わが国についても、少子高齢化に伴う人口減少社会、さまざまな格差が拡大し固定化する格差社会の到来とともに、新興国のめざましい台頭に伴う国際競争力の低下などが進み、停滞と衰退の危機にも直面している。個人の尊厳の保護と法の支配の確立にその存立の基礎を置く弁護士についても、これらと平仄を合わせるように、活動領域の拡大、専門分野の細分化、国際業務への進出などの歩みを着実に進める一方、商業化・産業化の浸透、東京への一極集中、格差の固定化、アイデンティティ・クライシスの兆しなどの混迷の道を歩みつつある。

ひるがえって、弁護士に関する学問的研究あるいは歴史的検証作業を見ると、刮目すべきほどには進んでいないように思われる。戦前を見ると、弁護士法の解説書が数冊を数えるだけであり、弁護士の歴史を論じた書物もごくわずかであったのは、時代背景にかんがみればやむを得ないといえるにしても、現行弁護士法が制定された戦後の数十年を見ても、弁護士法の主要な解説書は未だに3冊を数えるだけであり、弁護士法を主に専攻する研究者もほとんどいない状態が続いているのはさみしい限りといってよい。しかし、このような状況の中、1970年代から2000年にかけて、実務家が編者になって弁護士を巡る総合的な論文集が編まれたことは、特筆に値する。すなわち、1970年に石井成一ほか編『講座現代の弁護士（全4巻）』（日本評論社）が刊行され、弁護士研究の一大金字塔を築いた業績と評されたが、これに刺激されて1977年には大野正男ほか編『現代社会と弁護士』（別冊判例タイムズ）が、1992年には宮川光治ほか編『変革の中の弁護士（上・下）』（有斐閣）が続けて刊行され、それぞれの刊行当時に弁護士が直面していた課題、弁護士を取り巻く状況を「いま」に伝える歴史的な役割を果たしている。これに加えて、2000年には、司法制度改革審議会による司法制度改革の審議に照準を当て、法曹一元論をはじめとする理念的・将来的な弁護士のあり方を論じた日本弁護士連合会編『21 世紀弁護士論』（有斐閣）が出版され、その後においても、法社会学を専攻する研究者の手による弁護士の実態を調査分析する書籍も複数刊行されている。しかるに、21 世紀に入ってからの四半世紀を見ると、弁護士数の著増と弁護士像の多元化、法律事務所の法人化と巨大化、営利事業従事・広告の自由化、弁護士の不祥事多発と懲戒制度運用の混乱、隣接法律専門職の権限拡張、裁判のIT 化等の劇的な変化が次々に生まれているにもかかわらず、これらも視野に入れた弁護士を巡る課題に切り込んだ総合的な論文集が刊行されていないのは、誠に残念なことと考える。

ただ、そのような中にあって、司法制度改革の目玉の１つである法曹養成制度の大改革によって誕生した法科大学院が、実務と理論の架橋を図るという設置目的に基づいて法曹倫理を必修科目としたことが弁護士の研究に別の角度から息を吹き込み、法曹倫理の中核をなす弁護士倫理の学問的研究を著しく高めたことは望外の副産物になった。法科大学院発足時には 72 校（その後一時期 74 校）で法曹倫理が開講され、その授業に照準を合わせた教科書、研究書が多数刊行され、国際シンポジウムなどの開催もあって、二大倫理である守秘義務と利益相反を中心として、研究者と実務家とが連携した弁護士倫理の学術的研究が著しく進んだのはある意味驚きでもあった。法科大学院発足前には弁護士倫理の解説書はわずか１冊であり、専攻する研究者もほぼ皆無であったことを考えると、まさに隔世の感がある。現在、法学部の不人気、法曹志望者の激減という逆風に見舞われた結果、募集継続中の法科大学院数も 34 校にまで減少しているが、法曹倫理・弁護士倫理の授業はさまざまな工夫のもとに続いており、第三者委員会、内部通報窓口等の新たな弁護士の活動職域において発生する倫理問題も含め、さらなる研究の深化が期待されているといってよいであろう。そして、このような学術的進歩の影響を受け、弁護士の実務においても、一部には倫理に対する根強い拒絶や軽視の姿勢があるものの、倫理研修の充実強化、不祥事や身近な懲戒事案に対する関心の深化、多様かつ最新の倫理規範の理解が着実に進んでいると認められる。

私ども編者は、以上のような状況認識のもとに、研究者と実務家とがともに参画して、弁護士制度および弁護士倫理を柱とする総合的な論文集を刊行し、弁護士そして弁護士倫理の「いま」を叙述し、これを後の世代に引き継いでおくことには歴史的な意義があるとの考えで一致し、「多様化社会における弁護士の役割と倫理」とのサブタイトルのもとに、本書を編んだ次第である。これまでの弁護士を巡る総合的な論文集が弁護士のみの手によるものであったことにかんがみるならば、9名に及ぶベテランまたは気鋭の研究者の参加を得た本書は、後世に残る学術的意義を有するものと考える。

本書は、前述した認識に基づいて2部構成とし、第1部は弁護士の役割をめぐる現代的課題を、第2部は弁護士倫理をめぐる最先端の諸課題を取り上げ、それらを論ずる最適任の研究者または実務家の方々に執筆をお願いしているが、本書に収録された31本の論考は、まさに多様性の時代における弁護士の「いま」を見事に叙述していただいたものと確信している。司法制度改革審議会による今次司法制度改革に対する反省、司法の先行きについての閉塞感・不透明感が囁かれる中で、「いま」弁護士界に何が起こっているか、これからの弁護士の発展を阻害する障壁は何か、弁護士に対する信頼を支える弁護士倫理はどう進化・深化し、何が将来的課題になっているか等について、地に足を付け、過度に理念や理想を追い求めないという基本姿勢に立って31の論文テーマを選定したが、四半世紀後そして半世紀後における研究者と実務家に対し2024年という多様性の時代の有り様に関する極めて有益な情報を引き継ぐことができるものと自負している。私ども編者と29名の執筆者は、弁護士制度と弁護士倫理の現代的課題について関心を持たれる全ての方々にぜひ本書を手に取っていただきたいと念願している。

終わりに、編者として一言申し述べるならば、お忙しい日々を送っておられる執筆者の方々には、編者の無理なお願いを快くお聞き届けいただき、寸暇を割いて素晴らしい論考をお寄せいだたいたことに心から厚くお礼を申し上げたい。また、株式会社弘文堂の中村壮亮氏には、原稿の依頼と督促、校正等を着々とこなしていただき、当初の予定時期における刊行を実現することに多大な功績を残された。同氏にも、深甚なる謝意を表したい。

2024年6月

髙中正彦
石田京子

目　次

第2部　弁護士倫理をめぐる諸問題

凡　例

1　法令

法令は、2024（令和6）年7月1日現在のものである。

2　法令等の略記

しばしば引用している法令の略記は、次の通りである。

弁	弁護士法
職務基本規程	弁護士職務基本規程

それ以外の法令は、概ね有斐閣版・六法全書の略記例による。また、条文表記の際に「第」は省略することを原則としている。

3　判例の略記

最大判昭和42・9・27民集21巻7号1995頁は、最高裁判所昭和42年9月27日大法廷判決・最高裁判所民事判例集21巻7号1995頁をさす。

大　判	大審院判決
大阪高判	大阪高等裁判所判決
東京地決	東京地方裁判所決定

4　判例集の略記

民　集	大審院・最高裁判所民事判例集
刑　集	大審院・最高裁判所刑事判例集
集　民	最高裁判所裁判集民事編
高民集	高等裁判所民事判例集
高刑集	高等裁判所刑事判例集
下民集	下級裁判所民事判例集
下刑集	下級裁判所刑事判例集
行　集	行政事件裁判例集
判　時	判例時報
判　タ	判例タイムズ
金　法	金融法務事情
金　判	金融・商事判例

5　文献の略記

しばしば引用している文献の略記は、次のとおりである。

条解	日本弁護士連合会調査室編著『条解弁護士法〔第5版〕』（弘文堂・2020年）
解説	日本弁護士連合会弁護士倫理委員会編著『解説弁護士職務基本規程〔第3版〕』（日弁連・2017年）
弁護士白書●年版	日本弁護士連合会編著『弁護士白書〔●年版〕』（日弁連・●年）

第１部　弁護士制度をめぐる諸問題

序　2050 年の弁護士の姿を予測する

高中正彦

Ⅰ　20 世紀末における近未来の予測

20 世紀最後の 2000 年における司法制度改革審議会の審議の開始にあたり、弁護士界きっての碩学である吉川精一と川端和治は、「21 世紀への招待」と題する優れた論文を公にした[1)]。

吉川は、「21 世紀の弁護士像」の項を執筆し、近未来（2010 年から 2020 年頃を想定）の弁護士像を予測した。すなわち、わが国は、経済のグローバル化と規制緩和、企業の行動原理の変化、行政手続の透明化と情報公開、市民の権利意識の高揚などが要因となって法化社会へ変容し、さらに弁護士人口の増加、法人化・広告解禁・営業自由化等の規制緩和、法律扶助制度改革やプリペイド・リーガル・サービス導入、被疑者国選制度導入等による市民のアクセス障害の解消、司法の容量の拡大と裁判手続の効率化等によって、①職域の拡大と新たな活動分野の開拓、②専門化の進展、③事務所経営の変容という変化が起きると予測した。少しく詳述すると、①につき、企業活動が急速に国際化してグローバル・スタンダードで支配され、国内でも多様な分野で法的処理が普及して弁護士に対するニーズが高まり、市民のニーズも一定程度増加する。また、増加した弁護士の一部は組織内に進出し、企業の役員

1）　日本弁護士連合会編『21 世紀弁護士論』（有斐閣、2000 年）425 頁。

のニーズ、政府機関、自治体、国際機関からの枢要ポストへの就任要請も起きるであろうと予測する。②につき、競争の激化と依頼者による弁護士選別の進展によって専門化がいっそう進行するであろうと予測し、③につき、弁護士事務所の共同化がいっそう進み、一部は大規模化するほか、複数事務所の禁止が撤廃されれば支店設置が進むであろうし、広告の自由化により多様な広告手段が使われるであろうと予測する。

しかし、吉川は、2つの懸念を表明する。1つめは、弁護士の産業化ないし非職業化現象への懸念である。競争の激化と弁護士業務を一般のビジネスと同視する思想の浸透により、弁護士の行動原理や職業観がプロフェッション性から離れ、市場が求める法的サービスを売って私的利益を得る商売と考える層が支配的になるという現象である。アメリカでは、産業化した弁護士が金儲け優先に走り、社会の厳しい批判を受けることも多くなっているという（1990年公開の映画『プリティ・ウーマン』に登場する拝金主義の企業買収弁護士が象徴的であろう）。2つめの懸念は、弁護士職のアイデンティティ喪失の懸念である。弁護士の業務の多様化が進めば職業観も多様化するし、弁護士のサービス業化は弁護士独自の職業理念を希薄化させるから、アイデンティティ・クライシスの発生が懸念されるとする。アメリカでは、階層化と産業化によって弁護士職の内部分裂が拡大したため統一理念を見出すことができなくなり、弁護士倫理についてコンセンサスを得ることも難しくなっているという。

吉川は、最後に、2つの懸念が的中することのないよう、弁護士へのアクセス障害の克服策とプロフェッショナリズムの堅持策の重要性を訴える。

川端は、「21世紀の弁護士会の役割と課題」の項を執筆し、21世紀において弁護士会が果たすべき役割は、①弁護士職の水準を維持してその信用を守ること、②社会的弱者の法と正義へのアクセスを保障すること、③弁護士業務の現状の的確な把握と将来の発展のための長期的施策の立案などの弁護士業務主務官庁としての役割を果たすことであるとする。これらを少しく詳述すると、①では、弁護士人口の増加と依頼者の権利意識の強化により綱紀・懲戒事件が増大することが予想されるから、綱紀・懲戒システムを改善し厳正迅速な運用をすること、倫理研修を強化すること等を提言し、②では、法曹の後継者養成システムに弁護士会が関与するようにすべきことを、③では、継続的実務研修の受講を義務化し、研修受講と筆記テストの合格、一定期間の実務経験と実務分野での専門家の推薦に基づく弁護士会の専門認定制度を実現すべきであるという。

Ⅱ　2001 年からの四半世紀における弁護士の変化

それでは、吉川と川端が予測した近未来の現実は、はたしてどうなったであろうか。結論から述べれば、弁護士像の変化と懸念事項に関する吉川の予測はほぼ的中したが、2024 年時点の状況は、吉川の予測をはるかに超えてしまったように思える。また、弁護士会の役割に関する川端の提言は、一部は実現できたものの、多くは実現の見通しすら立たない迷路に入り込んだように思われる。この四半世紀に弁護士に起きた主要な出来事としては、弁護士人口が 2000 年の 1 万 7000 人から 2023 年の 4 万 5000 人へと大幅に増大したこと、広告と営利業務従事が自由化され、弁護士法人の導入により複数事務所（支店）設置が解禁されたこと、弁護士会の報酬基準が撤廃されたこと、法科大学院が導入されて法曹養成制度が抜本的に変革されたこと等をあげることができるが[2)]、これらをもとに吉川と川端の問題提起ごとに弁護士の「いま」をまとめてみると、次のとおりである。

1　活動領域の拡大

旧来の弁護士は、法廷活動に業務量の大半を投入し、補助的に自治体や企業の顧問業務を行ってきたが、企業における法務の重要度が高まり、M&A、ファイナンス等の企業法務に専念する弁護士が大規模事務所を中心に大量に生まれた。また、ワークライフバランスのとれた執務環境の希望増大や大規模事務所の中央省庁派遣の経営戦略によって組織内弁護士（In-house Lawyer）が急増し、即戦力の人材確保と活用を図る官公庁のニーズおよび事業再編やデジタル化を推進する企業側のニーズの増大もあって、いまや 3000 人を超え全弁護士の 1 割のシェアが視野に入ってきた。さらに、コンプライアンスの確立、ジェンダーレス社会の要請により、弁護士が企業等の社外役員に就任する例が激増し、特に、女性弁護士は、社外役員に引っ張りだこの状況に

2）　髙中正彦『弁護士法概説〔第 5 版〕』（三省堂、2020 年）16 頁。

ある。加えて、企業、団体等に不祥事が起きると、原因究明と再発防止策策定のために第三者委員会や内部調査委員会が設置されるのが常態化し、その委員には必ずといってよいほど弁護士が選任されるようになった。今や、法廷に全く行ったことのない弁護士は、ごく普通の存在となっている。

なお、2000年当時は法化社会の実現、国際化の進展等によって法的案件が増加し続けるとの予測がなされたが、裁判に関していえば、家事事件は増加しているものの、民事訴訟事件は、低成長時代に入ったわが国経済や人口減少・高齢化等が原因となって、2007年に始まった過払い金バブルが沈静化すると横ばい状態が続いている。登記や行政許認可も同じような状況にあり、司法書士、行政書士等の隣接法律専門職は、オールラウンドである弁護士の職務分野へ進出するために士業法改正運動を積極的に展開している。また、現行士業法の拡大解釈のもとに法律紛争への介入が目立っており、弁護士側との軋轢を生んでいる。

2　専門化の進行

川端が提起した弁護士会による専門認定制度は、未だに実現していないが、法的ニーズの多様化と競争の激化は、弁護士の専門化を推し進めている。一例を挙げれば、裁判員裁判の導入により、一昔前は誰でも手がけた刑事事件は今やプロ化し、裁判員裁判あるいは刑事事件は受任しないという弁護士が珍しくない。また、わが国が知財立国を志向するのに併せ、知財事件のみを取り扱う弁護士は著増しているし、離婚事件、相続事件、刑事事件に特化する趣旨で「○○家庭法律事務所」「○○相続法律事務所」「○○刑事法律事務所」等という名称の事務所がかなり現れている。さらに、大規模事務所では、ファイナンス、M&A、コーポレート、事業再生、危機管理、競争法、知財等のセクション制が採用され、多様な法務の諸問題を抱える企業にとって専門分野別の不可欠なアウトソーシング先になっている。そして、その傾向は中規模事務所にも顕著に見え始めている。間違いなく弁護士の専門化は進んでいるが、大きな問題は、自称「専門」を標榜するに足りるスキルを具備していることのチェックができていないことである。川端が提言する筆記試験や著名弁護士の推薦を要件とすることには反対が根強く、実現はかなり厳しい。

いずれにしても、医療の世界では、街の診療所と大病院の役割分担、総合内科による診療科の振り分けができているように、弁護士の世界でも、大規模事務所を中心に専門化はさらに深化していく一方、専門を標榜すると依頼者層を絞ってしまううえ、倒産事件のように波がある分野に特化すると収入が極めて不安定になることに配慮して、身近な民事紛争を幅広く処理するマチ弁も決して消えることがないであろう。さらに、将来性のあるニッチな分野に的を絞って生き残りを図る弁護士も増えていくであろうから、専門化に関して三極化が進むことは間違いないと思われる。

3　事務所の巨大化

法的ニーズの大規模化と国際化、企業等事件の複雑高度化に併せ、わが国法律事務所の巨大化は著しく進行している。いま 5 大事務所と呼ばれる東京の事務所は弁護士 500 人以上の規模（最大の事務所は 700 人を超える）になっており、1000 人規模は目前に迫っており、2000 人規模も遠い将来のことではないように思える。これに次ぐ規模の事務所も、陣容の拡充を進めており、今や、ソロの事務所は、全体の 2 割程度にまでに落ち込んでいる。ソロの事務所には、高齢のため事実上引退している弁護士がかなり含まれているから、割合はさらに下がる。2000 年当時、アメリカのビッグファームが 2000 人もの弁護士を擁しているとの報告に驚愕と羨望を覚えたが、今や中国でも 1 万人を擁する法律事務所が誕生しており、わが国法律事務所の巨大化は今後も世界規準を視野に入れて歩みを進めることは間違いない。ちなみに、事務所の巨大化は、海外の法律事務所とのネットワーク化をさらに推進し、国内主要都市に弁護士法人制度を活用した支店網を張り巡らすことにもなっている。

なお、事務所の巨大化は、大企業を依頼層とする弁護士ばかりでなく、マスメディアを通じた積極的な広告活動によって市井の民事事件を大量に受任する弁護士法人群によっても推進されており、今や 300 名を超える弁護士を擁する事務所まで現れていて、一大勢力になっている。

4　産業化の進行

吉川は、一貫してアメリカにおける弁護士の商業化・産業化が招いた惨状を紹介して警鐘を鳴らし続けていたが、弁護士人口の大幅増員は、必然的に能力に問題のある弁護士や志の低い弁護士を増加させたし、競争の激化と広告解禁は、金儲け至上主義の弁護士をかなりの量で生んでしまった。カネが儲かるかどうかはその職業の魅力を測る指標の1つであるが、それに至上の価値を求めては弁護士としての矜持を保持できないことも多言を要しない。過去にも、三百代言の蔑称があるように、志の低い弁護士が社会から厳しく指弾されていたし、戦後の現行弁護士法下でも、カネに魂を売った弁護士が相当数存在していたが、現在は上記のような弁護士がかなり目立つのである。適正な競争は弁護士の発憤を促してサービスの質の向上に結びつき、弁護士が幅広いユーザーの多様な要求に的確に対応するという好結果をもたらすが、過度な競争になると、広告を活用した無節操な事件あさりや売上げ至上主義の手抜き処理をもたらしたこともまた間違いないところである。典型例を指摘すれば、マスメディアを活用した広告を打って過払い金事件を掻き集め、多額な過払い金が見込める事件のみを受任し、利益が薄く手間のかかる事件は弁護士会や法テラスに回してしまう弁護士、債務整理事件をチラシ広告等で募集して事務職員に処理をさせ、債務者とは実質的な面談もしない弁護士等が現われたのである。もちろん、弁護士会としては、債務整理事件処理に関する会規を制定して弊害防止を図っているが、金儲けを至上とする弁護士は次から次に新手を考え出すから、いわばいたちごっこの状況である。採用面接では好感を得る勤務条件を提示しながらいざ採用すると過酷な勤務を強いるブラック事務所が問題となっているのも、産業化がもたらす1つの結果である。そして、産業化・商業化とは無縁の経済的に窮する一部の弁護士が弁護士会への強制加入制撤廃を声高に叫んでいるのを目の当たりにすることが多いところ、実は、商業化・産業化の先端を走るビジネス弁護士の間でも、弁護士自治無用論、弁護士会強制加入制撤廃論は深く静かに浸透しつつあるように感じられる。イギリスでは、暴利に走った弁護士に対する苦情処理の飽和が弁護士自治を実質的に崩壊させ、また、営利企業が法律事務所経営に参画するABS（Alternative Business Structure）が導入されたりするに至っているが、これは対岸の火事ではないように思われる。

広告で事件を募るのは、若手弁護士を中心にいまや当たり前の事件獲得方法となり、スマホで検索をかけるとものすごい数の広告がヒットする。また、弁護士向けの広告会社が活発な営業活動をしているが、その中には、弁護士を食い物にして非弁提携に誘い込む業者がかなり紛れている。広告による事件受任が普遍化するということは、いわゆる一見客を依頼層とする弁護士層が増大することであり、その結果として、依頼者との信頼関係を形成できないために依頼者のいいなりに行動する弁護士、依頼者の歓心を買うためいたずらに過激な表現で相手方を攻撃する弁護士を数多く生むことになっている。

なお、司法制度改革前の弁護士批判として、敷居が高いことのほかに報酬の不透明さ・報酬への不安がまるで金太郎飴のように指摘されていたが、広告における価格表示、受注競争激化による低価格提示（特に初回法律相談料無料やコンティンジェント・フィー）、ユーザーによるインターネットを活用した価格比較と弁護士選別能力の向上等が顕著に進むとともに、一定規模以上の事務所ではタイムチャージ制が相当に普及したこと等から、個別の暴利を貪る者や委任契約書の作成もしない不届き者は別にして、弁護士報酬の金額決定過程の不透明さ、どんぶり勘定を厳しく批判する意見はほとんど見かけなくなっている。むしろ、競争激化は、弁護士報酬のデフレ現象を招来しているようにさえ思われる。

5　アイデンティティの喪失

吉川は、アメリカにおける弁護士のアンデンティティ喪失を紹介し、わが国でもアイデンティティ・クライシスが生じることを懸念したが、2024年時点を見ると、弁護士のアイデンティティは喪失しつつあるといっても言い過ぎではないし、少なくともその萌芽は至るところに認められる。すなわち、大規模事務所に所属して専門性の高い事件を処理する弁護士と市井の民事事件を処理するマチ弁との職業観の格差は拡大する一方であるし、市井の民事事件を処理する弁護士でも、広告による集客に頼る弁護士と実績・信用をウリにする弁護士との職業意識の乖離も拡がるばかりである。また、弁護士自治に至上の価値を認める弁護士と弁護士会費の減額にしか興味を示さない弁護士との格差も拡大する一方のようである。また、弁護士の生き方について、「イソ弁」を経ていつか独立開業することを夢見る弁護士はいまや全くの少数派になり、名のある事務所に「就職」して「パートナー」になることを弁護士人生の究極の目標に据える若手弁護士が圧倒的多数派となったといってよい。以上のようにいうことは、むろん、マスコミが賛辞を惜しまない清貧に甘んじながら人権救済活動や市民運動に挺身する弁護士の存在を忘れたわけではないが、そのような人権派弁護士、社会派弁護士は、私の感覚では、弁護士全体のごく一部にしか過ぎない。大半の弁護士は、企業や市民の事件を処理するビジ弁・マチ弁としての生活を送っているのである。

吉川は、アメリカでは、階層化と産業化によって弁護士職の内部分裂が拡大して統一理念を見出せなくなり、弁護士倫理についてのコンセンサスも得られなくなっているというが、わが国では、弁護士職の内部分裂が外部から視認されるまでには至っておらず、弁護士法1条の使命を旗印としてかろうじて1つの職業としてまとまっているといえるが、1つの職業観、たとえば法廷で華々しい弁論をして相手方や検察官を論破するのが弁護士である、社会的な弱者に寄り添ってその基本的人権を護り抜くのが弁護士であるという職業観をもって一括りにすることはもはや諦めざるを得ない状況にあると考えられる。日本の弁護士は、30年前のアメリカの弁護士の姿と重なるという人がいるが、広告、ローファームの巨大化、国際戦略、弁護過誤などの歴史を見ると、確かにそのとおりだと思う。そうすると、吉川が紹介する2000年当時のアメリカの弁護士の姿は、2030年の日本の弁護士の姿なのであろうか[3)]。

弁護士倫理のコンセンサスについても、弁護士職務基本規程に新たな規律を設ける提案には、自らが収入の柱とする事件類型を念頭に置いてそれの障害になるとの視点からの反対意見が、人権擁護活動の障害になるとの美名のもとに百家争鳴のごとく表明される状況にあり、よほどの外圧でもない限り弁護士が自主的に倫理規範を定立することはほぼ不可能になったといってよい。

6　綱紀・懲戒システムの改善

川端が指摘する綱紀・懲戒システムの改善であるが、自治的懲戒制度は首の皮一枚のところで踏みとどまっているようにすら思える。その要因は、濫用的懲戒請求に対する対応が限界に近づいていることにある。濫用的な懲戒

3）　R.ズィトリン＝M.ラングフォード（村岡啓一訳）『アメリカの危ないロイヤーたち』（現代人文社、2012年）は、2010年前後におけるアメリカの商業化・産業化にひた走る弁護士の現状ないし惨状をリアルに紹介している。

請求は、現行弁護士法による自治的懲戒制度が導入された当初から予測していたことであるが、光市母子殺害事件の弁護人に対する万を超える懲戒請求が話題となったのを契機として、弁護士懲戒請求の知識が一般に広まり、インターネットやSNSによる呼びかけに付和雷同する者、1人で大量の懲戒請求をする者が後を絶たない。また、依頼者のいいなりの弁護士は、懲戒請求を思いとどまらせる説得をしないし、困窮する弁護士は、金儲けの1つとして懲戒請求を位置づけている。弁護士会は、綱紀委員会の委員増強、綱紀委員会審議・議決方法の工夫等で対応しているが、特効薬的な対処方法は見い出せないでいる。一部には、実費の納付を要求して規制する扱いや弁護士会役員が却下してしまう扱いを主張する者もいるが、現行弁護士法の制度設計からは到底認められないであろう。

なお、制度発足当時から根強くあった自治的懲戒制度は仲間内のかばい合いであるとか身内に甘い等の非難は、綱紀審査会をはじめとする懲戒制度の透明化の施策により、往時に比較すればかなり少なくなったように感じられる。しかし、自治的懲戒制度を攻撃し、廃止を要求する声は、依然としてなくならないようである。

7　法曹養成システムへの関与

法科大学院を中核に据えた新たな法曹養成制度は、華々しいスタートをきったが、法科大学院の乱立、司法試験合格率の低迷、弁護士のいわゆる就職難等によって厳しい状況に立ち至り、深刻な若者の法曹離れ現象を引き起こすに至った。2024年現在では、法科大学院の淘汰が進み、弁護士の就職難もほぼ解消され、司法試験合格率も向上しているが、バイパスとして設計された予備試験に大量の受験生が流れ、司法試験予備校も往時の活況を取り戻しつつある等当初に構想された法曹養成制度とはかなり遠い状況にあるといってよい。川端は、弁護士が法曹養成システムに積極的にコミットし、やがては弁護士会が法曹養成の中心に立つべきことを述べたが、現在の法曹養成システムすらいつまで持続するのかが不透明となった今、とても川端の理想は実現しそうにない。

8　継続的実務研修と専門認定

川端は、継続的実務研修の重要性を説き、研修受講の義務化を指摘したが、研修カリキュラムの充実、インターネットを活用した受講方法の多様化は相当程度に進んだが、受講の義務化となると、受講チェックシステムの未整備、自らの能力をチェックされることを極度に嫌う弁護士の属性などがネックとなって一向に進まない。弁護士は、収入に直結する研修には前向きに参加するが、「質」の維持向上を目指す研修については、他から強制されることに反発する性癖が強いために消極的な反応を示すのが一般である。現に、5年サイクルで受講が義務づけられている倫理研修についても、憲法18条が禁止する意に反する苦役、奴隷的拘束だなどといって受講を嫌忌する弁護士がかなり存在する。しかし、社会の複雑高度化に合わせた法令の制定や改正が相次いでいること、インターネットを通じてユーザー側もかなりの法律情報を獲得していること、自主研鑽のみに委ねるのには一定の限界があること、公認会計士法、税理士法、医師法等では研修受講が法律上の義務とされていること、裁判官、検察官の継続研修は極めて充実していること等を考えると、弁護士としての基本的資質を維持するための研修の義務化は焦眉の急というべきである。

専門認定についても、専門の認定方法、消費者被害の回避方法等を巡って反対意見がかなり根強く、これも実現の見通しは立っていない。「専門」表記に拘泥せず、これに代わる名称と制度が検討されてよいと考える。

Ⅲ　2050年のわが国弁護士の姿

1　2050年のわが国と弁護士の姿

四半世紀後の2050年の弁護士はいったいどのような姿に変貌しているであろうか。識者は、地球環境、テクノロジー等の問題も含め10年後、20年後のわが国の姿をさまざまに予測しているが、2050年頃は、少子高齢化が進んで人口が今の25%減の9500万人となり、高齢化率も40%になっていること、労働人口の減少を外国人労働者が補完する比率がますます高まり、外国人を抜きにしてはわが国の社会経済が成り立たなくなっていること、東京一極集中がさらに進み、都市と地方の格差、富裕層と貧困層の格差がさらに拡大していること、人口減と途上国の発展によりわが国の経済力と国際競争力がかなり低下していること、AI（生成AI）の飛躍的進歩によって知的労働の大部分が人間からAIに移行していること、ジェンダーレス社会となり、家族観・職業観・人生観等が大きく変貌していることなどは、かなりの確度で予想してよいものと思われる。

目を弁護士に転ずると、法曹志望者が現状のまま推移し年間1500名前後の司法試験合格者が今後も続いていると仮定すると、2050年の弁護士人口は6万3000人前後になっている計算になり、2000年の司法制度改革の際に目標とされたフランス並みの対人口比を実現していることになる。確実に弁護士に対するアクセスは向上することになろうが、弁護士を取り巻く環境を予測してみると、少子高齢化は高齢者の家事事件を除けば個人の裁判案件の減少をもたらすであろうこと、東京一極集中は、企業を中心とする法律案件処理の東京集中をいっそう促進し、人口減少地域を中心とする地方の空洞化を進めるであろうこと、富裕層と貧困層の格差拡大は、それぞれを依頼層とする弁護士の階層化も促すであろうこと、わが国企業の国際競争力の減退は、外国企業を依頼層とする弁護士の国際化を促進する一方で国内企業案件の衰退をもたらすであろうこと等を予測することができる。そして、それらの結果として、弁護士間における能力、収入の格差の拡大、アイデンティティ喪失の危機がより深刻になっていることを予測することができるであろう。

2　AIによる法律事務の代替

そして、吉川が強く懸念している産業化・商業化は、わが国の30年先を行くといわれるアメリカの例に見るように、今後さらに進むことも間違いないように思われる。弁護士の暴利行為に対する大量の苦情処理に耐えきれずに自治の一部が崩壊したイギリスの二の舞となり、弁護士自治の一部が瓦解しているかどうかも、注視していかなければならない（ただ、弁護士名簿管理と会員弁護士の監督を国家予算で行うことは世論が許さないであろうから、弁護士会という団体の利便性は捨て去ることができず、強制加入制度は維持されているであろう）。

向後の四半世紀における最大のそして劇的な変化を予測すれば、100人が100人ともAIの飛躍的進化とその普及に伴う法律事務の代替をあげるであろう。1968年公開の映画『猿の惑星』は、知能の発達した猿が人類を支配する衝撃的な地球の未来を描き、大ヒットとなったが、2024年現在では、AIが人間を支配する時代が到来するかの議論が喧しくなっている。2000年には、民事裁判のIT化はほとんど話題にもならなかったし、生成AIによる法律文書作成も、夢の世界のことであったが、2050年には、ウェブによる裁判が常態化し、著名事件の開廷日を除けば、ハコとしての裁判所には人の出入りがほとんどなくなっている可能性があるし、簡易で定型の文書作成、判例や文献のリサーチは、弁護士の仕事ではなくなっている可能性が極めて高い。依頼者との打ち合わせもウェブでなされ、ハコとしての広い応接室がある法律事務所は設置の意義が少なくなっているかも知れない。高度なスキルを要求されないマニュアル的な法律事件処理をメインにしていた弁護士は、商才のある一部の人を除けば、生き残りについてかなりの苦戦を強いられるであろう。また、AIによる代替が容易である行政許認可、登記、税務申告等を職務内容とする隣接専門職は、職業の存立自体を賭けて弁護士の職務分野、特に将来性のある家事分野への参入をより加速し、職域問題がさらに過熱するであろうこともかなりの確度で予測してよいように思う。また、一般の個人や企業・団体がインターネットやAIの活用によって高度な法律知識と広汎な法律実務を簡単に得ることができるため、法律専門家たる弁護士を見る目はいよいよ厳しくなり、依頼者に迎合し、適切な説得もしない代言弁護士が著増する可能性が高いように考えられる。20世紀末前後からのデジタル技術の発展は瞠目するばかりであり、21世紀に入るとハンディなスマホ1つで世界の隅々とつながり、大量の情報と高度な智慧がいとも簡単に入手できるようになった。法曹、就中弁護士の世界もデジタル技術の究極としてのAIの影響を大きく受けて劇的な変貌を遂げるであろうことは間違いない。

Ⅳ　各論文のガイド

以上のような予測をもとに、①これからの活動領域、②階層分化の進行、③アイデンティティ・クライシスの危機、④懲戒制度運用上の課題、⑤弁護士会の役割という5つのカテゴリーに区分して、本書の各論文の位置付けを行ってみたい。やや牽強付会のきらいがないではないが、お許しいただきたい。

1　これからの活動領域

弁護士の活動領域・業務内容は、21世紀に入ってからの第三者委員会委員、企業の社外役員等の例が示すように、わが国社会の多様な要請によって多様化し、今後もそれが加速することが予想される。**渡辺千原「1　弁護士コミュニティの多様化とプロフェッション性」**は、アメリカの弁護士の変容を参考として、司法制度改革後の弁護士コミュニティの多様化とプロフェッション性について論ずる。また、政治経済をはじめあらゆる分野でのグローバル化が急速に進行していることに伴い、弁護士の国際化が加速度的に深まることも確実であるが、**須網隆夫「2『弁護士の国際化』の現状と課題」**は、欧米と日本のローファームの国際化の状況を分析し、弁護士の国際化が惹起する課題について論ずる。そして、今後確実に増大が予測されるのが企業や行政庁に身を置く組織内弁護士であることも大方の一致するところである。**平田彩子「3　組織内弁護士――弁護士のプロフェッション性をめぐる論点のクロスロード」**は、日本と海外の現状を分析し、組織内弁護士の独立性と役割認識を論じている。

さらに、**池永知樹「13　司法アクセスの保障と弁護士の役割」**は、わが国の法律扶助制度とその運営主体である法テラスの課題をメインに置き、欧米との比較、欧米の法律扶助の変容も視野に入れて司法アクセスを保障するために弁護士はどのような役割を果たすべきかを論ずる。

活動領域を浸食する負の側面として非弁問題があるが、弁護士法72条の広汎な規制を解釈によって制限する傾向が顕著であり、近時の判例もそれに同調する新基準を打ち出している。**伊藤倫文「14　弁護士の法律事務独占と『事件性』を巡る諸問題」**は、弁護士法72条の制定経過を踏まえ、その立法趣旨に基づいて「事件性」を解釈要件とすることの可否と最高裁判例が打ち出した新基準の通用性を取り扱う。また、非弁問題は、今や隣接法律専門職との業際問題が最大かつ最重要の課題になっているが、各士業法の生みの親の所管省庁が全体的統一に深く配慮しないままに各士業の権限を定めているために混乱の渦中にあるといってよい。**井上英昭「15　司法書士・行政書士の業務権限と非弁問題」**は、司法書士・行政書士の歴史と役割を踏まえ、司法書士法と行政書士法の業務権限規定のあるべき解釈論を展開する。

2　階層分化の進行

2050年の弁護士は、わが国社会の変化に呼応して、都市と地方、ベテランと若手、ビジネス系と市民系等さまざまな階層にさらなる分化を遂げていることが予想される。**澁谷歩「4　若手弁護士が直面する諸問題」**は、中部圏の中核都市である名古屋市における実情を基礎として、スキルアップのための自己啓発・研修、効率的事件処理のための事務所運営、賠償責任追及に備えた危機管理、メンタルヘルス等の現状と課題を次代を担う若手弁護士の立場から活き活きと論ずる。また、**稲田知江子「5　地方都市の弁護士の実情と展望——人口減・高齢化・厳しい経済状況のなかで」**は、過疎化が進む高知県に根を張って地域司法の充実のために奮闘する弁護士の姿を活写する。

また、階層分化をある意味で象徴するものとして、法律事務所の巨大化とそこに所属して専門化を進める弁護士群の存在がある。**石原修「6　大規模法律事務所の成長の過程と運営に関する今日的課題」**は、わが国5大事務所の1つであるTMI総合法律事務所が設立時の数名から現在の500名規模になるまでの成長過程を描き、現在のマネジメント上の諸課題を叙述するとともに、未来の大規模事務所のあり方を展望する。

3　アイデンティティ・クライシスの危機

時に権力の暴走や過誤を正す職責を担う弁護士職にとって、弁護士自治はその矜持を堅持していくために不可欠な制度的保障であるが、アイデンティティ喪失の萌芽が認められる今、弁護士自治も内部からの瓦解の危機に晒され始めているといってよい。**市川充「7　競争時代下の弁護士の変容と弁護士自治制維持上の課題」**は、競争の激化に伴う弁護士業務と法律事務所の変容、弁護士の多様化と分極化を分析し、弁護士自治制度の意義を改めて確認しつつ、競争がもたらした弁護士像の変容が弁護士自治にどのような影響を与えるか、そしてどのようにして弁護士自治を堅持していくかを論ずる。

4　懲戒制度運用上の課題

弁護士自治の核心をなすのは自治的懲戒制度であり、その適正・厳正な運用は極めて重要な位置付けを与えられるが、**加藤新太郎「8　弁護士懲戒における裁量の範囲と司法審査」**は、懲戒事由の該当性についての弁護士会の裁量の範囲を判例分析を踏まえて明確にし、裁決取消訴訟という司法審査の場面における懲戒判断の裁量統制の在り方についても考察したうえ、懲戒処分と不法行為責任の評価の乖離の問題にも言及する。また、現行弁護士法制定時には濫用的な懲戒請求がある程度なされることは想定していたものの、インターネットを利用した万単位の大量懲戒請求が簡単にできる時代が到来するとは思いもしなかったところである。また、嫌がらせ目的や愉快犯的な懲戒請求も、一向に収まらない。これらの濫用的懲戒請求にいかに有効適切に対処するかは、自治的懲戒制度の存立に直結する重要課題である。**神田安積「9　濫用的懲戒請求を巡る諸問題」**は、濫用的懲戒請求の実態と最高裁判例が示した違法な懲戒請求となる要件を述べ、現行弁護士法の枠内での対応として、日本弁護士連合会における大量懲戒請求に対する簡易処理と懲戒手続不開始の手続を詳細に紹介する。

5　弁護士会の役割

強制加入制が採られている弁護士会については、その在り方や運営について内外からさまざまな批判や不満が寄せられているが、外部からの批判は、所属弁護士に対する指導監督が不十分であるというものが主流を占めている。**髙中正彦「10　弁護士会の指導監督権の限界」**は、弁護士会の所属弁護士に対する指導監督権は、決して万能ではなく、私的自由の領域および弁護士の職務の独立性を犯すことはできないことを弁護士会の歴史も踏まえて論ずる。また、内部からの批判として、弁護士会照会の回答拒絶に有効な手立てを打てていないという不満があるが、**石黒清子「11　弁護士会照会の報告義務等を巡る諸問題」**は、利用が急増している弁護士会照会の有用性を踏まえ、正当な理由のない報告拒絶の実情とこれに対する弁護士会の取組みを論ずる。

川端論文が理想として掲げた継続的な研修受講義務の導入は、未だに実現の道筋すら見えないが、**南野佳代「12　弁護士の継続研修におけるジェンダー視点」**は、現代の法曹にはジェンダーの視点に敏感であることが求められ、それが弁護士の継続研修に取り入れられなければならないことを述べる。

V　おわりに

弁護士業務の在り方を劇的に変えた1979年の日本語ワープロ発売、1995年のWindows95発売、2007年のiPhone発売が遙か昔のような出来事となり、今や生成AIが大量の法情報を取り込んだ高度な法律文書を自動で作成し、人間と見まがうアンドロイドが滑らかな声で語りかける時代が到来した。このようなテクノロジーの超速な進歩にかんがみると、25年後の2050年の弁護士業務はどのような変貌を遂げているかをかなりの正確性をもって予測することは不可能といってよいであろう。

本書第1部の各論文は、21世紀の4分の1経過時点における弁護士の姿と課題を記録に残し、近未来である2050年を迎えたときに、弁護士と弁護士制度に関心を持たれる方々に語り継ぐことを目指しているが、今は、2050年に本書を手に取られる未来の読者に「あの頃はそういう時代だったのか」との感想を抱いていただけることを期待するばかりである。本稿は、「2050年の弁護士の姿を予測する」とのタイトルを付けたが、2050年の弁護士の姿は予測不能という羊頭狗肉の結末となっている。未来を知っているのは、何があっても止まることがない「時」だけなのであろう。

弁護士という職は、憲法77条にその名称が記載されており、AIが極限まで進歩したとしても、よほどのことがない限りは、永劫に存立が保障されているといってよい。しかし、弁護士の役割、弁護士を見るユーザーの目は、時の流れとともに変化していくことが避けられない。読者の皆さんには、各論文をもとにぜひ近未来の弁護士の姿を思い描いていただきたい。

1　弁護士コミュニティの多様化とプロフェッション性

渡辺千原

Ⅰ　はじめに

司法制度改革から20年あまりが経過した。必ずしも司法制度改革審議会意見書が想定していたように改革が進んでいるわけではないが、法曹養成のあり方や、法曹への入職後の環境は大きく変化してきたと言ってよかろう。

本章で筆者に当初与えられていたテーマは「弁護士コミュニティの多様性」であった。この言葉には、弁護士コミュニティが多元化、分化するというコミュニティの分化と、一定の凝集性を備えた弁護士コミュニティの存在を前提に、その中に多様な人材を含むという弁護士の多様性という2つの意味を含む。もちろん、これらは重なり合っているが、弁護士コミュニティの分化は、弁護士コミュニティの凝集性の低下をもたらすと考えられるのに対し、弁護士人材の多様化はそれを直ちに帰結しないし、概念としても分けて論じることが適切だろう。では現在、弁護士コミュニティの多様性はどのように評価できるだろうか。

司法制度改革期の法曹養成制度改革論は、弁護士コミュニティの分化を目指すものではなく、多様なバックグラウンドをもつ者が法曹に参入することを目指していた点では、弁護士の多様化を意図する議論だった。もっとも、そこでいう「多様性」は、法曹への参入の開放性や公平性の確保を念頭に、法以外の専門領域を学んだ者や社会人を受け入れて、法曹の専門性を強化していくことを意図していた。しかし、必ずしも専門性に還元されない「多様性」については、法科大学院での社会人の受け入れや奨学金等の金銭的支援、留学生の受け入れへの言及はあるものの、十分に議論も対応もされてこなかった。司法制度改革論議においてジェンダー視点が欠如していたことは、そうした議論の不足を反映している。昨今のダイバーシティ重視の潮流からも、弁護士の多様性は、より真剣に目指すべき目標ではなかろうか。

他方で、司法制度改革を経た後の変化としてよく語られてきたのは、弁護士業務や活動領域の多様化である。これらは、弁護士の多様化ともリンクするが、むしろ弁護士コミュニティの分化に結びつきやすい。伝統的なプロフェッション論は、アイデンティティや価値を共有する専門職コミュニティの存在を本質的要素としていた[1)]。よって、弁護士コミュニティの分化や凝集性の低下は、プロフェッション性（本章ではprofessionalismについてこの用語をあてる）の低下、ひいては「プロフェッションとしての法曹」という自己規定をも揺るがす問題ともなりうる。

つまり、弁護士コミュニティの多様化は、一方では、弁護士のダイバーシティの向上という目標であり、他方では、弁護士コミュニティの紐帯の弱化を伴う点で、プロフェッション性の維持や再構築のためにどう対応するのか、という課題を提起する。

本章では、「弁護士コミュニティの多様性」として、Ⅱで、主として弁護士コミュニティの分化のほうに着目し、その現状を、先行研究をもとに概観する。つづくⅢでは、アメリカでの弁護士の経験的研究や、弁護士倫理、プロフェッション性の向上を目指す議論から、課題を整理する。その上で、Ⅳでは、司法制度改革前の弁護士役割論の変遷、そして司法制度改革後の弁護士業務や弁護士コミュニティの多様化に伴い、弁護士倫理が主流化する一方で、倫理のルール化がもたらす課題に対し、弁護士がいかに「プロフェッション」としてプロフェッション性を維持し、再構築しうるのかを検討する。

プロフェッション性の再構築にあたっては、弁護士の多様化も視野に入れる必要がある。そこで、Ⅳ4で、「弁護士の多様性」として、司法制度改革

1）　William J. Goode, Community within a Community: The Preofessions, *22 American Sociological Review*, pp. 194-200 (1957).

後の女性弁護士の動向に着目する。弁護士コミュニティの分化という意味の多様化は、プロフェション性低下をもたらす危険もあるが、弁護士の多様化は、ダイバーシティの推進を掲げる現代社会においては、弁護士の基本的使命である基本的人権の擁護の役割に根ざしつつ、新たなプロフェッション性の構築につながる価値ともなろう。

Ⅱ　司法制度改革後の弁護士の「多様化」と弁護士コミュニティ

平成の司法制度改革の実施時期からほぼ20年が経過した現在、しばしば弁護士の「多様化」が語られるが、何がどのように多様化してきているのだろうか。

弁護士役割論として「プロフェッション・モデル」が広く受け入れられていた1980年ころの標準的な弁護士像は、およそ次のようなものだった。単独ないし小規模な事務所でイソ弁として修行した後独立して開業し、企業との顧問契約をベースに、通常業務としては訴訟業務を基本とする。一定の得意分野はあっても、特定の分野のみを扱うのではなく、「集中分野」にとどまる。法専門家ではあるが、ジェネラリストでもある。弁護士会の会務にも一定程度参画し、金銭的に見合わないような事件や業務、いわゆるプロボノ活動にも従事する。ここに性の特定は伴わないが、多くの読者は男性を想定したのではないだろうか。

では2024年現在、こうした弁護士はなお主流だろうか。ここでは、司法制度改革後の日本の弁護士とその変化を、各種公式のデータや調査分析結果をもとにまとめてみたい。

1　法曹養成制度改革と弁護士人口の増加

司法制度改革期以降の最大の変化は、弁護士人口の急激な増大だろう。日本の人口は減少傾向にあるが、弁護士数は右肩上がりに増えており、日弁連のウェブサイトによると、2024年2月現在、4万5874人である。1980年には1万1441人、1990年1万3541人、2000年1万7126人、2010年2万8789人、2020年4万2164人と、司法制度改革期以降、大きく増加している。

1950年に5800人だったところ、1万人を越えた1975年までの倍増に25年、そこから2万人を越えた2004年までに30年近くを要したのに対し、2万人から4万人になったのは2018年で、倍増に14年しか要していない。4万人という弁護士数は、130万人を超える弁護士を抱えるアメリカに比べると問題にならないくらい少ないし、司法制度改革期に目標の目安となったフランスの7万4000人と比してもなお低水準にとどまる。しかし、近年の弁護士数の増加率は、他の変化とも伴い、弁護士コミュニティの凝集性や規模についての感覚に影響を与えるには十分なものである。データとして現れる変化もさることながら、弁護士個人が体感している変化や、自分が見通せると感じる「弁護士コミュニティ」がどのくらいの凝集性や規模なのか、というコミュニティ感とでも言うべきものが、弁護士のプロフェッション性を支える基盤として、より重要な面がある。

法科大学院の発足に伴い、社会人からの法曹への参入等があっても、新たに参入した層の圧倒的多数は若年者であり、おおむね司法制度改革前に入職している50代以上と、法科大学院卒を多く含む40代以下とでは大きな人数の差があり、このジェネレーションの違いは大きい。2020年からは、法学部に法曹コースも新設され、2023年からは法科大学院在学生の司法試験受験も可能になった。法曹参入者の若年化は一層進むだろう。司法修習期間が短縮されたこともあり、「同じ釜の飯を食ってきた」仲である「期」による凝集性も低下している可能性がある。

以上のような弁護士の増加傾向からは、弁護士人口が2万人までの規模で実務経験を経て、標準とされる弁護士像をある程度共有できた世代と、それ以降の弁護士急増期の世代では、「弁護士のコミュニティ」として想定するものも、その凝集性や分化のあり方が異なっていることが容易に推測できる。世代による区分を「二半球」とは言えないが、弁護士4万人のうち、ここ20年で弁護士に参入した2万人にとっての弁護士コミュニティを問うことで、今までとは異なる弁護士コミュニティの姿が見えそうである。

では、「弁護士の多様化」についてはどうだろう。司法制度改革審議会意見書で求められた「多様なバックグラウンド」を持つ人の法曹への参入は実際には限られ、現在はむしろ縮小している。法科大学院開設当初は、法学未修コースを基本としていたが、既修コースが一般化し、法科大学院進学者の大半は法学部出身となり、法曹コースの開設はその流れを加速させている。2006年には法科大学院の入学者のうち社会人が33.3%、非法学部出身者が29.9%だったところ、2022年には社会人が18.2%、非法学部出身者は15.6%にまで減っている[2)]。地域を考慮した適正配置が求められていた法科大学院は募集停止が相次ぎ、甲信越や四国には今や1校もない。地域的な公平性は大きく損なわれている。

日本では、人種等が問われることがほとんどないため、弁護士の「多様性」の第1指標は女性弁護士の数となる。1950年には6名、0.1%だった女性弁護士は、1987年に5%、654人、司法制度改革審議会意見書が出された2001年に10%を越え、2024年現在、女性弁護士が9218人となり、ようやく20%に達した。法科大学院への進学者のうち女性は2022年で36.4%と社会人や非法学部出身者よりは高いが、女性弁護士の数はなお十分ではない。司法試験の合格率になると27.7%、予備試験の合格率が15.5%と顕著に低い[3)]ことは、それらの試験の方法等にジェンダー格差を生じさせる課題が潜在していることも懸念される。弁護士コミュニティの多様化のためにも、一層の女性参入の推進が必要である[4)]。

2　弁護士業務の多様化

弁護士人口の増加を受け、弁護士の活動領域も多様化している。多様化の方向性は多岐にわたるが、主な傾向を整理しておく。

第1は、国際取引やファイナンスを扱う弁護士事務所が大規模化し、多くの若手弁護士を受け入れるようになっている。「五大事務所」と呼称される東京に拠点を置く法律事務所は、2000年を超えるころから、事務所統合が進められ、大規模化してきた。これらの事務所は、企業法務に主として従事するビジネス・ローファームであり、司法試験合格者の最優秀層の就職先として選ばれる傾向がある。

2024年現在、弁護士を100人以上擁する弁護士事務所は11、うち10事務

2）　弁護士白書2023年度版40頁。
3）　弁護士白書2023年度版47頁。
4）　石田京子「弁護士コミュニティのジェンダーギャップはなぜ問題なのか？――アメリカの議論からの示唆と日本における課題」宮澤節生先生古稀記念『現代日本の法過程（上）』（信山社、2017年）605～623頁。

所が東京にあり、500人以上の弁護士を抱える「五大事務所」はすべて東京にある。トップの西村あさひ法律事務所のウェブサイトによると、外国法事務弁護士もあわせて919人の弁護士がいるとしており[5)]、近いうちに日本でも1000人を超える弁護士事務所が誕生する可能性もある。

以前は「四大事務所」と呼称されていたところに、TMI総合法律事務所が加わって「五大事務所」と言われるようになり、大規模法律事務所のなかでの地位向上の動向も見られる。こうした事務所は、それぞれの個性を持ちつつも、国内だけでなく海外にもオフィスを構えて、様々な国際業務も行っている。

第2に、企業を顧客とするビジネス・ローファームの成長に加え、企業の中で働く、インハウス・ローヤーが増加している[6)]。司法制度改革期にはごく少数しか存在しなかった組織内弁護士が、現在は3000人以上にまで増えている[7)]。組織としては民間企業が多いものの、地方自治体や大学、病院等さまざまな組織で働く弁護士が生まれている。社内弁護士の数も、当初は多くても10人程度だったが、2010年ころより20人を超える企業も出始め、現在は多い企業では50人もの社内弁護士を擁している。組織内弁護士に関しては女性割合が4割を超えており、女性弁護士の多さも大きな特徴である。

第3に、第1の動向と重なるが、法業務のグローバル化が進んでいる。大規模事務所以外においても、国際業務は増えている。ビジネスの国際化が進み、法プラクティスもクロスボーダー事案が増えて国際化が進んでいる。アジア進出等も著しい。グローバル化は、五大事務所のように、渉外業務を長く扱ってきた大都市部のエリート大規模法律事務所が舞台の中心ではあるものの、その影響の範囲は広がっている。外国人にかかわる業務、国際人権にかかわる業務等、「国際的」な事柄の範囲も広がり、それを扱う弁護士の層も多様化し、地方の個人事務所にも影響は及んでいる[8)]。

5）https://www.nishimura.com/ja/people（2024年7月10日閲覧）. ただし、この人数には、外国法事務弁護士を含んでいる。

6）また、2001年には日本組織内弁護士協会が設立され、組織内弁護士の調査研究の実施や公表のほか、セミナー等を開催するなど、新しいタイプの弁護士の新しいコミュニティとして機能している点も特筆に値する。

7）2001年には66名、2023年6月には3184名となっている。組織内弁護士協会ウェブサイトより https://jila.jp/wp/wp-content/themes/jila/pdf/transition.pdf（2024年2月5日閲覧）。

8）Sida Liu, The Legal Profession as a Social Process: A Theory on Lawyers and Globalization,

第4に、ビジネス・ローファームとは別に、個人顧客を見込み、全国に支店をおく、新たなビジネスモデルで業務を展開する法律事務所が登場している。例えば過払金返還請求を中心に業務を全国展開するアディーレ法律事務所や、ベリーベスト法律事務所は、弁護士数でいうと、五大事務所に次ぐ規模となっており、こうした全国展開型の事務所が若手弁護士の新たな受け皿ともなっている。

第5に、司法制度改革を経て、法テラスが発足し、司法制度改革前には弁護士会で対応していた公益業務の一部が、法テラスのスタッフ弁護士によって担われるようになった。そのため、これまで司法へのアクセスが及ばなかったようなケースに、アウトリーチ型のアクセスが及ぶようになり、「司法ソーシャルワーク」と言われるような新しい業態が成長してきている[9)]。

第6に、こうした業務の多様化にも重なるが、弁護士業務の「脱司法化」も指摘できる。司法制度改革で弁護士が増えれば潜在的な司法ニーズが満たされ、訴訟が増加するという見通しに反して、民事訴訟の提起はさほど増えていない。そのことが弁護士人口の増加を抑制する根拠にもなり、「なぜ訴訟数が増えないのか」は法社会学における新たな問いにもなっている[10)]。

訴訟が増えていない理由はなお探究が必要だが、訴訟を利用しない法業務が拡大していることは明らかであり、こうした脱司法化が弁護士コミュニティや弁護士倫理に与える影響も検討する必要がある。

他方で、家事事件は急増している。離婚に際して親子関係の調整が必要なケースや、高齢化にともない成年後見事件、相続事件等も増え、家事事件での司法ニーズは増加し、弁護士の関与も増えている。クラウドで資金を集めて、公共訴訟を支援し情報発信するCALL4の取組など、政策形成訴訟の提起や弁護士の関わりかたにも変化が見られる

こうした弁護士の活動領域の多様化、活動範囲の拡大は、弁護士コミュニティの形や、弁護士の規律のあり方にも変化をもたらすこととなる。

---

38 Law & Social Inquiry, pp. 670-693 (2013).

9）　濱野亮「司法ソーシャルワークによる総合的支援」立教法学93号（2016年）194～155頁。

10）　2022年の法社会学会の全体シンポジウムのテーマは「民事紛争と司法――なぜ、事件数は増えていないのか」であった。そこで、和田は、日弁連での調査をもとに、裁判を利用しない法律業務の増加傾向を明らかにしている（和田嵩「弁護士は事件をどのように処理しているか」法社会学89号（2023年）6～17頁）。

そして、弁護士業にとって深刻な変化として、弁護士の売上げ、収入が低下し、一部の売上げの高い弁護士との収入格差が広がっている。「弁護士業務の経済的基盤に関する実態調査報告」によると、2000年には売上げ額の平均が3793万円、中央値が2800万円だったところが、2020年調査では平均2558万円、中央値1437万円と大きく減少している[11]。2010年との比較でも、弁護士の所得は、年代ごとにみても、ほとんどの年代でかなり減少しており、若手弁護士の数が多いだけでは説明できないとされる[12]。

収入減少は、弁護士が経済的基盤の確保のため、市場の圧力に抗することが難しくなっていることを示唆している。

3　弁護士の専門性とコミュニティの分化

弁護士人口の増加や業務の多様化は、弁護士の帰属する集団を分散させ、必然的に弁護士全体の紐帯を弱め、コミュニティの分化も生むことになる。

そうした抽象論を超えて、弁護士コミュニティの分化がどのように生じているかを明らかにすることは容易ではないが、まず問われるべきは、日本において、アメリカでHeinz & Laumannが1980年代に『シカゴ・ローヤー』で指摘したように、「二半球」化が進展しているのかである[13]。

2010年の日弁連経済基盤調査を二次分析した武士俣によれば、ビジネス系の依頼者をもつ弁護士と個人代理を中心とする弁護士の「二半球」の形成は、なお日本では見られないという。大企業・組織代理、個人代理、そして個人・中小企業代理の3つのセクターへの分化が見られるが、アメリカのような顧客タイプを基軸として、相互にまじりあうことのないような階層分化は截然とは現れていない[14]。

同じ2010年の経済基盤調査と2020年の調査結果も一部踏まえて、日本の弁護士の半数近くが集中する東京の弁護士を抽出したところ、大企業を顧客とする企業弁護士が専門化してきているのに対し、刑事弁護やクレサラ事件

11）質問事項や回答率にもばらつきがあり、単純比較はできないことは筆者が留意点として述べている。杉野勇「弁護士の所得の10年間の変化」自由と正義72巻8号（2021年）140〜141頁。

12）同上、143頁。

13）John P. Heinz & Edward O. Laumann, *Chicago Lawyers: The Social Structure of the Bar*, Russell Sage Foundation (1982).

14）武士俣敦「弁護士業務分野の特徴と構造」佐藤岩夫・濱野亮編『変動期の日本の弁護士』（日本評論社、2015年）48頁。

等の個人依頼者分野のみからなる層も一部には見られるが、シカゴのように個人依頼者の層との二極化ではなく、その中間に位置する個人・中小企業代理の層があり、個人依頼者の層との区分は曖昧である。そして多くの業務は企業依頼者の層のものとも個人依頼者層のものとも明確に区別できないとされる[15)]。

ただ、日本でもビジネス法務に従事する弁護士層が増加している点ではシカゴにおける弁護士界と同様の構造変動が生じている。若年層に関しては遅くとも2010年ころには、東京の一部有力法科大学院の出身者の多くが、大企業依頼者分野での業務を目指し、実際に五大事務所等、大規模法律事務所でキャリアを開始するキャリアパターンが成長してきているとされる[16)]。日本での1990年代から2020年にかけての変化は、アメリカの1970年代から1990年代の変化と重なる面があるとも言われる[17)]。

もっとも、こうした変化が弁護士コミュニティの凝集性の低下に直ちにつながるわけではない。弁護士会の会務等を通じて、なお弁護士コミュニティでの相互監視と統制は可能である。しかし、高橋は、弁護士綱紀・懲戒制度の運用から、弁護士のコミュニティの凝集性の弱化の一端を見る[18)]。

1995年から2014年までの弁護士綱紀・懲戒制度の運用状況の統計データによれば、弁護士綱紀委員会の決定を争う事例が増加傾向にあり、また争う被懲戒人の経験年数に大きなばらつきが生じている。つまり若手の弁護士も綱紀委員会の結果に不服を申し立てる傾向が高まっており、これは「弁護士相互／あるいは弁護士－弁護士間での凝集性の弱まりを示すもの」と解釈している[19)]。

司法制度改革は、「アメリカ化」を志向するものと評されてきたが、グローバル化のなかで弁護士業務のビジネス化や多様化に伴う弁護士コミュニティの分化と凝集性の低下は必然的でもある。では、そのアメリカでは、弁護

15)　武士俣敦「日米大都市の弁護士業務――東京とシカゴ」宮澤節生ほか「東京の弁護士界の基本構造と課題――ハインツ他著『アメリカの大都市弁護士――その社会構造』との比較によって」法と実務18巻（2022年）113頁。

16)　宮澤節生「各章へのコメントと課題」宮澤ほか・前掲注15）193頁。

17)　池永知樹「日本の大都市弁護士の構造変化と弁護士・弁護士会の課題――ハインツ他著『アメリカの大都市弁護士――その社会構造』との比較によって」法と実務17号（2021年）183～253頁。

18)　高橋裕「弁護士における統合とその弱化」法社会学83号（2017年）162頁。

19)　同上、162頁。

士は、コミュニティの分化、凝集性の低下にもかかわらず、いかにしてプロフェッションをなお標榜し続けているのだろうか。

Ⅲ　アメリカの弁護士の変容とプロフェッション性

日本とアメリカでは法体系も異なり、弁護士の規模も大きく異なる。しかし、グローバル化が進展する中、アメリカでの弁護士業務や弁護士倫理の議論は、日本と無関係ではない。また、Ⅱで概観したように、データ上なお弁護士の階層分化がアメリカほどに進展していないとしても、コミュニティの分化、凝集性の低下という「体感」は共有されつつあり、その課題に対して、プロフェッション性の強化ないし構築によって対処するという方向性は軌を一にするところだろう。

1　弁護士の階層分化

アメリカにおける弁護士コミュニティの分断・階層化を実証的に明らかにしたのが、1975年のABF（American Bar Foundation）による弁護士調査を分析した「シカゴ・ローヤー」であった[20]。

アメリカでは1970年代には都市部の弁護士は、すでに自らを1つのプロフェッションの一員とする自己規定から脱し、その専門分野ではなく依頼者層によって二層化、企業層と個人問題層へと階層分化し、その「二半球」が交じり合うことがなくなってきていた。企業経営の専門化に伴い多様な分野の最先端の法知識への需要が増し、それに応えるべくローファームが巨大化する。1980年代後半には、弁護士数が1000人を超える大ローファーム（Big Lawなどと呼ばれている）が登場、トップロースクールを卒業した若いエリートたちを受け入れるようになる。企業層を依頼者とする法律事務所の規模はその後さらに拡大しており、弁護士事務所内では、アソシエイツからパートナーへの昇進の「トーナメント」に勝ち上がろうという意欲に支えられて組織的な成功を収めていく[21]。

他方で、企業内に弁護士を雇う、インハウス・ムーブメントもおこる。企

20)　*See supra* note 13.
21)　Marc Galanter & Thomas Palay, *Tournament of Lawters*, the University of Chicago Press (1991).

業内弁護士は人数だけでなく、企業内での立場や影響力も増している。「インハウス」から「ジェネラル・カウンセル（GC）」に地位を上げ、企業内での重要な役割を担う者も増えていく[22)]。企業内弁護士は、判断の独立性が担保されていないこともあり、プロフェッションとしての地位は伸び悩んでいた。しかし、1980年ころより、大ローファームの弁護士よりも早期に予防法務を提供できること、社外弁護士の仕事を管理する等の業務ができること、大ローファームに依頼するよりも費用を抑制できるなどのメリットがあることから、その優位性が強調され、社内での地位も向上する。

その後、GCは、企業の法的ニーズの診断および、必要な場合外部の弁護士を選定する役割を担っており、企業の法務部の規模や企業内で働く弁護士の数はなお増え続けているという。GCは、新卒ではなく、トップの法律事務所の中堅の優秀なアソシエイツや若手のパートナーから採用する場合も多く、逆に法律事務所でも、パートナーをインハウスから採用するところも出始めている[23)]。そうしたキャリアパスが一般化するなか、インハウスと大規模法律事務所勤務の弁護士は統合的に理解され、その地位等が近くなってきているとの見方もある[24)]。

弁護士の移動が活発になると、法律事務所内でのキャリアパスも複線化する。事務所内での、協力やリスク分担などの文化的規範を形成維持するのが難しくなり、事務所内での競争は激化する傾向にあり、ファームという伝統的な弁護士コミュニティとは異なるコミュニティでの紐帯は強まりにくいという[25)]。

このように、組織内弁護士と大ローファームとの相互関係は時代によっても、業界によっても違いがあるが、「二半球」の構造は、基本的に維持されているという。シカゴ・ローヤーの1995年の二次調査では、女性や人種的

22）Robert Eli Rosen, The Inside Counsel Movement, Professional Judgement and Organizational Representation, *64 Indiana Law Journal*, pp. 479-533 (1989).

23）David B. Wilkins, Is the In-House Counsel Movement Going Global? A Preliminary Assessment of the Role of Internal Counsel in Emerging Economies, 2012 *Wisconsin Law Review* 253, pp. 251-304 (2012).

24）Eli Wald, Getting in and out of The House: The Worlds of In-House Counsel, Big Law, and Emerging Career Trajectories of In-House Lawyers, 88 *Fordham Law Review*, pp. 1765-1800 (2020).

25）Marc Galanter & William Henderson, The Elastic Tournament: A Second Transformation of the Big Law Firm, 60 *Stanford Law Review*, pp. 1867-1930 (2008).

なマイノリティの参入が認められ、企業側の弁護士も民事だけでなく、企業の上層部の刑事弁護等にもかかわるようになったなどの新たな動きがみられたものの[26)]、2010年以降は、むしろ女性やマイノリティはさほど定着しておらず、二半球の人的構成にも大きな変化はないとされる[27)]。ただ昨今のグローバルなダイバーシティ＆インクルージョン（D&I）推進の動きの中で、ローファームでの女性やマイノリティの採用や昇進を促進する運動が進められている。アメリカの最初の女性弁護士の名を冠したマンスフィールド・ルール（Mansfield Rule）は、女性や有色人種、LGBTQ、障がいのある弁護士の昇進やリーダーとしての登用を促進し、30％のクリティカルマスを目標値として掲げるなど、注目すべき取組である[28)]。こうした取組の成果が近い将来に変化をもたらす可能性はある。

こうしたコミュニティの分化は、弁護士コミュニティの凝集性の低下を招く。抽象論としてはビジネス・市場の圧力の強い企業弁護士の側では特に倫理性の低下が懸念される。こうした懸念ははやくも1960年代から提起されていたが、その時代には企業を顧客とするビジネス・ローが、顧客への忠誠から弁護士倫理にもとる行動をとるという事実はなく、倫理性に問題はないとされた[29)]。

しかし、その後の弁護士事務所の大規模化と競争の激化により、現在は、弁護士は、顧客であり雇用主である企業の内部に深くコミットし、顧客を失わないよう、「依頼者への忠実」に傾斜していると言われる。弁護士の仕事は、法的リスクに対して、不遵守を勧めることも1つの選択肢となり、「独立」の見かけの裏で、依頼者からの自律を損ないかねない。これが、次に見る弁護士倫理をめぐる議論や動向の課題である。

26）Jhon P. Heinz, Robert L. Nelson, Rebecca L. Sandefur & Edward O. Laumann, *Urban Lawyers,* Chicago (2005)（邦訳、ジョン・P.ハインツ、ロバート・L.ネルソン、レベッカ・L.サンデファー、エドワード・O.ラウマン（宮澤節生監訳）『アメリカの大都市弁護士――その社会構造』（現代人文社、2019年））。

27）Robert L. Nelson et al, *The Making of Lawyers' Careers: Inequality and Opportunity in the American Legal Profession,* Chicgo (2023).

28）Diversity lab (https://www.diversitylab.com/). 2017年にDiversity labが開始し、目標を達成したローファームには認証を与えている。

29）Carlinによるニューヨークの弁護士の弁護士倫理の遵守についての調査については、棚瀬孝雄が取り上げて論じている（棚瀬孝雄『現代社会と弁護士』（日本評論社、1987年）第6章）。

2 弁護士の変容とプロフェッション論

このように、弁護士のビジネス化や階層化は、プロフェッション性の土台となるコミュニティを喪失させ、プロフェッション性をゆるがすとの批判はアメリカでも早くから見られた。しかし、なお弁護士をプロフェッションとする役割論はおおむね維持されている。現在はプロフェッションの諸特性を前提とせず、国家や社会、あるいは他の専門職や依頼者との関係性のなかで、いかにその業務の管轄や境界を画定しているか、いかに依頼者との相互作用がなされているか、といった経験的研究が行われるに至っている。

弁護士を独特のコミュニティを土台とするプロフェッションとし、その特性として専門性、自律性、公共性等を導くのが、伝統的なプロフェッション論である。パーソンズは、プロフェッションに対し、市場や官僚組織とは異なる組織原理に基づいて、現代社会を統合する機能を担うと大きな期待をかけていた[30)]。

しかし、こうした見方は、ビジネス・ローの興隆とともに疑問視されるようになる。Abel は、Larson[31)] の議論をベースに、弁護士がプロフェッションを標榜することは、弁護士の経済的利益を伸長させるためのプロジェクトであるとする[32)]。

こうした、構造としてプロフェッションをとらえる理論や研究に対し、弁護士が実際に行っている仕事と、その過程での弁護士同士や依頼者、他の専門職との相互作用に着目する研究が現れる。Abbott は、他の専門職との間で、管轄を維持し、その境界を画定していくプロセスに着目し、弁護士研究にも影響を与えた[33)]。

弁護士は、日常的な業務を通じて、現実社会で生起している事柄を法秩序の課題とラベル付けをして解釈を行いながら、法の専門知およびその専門領域の境界を画定している。Cain は、そうした弁護士を「シンボル・トレーダー」と呼称する[34)]。

---

30) Talcott Parsons, The Professions and Social Structure, *17 Social Forces*, pp. 457-467 (1939).

31) Magali S. Larson, *The Rise of Professionalism*, University of California Press (1977).

32) Richard L. Abel, *American Lawyers*, Oxford University Press (1989).

33) Andrew Abbott, *The System of Professions: An Essay on the Division of Expert Labor*, University of Chicago Press (1988).

34) Maureen Cain, The Symbol Traders, in Maureen Cain & Christine B Harrington eds., *Lawyers in a Postmodern World: Translation and Transgression*, NYU Press (1994).

企業弁護士に関しては、グローバル資本の影響力が増していることもあり、弁護士は、企業顧客の利益の増進が求められる。法には解釈の幅がある。弁護士は、これまで法の不確実性を操作することで、依頼者の利益と法の価値実現のバランスを保ってきた。しかし、ビジネス化によって、依頼者の利益の最大化を至上目的とした場合に、その不確実性を操作する弁護士の裁量の余地は縮まっているとも言われる。

このように、あらかじめ固定した特性をもつ職業をプロフェッションとする研究に対して、プロフェションの主張を弁護士の経済的利益の追求を隠すための方便として批判する議論も見られた。しかし、現在は、プロフェッションという概念に、一定の特性やプロフェッション性を付加せずに、弁護士＝法プロフェッションであることを前提に、その業務の行われ方、依頼者との関係などに注目するミクロな研究が蓄積している。例えば、離婚弁護士の依頼者との相互作用を分析したSarat[35)]や、グローバル化の中で、弁護士業務が空間的にも広がっていく様を描くLiu[36)]は、プロフェッションをプロセスと捉える。

弁護士業務のあり方も、専門知のあり方も変容する中、実際の業務に即し、その中での専門知や境界がどう構築されているかを明らかにする研究からは、プロフェッションの特性の変化が確認できる。

3　弁護士倫理とプロフェッション性

このように、弁護士の社会学的研究が進められる一方、プロフェッション共同体の強い紐帯を前提にする自己規律や高い倫理性といった特性を措定することに対しては疑問の目が向けられている。プロフェッション性をもたらすコミュニティの存在や業務上の条件が変化してきたことで、プロフェッション性は、実体概念としての性質を失い、より規範性の高い概念となる。そこで、「プロフェッション性」を1つのキーワードに弁護士倫理への関心が高まっている。

弁護士業務の市場化に伴うプロフェッション性の喪失に対しては、繰り返

35)　Austin Sarat & William L. F. Felstiner, Law and Strategy in the Divorce Lawyer's Office, 20 *Law & Society Review*, pp 93-134 (1986).

36)　*See supra* note 8.

しプロフェッション性の再興が求められてきた。たとえば、Kronmanは、1993年の著作THE LOST LAWYERで、ビジネス・ローヤーの誕生とともに、弁護士が所属する組織やビジネスによって自律的判断がゆがめられ、賢慮をもち高潔な判断ができるstatesmanとしての弁護士の理念が失われることを懸念しつつ、その理念を実現できる弁護士をなお求めている[37)]。

個人の依頼者について、訴訟を通じた法の実現を想定する場合であれば、依頼者への忠誠を体現する、「アドバーサリー・システム」(当事者対抗主義)を通じて、法を実現し、公益にも資するという理解が成りたちうる。つまり、「依頼者の権利・利益擁護」と「オフィサー・オブ・コート」という弁護士の対立する役割を媒介するのがアドバーサリー・システムであり、依頼者の党派的な関心を最大化する弁護活動を繰り広げても、真実や正義が実現できると考えられてきたのである。

この背後には、個人主義をベースとするリベラリズムに立脚し、依頼者の目的について道徳的な判断をむしろ避け、依頼者のために尽くすことこそが弁護士の使命であるという発想があったとされる[38)]。刑事被告人の弁護を想定すると了解しやすいだろう。

しかし、アドバーサリー・システムが依頼者の利益擁護への傾斜を助長することへの批判に加え、裁判業務外に弁護士の職域が拡大すると、アドバーサリー・システムによる正義の実現というレトリックの妥当領域は制約される。

さらに、ビジネス・ローの領域が拡大し、強力なビジネスの依頼者の利益を増進することは、市場原理にしたがった弱肉強食をいっそう激化させることにもなる。そこで、弁護士が、いかにして依頼者の利益に従属することなく、法の支配や倫理的な観点を組み入れて公益に資するように動けるかが弁護士倫理の議論の中核に据えられる。

それには、弁護士倫理の理念的な議論だけでなく、現実的に弁護士をいかに規律するかも重要である。アメリカ法曹協会（ABA）を中心に、弁護士の行為の規律が進められている。ABAは1878年に結成された弁護士の任意

---

37)　Anthony T. Kronman, *The Lost Laeyer: Failing Ideals of the Legal Professsion*, Belknap Press of Harvard University Press(1993).

38)　Stephen L. Pepper, The Lawyer's Amoral Ethical Role: A Defense, A Problem, and Some Possibilities, 11 *American Bar Foundation Research Journal*, pp. 613-635 (1986).

団体だが、1908年には弁護士倫理綱領（canons）を策定、1940年にはこれを会員に適用するものとし、1969年には弁護士責任モデル規範を公表する。これは当初会員全員に適用することを想定していたが、反トラスト法違反との指摘もあり、「モデル」として各州裁判所にその採否を委ねている。1974年のウォーターゲート事件の反省や弁護士業務の多様化、ビジネス化を受け、弁護士倫理のルール化が進められる。1970年代以降、依頼者への忠実のみに傾斜した弁護士はhired gunと揶揄されるようになる。

1983年の弁護士行為モデル規則については、多くの州がこのモデル規範を採用したうえで、独自の倫理規則を定めて、執行している[39]。弁護士を規律する手段も多様化している。倫理的な規程とその執行を中心に、弁護過誤訴訟による規律、不誠実な弁護に対して制裁を規定する民事訴訟規則11条などがある。弁護士の規律として、自己規律を基本としつつも、多元的な統制システムを構築する必要性が説かれている[40]。

倫理規程も、グローバル化や技術革新に応じてその形を変えてきている。1997年にはEthics 2000、2009年にはEthics 20／20委員会を設置し、グローバル化等に伴い弁護士が直面する課題に応じた倫理規範の改定作業が行われている[41]。

ABAが主導する弁護士倫理の規律は、かつては倫理的指針の提示を中心としていたが、より詳細なルール化が進められている。弁護士倫理のルール化は、弁護士にルール遵守によるリーガル・リスクを回避すればよいという意識しか生み出せず、プロフェッションとして自らが何が正義かを問い、それをいかに実現すべきかを考えて行動する契機を失わせているともいう。

それでも、社会状況に応じて倫理規程を見直していく作業自体、弁護士職業団体として共通価値を共有し、メンバーに浸透させていく効果が期待できる。伝統的なプロフェッション論が想定してきた諸特性や、弁護士倫理の議

39）　Preston & Lawrenceは、各州で専門家行為規則をどのように受け入れ執行体制を整えているかを調査し、その結果をまとめている。39州およびワシントンDCでは倫理綱領（professionalism creeds）を採用しており、連邦裁判所や地方都市レベルの弁護士会でも採用しているところがある。Preston & Lawrenceは、なお倫理的宣明にとどまるものが多く、より実効性のある執行体制を整える必要性を説いている。Cheryl B. Preston & Hilary Lawrence, Incentivizing Lawyers to Play Nice: A National Survey of Civility Standards and Options for Enforcement, 48 *U. of Michigan J. of Law Reform* p. 703 (2015))。

40）　David B. Wilkins, Who Should Regulate Lawyers?, 105 *Harvard Law Review* pp. 799-887 (1992).

41）　石田京子「日本における弁護士倫理の今日的課題」法の支配200号（2021年）53～64頁。

論とは異なる価値を、倫理規則に盛り込み、プロフェッション性として位置づけることも可能である。

以上のように、アメリカでは legal profession を lawyer という言葉と互換的に使用していると思われる場合も少なくないが、プロフェション性については、弁護士倫理の議論の中で積極的に論じられてきた。弁護士倫理は、具体的な弁護士規律のしくみの一部としての意義を高めているが、その規律自体がプロフェッション性をも構成している。かつての議論が前提としてきた弁護士のコミュニティは変容し、そこで求められるプロフェッション性の意味にも変化はみられるが、プロフェッション性の維持、向上のための努力は、法の支配や正義の実現にとって有意義な取組みである。そうしたプロセスとしてのプロフェッションおよびプロフェッション性を否定することで得られるものは乏しい。これがアメリカにおける議論状況であり、日本における弁護士論においても概ね妥当しよう。

4　弁護士コミュニティの多様性の確保とプロフェッション性

3で概観したように、アメリカの弁護士は1970年代には階層化が進み、女性やマイノリティの参入が一定程度見られるものの、弁護士界の構造を大きく変える変化には至っていないと言われてきたが、法曹における多様性の必要性、促進の努力は進められている。昨今の D&I 推進の波は法曹にも及び、大ローファームのなかにも先述した Mansfield Rule を採用し、認証を受けるところも増えてきている。

プロフェッション性のなかの公益性志向は、社会のなかの不正義を見いだし、改善していくという使命を含む。弁護士コミュニティが、かつてのプロフェッション論で前提としていた白人男性のサロン的なコミュニティに回帰することで公益性をよりよく実現できるとは言いがたい。ミシガン・ロースクールでの入試におけるアファーマティブ・アクションを合憲とした2003年の Grutter 判決では、法学教育において人種的多様性を確保することはやむにやまれぬ利益であるとされた[42]が、弁護士の多様性は、社会の中の不正義を見いだすのに資するという点で従来型のプロフェッション性とも結び

42)　Grutter v. Bollinger, 539 U.S. もっとも、2023年にノースカロライナ大学のアファーマティブアクションを違憲とする判断が出ている。

つき、さらにそれ自体独立した価値ともなりうる。

Yee は、弁護士の多様性をプロフェッション性として位置づけ、その実現が、Kronman のいう lawyer as a stateman の理念に資するとしている[43)]。弁護士の多様性のみに多くを期待できないとしても、弁護士コミュニティの分化が進む中、同質的なコミュニティよりも、多様性のあるコミュニティのほうが、可塑性が高く、様々なニーズを見いだし応答していく力を持つことにつながるだろう。

Ⅳ　弁護士の多様化とプロフェッション性

1　プロフェッション・モデルとプロフェッション性

ここで日本に議論を戻し、かつて盛んに論じられた弁護士役割論を簡単に振り返る。

戦後、弁護士は国家から完全に自立し、強制加入の弁護士会に所属し、国家権力に対抗して市民の人権を擁護することを使命とする、在野法曹としての役割が強調された。いわゆる在野法曹モデルである。

1970 年ころより実際の弁護士業務の大半が国家権力と対峙するというよりも、一般民事を軸としているという現状に鑑み、専門性、公共性、自律性を備えた専門職というプロフェッション概念が日本の弁護士の役割規範として広く受け入れられるようになった。

当初のプロフェッション概念は、弁護士コミュニティの凝集性を前提とする自己規律や教育訓練等による倫理性の確保、専門性の向上等の特性を導く特性アプローチ（trait approach）に基づいていた。Goode[44)] 等がとるこのアプローチをベースとして、弁護士役割論に大きな影響を与えたのが、石村善助の『現代のプロフェッション』であった。

石村は、プロフェッションの多義性を指摘しつつも「プロフェッションとは、学識（科学または高度の知識）に裏付けられ、それ自身一定の基礎理論をもった特殊な技能を、特殊な教育または訓練によって習得し、それに基づい

43)　Davis G. Yee, Promoting Diversity as A Professionalism, 73 *South.Carolina Law Review* pp. 885-926 (2022).

44)　Goode, *supra note* 1.

て、不特定多数の市民の中から任意に呈示された個々の依頼者の具体的要求に応じて、具体的奉仕活動を行い、よって社会全体の利益のために尽くす職業である」と定義づける[45]。「公共奉仕を目的とする継続的活動」であるところに、ビジネスとの違いを見いだす。

プロフェッション団体は、専門技能の維持向上や教育訓練に加え、職種の社会的存在意義を確保、向上させるために、倫理規則をもち、成員の非行や逸脱行為に対して懲戒権を備えている[46]。これが自律性という特性に結びつく。こうしたプロフェッション概念を受け入れた弁護士役割論としてのプロフェッション・モデルでは、日本では弁護士自治に加えて、特に公共奉仕性を強調するところに特徴があった。

1980年代に入り、市場原理に抗して「公共奉仕性」を強調することに対し、異論を唱えたのが棚瀬の法サービス・モデルである[47]。弁護士は依頼者から対価を得てサービスを提供する点で市場原理から自由ではない。「公共奉仕性」の名の下に、対価を支払う依頼者を劣後させ、弁護士による依頼者支配につながりかねない。むしろ正面から市場原理を認め、法サービスを提供し、その主体性は依頼者にあることを主張する依頼者主権の提唱であった。

和田が提唱する、関係志向的弁護士モデルは、プロフェッション批判という点では棚瀬と共通するが、弁護士＝依頼者関係に着目し、ケアの倫理にもとづく関係志向を強調する。依頼者の「法的問題を超えた過剰な問題認識をそのままに受けとめ、それを尊重しつつ、法専門家としての知識と経験のなかから助言を与えていくこと、その過程を通じてクライアントにとっての利益とは何か、この問題処理にあたっての中立的な対応とは何か、弁護士としてのあるべき対応は何かを、不断に構築していくような弁護士の関わり方のモデル」[48] である。

これらのプロフェッション批判は、個人の依頼者をモデルに、専門技能を有する弁護士が依頼者のニーズを法的な権利に翻訳する中で、その声を押さえ込んでしまうという、その特権性を糾弾し、よりよい弁護のあり方を模索

---

45) 石村善助『現代のプロフェッション』（至誠堂、1969年）25頁。
46) 石村・前掲注45）36頁。
47) 棚瀬・前掲注29）。
48) 和田仁孝『過程としての裁判と法専門家（法臨床学への転回第3巻）』（北大路書房、2021年）241頁。

する議論であった。

2　司法制度改革期以降の「プロフェッション」論

こうしたプロフェッション批判が繰り広げられる中、司法制度改革期を迎える。規制緩和の流れの中で、弁護士を増員して市場原理による統制をはかるという議論は法サービス・モデルと親和的であった。

しかし、司法制度改革審議会意見書では、プロフェッション概念を放棄することなく、むしろ、「プロフェッションとしての法曹」をキーワードに、裁判官・検察官も含めてプロフェッションとした上で、法曹を「国民生活上の医師」というイメージで描き、その一翼である弁護士の役割論を組み立て直した。意見書では、弁護士＝依頼者の相互関係を重視し、多方面での豊かなコミュニケーションの確保に努め、「頼もしい権利の護り手」として、職業倫理を保持しつつ依頼者の権利利益の実現をはかる。それにより「公共奉仕性」ならぬ「公益性」が実践されるとする。裁判員制度を想定した「豊かなコミュニケーション」論だが、これを弁護士だけでなく法曹全体に及ぶ[49]プロフェッション性の中核としている。

司法制度改革審議会意見書のプロフェッション概念は、その後の弁護士の自己認識や弁護士倫理の議論のなかに、あまり浸透してはいないように思われる。例えば2012年に日弁連が出した「法曹人口政策に関する提言」では、急激な弁護士数の増加を懸念して、改めて「高度の専門性と公益的性格」を「プロフェッション」である弁護士のアイデンティティとして、弁護士の質の維持には弁護士の増員を抑制する必要があり、それが弁護士の公共性確保につながると論じていた。これは伝統的なプロフェッション論が想定するプロフェッション性に依拠している。

そして、「弁護士役割論」という枠組みでの議論自体が過去のものとされつつある[50]。これも弁護士の多様化、職域の拡大から、弁護士を1つのアイデンティティで語ることが難しくなっていることの反映だろう。

他方で、プロフェッションという自己規定は放棄されていない。弁護士倫

49)　筆者は、司法制度改革審議会意見書のプロフェッション概念の分析を試みたことがある。渡辺千原「プロフェッション概念に関する一考察」立命館法学275号（2001年）153～179頁。

50)　髙中正彦・石田京子編『新時代の弁護士倫理』（有斐閣、2020年）9頁の髙中発言で、「かつて弁護士モデル論というのがありました」と過去形で語られている。

理を語る際も、弁護士がプロフェッションであることは前提にされている。弁護士役割論はもともと規範モデルであり、本質的に「プロフェッション性」論である。よって、Ⅲでも述べたように、プロフェッション性の維持、向上、再構築を求めるほうが、この概念を放棄するよりも法の実現や社会にとって資するのであれば、なおその努力を続けることは望ましいだろう。

3　弁護士倫理の主流化とプロフェッション性

プロフェッション性の中核となる自律性は、かつては弁護士コミュニティの凝集性を前提にした自己規律を想定していた。そこで、コミュニティの分化によって、弁護士コミュニティの凝集性が必ずしも期待できない中で、いかに弁護士の自己規律を実現するかが課題となる。その課題への応答が、弁護士による倫理規程の策定とその実効性の確保となる。単純化すると、弁護士倫理の主流化である。

そして、ここでの弁護士倫理は、専門職に課される、ノブレス・オブリージュとしての倫理規範ではなく、会員が遵守すべき行為規則としての性質が強化される。その不遵守が懲戒等につながる、ハード・ローに準ずるルール化が進められ、その遵守を強制するシステムの確立と維持が課題となる。

日本でも、司法制度改革期に、単なる倫理的宣明だった弁護士倫理を改定し、法規範性を有する弁護士職務基本規程が2004年に策定された。法科大学院で法曹倫理が必修科目として設定され、法曹倫理の書籍も出版され、弁護士会では倫理研修の受講が義務づけられている。「弁護士倫理」は弁護士の統一性にとって重要性を増している。

そして、「弁護士倫理」として、弁護士職務基本規程と、弁護士会での懲戒制度の位置づけが非常に大きくなっている。弁護士職務基本規程は、懲戒の実体規範としての性質が与えられている。『自由と正義』に掲載される弁護士懲戒事件の報告でも、弁護士職務基本規程違反を根拠として記載する形となっており、「何をすると、職務基本規程違反として懲戒の対象となるのか」は弁護士の大きな関心事となっているという。

法社会学の弁護士研究も、司法制度改革期以降、とみに弁護士倫理や懲戒制度に着目する研究が増えている。これも役割論から倫理への流れを反映するものだろう。

樫村は、「懲戒行為という現象を集団によるその共通価値の集団内・外に向けたコミュニケーションの現象」として位置づけた上、懲戒議決集での記載を分析している[51)]。1960年代には、懲戒は「弁護士自治」の維持のためのものと語られたが、司法制度改革期以降、具体的な事案への言及がなされるようになる。「新たな価値は専門職業としての個々の弁護士行為を焦点とし、弁護士集団自体の対内的統合の確保へと移動しつつある」と指摘する[52)]。また、山田は、職務基本規程の策定当初は、「弁護士の役割規範の実現手段」として弁護士倫理を位置づけていたが、徐々に、懲戒等の対象とならないよう「失敗を回避」するためのガイド、そして弁護士倫理問題を「リスク」としてとらえるように変化し、それによって、弁護士倫理が脱倫理化していると指摘する[53)]。アメリカで指摘されてきたこととも附合する。弁護士コミュニティの弱化から、倫理綱領から規則に依拠するようになる。つまり、一種の「法化」が進展しているのである。

自己規律の枠組はなお維持されている。しかし、弁護士倫理のルール化で弁護士の行為を規律することで、弁護士コミュニティの統合や、プロフェッション性の維持、向上が十分にはかれるだろうか。弁護士業務のビジネス化が進み依頼者への忠誠への傾斜に抗して法の支配や実現等に弁護士を誘うことは難しい。弁護士は本質的に法の操作性に熟達しており、もとのルールの趣旨通りの遵守を期待するには限界がある。

弁護士業務の多様化や、職務環境の変化に応じて、弁護士職務基本規程を見直す必要があることは論を俟たないが[54)]、Wilkinsのいうように、弁護士行為の規律のしくみの多元化、最適化という角度からの検討も今後は必要となろう[55)]。

その点、最高裁が、2021年に弁護士の利益相反が疑われる事例で、弁護

51）　樫村志郎「活動領域の多様化と弁護士懲戒——懲戒議決例のコミュニケーション的特性の観察を通じて」法の支配200号（2021年）39～52頁。この視角は、プロフェッションの特性アプローチに一部依拠しつつ、プロフェッションとしての対外的価値表明のプロセスによるプロフェッション性の維持活動という見方を示すものといえる。

52）　樫村・前掲注51）44頁。

53）　山田恵子「『規範的主体』から『リスク管理主体』への転回——倫理的弁護士像をめぐって」江口厚仁・林田幸広・吉岡剛彦編『境界線上の法／主体——屈託のある正義へ』（ナカニシヤ出版、2018年）65～90頁。

54）　石田・前掲注41）。

55）　*See supra* note 40.

士職務基本規程違反では訴訟の効力は排除されないと判断したことは注目される[56]。こうした訴訟が提起されていること自体が、弁護士規律の「司法化」、つまり規制メカニズムの多元化の一徴表でもある。他方で判断内容としては、弁護士の自己規律への敬譲を示し、利益相反に対して寛容な判断であり、これが依頼者ないし社会の利益を守る形となっているのかは議論の余地があろう。

他方で、弁護士倫理の主流化とともに、その内実が懲戒やトラブル回避志向に傾斜していることは弁護士倫理の脱倫理化ではあるが、弁護士倫理に多くを期待することには限界がある。むしろ、弁護士職務基本規程を軸とした弁護士倫理とは別の形でプロフェッション性を構築していくことが考えられる。たとえば、鳥山は、弁護士倫理の課題を、「義務の道徳から、リスク回避、そして利用者満足の向上へ」と、依頼者とのトラブルがコミュニケーション不足に起因することが多いことから、コミュニケーション向上の必要性を説いている[57]。弁護士＝依頼者のコミュニケーションに弁護士役割の核を見いだす点では、関係志向的弁護士モデルにも通じるし、「豊かなコミュニケーション」に期待する司法制度改革審議会意見書のプロフェッション性論でもある。そして、こうしたプロフェッション性は、弁護士の多様化によって達成に近づく可能性もあるだろう。

そこで、最後に弁護士コミュニティの多様性について、「分断」の方向ではなく「多様性」の促進という観点から、女性弁護士の動向に触れておきたい。

4　弁護士の多様性——女性弁護士の増加とプロフェッション性

法曹の多様性の確保は、社会に潜在する多様な法ニーズを認識し、法への

56）　弁護士職務基本規程の法規範性については、議論があるが、組織内弁護士が増える中、企業内弁護士だった弁護士が、転職して就職した法律事務所の他の弁護士が、転職前の企業を相手方とする訴訟の代理を引き受けたことが弁護士職務基本規程57条に違反するものとし、その訴訟の効力が否定されるかが最高裁まで争われた。最高裁は、弁護士職務基本規程は日弁連の会規であるため、その規程違反にとどまり、法律による規定がない場合には、「懲戒の原因となり得ることは別として、当該訴訟行為の効力に影響を及ぼすものではない」と判断した（最決令和3・4・14民集75巻4号1001頁）。

57）　鳥山半六「職務基本規程で弁護士力を高めよう——『義務の道徳』から『リスクの管理』，さらに『利用者満足の向上』へ」『現代法律実務の諸問題〔平成26年度研修版〕』（第一法規、2015年）717〜757頁。

アクセスを確保し、応答していくためにも重要であり[58]、「プロフェッション性」の要素としても位置づけられる。たとえば、最近の性同一性障害特例法の性腺除去要件等の違憲訴訟[59]や、性別変更したトランス女性の凍結精子で生まれた子からの認知を求める訴訟[60]で原告代理人を務めた弁護士たちはLGBTQ当事者でもあり、これらの裁判での大きな成果をもたらした原動力だったと言える。少数者の抱える困難や法的課題に、当事者的視点から取り組むことの意義はやはり非常に大きい。

弁護士の「基本的人権の擁護と社会正義の実現」という使命に対して、社会における多様性を反映しない人的構成では十分に果たすことができるとは思えない。まずはジェンダー平等の観点は必須だろう。

司法改革期にも、法曹人材の多様性の確保は検討されたものの、ジェンダー平等の観点はほぼなかった。それでも、司法制度改革を経て、女性法曹の絶対数はかつてよりは大幅に増加し、社会人や他学部出身者、障害者など意見書で言及のあった項目よりも、一定の成果が出ている。しかし、なお弁護士は法曹三者の中で、もっとも女性割合が低い。2024年は、女性割合がようやく20%に達し、日弁連の会長にはじめて女性が選出されたという点で画期をなす年となったが、なおクリティカル・マスの目安の30%は遠い。

全体での人数比率もさることながら、アメリカでも弁護士の中での、「ガラスの天井」の存在が指摘されてきた。パートナーにまで昇進する女性割合はなお低く、女性弁護士の仕事は、個人の依頼者、特に離婚等のあまりペイのよくない仕事が中心で、法曹内での地位も低くとどまりがちである。そうした現状を打破するために、Mansfield Ruleのような取り組みが始まったわけである。日本においても、2020年の経済的基盤調査では、2010年よりは男女差がやや縮まったが、例えば30代女性弁護士について、所得金額の平均が男性は1075万円であるのに対し、女性は591万円、40代では男性1316万円に対し、女性961万円と、無視できない格差があり、これは構造的格差と言って良い[61]。2010年の調査の二次分析を行った石田によると、事務所

58）石田・前掲注4）。
59）最大決令和5・10・25民集77巻7号1792頁。
60）最判令和6・6・21裁判所ウェブサイト。
61）杉野勇「弁護士の所得の10年間の変化」『弁護士業務の経済的基盤に関する調査報告書2020』自由と正義72巻8号（2021年）141〜143頁。

移動経験のある男女の弁護士を比較すると、男性はキャリアアップの傾向があるのに対し、女性は収入減少につながっているという[62]。

試みに、いわゆる五大事務所のウェブサイトから、女性割合を写真や名前等から概算してみたところ、日本の司法試験を合格して弁護士登録している弁護士について、アソシエイトは約25%、パートナーは約11%であった。その職位で想定される年代の女性弁護士比率と比べてパートナー率が格段に低いというわけではないが、この結果からは、若手の就職先として志向される都市部の大法律事務所に入職しても、パートナーに昇進するのは容易ではないことが分かる[63]。

子育てのためにワークライフバランスのとれた仕事を志向することから、こうした格差が生まれると言われる。しかし、そのように女性本人の選択に説明を還元する議論では、構造的格差を温存することになりかねない[64]。日本でも、法曹におけるD&Iのための積極的な取り組みが必要だろう。

それとの関連で、組織内弁護士における女性比率の大きさは注目に値する。福利厚生が整っていてワークライフバランスが確保できる点に魅力があるといわれる。組織内弁護士の威信が高まり、組織の中での地位が向上し、そこに女性の活躍の場が広がることには一定の期待がかかる。最新の企業内弁護士の調査によると、企業内弁護士の給料がアップしているといい、その理由としては組織内で弁護士の必要性、重要性が理解されるようになったこと、組織の中での地位が上がったことが指摘されている[65]。通常の新卒採用よりも、弁護士資格を有することで組織の中で昇進しやすくなるとすると、日本社会の中での女性の活躍推進という観点からも意義のあることといえよう。

では、女性弁護士へのニーズはどの程度あるのだろうか。この点について、十分なデータがあるわけではないが、民事訴訟利用者調査において、女性の依頼者は必ずしも女性の弁護士を好んで選ぶわけではないものの、女性弁護

62）石田京子「ライフイベントと専門職生活――ジェンダーの視点から」佐藤・濱野編・前掲注14）191～192頁。

63）事務所により職位の置き方は多様だが、人数の多いアソシエイトとパートナーのうち、日本の弁護士資格で業務を行っている弁護士の数で、男女については名前や写真等からの推測で数えたため厳密な数字ではない。2024年2月20日時点での調査である。筆者は2016年にも同様の調査をしたことがあるが、8年経過した現在もパートナーの比率に大きな変化はない。

64）Kathleen E. Hull & Robert L. Nelson, Assimilation, Choice, or Constraint? Testing Theories of Gender Differences in the Careers of Lawyers, 79 *Social Forces* pp. 229-264(2000).

65）米田憲市編『会社法務部〔第12次〕実態調査の分析報告』（商事法務、2022年）。

士を選んだ依頼者は男女を問わず、「親身になって話を聞いてくれた」などの点で男性弁護士に対してよりも評価が高く、満足度も高かった[66]。

依頼者とのコミュニケーションの質の向上は、「依頼者の満足」を目指すべきとの最近の弁護士倫理の議論からも、弁護士にとって重要な要素であり、新たなプロフェッション性の形とも言える。依頼者とのコミュニケーションのなかで、既存の法的問題に縮減されない問題意識を受け止め、尊重しつつ、法的な対応、弁護士としてあるべき対応を構築していく。和田が提唱した、そのような関係志向的弁護士モデルは、そもそもフェミニズムの議論にも大きな影響を与えた「ケアの倫理」[67]から示唆を受けた議論であった。

ケアの倫理を女性の本質に還元することには慎重であるべきだが、男性中心の弁護士の世界で、見落とされ、聞かれてこなかった声を聞き取り、個別具体的な、それぞれ異なる人の課題に向き合っていくこと[68]は、今後の法の発展にとっても不可欠である。弁護士コミュニティの多様性の一歩として、女性弁護士がクリティカル・マスを超えて存在し、「国民との豊かなコミュニケーション」をはかることは、「良き社会の形成に向けての国民の主体的・自律的な営みに貢献」[69]するという司法制度改革の法曹像と構想を具体化することにつながろう。

V　結語

「弁護士コミュニティの多様化」という大きく、かつ把握の難しいテーマに対して、本章では、アメリカや日本での先行研究や、最近の議論を踏まえた論点整理にとどまり、自らの新たな調査研究を展開するには至らなかった。

弁護士コミュニティの分断の兆しの中、弁護士コミュニティを統合するメカニズムとして、従来型のプロフェッションの特性を当然とすることはでき

66）渡辺千原「ジェンダーの視点から見た民事訴訟」佐藤岩夫・阿部昌樹・太田勝造編『現代日本の紛争過程と司法政策』（東京大学出版会、2023年）593～611頁。

67）Carol Gilligan, *In a Different Voice:Psychological Theory and Women's Development*, Harvard University Press(1993)。キャロル・ギリガン（川本隆史ほか訳）『もうひとつの声で』（風行社、2022年）。

68）岡野八代『ケアの倫理――フェミニズムの政治思想』（岩波新書、2024年）は、ギリガンの『もうひとつの声で』が、正義の倫理とケアの倫理を対立させるものとして読まれてきたことに異論を唱える。

69）司法制度改革審議会「意見書」（2001年）。

なくなっている。弁護士倫理とそれによる規律の役割が重要になり、弁護士論における弁護士倫理の主流化が見られる。しかし、弁護士職務基本規程というルールの改定や遵守を促すだけでは、弁護士倫理の脱倫理化につながり、弁護士のプロフェッション性の維持や向上には足りなくなるだろう。

ビジネス・ロー、そこでのグローバル化の影響の大きさは無視できない。従来の弁護士役割論では、主に個人依頼者との関係や、それを基本とした弁護士業務の変化に注目することが多かったが、企業依頼者を中心とする弁護士の増加を前提にすると、市場や依頼者の圧力に抗して、法や正義を実現するという弁護士のプロフェッション性のリアリティは薄れかねない。

新たなプロフェッション性としては、依頼者とのコミュニケーションの向上を説く声が高まっている。単純な依頼者満足にとどまらず、多様な声やニーズ、これまで見えなかった問題に向き合える「多様性」を弁護士コミュニティの中で実現していくことも重要である。

女性弁護士の増加や活躍の場の拡大は、次なる弁護士コミュニティの構想にとっても重要な一歩となるだろう。

弁護士コミュニティの分化が今後どのように進むかは未知数だが、その大きな潮流は不可逆的なものと思われる。そうした中では、従来型の弁護士コミュニティの紐帯を前提とした自己規律の強化には限界があり、多様性の実現のほうが「基本的人権の擁護と社会正義」という弁護士の基本的使命を果たしていくための鍵となるのではないだろうか。

2 「弁護士の国際化」の現状と課題

須網隆夫

Ⅰ　はじめに

1990年代の冷戦終結以降、過去30年間を越えるグローバル化の進展は、最近でこそ、経済安全保障のための「デカップリング」・「デリスキング」により一定の歯止めがかかっているが、経済社会構造の様々な側面に影響を及ぼし、その変容を促してきた。そうであれば、日本社会の一構成要素である「弁護士」にも何らかの変化が生じているのではないかとの問題意識が生まれるのは自然である。例えば、弁護士は依頼者の要求に答えねばならないところ、依頼者が国際化すれば、弁護士も国際化せざるを得ないはずである。依頼者の国際化は、当初は企業を中心に進んだが、その後個人にも拡大する。もっとも、大都市地域に所在する大規模なローファームを除くと、グローバル化に伴う弁護士への影響が明示的に感じられる場合は、それほど多くないかもしれない。日本の弁護士が伝統的に主要業務としてきた国内裁判所での訴訟代理に関する限り、たとえ外国人の依頼者が増えても、その影響は既存の枠組み内で処理可能であるからである[1)]。しかし、グローバル化の影響をそのように限定的に理解して良いかは疑問である。本稿は、国際化の観点から、弁護士の現状を俯瞰し、将来への示唆を得ようとする試みである。

1）ただし、これまで国内裁判所で争われていた事案が、国外に持ち出されている可能性には留意する必要がある（須網隆夫「取り残される日本の司法」世界953号（2022年）170～172頁）。

Ⅱ「弁護士の国際化」はどのように議論されてきたか

さて、それがグローバル化に伴って生じる弁護士への影響を示唆することには異論がないとしても、「弁護士の国際化」または「弁護士のグローバル化」（本稿は両者を同じ意味で使っている）が何を意味するのかは必ずしも明確ではない。そのため、「弁護士の国際化（グローバル化）」とは何かがまず問われなければならない。そこで、「弁護士の国際化」がこれまで日本と欧米でどのように議論されてきたかから検討を始める。

1　審議会意見書による「弁護士の国際化」

1990年代、経済のグローバル化を背景に、日本に投資する外国企業は漸次増加し、他方新自由主義に基づく規制緩和が進む中で、法制度を支える司法の在り方は変容を迫られるようになる[2)]。日本では、「弁護士の国際化」は、そのような変容の一場面として議論された。21世紀の司法制度のグランドデザインを提示した、2001年の司法制度改革審議会意見書は、「Ⅱ 国民の期待に応える司法制度」の章の最後に「国際化への対応」と言う項を置き、グローバル化対応としての司法の強化を打ち出していた[3)]。そこでは、「国際的な民事・刑事事件の増加に対応するための民事司法・刑事司法制度の強化」、「途上国への法整備支援の推進」に続く、第3の課題として「弁護士（法曹）の国際化」が位置付けられ、国際的な法律問題の増加に対応するための、弁護士の専門性の向上、執務態勢の強化、国際交流の推進、外国法事務弁護士との提携・協働、法曹養成段階における国際化の要請への配慮等が提言されている[4)]。「日本企業の国際化、多国籍化、海外進出は、日本企業が直接海外の法律的リスクにさらされることを意味」すると語られるように[5)]、国際化の影響は、第1次的には企業法務の分野で現れ、渉外法律事務

2）　日本経済新聞社編『司法　経済は問う』（日本経済新聞社、2000年）123～128頁。

3）　司法制度改革審議会「司法制度改革審議会意見書――21世紀の日本を支える司法制度」（2001年6月）。

4）　意見書は、「III 司法制度を支える法曹の在り方」「第3　弁護士制度の改革」の項で、やはり「弁護士の国際化」に言及しているが、その内容は前記Ⅱに言及するのみである。

5）　木村庸五「国際化の中の弁護士」宮川光治・那須弘平・小山稔・久保利英明編『変革の中の弁護士――その理念と実践（上）』（有斐閣、1992年）244頁。

所・渉外弁護士の増加、外国法に関する法律サービスを提供する外国弁護士への需要を背景にした、外国弁護士の活動自由化の要求などとして具体化した[6)]。もっとも、法制度改革に重点を置く審議会意見書の具体的提言は、外国弁護士との特定共同事業の要件緩和に限られていた。また意見書は、国内の弁護士業務の国際化という色彩が強く、基本的に受け身の発想であり、弁護士による外国に向けた法律サービスの提供という視点は見られない。意見書の具体化は、司法制度改革推進本部の下に設置された「国際化検討会」が担ったが、そこでも議論は、「弁護士と外国法事務弁護士等との提携・協働の推進」にほとんど集中し、法整備支援につき若干の議論はあったものの、それ以外の側面は議論されなかった[7)]。

2　欧米における「弁護士の国際化」

「弁護士の国際化」が議論されることは日本特有の現象ではなく、アメリカ・ヨーロッパでも活発に議論されてきた。しかしそこでは日本と異なり、より広い文脈で「弁護士の国際化」が議論されている。第1に、1980年代後半、域内市場統合を進めていた欧州共同体（EC、現EU）内の議論はより先進的であった。すなわち、域内市場の根本原則である「弁護士の自由移動（開業の権利とサービス供給の自由）」は、EC（その後EU）加盟国の弁護士に、他の加盟国に事務所を開設して、資格取得国法につき外国法事務弁護士として活動できるだけでなく、受入国法につき受入国弁護士と同様の法律業務を遂行できることを原則として承認するに至った[8)]。弁護士の自由移動は、EUだけでなく、欧州経済領域（EEA）にも適用された。第2に、アメリカも、EC内の「弁護士の自由移動」を広く認識したため、アメリカ弁護士が国外で事務所を設置し、そこでサービス提供が可能であること、そしてその事務所が受入国弁護士を雇用できることを他国に求めた[9)]。他方、アメリカ国内

6）木村・前掲注5）244～245頁。

7）鹿児島大学司法政策教育研究センターウェブサイトより、国際化検討会の議事録・配布資料にアクセスすることができる（https://lawcenter.ls.kagoshima-u.ac.jp/shihouseido_content/sihou_suishin/kentoukai/kokusaika/dai8/8gaiyou.html）。

8）Gilles August, *The Internationalization of the Lawyer's Profession*, In Pouvoirs, Vol.140, Issue 1, 49-57（2012）、須網隆夫「EUにおける高度技能者移動の権利――弁護士の自由移動を中心に」岡部みどり編『人の国際移動とEU――地域統合は「国境」をどのように変えるのか？』（法律文化社、2016年）40～53頁、須網隆夫『グローバル社会の法律家論』（現代人文社、2002年）174～211頁。

の法律サービス市場はなお閉鎖的であり、多くの州で外国弁護士はアメリカ弁護士のパートナーになれなかったので、外国弁護士とのパートナーシップの必要・利点、さらに外国弁護士のアメリカ弁護士への統合の可否が議論された[10)]。

このように、ヨーロッパ・アメリカでは、「弁護士の国際化」は、日本とは異なる文脈で語られてきた。その意味で我々は、日本の文脈で弁護士の国際化を議論したに過ぎないことに注意しなければならない。なぜなら、現在まで議論されて来た国際化とは、別の次元の国際化が議論される可能性が常にあるからである。例えば、日英包括的経済連携協定は自由職業サービス分野において、サービス提供者の資格の将来的な相互承認の可能性を規定している（8・35条）。ここで弁護士が対象となる可能性は排除されていないのである。

3　司法外交と「弁護士の国際化」

そして日本でも、2010年代後半には、弁護士に限定しない「法曹の国際化」がより広い文脈で議論されるようになった。それが、自民党が主張した「司法外交」である。「司法外交」とは、日本型司法制度をソフトパワーと位置付け、「わが国の経験をアジア諸国の国づくりに積極的に活かす」新たな成長戦略であり、それは1990年代末以降のアジア諸国への法整備支援の経験を高く評価し、合わせてそのような国際司法を担う法曹の不足を指摘した[11)]。「司法外交」は、多くの弁護士が、法整備支援に関与するだけでなく、海外法律事務所に加えて、国際機関・在外公館で積極的に活動することを想定しており[12)]、これも弁護士の国際化の一場面と理解できる。日弁連も、審議会意見書の具体化の時期に、既にそのような政策を支持する態度を明ら

9）　Monte E. Wetzler, *The Internationalization of the American Legal Profession*, The Business Lawyer Update, Vol.11, No.6, 16, 12-13 (1991).

10）　*Id.*

11）　自由民主党政務調査会「司法外交の新機軸　5つの方針と8つの戦略――拡大する国際司法空間で、ひときわ輝きを放つ日本型司法制度へ」最終提言（2017年）。

12）　最終提言は、「幅広い分野の国際機関等に対し、わが国の法曹有資格者を100人規模で継続的に派遣する」、「留学経験のある弁護士の任期付き採用の拡大」と記述されている（同）。ただし、2023年の提言では、国際法務人材として、若手法務省職員についての記述しかなく（自由民主党政務調査会司法制度調査会「司法制度調査会2023提言――歴史の分岐点における『司法』の役割」（2023年））、弁護士への期待の低下が窺われる。

かにしていた[13]。

それでは、以上のように議論されてきた「弁護士の国際化」は、どのように進展してきたのであろうか。依頼者の国際化が、グローバル市場で事業活動を展開する企業により主導される以上、「弁護士の国際化」が、企業法務を担うローファームについてまず進展することは当然である。以下には、欧米ローファームの国際化との対比で、日本ローファームの国際化を検討する。

Ⅲ 「弁護士の国際化」の進展

1 欧米ローファームの国際化

「弁護士の国際化」をローファームが先導するのは世界共通の現象である。ここでの「国際化」とは、海外への事務所展開を含む、弁護士の越境的活動の発展を意味している。大規模な欧米ローファームは、本国だけでなく世界各地に支店事務所を設置して、グローバルに活動を展開している[14]。欧米ローファームは、グローバルな法律サービス市場の構築に指導的役割を果たしており、特にアメリカのローファームは、主たる依頼者であるアメリカ企業の要求に応えて、1960年代半ばからその海外展開を開始し、国外での活動を次第に発展させ、当初はヨーロッパ各国に、その後はアジア各地に事務所を設置して、グローバル・ネットワークを確立していった[15]。アメリカの大規模ローファーム250のうち、海外に事務所を有するファームは1985年には124であったが、1989年にはその数は180に増加し、さらに1991年には252に達して、1994年にはほぼ2000人のアメリカ弁護士が国外で働いていたと報告されるのは、この時期の国際展開の様子を示している[16]。そのような国際展開が可能であったのは、アメリカ法が準拠法でなくても、アメリカ・ローファームの国際取引・ビジネスに関する知識・ノウハウ、特に

13） 日弁連も、外務省・法務省への「任期付きでの弁護士の採用」、「国際機関における人権関係のポストに……、弁護士を登用して派遣」することを求めていた（日本弁護士連合会「弁護士（法曹）の国際化への対応強化について」（2003年））。

14） Sida Liu, *The Legal Profession as a Social Process: A Theory on Lawyers and Globalization*, Law & Social Inquiry, Vol.38, 671, 681 (2013).

15） Debora L. Spar, *A World of Lawyers: The Internationalization of Legal Practice*, 13-15 (The Program on Information Resources Policy, 1998).

16） *Id.*, at 13.

複雑な契約スキームの設計と契約書の作成のノウハウが国際取引全般に有用であったからである[17]。1990年代以降の経済のグローバル化は、アメリカ企業の海外進出に対応する、アメリカ・ローファームの海外展開をさらに促進し、彼らは多国籍企業だけでなく外国政府をも依頼者として国際業務を進めていく[18]。

アメリカに続き、ヨーロッパのローファーム、特にイギリスのファームが国際化していく。1970年代にその規模を顕著に拡大していた、ロンドンのシティを本拠とする、金融業務に強いイギリス・ローファームは、1980年代の金融ビッグバン以後のロンドン金融市場の活性化を機に世界規模に発展していく[19]。なおロンドン金融市場は、アメリカのローファームをも引き付け、1980年代には彼らのロンドン事務所も増加した。

このようなアメリカ・ファームのヨーロッパ進出、EU加盟国であったイギリス・ファームからの越境的サービス供給は、1980年代後半からドイツのローファームとの競争を活発化させた。ドイツ・ファームの国際化は、アメリカ・イギリスのファームの国際化とは異なる道筋を辿る。アメリカ・イギリスのローファームが海外事務所の設置という国際化戦略を取ったのと異なり、規模が相対的に小さいドイツのローファームは、EU法務の中心であるブリュッセルに事務所を開設しながら、英米事務所を排除した、大陸諸国のローファーム間のネットワーク型の連合の結成へと向かった[20]。しかし20世紀末以降、イギリス・ファームとドイツ・ファームの合併が盛んになり、2002年までに、ドイツの主要ローファームの多くがその独立性を失った[21]。ドイツの歴史に照らせば、日本のローファームが単独で存続できるのか否かが、「弁護士の国際化」の論点であることが分かる。

17） Michael A. Hitt, Leonard Bierman, Klaus Uhlenbruck and Katsuhiko Shimizu, *The Importance of Resources in the Internationalization of Professional Service Firms: The Good, The Bad, and the Ugly*, Academy of Management Journal, Vol.49, 1137, 1139-1140 (2006).

18） *Id.*, at 1138-1144.

19） Glenn Morgan and Sigrid Quack, *Institutional Legacies and Firm Dynamics: The Growth and Internationalization of UK and German Law Firms*, Organization Studies, Vol.26, 1765, 1771 (2012).

20） *Id.*, at 1772、Piet Wackie Eysten（須網隆夫訳）「ヨーロッパ弁護士とは？」国際商事法務20巻9号（1992年）1076〜1080頁。

21） Glenn Morgan and Sigrid Quack, *supra* note 19, at 1778.

2 日本ローファームの国際化

(1) 日本ローファームの海外進出

さて英米ローファームの世界的展開に比して、日本の法律事務所の海外展開は、日本経済の規模、日本企業の海外での活動展開に比して限定的であり[22)]、英米と異なり、WTOのサービス貿易交渉でも、日本が法律サービスを議題として取り上げたことはないと思われる。しかし、欧米ローファームと同様の海外進出は、日本のローファームの場合も、2010年代以降顕著となっている。

日本ローファームの海外進出は、1980年代末に始まった。「外国弁護士による法律事務の取扱い等に関する法律」(外弁法)の制定による外国弁護士の受入れに伴う相互主義により、日本弁護士の海外での活動が可能になったことを契機として、いくつかの事務所が、ロンドン・ニューヨークに進出したことがその嚆矢であった[23)]。その後、経済成長が始まった中国および東南アジア諸国への日本企業の進出に伴い、それらに関わる業務が増加し、1990年代半ばから中国・東南アジアでの事務所開設が始まる[24)]。もちろん、常に進出が成功したわけではないが、日本ファームはそのような失敗からも学び、21世紀には現地事務所との業務提携を含む[25)]、独自の海外支店網の整備に向かい、現在も拡大傾向が続いている。

現在、日本のローファームは、主たる依頼者である日本企業の海外展開に追従し、また日本への投資に関心を有する海外企業のために、国外に相当数の事務所を開設している。例えば、四大ローファームの一角である、アンダーソン・毛利・友常法律事務所は、東アジア・東南アジアに8事務所(連携事務所を含む)、ヨーロッパに2事務所を展開し、それらの事務所では、少な

---

22) 川村明は、1990年代後半に、「われわれもまた海外に進出してその役割を果たすことが求められる」、「日本の弁護士が国際的に進出して『ボーダーレス化する社会』の中にあっていかなる役割を果たすべきか」と論じていた(川村明「WTO体制下における弁護士業の法的枠組」日本弁護士連合会編集委員会編『あたらしい世紀への弁護士像』(有斐閣、1997年)95頁)。

23) 桝田淳二「日本事務所のはじめてのニューヨーク進出」長島安治編集代表『日本のローファームの誕生と発展――わが国経済の復興・成長を支えたビジネス弁護士たちの証言』(商事法務、2011年)272～280頁、濱田邦夫・石黒徹「濱田松本法律事務所」同書200～202頁。

24) 糸賀了「アジア諸国に関連する渉外法律業務」長島編・前掲注23)280～287頁、石川正・国谷史朗「関西発祥の法律事務所の発展」同書291頁、原壽「長島・大野・常松法律事務所の誕生」同書102～104頁。

25) 原・前掲注24)110頁。

くとも30人近い日本人弁護士が、現地の弁護士と連携または彼らを雇用してサービスを提供している[26)]。単純な比較はできないが、2012年時点では、フランスのローファーム100のうち国外に拠点を有するのは20以下であると報告されており[27)]、日本のローファームの海外進出の程度は一定の水準に達しつつあると評価できよう。なお自民党政務調査会も、日本弁護士の海外活動を推進するために、特に東南アジア諸国で「外国弁護士に対する規制緩和を求める」としている[28)]。

海外事務所の設置・運営に多額の費用とノウハウが必要であることは言うまでもない。そのため、その資源がない事務所には、より安価な海外法律事務所とのネットワーク化が選択肢となり、日本の事務所にもその種の国際ネットワークへの加入を通じて依頼者の要求に応えようとするものがある[29)]。それぞれの国内市場で有力な事務所同士が従来の独立性を維持しながら、日常的な共同作業の中から依頼者を紹介し合うことができれば、そのメリットは小さくないが、依頼者の要求への迅速な対応が緩やかなネットワークによりどこまで実現できるかが、この種のネットワークの課題である。

(2) 外国法事務弁護士・外国法共同事業の増加

弁護士の国際化は海外進出だけではない。国内における外国法弁護士の活動も国際化の一断面である。1987年に施行された外弁法により外国法事務弁護士（以下、外弁とする）制度が確立し、外国弁護士の日本での活動が始まったが、1990年代以降、外国法事務弁護士の数は著しく増加した。1990年代末に100人を越えた外弁は、2003年に200人、2000年代末に300人、そして2010年代後半には400人を越えて、2022年4月時点で456人に達し、弁護士会の構成員として、日本の弁護士社会の確固たる一部となっている[30)]。そして2000年代後半以降には、外国ファーム・外国弁護士と日本弁護士の共同事業が発展している。前述のように、外国弁護士と日本弁護士の

26）アジアには、北京・上海・香港、ハノイ・ホーチミン、バンコク、シンガポール、ジャカルタの各都市に、ヨーロッパにはロンドン・ブリュッセルに支店事務所が存在する。

27）Gilles August, *supra* note 8, at 55.

28）自由民主党政務調査会・前掲注11）。

29）Gilles August, *supra* note 8, at 55。例えば、シティユーワ法律事務所は、World Law Group と Pacific Rim Advisory Council (PRAC) という2つの国際ネットワークに加入し、海外事務所との緊密な協力関係を構築している（See https://www.city-yuwa.com/overview/trait/ (last visit on 11 February 2024)）。

30）『弁護士白書2022年版』59～60頁。

連携強化は、司法制度改革の論点であった。外弁法制定後も、なお外弁の活動は厳しく制約されていたからである[31)]。そこで審議会意見書は、「外国法事務弁護士等との提携・協働」を進めるために従前の特定共同事業の要件緩和を行うべきであり、合わせて外弁による日本弁護士の雇用禁止の見直しを検討すべきと提言した[32)]。日弁連は、雇用解禁に慎重な態度を維持していたが、その後2002年に始まった司法制度改革推進本部国際化検討会は、「弁護士と外国法事務弁護士との共同事業」と「外国法事務弁護士による弁護士の雇用」につき検討を重ね、委員間の意見対立は解消しなかったが、第13回会合（2003年2月）で多数意見により両者を認めるという「議論の方向性」を最終的に確認し[33)]、それに沿って2005年に外弁法49条の改正が実現した。その要点は、第1に外弁による日本弁護士の雇用禁止の撤廃であり、第2に外弁と日本弁護士の共同事業の自由化であった[34)]。

日弁連がこれらの規制緩和に抵抗した理由の1つは、日本のローファームが欧米ローファームの傘下に入り、独立性を失うことであった[35)]。しかしその懸念は徐々に薄らぎ、前述の2005年改正で可能となった、外国法共同事業も全体的には明確な発展傾向を示している。すなわち、2010年代の状況を見ると、共同事業を行うものは、2014年に38事務所（被雇用日本弁護士533人、被雇用外弁46人）、2016年に39事務所（被雇用弁護士549人、被雇用外弁63人）であったが、その後2021年には48事務所（被雇用日本弁護士1095人、被雇用外弁83人）、2022年には50事務所（被雇用日本弁護士1019人、被雇用外弁75人）に増加している[36)]。日本のローファームの一部も共同事業を開始している[37)]。このように、国内で弁護士と外国弁護士が対等のパートナーとして

31）　司法制度改革審議会・前掲注3)、須網隆夫「外国弁護士の活動、提携の自由化をどう図るか」カウサ3号（2002年）131～133頁、須網隆夫「『外国弁護士』問題、ほぼ全面自由化の方向へ」カウサ4号（2002年）103～105頁。

32）　司法制度改革審議会・前掲注3)。

33）　国際化検討会（第13回議事録）（2003年）、「国際化検討会の議論の方向性」（第13回配布資料）、上柳敏郎「法務の国際化と日本弁護士の変容と課題――外弁法改正や法整備支援の経験から考える」早稲田大学比較法研究所編『日本法の国際的文脈――西欧・アジアとの連鎖』（成文堂、2005年）339～364頁。

34）　上柳・前掲注33）340頁、ただし、外弁規制の現状を批判し、更なる自由化を求める意見もある（グレン・S・フクシマ「日本におけるリーガル・サービスの自由化――米国人の視点から」長島編・前掲注23）258～260頁）。

35）　上柳・前掲注33）346頁。

36）　『弁護士白書2014年版』101～102頁、『弁護士白書2016年版』63～64頁、『弁護士白書2021年版』75～76頁、『弁護士白書2022年版』61～62頁。

共に働くことが常態化しているのである。

3　個人の国際化と弁護士の国際化

(1) グローバル化と伝統的弁護士業務

国際化しているのはローファームだけではない。グローバル化による影響につき、グローバルに活動するローファームに注目が集まるのは当然である。しかし、グローバル化を背景に、多くの個人依頼者の国際化も進行したため、企業法務の国際化とともに、ローファーム以外の法律事務所も一定の国際化を余儀なくされている。グローバル化は、既存の国境の意味を変化・動揺を生じさせる現象であり、「世界は1つの存在である」という人々の意識の成長に依拠し、我々の置かれた社会的条件の変容を示唆する概念である[38)]。グローバル化の影響が、グローバル市場に繋がる国内市場における経済活動だけでなく、社会の様々な側面に及ぶ以上、ローファーム以外の法律事務所もその影響を被らざるを得ない。もし伝統的な弁護士は、「グローバルな法実務において、ローファームの単なる追従者であり、受動的な受領者である」と想定するならそれは誤りであり、彼らの事務所は、グローバル市場と国民国家を媒介して、ハイブリッドな法実務が生成する主要な場所であるとの指摘に注意しなければならない[39)]。換言すれば、伝統的な国内法実務は、グローバルな規範の受容とそれへの抵抗が個人・中小企業を接点に交錯する、グローバルとローカルの境界場面であり、ローカルな法律事務所は、国内政府・国内裁判所とともに、そこでの主たるプレイヤーである[40)]。アメリカの事例から検討を始める。

(2) アメリカにおける伝統的法実務の変容

伝統的法実務へのグローバル化の影響を検討した、2008年のLaurel S. Terryの論稿は、「グローバル化は、アメリカの全ての弁護士に関連する」と結論付けている[41)]。ローファームの活動が注目されるとはいえ、アメリ

---

37) 田中克郎「『国連』型のボーダーレス法律事務所を目指して」長島編・前掲注23) 213〜214頁。2021年時点で、TMI総合法律事務所、渥美坂井法律事務所、アンダーソン・毛利・友常法律事務所は外国法共同事業を行っている（『弁護士白書2021年版』）。

38) Manfred B. Steger, *Globalization:A Very Short Introduction* 1-2 (5th ed., Oxford, 2020).

39) Sida Liu, *supra* note 14, at 681.

40) Liuは、ローカルファームは、彼らこそが、グローバル市場と国民国家の間を仲介する真の仲介者であると指摘する（*Id.*, at 681 and 683)。

カで100人以上のローファームに所属する弁護士はなお少数派である[42]。彼らが、グローバル化と無縁ではない理由は、第1に、アメリカの多くの依頼者が、国外の事業者または消費者との取引に関与しているからである。その結果弁護士は、ローファームに所属していなくても国際取引を処理せざるを得ず、そのために必要な技能・専門知識を調達するために一部の事務所は国際ネットワークに参加している[43]。第2に、外国からアメリカへの、またアメリカから外国への直接投資が活発化しているからである。例えば、外国人による米国不動産の購入や、逆にアメリカ人による外国不動産の購入は、多くの弁護士に国際化を余儀なくさせる[44]。そして第3は、外国からの移民の増加である。アメリカに居住する外国人が、本国で相続・親族または取引上の問題を抱えれば、それらの解決は通常の事務所に持ち込まれ、場合によっては依頼者の母国語での説明・助言が必要となる[45]。この場合、弁護士は、異なる文化の仲介者として、アメリカと依頼者の本国を架橋することを求められ、複数国に跨る文化・法律・倫理上の争点に敏感でなければならない。第4に、アメリカでは、弁護士が提供する法律サービスの国外へのアウト・ソーシングが進んでいる。弁護士の法律サービスには複数の作業に分割できるものがあるが、その一部（例えば、初歩的なリサーチと文書起案など）は国外の弁護士に委託されている[46]。例えば、ディスカバリーで得た膨大な書類の精査は、もはや若手弁護士の仕事ではなく、より安価なインド弁護士に外部委託されている。同様に、特許申請書・訴訟前の申請書など各種書類の起案、M&Aのためのデューディリジェンスなどの作業も国外に委託されている[47]。アメリカの弁護士は、インターネットの進歩の結果、これら国外の弁護士と競争することを強いられているのである。

41） Laurel S. Terry, *The Legal World Is Flat: Globalization and Its Effect on Lawyers Practicing in Non-Global Law Firms*, Northwestern Journal of International Law & Business, Vol.28, 527, 559 (2008).

42） 2000年において、全弁護士の14.3%に止まっている（*Id.*, at 529）。

43） *Id.*, at 549-550.

44） *Id.*, at 550.

45） *Id.*, at 550-551.

46） *Id.*, at 555-556.

47） *Id.*, at 536-538; Jayanth K. Krishnan, *Outsourcing and the Globalizing Legal Profession*, William and Mary Law Review, Vol.48, 2189-2246 (2007); Leonard Bierman and Michael A. Hitt, *The Globalization of Legal Practice in the Internet Age*, Indiana Journal of Global Legal Studies: Vol.14, 29, 29-30 (2007).

以上、ローファームと比べた場合、伝統的な国内法実務を主とする弁護士への影響はより限定的・間接的ではあるが、なお有意な水準にある。人工知能の利用を含めて、アメリカの全ての弁護士は様々な挑戦を受けているのである[48)]。

(3) 日本における伝統的法実務への影響

日本でも、移民・移住による在留外国人労働者の増加および移住・転勤等による在外日本人の増加により、個人依頼者の国際化が進んでいる。国内の外国人労働者数は著しく増加して、2022年10月末現在で182万人を越えるに至り、外国人を雇用する事業所も、東京・愛知・大阪という大都市部を中心に30万弱に及んでいる[49)]。国際結婚により日本で居住する外国人も一貫して増加している。すなわち、夫日本人・妻外国人の夫婦は1995年には10万9518組であったのが、2020年にはその数は26万886組と2倍半に増加している。同様に、妻日本人・夫外国人の夫婦も、1995年の5万8147組から、2020年の12万4714組へとやはり倍以上の増加を示している[50)]。他方、海外在留邦人数も1990年代以降大幅に増加し、1989年に長期滞在者・永住者合わせて約58万7000人であった在留邦人数は2019年に約141万人の頂点に達し、2023年でも約128万人を越えている[51)]。在留外国人の増加に伴い、国内では外国人に関する事件が増加する。在留資格等の入管手続、難民認定申請、帰化等の国籍手続、社会保障関係の行政手続、外国人労働者の労働問題、在日外国人による刑事事件、外国富裕層による国内不動産の購入など、以前には存在しなかったか、存在していても量的に小さかった分野が拡大し、弁護士の業務分野として新たに確立してくる[52)]。他方日本人に関する事案でも、在留邦人の増加に伴い、海外に移住した日本人の国内資産の管理、国際結婚の増加に伴う、国際的な子の奪取の民事上の側面に関する条約

48)　アメリカだけでなく、国際化が既に進展しているヨーロッパでは、国際化よりもAIの弁護士業務への影響が強く意識されている（須網隆夫「ヨーロッパ弁護士の現状と将来」法の支配200号（2021年）166〜170頁）。

49)　厚生労働省「外国人雇用状況の届出状況まとめ（令和4年10月末現在）」（2023年1月27日）。

50)　厚生労働省「令和4年度・離婚に関する統計の概況」（2022年8月24日）。

51)　外務省領事局政策課「海外在留邦人数調査統計」（2023年10月）（https://www.mofa.go.jp/mofaj/files/100436737.pdf）。

52)　『弁護士白書2020年版』9〜11頁、溜前将之「外国人の法律問題と地域連携活動」総合法律支援論叢8号（2016年）82〜102頁、梓沢和幸「外国人の人権とあすの弁護士」宮川ほか・前掲注5）274〜278頁。

（ハーグ条約）の適用などがやはり増加してくる[53)]。

(4) 弁護士会の国際戦略

このような状況に鑑み、日弁連は2016年に「国際戦略」を策定し、弁護士会としても国際化を指向している。戦略の重点は公益・人権・法の支配の実現に関わる活動に向けられており、国際人権基準に基づく国内外における人権活動、外国における法制度整備支援、弁護士倫理の確立などが目標として掲げられている[54)]。さらに日弁連は、2019年6月の定期総会で国際化対応の積極的推進を宣言し、国際戦略で掲げた基本目標の実現を図ろうとしている。宣言は、外国人労働者・在留外国人の権利侵害への救済および様々な場面での法的支援への取組み、中小企業の海外展開への法的支援、国際仲裁の活性化に向けた体制整備を宣明している[55)]。日弁連は、同宣言に続き翌月、国際戦略の目標達成のために従来の活動を点検し、今後日弁連が取り組むべき課題を示す、「国際戦略グランドデザイン」を決定した。日弁連は1990年代より、政府報告書に対するカウンター・レポートの国連人権条約諸機関への提出、アジア諸国への法整備支援、推薦留学制度によるアメリカ・イギリス・シンガポールのロースクールへの会員弁護士の留学などの国際活動を展開してきた。その結果、海外で公益分野において活動する弁護士も着実に増加しつつある[56)]。特に法整備支援の分野では、独立行政法人国際協力機構（JICA）と連携し、JICAの長期専門家として、相当数の弁護士（1995年以降、2018年までに53人）が年単位でアジアを中心にした諸国に派遣されている[57)]。グランドデザインは、それらの実績を基礎にその継続・強化、特に海外の人権問題への対応・国際ルール形成への積極的関与・弁護士の海外業務への支援に言及するとともに、国内では各単位会の国際化の推進、渉外家事事件・入国在留手続事件についての司法アクセスの向上が必要であるとしてい

53) 濱田雄久「普通の弁護士から国際派弁護士へ」近畿大学法科大学院論集8号（2011年）67～84頁。

54) 日弁連「国際戦略」（2016年）。

55) 日弁連70回定期総会「グローバル化・国際化の中で求められる法的サービスの拡充・アクセス向上を更に積極的に推進する宣言」（2019年）。

56) 佐藤暁子「法科大学院制度と国際人権実務」法律時報92巻5号（2020年）117～119頁。

57) 『日弁連創立70周年記念誌・日弁連70年』（2018年）98頁（https://www.nichibenren.or.jp/library/pdf/jfba_info/publication/70kinenshi_2-6.pdf）。例えば、ベトナムへは、2019年までに長期専門家として9人の弁護士を派遣し、ラオスにも、短期専門家4人、長期専門家5人を派遣している（『弁護士白書2019年版』193～194頁）。

る[58]。

4　小括——弁護士社会の分断

訴訟代理を中心業務とする、ローファーム以外の弁護士の場合、その国際化はなお限定的であり、したがって国際化の程度につき差異が生じることは当分の間不可避である。イギリスでは、商業裁判所事件の75%に非英国の当事者が関わっていると指摘されるが[59]、外国企業による日本の裁判所の利用はなお限られている。日本を仲裁地とする国際商事仲裁の事件数も甚だ少ない[60]。その意味では、日本には弁護士を国際化させる要素はなお小さい。国内の伝統的業務に関する限り、ローファームと異なり、国際化の影響を受けないローカルな法分野が各国に存在することにも留意する必要がある[61]。EUにおける弁護士の自由移動が、他の加盟国から移動してきた弁護士に、受入国法に関する実務に従事することを原則として認めながらも、受入加盟国が、遺産管理権限取得および土地に係わる権利の創設・移転の証書作成、訴訟等の法的手続における依頼者代理をその例外とできることを認めていることも（例えば、訴訟の場合、当該国で資格を取得した弁護士との共同受任が必要となる）、それを示唆している[62]。訴訟代理、親族・相続事件、不動産の権利移転、遺言・信託などは、当該国で資格を取得した弁護士だけが扱えるとすることに合理性がある。最近の法社会学的調査は、交通事故に加えて遺言・相続・不動産売買事件は、弁護士にとって「難易度が低く収益性が相対的に高い」と評価しており[63]、それらを除外すれば、当該国の弁護士の経済的基盤へのダメージも少ない。

しかし、それにより伝統的な弁護士社会がそのまま維持できるわけではな

58）「国際戦略グランドデザイン2019年度版」(2019年7月18日)。

59）Andrew Boon and John Flood, *Globalization of Professional Ethics? The Significance of Lawyers' International Codes of Conduct*, Legal Ethics, Vol.2, 29, 39 (2019).

60）「(座談会) 国際仲裁・調停の現状と将来」法の支配212号（2024年）5〜41頁。

61）Andrew Boon and John Flood, *supra* note 59, at 53-54.

62）Council Directive of 22 March 1977 to facilitate the effective exercise by lawyers of freedom to provide services, OJ 1977, L 78/17; Directive 98/5/EC of the European Parliament and of the Council of 16 February 1998 to facilitate practice of the profession of lawyer on a permanent basis in a Member State other than in which the qualification was obtained, OJ 1998, L 77/36.

63）藤本亮「(第5章) 業務分野に対する評価：難易度、社会的意義、収益性」宮澤節生ほか「第62期弁護士第2回郵送調査第2報——二変量解析から多変量解析へ」青山法務研究論集10号（2015年）112頁。

い。それは、前述のように日本のローファームが欧米ローファームの後を追って国際化しつつあり、ローファームに所属する弁護士とそれ以外の弁護士との相違が多くの面で顕在化しつつあるからである。欧米では以前より、弁護士は企業を依頼者とする者と個人を依頼者とする者に二分されると議論され、大都市に集中するローファームの国際化などによる、弁護士間の相違の拡大が弁護士会内部に摩擦を引き起こすことが指摘されたが[64)]、日本でも大都市の単位会と地方の単位会との意見の相違が固定化しつつある。国際化は、弁護士社会内の相違を拡大させる要因となっており、その意味では、全ての弁護士がグローバル化の過程に不可避的に巻き込まれている。

Ⅳ　弁護士の国際化が惹起する問題

さて、上記のような変化は、新たに解決しなければならない問題を必然的に生じさせている。それが特に現れるのは、弁護士倫理と法曹養成の場面である。

1　弁護士倫理の国際的調和

「弁護士の国際化」は、日本の弁護士が他国の弁護士とともに働くことを日常化する。また弁護士が、自国だけでなく他国で働く機会も増加し、弁護士が複数の弁護士倫理を遵守しなければならず、複数の懲戒手続の対象となる場合も生じる[65)]。弁護士の行為規範である弁護士倫理が各国ごとに異なることが、越境的な弁護士業務の妨げとなることは言うまでもない。したがって「弁護士の国際化」は、必然的に「弁護士倫理の調和」への圧力を生じさせる。弁護士倫理は、各国に固有の状況を背景に発展しているので、普遍的な倫理が単純に実現するわけではなくまた妥当であるとも限らないが、他方で、特に越境的業務を中心に調和に向けた動きが進んでいることも事実である[66)]。「弁護士の国際化」が著しく進んでいるヨーロッパでは、各国弁護

64)　Sida Liu, *supra* note 14, at 671 and 677-678; Andrew Boon and John Flood, *supra* note 59, at 55.

65)　Articles 4 and 7 (Council Directive, *supra* note 62) ; Articles 6 and 7 (Directive 98/5, *supra* note 62)、外弁法43条・83条1項、下條正浩「経済のグローバル化と弁護士の将来」法社会学76号（2012年）96～98頁。

66)　Andrew Boon and John Flood, *supra* note 59, at 29-57.

士会の連合体である「欧州弁護士会協会（The Council of the Bars and Law Societies of the European Union, CCBE）」が、一貫して弁護士倫理の調和に取り組んでいる。CCBEは、1988年には弁護士の越境的活動に適用される「ヨーロッパ弁護士行為規範（Code of Conduct for European Lawyers）」を採択し、その後数次にわたり改訂している[67)]。CCBEはさらに、「ヨーロッパ法律専門職のコア原則憲章」（2006年）、コア原則を具体化して各国弁護士倫理のガイドラインとなる「ヨーロッパ弁護士モデル行為規範」（2021年）をそれぞれ採択して、ヨーロッパにおける弁護士倫理の調和を進めている[68)]。

日本も、そのような国際的圧力から自由ではない。それが顕在化したのが、独禁法事件における競争当局の調査手続に対する「弁護士・依頼者間秘匿特権」の導入である。欧米では、依頼者・弁護士間の通信の秘密は広く保護されている。例えばEUでは、秘匿特権は、弁護士の法的助言に係わる依頼者・弁護士間の通信の秘密を守る「依頼者の権利」であり、事業者の防御権の一部として独禁法違反調査手続で重要な役割を果たしてきた[69)]。これに対し日本では、弁護士の守秘義務は認められるが、依頼者の権利は認められていなかった。近時、国際的なカルテル事案につき、複数の独禁当局が並行的に調査を進め、独禁協力協定の下、取得情報を一定の範囲で交換する実務が定着している[70)]。秘匿特権の取扱いの相違は、このような協力を阻害しかねない。そのため、2019年の独禁法改正によるリニエンシー制度の改正に際して、公正取引委員会は「事業者と弁護士との間で秘密に行われた通信の取扱いについて」と題する文書を公表し、欧米の秘匿特権に類似した制度を導入することを明示した[71)]。日弁連は、2016年以来、秘匿特権の広範な導入を求めており[72)]、特にその契機となったワーキンググループ報告書は、

67）CCBE, Code of Conduct for European Lawyers (last amended in 2006).

68）モデル行為規範は、2016年以降に順次採択された、独立モデル条文（2017年）、利益相反モデル条文（2016年）、守秘義務モデル条文（2016年）、依頼者との関係モデル条文（2020年）、弁護士報酬モデル条文（2021年）、弁護士間関係モデル条文（2021年）に、前文（2021年）を加えたものである（CCBE, Model Code of Conduct for European Lawyers, 2021）。

69）*Id.*, at 12-13; Etsuko Kameoka, *Legal Professional Privilege in EU Competition Investigations*, 1-3 (Edward Elgar, 2023).

70）林秀弥「競争法分野における国際協力」名古屋大学法政論集250号（2013年）232～244頁。

71）Etsuko Kameoka, *supra* note 69, at 157-161、松本博明・萩原泰斗「いわゆる『弁護士・依頼者秘匿特権』を巡る議論と公正取引委員会の取組」法律時報92巻3号（2020年）66～70頁、多田敏明「依頼者秘匿特権」ジュリスト1550号（2020年）36～42頁。

72）日弁連「弁護士と依頼者の通信秘密保護制度の確立に関する基本提言」（2016年）、「独占禁止

国際的な独禁法執行の場面で、欧米執行当局との情報共有が強化されているところ、欧米で認められる秘匿特権が日本で認められないことによる弊害を指摘し、調和圧力が働くことを示唆している[73]。前述のように秘匿特権は依頼者の権利であり、弁護士倫理自体ではないが、弁護士の役割と密接に関連しており、弁護士倫理の国際的調和への圧力も日本にとって無縁ではない。職務基本規程が日弁連会規として制定され法規範化したことも、弁護士倫理の強化とともに、諸外国の弁護士倫理が法規範であることがその理由の一端であった[74]。しかし、基本規程の制定後20年以上が経過しながらも、弁護士の弁護士倫理に対する意識はなお旧弁護士倫理時代と大きくは変わっていない。基本規程が会規である以上、本来は、基本規程違反は、会規の遵守を定める日弁連会則29条1項違反を構成し、直ちに弁護士法の定める懲戒事由（56条1項）となるはずである[75]。しかるに、ほとんどの懲戒処分決定は、「会則違反」ではなく、基本規程制定以前と同様、「品位を失うべき非行」を援用している。日本における弁護士倫理の法規範化はなお不徹底であると言わざるを得ない。

2　法曹養成の国際化

「弁護士の国際化」は「法曹養成の国際化」をも必要とする。「弁護士の国際化」を推進しようとすれば、法曹養成教育に、国際化を念頭にどのような内容を盛り込むかが課題となるからである。ヨーロッパでは、法曹養成の国際化も実現している。欧州での法曹養成は、多くの場合、大学法学部が担っているが、そこでは、特にEU域内諸国およびアメリカの大学との学生交換プログラム、共同学位授与制度が広範に展開されている[76]。その結果、外国学位を有する弁護士は増加しており、例えば、ドイツの上位10のローファーム所属弁護士のうち、外国学位を有する者の割合は2005年時点で24.3%であり、特に1970年以降に出生した弁護士の外国学位保有率は31.1%

法の改正に伴う依頼者と弁護士の通信秘密保護制度に関する会長声明」（2019年）。

73）　日弁連・弁護士と依頼者の通信秘密保護制度に関するワーキンググループ「弁護士と依頼者の通信秘密保護制度に関する最終報告」（2016年）27～29頁。

74）　柏木俊彦「弁護士職務基本規程（案）について（1）」二弁フロンティア2003年11月号22頁以下。

75）　弁護士法56条1項は、日弁連会則違反が懲戒事由であることを明示している。

76）　Gilles August, *supra* note 8, at 53.

に達し、アメリカ・イギリスでの学位取得者が多い[77]。その傾向は1980年代より明らかであり、特にアメリカ・ロースクールのLL.M.課程は、国際的に活躍しようとする非英米圏の弁護士にとって貴重な教育機会を提供している[78]。

これに対し、「弁護士の国際化」に対応する法曹養成教育を実現しようとする問題意識は日本では薄い。確かに審議会意見書は、「弁護士（法曹）の国際化」で「法曹養成段階における国際化の要請への配慮を進める」と述べていたが、「法曹養成制度の改革」の部分では具体的には何も言及していない[79]。前述の国際化検討会の議論では、検討会委員から弁護士の語学力、コミュニケーション力、ディベート力を向上させるための法科大学院の役割、外国法の観点からも多角的に法律問題を考察できる複眼的な思考を持つ法曹の養成が重要との意見が出ていたが[80]、2010年代に予備試験との競争の中で予備校化し、さらに在学中受験制度が導入された現在の法科大学院が、どこまでそのような要請に応えられているかは疑問である[81]。これに対し、自民党政務調査会の司法外交に関する提言は、国際法務人材の養成の文脈で、法曹養成制度につきより踏み込んだ内容を提言し、法科大学院における国際性の獲得として、「法科大学院において、法曹になった後の外国語による法務の取扱いを可能とする能力修得」を推奨し、また法曹養成課程への海外法曹の受入れ推進に言及している[82]。このように、国際化への対応は引き続き、法科大学院に要請されている。対応の可能性を示すのが、韓国の法科大学院の対応である。

日本に遅れて2009年より法科大学院制度を開始した韓国では、ロースク

77）　Glenn Morgan and Sigrid Quack, *supra* note 19, 1765, 1770 (2012).

78）　Sida Liu, *supra* note 14, at 686; Carole Silver, *Internationalizing U.S. Legal Education: A Report on the Education of Transnational Lawyers*, Cardozo Journal of International & Comparative Law, Vol.14, 143-175 (2006).

79）　司法制度改革審議会・前掲注3)。

80）「『弁護士（法曹）の国際化への対応強化・法整備支援の推進等』について（議論の整理メモ）（案）」国際化検討会（第16回）配布資料（2003年）。

81）　米田憲市「『理論』も『実務』も置き忘れた法曹養成――臨床法学教育を鍵とする再生を目指して」須網隆夫編著『平成司法改革の研究――理論なき改革はいかに挫折したのか』（岩波書店、2022年）255～275頁、後藤昭「法曹養成制度の岐路」法律時報91巻9号（2019年）129～134頁。

82）　自由民主党政務調査会・前掲注11)。ただし、自由民主党司法制度調査会の2023年の提言では、国際法務人材養成につき、法科大学院に関わる記述は一切見られず（自由民主党政務調査会司法制度調査会・前掲注12))、法科大学院への期待は低下している。

ールの入学選考に外国語能力を考慮するとともに、一定数の外国語による講義を開講する法科大学院が少なくない[83]。例えば成均館大学では、2009年の法科大学院開設時に、23科目64単位の講座が英語・日本語または中国語で提供された[84]。また延世大学は「世界法律サービス市場でリーダーシップを発揮する法曹人を輩出する」という教育理念を掲げた[85]。日本の法科大学院も、海外研修プログラムなど一定の国際化対応をしているが[86]、審議会意見書はもちろん、このような明確な国際化の理念を掲げた法科大学院は日本にはなかったと思われる。

弁護士が、資格取得国の法を中心に業務を行うことは当然である。弁護士は、大学を始め法曹養成の過程で学んだ資格取得国法および同国の法実務に最も精通しているので、それが最も効率的であり、依頼者にとっても消費者保護の観点から最も望ましい。しかし、法制度は弁護士を含む法曹が資格取得国法だけを扱うことを予定してはいない。このことは、EUを中心とするヨーロッパだけでなく、日本にとっても同様である。日本の弁護士資格は、日本法以外の国家法・国際法を取り扱うことを当然の前提としている。

第1に、弁護士法は弁護士の職務範囲を規定しているが、そこに言う「法律事務」に限定はなく、外国法に関わる法律事務もその範囲に含まれている[87]。換言すれば、日本の弁護士資格は、日本法に対してのみ与えられているわけではない。「日本の弁護士が専門家として求められる知識・判断の領域はあくまで日本法」であることは事実であるが、現実の法律事務の中で、外国法につき一定の知識・判断が求められることは渉外弁護士には以前より当然のこととして認識されていた[88]。そして最近は、日本の弁護士が外国

83)　金次東「国際化時代における法学教育のあり方——漢陽大学校の事例を中心に」中央ロー・ジャーナル5巻4号（2009年）21～22頁、金宰源「国際化に対応した成均館大学校ロースクールの法学教育」同29頁。韓国の法科大学院の概要は、金昌禄「韓国ロースクール・システムの意義と課題」法律時報92巻3号（2020年）72～79頁を参照。

84)　金宰源・前掲注83）30～32頁。延世大学も選択科目147科目中、外国語による科目は27科目（全体の18.4%）（うち26科目68単位は英語）である（金正梧「延世ロースクールの世界化プログラム」中央ロー・ジャーナル5巻4号（2009年）42～43頁）。

85)　金正梧・前掲注84）40頁。

86)　伊藤壽英「中央大学法科大学院における国際プログラムへの取組み」中央ロージャーナル5巻4号（2009年）45～53頁、永田均「琉球大学法科大学院とハワイ大学ロースクールとの交流」同54～61頁。

87)　上柳・前掲注33）341頁。

88)　木村・前掲注5）246～247頁、251頁。

法に関する高次のサービスを提供する場面も少なくない。例えば、EU一般データ保護規則（GDPR）については、多くの日本弁護士が情報提供を行っている[89]。そこでは、日本法ではないからアドバイスはしないというような硬直的な対応はなされていない。

第2に、裁判官も同様であるが、そもそも弁護士が、日本の法廷で日本法以外の法を扱うことが予定されている。国際私法である「法の適用に関する通則法」を適用した結果、準拠法が外国法に決定された場合、訴訟代理人である弁護士は、当該外国法につき体系的な法学教育を受けていないにもかかわらず、当然外国法に関わる主張を展開することになり、裁判所も当該外国法を適用して事案の成否を判断する。グローバル化以前の段階では、準拠法が外国法となる事件は少数であったろうが、現在は増加していると思われる[90]。

このような状況は、法曹養成教育の目的に新たな視点を提供する。すなわち弁護士は、資格取得国法の学習を通じて、単に同法に止まらず、各国法に共通する法原則・法論理を体得するのである。そうであるからこそ、弁護士も裁判官も大学等で学んでいない外国法にも対応できるのである。どこの国でも法律学の学習は、当該国の国内法を中心的な題材として行われるが、そこで得られた法律家としての能力は普遍的である。このことは、渉外業務に従事している弁護士は無意識に感じているところである[91]。常に複数の国家法の重畳的適用を念頭に置きながら、業務を進める弁護士にとっては当然の感覚であろう。またこのように考えなければ、EUにおいてなぜ「弁護士の自由移動」が現実に可能であるのかを説明できない。

V　結語

各国の法律サービス市場は、各国の依頼者の文化・行動様式を反映して、

89）例えば、西村あさひ法律事務所「GDPRの域外適用と越境移転の交錯に関するガイドラインの公表」（2021年）、シティユーワ法律事務所「GDPR（一般データ保護規則）」（2021年）。

90）木村・前掲注5）254頁。

91）片山弁護士は、「日本法を学習し、実践する中で身につけたリーガル・マインドは、日本固有の表層を剝ぎ取れば普遍的である」と語られている（片山達「グローバル化と弁護士業務――日本法の知識・経験を国際的法律業務に役立てる」学術の動向2012年3月号81頁）。

それぞれ独自の市場を形成しており、グローバル化の下でも単純に統合されたりはしない。しかし、多国籍企業の越境的活動を想起すれば推測できるように、経済市場の統合を反映して、法律サービス市場にも統合が進む部分があるのも事実である。どの国もグローバル化した経済と連結している限り、そこでの弁護士の国際化は不可避であるが、他方で、国内法制度の特殊性、法文には現れない各国独自の法文化・司法文化、国によって異なる依頼者の思考・行動様式、国内訴訟の重要性など、弁護士の越境的活動を困難にし、その国際化を制限する要素は数多い。どのような場合でも、外国弁護士が国内弁護士を全面的に代替することは不可能であり、一定範囲の業務は同国で資格を取得した弁護士に留保される[92)]。加えて、アメリカ・イギリスのローファームの国際化は、それぞれアメリカ企業の世界進出とそれによるアメリカ的ビジネス慣行の普及、世界金融市場としてのロンドン市場の外国企業の吸引力を背景に、他の地域に先んじて成熟させた先進的な企業法実務を推進力に進行した[93)]。したがって、そのような背景を持たない日本のローファームの国際化がアメリカ・ヨーロッパのファームに比して低調であるのも当然である。

「弁護士の国際化」は、そのような異なる要素の下で複雑に進んで行かざるを得ない。アメリカのローファームも、ローカル弁護士の雇用による分散化と管理の困難から、全面的な国際化から撤退し、資源を一部の国に集中させる場合がある[94)]。国内で、国際化の影響が大都市地域に集中するのは不可避であり、また一定規模以上の企業を依頼者とする弁護士により顕著であり、他方、個人を依頼者の中心とする弁護士にとっては国際化の契機はより少ない[95)]。そのため国際化は、弁護士集団の分化を促進する1つの要素とならざるを得ない。そのような背景の下で、如何に弁護士集団がそのアイデンティティと一体性を保って行けるかが、現在問われているのである。

---

92) Debora L. Spar, *supra* note 15, 11.
93) *Id.*, at 17-.
94) *Id.*, at 23.
95) Gilles August, *supra* note 8, at 56.

3　組織内弁護士

――弁護士のプロフェッション性をめぐる論点のクロスロード

平田彩子

Ⅰ　はじめに

伝統的な弁護士像では、弁護士は法律事務所に所属しており、その上で依頼者からの依頼に応えるというあり方が一般的であった。しかし、近年では、弁護士が企業や行政機関に雇用された上で、勤務先組織の法務活動を担うという形が急速に浸透してきている。本章では、そのような組織内弁護士に焦点を当てる。「組織内弁護士」とは、官公署または公私の団体において職員もしくは使用人となり、または取締役、理事、その他の役員となっている弁護士をいう（職務基本規程50条）。その定義を踏まえ、本章では、具体的には企業内弁護士（企業に勤める弁護士。インハウス弁護士や社内弁護士とも呼ばれる）と行政組織内弁護士（中央省庁や地方公共団体に勤める弁護士）を扱う。法律事務所に所属しながら組織へ出向するという形態での組織内勤務もあろうが、本章で扱う組織内弁護士は、弁護士が法律事務所には属さず、もっぱら企業や行政機関と雇用関係を結んでいる状況を想定している[1)]。

近年、組織内弁護士の増加が目覚ましい。企業内弁護士は2023年に3000

1）　出向の様々な形態については、例えば以下で言及されている。「新時代の弁護士倫理　座談会第9回　組織内弁護士」ジュリスト1536号（2019年）58頁。

人を超え、この10年で3倍になった[2)]。法科大学院の設立や新司法試験導入が実施された2000年代中旬から比較すると、25倍の増加となっている。一方、行政組織内弁護士も、企業内弁護士の絶対数には劣るものの、中央省庁、地方公共団体双方で増加傾向となっている。10年前と比較して、中央省庁では約1.6倍、地方公共団体では約3倍の増加である[3)]。

本章は、このような弁護士の新しい勤務形態・活動領域について、国内外の現状や経緯、組織内弁護士の特徴と独立性に関する論点、彼らの役割意識、今後のプレゼンス向上の可能性、といった問題関心に沿って進められる。Ⅱでは、組織内弁護士の増加の現状およびその背景について扱い、Ⅲでは、海外においても組織内弁護士の増加は共通して観察されていることを示す。アメリカでの「インハウス・ムーブメント」という地位向上運動と、その帰結について整理することで、組織内と組織外の双方における地位向上が、組織内弁護士の発展を支えていたことをみる。Ⅳでは、組織内弁護士に関して常に指摘される、独立性の論点について、弁護士の役割意識を考えることでアプローチする。その際、筆者の専門とする法社会学での実証的・経験的研究を適宜参照しつつ論じる。また、筆者は現在、地方自治体勤務の弁護士に関する研究を行なっているため、彼らのインタビュー・データも適宜紹介していきたい。Ⅴでは、今後の論点として、組織内弁護士のキャリアパスと、組織内弁護士の増加による法曹倫理および弁護士界全体へのインパクトについて取り上げる。

Ⅱ　組織内弁護士の現状と背景

先述したように、組織内弁護士の増加は著しい。まずはわが国の現状とその背景を把握しておきたい。企業内弁護士、行政組織内弁護士の順で見ていく。

2）　各種新聞においても、企業内弁護士の増加は頻繁に報道されている。例えば、「社内弁護士、変わる役割」日本経済新聞2023年8月28日朝刊、「企業で働く弁護士、高まる需要」朝日新聞2023年10月16日朝刊等。

3）　中央官庁での任期付弁護士についても、新聞記事で報道がなされている。「弁護士、霞が関で腕磨く　官庁に『出向』10年で6割増」日本経済新聞2024年2月2日等。

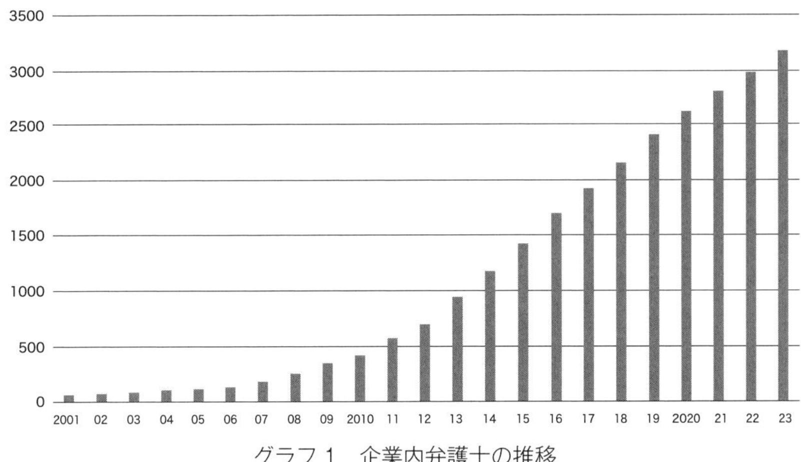

グラフ1　企業内弁護士の推移

出典：日本組織内弁護士協会「企業内弁護士数の推移」より筆者作成

1　企業内弁護士

日本組織内弁護士協会（JILA）によると、2023年6月時点で企業内弁護士は3184人となっており、これは弁護士人口の7.1%に相当する。10年前と比較して約3倍である。同協会が統計を取り始めた2001年には全国で66名であったことからすると、この10〜20年における増加ぶりには目を見張るものがある。グラフ1は、企業内弁護士数の変化を示している。法科大学院設立・新司法試験導入以後の増加率が高いことも読み取れる。

対応して、弁護士を雇用する企業数も増加している。弁護士を採用している企業数は、2023年において1429社であり、10年前と比較して2.8倍となっている。採用業種は、当初は外資系企業が多かったが、現在では日系企業が採用上位を占める。

企業内弁護士については、日本組織内弁護士協会による継続的な調査により、全体像が掴みやすい[4)]。例えば、2023年での同協会調査によると、女性割合は41.5%となっている。弁護士全体における女性割合が20%を切っている現状（2023年で19.9%）を考慮するとなおさら、女性割合が多いことがわかる。また、弁護士経験年数では、60期代が最も多く約2000人であり、

4）　日本組織内弁護士協会「企業内弁護士に関するアンケート調査集計結果（2023年3月実施）」より。https://jila.jp/material/questionnaire（2024年1月31日閲覧）

これは60期代の弁護士全体の10％を企業内弁護士が占めていることを示している。続いて数が多いのは70期代であり、約650人となっている。70期代は現時点で未だ75期までしか実務に参入していないが、企業内弁護士の総数で50期代をすでに上回っている。企業内弁護士という働き方は、司法制度改革による変化の1つとして見ることができるだろう。

企業内弁護士の増加の背景として、法制度の変更、弁護士数の増加、グローバル化やIT化による社会の複雑化・高度化、経営陣による法務の重要性の認識浸透などが指摘できる。法制度面での変化として、弁護士法の改正が挙げられる。かつては、弁護士が企業に雇われる場合は所属する弁護士会の許可が必要とされていた（2003年改正前弁護士法30条）。これは、弁護士が営利目的のための事業等に携わることを制約なく認めると、弁護士の品位と信用の保持が十分に期待できなくなるおそれがあるため、弁護士会の許可を要求することで弁護士会の指導や監督を確保するためだったとされる。しかし、弁護士が営利事業に携わることが必ずしも弁護士の品位と信用の低下につながるとは言えないという認識の広がりと、企業活動におけるリーガル・ニーズの拡大に鑑み、司法制度改革の中、2003年改正弁護士法で事前許可制を撤廃し、届出制となった（弁30条）[5]。もちろん、司法制度改革による弁護士数の全体的増加も、企業内弁護士の増加の制度的背景として存在する。加えて、ワークライフバランスの達成のしやすさという観点も企業内弁護士の供給を支える1要因だろう。

上記の供給側の変化と同時に、ビジネスにおける法務の重要性の高まり、企業経営陣による法務に対する認識の変化をはじめ、需要側の変化も指摘できる。グローバル化やIT化、またビジネスと人権の関わりなど、ビジネスを展開していく上で、複雑な法規制や市場の変化に対応した企業活動が要求されるようになった。たとえば、海外企業とのM&Aの増加や、個人情報保護制度、コンプライアンスへの対応、ルール・メイキング参画の必要性、人権・環境意識の高まりとリスク管理、スタートアップ支援などをはじめとして、企業はビジネスの変化、リスクの増大、社会からの要求の変化への対応に迫られている。それに呼応して、経営陣による法務活動に対する認識に

5）　条解259頁。

も変化が見られる[6]。経営法友会が会員企業に対して2020年に実施した「法務部門実態調査」(第12次) によれば、2015年に実施された前回同調査と比較して、経営陣からの法務部門への信頼が増加しており、法務部門の社内におけるプレゼンスが向上している[7][8]。このように、法制度の変更と弁護士数の増加、ビジネスを取り巻く環境の変化とリーガル・ニーズの増加、加えて社内における法務部門の信頼とプレゼンスの向上というように、企業内弁護士は、需要と供給がともに増加するサイクルの中にある。

2　行政組織内弁護士

行政組織内弁護士も、組織内弁護士の１つの重要な部門である。行政組織内弁護士は、勤務先が国か地方公共団体かによって、勤務形態、勤務内容、キャリア・パス等が異なるため、以下では分けて記述する。

(1) 国家公務員としての行政組織内弁護士

グラフ２とグラフ３は、国と地方公共団体に勤務する弁護士数をそれぞれ示している[9]。国については、年により増減があるものの、全体的に漸次的な増加と言える。人数は10年前と比較して、約2倍 (78→145) となっている。2015年までの単調増加ののち、2016年から一度減少するものの、2019年より再び増加傾向に転じている。グラフ２は、任期付弁護士職員のみの数を示しているため、継続的政策に従事する常設的なポストへ任官する場合のみならず、ある特定時期に必要となった政策形成に関する時限的なポストへの任官となる場合もあることも、弁護士数の変動の背景として考えられる。また、任期付の場合、任期終了後は再び法律事務所へ所属することが通常であるため、数年のみ行政機関へ勤務することが可能で、かつ行政機関勤務が

---

6) 経済産業省「国際競争力強化に向けた日本企業の法務機能の在り方研究会　報告書――令和時代に必要な法務機能・法務人材とは」(2019年) においても、企業の国際競争力強化のために、法務機能の充実が期待されている (https://www.meti.go.jp/shingikai/economy/homu_kino/pdf/20191119_report.pdf) (2024年1月31日閲覧)。

7) 藤井豊久「法務の眼　第12次法務部門実態調査の概要と今後の展望」経営法友会リポート578号 (2022年)。経営法友会法務部門実態調査検討委員会 (米田憲市編)『経営法友会　会社法務部〔第12次〕実態調査の分析報告』(商事法務、2022年)。

8) 「非常に頼りにされている」「頼りにされている」の合計が、前回調査70.9%から81.5%に増加 (藤井・前掲注7))。

9) 全体像をできるだけ把握するため、地方公共団体については任期の有無双方かつ弁護士登録者と弁護士登録抹消者も含まれている、より網羅的な統計を使用した。国についてはそのような統計が管見の限り見当たらなかったため、任期付かつ弁護士登録を行っている者の統計を使用した。

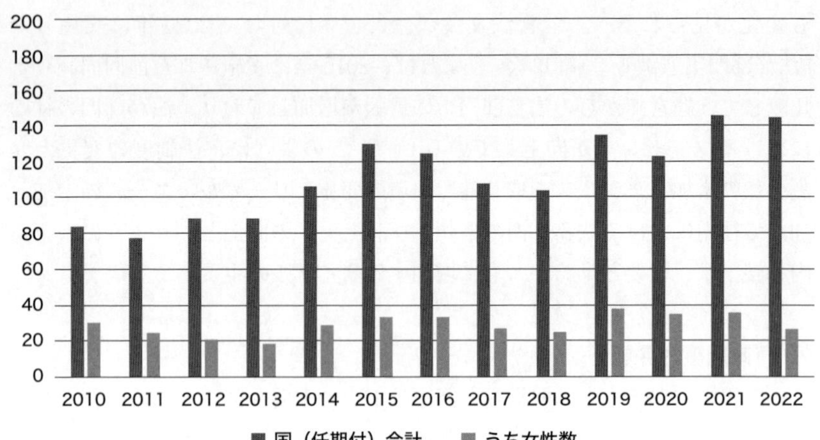

グラフ２　国に勤務する任期付弁護士数の推移

出典：弁護士白書各年度より筆者作成

魅力的と感じる弁護士のアベイラビリティという点も、数の変動の背景と言える。

なお、2012年度から、司法試験合格者を対象とする総合職試験の院卒試験（法務区分）も導入されている。ただ、人事院の統計によれば、2021年度、2022年度の合格者数は10名以下であるため、実際に入省した人数はさらに少ないと思われる[10)]。

任期付弁護士を採用している中央官庁等は2022年では25機関となり、10年前と比較して1.5倍となっている（2012年では17機関）。積極的に任期付弁護士を採用している省庁として、国税庁、金融庁、経済産業省などが挙げられる。女性割合は20～25%を推移している。勤務内容としては、政策形成過程に従事する場合が多いが、行政機関による準司法手続に審判官等として従事する場合もある。

(2)　地方公務員としての行政組織内弁護士

地方公共団体に勤務する弁護士数は、国よりも旺盛な増加傾向にある（グラフ3）。2004年に2名からスタートし、現在は200名に迫る数となっている。

10)　人事院ホームページ（https://www.jinji.go.jp/saiyo/siken/sougousyoku/innsotsusya/insotsusya.html#sankou（2024年1月31日閲覧））。また、総合職試験（事務系区分）では、法科大学院修了者・在学者も一定数存在する（人事院令和5年度年次報告書）。

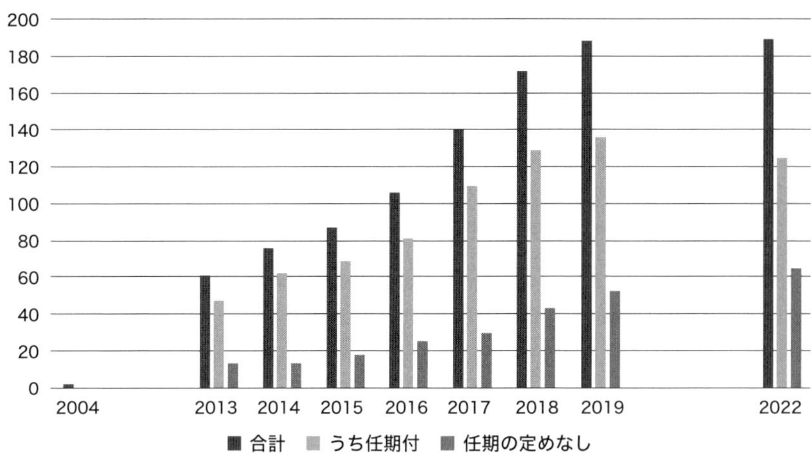

グラフ３　地方自治体に勤務する弁護士数の推移
出典：法曹有資格者の活動領域の拡大に関する分科会資料および法曹養成制度改革連絡協議会資料各年度より筆者作成

これは約10年前と比較して3倍となっている。多くの自治体では、各団体において弁護士採用は若干名である。

地方自治体において特に興味深いのは、任期無しの弁護士数が単調増加しているという点である（グラフ３参照）。当初は任期付弁護士が圧倒的多数を占めていたが、時が経つにつれ、通常の地方公務員と同様の、任期の定めのない公務員として雇用される弁護士職員が増加している。2022年では、地方自治体勤務の弁護士のうち、34.2％（190人中65人）が任期無しである。当初任期付弁護士を採用し、その有用性に気づいた自治体側と、自治体法務の魅力に惹かれた弁護士とのマッチングがうまくいったケースが増加しているのかもしれない。このように、地方自治体の中には、行政組織内弁護士が制度として定着しつつある傾向も見られる。

地方自治体における勤務内容としては、本庁の総務系部署に所属し、法務全般を担当する場合が過半数となっており、それ以外は、児童相談所や企画系部門、首長系部門、教育部門などとなっている[11)]。総務系部署においては、庁内法律相談、訴訟、行政不服審査法業務への対応といった行政組織に特徴

11）　法曹養成制度改革連絡協議会資料より。

的なものから、契約書チェックといった民法をはじめとする一般法的な業務内容まで幅広い[12)]。

3　行政組織内弁護士の増加の背景

行政組織内弁護士の増加の背景にある制度的、社会的変化について簡単にまとめる。行政組織内弁護士も企業内弁護士と同様、司法制度改革によって開拓された新しい弁護士の働き方である。かつては、弁護士は有償の公職を兼ねることが原則としてできなかった。改正前弁護士法30条1項が、常勤公務員との兼職を原則禁止していたためである。したがって、仮に弁護士が行政庁に常勤勤務するためには、弁護士登録を抹消する必要があった。しかし、2003年弁護士法の改正によって、そのような制限は撤廃され、弁護士登録を維持したまま行政庁に所属することが可能となった。時を同じくして、2000年から中央省庁において「一般職の任期付職員の採用及び給与の特例に関する法律」の施行に伴い任期付公務員制度が導入され、また地方自治体においても「地方公共団体の一般職の任期付職員の採用に関する法律」(2002年施行) によって、条例に基づいて法曹有資格者を任期付で採用することができるようになった。このような弁護士業務と公務員採用に関する種々の法律がともに改正され、弁護士が行政庁に勤務する道が開かれた。

以上の制度的変化に加えて、弁護士数の増加、行政サービスの高度化・専門化、市民からの期待の高まりと、それに伴うリーガル・ニーズの認識の高まり、減少する公務員とそれに伴う労働力・専門知識等行政リソースの補充の必要性といった点が、増加の背景として指摘できよう。

上記では増加の側面を強調して記述したが、わが国では組織内弁護士は依然として新しい働き方であり、全体として見れば未だ少数派であることも確

12）業務内容を紹介する地方自治体勤務者・経験者による報告は数多く存在する。近年の例では、例えば、伊藤あずさ「市役所で働く法曹有資格者の日常」自由と正義74巻3号 (2023年) 48～49頁、中森慧「日本の東端から——小規模自治体における法曹有資格者の業務」自由と正義74巻9号 (2023年) 36～37頁。など。また、自治体法務研究60号 (2020年) の「特集　自治体と法曹有資格者の連携」や、大杉覚・幸田雅治・須田徹・奥宮京子・西尾政行・加藤卓也・岡本正・岡本誠司「地方行政における法曹有資格者等の活用に関する研究——任期付弁護士を中心として」法と実務12号 (2016年) 7～267頁、平田彩子「法曹有資格者等の活用」『自治体ガバナンスを支える法務人材・組織の実践』(日本都市センター、2022年) 65～79頁も参照。

認しておきたい。たとえば、地方自治体の場合、都道府県と政令市のうち、任期の有無にかかわらず法曹有資格者を採用している自治体数は、都道府県で30%、政令市・特別区で14%である（2022年）。そして採用数も多くの場合、各自治体で若干名である。企業内弁護士についても、弁護士を採用している企業数や弁護士採用数は、全体の中で見れば決して多数派とは言えない[13)]。

しかし、組織内弁護士は確実にその存在感を増してきている。発展途上中の変動に富んだ領域であり、今後の展開が楽しみな領域でもある。

Ⅲ　組織内弁護士の２つの土俵――組織内と組織外

組織内弁護士の発展を理解するために、彼らのプレゼンスの向上を２つの領域に整理して捉えてみたい。第１は、勤務する組織の中におけるプレゼンスの向上という組織内での領域、第２は、外部弁護士事務所との関係性や、弁護士会ひいては社会全体における存在感というように、組織外でのプレゼンスの向上である。組織内弁護士が今後どのように発展するのかは、上記２領域においてどの程度彼らが影響力を持ちうるのかということとパラレルである。

以下では、上記２領域に着目し、組織内弁護士という働き方が早期に普及したアメリカにおける成長過程を参照しつつ、わが国の組織内弁護士の発展性について考える。アメリカでは、1970～80年代において、急速に組織内弁護士が増加した。これは企業内弁護士と行政組織内弁護士、共にそうであるが、主に企業内弁護士についての先行研究が蓄積されているため、以下の記述も企業内弁護士が中心となっている[14)]。ただ、組織内と組織外の双方でのプレゼンス向上が発展にとって重要である点は、行政組織内弁護士にと

---

13)　例えば、既出の経済法友会におけるアンケートでは、法務部に社内弁護士を雇用している企業は全体の３割、また法務部局職員のうち弁護士割合は約１割であった（藤井・前掲注7)、経営法友会法務部門実態調査検討委員会・前掲注7)）。ただ、法務部局の規模を11名以上の「大規模」以上に限ると、弁護士採用企業の割合は70～90%、法務部局内での弁護士割合は12～13%となっている。

14)　日本語文献としては、例えば、アメリカ法曹協会著・日本弁護士連合会編（宮澤節生・大坂恵里訳）『法学教育改革とプロフェッション――アメリカ法曹協会マクレイト・レポート』（三省堂、2003年）、ローゼン・ロバート（宮澤節生・原口佳誠訳）「社内弁護士のプロフェッショナルとしての力」季刊企業と法創造1巻4号（2005年）313～322頁等を参照。

っても変わらない。

1　アメリカにおけるインハウス・ムーブメント

1970～80年代にかけて、アメリカでは企業内弁護士の数が増加し、彼らのビジネス意思決定への影響力、社内での地位、弁護士会でのプレゼンスが急速に向上した。以前は、法的プロフェッショナルとしての独立性が欠けた、地位も影響力も低いとみなされていた企業内弁護士が、短期間で、大手ビジネス弁護士事務所と肩を並べるほどの影響力を、ビジネス法務において、また弁護士会において持つようになった。この変化は、ビジネス環境の変化による自然な成り行きとみなすこともできれば、「インハウス・ムーブメント（In-house Counsel Movement）」という、組織内弁護士による絶え間ない地位向上運動の成果だという見方もできる。

インハウス・ムーブメントでは、企業内弁護士が、以下3点をあげて外部弁護士に勝る彼らの有用性を主張していった[15)][16)]。第1は、経済的利点である。タイム・チャージ制により多額の請求をしうる外部弁護士へ依頼するよりも、組織内部で弁護士を雇用する方が経済的に安価であるという主張である。第2は、組織内に所属している方が社内の状況に明るく、当組織のビジネスに関する豊富な情報に接することができるため、実質的に優れた法的判断を行うことができるという主張である。第3に、倫理的にも、組織内弁護士は勤務先組織へのコミットメント度合いが外部弁護士と比較して強いため、組織の長期的な利益と評判をより重要視できる立場にあると主張した。企業内弁護士らはアメリカ・コーポレート・カウンセル協会（American Corporate Counsel Association, ACCA）を1982年に設立し、企業内弁護士の組織化を図るとともに、積極的に上記利点を発信していった[17)]。

経済的利点、法的判断の実質的優良性、倫理的コミットメントという企業

15)　David B. Wilkins "Is the In-House Counsel Movement Going Global? A Preliminary Assessment of the Role of Internal Counsel in Emerging Economies" *Wisconsin Law Review* 2012 (2) pp, 251-304 (2012); Robert Eli. Rosen "The Inside Counsel Movement, Professional Judgement and Organizational Representation" *Indiana Law Journal* 64 (3) pp, 479-554 (1989).

16)　無論、このような主張が経験的にみても正しいかについては、別途検証が必要である。

17)　同協会は、現在はコーポレート・カウンセル協会（Association of Corporate Counsel, ACC）となり、アメリカ国内外の企業内弁護士がその会員資格を持つというように、グローバル化している。

内弁護士らの主張は、企業経営陣に響いたようである。コミュニケーションを効果的に進められる社内という立場、社内で共有された文化・価値観と忠誠心といった利点を主張し、企業内弁護士はプレゼンスを高めていった。

対内的な地位の向上として、まず法務部局の規模の拡大が挙げられる。大規模な法務部局であれば、大規模法律事務所に匹敵する程度の弁護士を有する企業も現れた。また業務内容も、法的定型業務や訴訟対応に止まらず、ビジネスの様々な場面における法的問題の発見とそれへの対応、コンプライアンス業務、また、規制当局とのやりとりや人事業務、広報業務など、法務部局が扱う業務内容と権限が拡大していった。加えて、法務部局はCEOへ直接の報告義務を負うようになったり、取締役会へ常時参加するなど、経営幹部との直接のやり取りを行う地位となってきたことも、社内の地位の高まりを如実に表している。1990年代には、ほぼ全てのアメリカ主要企業において、法務顧問（General Counsel）が主要役職を得ている[18)]。企業内弁護士は、社内の重要な意思決定のプロセスに深く関与していることがわかる[19)]。

企業内弁護士の存在は、法律事務所と企業との関係性を大きく変化させ、それは彼らの対内的・対外的地位の向上にも結びついている[20)]。法的定型業務は内部で対応できるようになったため、外部弁護士事務所に依頼することは減少した。外部弁護士事務所に依頼する際は、企業内弁護士が中心となって、法律事務所・弁護士の選定、決定、そして業務進行の監督と評価を行うこととなる。企業内弁護士は、外部弁護士と企業をつなぐ媒介者として、また外部弁護士の選定者および評価者として、対内的、対外的双方において影響力を増していった[21)]。

その他の対外的地位の向上としては、弁護士会において、また広く公共政

18）Deborah A. DeMott "The Discrete Roles of General Counsel" *Fordham Law Review* 74 (3) pp. 955-982 (2005).

19）ACCのアンケート調査によれば、2023年現在、81％のチーフ・リーガル・オフィサー（CLO）はCEOへ直接の報告義務があるとされている。https://www.acc.com/sites/default/files/2023-01/ACC_2023_CLO_Survey_Report.pdf（2024年1月31日閲覧）.

20）Rosen, *supra* note 15; John C. Coates, Michele M. DeStefano, Ashish Nanda, and David B. Wilkins. "Hiring Teams, Firms, and Lawyers: Evidence of the Evolving Relationships in the Corporate Legal Market." *Law & Social Inquiry* 36 (4) pp. 999-1031 (2011).

21）なお、企業と弁護士事務所の間の弁護士・クライアント関係では、情報の非対称性が減少したため、法律事務所との関係性においてクライアントたる企業側がよりパワーを持つようになったと言われる（e.g., Ronald J. Gilson "The Devolution of the Legal Profession: A Demand Side Prspective" *Maryland Law Review* 49 pp. 869-916 (1990); Coates et al., *supra* note 20。

策策定の文脈において、企業内弁護士の存在感が増してきたことが挙げられる。弁護士会においては、規程策定・変更の際をはじめとして弁護士会での議論に対し、企業内弁護士は一定の影響力を有している[22]。また、積極的なプロボノ活動や、企業内弁護士におけるダイバーシティの促進を進めるなど、企業内弁護士は、公益性への志向・高い倫理性を有する法的プロフェッショナルとして、通常の弁護士と遜色がないことを示していった。加えて、政府・行政機関とのやりとりの場面でも存在感を増している。所属組織の代表として規制当局とのやりとりを行うこともあれば、ロビイング活動に従事することもあるし、また公共政策の策定過程において、審議会・委員会に委員として参加するなど、より直接的に立法過程へ関与することもある[23]。

企業内弁護士のビジネス法務における地位向上は、ビジネス弁護士のキャリア・パスの変化にも見られる。かつては考えられなかった、大手ビジネス法律事務所と大手企業の企業内法務部局の間での水平間移動（たとえば、企業法務部のシニアポジションに大手法律事務所のパートナーが転職するなど）も、現在では珍しくない[24]。弁護士事務所のパートナーとなり一定のキャリアを積んだ弁護士から、若手弁護士に至るまで、企業内弁護士は、コーポレート・ロイヤーにとって１つの確立したキャリア・パスとなっている。

このように、アメリカにおける企業内弁護士は、組織内、組織外双方において、プレゼンスの向上、地位の向上を果たし、現在に至っている。

このような企業内弁護士の普及および地位の向上は、グローバル化の様相を呈している。2000年代に入り、ヨーロッパ諸国でも企業内弁護士の躍進が見られるようになった。例えばイギリスでは、アメリカと同様、企業内弁護士による組織内・組織外での地位向上の取組みが見られ、企業内弁護士は普及している[25]。ヨーロッパ大陸法諸国では、伝統的に組織内弁護士の権限には一定の制約が課せられているが[26]、そのような制約がある国におい

22）Wilkins, *supra* note 15.

23）Wilkins, *supra* note 15.

24）Robert L. Nelson, Ronit Dinovitzer, Bryant G. Garth, Joyce S. Sterling, David B. Wilkins, Meghan Dawe, and Ethan Michelson, *The Making of Lawyers' Careers: Inequality and Opportunity in the American Legal Profession* (University of Chicago Press, 2023).

25）イギリスでは、主要企業の企業内弁護士によって企業内弁護士からなる団体であるGC100が2005年に設立された。

26）例えば、フランスでは企業内弁護士は、弁護士会の会員資格を持たず、通常の弁護士と同等の権限を有していない。また、EU司法裁判所は2010年以来、雇用関係にある弁護士に、秘匿特権

ても、近年では企業内弁護士の活躍とプレゼンスの向上が見られる[27]。同時に、ブラジルやインド、中国といった新興国においても、企業内弁護士は普及している[28]。

2　世界における行政組織内弁護士の増加

行政機関における福祉政策・規制政策の発達や司法機能の拡大に伴う弁護士需要の高まり、また増加する弁護士人数を背景に、行政組織内弁護士の数も、この40～50年で増加が見られる。ここでも、アメリカの行政組織内弁護士は普及の度合いならびに数で他国を圧巻している。連邦政府、州政府、地方自治体を全て合わせると、アメリカの弁護士のうち、約10%弱が政府機関に勤務する弁護士と言われる[29]。また、ロースクール卒業生のうち、例年約10%が政府勤務となっている[30]。他にも、例えばイギリスでは、1975年には約1000名であった国勤務の行政組織内弁護士が、現在2300名となっている[31]。このような増加傾向はアジアでも見られ、たとえば中国は行政組織内弁護士の数が、15年間で35倍に急増しているという[32]。

行政組織内弁護士に関しては、企業内弁護士と比べて先行研究の少なさは

の適用・EU司法裁判所での訴訟代理を否定している。

27）例えば、Association of Corporate Counsel “The Role of the General Counsel and In-House Counsel in Europe: Leading Practices in Law Department Management”(2017) 等参照。(https://www.acc.com/sites/default/files/resources/vl/membersonly/PracticeProfile/1465319_1.pdf. 2024年1月31日参照)。

28）e.g., Luciana Gross Cunha, Daniela Monteiro Gabbay, José Garcez Ghirardi, David M. Trubek, and David B. Wilkins, eds. *The Brazilian Legal Profession in the Age of Globalization: The Rise of the Corporate Legal Sector and Its Impact on Lawyers and Society* (Cambridge University Press, 2018); David B. Wilkins, Vikramaditya S. Khanna, and David M. Trubek, eds. *The Indian Legal Profession in the Age of Globalization: The Rise of the Corporate Legal Sector and Its Impact on Lawyers and Society* (Cambridge: Cambridge University Press, 2017); Ji Li “‘Going Out’ and Going In-House: Chinese Multinationals' Internal Legal Capacity in the United States.” *Law & Social Inquiry* 46(2) pp. 1-31 (2021); Sida Liu “Palace Wars over Professional Regulation: In-House Counsel in Chinese State-Owned Enterprises.” *Wisconsin Law Review* 2012 (2) pp. 549-572 (2012).

29）裁判官を除く（Catherine Fisk and Ann Southworth. *What Lawyers Do: Understanding the Many American Legal Practices* (West Academic Publishing, 2019)）。

30）クラークシップおよびパブリック・ディフェンダーを除く。American Bar Association “Profile of the Legal Profession” (2023) より（ロースクール卒業10か月後の雇用状況）。https://www.americanbar.org/content/dam/aba/administrative/news/2023/potlp-2023.pdf

31）Philip S. C. Lewis and Linda Mulcahy “Government Lawyers: Technicians, Policy Shapers and Organisational Brakes” *International Journal of the Legal Profession* 28 (1) pp. 23-41 (2021).

32）Reports from the Chinese Ministry of Justiceによれば、2007年に2669名だった行政組織内弁護士は、2022年に9万4000人と増加した。Sida Liu教授（香港大学）からデータの提供をいただいた。

否めないが、その重要性は従来から認識されている。

Ⅳ　何が躍進を支えているのか——法専門職としてのアイデンティティか組織への順応・貢献か

組織内弁護士は、法的プロフェッショナルとして独立性に欠けるのではないか。雇用されている労働者である以上、法律専門職として独立した判断が期待できないのではないか。この独立性に関する懸念は、組織内弁護士に関する最大の論点と言っても過言ではない。

この独立性の論点は、組織内弁護士が組織内でいかに地位を高めていくのか、という点と密接に関連していると考える。Ⅲで、組織内弁護士の数の増加と組織内での地位向上を整理したが、そのような地位上昇を支えているのは、法的専門家としての専門知識やスキル、プロフェッションとしての高い規範性といった、法的プロフェッションとしての価値なのだろうか。あるいは、法的専門知識を駆使できるビジネス・パーソンもしくは公務員として、組織目的の達成に有益だからなのであろうか。言い換えれば、組織内弁護士は、高度専門性・公益的責務の担い手といった法的プロフェッションとして自身を認識し、自らの領域を、法的リスク対応といった法的業務・法的助言に集中しているのか、あるいはそれらを超えて、ビジネス・パーソンあるいは公務員として自らを認識し、所属組織のビジネスや政策形成実施の意思決定にも深く関わっているのだろうか。

もちろん、上記2つの描写は分析のための類型化・単純化であり、現実の姿は両者の間のいずれかの位置にあるだろう。ただ、独立性も含めた弁護士のプロフェッション性が、どの程度、組織内での地位向上の躍進力となっているのかについて経験的にアプローチすることは、独立性の論点に対して、1つの視点を提供すると思われる。

組織内弁護士が抱いている役割認識は、上記関心について1つの分析の糸口を与えてくれる。組織内弁護士は実際、組織内でどのように振る舞っているのだろうか。組織内弁護士は、自分たちに何が期待されていると認識しているのであろうか。どのような貢献を所属組織に対してすべきだと認識しているのであろうか。彼らの役割認識から、法的プロフェッションとしての特徴をどの程度強調しているのかを窺うことができる。

同様に、雇用主たる組織は弁護士に何を期待しているのだろうか。誰がどのような評価基準によって、組織内弁護士を評価するのだろうか。これについても、組織内弁護士が置かれている組織内での立場を理解する上で欠かせない視点である。

1　組織内弁護士の役割認識

組織内弁護士は、どのような役割意識を持っているのか。企業内弁護士を対象にした先行研究が指摘するのは、①組織内弁護士は、法的プロフェッションとしての役割認識を抱いているが、その程度には幅があるという点である。活動領域を法的分野に限定し、自分たちの役割は、組織の法的リスク管理や意思決定者への法的情報の提供であり、最終的な意思決定は他者に委ねるべきという役割意識を強く持つ者もいれば、他方で、主眼は当該組織の目的達成であり、法的観点以外の要素も考慮に入れつつ組織の意思決定に主体的に参画するべきという役割意識まで、立ち位置についての認識に幅があることが報告されている。加えて先行研究は、②たとえ法的プロフェッションとしての役割意識を最も強く持っている場合であっても、所属組織の目指す方向性（ビジネス活動への考慮など）に常に気を遣い、組織上層部へ譲歩する傾向が報告されている。

例えば、ネルソン＆ニールセンは、主に54名の企業内弁護士・企業経営陣に対するインタビュー・データから、弁護士の役割意識として以下3つを抽出した[33)]。第1は、自らの活動領域を法的領域に限定し、契約確認をはじめとする法的リスクの管理や法的助言といった、ゲートキーピング機能を担う「警察官」としての役割認識である。アドバイスの範囲は法的リスクなど法分野に限定的で、アドバイスの正当化根拠ももっぱら法的根拠となっている。第2は、狭義の法的アドバイスのみならずビジネスのアドバイスも行う「カウンセラー」としての役割認識である。上記ゲートキーピング機能も行うものの、それのみではない。アドバイスの範囲は法的かつビジネス分野の双方となっており、正当化のロジックも法的論拠に加えビジネスからの観

33)　Robert L. Nelson and Laura Beth Nielsen "Cops, Counsel, and Entrepreneurs: Constructing the Role of inside Counsel in Large Corporations" *Law and Society Review* 34 (2) pp. 457-494 (2000).

点、状況適応的観点からのものになっている。第3は、法的知識を会社の利益最大化のために用いる「アントレプレナー」としての役割認識である。アドバイスの主眼はビジネスであり、法的知識や法的正当性はあくまでビジネスの道具にすぎない。そして、企業内弁護士は、たとえ「警察官」タイプであったとしても、所属企業の利益追求の下にあること、また最終判断は意思決定者に委ねるという形をとることで、組織上層部との対立を避けると報告されている。企業内弁護士は、法的リスク分析や適法性担保を行うという法的プロフェッションとしての役割を大切にしているものの、一方でビジネスを進める上でのチーム・プレイヤーとして自らの立ち位置を確立しようとしており、ビジネスの可能性を潰す厄介者（obstacle）という見方をされないように注意を払っている。結果、ゲートキーピング機能は柔和化されたもの、経営陣にとって耳障りのいいものになりがちであると報告されている。このような企業内弁護士の譲歩的役割意識はローゼンでも詳細に報告されている[34)]。

また、ネルソン＆ニールセンは、「アントレプレナー」や「カウンセラー」の役割意識を持っている弁護士の方が、企業経営陣から重宝され、社内での地位も高くなるだろうと分析している。逆に、「警察官」の役割意識を持っているものは、早晩その役割意識をよりビジネスに順応したものにしなければ立場がなくなるだろうと指摘する。

このように、先行する経験的研究では、全般的に組織内弁護士の完全な独立性については懐疑的な知見を導き出している。しかし研究によっては、企業ガバナンスをめぐる法的要請が強まり、コンプライアンス確保がビジネス遂行にとって重要な要素になってくると、コンプライアンス確保を担う法務部の重要性が上がり、それにしたがって、仮に弁護士が「警察官」の役割意識を強く持っていたとしても、社内での意思決定において強い影響力を行使できるという報告もある[35)]。特にコンプライアンス違反に対する経営陣への刑罰規定が導入された際のインパクトは大きく、経営陣がより法的要請に注意を払い出したことと並行して、企業内弁護士の発言も尊重されるように

34） Robert Eli Rosen "*Lawyers in Corporate Decisions-Making,*" Ph.D.dissertation, Department of Sociology, University of California, Berkeley (1984).

35） Tanina Rostain "General Counsel in the Age of Compliance: Preliminary Findings and New Research Questions" *Georgetown Journal of Legal Ethics* 21 (2) pp. 465-490 (2008).

なったという。

残念ながら、組織内弁護士に対する経験的研究の蓄積は厚くはない。主要研究での経験的知見が現在にも当てはまるのかどうか、また先行調査の舞台は主としてアメリカであるため、その知見がそのままわが国にも当てはまるのか、一概には言えない[36]。

しかし、先行研究は、法的プロフェッショナルとしてのアイデンティティと組織への貢献（企業利益最大化等）という２つの要請に対し、弁護士自身がどのように対応するのかについて、重要な示唆を提供している。すなわち、経験的研究によれば、企業内弁護士は多くの場合、組織内でのゲートキーパーとしての役割意識を程度の差はあれ表明するが、所属組織に適応し貢献する必要性も高いことから、概して、厳格なゲートキーパーという役割意識は持ちにくいという点である。

一方で、組織内での弁護士の地位向上や役割を理解するためには、弁護士を雇用し評価する企業側が、何を求めているのかという、弁護士と雇用側の相互関係性を理解する必要があるということも、先行研究から導き出せる。組織内弁護士は、どのような場合に、どのような権限を組織内で持ち、結果として、組織内での「法の支配」の推進にどの程度貢献するのか。これは、例えば、法務部局に配分されるリソースや、どの程度コンプライアンス確保が重要視されているのかなど、組織側からの期待によって左右されるものである。

わが国の企業は、企業内弁護士にどのような役割を求めているのであろうか。福井・福井は、企業および企業内弁護士に対するアンケートを実施し、弁護士の役割観の捕捉を試みた[37]（調査実施は2007年）。企業が企業内弁護士に求める役割を複数回答で選択してもらったところ、一切の法務関係を一手に引き受けるホームドクター型が最も多数を占め（70.9%）、次に訴訟専門型（26.9%）、エキスパート型（19.1%）が続き、他の一般従業員と同様の業務で法的知識を活用する弁護士である「一般職員型」は18.1%に止まっていた。同

36）アメリカにおける日本企業法務部の検討として、Setsuo Miyazawa "Legal Departments of Japanese Corporations in The United States: A Study on Organizational Adaptation to Multiple Environments" *Kobe University Law Review* 20 pp. 97-162 (1986).

37）福井康太・福井祐介「企業の弁護士役割観は変わりつつあるのか――弁護士業務に関する３つのアンケート調査から」阪大法学59巻6号（2010年）1～48頁。

様に、企業は弁護士職員にどのような能力・資質を期待しているのかという質問においても、回答が多かったのは交渉能力、情報収集能力、リスク判断能力などであり、回答が少なかったのは企画発想能力、管理能力、プレゼンテーション能力などである。福井・福井は、この結果に対し、調査が実施された2007年当時の日本企業は、組織内弁護士に対して高度の専門性を持った法的プロフェッショナルとしての能力・資質を弁護士に期待しているのであり、企業の一員として組織に深く関わりながら働くという役割を期待していなかったと評価している。企業内弁護士に対する期待が長期間にわたり低調であった点は、米田も指摘している[38)]。

しかし、上記傾向に変化が起こっている可能性がある。例えば、先述の経営法友会による「法務部門実態調査」(第12次、2022年度)では、法務部門が経営陣により信頼を得るための事項として「経営目線・ビジネス感覚」が、5年前に行われた前回調査と比較して5位から3位へと上昇した(1位は「法律知識」、2位は「経験・ノウハウ」)。このような企業法務に対する期待の変化は、組織内弁護士に対し、法的助言を提供するという役割にとどまらず、ビジネスへの直接的・積極的な関与・貢献・コミットメントを期待するという変化を反映している可能性は十分にある。たとえば、ある総合商社法務部は、弁護士採用の傾向が、従来は法律事務所からの中途採用であったものが、現在は司法修習後の新卒採用中心へと変化した点を挙げつつ、社内弁護士に対して、法律の知識よりも当該会社が行うビジネスへの興味とロイヤリティーを重視するようになったと言う[39)]。このようにみると、わが国においても、企業側の企業内弁護士への役割期待には変化が起こっているのかもしれない。

2　自治体内弁護士の役割意識

先行研究では企業内弁護士が主に取り上げられており、行政組織内弁護士に関する経験的研究は一部の例外を除き稀である[40)]。ここでは筆者が現在取り組んでいる行政組織内弁護士(地方自治体勤務)についての研究データから、彼らが抱いている役割意識について、若干取り上げたい[41)]。現在デー

38)　米田憲市「日本における企業活動と弁護士の位置と将来」法社会学76号(2012年)14〜34頁。
39)　「社内弁護士、変わる役割」日経新聞2023年8月23日。
40)　Lewis and Mulcahy, *supra* note 31.
41)　以下の記述は、筆者が行なった学会報告に基づく。Ayako Hirata "Government Lawyers' Way

タ収集および分析の途中段階のため荒い予備的考察であり、今後更なるデータ収集と分析が必要な段階ではあるが、数少ないわが国の行政組織内弁護士に関するものとして以下で紹介する。

先述の通り、自治体内弁護士は、その多くが本庁の法務部署に所属し、自治体内部での職員からの相談業務や訴訟対応を幅広く行っている。彼らは、どの程度自らの高度専門人材性を強調した役割意識を持っているのだろうか。また、どの程度組織内の基幹的意思決定（つまり、政策判断）に関与しているのだろうか。

現在までのインタビュー調査では、概して、自治体内弁護士は行政職員から法律相談を受けた際、法的リスクの勘案、合法性確認など法的考察に特化したアドバイスを行っており、それ以上の踏み込んだ政策的判断については抑制的な傾向が見られた。例えば以下の引用はその典型例である。

> 「職員さんには、選択肢を複数、法律相談の場合なんかですね、選択肢は、こんな考え方もできますし、こんな考え方もできますというのは、可能な限り、示すようにしてますが、もっと、もっとというか、より気をつけているのは、絶対こっちが正解ですみたいなのは、言わないようにしています。選択肢あるけど、最終的にはあなたのところで決めてくださいねという、決めてくださいとは言いませんけど、判断は当然、私がすることではない、政策的な判断になることもありますし。そこは任せています」

庁内法律相談では、相談者たる行政職員は、念頭にある判断内容・対応が法的に問題ないのかどうかについての確認を求めるというパターンが多い。その場合、自治体内弁護士は、ゲートキーパー役として、法的に問題ないものに対しては、ゴーサインを出すことで行政職員を安心させ、サポートし（「法務相談のやりがいは、職員さん〔に〕、安心してというか、自信を持って、政策判断をしてもらうと。そこは、やりがいだと感じています」）、法的に問題がありうるものについては、警告を発することが大切な役割だと認識している。

---

to Serve the Public: Opportunities and Challenges," *The Annual Meeting of Asian Law & Society Association*, 2023.

「相談で職員さんが期待している回答、想像できるんですけど、それは到底採用し得ませんねというふうな解釈だったり、めったにないですけど、法令違反って言われちゃいかねないような、そのような場合は、駄目ですねと、はっきり申し上げるようにしています。まあ当たり前かもしれませんが、そこでなんかこう、ほだされてですね、ああそれでもいいんじゃないですかっていうのはやらないようにしています」

組織内意思決定への関与についてはどうだろうか。紙面の都合上詳細は控えるが、政策判断への関与の有無が、自治体内弁護士が組織内部のプレゼンスを今後どの程度向上させるかの１つの鍵となっているだろう[42)]。これは、自治体内での弁護士職員の役職とも深く関わる点である。行政組織の上位役職では議会対応が必須となるが、その場合職務内容は法務関連にとどまらないため、「警察官」型の役割意識とは相容れない。

弁護士を採用する自治体が、どの程度積極的に政策法務を行う姿勢を持っているのか、自治体の有する立法機能を最大限活用し、当該地域の問題に対し積極的に政策を提案・実現していくのかどうかという、自治体の政策法務に対する考え方が、自治体内弁護士への期待においても反映される。政策法務への関心度合いは自治体によって異なるだろうが、関心が高いところも当然存在する[43)]。自治体内弁護士が今後組織内でプレゼンスを高めるかどうかは、各自治体の政策法務への関心度合い、弁護士職員と首長・行政職員との信頼関係の構築、弁護士の公共政策関与への関心などが鍵になっていくであろうと思われる。

V　まとめと今後の論点

本章では、組織内弁護士について、行政組織内弁護士と企業内弁護士それぞれについての、わが国の経緯と現状、海外での状況、独立性の論点と彼らの役割意識について論じた。

---

42)　政策判断過程への参画の少なさについて、平田・前掲注12）も参照。
43)　たとえば、船崎まみ「東京都江戸川区　自治体法務の充実と常勤弁護士の果たす役割」自治体法務研究60号（2020年）35～37頁、同「江戸川区における政策法務推進に向けた取組　1～3回」判例地方自治497～499号（2023年）。

組織内弁護士に関する論点は数多く存在するが、以下ではそのうち２点を指摘しておく。第１は、組織内弁護士のキャリア・パスの把握である。組織内弁護士は、どのようなバックグラウンドをもち、どのようなキャリアを積んでいるのであろうか。この問いはさらに２つの関心に分かれる。まず、組織内でのキャリア・パスについてである。弁護士には経営幹部・執行幹部の一員になる道があるのだろうか。例えば、アメリカのように、ジェネラル・カウンセルやチーフ・リーガル・オフィサーとして、取締役会の構成員になる道が拓けているのだろうか。行政組織では、任期なしの弁護士職員は、幹部職員になる道があるのだろうか。人口減少の中、優秀な人材の獲得競争が早晩始まるだろうが、キャリア・パスの明確化は、どの程度当該領域へ若手を呼び込めるかどうかにも深く関わるだろう。

今ひとつの関心事は、組織を超えたキャリア・パスの把握である。組織内弁護士は同一の組織に留まるのだろうか。あるいは別組織に移るのだろうか。あるいは、法律事務所と組織内を行ったり来たりするのだろうか。この点は、弁護士のキャリアという狭い関心事のみならず、弁護士がどのようなセクターとどのようなセクターを媒介しているのか、人的交流は境界なく広く行われているのか、あるいはグループ化しているのかといった、キャリア・パスの背後にある、法曹とビジネス、法曹と行政機関といった、マクロな関係性を考察する上で重要な糸口を提供する。例えば、ヴォシェ&フランスは、フランスにおいて、ビジネス弁護士と国家公務員間のリボルビング・ドアを通じた、閉鎖的なエリート・コミュニティの存在を浮き彫りにするが、そのような傾向はわが国でも見られるのであろうか[44)]。

第２の今後の論点として、組織内弁護士の増加が与えうる弁護士界全体および法曹倫理へのインパクトを挙げる。法曹倫理については、公式的な規範のみならず、弁護士各自が感覚として抱いている、法曹としての価値観・倫理観も、実質的には非常に大切である。そのような、公式的には書かれていない、いわばソフトな価値観や規範意識は、他者とのやりとりを通じて構築される、つまり社会化（socialization）を通じてなされるが、弁護士の社会化は、

44)　Antoine Vauchez and Pierre France. *The Neoliberal Republic: Corporate Lawyers, Statecraft, and the Making of Public-Private France* (Cornell University Press, 2021). この本では、公共政策を設計する国家公務員とビジネス弁護士との密接な関係性は、福祉的観点が政策形成において蔑ろにされはしないのかという懸念と共に記述される。

ロースクールや司法研修所といった初期の教育機関においてのみならず、その後の弁護士事務所での他の弁護士とのやりとりによって強固に行われることが、これまでの弁護士研究によって広く認識されているところである[45]。とすれば、組織内弁護士の普及は、従来弁護士事務所内で弁護士同士で展開されていた弁護士の社会化プロセスが、弁護士事務所の外で、非弁護士と共に行われていくことを意味する。弁護士はその使命として社会正義の実現を掲げるが、具体的な場面でどのような役割を担うべきだと考えるのか、その立場や価値観は、組織内弁護士の普及によってどのようなインパクトを受けるのだろうか。また、組織内弁護士としての職務経験や専門性は、個人をクライアントとする弁護士の職務経験・専門性と異なるが、弁護士の経験や専門性が分化していく中、法曹全体として、弁護士としての共通認識や一体性を、緩やかながらも今後も保ち続けられるのだろうか[46]。

公益性、独立性、ビジネスとの関係、国家との関係……。組織内弁護士は、弁護士のプロフェッション性、社会的役割をめぐるイシューのクロスロードである。

45） e.g., Leslie Levin and Lynn Mather, eds, *Lawyers in Practice: Ethical Decision Making in Context* (The University of Chicago Press, 2012); Lynn Mather, Craig A. McEwen and Richard J. Maiman, *Divorce Lawyers at Work: Varieties of Professionalism in Practice* (Oxford University Press, 2001); Robert L. Nelson, David M. Trubek and Rayman L. Solomon eds. "Areas of Professionalism: The Professional Ideologies of Lawyers in Context." In *Lawyers' Ideals/Lawyers' Practices: Transformations in the American Legal Profession* (Cornell University Press, 1992) pp. 177-214; Mark C. Suchman "Working without a Net: The Sociology of Legal Ethics in Corporate Litigation" *Fordham Law Review* 67 (2) pp. 837-874 (1998).

46） John Heinz and Edward Laumann. *Chicago Lawyers, Revised Edition: The Social Structure of the Bar* (Northwestern University Press, 1994); John P. Heinz, Robert L. Nelson, Rebecca L. Sandefur, and Edward O. Laumann, *Urban Lawyers: The New Social Structure of the Bar* (University of Chicago Press, 2005).

4　若手弁護士が直面する諸問題

澁谷　歩

Ⅰ　はじめに

弁護士法上も弁護士職務基本規程上も、弁護士登録後の経過年数によって適用の範囲を区別する規定はない。これは、登録後数十年の経験を有する弁護士であっても、登録後1年目の弁護士であっても、弁護士という職務の上では対等であり、かつ、同等の義務を負うことを意味する。しかし、実際上は、古くから、登録後経過年数の比較的少ない弁護士を指す「若手弁護士」というカテゴライズがなされているように、いわゆる若手弁護士においては独特の悩みや課題があったり、全弁護士において共通の悩みや課題であっても若手弁護士の場合は特に強く顕在化したりするという場面が少なくない。本稿では、このような若手弁護士[1)]が抱える諸課題として、①スキルアップのための自己啓発・研修、②効率的な事件処理のための事務所運営、③賠償責任追及に備えた危機管理、④弁護士のメンタルヘルスを中心に現在の状況を整理・分析する[2)]。

1）　本稿においては、弁護士登録後の経験年数が概ね15年以内の弁護士をもって若手弁護士という。

2）　ここで筆者の経歴について紹介しておきたい。筆者は平成23年12月に弁護士登録し、本稿執筆時においては弁護士経験年数13年目であり、名古屋市内の法律事務所（主な取扱業務は企業法務、一般民事全般）においてパートナー弁護士として就業している。また、筆者の所属する愛知県弁護士会には会派が複数存在し、筆者はその1つである清流会に所属しているところ、令和3年度

Ⅱ　スキルアップのための自己啓発・研修

1　基礎的な知識の保持

弁護士法は「弁護士は、常に、深い教養の保持と高い品性の陶やに努め、法令及び法律事務に精通しなければならない」と定め（同法2条）、弁護士職務基本規程も「弁護士は、教養を深め、法令及び法律事務に精通するため、研鑽に努める」と定める（同規程7条）。この「研鑽」についても、もちろん登録年数による別はないし、勤務弁護士や独立弁護士といった就業形態による違いもなく、すべての弁護士に共通して求められる。

この研鑽に欠ける程度が重大であり、それが弁護士法56条にいう「品位を失うべき非行」にあたる場合は懲戒の対象になり得る[3)]という意味において、後述の危機管理にも通ずるものである。

現実問題として、職務を行う上で最低限保持しなければならない基礎的な知識といえば、実体法や手続法（およびそれらの改正状況）、重要な裁判例といったものが核となる。これらの程度であれば、条文の確認、判例検索、基本書や実務書の参照で事足りる場合が多いであろう。しかし、これらはいわば懲戒を回避するための最低ラインの知識の保持というべきであり、特に若手弁護士が「スキルアップ」を目指すためには未だ心許ない水準といえよう。

2　スキルアップのためのツール

より広く深い知識を得てスキルアップを図るためのツールについて、いわゆる基本書やコンメンタール、実務書、法律雑誌や論文、立法時資料などが挙げられており[4)]、これらは調査対象事項についてより深く知識を得るために有用である。

また、日本弁護士連合会や各単位会におけるｅラーニングもスキルアップのための有用なツールである。日本弁護士連合会を例にとってみれば、38ものカテゴリーが設けられ、相当数の講座を、時間を問わず見ることができ

において同会若手会幹事長を務めた。

3）　解説20頁。

4）　中村直人・山田和彦『弁護士になった「その先」のこと。』（商事法務、2020年）60頁。特定の法律雑誌の目次等が有用という指摘もある（同69頁）。

る。これは、具体的な知識やノウハウを欲している場合はもちろん、新たな分野の勉強を始めるといった意味でのスキルアップを目指す場合にも適している。さらに、「人気講座ランキング」を表示することでき、何を勉強するかを悩んでいるような場合であっても、全国の他の弁護士が今まさに習得しようとしている事項を知ることができる。例えば、著者が2023年12月上旬時点において上記ランキングを確認してみたところ、上位10講座のうち、民事裁判手続IT化関連が2件（1位と3位）、家事・相続関連が6件（2位、4位、5位、6位、8位、9位）、民事信託関連1件（7位）、債務整理関連1件（10位）であった。その時点での弁護士業界全体の関心事項を知ることに役立つだろう。

3　ソフトロー

加えて、若手弁護士を取り巻く現在の法制度の状況という点から、いわゆるソフトロー[5)]に通じることの重要性・有用性について述べたい。ソフトローという呼称自体は比較的近年になって用いられるようになったものの、法令ではないが法の解釈・適用の参考になる情報というもの自体は古くから存在した。行政通達[6)]がその典型であろう。しかし、近年、①法令ないし法解釈の複雑化に対応するという面や、②目まぐるしく変化する社会情勢にリアルタイムで対応することが難しい法令を代替・補充するという面から、ソフトローが急激に発展、増加し、法解釈・法運用への影響を強めている。

臨床法務へ強く影響を与えたソフトローの典型例は、国土交通省（住宅局）の「原状回復をめぐるトラブルとガイドライン」[7)]であろう。法令そのものではないとはいえ、現在では、賃貸借契約終了時の原状回復・敷金返還の範囲について検討・交渉する際に、同ガイドラインを参照することは条文・判例と同じレベルでほぼ必須である。これは、ソフトローの類型でいえば上記①に該当するものといえる。

5）　ソフトローとは、文化審議会著作権分科会報告書（平成29年4月）によれば、「民間で自主的に定められているガイドラインのほか、行政府が示す法解釈等も含む広い概念」との指摘がある。

6）　当該行政通達の性質が、上級行政庁が下級行政庁を拘束するものであれば、これを完全なソフトローと言えるかは議論の余地があるが、本稿では定義については深入りしない。なお、例えば国税庁は「租税法の解釈・適用に係るソフトローの対象領域と今後の課題」（www.nta.go.jp）と題するWEBページにおいて、通達をソフトローに含めている。

7）　現時点では平成23年8月付再改訂版が掲載されている（www.mlit.go.jp）。

民間発出のソフトローの代表例は、株式会社東京証券取引所の「コーポレートガバナンス・コード」[8)]であろう。上場会社においてはこれへの対応が事実上必須である。これは上記②の類型に該当するであろう。コーポレートガバナンス・コードによる事実上の制度設計が先行し、会社法がこれを追うように改正されていると評価できる面もある[9)]。

直近のものでは、経済産業省の「企業買収における行動指針」[10)]が挙げられる。相次いで出された最新の裁判例の考え方を踏まえ、一気に整理されたという側面もある点が特徴である。上記①②のいずれにも該当する。

このように、取り扱う業務によってはこれらのソフトローへのアクセスが必要・有用という場面が、従前よりも急増している。これらに通じることは大きなスキルアップになろう。

4　周辺領域の把握

以上は弁護士としての中核業務を前提として述べたが、一歩踏み込んだ助言や検討、またはスキルを保持するためには、弁護士業務に関連する周辺領域（例えば、税務・会計・登記実務・戸籍等が重要と考えられている[11)]）についても、最低限の知識を持つことが有用（場面によっては必須）である。本格的な必要性が生じた場合は、各専門家の助力を求めたり、依頼者を紹介したりする等の対応が必要になるであろうが、そもそも他士業の専門家の関与が必要であるか否かがわからないと、思わぬ落とし穴があり危険である。他士業との連携という点でも好ましいことは言うまでもなく、特に若手弁護士のうちにこれらを習得することは有益といえよう[12)]。

8）　現時点では2021年6月11日付が最新版である（www.jpx.co.jp）。

9）　例えば、社外取締役の設置である。

10）　2023年8月31日付（www.meti.go.jp）。

11）　高中正彦・市川充・堀川裕美・西田弥代・関理秀『弁護士の周辺学——実務のための税務・会計・登記・戸籍の基礎知識〔第2版〕』（ぎょうせい、2021年）。

12）　中村真『若手法律家のための法律相談入門〔新版〕』（学陽書房、2022年）21頁は、同旨の視点から3級ファイナンシャル・プランニング技能検定を推奨しており、具体的な例として参考になる。

Ⅲ　効率的な事件処理のための事務所運営

1　中核業務への集中

継続的な事務所運営の観点からは、受任した事件を効率的に処理し、成果を導く必要がある。これはすべての弁護士に共通することだが、特に若手弁護士（の中でも独立後間もない場合は殊更である）においては直面する課題の1つである。ここでは効率的な事件処理のために重要な要素について検討したい。

弁護士業務といってもその外延は広い。法律相談や書面の起案はもちろん、提出物の郵便物を差し出すことも、電話に応対することも、顧客と会食をすることも、いずれも広い意味では弁護士業務を構成する。その中で、やはり第1に重視すべきは、法律相談や書面の起案といった、弁護士業務の中でも中核たる作業に集中する時間をいかに十分に確保するかである[13)]。事務職員との作業分担については後述するが、それ以前に弁護士自身が留意すべき事項は、無駄な時間・本来不要な作業をできる限り削減・回避することである。

無駄な時間を削減するという点は、弁護士業務に限らずビジネス全般の初歩であり、工夫し得る対応は多岐にわたるであろうが、その中でも、①探しもので年6週間、②仕事中断で復旧に25分、③後回しで処理時間60倍と言われる無駄な時間を減らす対策を実行すべきとの指摘[14)]があり、注目したい。すなわち、もちろん個人差はあるが、①書籍や物が見当たらず、これを探し出すのに年6週間、②作業中に中断した場合、中断前の作業の状態・ペースに復旧するのに25分、③今すぐに処理できることを後回しにしてしまうと、その処理時間は今処理する時間の60倍かかる、ということである。①については整理整頓、②③については仕事の仕組みづくり（ルールやマニュアル化など）をもって対処すべきということであるが、具体的な方法は各弁護士が自身の事務所の状況を踏まえて構築する必要があろう。

そして、上記の他にもう1つ、弁護士特有ともいえる事項を指摘したい。

13）　効率化の観点のみならず、究極には依頼者の利益を守り、かつ弁護士自身が過誤を回避するという意味においても重要である。

14）　官澤里美『弁護士業務の勘所――弁護士という仕事をもっと楽しむために』（第一法規、2014年）188頁。

それは、依頼者との関係である。受任事件にはほとんどの場合、依頼者が存在する。依頼者との関係が良好なうちは何ら問題ないが、ひとたび関係が悪化すれば、当該依頼者への対応に多大な時間を投入せざるを得ない状況に陥る可能性がある。すなわち、不満・不信を抱いた依頼者から説明等を過剰に要求され、これに対応するために膨大な時間を要するというおそれである。さらに、もし懲戒請求に至った場合、実際に懲戒処分に至るか否かは別として、いかなる理由であっても調査が開始され（弁58条2項）、その間は、異なる弁護士会に事務所を移転することもできない（同62条1項）ことから、経済的・心理的に消耗することは必至である。このような依頼者の不満・不信があるからといって、必ずしも弁護士に落ち度があるわけではない（むしろ事件処理自体には深刻な問題がない場合がほとんどであろう）。したがって、依頼者との関係を良好に保つためには、法的な観点から適切な事件処理を行うということのみならず、その適切性を依頼者が満足・信頼を有する程度に共有させることが必要である。そのために意識すべき点として、①進行上重要な場面（動きや変化があった場合等）には細かく報告すること、②当該報告は（電話等でもよいが、重要な場面では特に）文書等の控えが残る手段を用いること、③今後の方針について弁護士の考えを少しでも述べること、等が挙げられるであろう。

加えて、そもそも、良好な関係を継続的に保持することに懸念のある者から事件の受任を求められた場合、冷静かつ慎重に諾否を判断するというのが初期対応として重要な意味を持つ。特に若手弁護士の場合、積極的に受任を目指したいところであろうが、上記のとおり、ひとたび関係が悪化すれば、依頼者対応に割く時間によって大きく業務効率が削がれ、自身や事務職員のみならず、ひいては他の依頼者への影響があり得ることも肝に銘じ、中長期的な視点で諾否を判断する習慣をつけることが必要である。

2　事務職員との作業分担

次に、事務職員との作業分担について検討したい。なお、そもそも事務職員を置くかどうかというのも経営判断の1つであり、特に独立開業したばかりの若手弁護士においては、最初は事務職員を置かずに固定費を抑えるべき場合も少なくないであろう[15)]。しかし事務職員を置かない場合であっても、弁護士がすべての作業を自ら手作業で行うことは非効率であり、この場合は事務職員に代わる代替手段を検討する必要がある。例えば、電話対応であれば電話代行、裁判所への書類提出は郵送、内容証明郵便送付は電子内容証明郵便、消耗品の購入等はインターネット通販、銀行振込はインターネットバンキングの活用、といった具合である[16]。

事務職員を置く場合は、上記の作業はもちろん、その他の事務作業も担当させることができるため、事務職員の給与等という固定費の対価として、相応の効率化が望める。事務職員との業務分担という点では、①事務処理ルールの統一、②情報共有、③全体最適化、④弁護士倫理との関係の４つの視点から整理を試みたい。

まず、①事務処理ルールについて、これは、事務職員に担当させる業務にはルーチンとなる業務が多いことから、あらかじめ弁護士・事務職員間で一定の事件処理ルールを定めておくことが有用である[17]。事件記録の編綴方法といったごく基本的・普遍的なことから、事件に関するデジタルデータの名称の付け方といった弁護士自身の業務上の好みに左右され得るものまで、ルール化が可能な事項は多岐にわたるが、具体的には１つの正解はなく、各弁護士が効率を考え構築する必要がある。ここでは、一定のルールをあらかじめ設けること自体の有用性を指摘するものである。

次に、②情報共有について、これは必要な範囲で弁護士・事務職員が情報を共有することの重要性をいうものである。事務職員から適時に弁護士に事務状況の報告がなされることは、弁護士による指導や監督をもってコントロールすることが期待できるであろう。しかし、現在では、事務所の固定電話、電子メール、FAXといった従前から使われてきた連絡手段に加え、弁護士の携帯電話、SNS、ウェブサイト経由等、弁護士が外部と連絡をとることのできるチャンネルが増加したことから、特にこれらの連絡手段が弁護士のスマートフォンやタブレット端末、PC等でなされる等、自動的には事務職員

---

15)　松本常広『"地域密着型"モデルで勝ち抜く　実践！法律事務所経営マニュアル』（ぎょうせい、2017年）89頁。

16)　松本・前掲注15）89頁。

17)　官澤・前掲注14）174頁は、特に共同事務所についてルールの統一がない場合の弊害として「職員は指示内容を把握・処理するため無駄な時間を費消し（ロス）、指示内容の誤解により間違いを犯す（ミス）恐れさえあ」ると指摘するが、これは弁護士が１人の事務所であっても当てはまることであろう。

に共有されない場合[18]においては、弁護士の方から必要な情報を意識的に事務職員に共有する必要がある。また、事件記録についても、紙ベースの記録は事務所内の物理的な保管場所を決めておけば、弁護士も事務職員も容易に参照可能であるが、デジタルデータの記録については何らかの措置が必要である。従来から可能であった方法としては、弁護士PC・事務職員PC間において電子メール等でデータを送付する、USBフラッシュメモリ等の媒体を用いてやりとりする、といったものもあろうが、現在ではデータ量からして非効率と言わざるを得ない（弁護士や事務職員が複数いる場合は尚更である）。データを即時に共有できるインフラ（例えばNAS[19]やクラウドストレージ[20]）の構築を検討すべきであろう。後述するmintsも踏まえると、今後の事務所運営にとって極めて重要な要素であり、とりわけ、若手弁護士が事務所運営の効率化を図るためには必須といって過言ではないであろう。連続する視点としてITツールの活用があるが、これについては後述する。

次に③全体最適化[21]の観点について触れたい。これは、事務職員との業務分担に関連する。効率化という場合、事務所全体の効率化を図るという視点を失わないよう留意する必要がある。内容的には事務職員に担当させることができる業務内容であっても、例えば弁護士自身が行えば数分で完了するが、事務職員がこれを行おうとすると数十分から数時間を要するというような業務があった場合、効率上の全体最適化という観点からすれば、当該業務は弁護士が担う方が効率化に資するであろう。その間、事務職員は他の作業を行うことができる。

直近の話題で1つ例を挙げると、mints[22]の操作である。今まさに、各裁判所において実務への導入が拡大中であるが、mintsにおいては、準備書面

18)　技術的にはこれらの場合についてもほとんど共有を自動化することが一応可能ではあろうが、当該レベルの技術を導入する事務所は少数であろう。

19)　Network Attached Storageの略。ネットワーク上の複数のPCで共有することができるLAN接続の外付けストレージを指す。平たく言えば、事務所内のデータを一箇所のストレージに保管し、事務所内の各PCから同じデータにアクセスできるようにする技術である。

20)　オンライン上でファイル共有をするシステムである。NASはデータ保管場所であるストレージを通常事務所内に設置して保有するのに対し、クラウドスレージはその保管場所（ストレージ）自体をクラウドストレージ提供事業者が保有しており、いわばデータ保管の場所借りをするイメージである。許可した事務所内の各PCから同じデータにアクセスできるのはNASと同じである。

21)　官澤・前掲注14）190頁。

22)　民事裁判書類電子提出システム。

や書証の提出、それらの受領、受領書の提出まで、すべてシステム上でデジタルデータをやりとりする方法で完結できる。mintsは弁護士ごとにIDに紐づいたアカウントが付与され、同アカウントを用いてシステムにアクセスすることができる。加えて、同じアカウントについて補助者IDを設けることができ、これを設けた場合は通常、担当事務職員に補助者IDを割り当て、当該事務職員も自身の業務用PCからmintsにアクセスすることができるようになる。これを利用すれば、mintsによる書面の提出や受領についても、従前の郵送やFAXによる提出と同様、事務職員にすべて担当させることも十分に可能である。しかしmintsにおける提出・受領の作業は、従前の郵送・FAX方式に比べると、ほとんど時間を要さず行うことが可能であり、事務職員自身のITリテラシーの有無・程度や、補助者IDの管理・監督、システムトラブル時の対応等を検討の上、弁護士自身が素早く処理してしまうという対応も1つの選択肢であろう。逆に弁護士自身がITリテラシーに乏しい等の場合は、積極的に補助者IDを活用して事務職員に担当させることが有力な対処法になるであろう。このような視点も、全体最適化の一環として重要であると考える。

事務職員との業務分担に関して、最後に④弁護士倫理との関係での緊張関係を指摘しておきたい。業務効率化という視点だけを追求するがあまり、本来弁護士でなければ遂行できないような中核業務に該当する業務を事務職員に担当させるなどということがあってはならない。しかし実際に、事件処理を事務職員に行わせていたことにより懲戒に至った例がある。弁護士業務の補助を担うのが事務職員の役割である以上、弁護士が行うべき業務と事務職員が担当する業務はもとより連続性がある。このため、ひとたびその線引きが曖昧になれば、その境界の浸食が次第に大きくなり、やがては上記のような懲戒例に近づくおそれがあるということを指摘したい。

3　ITツールの活用

近年における民事訴訟制度のIT化の進展は目覚ましく、令和4年5月18日に成立した民事訴訟法等の一部を改正する法律（令和4年法律48号）は、訴状等のオンライン提出、ウェブ参加可能期日の口頭弁論等への拡充、訴訟記録の原則電子化等の内容を含むものであり、これにより今後さらに相当の

IT 化が進むことが予想される。もっとも、民事訴訟制度のIT 化のうち、IT 機器の整備等で実現可能なe 法廷の手続（フェーズ1）については、民事訴訟法等の改正を待たずして先行されることとなった。具体的には、ウェブ会議（Microsoft Teams）を用いた運用が行われた。全国のウェブ会議による弁論準備手続と書面による準備手続の実施累積数は、2022 年 12 月までで 42 万回を超えているとの指摘がある[23)]。運用が開始されてから短期間のうちに、このウェブ会議期日は急速に実務に定着したといえよう[24)]。率直に考えて、期日調整の幅がより広がったことで、弁護士業務（に限らず訴訟手続全体）の効率化につながったものと思われる。

上記の民事訴訟手続におけるウェブ期日の浸透の成功は、裁判手続以外の弁護士業務においても参照できる。期日のウェブ化がこれほどまでに定着した背景には（もちろん当初は新型コロナウイルス感染症対策という別観点の意味もあったであろうが）、ウェブにおける意思疎通が予想していたよりも困難ではなく、現実出頭の場合と比較しても採用に耐え得るものであったということがあろう。これは、電話のように音声のみでなく、映像においても即時双方向性が確立されたためであると考える。

そうであれば、このことは必ずしも裁判手続に限ったことではなく、依頼者との打合せにおいても適用できる場合がある。もちろん、本人確認や重要局面など、現実の面談が適切な場合もあり、依頼者ごと、事件ごとに適した対処が必要ではあるが、従来は現実の面談が主であった打合せのチャンネルとして、ウェブ打合せ[25)]の選択肢があるということ自体が効率化に資する。現実の来客がないということは、そのために要するはずであった事務職員の手が空き、他の業務に従事することが可能である。弁護士自身も、自己の他の作業と即座に切り替えることも可能になるであろう。また、弁護士業務の効率化ということの他、依頼者側の利便性にも資することができ、その意味でも重要である。上述したように現実の面談との使い分けが求められるが、ウェブ形式「も」可能であるという体制が、今後はスタンダードになってい

23）斎藤義房「民事訴訟法改正の経緯と今後の展開」自由と正義 74 巻 3 号（2023 年）10 頁。

24）偶然にもフェーズ1拡大のタイミングで新型コロナウイルス感染症の感染拡大があったことが、急速な普及を後押ししたものと思われる。

25）裁判所が用いる Microsoft teams や Zoom、Google Meet などが広く知られるツールであるが、他にも多様なシステムが存するため、その選別も重要である。

くことが想像に難くなく、特に若手弁護士においては喫緊の対応を要すると考える。

ウェブ会議打合せの導入については上記のとおりであるが、これ以外にも昨今はIT技術の発展速度が速く、弁護士業務においてもリーガルテック[26)]と呼ばれるITサービスが急成長している。現時点において主要なリーガルテックといえば①AIを用いた契約書レビュー、②電子契約などがあろう。純粋なリーガルテック以外においても、③翻訳ツール、④chatGPTに代表される大規模言語モデル（Large Language Modelを略してLLMと呼ばれる）を基盤とした対話型のインターフェース（以下単にLLMという）の成長速度も著しい。

①AIを用いた契約書レビューについては、弁護士法72条との関係に関する法務省の整理[27)]を踏まえておくことが重要ではあるが、現在の整理を前提としても、少なくとも弁護士が自らの業務のために補助的に使用する場合などは問題があるとは考え難い。②の電子契約については、押印に代えて電子署名を用いることによりデジタルデータのみで契約書を作成することができ、今後拡大するであろう。③翻訳ツールについて、未だ完全な翻訳は難しい（特に法務領域に至ってはそうである）が、過去の水準と比較すれば成長速度は凄まじい。④LLMについて、その原理が広く認識されているとは言えないが、学習による訓練が可能である以上、今後の進化も著しいであろう。弁護士（特に若手弁護士）においては、これらのテクノロジーについて、常にその限界を意識しつつ、必要に応じて使いこなすスキルがあれば業務の効率化に役立てることができるであろう。そして、時間の経過とともに、それは単なる効率化のための手段にとどまらず、業務遂行の上で必須級のスキルとなっていくであろう。

4　事務職員の観点

効率化に限ったことではないが、事務所運営の改善点については、弁護士自身では気が付かないこともあるであろう。その点では、事務職員の観点か

26）Legal と Technology を組み合わせた造語であり、法律に関する業務の効率性を高めることを目的とするITサービス・ツールを指す。

27）「AI等を用いた契約書等関連業務支援サービスの提供と弁護士法第72条との関係について」（https://www.moj.go.jp/housei/shihouseido/housei10_00134.html）。

ら指摘をもらうことも有益である。このことは業務の分担や全体最適化の点に通じるものであり、積極的に意見を求めて反映することが望ましいであろう[28)]。

Ⅳ　賠償責任追及に備えた危機管理

1　弁護士賠償責任と懲戒

弁護士業務は高度な専門性を伴う業務であり、業務の遂行には一定の裁量があるが、遂行において過誤等の問題があった場合、弁護士賠償責任が生じ得る他、弁護士会による懲戒の対象ともなり得る。弁護士賠償責任と弁護士会による懲戒は、互いに異なる法的根拠・制度に基づくものであり、また、その目的も別であるが、弁護士賠償責任が生じるような事例は、懲戒の対象にもなり得る場合が少なくないであろう。ここでは、そのような事態に陥ることを防止するため日々備えるべき事項について整理・検討する。

2　若手弁護士における特殊性の有無

弁護士賠償責任や懲戒に備えた注意については、当然にすべての弁護士において必要であるが、本稿では若手弁護士が直面する問題というテーマの中でこれを論ずるため、まず、過去の事例において、若手弁護士において有意な特殊性があるか否かを見ておきたい。この点で参考になるのは、弁護士会による懲戒制度に関する統計情報である。日本弁護士連合会の統計資料[29)]によると、「懲戒処分を受けた弁護士の処分時の弁護士経験年数」別での統計があり、2012年から2021年までの期間で見てみると、次頁の表のとおりである。

2012年から2021年までの10年間の合計を見ると、経験年数が1年～9年（若手弁護士といってよいであろう）は、最も少ない結果となった。これは、必ずしも単に経験年数の少なさのみが懲戒に直結しているものではないと見ることが可能であろう。

他方で、経験年数が10年～19年（若手弁護士から中堅弁護士に移行していく時

28）　官澤・前掲注14）132頁は、事務職員による業務改善提案制度を紹介しており、参考になる。
29）『弁護士白書〔2016年版～2022年版〕』。

懲戒処分を受けた弁護士の処分時の弁護士経験年数（単位：人）

年／経験年数	1～9	10～19	20～29	30～39	40～	合計
2012	8	14	18	20	19	79
2013	21	18	19	20	21	99
2014	20	18	26	26	20	110
2015	10	26	15	24	21	96
2016	14	27	28	18	21	108
2017	23	24	28	12	13	100
2018	14	30	18	14	11	87
2019	15	27	17	24	11	94
2020	23	29	17	17	17	103
2021	18	21	28	13	22	102
合計	166	234	214	188	176	

期といってよいであろう）が最も多いという結果であった。要因を正確に絞り込むことは困難だが、次に多い経験年数帯が20年～29年であることからすると、これらの経験年数帯は、取り扱う事件数が多く業務量の母数の値が高い（つまり、いわゆる脂の乗っている世代である）が故に、比例して懲戒の件数も他の世代より多くなっているという見方も可能かもしれない。また、10年～19年の経験年数帯については、若手弁護士の範囲から脱却しつつある中で、例えば独立したり、パートナーに就任したりするなど、業務における自身の裁量の幅が増えてくる（しかし、危機管理はまだ十分でない場合がある）世代であるということも関係しているかもしれない。

次に、若手弁護士において特徴的な懲戒理由があるかという点についても整理しておきたい。この点について統計情報から研究された先行文献[30]によれば、「登録10年以下の弁護士の懲戒の特徴」として、最も多い懲戒理由は事件放置であり、これは全体の傾向と同じであるものの、次点で多いのが私行であり（全体では預り金着服や利益相反が上位に並ぶ）、弁護士業務以外のところで問題を起こす傾向が指摘されている。また、弁護士業務に関する懲戒理由の内容面については、預り金着服や弁護士報酬といった金銭関係の問題は

30）　髙中正彦・市川充・川畑大輔・岸本史子・的場美友紀・菅沼篤志・奥山隆之『弁護士の失敗学――冷や汗が成功への鍵』（ぎょうせい、2014年）239頁。

少ないが、それ以外の類型、すなわち不当処理、説明報告義務違反、不当表現、違法行為の助長といったものが多いのは全体の傾向と同様のようである。

そうすると、若手弁護士においては、私的な非行という特徴は一応あるものの、自身の業務のあり方について留意すべき事項は、基本的には全体と同様であって大きな違いはない。ただ、上記の経験年数別で見た傾向から得られた検討を踏まえれば、むしろ若手弁護士といわれる世代に属するうちに、今後の自身のキャリアも見据えて、気を引き締めて賠償責任や懲戒に対する危機意識を整備しておくことが重要であろう。

3　問題の類型

それでは、実際に業務に際して留意すべき事項を検討する前提として、どのような類型の問題が起こり得るのかを整理する。弁護士賠償責任が問題となった事例として、全国弁護士協同組合連合会によれば、次のような事例の整理がなされている[31)]。

⑴事件受任時のトラブル
⑵弁護士の説明義務に関するトラブル
⑶利益相反を巡るトラブル
⑷交渉におけるトラブル
⑸手続の遅延に関するトラブル
⑹訴訟上の主張を巡るトラブル
⑺弁護士業務一般におけるトラブル
⑻金銭の返還義務に関するトラブル
⑼事件終了後の利害関係人とのトラブル
⑽破産管財手続上のトラブル

上記について抽象的な部分を若干補足すると、⑴は委任意思の確認が不十分であったり、受任の範囲が不明確であったりした等の問題、⑷は交渉の相手方との関係の問題、⑹は訴訟の相手方との関係の問題、⑺はミスや調査不足の場合などが主な内容である。なお、⑽については、特定の業務分野を対象とするものであるため、本稿においては取り上げないこととする。

31）　全国弁護士協同組合連合会編『弁護士賠償責任保険事例集〔簡易版〕』(2013年)。

他方で、弁護士懲戒事例集の事例をもとに、以下のように20の類型化（①～⑳）を行った上、さらにこれらを８つのグループ（A～H）で分類する試みがあり[32]、参照する。

A　広い意味での利益相反：①利益相反、②遺言執行者、③成年後見人、成年後見監督人および不在者財産管理人

B　依頼者との関係における意思疎通：④事件の受任諾否および処理の遅滞、放置、会費滞納、⑤依頼者の意思の確認と尊重、説明、報告不足

C　依頼者との金銭に関わる問題：⑥報酬および委任契約書作成義務違反、⑦預り金、預り品処理、⑧非弁提携、報酬分配、⑨係争目的物譲受、金銭貸借

D　法令などの調査：⑩法令および事実調査義務違反、⑪刑事弁護および刑事記録目的外使用、⑫職務上請求、⑬広告問題

E　守秘義務ならびにプライバシーおよび名誉と信用の侵害（⑭）

F　相手方等への不当な圧力：⑮違法行為、不当行為、不公正な行為および業務停止期間中の行為、⑯執行妨害および自力救済、⑰直接交渉、⑱労務問題

G　私的な問題（⑲）

H　同一性、除斥期間の解釈等の手続問題（⑳）

上記の(1)～(10)とA～Hを見比べてみると、重なり合う部分が相当多く、やはり、法的根拠・制度や目的が異なるとはいえ、弁護士賠償責任や懲戒において問題となる場面は、本質において共通するものである。なお、Hについては、懲戒請求事実の同一性や除斥期間等に関するものであるため、本稿では取り上げないこととする。

そして、本稿においては、上記の類型を、日々の業務における危機管理の意識という側面から、根本原因となる問題ごとに、再構成した分類を試みたい。筆者は、次のように６つに分類することができると考える。

(1)　対依頼者関係型

広い意味で、依頼者との間の関係を良好・適切に構築できているかという面での分類である。(1)(2)(8)(9)や、BCが該当する。

---

32)　宮崎裕二『弁護士の不祥事対策と懲戒の実際――弁護士の「非行」には、どんなものがあるか？』（プログレス、2022年）69頁。

(2) 利益相反型

利益相反に関係する面での分類である。(3)やＡが該当する。

(3) 対相手方関係型

相手方との関係において、無用なトラブルを起こさないという面での分類である。(4)(6)やＦ、Ｅの一部が該当する。

(4) 単純ミス型

期間徒過など、少ない注意で回避できるはずの単純ミスという面での分類である。(5)(7)の一部が該当する。

(5) 研鑽不足型

日頃の研鑽や調査など、能力の維持・向上という面での分類である。(5)(7)の一部やＤが該当する。

(6) 倫理道徳型

職業専門家としてはもちろん、一般私人としても倫理道徳を保持しているかという面での分類である。主にＧなどが該当するが、(1)や(3)と関連する場合も多いであろう。

4　危機管理

それでは、上記３において整理した分類ごとに、あるべき日々の危機管理を検討したい。この点について、本稿においては、特に若手弁護士にとっての課題という観点から、個々の対策論を個別・詳細に論じるというより、根底に共通する問題点に対応した、できる限りシンプルなマインド、姿勢、仕組みについてまとめてみたい。

(1) 対依頼者関係型

依頼者との関係の問題は、既に見たように様々な形で顕在化する。それは報告・説明の問題であったり、委任契約書の問題であったり、あるいは預り金・預り品の問題であったり、その内容は様々である。しかし筆者は、これらはすべて、顧客に対する姿勢の問題に帰着すると考える。依頼者は、「顧客」である。弁護士自身も日常生活の中で、例えば商品や役務の購入をする際や、医師の診断を受ける際、まともな説明を受けられなかったら、不安・不満を感じるのではないか。また、弁護士は普段から依頼者に対して契約書の重要性を説いているはずである。契約書もなく重要な取引を行うなど、本来考え難いことではないか。預り金等の問題も、顧客から預った物やお金を適切に保管し、適時に返還するなど、ビジネス上当然のことではなかろうか。つまり、依頼者を「顧客」として扱うビジネス上の姿勢さえあれば、ほとんどのトラブルを難なく防止できるはずである。言い換えれば、「顧客」に、いかに満足・納得してもらって解決するかというマインドがあれば、自ら進んで意識せずとも、上記のことを履践できる。逆に、このような「顧客」志向が根底になければ、個別の対策のみをどれほど講じても覚束ないであろう。若手弁護士で、過去に社会人経験がない場合は、そもそもこのような顧客志向の観点を学ぶ機会がなかったかもしれない。しかし、そのような場合でも、例えば企業依頼者の自分への姿勢・態度や、日常生活で自分が顧客側となる数多の場合をよく観察すれば、勉強は難しくない。ビジネスという面では弁護士業界より他の業界の方が各段に競争が激しく、身近に手本がある。

もっとも、弁護士という職業上の特質から、独立性や公益の視点は重要であり、依頼者の言いなりになればよいということではないが、依頼者は弁護士業務というビジネスの顧客であるという側面も、忘れてはならない。

(2) 利益相反型

これは上記の顧客志向とは異なり、まさしく弁護士業務の特殊な面の１つである。ただ、利益相反の問題については、弁護士職務基本規程においてもある程度明確化されており、解説も豊富であるから、多くの場合は利益相反該当性について事前の調査が可能である。その面では後述の (5) の類型にも当てはまる側面がある。とはいえ、複雑な事実関係の下ではなお判断に迷う場合も少なくないであろう。個々の事件の受任の是非は、各弁護士の置かれた立場によって様々ではあろうが、これを危機管理という側面から捉えるならば、よく用いられる表現ではあるが、「君子危うきに近寄らず」[33] に尽きると考える。悩ましい事件については、この格言を胸に持ちつつ、それでも受任したいと思う気持ちがある場合は、その動機が何であるか（リスクを冒してでも受任したいのはなぜか）を自問自答すべきであろう。

(3) 対相手方関係型

弁護士にとって相手方は、依頼者と互いに利害が対立する関係にある存在

33）　宮崎・前掲注 32）253 頁もこのように表現する。

であるから、敵方という性質があることは間違いない。しかし、依頼者と同じように弁護士自身までもが感情的になってしまったり、違法・不当な手段を用いたりすることがあってはならない。相手方との関係で弁護士賠償責任や懲戒が問題となるのは、多くが、交渉や訴訟における言動や文書の内容が侮辱的、脅迫的といった不当な内容であるという事例である。実際の実務においても、相手方代理人から提出された準備書面に、感情的にこちらの依頼者を罵るような文言が記載されていたり、あるいは、法律相談で相談者が持ってきた相手方代理人の内容証明郵便の内容が、不適切な程度を超えた違法なものではないかと疑うような、不要にして過剰な表現が用いられていたりすることに出くわすことがあるであろう。

この点について、確かに相手方は敵方という側面を持ちつつも、交渉成立や、裁判上の和解成立によって事件が解決することが少なくない点に着目すれば、紛争解決を一緒に目指す、協力すべき相手としての性質を併せ持つと見ることもできる。弁護士の使命が「基本的人権を擁護し、社会正義を実現すること」（弁1条）であるという観点からも、相手方とはいえ、その人権を脅かすような行為は厳に慎むべきである。相手方もまた人間であるから、その基本的人権を尊重する姿勢を、もう少し踏み込んだ言い方をすれば人間尊重の精神を根底に持ってさえいれば、人格を攻撃するような手段を用いることには、自ずとブレーキがかかるであろう。

他方で、プロフェッションとしての矜持を保持することが重要である。交渉、訴訟その他事件処理について、多少の駆け引きは必要かつ有用であろう。しかし、上記のような不当な表現・手段は、解決のために有用であることはなく（むしろ依頼者にとって有害となるであろう）、また、もし仮に局所的に効果があったとしても、そのような手法に頼るのであれば、無資格の事件屋と何が違うのか。司法試験に合格したときや初めて弁護士バッジを手にしたときの心情を思い返し、自身の職業を自覚し続けたいところである。

(4) 単純ミス型

使い古された言い方であるが、人間は誰しもミスをし、人間である以上ミスを完全になくすことは困難である。これは何を意味するかというと、「ミスをしないように注意する」というだけでは、ミスに対して何の対策もしていないのと同義ということである。ここで重要なのは、①仕組み構築と②リスクベースアプローチの観点である。

まず、①仕組み構築について、ミスをしないこと自体が大切なのではなく、ミスをしそうになってもそれを防止する（またはミスをしても拡大することを防止する）ための仕組みを作る、つまり日常業務の中のルーチンワークに落とし込むことが大切ということである。理念自体は会社法上の内部統制システムと共通するものがあるが、何もそれほど大げさなことが求められるのではなく、例えば、上訴や時効など期限に関する注意であれば、あらかじめ自身のスケジュールに記載しておく（さらには事務職員もスケジュール上確認できるようにしておく）とか、誤字脱字に関する注意であれば、提出前に事務職員に一読してもらうといった、ごく簡単にできることは無数にある。

ただ、上記のような仕組みを単純に増やしていけばよいかというとそうではなく、②リスクベースアプローチ[34)]の視点が重要である。つまり、上記のような仕組み構築にあたっては、ⓐミスが発生したときの深刻度と、ⓑミスが発生する頻度・可能性の高さの両面から考慮し、総合的にリスクの大きいミスを優先的にカバーするべきである。具体的には各弁護士の業務を振り返りながら構築することが求められる。

(5)　研鑽不足型

研鑽についても、上記（4）と同様に仕組み構築が効果的であると考える。元々向上心がある人、知的好奇心の旺盛な人ならば、あまり気にかけずとも自ら勉強を惜しまないかもしれないが、それ以外の人にとっては、勉強をルーチンとして生活に組み込んでしまう手立てが必要である。一例として、法律雑誌を購読し、届いたら捨てると決め、そうするともったいないから読むようになるといったアイデア[35)]等があり、参考になる。その他にも毎年必ず判例六法を買い替える、裁判例は必ず原文に触れる等、工夫の方法は無限であるが、自分自身の癖や性格上の弱点と向き合い、具体的に設定することが求められる。

(6)　倫理道徳型

法曹としてのみならず、一般的な倫理道徳を保持するということであるが、

34）　リスクへの対策を平準的に行うのではなく、大きいリスクほど重点的に対策を講じる手法である。

35）　中村・山田・前掲注 4）133 頁。

すでにこれまでの人生において形成された人格に左右される面も多く、これがもっとも難問かもしれない。しかし、法曹を目指して司法試験を突破し、実務に従事しているという弁護士の一般的なバックグラウンドからすれば、最初から倫理道徳に欠けている人というのは稀であろう。そうすると、この問題については、どうやって向上させるかという視点よりも、どうやって低下を防ぐかという視点が重要と考える。そのために必要不可欠であるのは、心身の健康である。身体については、自身の状態について注意深くなり、休養する（必ず休日を設けるということも、仕組み構築の1つである）、健康診断を受けるなどが考えられる。そしてそれと同じかそれ以上に重要なのは精神の健康すなわちメンタルヘルスであり、これは別項を設けて詳述する。

V　弁護士のメンタルヘルス

1　メンタルヘルスの重要性

もっとも多い懲戒の理由は事件放置であるところ、単なる懈怠ではなくメンタルに原因があるということが少なくない。確かに、相談を受けて解決に導く側の弁護士自身が精神に不調を来してしまえば、もはや事件処理どころではなくなり、たちまち事件放置その他の不祥事に結びつくことは想像に難くない。身体の健康はもちろん、メンタルヘルスに日頃から注意することは、弁護士業務の土台を支える上で極めて重要である。

2　メンタルヘルス対策

弁護士自身のメンタルヘルスについては、未だ議論が盛んであるとまでは言い難いが、髙中ほか・前掲注30）109頁は、具体的な対策法として、①依頼者とともに泣かない、②仲間と語らう、③よく寝る、④健康には臆病であれ、⑤趣味を持つ、を挙げる。いずれもストレスをあらかじめ排除・低減するための重要かつ効果的な対策と思われる。

そして、ここでもう1つ、「怒り」について触れておきたい。そもそも弁護士のストレスの発生原因はどこにあるか。もちろん単純に絞れるわけではないが、大きな1つの原因は、「怒り」であると考える[36)]。弁護士業界は、他の業種より格段に、人の怒りに触れる機会が多い。そもそも事件は紛争なのであるから、依頼者も怒っている、相手方も怒っているという場面は枚挙に暇がない。これほど怒りの渦中で仕事をする業種も珍しい。そして、怒りは伝染するという。依頼者の怒りに触れ、相手方の怒りに晒され、無意識のうちに弁護士自身の中にも大なり小なり怒りの感情が芽生えていないだろうか。もしそうなら、それを放置すれば、自分でも気付かないうちに、感情的な言動・書面（ひいてはそれによる弁護士賠償責任や懲戒）につながってしまうおそれもある[37]。そして何よりも、怒りはストレスの大きい要因になる。

昨今、アンガーマネジメントの重要性が強調されるようになり、弁護士もこれを学び、実践すべきと考える[38]。怒りの原因には様々なものがあるが、弁護士業務においては、期待や予想を不合理に裏切られることが原因であることが少なくないのではないか。すなわち、先に何らかの（一応合理的な）期待や予想があり、それに反する事態が（不合理にも）生じるから怒りが生じる。特に弁護士という職業は、合理的思考・解決が求められる仕事であることから、どうしても「こうなるはずだ」「こうあるべきだ」とする合理的な思考を巡らせる。しかし、依頼者や相手方も人間であるから、そのような期待や予想が、不合理に思える対応によって裏切られることもある。しかし、そもそもそういった期待や予想は、いかにそれ自体は合理的なものであったとしても、いわば自分が勝手に抱いたものであり、その怒りの発生原因は他人ではなく、自分自身にある。これは、自分は合理的に考えていても、他人（特に依頼者や相手方本人）はそうとは限らないということであり、なかなか自分が思うようには進まないという心理的な予防線を自身に張っておくことが重要である。これが不十分であると、怒っている依頼者や相手方の不合理に思える対応により、いとも簡単に弁護士自身に怒りが伝染することになりかねない。まずは自身が冷静であって初めて、依頼者や相手方本人の怒りの源泉を冷静に見極め、それを解く試みができるといえよう。

36）　官澤・前掲注14）209頁は、弁護士業務において怒りが生じること前提に、そのコントロールの重要性について指摘する。

37）　髙中正彦・石田京子『新時代の弁護士倫理』（有斐閣、2020年）173頁〔飯田高〕は、他者の立場を理性によって理解する「認知的共感」を超えて、他者と同じ感情を自らも経験する「情動的共感」が優位になるとき、人は判断を誤りやすくなると述べ、弁護士にとってその不利益が大きくなるおそれを指摘する。

38）　宮山春城「第1回　アンガーマネジメントへのお誘い　（怒れる弁護士『アンガーマネジメント』を学ぶ。）」ビジネス法務2023年5月号41頁。

3　サポート体制

例えば法律相談の中で、依頼者から「話を聞いてもらえただけでも楽になった」という趣旨の感謝を受けることがある。弁護士自身のメンタルヘルスもこれと同じで、他人への相談はかなり有益である。特に同業へ相談ができればそれに越したことはないであろう。しかし、弁護士は数多の法律相談を受けているにもかかわらず、あるいは相談を受ける側であるからこそ、自分自身が相談をする先がないということもある。

このような場合は、日本弁護士連合会や各単位会が設置するサポート窓口を利用するのが良いであろう。例えば日本弁護士連合会は、日弁連メンタルヘルスカウンセリングを設置しており、電話・対面・ウェブなどでの相談を受け付けている。新型コロナウイルス感染症によって生活スタイルが大きく変わり、無意識的なストレスが生じた人もいるであろう。臆せず利用したいところである。

Ⅵ　おわりに

本稿においては、若手弁護士が直面する諸問題という観点から、各課題の状況と対応すべき事項等について整理・検討した。内容としては、必ずしも若手弁護士に限らず全弁護士に共通する部分もあったが、若手弁護士はベテラン弁護士と比較すれば経験によるノウハウが少なく、同じ課題であってもより大きく、より深刻な問題となる場合が少なくない。若手弁護士は、ただでさえ、将来に向けて成長するために学ばなければならないことが多い。このため、まずは、「大きく踏み外さないために」という視点から、自身の課題を自身で見つけ、日常業務の中で具体化していくことが求められる。

5　地方都市の弁護士の実情と展望

――人口減・高齢化・厳しい経済状況のなかで

稲田知江子

Ⅰ　はじめに

1　本稿の目的

弁護士は大都市に偏在している。2023（令和5）年現在、国内の弁護士は4万人を超えているが、実にその約3分の2が、東京や大阪、名古屋の大都市に集中している（弁護士の過疎・偏在問題に関する日弁連のホームページの記述による）。日弁連は、1996（平成8）年5月に採択した「弁護士過疎地域における法律相談体制の確立に関する宣言」を皮切りに、弁護士過疎・偏在問題への取組みを行っているが、この問題が解消されているとは言い難い現状にある。

しかし、地方都市においても、法的問題は当然に発生するのであって、司法サービスへのアクセスが、ひとしく市民に保障されるべきであることはいうまでもない。

人口減・高齢化・経済状況の厳しさといった地方都市の抱える問題は、それ自体に由来する法的課題を生み出すと共に、地方都市の弁護士が相応の経済的基盤を有し、持続的に司法サービスを提供していけるのか、という点に関わる。地方都市の弁護士の業務の実態はどうなっているのか、課題は何であるのか。地方都市の弁護士に求められる役割とは何なのか。本稿では、現時点における地方都市の弁護士の実情を分析した上、今後の展望を述べていきたい。

2　高知県の現状

私が活動する高知県は、人口減、高齢化が最も著しい地方のひとつである。現状の人口は68.5万人（2023（令和5）年1月1日時点）であるが、2045（令和27）年度には50万人を切り、65歳以上人口が約2.3人に1人となることが予想されている（国立社会保障・人口問題研究所の将来推計人口による）。タクシー運転手の不足、路面電車の減便、毎年恒例のビアガーデンの閉鎖など、身近なところで深刻な人手不足による影響を感じる昨今である。

『2022（令和4）年版弁護士白書』（以下「白書」という）によると、法人・個人の都道府県別税務申告所得額は45位、弁護士1人当たりの県内総生産は28位であって、経済的には決して豊かな県とはいえない。

かように人口減・高齢化が著しく、種々の経済指標の下位に位置する高知県における弁護士業務の実情を分析することは、地方都市の弁護士の在り方を考える一助となろう。

3　私の業務状況

まず、私自身の業務状況について若干紹介しておく。

私は司法修習49期であり、1997（平成9）年に弁護士になると同時に、高知弁護士会に登録した。数年間イソ弁をした後、パートナーと共に独立し、共同事務所を経営していたが、約3年半前に独立し、現在は1人事務所を経営している。

担当する事件としては、離婚事件が圧倒的に多く、任意交渉・調停・訴訟を併せて常時30件程度ある。その大多数が調停事件であり、非常に多くの時間と手間を要する。依頼者は7割方女性である。その他、相続事件が5件前後で、一般民事事件は少ない。刑事事件については、長年取り組み、弁護士になった当初は1か月に公判期日が5件程あるという状況であったが、現在は数はかなり減っている。

仕事が来るルートとしては、過去の顧客の紹介や、ホームページを見ての問合せがほとんどである。顧客の多く（おそらく6割以上）が法テラス利用であり、それ以外の事件についても、私自身が単価を上げることが不得意であるため、1件当たりの単価は決して高くない。

顧問契約は数社程度であって、それが収入源になっているとはいえない。

その他、銀行の社外役員として月に2、3日程度会議に出席したり、児童相談所の非常勤弁護士として週に1日、朝から夕方まで同所に出勤したりしている。

また、地方都市の女性弁護士に特徴的だと思うが、地方自治体の審議会等の委員の仕事が多い。収用委員会、産業振興補助金の審査会、高知県人権尊重の社会づくり協議会、高知地方労働審議会等の各種会議に出席する業務である。これらは、半日程の会議で、1回について1万円に満たない日当が支給されるもので、収入に繋がるものというよりは、いわば公益的な活動である。

業務以外では、弁護士会の各種委員会（刑事弁護、性の平等、子どもの権利等）委員や、日弁連の委員会（刑事弁護センター、男女共同参画推進本部）の幹事・委員の仕事があるが、会務については、近時、若手に譲ったところが多く、引退気味になっている。2014（平成26）年度には高知弁護士会会長・日弁連理事を、2015（平成27）年度には日弁連会長特別補佐を務めた。後述するが、当地では会員は弁護士会会長を務めることが通常である。

家庭裁判所および簡易裁判所の調停委員を長年担当したが、自分の調停事件が増えるに従い、時間的に都合がつかなくなり、数年前に退任した。

事務員は基本的には常時1人雇用し、その他に、週に2日、半日程度のアルバイトをお願いしている。

執務時間は午前9時から午後8時頃までがほとんどであり、昼休みはさほど取らない。土日祝は基本的にはオフにし、メールチェックもしないようにし、頭の切り替えに努めているが、本稿執筆や重い上告趣意書作成のような仕事があれば、それに取り組むことも多い。

事務所は裁判所の目の前に存在しており、期日直前に依頼者と打合せをして、そのまま裁判所に行けるため、時間効率は非常に良い。自宅から事務所までは、路面電車で10分程度の距離であり、地方都市ならではの職住近接を謳歌しているといってよい。

前置きが長くなってしまったが、小さな事件ばかりを抱え、会務や公益活動にも追われつつ、何とか事務所経営をする地方都市の1人の女性弁護士の実情をお分かりいただけたのではないだろうか。

4　会員アンケートの実施

自分自身だけの情報では、地方都市の弁護士の実情を考察するにははなはだ不十分であるため、今般、高知弁護士会の全会員（92名）に向けてアンケート（以下単に「アンケート」という）を発出し、全会員の44％にあたる41名の会員から回答をいただいた。プライバシーに関わる部分が多分にあることもあり、回答のしやすさも重視して精緻な情報を求めなかったため、数字に裏打ちされた有用な情報が得られたものとは言い難いかもしれないが、以下では、このアンケートの結果を踏まえて、高知県の実情を探っていく。

さらに、『弁護士業務の経済的基盤に関する実態調査報告書2020』[1)] も参照しながら、地方都市の弁護士の実情を分析したい。

なお、本稿は、これらのデータを除けばあくまでも私の体験に基づく1つの考察であって、私個人の雑感・意見にすぎないことを最初にお断りしておく。

Ⅱ　高知弁護士会の会員の実情

1　高知弁護士会の状況

高知弁護士会には、2023（令和5）年11月現在、92名の会員がいる。そのうち女性は12名である。

本庁管内の会員が83名で、ほとんどの会員が本庁に集中している。

支部については、高知市内から車で1時間程度の安芸支部、西に車で40分程度の須崎支部、車で2時間程度の中村支部が存在する。各支部には法テラスおよびひまわり基金法律事務所があり、各支部に3名ずつ会員がいるが、須崎の1名および幡多の1名は法テラスやひまわり以外の一般会員である。

私が登録した1997（平成9）年当時、高知弁護士会の会員は50名で、会員は本庁に集中し、中村支部に2名がいるだけであって、法テラスやひまわり基金法律事務所は存在しなかった。また、同年は私を含め合計3名の弁護士

1）　自由と正義臨時増刊号72巻8号（2021年）。以下「実態報告書」という。

が登録したが、7年ぶりの新規登録であって、地元の新聞にニュースとして載ったほどであった。

白書によると、弁護士1人当たりの人口数は、高知は7277人で、24位である。1990（平成2）年当時（会員数56名）は、1人当たり人口数は1万4732人で37位であったから、それと比較すると、弁護士1人当たりの人口は約半分にまで減っている。しかし、近年の会員の増加人数をみるに、2019（令和元）年に1名、2020（令和2）年、2021（令和3）年はゼロである。2012（平成24）年の会員数が87名であったから、そこから10年経過して5名しか増加していない。後述のとおり、当地における法的ニーズに十分に応えることや、会務負担を考えると、新規登録者の確保は極めて重要な課題である。

また、女性会員も減少している。白書によると、2012（平成24）年と2022（令和4）年の比較では当地の女性弁護士は3名減り、会員に占める2022（令和4）年の女性割合は14.7%である。2023（令和5）年11月時点では、同割合は13%まで落ち込んでいる。全国的には、2022（令和4）年5月時点の女性割合は19.6%であるから、それと比較すると当地は女性が少ない。特に支部においては、女性会員が複数いる年もあるが、法テラスやひまわり基金法律事務所の異動で女性会員が転出してしまい、現在支部に存在する女性弁護士は須崎に1名だけである。女性弁護士に対するニーズを考えると、これも改善すべき重要な課題である。

2　会員弁護士の執務体制

次に、高知弁護士会の会員の事務所形態や労働時間等、会員の執務の基盤となる体制をみてみる。

(1) 事務所形態等

当会の1人事務所の割合は、54%と、半数以上となっている。実態報告書（30頁）においては、1人事務所の割合の全体平均が42.2%、高裁不所在地においては47.3%であるから、地方の中でも比較的高い割合とはいえる。

夫婦経営の事務所や、会員が数名で共同経営、あるいはボス弁が期の下の弁護士を雇用している事務所等、複数名所属の事務所も半数弱となっている。他方で、事務所の規模としては3名が最大であり、多人数の事務所は当会には存在しない。法人形態が1事務所存在するが、全国に支店を持つ事務所ではなく、地元の弁護士によるものである。

事務所開設に至る経緯は様々であり、法テラス法律事務所の会員が定着するほか、大都市で勤務弁護士をした後で地元に帰ってきて開業する、あるいは共同経営を始めたり、共同経営ないしボス弁に雇用されていた弁護士が独立したり、といった形態がある。

本庁会員の事務所の多くが、裁判所周辺に存在している。

(2) 事務職員数

事務職員は、弁護士1人につき1〜2名雇用している事務所がほとんどである（アンケート回答の約4分の3）が、若手で独立したてであって、事務職員を雇用せずに事務や経理を全て自身でこなしているという会員もいる。事務職員を雇用していないというアンケートの回答は、41件中5件であった。

実態報告書によれば、事務職員数は、高裁不所在地で1.0であるのに対し、東京0.67、大阪・愛知で0.83であり、都市部の方が1人あたりの事務職員数は少ない（44頁）。人件費の差によるものだろうか。

当会では、事務職員として長年にわたり稼働する方が多く、何らかの事情で勤務する法律事務所を辞めても、別の事務所で同様の法律事務に就くことがままあり、即戦力として活躍してくれている。

(3) 労働時間

アンケートによれば、会員の執務時間は、週に40〜50時間の枠に入った回答が28件であったが、中には、65時間とか、80時間というものもあった。逆に、30時間や35時間といった回答も数件みられた。

実態報告書は、年単位の労働時間を問うているため、当会のアンケートと単純に比較することはできないが、同書によると、東京が2297.6時間、大阪・愛知が2385.6時間で、高裁不所在地は2325.3時間である（56〜57頁）。当会の会員の労働時間が、大都市の弁護士と比べて顕著に長時間になっているとは思われない。ただ、労働時間の質という観点でみるに、当会では裁判所周辺に所在する事務所も多く、裁判所に赴く時間が節約できる上、事件と事件の合間の隙間時間でも事務所に戻って仕事ができる等、時間効率が良く仕事ができる分、密度が濃い労働時間を過ごしている会員が大都市と比較して多いのではないか、と推測する。

3　高知弁護士会における活動の利点

当会における活動の利点を考えてみるに、上記の通り、事務所が裁判所に近いことが多く、時間的に効率がよいことが挙げられる。

また、ほぼ全会員が顔見知りであるため、コミュニケーションが取りやすく、相手方となった弁護士の事件遂行方法の傾向が概ね把握できることもあって、任意交渉や和解交渉も円滑にいきやすいという面がある。さらに、当会は大変風通しがよく、会員同士が会務を共にするほか、飲み会やゴルフ等で互いに親しく交流しており、先輩に事件を紹介してもらったり、仕事のやり方を教えてもらったりすることなどが可能である。派閥といったものも存在しない。互いの顔が見えるため、様子が心配な会員がいれば、声を掛けやすい環境にもある。

そして、家賃等の経営コストは大都市に比べ安く、生活のコスト自体も安いと思われる。職住近接の会員も多い。「高知に来てからワークライフバランスを実現しやすくなった」とのアンケート回答もあった。

このように、当会で弁護士登録をする業務上・生活上の利点は大きいと考えるし、経営コストや職住近接等の点については、他の地方都市においても概ね同様の状況ではないかと推測する。

4　業務の内容・経済的基盤

前項で当会の利点を述べたが、利点といっても、当然のことながら、それは経済的基盤に裏打ちされていなければならない。各会員は、どれ程の業務を抱えているのか、また、その経済的基盤は十分であるのか。以下検証していく。

(1) 事件数・事件内容

白書によると、当地での弁護士１人当たりの統計上の民事事件数[2)]は、1990（平成2）年に9.7、2011（平成23）年に11.3であったが、2021（令和3）年には4.0となっており、大幅に減少している。過払い事件がなくなったことが大きく影響しているのではないかと推測するが、それにしても大幅な減

2）『最高裁判所司法統計年報（民事・行政編）』「民事・行政事件数――事件の種類及び新受、既済、未済――全地方裁判所及び地方裁判所別」の通常訴訟事件数の、総新受件数の合計を弁護士数で除したもの。

少である。

アンケートでは、現在の主な手持ち業務について、大まかな件数を問うだけであって、厳密に細分化した回答は求めなかったため、正確な分析は難しいが、通常の民事事件や債務関係、後見人業務を含めた件数で、20件から40件の枠に収まる回答が41件中18件であった。40〜60件との回答が4件、60件以上という回答が4件みられた。20件未満との回答も8件あった。実態報告書では、高裁不所在地の件数が30件強であり（64頁）、平均すれば当地の実情もそのくらいではないかという感触であるが、人によりかなり件数の差がみられることも事実である。

家事事件については、半数程度の回答が、数件程度、ないし特に家事事件に言及していなかった。10件程度という回答が4件、20件程度という回答が3件あった。家事事件が多いとの回答は女性に多い傾向がある。

刑事事件（被害者支援を含む）を担当しているとの回答は18件であった。刑事事件メインでやっているとの会員が1名であり、その他は1件や数件程度の会員がほとんどである。

(2) 専門化

会員が扱う事件内容としては、多くが、町医者的に雑多であると推測する。地方において専門化は進んでいると思うか、とのアンケートの問いに対しては、進んでいないと思う、との回答が大半であった。「高知県の人口の少なさから、事務所経営上、特定分野に特化していくことは難しいのではないか」「専門化すればやっていけない」などの意見があった。しかし、刑事や債務関係、交通事故など、特定分野において特色がある事務所もある。実際に、私も離婚事件が主で、1つの特色にはなっており、他の会員から紹介される事件もある。地方においては、互いの顔が見えるため、他の弁護士に事件を紹介する際にも、「刑事事件ならば、あの事務所」「債務関係ならば、あの事務所」などと頭に浮かびやすく、ひとたび事件が集中すると、その事務所の特色として表れ、益々同種の事件が増えるという面はあろう。

(3) 顧客獲得の手段

会員はどのような手段で顧客を獲得しているのか。

アンケートでは、依頼者や知人に言及したものが41件中24件と圧倒的に多く、弁護士会や法テラス相談に言及したものが13件、先輩弁護士の紹介や共同受任に言及したものが8件、顧問先が5件、保険会社が3件であった。顧問先の紹介がほとんどである、との会員もいれば、弁護士会相談や飛び込み・知人の紹介、ロータリークラブなど、多様な手段で依頼を獲得している会員もおり、顧客獲得手段は人による差が極めて大きいと思われる。

少し意外であったのは、インターネットとの回答が思ったより少なかったことである。インターネットが半分との回答が1件、6割との回答が1件あったが、全体としてインターネットに言及した回答は7件であった。実態報告書によれば、顧客の受任経路別の「多い」と回答した割合のうち、ホームページ等の広告によるものは、東京で13.3%、高裁不所在地で27.7%である（86頁）。この高裁不所在地の数字と比較しても、だいぶ少ない実感である。私自身は、ホームページを見ての問合せ件数や予約がそれなりに（5割程であろうか）ある。しかし、当会においてホームページを作成している事務所は私が見る限り13事務所にすぎない。若手・中堅では、ホームページは作らずとも、インターネット広告を出している会員はいるが、それを併せてもアンケート結果は上記程度であるから、まだそれほどの広がりはないのかもしれない。何かがあれば何でもまず、インターネットで手軽に調べるのが当たり前、という時代ではあるが、当会の実情を見ても、また実態報告書の数字によっても、依頼者や顧問先等の人のつながりによる、というのがまだ大多数であるというのが、この業界の実態なのであろう。

(4)　顧問契約

顧問先の獲得は、安定した事務所経営のために重要な意味を持つことはいうまでもない。地方都市の会員は、顧問契約をどれだけ持っているのだろうか。

実態報告書では、東京で55.5%、高裁不所在地で60.7%が顧問を持っているとあり（72頁）、高裁不所在地の平均顧問数は9.8件である（74頁）。

アンケートによれば、件数の回答がなかった分も含め、顧問先ありとの回答が41件中25件であり、なしとの回答が8件であった。顧問先数は1〜9社が9件、10〜20社が4件であり、20社を超えるというのも4件あった。会員の中には、50社を超えるという人もいる。中堅で、かなりの数の顧問契約を持っている会員が割合いる、という事実には驚いた。当地のような経済的に決して豊かとはいえない地方都市においても、これだけの顧問ニーズがあるということである。

ただし、顧問先1件当たりの毎月の顧問料は低額にしているという回答もあった。

顧問先獲得は、安定した経営基盤のために、引き続き、各会員の重要な課題である。

(5) 弁護士会・法テラスにおける法律相談

次に、弁護士会や法テラスにおける法律相談の状況や、それが受任に繋がっているのかを見ていきたい。

弁護士会の法律相談の状況　高知弁護士会においては、毎週月・火・木曜日に本庁所在の弁護士会館での有料（1回45分間、5500円）の法律相談を実施している。要件を満たせば法テラス利用ができる。また、毎週金曜日に佐川、第1・3木曜日に室戸、第2・4木曜日に幡多で無料相談を実施している。

更に、交通事故無料相談、市役所相談、多重債務相談、消費生活センター相談、暴力追放センター相談、ひまわりほっとダイヤル、後見・相続・遺言無料相談等の各種法律相談が存在し、会員が対応している。

2017（平成29）年度における有料相談は合計364件（うち18件について受任、受任率4.94%）、法テラス利用が12件（受任はゼロ）、幡多・佐川・室戸の相談を合計すると、相談件数は375件（受任はゼロ）であった。

2022（令和4）年度における有料相談は合計291件（うち6件について受任、受任率2%）、法テラス利用が17件（受任はゼロ）、幡多・佐川・室戸の相談を合計した相談件数は271件（うち3件について受任、受任率1.1%）であった。

このように、全体として法律相談の件数は減少している。また、受任件数については、その場で受任した件数だけを弁護士会が集計しており、後に再度の問合せがあって受任した件数は除外されているから、件数が少ないだけだと考えられるが、それにしても少ない。

2022（令和4）年度の有料相談の年間相談枠は568枠であるから、充足率は54%程度である。幡多の充足率は59%、室戸は50%、佐川は45%である。私は高知弁護士会の会長をしていた平成26年当時、この充足率が低いことに危機感を覚え、地元のテレビCMを放映する等、認知度を高める対策を講じようとしたが、十分に数字を上げることはできなかった。現在でも、この充足率や、受任率を上げるのに有効な方策は、残念ながら見出しにくい。

充足率が低いことの原因分析はできないが、市民への周知不足や、誰が担当するのか分からない弁護士に相談するよりは、知人に聞くなどして、人物像等が分かる弁護士に予約を入れたい、という相談者の心理が存在するのではないか。さらに、相談日や時間が固定されている法律相談よりも、個々の弁護士に直接連絡し、相談者の都合のよい日程を調整した方がよいということもあるかもしれない。

他に、弁護士会においては、毎週月・水曜日に後見・相続・遺言相談の無料相談を実施しており、2023（令和4）年度の年間380の枠に対し、相談は263件であるから、充足率は69％と高くなっている。担当者には日当は支払われないし、相談担当名簿に登録するためには研修受講等の要件が課されるが、時に大きな遺産分割事件や特別縁故者の申立事件に繋がったりして、同相談は事件獲得の十分な契機になっているように思う。後見・相続・遺言、と明確にターゲットを打ち出しているのが充足率の高い理由だろうか。

法テラスの法律相談の状況　法テラスでの無料相談は、毎週月・火・木曜日、各日につき5枠ある。充足率等のデータについては、法テラスの協力が得られず、存在しないが、年に4回程相談を担当する私個人の実感としては、かなり相談枠が埋まっているという印象である。ただ、債務関係以外の事件については、受任率は低いと思われる。

無料相談で来る事件については、経済的利益が少なく、弁護士が関与することで依頼者にかえって経済的負担を生じさせ、ペイしない案件が多いために、依頼者が自分でできる調停や、少額訴訟を教えることが多く、受任には繋がらないというのが私の経験である。他の会員も同様ではなかろうか。そうはいっても、自分で実行可能な解決方法を示すことで安心する相談者を見るだけで、報われた気持ちになる。

小括　このように、弁護士会や法テラスでの法律相談は、会員の事件獲得の1つの手段ではあり、会員アンケートで言及する会員も3割程度いたものの、相談や受任件数等の数字からはそれが大きな柱となっているとはいえないようにみえる。しかし、多様な手段で顧客を獲得するというのが、地方都市の多くの、特に若手の弁護士の姿であるし、弁護士会や法テラスという、人権擁護の社会的使命を帯びた公共的団体が、市民が安心して利用できる法律相談を安定的に提供する体制を整備していることに本来の意義があるのだから、充足率や受任率に拘りすぎることは誤りであろう。市民に開かれた、利用しやすい司法という意味からは、やはり、弁護士会や法テラスの法律相談をより広く知らしめ、相談枠の充足率向上に努めていくことは重要な課題である。

(6) 業務に対する満足度

アンケートでは、業務量や収入について、オープンに満足度や実感を問うてみた。大変満足している・概ね満足している・不満はない、などの回答が、41件中27件であり、これに対して、もう少し売り上げたい・業務量の割に売り上げが上がらないなどの回答は5件であった。回答した会員の65%が満足していると明示しており、満足度は高いのではないかと考える。忙しさに言及した回答は9件であった。

実態報告書によれば、事業収入の平均値で、2010（平成22）年の東京が2860万円、高裁不所在地が2813万円であったのに対し、2020（令和2）年の東京が6.2%、高裁不所在地が34.4%の減少であり（102～103頁）、地方において収入が減少した割合が大きいことが見て取れる。

このように、実態報告書からは、収入の減少が客観的に認められ、おそらく当地も例外ではないと思われるが、アンケート結果における会員の実感としては、業務に対する満足度は概して高い。その要因が、収入を実際に十分に得られている会員が多くアンケートに回答したことによるのか、収入額そのものに対する意識が変わり、以前より収入が減っても実感としては満足しているということによるのか、はたまた他の要因によるものなのか、より精緻な分析が必要であろう。私としては、標準的な弁護士像というものが、高額な収入を得ることが当たり前であった時代から、それ相応の収入が得られれば満足という弁護士像に、次第に変化してきたのではないか、などと漠然と感じる。地方都市の弁護士は相応の経済的基盤を持った上で、プロボノ的人権活動にも積極的に取り組んでいきたいところであるが、何も超高額な収入は得なくとも、それ相応の収入で、地域の人権課題にも地道に取り組み、やりがいを感じながら、満足のいく職業生活を送ることは可能ではなかろうか。

(7) 弁護士に対するニーズ

これまで事件数や、会員の経済的基盤の面から主に検討してきたが、そもそも地方都市において、弁護士に対するニーズはどれ程あるのだろうか。

これも単なる私の実感にすぎないが、私が登録した頃と比べ、弁護士に対する敷居は相当に低くなっており、相応のニーズがあると感じる。私が登録した1997（平成9）年頃は、例えば離婚調停は、当事者本人のみで行うことが普通であり、調停が不調になれば裁判で代理人となるから、その時に改めて相談に来てください、と説明していた。ところが、調停段階から受任してほしいという依頼が年々増え、相手方にも代理人が就くことがごく当たり前になった。調停の内容に関しても、争点が少なく、当事者自身で処理出来るのではと思われる事件でも、弁護士に同席してほしい、専門家に任せたいという依頼が増えている。慰謝料請求事件等についても、当方が通知書を発したのに対し、相手方に代理人が就くことが増えた。以前は相手方本人と交渉することもしばしばあったと記憶している。上記のように、統計上の裁判の新受件数は減少しているものの、双方に代理人が就く任意交渉事件は相応に存在すると考える。調停や任意交渉において、双方に弁護士が就くことで、早期の問題の整理ができ、円滑に解決ができる案件が確実に増加していると感じている。その他、事件の受任に至らぬまでの、ごく小さな問題についても、ひとまず弁護士に相談したいという件数が増加しているように思う。最近は、新規の問合せを頂いても、手持ち事件対応で手一杯のため、相談を断らざるを得ないことも多い。受任ができない場合には後輩を紹介したりしている。私自身も他の弁護士から紹介を受けることもある。

今後、益々の高齢化に伴い、後見事件の増加が見込まれるし、いじめ問題の第三者委員会への弁護士派遣や、児童相談所への弁護士配置等、子どもの人権問題への弁護士の関与も求められている。社会的にコンプライアンスの重要性が叫ばれる昨今、企業に対する法的助言や、社外役員就任へのニーズについても一層高まってくるであろう。

弁護士に対する市民のニーズ、弁護士業務の掘り起こしの可能性は、まだまだ相当に存在すると考えられる。

(8) 当番弁護・国選弁護

刑事事件に関し、当番弁護・国選弁護の状況について触れておきたい。

日弁連刑事弁護センター発行の「各種統計資料」2021（令和3）年版（会内検討用資料）によると、国選弁護人のついた被告人数は、本庁226、須崎10、安芸16、中村38人であった。中村支部には会員が3人のみであるから、負担が重いことが分かる。

当番弁護士の出動件数は、2012（平成24）年度に146件、2017（平成29）年度に164件であったものが、2022（令和4）年度は322件と急激に増加している。増加の要因は明らかではなく、当番弁護士に対する認知度が向上したのか、2016（平成28）年に弁護人選任権の教示に関する刑訴法が改正されて以降、警察の留置担当者による当番の説明が丁寧になされるようになったのか、勾留質問時の裁判官による告知が変化したのか、分析が必要なところではある。

高知弁護士会では、当番と国選事件について、共通で運用する名簿を作成しており、この名簿に登載された各会員に担当日が割り当てられている（なお、支部会員は名簿に登録されておらず、支部事件につき適宜担当している）。名簿登録人数は、2012（平成24）年度は34名、2017（平成29）年度は40名、2022（令和4）年度は31名である。なお、2022（令和4）年度から、他の会員の倍の件数を担当する登録を可能にしており、この制度に登録した会員が3名いる（うち2名は法テラスの弁護士）。当番件数の増大に反比例して、登録人数は減少している。

私は、3年程前まで高知弁護士会刑事弁護委員会の委員長をしていたが、名簿の登録人数が減れば当然に各会員に割り当てられる待機日が増え、負担が増大し、その結果さらに翌年の人数が減るという悪循環を生むため、他の委員と協力して、担当してくれそうな会員に個別に電話を架け、登録を依頼していた。当会では、若手でも国選事件を担当しない弁護士が増えており、いかに当番・国選制度を回していくかは、極めて深刻な課題であるといってよい。上記のとおり、当会では若手でも経済的基盤がそれなりにあり、時間と手間がかかるのに利益の少ない国選事件を担当することを敬遠する傾向があるのかもしれない。確かに、事件の負担は相応に大きいのであり、日弁連にはこれまでに引き続き、国選報酬増額に向けた一層の交渉を望みたい。しかし、刑事事件はまさに弁護士が本領を発揮すべき、人権の根本に関わる仕事である。できるだけ多くの会員が、弁護士になった初心に帰り、刑事事件を積極的に担当する状況に持っていきたいものである。刑事弁護については、その専門性に鑑み、研修義務化による名簿登録制とし、少数精鋭の会員が担当すべきとの議論もあるが、それでは当会では国選事件を回しきれない。刑事弁護人の数を増やすことが必要である。もちろん、研修等で弁護の質を上げていくことは必須であるが。

(9) 小括

以上のとおり、当会では、小規模で事務所経営をする会員がほとんどであり、アンケートに回答してくれた会員の多くが、概ね業務量や収入に満足している現状が窺える。ただし、統計上の事件数は大幅に減少しており、今後も同様の水準を保って業務を続けるためには、さらなるニーズの掘り起こしが課題となってくると思われる。

5　会務の負担

(1) 委員会業務

会務の負担については、地方都市の弁護士が避けて通れない問題である。

高知弁護士会では、従前は基本的に希望した会員に委員会を割り振っており、会員ごとの差が大きかったが、近年は会員の希望も聞きつつ、1人につき4、5件の委員会を割り当てている。

アンケートで、会務についての考えをオープンに聞いたところ、負担感があるとの回答が、41件中18件であった。会員によって偏りがあるとか、若手が頑張ってくれていると思うという趣旨の回答が10件あった。

自由記載意見では、「日弁連からの事業など地方会に必要なのか疑問があるものもある」「会務は選択と集中が必要」との声があり、特に、当会では新規会員が少ないという点に関し、「新規登録が殆どないので会務を行う人が固定される」「若手が少なく他会と足並みを揃えて会務を継続することの難しさがある」「若手の負担が大きすぎるのではないか」などの声があった。他方で、「会務はやりがいはある、1人ではできないことができる」「本庁や他支部の会員と話ができる貴重な機会」「都会と違って早くから日弁連活動に参加できるのは地方の弁護士の特権」といった意見もあった。

実態報告書によると、会務についてストレスを感じるとの回答が、全体平均で21.5%、東京では16.4%、高裁不所在地では29.4%であって、地方に行くほど高い割合でストレスを感じている。また、経験年数別では、5年未満で26.2%がストレスを感じているが、年数が上がるにつれてその割合が低くなっている（157頁）。まさに、当会の実態と同様の状態を反映している。

(2) 執行部業務

当会では、特段の事情がなければ、会長や副会長を務めることが通常である。会長は1年交替で、日弁連理事を兼務する。副会長は2年交替であり、従前は2名体制であったが、2020（令和2）年度から、3名体制となった。現在の会長は60期、副会長は59期、62期、62期である。期が若くとも、単位会の執行部を務めるということが、当会の実態であり、多くの地方単位会の実情ではないかと思われる。これらの執行部の仕事についても、20年前とは比べ物にならない程、業務が多様化・増大し、負担が重くなっている。

(3) 小括

会務については、私が登録した頃と比べ、日弁連が各単位会に求めるレベルが年々高くなっていると感じる。それにより各地域における人権活動が充実すれば良いが、全国一律に対応を求めることの実効性や現実性に疑問があるものも多いように思う。会務によって、他の会員との繋がりや、やりがいを持てたり、先輩に事件を紹介してもらう契機となったりする等、プラスの面はあろうが、会務自体が経済的基盤に直接つながるものではない。会務に忙殺されるあまり、意欲を持った若手が疲弊し、潰れてしまうことのないよう、「会務の選択と集中が必要である」との意見には強く共感する。そして、後述するとおり、会務を担える新規会員を少しでも獲得していくことも、当会の大きな課題である。

Ⅲ　地方都市の弁護士の課題

地方都市の弁護士の課題は何だろうか。アンケートでオープンに尋ねたところ、多くの自由記載意見をいただいた。

1　新規登録者の確保

(1) アンケート意見

最大の課題として、新規登録者の確保が挙げられる。

前述のとおり、当会では法テラスやひまわりの交替を除く、新規登録者の人数が非常に少ない。「会は会員減少に備えるべき」「新規登録者の獲得について会内や会相互間で意見・情報交換が必要」などの声が多数あった。支部については、現在、法テラスやひまわり以外の会員が少ないため、支部にこれら以外の会員が欲しいとの意見が複数あった。

⑵ 新規登録者不足による弊害

新規登録者がいなければ、前述したような多重会務をこなしていくことはとうてい不可能である。当会では、会長経験者であっても、会務を引退せず、会務を長年にわたって担当する会員が多い。また、当番・国選の運用も、危機的状況に陥っている。特に支部については、会員数が少ないため、多人数の共犯事件が起きれば対応は困難であるし、例えば被害者との利害関係があるなど、受任ができない場合もある。現状では、本庁会員がそのような事態にも何とか対応しているが（そのために、遠距離接見費用を支給する制度は存在する）、本来は地元の弁護士が担当するのが、円滑な弁護士業務という点からも、依頼者の側の利益からみても、望ましいはずであり、支部の一般会員の増加も必要である。

⑶ 新規登録者増加の方策

新規登録者の増加については、即効性のある対策は直ちに見出せず、地道な努力が求められよう。中高校生等に対する法教育を熱心に行っている会員は当地にもおり、このような活動を通じて、地元における法曹志望者を増加させることが重要である。また、地方都市における業務上・生活上の魅力を広く、継続的に発信していくことも必要だろう。当会においては、本年、待望の新規登録予定者がいるが、その修習生は、弁護実務修習が大変充実したものであったことが、登録の動機だという。このような魅力ある修習が新規登録の増加に繋がればよいし、従前は実務修習中に、当会への登録を決めた会員もそれなりにいたと記憶するが、近時、修習生は当地での実務修習前から、大都市での就職先を事実上決めてしまっている実情があるようである。日弁連は、偏在解消対策地区等への経済的支援として、事務所開設や運営費用の貸付等の制度を用意しているが、修習生がこのような制度の利用を考える前に、大都市への登録を早々に決めてしまっているのが現状なのだとすれば、地方での開業の意義や魅力が、相当早期に、インパクトをもって、ダイレクトに受け手に届くようにする必要がある。そのために、例えば司法試験合格者を対象に、地方単位会の情報を発信する企画等を地方単位会の共催で開催し、そこで参加者と得た繋がりを単位会が育てていく等、地方都市への登録を誘引する何らかの仕掛けが考えられるとよいのではなかろうか。

2　経済的基盤の確保

(1) 経済的基盤の確保への懸念

次に多かった意見として、やはり、経済的基盤の確保の問題がある。

アンケートでは、業務量や収入について、満足だという回答が多く、現時点において、会員が事件不足や収入の減少に悩んでいるという実態は特段目立たない。あくまで噂の範疇を出ないが、一部の若手は、事件単価も大都市に遜色ないレベルを得ているという話も聞く。

しかし、その現状が今後も安定して継続するとは限らない。前述のとおり、地方は大都市に比べ、事件数や事件収入の落ち込みが激しくみられる。会員からは、「事件単価の低さ」「収入増が課題」「弁護士増により若手の経営は大変ではないか」というアンケート回答があった。

(2) インターネット等による大都市への事件流出

また、インターネットを利用した集客や、テレビ会議での打合せを利用し、今後ますます大都市の弁護士が事件を獲得するようになり、県内の仕事が奪われるという事態を懸念する声が複数あった。私の経験でも、県内の当事者同士の事件であっても、相手方に県外の弁護士が就いているケースが散見される。慰謝料請求の任意交渉事件では、東京の弁護士が相手方代理人となることが多く、インターネット広告の影響ではないかと推測する。

他方で、アンケートでは、「やはり地元の弁護士に依頼したいニーズはあると思う」との声も聞かれた。

弁護士業務は人と人との信頼関係、コミュニケーションで成り立つ仕事である。依頼者の悩みを直に聴き、寄り添い、効果的に打合せを行うためには、やはり対面で依頼者の表情や反応を見ながら話をし、依頼者側にもこちらの人となりを感じてもらい、信頼関係を築くのが一番である。円滑で充実した打合せをしやすい地元の弁護士へのニーズを、取りこぼさないようにしたい。また、インターネットにより県外に仕事を奪われる、というのではなく、当地の弁護士もより積極的に、ホームページを活用するなどしてみてはどうかとも感じた。前述したように、県内ではホームページが意外と少ないが、近時は、何事についてもインターネットで検索するのが第一の選択肢となっている市民は多く、司法への極めて身近なアクセス手段だからである。

(3)　弁護士法人の支店進出

弁護士法人の支店進出という点について、アンケートでは、「当会はマーケットが小さすぎて、都会の弁護士法人のターゲットにはなりにくいようだ」との意見があった。

たしかに、当会には大都市事務所の支店は現在存在しない。しかし、今後もそのような支店が進出してこないという保証はない。新規登録者が増えることは大いに歓迎するが、会務や国選を全く担わないような会員が増えることには警戒が必要である。

(4)　他士業との関係

司法書士等、隣接士業に仕事を奪われていると指摘する意見もあった。

たしかに、訴状や準備書面を司法書士が起案し、法廷では司法書士が傍聴席に座っているという例はある。司法書士がどれ程の業務で、どれ程の報酬を得ているのか不明であるが、トータルで見れば最初から弁護士に依頼した方が費用面でも内容面でもよいだろうに、という相手方に当たることもある。そのような仕事を、いかに弁護士が受任し、適正な法的サービスを提供していくかは今後も課題であろう。むしろ、隣接士業とは連携し、互いに自身の職域分野に応じた事件を適切に紹介し合う関係を継続・拡大していきたい。

(5)　小括

そもそもの前提として、本稿の冒頭で述べたように、高知県は人口減が著しく、それに伴い、訴訟事件数が今後更に大幅に減少することが当然に予想される。後にも述べるが、訴訟以外の法的ニーズをいかにきめ細かに拾い上げていくかが肝要である。

このように、当会の会員が、相応の経済的基盤を今後も安定して確保していくことは、重要な課題である。

3　情報の格差

アンケートでは、大都市との情報の格差を指摘する声もあった。

地方では、大都市と比べて対面での研修機会が少なく、ノウハウの共有が個別の人間関係によっている、という意見である。

たしかに、当会が単独で研修を企画することには相応の労力がいり、結局は担当委員会の会務を増やすことになるため、大都市ほど頻繁に多様な種類の研修を提供できるわけではない。コロナ禍でズームの扱いにも慣れ、日弁連が主催するズーム研修を受講することも多くなったが、地元での対面での臨場感・緊張感ある研修には代えがたいものがある。書籍についても、インターネット通販等で以前に比べ格段に入手し易くなったが、やはり、日弁連会館に出向いた際に、実際に手に取り、内容を参照した上で、必要な書籍を購入するのは、大変貴重な機会だと感じる。

このように、地方において、大都市と変わらぬ研修体制を確保したり、情報を入手したりすることに課題はあろうが、それこそインターネットの普及により、相応の対応は可能である、と考える。

Ⅳ　地方都市の弁護士の今後の展望

1　地方都市の弁護士の役割

弁護士、殊に地方弁護士の役割は何であろうか。

岩手県一関市で開業している千田實弁護士は、著書の『地方弁護士の役割と在り方』第3巻（株式会社エムジェエム、2023年）において、地方で開業する弁護士は、知恵者となって、地方住民が求めている知恵を提供し、地方住民の役に立つ仕事をし、それに見合う報酬をもらわなければならない、と述べられる。地方住民にとって裁判は、一生に一度あるかないかという程度の、非日常であるが、裁判にならずとも、日常生活の中でも絶えず悩みごとは発生するのであり、専門的知識や知恵を持つ人に相談したいという潜在的意識が存在するから、これに応えられる存在になるべし、というのである。同弁護士は、80歳記念本として上記書籍を出版されるなど、精力的に活動を続けられている地方都市の弁護士であり、私もこれに強く共感する。

弁護士は、法の使い手であって、「事件」を遂行することは当然の役割であるが、訴訟にまで至らない地域の問題、悩みに寄り添い、道しるべとして一定の解決をもたらす存在になることが必要である。市民がいつでもアクセスできる、そして時にはこちらからも積極的に市民の悩みにアクセスする、そんな身近で信頼できる存在である。

2　役割の自覚から生み出される好循環

この地方都市の弁護士の役割を改めて強く自覚することが、今求められていると私は思う。つまり、弁護士が、地域の市民の悩みに親身に寄り添う身近で頼れる存在であるべきだ、ということを常に意識し、これを念頭に日々の業務に懸命に邁進することが、市民の弁護士への気軽な相談を可能にし、潜在的な需要の掘り起こしに結び付く。誤解を恐れずにいえば、一昔前までは、弁護士は殿様商売であって、顧客たる市民にとってはどこか近寄りがたい、怖い存在になっていたのではないか。よく言われるように、顧客満足を徹底して考えることこそが、結果として、真の経営基盤の確立に結び付くのである。私は、銀行の社外役員の仕事を経験する中で、その思いを強くした。長らくの低金利環境にあって、銀行も経営基盤の安定には苦心しているが（これからは金利上昇局面についての対応も必要であろうが）、顧客に寄り添い伴走し、地域の課題を解決することこそ、自らの存立基盤を確立することに繋がる。仕事の内容を異にするとはいえ、弁護士も１つの商売、サービス業である以上、顧客たる市民の利益を何よりも意識すべきである。更にいえば、今後はＰ・Ｆ・ドラッカーが著書『マネジメント』（ダイヤモンド社、2001年）15頁でいうように、「顧客の創造」、つまり、現在の顧客満足を考えることにとどまらず、社会の変化に応じ、自らが市場を創造してゆくことが求められてくるといえよう。

地方都市の弁護士一人ひとりがその役割・使命を果たせば、それは顧客たる地域の市民の満足をもたらし、潜在的需要の掘り起こしを可能にし、弁護士の経済的基盤の安定に繋がる。相応の経済的基盤は、経済的利益にはならない、しかし重要な人権活動への余力を生み出す。充実したプロボノ活動、人権活動によって、地域における市民の人権は護られ、法的ニーズは充足され、弁護士は地域からの高い信頼をも得るであろう。やりがいのある仕事、安定した経済的基盤は、その地域への新規参入、すなわち新規登録を促す契機となる。新規登録者が増えれば、弁護士は、地域の法的ニーズに、よりきめ細かに対応することができ、市民に対する存在感もさらに増していく。それがさらなる法的需要を掘り起こす。理想論かもしれないが、地方都市の弁護士の役割の自覚から生まれるこの好循環を、是非とも目指さなければならない。

3　司法アクセスの改善に向けて

(1) ITの活用

市民に身近な存在であるためには、司法に対する多様なアクセス手段を確保することが求められる。前述したとおり、近時、インターネットは市民にとって極めて身近なアクセス手段であって、ホームページ等はより活用されるべきである。また、コロナ禍が契機となったのか、オンライン相談を行っている会員もいるようである。社会の様々な場面においてDX化による業務効率化が進む中、司法界だけが取り残されるべきではなく、ITの利活用が図られるべきである。子育てや介護、業務多忙等の様々な事情を抱える市民にとって、オンラインでの予約や相談は、弁護士へのアクセスを容易にする。

他方で、日弁連の2023（令和5）年度の人権大会シンポジウム第2分科会がテーマとしたように、IT化によって取り残される高齢者や障がい者等が出てはならない。相談場所に出向くことが困難な相談者には出張相談をする等、市民一人ひとりのニーズに応じ、懇切丁寧に対応することが求められる。

(2) 事務所の特色の発信

また、地方都市では専門化は進んでいないとはいうものの、利用者たる市民からすれば、「誰がどんな事件に強いのか」を知りたいという要望は根強くある。町医者的にあらゆる種類の事件を扱うことも大切ではあるが、これからは、各人が自らの事務所の特色を打ち出し、分かりやすく市民に向けて発信していくことも必要となってくると考える。

(3) アウトリーチ型の活動

地域の市民の悩みに適時適切に応えていくためには、弁護士の方から自発的にアクセスしていく、アウトリーチ型の活動も重要である。とりわけ児童虐待や高齢者虐待、DV、その他の深刻な人権問題については、行政等の関係機関との連携により、採り得る法的手段を弁護士が能動的に提示し、円滑・迅速に問題解決を図っていきたいものである。

(4) 女性弁護士の偏在解消

女性弁護士の偏在解消については、日弁連は、「司法サービスの全国展開と充実のための行動計画」（2012（平成24）年3月15日、2022（令和4）年2月17日）において、今後10年の行動計画の中に、女性弁護士に対する法律相談ニーズに対応できる態勢整備や、女性弁護士ゼロ支部の減少・解消の取組みを掲げている。第四次日弁連男女共同参画推進基本計画では、全ての弁護士会において女性弁護士比率が15%を超えることを目指し、女性弁護士に対するアクセス障害を解消するとされている。しかし、女性弁護士ゼロ支部は、2023（令和5）年1月1日現在、全国で61か所存在する。前述したように、当会でも女性弁護士は減少している。新規登録者の増加と同様、いやそれ以上に、解決が困難な問題ではあるが、DV被害に遭った女性等、女性にしか相談できないという依頼者や、男性でも、女性弁護士に相談したいという依頼者もいる。そのようなニーズに対応するため、とりわけ支部に女性弁護士を迎える努力を続ける必要がある。

V　おわりに

以上、一地方都市の弁護士の実情と、今後の展望を概観してきた。結論めいたことを言うのであれば、地方の人材は不足している、仕事はまだ掘り起こせる、修習生も若手も中堅以上も、来たれ地方へ、ということであろうか。職住近接で、自然豊かな地方は、生活も快適である。

私は、「弁護士になって本当に良かった。自由に、自分らしく、やりがいのある仕事ができる、この職業が好きだ」と心から思う。顧客たる依頼者が、紛争を解決し肩の荷が下り、ほっとした表情を見せるとき、経済的利益では得られぬ喜びを感じる。多くの会員も、そうではないだろうか。改めて原点に立ち返り、市民の真の利益を考えてこそ、弁護士の経営基盤の確立、地域の法的ニーズの充足、地方の登録者の増加、さらなる人権擁護活動の活性化という好循環が生まれる。この好循環によって、地域の一隅を照らす灯台のような存在となることこそ、地方都市の弁護士のあるべき姿ではなかろうか。

6　大規模法律事務所の成長の過程と運営に関する今日的課題

石原　修

Ⅰ　大規模法律事務所の成長の過程

1　「共同事務所」「大手法律事務所」から「大規模法律事務所」へ

複数の弁護士が経営する法律事務所は「共同事務所」、比較的大人数の法律事務所は「大手法律事務所」や「大手渉外事務所」と呼ばれていた。『自由と正義』1998（平成 10）年 11 月号「日本における巨大法律事務所の可能性——個人事務所との棲み分けは可能か？」（庭山正一郎弁護士・山岸和彦弁護士）では、弁護士数の多い順に、西村あさひ（63 名）、長島・大野（62 名）、森綜合（62 名）、アンダーソン・毛利（50 名）、あさひ（48 名）、三井安田（38 名）、TMI 総合（33 名）、松尾総合（29 名）、岩田合同（28 名）、大江橋（27 名。以上外国法事務弁護士は除く。事務所名は掲載のまま）と紹介した上で、これらを「共同事務所」と呼称している。『自由と正義』2006（平成 18）年 5 月号の特集記事「大規模法律事務所の現状と将来」では、長島・大野・常松法律事務所、森・濱田松本法律事務所、西村ときわ法律事務所、アンダーソン・毛利・友常法律事務所およびあさひ・狛法律事務所の 5 つの法律事務所から、各 2 名の弁護士が座談会に参加し、当時の現状と将来について詳細に語られている。司会が冒頭で「本企画は、最初は『大規模渉外事務所の現状と将来』という題名をつけていたのですが、先生方の事務所の方で……これは間違いだ、今はそういう渉外事務所はないのだ、という指摘があって『大規模法律事務所』に変えたということです」と述べており、おそらくこの頃から「大規模法律事務所」という表現が使用され始めたものと推察される。司会は続けて「数年前であれば、何十人単位の事務所が非常に大きい事務所と言われていたのが、200人単位の事務所が急激に出てきて、なおかつそれが東京に集中し、これがどんどん大きくなっていくことが確実だと思います。……単位会でいいますと200人規模の単位会はそう多くないわけでありまして、非常に多くの弁護士がいらっしゃる事務所ではどのようなことをされているのか、全国の会員に教えていただきたいという趣旨です」と述べている。

一方、公的な資料では、司法研修所において、新60期から開始される新司法修習制度の選択型実務修習に向けて、2006（平成18）年9月1日付で「選択型実務修習の運営ガイドライン」が作られ、私も当時3年目の民事弁護教官として新制度のカリキュラム作りを手伝っていたが、選択型実務修習の1つとして全国プログラムが設けられ、この説明として、「知的財産権訴訟の専門部での裁判修習、法務省における法務行政に関する修習（検察修習）、又は渉外・知財事務所での弁護修習等その修習の性質上特定の地域での配属庁会にしか提供できないようなプログラムについては、全国の司法修習生に当該プログラムを提供する」とされており、この段階では「渉外・知財事務所」という表現のみが用いられている。「大規模事務所修習」が全国プログラムのメニューに記載されたのは新61期（2007（平成19）年11月修習開始）からで、司法修習生に配布される選択型実務修習の説明資料に、「全国プログラム（例）」として、「弁護士事務所（知財・渉外・大規模）　東京・大阪にある特殊弁護士事務所（知的財産権、渉外、大規模事務所）において、当該分野の弁護士業務及び事件処理に接する」と記載されている。私が所属するTMI総合法律事務所（以下「TMI」という）も、新61期から現在に至るまで、全国プログラムとして年に2度（実務修習を終えた後の司法研修所での集合修習がA班とB班に分かれて行われており、他班が集合修習の時期に選択型実務修習が実施されるため）、大規模事務所修習として修習生を受け入れている。

2　大規模法律事務所への道のり

前述「大規模法律事務所の現状と将来」の座談会では、参加者の自己紹介の後、最初の章が「事務所創立の経緯とその後の合併による規模の拡大」とされ、2000（平成12）年1月の長島・大野法律事務所と常松簗瀬関根法律事務所の合併、2002（平成14）年12月の森綜合法律事務所と濱田松本法律事務所の合併、2004（平成16）年1月の西村総合法律事務所とときわ総合法律事務所の合併、2005（平成17）年1月のアンダーソン・毛利法律事務所と友常木村法律事務所の合併、そして2002（平成14）年10月のあさひ法律事務所と小松・狛・西川法律事務所の合併について、実際に合併を経験した当事者の方々より語られている。この特集記事の末尾に、外国法事務弁護士を除く弁護士数（以後「日本法資格弁護士」という）が掲載されており、長島・大野・常松法律事務所（219名）、森・濱田松本法律事務所（213名）、西村ときわ法律事務所（210名）、アンダーソン・毛利・友常法律事務所（197名）、あさひ・狛法律事務所（156名）である。当時の弁護士数トップ5の法律事務所の創立、合併等の歩みが述べられている貴重な資料である。

その後、『ビジネス弁護士大全2007』[1]では、「大手の大規模化が加速、外資系との競合も熾烈に」と題して、「2006年4月、西村ときわ法律事務所とあさひ・狛法律事務所は、2007年春をめどに経営統合する方針を発表した。所属弁護士数が業界3位（西村ときわ）と5位（あさひ・狛）の完全合併が実現すれば約370人の弁護士を擁するメガ・ローファームが誕生するとあって、このニュースは法曹界のみならず企業経営者の間でも注目を集めた」とされ、2006（平成18）年7月末時点での日本法資格弁護士数について、多い順から長島・大野・常松法律事務所（222名）、森・濱田松本法律事務所（209名）、西村ときわ法律事務所（209名）、アンダーソン・毛利・友常法律事務所（195名）、あさひ・狛法律事務所（157名）、TMI総合法律事務所（102名）、シティユーワ法律事務所（74名）と紹介されている。

2007（平成19）年7月に西村ときわ法律事務所とあさひ法律事務所（国際部門）が統合して西村あさひ法律事務所となった後の2011（平成23）年11月に『日本のローファームの誕生と発展――わが国経済の復興・成長を支えたビジネス弁護士たちの証言』[2]が出版された。その第1章「ローファームの

1）　日経BP社編『ビジネス弁護士大全2007』（日経BP社、2007年）。
2）　長島安治編集代表『日本のローファームの誕生と発展――わが国経済の復興・成長を支えたビジネス弁護士たちの証言』（商事法務、2011年）。

誕生と発展」では、「アンダーソン・毛利・友常法律事務所発展の軌跡」、「長島・大野・常松法律事務所発展の軌跡」、「西村あさひ法律事務所発展の軌跡」、「森・濱田松本法律事務所発展の軌跡」、「TMI 総合法律事務所の設立と発展」、「シティユーワ法律事務所の設立と発展」が掲載されている。「アンダーソン・毛利・友常法律事務所発展の軌跡」では、「AMR（アンダーソン・毛利・ラビノウィッツ法律事務所）の草創期——1963年から1982年まで」を長濱毅弁護士、「アンダーソン・毛利・ラビノウィッツ法律事務所（AMR）の発展」を平川修弁護士、「友常木村法律事務所——分裂と統合の時代を越えて」を友常信之弁護士が執筆、「長島・大野・常松法律事務所発展の軌跡」では、「所沢法律事務所から長島・大野法律事務所へ」を長島安治弁護士、「長島・大野・常松法律事務所の誕生」を原壽弁護士、「常松・簗瀬・関根法律事務所の軌跡——ファイナンス弁護士の歴史」を常松健弁護士が執筆、「西村あさひ法律事務所発展の軌跡」では、「西村法律事務所」を小杉晃弁護士、「ときわ総合法律事務所」を松嶋英機弁護士、「あさひ法律事務所」を江尻隆弁護士が執筆、「森・濱田松本法律事務所発展の軌跡」では、「森綜合法律事務所の発展の軌跡」を本林徹弁護士と山岸良太弁護士、「濱田松本法律事務所」を濱田邦夫弁護士と石黒徹弁護士が執筆している。いずれも分裂と統合の歴史の中で大規模法律事務所が形成された経緯が各々の当事者の目から詳細に描かれている。

この4つの事務所に続いて、「『国連』型のボーダーレス法律事務所を目指して——TMI 総合法律事務所の設立と発展」を田中克郎弁護士が、「共同法律事務所制の利点を追求——シティユーワ法律事務所の設立と発展」を平川純子弁護士が各々執筆している。

2024（令和6）年4月現在における日本法資格弁護士は、日弁連の弁護士検索によるデータベースによれば、長島・大野・常松法律事務所（以下「長島・大野・常松」という）555名、アンダーソン・毛利・友常法律事務所（以下「アンダーソン・毛利・友常」という）620名、西村あさひ法律事務所（以下「西村あさひ」という）682名、森・濱田松本法律事務所（以下「森・濱田松本」という）596名、TMI 575名である（前者4つを四大と称する場合と、TMI を含めて五大と称する場合がある）。

さらに他業種やスタッフを含め法律事務所の全ての人数について、長島・

大野・常松は「スタッフを含め総勢約 1000 名を擁する（2024（令和 6）年 2 月現在）」、アンダーソン・毛利・友常は「非日本資格弁護士 62 名、弁理士 18 名、行政書士 3 名、司法書士 1 名（2024（令和 6）年 4 月 1 日現在）」「スタッフの人数 705 名（2024 年 1 月現在）」計 1409 名、西村あさひは、2023（令和 5）年 7 月現在として、弁護士等（日本法以外の弁護士を含む）約 830 名、所員等約 860 名、計約 1690 名（一部の提携事務所およびアライアンス事務所を含む）、濱田松本は 1405 名（2024（令和 6）年 4 月）、TMI は 1233 名（2024（令和 6）年 4 月）と公表している。

Ⅱ　TMI 開設からの経緯（10 名から 575 名へ）

本稿の執筆にあたり、歴史の新しい、しかも合併等を一切せずに TMI が大規模になる過程の中で、様々な課題があったはずであり、その点を紹介してもらうことに意味があるとの説明を受け、お受けすることとしたため、初めに、若干、私の経歴も含め書かせていただく。

私は、1987（昭和 62）年 4 月に弁護士登録し（司法修習 39 期）、西村眞田法律事務所に入所した。当時、西村眞田法律事務所には A：国際企業法務部（International Corporate）、B：国際金融部（International Finance）、C：一般企業法務部（General Corporate）、D：無体財産部（Intellectual Property）という 4 つの専門部（Department）が設けられており、私は D 部門に事務所訪問し入所を志願した経緯もあり、D 部門に配属された。同期（39 期）は私の他 3 名が入所し、A・B 部門に所属した。D 部門には田中克郎（22 期）、松尾栄蔵（27 期）、遠山友寛（32 期）の 3 名のパートナー弁護士と 3 名の先輩アソシエイトがおり、ここに私が 7 人目として加わった。2023（令和 5）年に最高裁判所判事となった宮川美津子（38 期）は直属の先輩であった。D 部門のクライアントには、部門の特性から、映画、音楽、スポーツ、アパレル、ブランド、放送などの業種のほか、製造業、サービス業、情報産業なども多かった。私は、映画や音楽の著作権ビジネスの業務を経験させてもらう一方、弁護士 1 年目の後半からは、いわゆる日本ドリーム観光事件における買収防衛のための仮処分や株主総会対策を創業者の顧問であった松尾弁護士と共に、2 年目早々からは、いわゆるリクルート事件を新聞報道直後からリクルート社の顧問であった田中弁護士と共に担当するなど、様々な経験が後述するTMIのLR（リティゲーション・リスクマネジメント）グループに繋がった。

1990（平成2）年に入り、国際取引・国際紛争法の故澤田壽夫上智大学名誉教授をアドバイザー的な存在として、「新しい時代の法律・コンサルティング事務所」と題して合宿を行うなどして、D部門全体で独立の準備のために、新たな事務所像を語り合う場を設け、私も、澤田教授のご自宅に何度も通って指南を受けた。澤田教授は、この合宿で、「新しい時代　1990年～2020年　可能性を秘めたおもしろい時代」とのサブタイトルで、国際化ではなく世界中を国内とする非国際化への過渡期と位置づけ、若い優れた人たちの綜合性と楽しさを志向すべきで、企業内の綜合コンサルティングサービスを充実させるべきとし、さらに人工知能化も予言される一方、精神価値を重視すべきで事務所の理念が最も重要とおっしゃり綱領を作るべきとされた。澤田教授には綱領策定にもご協力いただき、1. 向上をこころがける、2. 人の和をはかる、3. 希望と計画をもつ、4. 品格とスタイルをそなえる、5. 健全な管理を行う、6. 共通の価値観からなる綱領を策定した。そして、新事務所設立準備プロジェクトを立ち上げ、ルール・組織作り（パートナーシップ契約・規約）、コンピュータによるオフィスオートメーションシステムの設計（ケース管理、会計、文書管理等）、事務所賃貸、人事、広報、図書、移転準備などについてアソシエイトを含め分担を決め、私は田中克郎弁護士の下でルール・組織作りを担当した。

同年6月5日、事務所の掲示板に「平成2年10月1日付をもって、アーク森ビル29階900坪に移転する。Dグループは、これを機会に独立することになった。発展を祈る」と掲示され、同月8日付で西村眞田法律事務所代表西村利郎弁護士とD部門代表田中克郎弁護士の文書が併記された「お知らせ」と題する書面がスタッフに配布された。「西村眞田法律事務所に勤務するすべての人々は、その所属部門にかかわらず10日1日以降も当然のことながら当事務所に継続して勤務して頂くことになりますが、D部門の諸先生により開設される新事務所に採用されることを希望される方は後日各自の希望を確認させて頂きます。新事務所を設立するには、当事務所から何人かの人々が参加することが必要ですので、希望者は遠慮なく申し出てください。しかしながら、当事務所は、あくまでも本人の自由意志を尊重したいと思います。西村眞田法律事務所　西村利郎」「D 部門の弁護士及びスタッフが、今般新事務所を設立することは、既にご案内のとおりですが、D 部門に属するスタッフ以外の方でも新事務所に参加されることを希望される方は、事務長まで遠慮なく申し出て下さい。田中克郎」と記載されていた。

こうして、同年 10 月 1 日に、弁護士 10 名、弁理士 1 名、スタッフ 27 名で TMI が開設された。「独立するにあたって、事務所の名前に個人名をつけず『TMI 総合法律事務所』としたのには理由がある。創業メンバーのイニシャルから一文字ずつとって命名したが、実際の所、個人名をださない、という所に強いこだわりがあった。弁護士はどこかで自分の名前を表に出したいという願望があり、それは往々にして利権につながる。事務所は誰のものでもなく、皆のものである、ということを名前からも体現したかった」[3)]。

ちなみに現在、事務所名にローマ字が使用される例は多いが、当時、日弁連はローマ字での事務所名を受け付けていなかったため、会社の商号はローマ字が許され始めていたことなどを記載した意見書を日弁連に提出するなどして対応した。その後、2006（平成 18）年 3 月 3 日に日弁連「法律事務所等の名称等に関する規程」が制定され、「弁護士の事務所名称には、別に規則で定めるところにより、日本文字のほか、ローマ字、アラビヤ数字その他の符号を用いることができる」（4 条）とされた。

TMI 設立後の翌 1991（平成 3）年 4 月に TMI に入った初めての新人弁護士（43 期）は 1 名であり、私は 1997（平成 9）年 4 月にパートナーに就任したが、その後の TMI の日本法資格弁護士数は、2006（平成 18）年に 100 名、2009（平成 21）年に 200 名、2015（平成 27）年に 300 名、2019（令和元）年に 400 名、2022（令和 4）年に 500 名を超え、2024（令和 6）年 4 月現在 575 名となっている。

TMI は設立当初から一貫して、風通しの良い組織風土をベースに、所内で有機的に連携しあい、互いに支えあって業務にあたる体制を築いてきた。そして案件によって柔軟な対応がなされ、それぞれの専門分野に応じてチーム形成を行うなど、自由度の高いパートナーとアソシエイトの関係の中で、自ら専門性を高めていくことができる環境づくりに力を注いできた。設立以

3）田中克郎「『国連』型のボーダーレス法律事務所を目指して——TMI 総合法律事務所の設立と発展」長島編・前掲注 2）211 頁。

来、綱領の「共通の価値観」を実現するための運営体制を常に心がけ、一体感を重視する施策を継続した。当初より毎週月曜日午前9時30分より朝礼を行い、弁護士・弁理士から1名とスタッフから1名が3分間スピーチを行うことにより、スタッフも含めた風通しの良い職場を醸成する場となっている。また毎週月曜日のランチタイムには全弁護士・弁理士が参加するBB会議と称するミーティングを行っており、毎週4名の報告者が担当案件の内容、問題点、トピックスなどを報告し情報と意識を共有する場となっている。また、弁護士、弁理士及びスタッフを含め全員が参加する行事として、事務所旅行とイヤーエンドパーティーを毎年行っている。いずれも全員が着席でパーティーが開催できる会場が条件で、テーブルを指定席とし、普段顔を合わせることが少ない者同士も、同一テーブルとなるように配慮しており、綱領の「人の和」と「共通の価値観」を実現するための行事として欠かせないものとなっている。いずれも事務所設立以来、現在まで続いている。創立35周年（2024年）を迎え、原点に立ち返る意味で、この綱領と解説、そして前述の合宿における澤田教授の講演内容なども収録した冊子を全員に配布している。

2006（平成18）年に導入されたTMG（タスク・マネジメント・グループ）制度は、こうしたTMIの理念を事務所規模の拡大にあわせて発展させる仕組みである。TMGでは、弁護士が、SF（ストラクチャードファイナンス／デットファイナンスを含むファイナンス全般）、CF（コーポレート・ファイナンス、M&A）、LR（リティゲーション・リスクマネジメント／訴訟、リスクマネジメント、倒産・再生案件・独禁法等）、IP（インテレクチュアル プロパティ／知的財産全般）の4つのゆるやかな専門グループに分かれ、同時にこれを横断する形でGC（ジェネラルコーポレート）は全ての弁護士が対応できるようにすることが求められている。これは、いわゆる「事業部制」「カンパニー制」的な発想で採用されたシステムではなく、所属グループ以外の業務を行うことは制限されず、グループの構成メンバーも本人の希望と業務の実態に合わせて移動・調整が可能である。

これにより、事務所全体として専門分野のノウハウを蓄積し、専門性の高い弁護士を育成しながら、各人はグループ内外の多くのメンバーと広く協働する機会を持つことができるようになった。

Ⅲ　大規模法律事務所の運営（意思決定・業務執行）

大規模法律事務所の意思決定や業務執行の方法について、前述の座談会や公表された資料によれば、以下のとおりである。

1　長島・大野・常松法律事務所

長島・大野・常松は、意思決定機関であるパートナー会議の授権に基づいて日常の意思決定・執行を行うマネージング・コミッティー（経営委員会）が設置されており、パートナー会議で選任されたマネージング・パートナー（事務所代表）1名と経営委員6名で構成されている[4)]。「マネージング・パートナーになった15年からは、プレーヤーとしての仕事は抑え、マネジメントに注力しています。時代が変わって、昨今ではSDGs・ESG、企業と人権の問題、経済安全保障など、企業を取り巻く新しいテーマがたくさん出てきているでしょう。新分野の案件が増加しているなか、私の役割は、引き続き依頼者のニーズにしっかり応えられるよう、違った専門性を持つ弁護士たちが協働しやすい環境をつくること。組織的な対応力の強みはうちの文化でもあり、私が長く描いてきた法律事務所の“有り様”です。この思いに変わりはありません」[5)]。

2　アンダーソン・毛利・友常法律事務所

アンダーソン・毛利・友常は、5名のパートナー弁護士によるマネジメント・コミッティが事務所の経営を担当している。マネジメント・コミッティのメンバーのうち1名がマネジメント・コミッティ議長、2名がマネジング・パートナーを務め、マネジング・パートナー2名は事務所を代表して対外的活動を行っている。日常の業務執行はアドミニストレーション・コミッティ他の各コミッティが担当している。パートナー会議は経営上の重要事項について討議と決議を行い、外国法共同事業として外国法資格者もパートナーとして参加している[6)]。「アドミニストレーション・パートナーといって

4）　2024年4月にご担当者に確認させていただいた。
5）　杉本文秀「HUMAN HISTORY 弁護士の肖像」Attorney's MAGAZINE Vol.80。

も、事務所の経営トップという感じではなくて、一般の会社でいえば総務部総務課といったところでしょうか。私を含めて5人いますが、ほとんどが40代の同世代です。3年任期の制度で順繰りにやっていくんですけど、様々な業務執行を中堅のパートナーが担う仕組みは、アンダーソンならではのもの。10年、20年先を考えた時、我々のような中堅が経営経験をすることは、非常に意味があると思っています。この役職を経験すれば、単なる評論家ではいられなくなり、本当の意味で民主的な経営を続けていくことができます」[7)]。

3　西村あさひ法律事務所

西村あさひは、執行委員会がその執行を担っており、執行パートナーはその中で事務所を対外的に代表するポジションとなっている。そしてパートナー会議の他、主だったパートナーによる経営会議が設けられ、事務所運営の主要な意思決定をしている[8)]。「2011年に西村あさひの執行パートナーになり、21年4月からは経営会議議長を務める。実務の傍ら日本最大規模の法律事務所の運営にも深く関わるようになった。……執行パートナーは事務所を対外的に代表する役です。経営会議は主だった数十人のパートナーが参加し事務所運営を決議します。議長はその議事進行係です。当事務所では、重要事項をいきなり多数決で決めたりはしません。そもそも組合組織なので、株式会社とは統治形態も違います。日々の案件は個々のパートナーが主体となるなか、リーダーシップのあり方、集団の意識や行動について考えるようになりました」[9)]。

4　森・濱田松本法律事務所

森・濱田松本は、パートナー会議から授権を受けて事務所の日常的運営と戦略的な施策の立案・実行の両面において経営を行うマネージメント・コミティが設置されており、パートナーから委員が選ばれている[10)]。「仕事に打

6）　2024年4月にご担当者に確認させていただいた。
7）　城山康文「HUMAN HISTORY 弁護士の肖像」Attorney's MAGAZINE Vol.46。
8）　2024年4月にご担当者に確認させていただいた。
9）　保坂雅樹「トルストイに学んだ『自由意志』」日本経済新聞2021年9月4日朝刊。
10）　2024年4月にご担当者に確認させていただいた。なお、現在、マネジメント体制の過渡期にあ

ち込む日々はハードではあったが、「存分に頑張れる環境で、私にはいつも楽しさ、面白さがあった」。その環境をつくる側に立ったのは2013年。以降9年間、棚橋はマネージングパートナーとして事務所経営に携わり、個人を軸に置きつつも組織力強化に向けた新たな取り組みを重ねてきた。……当初、経営を担う弁護士は7人体制だったのですが、私が中心メンバーになってからは、迅速な意思決定をするために、3人にまで人数を減らしました。そして、必ず内部で考えを統一してから、事務所全体の意見を聞く。これは、かなり心がけたスタイルです。事務所の人数が少ない頃とは違って、これだけの組織になると、大・中・小、たくさんの出来事が起きるので、マネージメントの意見を固めたうえでスピード感を持って経営にあたろうと」[11)]。

5　TMI

TMIは、設立以降、最高意思決定機関としてパートナー会議を設けており、パートナーの全員一致の原則を大切に追求し、全員参加型の運営哲学を重視してきた。パートナーが50名を超えた2010（平成22）年、新たに6名のパートナーによって構成されるマネジメント・コミッティー制度（MC）を導入した。MCは、事務所経営におけるリーダーシップを担い、日常業務における協議・執務を行うことにより、パートナー会議との役割分担をし、前述のTMGの4つのグループから各々MCへの陪席者を出している。

その後、中堅・若手のパートナーを中心に、TMIが長期的・持続可能な成長を果たすため、経営課題に関してアイデアを出し合い、自発的・機動的に動く会議体として、2024（令和6）年1月に、経営企画室を発足し、適宜、分科会を創設するなどしながら進めている。

6　パートナーの定年制について

意思決定・業務執行は、パートナーの定年制とも関係している。

まず、日本法資格弁護士数の中のパートナーの数（2024年4月現在）は、次のとおりである。

り、来年以降、仕組み自体にも少し修正を加える予定であり、その際にはHPにも概略の説明が掲載される見込みとのことである。

11)　棚橋元「HUMAN HISTORY 弁護士の肖像」Attorney's MAGAZINE Vol.88。

・長島・大野・常松（555名中157名）
・アンダーソン・毛利・友常（620名中199名）
・西村あさひ（682名中252名。ニューヨーク事務所パートナー、法人社員含む）
・森・濱田松本（596名中173名）
・TMI（575名中181名）

大規模法律事務所の中で定年制を設けていないのはTMIのみで、他は65歳という定年制を設けている。定年制は、各事務所でその内容は様々であり、65歳の誕生日を迎えると同時にパートナーから退く制度、65歳を迎えるパートナーについてその個別の事情も勘案してパートナー会議等で検討する制度などがある。

Ⅳ　大規模法律事務所と弁護士法等

大規模法律事務所は、拡大する過程で、弁護士法等様々な課題に直面している。

1　二重事務所問題

大規模法律事務所のみに生じる問題ではないが、事務所の規模が大きくなるにつれ、弁護士法20条3項の二重事務所禁止条項「弁護士は、いかなる名義をもつてしても、二箇以上の法律事務所を設けることができない」に抵触しないように、どのように対応すべきかという共通の問題を抱えることとなる。

『条解』159頁は、「近時、事務機器の普及や共同化に伴う人員増等を背景事情として、従前の届で事務所が手狭になり、同一の法律事務所でありながら、事務所スペースが複数に分離して設けられるという事態（分室等と呼ばれる）が生じてきたことから、この問題が意識されるに至っている」とされ、「機能的に観察して全体として1個の法律事務所であるとされるためには、届出事務所とは別に新設されたものが付帯的ないし付属的であることが実質的に要求されるだけでなく、形式的にも（表示という外観上からも）付帯的ないし付属的であることが必要である」（同160頁）とされている。

TMIは、当初、虎ノ門37森ビル8階の半分を借りて開設した。そして増員の都度、同ビル内で拡張していったが、同ビル内の空き室が無くなる事態が生じた。このため、同ビル内に空き室が出るまでの約1年3か月間、同禁止条項に抵触しないように、図書室と経理部門を近隣の江戸見坂森ビルに移転することにより対応した。その後、2003（平成15）年8月、六本木ヒルズ森タワーの開業にあわせ移転し、同ビル内でフロアを増設しながら現在に至っている。

2　国内の支店について——弁護士法人

前述「大規模法律事務所の現状と将来」の座談会では、「法人化と地方都市への進出の可能性について」の章で、司会の「法人化と東京以外の地方都市への進出の可能性についてはどちらの事務所もその可能性は否定されていますが、その理由は何ですか」との問いに対し、「法人化によって、特段のメリットが直接得られることはないと認識しております。また、地方都市への進出については、現在でも、依頼案件の質量の増加に対して、事務所のキャパシティーのアンバランスが生じているので、地方都市進出は一層のキャパシティー不足という多大なデメリットをもたらします。さらに、私どもの事務所が提供しているタイプのリーガルサービスに対する需要が地方都市に多数あるとは思われません。このような理由で、地域的拡張を可能とするために法人化するという発想は出てきません」と述べ、「他の事務所も同様ということでよろしいですか」との問いに、全員が「ほぼ同様です」と回答している。

2024（令和6）年現在では、引き続き国内に支店を有さないのは長島・大野・常松のみで、アンダーソン・毛利・友常法律事務所は大阪（15名）と名古屋（7名）、西村あさひ法律事務所は大阪（18名）、名古屋（6名）、福岡（5名）と札幌（1名）、森・濱田松本は大阪（10名）、名古屋（7名）、福岡（6名）、札幌（2名）と香川（4名）に支店を設置している（括弧内は日本法資格弁護士数）。

TMIでは、2012（平成24）年に、国内第2の拠点として名古屋オフィスを開設し、2014（平成26）年に神戸オフィス、2018（平成30）年に大阪オフィス、2019（令和元）年に京都オフィス、そして2020（令和2）年に福岡オフィスを開設し、2024（令和6）年現在、名古屋オフィスに弁護士11名・弁理士2名、大阪オフィスに弁護士9名・弁理士3名、福岡オフィスに弁護士7名、京都オフィスに弁護士6名、神戸オフィスに弁護士4名が配置されている。

支店については、いずれの事務所も弁護士法人を設立した上で設置している。アンダーソン・毛利・友常は弁護士法人アンダーソン・毛利・友常法律事務所、西村あさひは弁護士法人西村あさひ法律事務所、森・濱田松本は弁護士法人森・濱田松本法律事務所、TMIは、弁護士法人TMIパートナーズである。

なお、東京三弁護士会の所属割合については、長島・大野・常松は東京弁護士会（以下「東弁」）36名、第一東京弁護士会（以下「一弁」）497名、第二東京弁護士会（以下「二弁」）22名、アンダーソン・毛利・友常は、東弁60名、一弁244名、二弁294名、その他の弁護士会計22名、西村あさひは東弁100名、一弁333名、二弁219名、その他の弁護士会計30名、森・濱田松本は東弁90名、一弁68名、二弁409名、その他の弁護士会計29名である。TMIは、設立時の弁護士10名のうち、東弁3名、一弁7名であったが、直後に二弁所属弁護士がパートナーとして参加したこともあり、東京三会の均衡がとれるような構成にするため、2024（令和6）年4月現在、日本法資格弁護士は、東弁194名、一弁180名、二弁164名、その他の弁護士会計37名という構成である。

3　外国法共同事業について

1986（昭和61）年に成立した「外国弁護士による法律事務の取扱いに関する特別措置法（外弁法）」が改正され、外国法事務弁護士と日本の弁護士が共同する特定共同事業が、その後の法改正により外国法共同事業が可能となった。

アンダーソン・毛利・友常は、2020（令和2）年12月7日、「外国法共同事業」を開始するとともに、米国・英国・中国メインランドの資格を持つ4名の外国法事務弁護士が当事務所のパートナーに就任し、クロスボーダー案件の対応体制を強化し、正式名称は「アンダーソン・毛利・友常法律事務所外国法共同事業」となる旨のプレスリリースを行った。

西村あさひは、2023（令和5）年9月4日、外国法共同事業を開始し、国際案件における日本弁護士と外国弁護士の協力体制を強化し、クライアントの皆さまにとってますます重要となるグローバル戦略をサポートする法律事務所として、ビジネスニーズに即した総合的・戦略的なソリューションを提供し、正式名称は「西村あさひ法律事務所・外国法共同事業」となる旨のプレスリリースを行った。

TMIは、外国法事務弁護士と日本の弁護士が共同する特定共同事業が可能となってすぐ、フランスのジッド・ロワレット・ノエルと提携、その後1999（平成11）年から2007（平成19）年3月まで、フランスのローラン・デュボア外国法事務弁護士事務所との外国法共同事業として継続した。2001（平成13）年には、英国のシモンズ・アンド・シモンズとの間で特定共同事業を開始、その後の法改正に伴い、両者の関係は2005（平成17）年から外国法共同事業に移行した。2005（平成17）年には、米国のモルガン・ルイス&バッキアスとの間で外国法共同事業を開始したが、その際は、両者が共に担当パートナーを特定し、Morgan Lewis-TMIというジョイントベンチャーを立ち上げる形式を採用した。2006（平成18）年にはカナダ法を取扱うウェイクリー外国法事務弁護士と、2009（平成21）年にはドイツ法を扱うアーキス外国法共同事業法律事務所との外国法共同事業を開始した。

なお、外国法事務弁護士については、2024（令和6）年4月現在のウェブサイトの情報では、以下のとおりである。

・長島・大野・常松6名
・アンダーソン・毛利・友常15名
・西村あさひ15名
・森・濱田松本11名

TMIは9名（米国3名、フランス2名、中国2名、インド1名、フィリピン1名）で、所属弁護士会は東弁2名、一弁3名、二弁4名である。

4　海外の拠点について

2024（令和6）年4月現在のウェブサイトの情報では、以下のとおりである。

・長島・大野・常松：ニューヨーク、シンガポール、バンコク、ホーチミン、ハノイ、ジャカルタ、上海
・アンダーソン・毛利・友常：北京、上海、香港、ハノイ、バンコク、ホーチミン、シンガポール、ジャカルタ、ロンドン、ブリュッセル
・西村あさひ：バンコク、北京、上海、ドバイ、フランクフルト/デュッ

セルドルフ、ハノイ／ホーチミン、ジャカルタ（提携事務所）、クアラルンプール（提携事務所）、マニラ（提携事務所）、ニューヨーク、シンガポール、台北、ヤンゴン

・森・濱田松本：上海、シンガポール、バンコク、ヤンゴン、ベトナム（ホーチミン／ハノイ）、ジャカルタ、マニラ（提携事務所）、ニューヨーク

TMIは、支店として上海、ホーチミン、ヤンゴン、シンガポール、ハノイ、北京、プノンペン、バンコク、シリコンバレー、ロンドン、パリ、提携事務所としてマレーシア、ジャカルタ、駐在としてマニラ、サンパウロ、メキシコシティ、ナイロビを拠点としている。

5　他士業について

他士業について、長島・大野・常松は「司法書士6名、行政書士1名」を経歴と共に公表[12]、アンダーソン・毛利・友常は「弁理士17名、行政書士3名、司法書士1名」と公表、西村あさひは「弁理士11名」を経歴と共に公表[13]、森・濱田松本は「スペシャリスト（税理士・弁理士等）11名」と公表している。

TMIは、創立時に弁護士10名のほか、弁理士1名が参加した。「TMIの設立時からの特徴として、弁護士と弁理士が一体となって業務にあたるという独自の組織形態がある。知財に関わる契約業務や、紛争処理の場で法律面の専門家である弁護士と技術を評価できる弁理士が一緒にいれば、クライアントは一度に問題を解決できる。企業が抱える知的財産権の問題を、ワンストップのサービスで解決することは、コストや効率でのメリットのみならず、企業の迅速な判断にもつながる。逆に言えば、そうしたサービスを提供できないのではないかという危機感があった」[14]。2024（令和6）年4月現在、弁理士92名、特許技術者、特許・商標事務スタッフ122名に至っている。

6　利益相反について

TMIの開設準備の1つとして、前述のコンピュータによるオフィスオー

12）　ウェブサイトの「弁護士等検索」による。
13）　ウェブサイトの「弁護士等検索」の「職位　弁理士」による。
14）　田中・前掲注3）212頁。

トメーションシステムの設計を日本アイ・ビー・エム株式会社に依頼し、その提案書（1990（平成2）年7月）には、「法律事務所統合化OAシステム」として、冒頭、「今回のご提案システムでは、貴所クライアントの受件から請求までの一連の経費管理（事件会計、企業会計）と文書管理という2つの大きな柱があります。つまり個人の財産から、共有の財産へという今後の弁護士事務所を考える重要なご提案の機会であると認識しております」と始まり、ケース管理、会計、文書管理の項目があり、ケース管理システムの冒頭に「コンフリクトチェック　受任可否を決めるための検索を実施する」と記載されている。このように、TMI開設時から、導入したOAシステムのデータベースを活用して利益相反のチェックを行っている。

新たに案件を受任した場合、担当弁護士は法律相談にとどまったものも含めて、依頼者名・相手方名・事件名・関連当事者名その他の内容についての情報を登録しており、新たな事件の依頼を受けたパートナー弁護士は、依頼者名や相手方名の情報を入力してチェックすることにより、利益相反の有無がデータベースでわかるようになっている。これと並行して、当該パートナーは、パートナー全員または関係する弁護士に対してコンフリクト・チェックのメールを流すことにより、漏れがないようにしている。データベースのチェック、所内メールへの送信によって該当ありとなった場合には、その事件を担当した弁護士にもう少し詳しい情報を確認し、協議し、必要に応じて所内のコンフリクト・新件受任委員会にも意見を求め、最終的な結論を出す仕組みである。データベースは日々更新してはいるものの、データベース入力との時間に多少のずれがあるため、所内メールによるチェックを必要としている。コンフリクトの問題や事件受任に関する問題を担当するのがコンフリクト・新件受任委員会である。

『ジュリスト』1535号（2019年）「新時代の弁護士倫理」第8回「共同事務所」の座談会に参加するため、複数の大規模法律事務所のパートナーに、コンフリクトチェックの手続きを尋ねてみたところ、まずはデータベースでチェックし、さらに所内メールでチェックするという二重チェックをしているところがほとんどであり、大規模法律事務所は、このようなチェックの体制を採用しているものと思われる。

TMIでは、コンフリクトチェックでヒットした場合、弁護士法25条と職務基本規程の27条、28条のどの禁止条項に該当するのかにより、同意によって禁止が解除される場合と解除されない場合があるため、これを確認した上で、同意によって禁止が解除される場合には、ビジネス・ジャッジの問題も関係するため、受任すると依頼者に対する信頼確保の関係でリスクが大きいと判断すれば、受任しないこともあり得る。そしてこの問題がクリアされれば、弁護士法・職務基本規程の定めに従って、弁護士法と職務基本規程が指定する当事者から、受任することに同意をする旨を記載した書面やメール等をもらうという流れとなる。

次に、弁護士職務基本規程第57条は、「職務の公正を保ち得る事由があるときは、この限りではない」としており、『解説』には、「職務の公正を保ち得る事由」として、「当該共同事務所における情報遮断措置の体制」が判断基準の1つとして明示されている。大規模法律事務所の場合は、その規模から、情報遮断が可能な場合が多い。例えば、電話については電話会議専用の部屋を利用して電話をし、記録の保管は施錠のできるキャビネットに保管する、データベース上の案件情報のアクセスを担当者のみに制限するなど、情報遮断のためのウォールを立てることが可能となっている。

V　大規模法律事務所の課題

1　法曹界への影響力

大規法律模事務所が抱える弁護士は、2024（令和6）年4月現在で計3028名である（長島・大野・常松555名、アンダーソン・毛利・友常620名、西村あさひ682名、森・濱田松本596名、TMI 575名）。日本全体の弁護士数が4万5826人、東京三弁護士会の合計が2万2686名であり、大規模法律事務所の弁護士総数は、日本全体の6.6％、東京全体の13.35％を占める。冒頭の2006（平成18）年の座談会で司会が「200人単位の事務所が急激に出てきて、なおかつそれが東京に集中し、これがどんどん大きくなっていくことが確実だと思います」と述べているが、大規模法律事務所の他に、弁護士数200名に近づいている法律事務所として、シティユーワ法律事務所、渥美坂井法律事務所・外国法共同事業、弁護士法人大江橋法律事務所がある。日弁連、単位弁護士会の政策を支え、意見を述べていく存在として、さらには弁護士自治の担い手としての自覚が必要であろう。

さらに直近の新人である76期弁護士の入所数は、大規模の5つの法律事務所合計で約250名である。76期の司法研修所卒業試験にあたる二回試験の合格者1387名のうち、裁判官任官81名、検察官任官76名と比較しても、大規模法律事務所の割合は極めて大きいことがわかる。裁判・検察実務や広く司法行政についても、引き続き関心を有していくべきであろう。

2　公益活動について

大規模法律事務所は、弁護士会の活動をおろそかにしているのではないかと言われることがあるが、各大規模法律事務所は弁護士会を含め、プロボノ活動を積極的に公表している。

長島・大野・常松は、公益活動として「基本的人権の擁護と社会正義の実現という弁護士としての重要な社会的責務を果たすべく、プロボノ活動その他の公益活動に積極的に取り組んでいます」としてプロボノ活動、官公庁等における活動、教育機関における活動、国際的な公益活動の様々な活動例を紹介している。アンダーソン・毛利・友常は公益活動として、「弁護士会、官公庁、教育機関等における社会貢献活動に加え、社会的意義又は公益性の高い活動を行う団体または個人に対し、法的サービスを提供するプロボノ活動に力を入れており、人権、教育、環境、医療、芸術、LGBT、社会的投資等、様々な分野における活動を支援しています」として様々なニュースを紹介している。西村あさひは社会の発展への貢献として、「『法の支配』を礎とする豊かで公正な社会を実現する」ことを基本使命としています。この基本使命を追求するため、私たちは『Leading You Forward』とのプロミスを掲げ、クライアントの皆様とともに、社会の発展に貢献することを約束しています」として、プロボノ、コミュニティ、環境に関する各活動を紹介している。森・濱田松本は公益活動として、「多くの弁護士は、通常業務に加えて、幅広い社会貢献・公益（プロボノ）活動に取り組んでいます」として弁護士会等における活動、官公庁等における活動、教育機関における活動、国際的な公益活動、プロボノプロジェクトについて、毎年の活動実績を紹介している。

TMIでは、前述の設立の際の6つの綱領に公益活動も含まれており、例えば、東日本大震災の際には、田中克郎代表が被災地支援を行おうと呼びかけ、クライアントである株式会社ドン・キホーテの協力を得て、仙台市青葉区晩翠通り店の一角を借り、日弁連等と相談し、依頼があった場合は仙台弁護士会を紹介するなどを取り決めた上で、70名を超える弁護士が、4月16日から6月8日までの間、週4日、1日2名～4名の分担を決め、無料法律相談を実施した。また、毎年、小学生向けにキッズワークショップとして、刑事模擬裁判を実施するなどしている。弁護士会の活動については、各弁護士の活動に加え、TMIから出ている日弁連事務次長や嘱託等からパートナー会議や前述のBB会議で報告を受けるなど、情報共有にも心がけている。

3　新しい分野や公益的分野に関する先端的な活動とその成果の還元

TMI設立準備の合宿の際、澤田教授は前述のとおり人工知能化を予言されたが、具体的には、「これからは人工知能化が進むから業務にいかに生かすかを常に研究しなければならない。1つ注意すべきことは、完全に機械的プログラムに任せた方がより正確な選択ができる事柄と、あくまで知識経験と優れた直観によって良い結果が得られることとをわきまえること、また機械に過剰投資して経営の負担にならないようにすることである」という内容であった。それから約35年後の現在、大規模法律事務所は、まさに生成AI（人工知能）の法律業務への利用に関し国内外の生成AI企業との提携や独自開発などを推進しており、それが経済新聞の見出しにもなっている。

また、公益性を有する分野の中で採算性の観点等から取り組みにくい分野において、大規模法律事務所だからこそできる先端的な活動があるであろう。

弁護士の使命である「基本的人権の擁護と社会正義の実現」「誠実な職務執行と社会秩序の維持及び法律制度の改善への努力」（弁1条1項、2項）に関し、大規模法律事務所ならではの取り組みとその成果をどのように社会に還元するかが今後の課題である。

7　競争時代下の弁護士の変容と弁護士自治制維持上の課題

市川　充

Ⅰ　弁護士を取り巻く環境の変化

2001年の司法制度改革審議会の意見書公表の前後から、弁護士を取り巻く環境は大きく変わった。第1に弁護士人口の大幅な増加が挙げられる。1994年に1万4809人であった弁護士数は、2000年には1万7126人となり、2023年には4万4916人となった[1)]。これは端的に司法試験合格者数の増加による。1990年までの司法試験合格者数は概ね500人前後であったのが、2010年には2133人となった。その後、2015年以降、2022年までは1500人前後で推移している[2)]。これが弁護士人口の大幅な増員をもたらした。

第2に、弁護士の業務広告の解禁とインターネット社会の到来である。弁護士の業務広告は1987年までは全面的に禁止されていた。それは広告を通じて受任事件を勧誘するのは弁護士の品位を害するからと説明されていた。ところが、同年に弁護士の業務広告は部分的に解禁され、さらに2000年に日弁連会則が改正され全面的に解禁されるようになった。解禁の理由は、国民の司法アクセスへの利便性を高めるためである。これとほぼ同じくしてイ

1）　弁護士白書2023年版24頁。
2）　白書2023年版41頁。なお、2023年の司法試験合格者は1781人だが、これはこの年に在学中受験が可能となり、制度の変わった年に生じた特有な現象である可能性がある。

ンターネットが一般に普及し始めた。インターネットの普及はまず弁護士の業務広告を容易ならしめると同時にその効率性を高めた。弁護士が自らウェブサイトを立ち上げるだけでなく、広告業者のポータルサイトに登録することにより、弁護士を利用しようとする者のアクセシビリティを向上させた。また、インターネットによる業務広告によりユーザーは弁護士の比較が可能になった。これまで弁護士へのアクセスが困難であったユーザーにとって、自分に最適と思われる弁護士を比較して選択できることになったということは大きな変化である。さらに、これまで弁護士が独占してきた法律情報も、インターネットの普及によりユーザーが簡便に調査できるようになった。これによりユーザーは、簡単な事項であれば、インターネット上で調査できてしまうので、弁護士に相談する必要がなくなり、より高度な質問を弁護士にぶつけてくるようになった。中にはインターネットを介してユーザーが質問をし、それを複数の弁護士に回答させ、ベストアンサーを出した弁護士をユーザーが選択できるようなサイトも登場している。このように、弁護士の業務広告の全面解禁とインターネットの普及は、ユーザーと弁護士の関係性に大きな変化をもたらすこととなった。

弁護士を取り巻く第3の変化は民事裁判の減少である。2010年に各地方裁判所に係属する民事第1審通常訴訟の事件の新受件数は22万2594件であったが、2012年に16万1313件と急激に減少した。これは債務整理事件において金融会社に対する過払金（不当利得）の返還を求める訴訟が激減したことが影響している。それとは別に民事裁判の事件数はさらに減り続け、2022年には12万6664件と大幅に減少している[3)]。この原因は必ずしも明らかではないが、1つには弁護士の予防法務、企業のコンプライアンスやガバナンス経営の普及、消費者金融に対する規制に代表されるように行政の規制強化により、紛争自体が減少し、または紛争が初期の段階で解決されていること、自動車の技術革新など科学技術の進歩により交通事故や労災事故が減少し、損害賠償事件が減少していることなどが挙げられよう。もちろん、家庭裁判所の離婚事件や相続事件等の家事事件が増加の傾向にあるのも事実である。しかし、これまで弁護士の職務の多くを占めてきた民事裁判が減少

3）　白書2023年版96頁、白書2021年版110頁。

していることは弁護士の職務のあり方に大きな影響を与えるものである。

上記のような弁護士を取り巻く外的環境の変化がもたらしたものは、弁護士業務の市場の形成と競争である。上記のように弁護士がユーザーから比較され、選択される対象となることにより、弁護士間の、あるいは法律事務所間の競争が生じている。しかも、民事裁判の減少と弁護士人口の急激な大幅増加は、選ばれる弁護士と選ばれない弁護士を二分し、競争状態を生み出している。特に都市部においてはその傾向が強い。弁護士人口の増加により、一定数の弁護士は地方に拡散したが、大部分の弁護士が都市部に集中している。大規模事務所は、競争力を高めるために1年に数十人の新規登録弁護士を採用し、その結果、地方では新規登録弁護士がゼロというところも出てきている。

弁護士の競争は、弁護士間、法律事務所間の競争にとどまらない。司法書士、行政書士、弁理士、社会保険労務士といったいわゆる隣接士業との間の競争も生じている。これらの隣接士業は、2000年以降の法改正によりその業務範囲を拡大し、それまで弁護士法72条により弁護士の職務とされてきた分野もその職務範囲とされている。弁護士法72条ただし書きは2003年に改正され、「他の法律」が許容すれば、従来弁護士の職務範囲であったものについても業務を行えるようになっている。

さらには、隣接士業以外の民間の業者との間でも弁護士との競争が生じている。民間のコンサルタントのような弁護士法72条違反まがいの業者との競争はともかく、同条に関する法務省の見解は、紛争性がない契約書のチェックなどはグループ企業間で弁護士が介在することなく可能とされている[4)]。また、AIによる契約書のチェック、法務相談など今後展開されていることが見込まれ[5)]、従来、弁護士の職務の独壇場であった分野に民間企業が合法的に入り込んでくることとなり、その結果、弁護士はさらに競争にさらされることになることが予想される。

4）　法務省大臣官房司法法制部「親子会社間の法律事務の取扱いと弁護士法第72条」。

5）　法務省大臣官房司法法制部「AI等を用いた契約書等関連業務支援サービスの提供と弁護士法第72条との関係について」（令和5年8月）。

Ⅱ　弁護士業務の変容・多様化と分極化

1　弁護士業務の変容

(1) 裁判中心業務から紛争予防・事前相談へ

民事裁判の減少、企業のコンプライアンス意識の向上、インターネットの浸透による市民の弁護士へのアクセスの向上は、弁護士の業務内容にも変化をもたらしている。従来は弁護士の業務は裁判が中心であったが、顧問会社からの相談、市民からの法律相談など予防法務、事前相談、法的助言等の業務にシフトしてきている。具体的には、企業における分野では、契約書のチェックや作成、リーガルオピニオンの作成、ブレインストーミングへの参加、企業結合や企業分割など企業再編や事業再生に関する方針の提言や助言・書面作成、事業承継についての立案等である。個人依頼者の分野でも、たとえば遺言書の作成、遺産分割や離婚事件の調整役、民事紛争における任意の交渉、債務整理等、裁判になる前の段階で弁護士が介入し、紛争を解決する場面が増えている。

そのほか、弁護士会が弁護士の活動領域拡大の運動を展開している。条例策定への関与や公金の債権回収といった業務についての自治体との連携、任期付き公務員の採用促進、企業の第三者委員会・公益通報窓口やハラスメント窓口・社外役員の弁護士の登用促進等弁護士個人が開拓できない分野について弁護士会自身が動いて弁護士の活動領域拡大のための運動をしている。このような弁護士会による運動は司法改革により「法の支配を社会の隅々にまで」というスローガンに基づくものであるが、その背景には弁護士人口の急激な増加等による競争があると思われる。競争下において各弁護士が生き残れるよう市場拡大に弁護士会が一翼を担い、会員をサポートしている側面があるのである。

以上のとおり、弁護士業務は裁判中心業務からそれ以外の業務にシフトし、多様化している。

(2) サービス産業化

弁護士の数が限られ、司法アクセスが十分でなかった時代においては、依頼者は弁護士を選択することもできなかったから、弁護士が依頼者から気に入られるよう努力する必要などなかった。弁護士は自分のスタイルで仕事をすればそれでよかったし、弁護士報酬も保障されていた。

これに対し、競争のもと依頼者が弁護士を選択する状況下においては、弁護士は他の弁護士やその他の競争相手との差別化を図らなければ競争を勝ち抜けない。差別化のためには法的役務の質を向上させればよいが、役務の質の差は依頼者からはわかりにくいし、差が出てくるのは時間がかかる場合もある。そのため、質の向上だけではなく、検討時間や処理時間を短縮する、24時間いつでも相談ができる、相談のために弁護士が依頼者の指定する場所に赴く、説明や報告を口頭のほかに書面でも行う、といった付加価値をつけることにより、差別化を図る方向へと向かう。さらに、弁護士報酬は自由化されているから、弁護士報酬によっても差別化を図る。着手金はゼロで報酬を後払いできる、分割払いも可能である、成果が出たときにのみ報酬を支払えばよい、報酬が他よりも低廉である、といったようにである。これが弁護士業務の「サービス産業化」である[6)]。

このような産業化は、一見ユーザーにとっては利便性があがり、好都合のようにも見える。しかし、見かけだけのサービスに目を奪われ肝心の法的役務の質が悪ければ、結果として弁護士の選択に失敗したことになり、ユーザーにとってはプラスにならない。弁護士の側にとっても上記のようなうわべだけのサービス競争は疲弊を伴うだけである。長期的に見ればこのような「サービス産業化」はユーザーにとっても、弁護士にとっても好ましいものとは言えないとの評価も可能である。

(3)　専門化

競争下で弁護士が競争を勝ち抜くための差別化は、弁護士の取扱業務の「専門化」をもたらす。弁護士の取扱業務が様々な分野に広がり、かつ、複雑化し、深化をすることにより弁護士の取扱業務が専門化している。従来は、たとえば知的財産権など特殊な分野が専門性を有していたが、それだけではなく、労働法の分野、倒産法の分野といった従来は一般的な分野であったものが新たな立法等によって複雑化した結果、専門化している。従来「一般民

6)　出井直樹「多様化する弁護士の在り方」司法改革研究会編『社会の中の新たな弁護士・弁護士会の在り方』（商事法務、2018年）106頁は「依頼者（特に企業の依頼者）から弁護士に対して業務の効率化や低廉化、処理期間の短縮、説明や報告の強化が求められ、サービス提供者たる弁護士がそれに応えざるを得ない状況が進行している」点を「サービス産業化」と呼んでいる。

事」と呼ばれていた分野はかなり狭くなってきた。このように専門化した分野を専門に取り扱うことにより差別化を図り、競争下で勝ち残るのである。

これとは異なる現象として、一般的な分野であるものを「専門」と称して広告することも多くなった。相続や離婚、交通事故といった分野はいわゆる「一般民事」の範疇に入るものであり、弁護士は誰もが取り扱うものであるが、これを専門的・集中的に取り扱うと広告して顧客を獲得する弁護士が相当数現れてきている。これも競争下で生まれた現象である。一般民事分野を幅広く取り扱うのではなく、医師と同様に、特定の分野を専門的・集中的に取り扱うのである。これも広告によって生じた「専門化」という現象である。

2　法律事務所の変容

(1) 大型化

弁護士業務の裁判外業務へのシフト、サービス産業化、専門化といった弁護士業務の変容は、法律事務所の大型化を促進させている。もともと大規模であった事務所は、依頼者の多様なニーズに対応できるように、弁護士の数を増やし、その規模をさらに拡大している。企業のグローバル化、ガバナンス強化のニーズの高まり、資金調達の複雑化、発達した科学技術の企業活動への取り込みなどにより、企業のニーズに弁護士の側が対応するには、大規模事務所が集団として対処することが求められる。これを反映して、事務所の大型化が急速に進んでいる。2004年の時点においてわが国で最も所属弁護士の数の多い事務所は、弁護士数178人の事務所であり、この時点で弁護士数が100人を超える事務所は5つのみであったが[7)]、2023年時点での弁護士の数が500人を超える法律事務所は5つある。最大の事務所が弁護士数650人、その他の4事務所は500人台である。これらの事務所は、毎年新規登録弁護士を多数採用し、所属弁護士の数は年々増えている。もっとも、大規模事務所の弁護士数がここ数年漸増に止まることから、現在の500人程度で頭打ちではないかという予測もあるようであり、米国のように巨大ローファームがわが国において登場するかは不透明である。いずれにしても、弁護士業務や社会ニーズの変化が事務所の大型化をもたらしたことは確かであ

7）　白書2023年版53頁、白書2012年版89頁。

る[8]。

(2) ベンチャービジネス化

弁護士業務のサービス産業化は、弁護士業務の処理を定型化、効率化させ、新しいビジネスモデルの構築を促した。サービス競争を勝ち抜くために、弁護士業務をより迅速、低廉に提供できるようにしたのである。従来、弁護士の業務は１人ないし複数の特定の弁護士が受任の端緒となる法律相談から受任中の処理を最後まで行うものであった。これに対して、近時はこれを分業化して複数の弁護士ないしパラリーガルスタッフが処理をするような法律事務所が登場している。たとえば、債務整理事件を専門的に取り扱う法律事務所が巨額な広告費を用いて集客をして受任し、初期相談を行う弁護士、処理方針を決める弁護士、申立書を作成する弁護士、破産管財人と面談する弁護士、破産管財人から連絡を受けその指示事項について処理をする弁護士などそれぞれ担当する複数の弁護士が分業して行うのである。このように大量受任のために大規模な広告を行い、大量処理のために分業をするなど業務の効率化を図り、これまでにない弁護士業務のやり方を生み出し、弁護士業務があたかもベンチャービジネス化しているような現象が生じている。

(3) 共同事務所の進行

上記の法律事務所の大型化やベンチャービジネス化は、特定の法律事務所に生じている現象であるが、一般の弁護士について言うと、従前多かった一人事務所から共同事務所化が進んでいる。2003年の弁護士総数１万9621人中一人事務所に所属する弁護士数は8077人であり、全体の41.24%であった。事務所の数で比較すると、法律事務所の総数１万1137のうち、一人事務所は8077であるから、72.52%が一人事務所であったことになる[9]。これに対し、2023年の弁護士数４万4916人中一人事務所の弁護士数は１万1299人であり全体の25.16%となり、事務所の数で比較した場合は、１万8276事務所のうち１万1299事務所が一人事務所であり、全体の61.82%となってい

8）明賀英樹「新たな弁護士像への変革」司法改革研究会編・前掲注6）114頁は、従来の弁護士は職人技的な鍛錬を重視し、規模や集団による力を軽視する傾向があったこと、司法研修所教育も裁判が中心であったことから、持ち込まれる案件を事務所で待機して処理する形態が多かったが、20世紀終盤以降はそれでは対応できない部分が多くなり、業務や事務所の形態の変化が進んだと指摘する。

9）白書2003年版40頁。

る[10)]。

法律事務所の共同化が進んだ理由は、事務所経営のためのコストを抑制することのほか、業務の効率化、業務範囲の多様化に対応するためであり、特に都市部において進んでいる。また、上記の弁護士業務の専門化と相まって専門業務を行う弁護士が共同事務所を作り、その分野に特化してサービスを提供するというブティック事務所も登場している。

3　弁護士の多様化

上記のとおり、弁護士業務および法律事務所のあり方が変容したことにより、弁護士のあり方も変容し、多様化してきている。従前のとおり、法律事務所を構えて、裁判業務を行いつつ、裁判以外の業務を行う弁護士が多数を占めるのが現状であるが、そのほかに、以下のように過去にはあまり見られなかった弁護士も現れてきている。

(1) 大規模事務所でのアソシエイト（分業化）

ベンチャービジネス化した法律事務所が業務を分業化していることは上記のとおりである。これに限らず、大規模事務所においても効率化を図るために弁護士の分業化は進んでいる。たとえば、企業のM&Aの際に行うデュー・ディリジェンス業務を専門的に行う弁護士、金融商品の契約書作りに特化して業務を行う弁護士のようにである。このように１つの事件の初めから最後までを担当するのではなく、事件の一部分のみを切り出してそれだけを繰り返し行うという、従前の弁護士像とは明らかに異なる弁護士が出てきている。

また、大企業並みに大規模化し、あるいは法人化した法律事務所において、そこで勤務する弁護士の意識が変化してきている。従来、法律事務所に勤務するアソシエイト（勤務弁護士）は、経営弁護士が受任した事件の処理をするほか、国選弁護事件をはじめ自身が直接受任する事件をも処理し、顧客層を広げてやがては独立ないし共同経営者となるという将来設計を有するのが通常であり、弁護士として独立した事業者であるという意識があった。ところが、大規模事務所や法人化した事務所においては、法律事務所に規律に従っ

10)　白書2023年版53頁。

て労務を提供するという労働者の意識が強い弁護士も現れてきている。その意味で法律事務所で働く弁護士の中には次に述べる組織内弁護士に類似する弁護士が現れてきている。

(2)　組織内弁護士

企業や官公庁で働く組織内弁護士の数も急激に増加している[11)]。2005年に122人であった企業内弁護士は、2023年6月時点で3184人となっている。任期付公務員は、2005年に60人であったものが2023年には243人である[12)]。組織内弁護士は、組織の内部において、その規律に従って職務を行うという点で、法律事務所で職務を行う従来からの一般的弁護士とは全く異なる存在である。組織内弁護士が組織から雇用されている点に着目して、組織内弁護士は弁護士の本質的要素である独立性を欠くものであるとの指摘も一部ではあるが[13)]、職務を独立して行うことが求められ（職務基本規程50条）、この意味で弁護士であることに間違いはない。それでも企業等との関係が雇用関係にある点で一般的弁護士と異なるのは事実である。

(3)　法テラスのスタッフ弁護士

法テラス（司法支援センター）が運営する法律事務所に勤務するスタッフ弁護士は、2023年時点で、全国に170名が配置されている。スタッフ弁護士は、依頼者のために法律事務を提供するという点では一般的な弁護士、特に被雇用という点でアソシエイト弁護士と類似するが、雇用主が弁護士ではなく、法テラスという国の組織である点で大きく異なる。また、法テラスの性質上、司法過疎地での職務や採算性の低い事件を多く受任するという点で一般の弁護士とは異なる。スタッフ弁護士は法テラスから独立性をもって職務を行うことが契約上保障されているものの、一般的な弁護士とは異なる態様で職務を行っており、従前からの弁護士のタイプには当てはまらない弁護士である。

(4)　公設事務所の弁護士

日弁連や弁護士会の公設事務所は、弁護士が運営する法律事務所という点で一般の法律事務所と異なるところはない。ただ、その運営費用を日弁連や

11)　職務基本規程50条では、組織内弁護士を被雇用の弁護士の他「取締役、理事その他の役員」である弁護士も含めて定義しているが、ここでは便宜上被雇用の弁護士を組織内弁護士と指す。

12)　白書2012年版185頁、白書2023年版126頁。

13)　独立性の観点から、たとえばフランスのように、弁護士に対し、公務員や企業の取締役・従業員との兼務を禁止し、組織内弁護士としての活動を認めない法制もある。

弁護士会が補助し、また、貸付などの経済的支援を行っている点が一般の法律事務所と異なる。日弁連のひまわり公設事務所は、司法過疎地域に設置され、そこで職務を行う弁護士はその地域のために法律事務の提供をする。また、たとえば東京弁護士会の都市型公設事務所は、一般の法律事務所では受任が困難な採算性の乏しい事件等を中心に受任する。このように法律事務所の運営は一般の法律事務所と大きな変わりはないものの、そこで職務を行う弁護士はもっぱら公益的な役割を負っているという点で法テラスのスタッフ弁護士と類似する点をもつ。いずれにしても、主として公益のために職務を行うという点で一般の弁護士とは異なる。

4　弁護士間、法律事務所間の分極化

法律事務所の大規模化、共同事務所化は、従前のとおりの一人事務所（個人事務所）との間の分極化をもたらす。一人事務所は、従前のとおり裁判事件を中心に取り扱うのに対し、大規模事務所、共同事務所は新しい業務分野を開拓していく。取扱い分野は小規模事務所では限定されるのに対し、大規模事務所では特に大企業のニーズに応じられるように拡大していく。このように取扱分野や顧客層の分化は拡大していく。また、共同化によるコストの抑制は、広告等顧客開拓のための資本投下を可能にする。業務分野の掘り起こしや新たな顧客の開拓により事務所の経営規模はさらに拡大し、個人事務所との格差、特に所得の格差は広がることになる。弁護士業務の市場の形成と競争は、法律事務所間、あるいは弁護士間の分極化、格差を生み出していくことになる。

また、法律事務所の大規模化は、弁護士の都市部への集中を促すこととなる。新規登録弁護士の多くが都市部で登録し、地方での新規登録弁護士は少なくなり、都市部の弁護士と地方の弁護士との間に隔離が生じる。

これに弁護士の多様化が加わると、弁護士が統一的な価値観を共有することが困難となる状況が生じてくるのである。そして、このような状況における弁護士のアイデンティティとは何か、弁護士会が果たすべき役割は何かという点が問題となってくる。

Ⅲ　弁護士のあり方の変容とアイデンティティ

上記のとおり、弁護士のあり方に変容が生じている。このような弁護士のあり方の変容や多様化、弁護士間での分極化が弁護士自治にどのような影響を与えるのだろうか。弁護士が多様化し、今後も分極化していくことにより、弁護士のあり方を統一的に説明することはもはや困難なのであろうか。

この点、イギリスでのソリシター規制委員会（SRA)、ヨーロッパ法曹協会連合会（CCBE)、国際法曹協会（IBA）が、いずれも同時期に法律家が遵守すべき10大基本原則を発表したことについて「法律専門職のサービス化が進み個人相手のローヤーと大企業相手のローヤーとの間において、事務所の規模、収入、法律サービス提供の在り方等の格差が広がったことから、この両者が同一の規範に服することの是非が問題とされたので、ローヤー共通の根源的価値を強調し、その一体化を図るものと考えられる」との指摘がある[14)]。他方で、弁護士の多様化により弁護士に単一の倫理を適用することは可能なのか、「法律事務」を統一的定義で説明することは可能なのかといった指摘が米国においてなされている[15)]。

わが国においては、多様化した弁護士のアイデンティティについて、プロフェッション性で説明することが多い。プロフェッション性は、もともと弁護士の役割についてモデルを用いて議論する際に使われる傾向があった。在

14)　下條正浩「法曹倫理の国際的側面」学習院法務研究9号（2015年）28頁。SRAの基本原則（2011年）として、①法の支配と正義の実現を支持する、②誠実であらねばならない、③独立性を保持する、④依頼者の最善の利益を図る、⑤良質のサービスを提供する、⑥公衆の信頼を裏切ってはならない、⑦規則を守り、規制機関と協力する、⑧効率的に、かつ、ガバナンスおよび危機管理原則に従って、法律事務を遂行する、⑨機会均等および多様性の尊重のもとに自らの役割を果たす、⑩依頼者の金銭および財産を守る、を挙げる。CCBEの基本原則憲章（2006年）は、①独立性、②依頼者の案件に関する秘密の保持、③依頼者間または依頼者とローヤーとの間の利益相反の回避、④法律専門職の威厳と名誉・個々のローヤーの誠実と品位、⑤依頼者に対する忠実義務、⑥報酬に関する依頼者の公平な取扱い、⑦ローヤーの職業的能力、⑧同僚に対する尊敬、⑨法の支配の尊重・正義の実現、⑩法律専門職の自治を挙げている。IBAの基本原則（2006年）は、①独立性、②誠実さ、③利益相反の禁止、④秘密保持義務、⑤依頼者の利益の尊重、⑥職務の着実な遂行、⑦依頼者の自由の尊重、⑧依頼者の財産の適切な管理、⑨有能さ、⑩合理的な報酬を挙げる。

15)　石田京子「米国における弁護士会の社会的役割——プロフェッション論の展開を踏まえて」（法曹倫理国際シンポジウム2015「弁護士倫理と弁護士会」）13頁は、D.A.Remusの指摘として「同一の実務を弁護士と非弁護士が提供している状況がビジネスのコミュニティを中心に存在しており、この現状を無視した弁護士の規律は不十分であり消費者に不利益をもたらすと同時に、弁護士の独立も危機に晒すと警告している」と紹介している。

野モデル、プロフェッションモデル、法サービスモデルという3つのモデルを弁護士の役割の歴史的な変遷とともに説明するのである[16)]。1970年以降在野モデルに代わるものとしてプロフェッション論が脚光を帯びているが、法サービス論からの批判もある[17)]。この弁護士モデル論は、弁護士のアイデンティティの議論とは些か議論の視点が異なるものであるし、弁護士のあり方が変容して多様化・分極化してくると、少なくとも単一のモデルでは説明が困難になる。弁護士の役割やアイデンティティを特定のモデルで説明することは今後いっそう困難となり、モデル論自体の意義が薄れていくことになることも考えられる。

そこで、多様化・分極化していく弁護士のアイデンティティとして、考えられるのが弁護士倫理である。いかなる職務を行う弁護士であれ、その者が弁護士である以上、法が負託した弁護士の使命を果たさなければならない。その使命とは、依頼者の権利・利益を実現することである。そして、依頼者の権利・利益の実現のために、ときに法律や行政が憲法に反することを主張し、法の支配を実現すること、法に適った依頼者の権利・利益を実現することが弁護士の職務の根本である。そして、そのように憲法価値を実現し、法の支配を実現することが公益の実現をもたらす。このような弁護士が依頼者の利益と公益の実現という使命を果たすためには、弁護士倫理という価値を共有するものでなければならない。ここで弁護士倫理とは、単に弁護士を規制する規律を意味するのではなく、社会が弁護士に求めるもの、弁護士の使命や役割、弁護士として社会のために何をすべきなのかといった弁護士の根源的な価値を指すものである[18)]。

この弁護士倫理が弁護士としてのアイデンティティとなるととらえるのである。つまり、弁護士である以上は、一人事務所で裁判を中心に職務を行う

---

16)　モデル論を紹介するものとして、宮川光治「あすの弁護士――その理念・人口・養成のシステム」宮川他編『変革の中の弁護士――その理念と実践（上）』（有斐閣、1992年）1頁。

17)　プロフェッション論は、石村善助『現代のプロフェッション』（至誠堂、1969年）で詳しく紹介され、議論が盛んになった。これに対して棚瀬孝雄「脱プロフェッション化と弁護士像の変容」自由と正義1996年10月号は、弁護士は公共的役割を大義名分に市場原理が働かない寡占状態を作り出しその地位や安定収入を確保し、プロフェッション論が公共的役割を果たせていないと指摘する。

18)　村岡啓一「法曹を中心とした職業倫理教育の展開」一橋大学HQ（2014年）は、職業倫理教育の目的は法律や行為規範に違反してはいけないというような消極的な方向で禁止規範を教えることではなく、積極的な方向でより高次の価値を達成するには何が可能かを考えてベターな解を創造していくこととしている。

従来型の弁護士であれ、都心の一等地の大規模事務所で働くソフィスティケートされた弁護士であれ、法テラスのスタッフ弁護士であれ、企業や官庁、自治体に雇用された弁護士であれ、手弁当で人権活動を地道に行う弁護士であれ、いずれにも共通するのは、これらの者は皆、弁護士倫理という一定の価値を共有し、その下で職務を行うということである。このことは、弁護士の資格を有しない企業の法務部で働く法務部員がいかに法的素養が備わっていて、能力が高かったとしても、弁護士資格に裏付けされた価値や使命を保有していない、倫理を遵守することが義務づけられていないという点では企業内弁護士と決定的に異なるということを意味する。法的サービスを担う隣接士業や民間業者と弁護士との決定的な違いもここにある。反対に、外国の法曹資格を有する者はわが国の弁護士ではないが、独立性、誠実性、公益性といった弁護士倫理を構成する基本価値を有しているという点では弁護士と共通であり、その意味で弁護士倫理というアイデンティティは世界共通の価値（弁護士としてのコアヴァリュー）であるといえる[19)]。SRA、CCBE、IBAが上記のとおり弁護士の根源的価値と挙げたものはいずれも弁護士倫理の基本原則である。弁護士倫理を上記のとおり、弁護士が遵守すべき規律という意味だけでなく、弁護士が果たす社会的役割・使命ととらえれば、それが弁護士のアイデンティティとなるのはいわば当然ということになる。

弁護士のあり方に変容が生じているとしても、少なくとも現状において、弁護士のアイデンティティとして弁護士倫理という価値ですべての弁護士をくくることは可能であると考えられる。なお、弁護士のアイデンティティを弁護士倫理に求めたとしても、弁護士のプロフェッション性を放棄するわけではない。なぜなら、専門技能、公共的活動、自律的団体、職務遂行の独立性と自律性というプロフェッション性の基本要素の多くが弁護士倫理に包含されるからである[20)]。

---

19)　各国で定められた弁護士倫理の内容は異なるが、中核となる部分は同じである。なお下條・前掲注14）にあるとおり、SRA、CCBE、IBAが定めた基本原則は相互に共通部分がかなりある。

20)　多様化する弁護士の統合理念を探る試みはさまざまになされている。たとえば、元林徹「現代弁護士論――弁護士を統合する理念は何か」司法改革研究会編・前掲注6）17頁は、①人権擁護・社会正義実現という使命を有する、②法律専門家としての高度の専門知識・能力・訓練を有する、③公益的役割（公益活動）を担う意識と実践、④弁護士自治を有する、⑤法律制度の改革・改善を牽引する役割を担う、⑥厳しい職業倫理に服するの6点を挙げる。また、出井・前掲注6）107頁は、弁護士としての不変なものとして、プロフェッションであること、高度の倫理規範に服するこ

Ⅳ　弁護士会の役割と弁護士自治の意義

1　弁護士会の役割

(1) 弁護士会の3つの機能

弁護士会の社会的機能については、①行政機関的機能、②公益的機能、③同業者団体（専門家団体、職能団体ともいう）としての機能の3つがあるとの指摘がなされてきた。行政機関的機能とは、本来資格を付与する国家が行うべき弁護士の登録手続および懲戒手続が弁護士会によって行われていることを指し、公益的機能とは弁護士会が一般の営利団体ではなく公益的役割を担っていることを指し、同業者団体としての機能とは、同一の職業者の団体一般の法理としての機能を指す[21]。

弁護士会のこれら機能の相互の関係については、弁護士会の公共性や公益的役割に着目して、これを公法人としてとらえ[22]、公法人であるから行政主体性が認められ、登録手続や懲戒手続について行政処分性が認められるとする傾向が強かった。ところが、近時は、弁護士会の行政主体性を限定的にとらえ、行政処分性を有するのは、法律により委任された登録手続、懲戒手続のみであり、それ以外の処分は行政処分性を有さないとする見解が有力である[23]。さらには、「弁護士会の懲戒処分は、行政作用というより自律的団体の固有の権能に基づく内部規律の問題であり、それが行政救済法の適用の対象とされているのは法曹三者の一翼として対等・独立の立場で司法を担うという公共的性格の強い法律職団体に固有の内部手続に適するものとして便宜的に採用されたのにすぎない」とする見解もある[24]。

とを挙げている。

21)　坂野滋「日本弁護士連合会の自律的機能」大野正男編『弁護士の団体（講座現代の弁護士2）』（日本評論社、1972年）151頁は、弁護士会の自律的機能として、①不適格者の排除（名簿登録制・資格審査と懲戒）、②会員の指導・監督（会則等の制定と研修・文化）、③会員の福利厚生（共済と互助）と職業的利益の増進（税務対策、職域拡大、非弁の取締）を挙げる。

22)　弁護士会を公法人ととらえるものとしてたとえば、福原忠男『増補弁護士法』（第一法規、1990年）166頁、田中宏『弁護士のマインド』（弘文堂、2009年）26頁。

23)　東京地判平成16・2・26判タ1160号112頁は、弁護士会が所属弁護士の国選弁護人推薦停止決定をしたことに関し、決定を受けた所属弁護士が裁判所に対して行政事件訴訟法に基づき決定の取り消しを求めた抗告訴訟において、弁護士会は共通の職業に就いている者らがその共通の利益を維持増進することを目的とする同業者団体であり、公権力の主体とはいえないから、法律で個別に委任した範囲内で公権力の行使ができるにすぎず、法律による個別的委任がない行為については行政しかし、ここで留意しておくべきは、なぜ弁護士会が強制加入制をとっているのかという点である。わが国において強制加入制をとっている専門職団体は、弁護士会の他に、弁理士、公認会計士、司法書士、行政書士、税理士、社会保険労務士、土地家屋調査士の7資格である。これらの専門職に関し、国の政策として、国家試験による資格付与だけではなく、強制加入制がとられたのは、専門職の資質の維持向上は専門職団体に行なわせるのが効果的であると考えられたからである。すなわち、一定の専門職については、その業務の性質上、国が監視するのは限界があり、業務の個別性、専門性により、市場原理でのみ淘汰されることで適正化が図れないことから、その専門職の業務の適正化、資質の向上のためには、専門職団体による自主的規律が好ましく、専門職団体において会則を制定して会員を指導監督し、その品位の向上、能力の増進を図るものとしたのである[25)]。このように弁護士会が強制加入制となったことは、会員の指導監督を国から負託されたことを意味する。

これに加え、弁護士会の場合は、上記7資格とは異なり、登録手続、懲戒手続という行政作用を国から委任されている。強制加入性と登録・懲戒の自治権を団体が有している点に着目すれば、前記の行政主体性の議論はともかく、弁護士会が一般の同業者団体とは異なる高度な公益性を有する団体であり、それに伴う責任を負っていることは明らかである。

(2) 弁護士会の会員に対する責務

弁護士会は強制加入制をとっており、弁護士会に所属していなければ弁護士活動ができないという意味において、会員には脱退の自由が認められていない。したがって、構成員の権利保護という観点から、団体自治にも一定の制約が生じる。弁護士会はすべてを自由に決められるわけではなく、弁護士会による行為によって会員の権利が著しく制約される場合には、たとえ多数決によって決定された事項であったとしても団体自治の限界とされる場合がある[26)]。弁護士会には会員の行為準則を定めることが求められており、そ

処分とはいえず抗告訴訟の対象にはならないと判示している。

24）　馬場健一「弁護士の依頼者に対する報告義務違反と弁護士会による懲戒処分の適否」判例時報1971号（2007年）175頁。

25）　安本典夫「強制加入制団体の内部民主主義および対外的アカウンタビリティのあり方——土地家屋調査士会制度を例に」立命館法学2002年1月号。

26）　たとえば、税理士会の特別会費徴収と特定の政党への寄付を税理士会の目的の範囲外とした最

の権限には一定の裁量権があるが、会員の権利、利益を過度に規制することはできない。また、団体内部の運営は民主的になされる必要があり、会運営の仕組み、会員の決定権・発言権が保障されていなければならない[27)]。

このような会内民主主義が厳格に求められる弁護士会の会務運営は、会員間に分極化が生じ、その価値観が多様化した場合には一層困難さが増すことになる。

(3) 弁護士会の社会に対する責務——専門職の資質の維持向上と指導監督

弁護士会は、強制加入団体であるから会員の資質の維持向上をすることがその責務である。すなわち、構成員の資質の維持向上のための施策を行なうことこそが強制加入性をとる専門職団体（弁護士会に限らない）の本来的な責務である。専門職の資質の維持向上のために専門職団体は規律を定め、研修等を行なわなければならない。研修は、会員のためのサービスという面を有することは否定できないが、むしろそれは国民のための責務と位置付けられるべきである[28)]。

また、懲戒手続に至らない弁護士会の弁護士に対する指導監督（弁31条）も強制加入制に由来する。従来、個別の弁護士の職務に弁護士会の介入は最小であるべきであると考えられてきた。個別の事件は受任者である弁護士が最も理解しているのであり、弁護士会がむやみに干渉すべきではないからである。しかし、一般的な業務のあり方についての指導、たとえば依頼者からの預り金の管理方法について弁護士会は規則を定めて弁護士を指導監督すべきであり、そのような責務を負っている。

弁護士会の会員の資質の向上や規律の維持は、強制加入団体として果たさなければならない責務であるが、一方、会員への規律を新たに設け、厳しくする場合は反発もあり得る。特に会員の価値観が多様化している場合は、会の合意形成が難しくなる。それでも、団体自治の限界を超えない範囲で、弁護士会はその責務を果たしていかなければならない。会員との対話を重んじて忍耐強く合意形成をしていくことが求められる。

判平成8・3・19民集50巻3号615頁。

27）本文のような弁護士会の会員に対する責務は、強制加入制から導かれることであり、弁護士自治から直接導かれるものではない。

28）この意味で弁護士会では会員の研修の義務化が図られるべきであるが、倫理研修を除き一般の研修が義務化されている弁護士会はごくわずかである。

(4) 弁護士会の社会に対する責務——適正な登録手続、懲戒手続

弁護士会には、登録手続、懲戒手続という行政作用を国から委託されていることから、これを適正に行う責務を負っている。行政機関が行う行政作用が適正になされているか否かは国民によるチェックが必要であり、これは弁護士会に委託された行政作用についても同様である。弁護士会による登録手続や懲戒手続について、裁判所に対する審査請求（裁決取消訴訟）の制度、法曹以外の者が構成する綱紀審査会制度、登録、懲戒にかかる資格審査会、綱紀委員会・懲戒委員会の外部委員制度、懲戒処分の公告制度等の他、懲戒請求が何人にも開かれていることなどが弁護士会の行政作用に対する国民のチェック制度であるといえる。法が定めるこれらの制度を通じて弁護士会は国民および社会に対するアカウンタビリティを果たさなければならない。

2　弁護士自治制度の意義

(1) 弁護士自治の定義

弁護士自治とは、弁護士の資格審査や弁護士の懲戒を弁護士階層の自律にまかせ、またそれ以外の弁護士の職務活動や規律を、裁判所、検察庁または行政官庁の監督に服せしめない原則をいう[29]。

弁護士自治は、弁護士の弁護活動が国家権力、社会的圧力等から侵されないため、すなわち、弁護士倫理の中核となる、弁護士の職務の独立性を保たせるために認められている。つまり、弁護士自治は、それ自体が目的なのではなく、弁護士の職務の独立性を維持・実現するための手段にすぎない。弁護士自治を守るために、弁護士の職務の独立性が害されることになればそれは本末転倒ということになる[30]。

弁護士自治と強制加入の関係は、強制加入がなければ弁護士自治が成り立たないというものであり、後者が前者の不可欠の前提条件になっていると解される。弁護士会に加入していない弁護士が存在する場合には、すべての弁護士の登録・懲戒にかかる権限を弁護士会が行使できなくなるからである。弁護士自治は強制加入制があってはじめて成り立つものである。

---

29)　兼子一・竹下守夫『裁判法〔第4版〕』（有斐閣、1999年）372頁。
30)　その意味で弁護士の職務の独立性と弁護士会が対立関係に立つことはない。このことは弁護士会が弁護士に対する指導監督をどこまですることができるのかという議論に関連する。

(2) 誰のために弁護士自治はあるのか

弁護士の職務の独立性の維持・実現が求められるのは、弁護士の職務の独立性が保たれなければ、弁護士の社会的役割・使命を果たせなくなるからである。その社会的役割・使命とは、依頼者の権利・利益の実現のために、ときに法律や行政が憲法に反することを主張し、法の支配を実現すること、法に適った依頼者の権利・利益を実現することである。そして、そのように憲法価値を実現し、法の支配を実現することが公益の実現をもたらす。弁護士はときに国家権力と戦うことがあるから、国家権力からも独立でなければならないと説かれることがしばしばある。そこで意味するものは、弁護士が反体制、反権力という存在であることではない[31)]。その意味は、検察という国家機関を相手方とする刑事事件のみならず、民事事件や行政事件においても、依頼者の権利・利益を実現するために、憲法価値に反する法律や行政についてはその無効を主張していくことである。いかなる違憲訴訟も、原告代理人である弁護士が違憲の主張をしなければ、法律や行政の憲法違反を実現できない。このために弁護士は独立して職務を行う必要があるのである。

弁護士自治は、弁護士の職務の独立性を維持・実現するためのものであるが、弁護士の職務の独立性は、弁護士のためにあるのではなく、依頼者の権利・利益と公益のためにある。むろん、公益と言っても社会の多数派のために弁護士自治があるものではない。社会的に非難される刑事被告人の弁護人になった弁護士の弁護活動に対してマスコミ等から「なぜあんな極悪人を弁護するのか」などの非難がなされたとしても、当該弁護人の弁護活動の職務の独立性は守られるべきである。被告人の権利を最も守ることができるのは、弁護人だけであり、それを日本国憲法が保障しているからである。つまり、ここで公益とは、憲法が付与した社会の価値を指すものである。極悪人を弁護したという理由で、当該弁護人に懲戒請求がなされた場合でも、弁護士会は「弁護士自治」に基づき懲戒について適正な判断をすべきである。それは弁護士を守るというよりも憲法の価値を実現するために、懲戒についての適正な判断をするのである。このように弁護士自治は、弁護士の利益のために

---

31)　矢吹公敏「弁護士自治の今後の課題と展望」弁護士自治研究会編『新たな弁護士自治の研究』（商事法務、2018年）203頁は、マーティン・フィクラー氏の著書を紹介しながら「法律家集団の弁護士が、政権に対して意見を述べるというのは、単に反権力とか反政権というのではなく、それは立憲主義の下で人権保障を果たす役割を担っている」とする。

あるのではなく、法が弁護士に負託した使命、つまり依頼者の権利・利益や憲法が価値を付与した公益を実現するためにある。

V　競争化が弁護士自治にもたらす影響

近時弁護士は厳しい競争下に置かれている。こうしたことを背景に、弁護士の中からは、増えすぎた弁護士人口は弁護士自治に危機をもたらすものであるから、弁護士人口を減らして競争を抑止すべきではないかという意見が出てきている。また、これとは別に競争を是認しつつ、弁護士の公益性を廃止すべきではないかという意見も別途出てきている。以下では、このような意見が弁護士自治との関係でどのように位置づけられるのか、競争時代における弁護士自治の課題に関し考察する１つの材料として検討したい。

1　競争抑止論と弁護士自治

弁護士の職務上の競争を抑止すべきであるとの議論の根拠としてよく挙げられるのは、弁護士が競争にさらされると、弁護士の経済的基盤が揺らぎ、それによって弁護士の使命である人権擁護活動をはじめとする公益活動が阻害されるという点である。そして、競争をなくすためには、弁護士人口の増加を止める必要があり、司法試験合格者を現状よりも大幅に減少させることを提言する。また、司法支援センターは他の弁護士の仕事を奪い民業を圧迫するものであるから、スタッフ弁護士を地元に配置することに反対するという議論も競争抑止論に通じているところがある。競争により、弁護士の公益活動が阻害されれば、弁護士は国民からの信頼を失い、弁護士自治が堅持できなくなる、あるいは弁護士が国家権力と戦うためには弁護士の経済的基盤が確立されていなければならず、競争によって弁護士が権力と戦えなくなれば、弁護士自治が堅持できないといった議論もある。

この競争抑止論をどのように評価すべきであるのか。たしかに、これまでの弁護士による人権擁護活動、プロボノ活動、公益活動の多くは手弁当、無償で行われ、弁護士の利他的な精神によって支えられてきた。その背景には弁護士の強い使命感や高い意識があり、堅固な経済的基盤があったことも事実である。また、「現在弁護士自治を脅かしているのは、戦前の日本に見られたようなむき出しの国家権力というよりは、規制緩和、競争重視の経済思想や消費者主権主義なのである」という指摘[32]はもっともであり、進み過ぎた規制緩和や競争は社会にひずみを生むばかりでなく弁護士自治へも深刻な影響を与える危険があり、その限りで過度な競争が望ましいわけではない。

しかし、競争をなくすために法曹人口を大幅に減少させること、また、法テラスを廃止することは国民の司法アクセスを阻害することにつながる。インターネットの普及により依頼者は弁護士を比較できるようになった。これにより弁護士は競争にさらされるようになったが、依頼者はこれまでのような敷居の高さを感じることもなく、弁護士を選択できるようになり、司法アクセスは格段に向上した。法テラスや公設事務所の開設により、これまで弁護士にたどり着けなかった市民を一部ではあるが救済できるようになった。法曹人口を減少させ、法テラスを廃止することにより弁護士の経済的地位は高まるかもしれない。しかし、その代償として司法アクセスという国民の利益が阻害されることは社会のあり方として正しいといえるのか。弁護士の経済的基盤を確立させて実現する「公共的役割」を、司法アクセスの保障よりも優先させることに国民の理解が得られるのか、冷静かつ客観的な判断が求められるところである。弁護士のプロフェッション性に関して、弁護士は公共的役割を大義名分に市場原理が働かない寡占状態を作り出しその地位や安定収入を確保し、プロフェッション論が公共的役割を果たせていないという痛烈な批判[33]があることを忘れてはならない。弁護士が自分たちの利益を優先させる内向きの議論は国民には受け入れがたいものである。

弁護士は個別に事業を行い、生計を立てることにより、職務の独立性を確保することができる。弁護士が事業を行うということは、そこには事業としてのリスクを伴い、必然的に市場を形成し競争を伴う。したがって、弁護士が競争原理を否定することは自ら事業を行うことを放棄することにつながる。裁判官や検察官のように雇用され、経済的競争にさらされることなく、生活が保障された立場で、国家権力や社会的権力と戦うために必要な独立性を保持することは困難である。弁護士が独立性を保持するためには弁護士が事業を行うことが不可欠であり、その場合には当然に競争を伴うものであり、競

32)　吉川精一「結語」弁護士自治研究会編・前掲注 31) 210 頁。
33)　棚瀬・前掲注 17)。

争を否定することはできない。

そもそも、弁護士人口の大幅減少だけで競争が止まるものではない。弁護士の競争が生じたのは、弁護士人口が増えたことが唯一の原因ではないからである。情報通信技術の急速な発達は、誰もが多様な情報にアクセスすることを可能にさせている。市民が法情報をインターネットで取得してまずは自分で相談内容の回答を探り、さらに弁護士に関する情報を収集して弁護士を比較するということはすでに行われている。弁護士人口が減少したとしても、努力をしない弁護士に依頼する者は少なくなり、このような弁護士はやがて淘汰される。その意味ですでに始まっている競争をなくすことなどもはやできない。

この点、たしかに、弁護士が競争にさらされることにより、弁護士が依頼者を食い物にし、あるいは弁護士が企業に従属的になるというリスクは競争抑止論が指摘するところである。しかし、だからといって弁護士の競争をなくし、弁護士の希少性や貴族性を取り戻すことを正当化することは困難であろう。弁護士が依頼者を食い物にしたり、企業の言われるままになったりするのを防止するのはまさに弁護士倫理の役割だからであり[34]、競争をなくすことによって防止されるものではないからである。倫理教育を充実させ、弁護士の使命は何かという弁護士倫理の積極的側面を個々の弁護士に認識させることにより弁護士の不祥事を減らしていくべきなのである。

競争抑止論は、弁護士自治を堅持することをその理由として挙げるが、弁護士自治は弁護士の希少性や貴族性を目的とするものではない。まして弁護士の経済的地位の確保のために弁護士自治が存するものではない。弁護士自治は依頼者の権利・利益と公益を実現するためにあるのであって、国民の支持がなければ堅持できないものである。競争抑止論はこれまでのような弁護士の経済的基盤の確保という視点からではなく、国民の権利・利益や公益の実現という点から論じなければ、国民の理解を得られないであろう。弁護士による人権擁護活動、プロボノ活動、公益活動が弁護士の強い使命感や高い意識に支えられてきたのだとすれば、重視されるべきは経済的基盤の確保よ

34)　浅香吉幹『現代アメリカの司法』（東京大学出版会、1999年）161頁は、弁護士に依頼するのが一生に一度しかないような依頼者 one-shotter は悪徳弁護士につけ込まれないように保護する必要が高い一方、repeat player に関しては、弁護士が依頼者の不当な依頼をも受け入れてしまうことのないように弁護士倫理が機能すると指摘する。

りも、倫理教育の充実による個々の弁護士の使命感の確保となる。

競争時代下に弁護士自治を確保することは容易ではない。競争による弁護士間、法律事務所間の格差の拡大、都市部と地方の弁護士の価値観の乖離、多様な弁護士の登場などが弁護士会の運営を困難にすることは明らかである。弁護士間の合意形成をすることはますます難しくなる。しかし、従前のように特権的な地位にある弁護士が「公益」を実現していた時代に後戻りはできない。すでに始まっている競争をなくすことなどもはやできないことを前提に今何をすべきかを考えるべきである。

弁護士の多様な価値観が交錯する中で、弁護士会が統一的な意思決定をするためには、何よりまず丁寧な会務運営をしていくことが求められる。弁護士会の執行部は、多様な意見に真摯に耳を傾け、じっくり議論をしていきながら、意思決定をしていく必要がある。

また、弁護士自治は弁護士のアイデンティティを保つことによりはじめて堅持できる。弁護士が多様化しても、弁護士を１つに束ねる価値観・アイデンティティは積極的意味の弁護士倫理である。このアイデンティティを今後も維持していくためには、弁護士の使命、社会的役割といった弁護士倫理の積極的側面の教育が不可欠である。弁護士の役割は何か、自分は何のために弁護士を目指すのかということを、法曹を目指す法科大学院の学生や司法修習生への教育を通じて伝え、考えさせていく必要がある。また、若年時の教育に限らず、弁護士に登録した後の継続的倫理教育は弁護士自治維持のために極めて重要なものになっていくことになろう。このような継続的倫理教育を通じて弁護士のアイデンティティを共有できるものとなるのである[35)]。

2　公益活動の廃止論

弁護士が競争下にあることを前提に、弁護士が競争を勝ち抜くには、弁護士の公益的役割は競争の阻害要因となるという議論がある。プロボノばかりやっていては、競争の中で勝ち残れないというのである。これと関連してプロボノ活動の源泉となる弁護士会の運営も不要ではないか、さらには、弁護

35)　矢吹・前掲注 31）205 頁は、弁護士自治を堅持するために①弁護士倫理の徹底、②弁護士のアイデンティティを共有する努力、③社会から信頼される不断の努力、④弁護士の役割について市民から評価を得るための公共的活動、⑤効率的な弁護士会運営の努力を挙げる。

士会の規制は競争を阻害するので強制加入は廃止すべきだという議論もあるようである。弁護士会の強制加入は廃止すべきという意見の背景には、弁護士会は規制ばかりし、会費も高額で何もやってくれないという不満がある[36)]。

弁護士の社会的役割・使命は、法に適った依頼者の権利・利益を実現して憲法価値を実現し、法の支配を通じて公益を実現することである。法の支配を実現する過程では人権擁護活動や公益活動といった利他的な活動を伴う。弁護士が私利だけを追求することになれば、弁護士の使命を果たせないことになり、弁護士は社会的信頼を失う。弁護士自治は国民の弁護士に対する支持がなければ堅持できないのであり、弁護士が公益活動を放棄することは弁護士自治を放棄することになるばかりか、法律事務の独占、弁護士会照会制度などの特別の権限の喪失にもつながる。弁護士に対する社会的信用は、公益活動を基礎に生まれ維持されてきたものである。

英米においては弁護士業の産業化が進み、その結果、弁護士が社会に貢献していると考える市民が少なくなっており、それが弁護士自治の危機を招く要因となるとの指摘もある[37)]。わが国では、英米ほどの産業化が進んでいないにもかかわらず、上記のような意見が弁護士の内部から出てきている。このことはわが国の弁護士自治の崩壊の始まりを告げているようにも思える。弁護士自治を堅持していくには、今後、弁護士がアイデンティティを共有する重要性が増す。そのためには法曹を目指す学生や司法修習生などの若年時からの弁護士倫理教育と弁護士一般に対する継続的倫理教育を行うこと、弁護士会の会内民主主義の徹底と会内の意思が形成される過程を可視化することで会員の納得感を得る努力が必要となろう。

36)　このような議論は刊行物では確認できないが、弁護士向けのインターネット上の掲示板などではこのような書込みが認められる。矢吹・前掲注 31) 195 頁も「弁護士の業務、意識及び所得の分化は、弁護士自治に対する弁護士会内での考え方の違いを生み出し、会費負担や様々な制約を課する弁護士自治が不要であるという意見を公にする弁護士もいるほどである」と指摘する。

37)　吉川・前掲注 32) 211 頁。

8　弁護士懲戒における裁量の範囲と司法審査

加藤新太郎

Ⅰ　はじめに

1　東京高裁での経験

東京高裁在職中に、2年間弁護士懲戒に係る裁決取消請求事件を担当した。これは、抗告訴訟の第1審事件であり、かつ、事実審としては最終審であるから、一般の民商事事件や行政訴訟の控訴審とは相当に勝手が異なる。

それというのも、ⓐ弁護士に対する懲戒処分は、広い意味での行政処分に属すること（【1】最大判昭和42・9・27民集21巻7号1955頁）、ⓑ弁護士会の懲戒制度は、弁護士会・日本弁護士連合会の自主的な判断に基づいて弁護士の綱紀、信用、品位等の保持を図ることを目的とするものであること（【2】最判昭和49・11・8判時765号68頁）、ⓒ懲戒の可否、程度等の判断においては、懲戒事由の内容、被害の有無や程度、これに対する社会的評価、被処分者に与える影響、弁護士の使命の重要性、職務の社会性等の諸般の事情を総合的に考慮することが必要であり（懲戒判断における考慮要素）、①ある事実関係が「品位を失うべき非行」といった弁護士に対する懲戒事由に該当するかどうか、②該当するとした場合に懲戒するか否か、③懲戒するとしてどのような処分を選択するかについては、弁護士会の合理的な裁量にゆだねられていること（裁量の対象と内容）（【3】最判平成18・9・14判時1951号39頁）[1)]を弁えた上で、第1審裁判所として審理する必要があるからである。

そうしたことから、係属した案件の判断においては、弁護士会の懲戒処分の裁量性に配慮するとともに、判決の構成・様式などは先行裁判例を参考にした。関与したケースのいくつかは、法律雑誌に掲載されている[2)]が、当該懲戒処分は裁量の範囲内の判断であると認定して、いずれも請求棄却で終了した。その結論には相応の自信を持っていたものの、裁判所に期待される司法審査の役割を十分に果たせているかについて自問自答することが常であった。この思い（問題意識）が、本稿の基底にある。

2　前提知識の整理と問題の所在

ところで、弁護士の懲戒事由は、①弁護士法違反、②会則違反、③弁護士会の秩序・信用侵害、④その他職務の内外を問わない品位を失うべき非行と定められている（弁56条1項）。この事由の位置づけについては、ⓐ ①ないし④の事由は同列であり、④は他の懲戒事由と比べて抽象的包括的に表現されているにすぎないという見解（4要件説）、ⓑ 懲戒事由となるのは④の品位を失うべき非行であり、①ないし③はその例示であるという見解（1要件説）とがある[3)]。「その他」という法令用語は、「その他の」という用語と異なり、その前に示された事項が並列的関係にあることを示すのが原則とされていることからすると、ⓐの4要件説が相当であろう[4)]。

弁護士の懲戒処分における懲戒事由の有無・量定の判断過程は、①弁護士法・会則（弁護士職務基本規程（以下「規程」という）ほか）の解釈、②事実認定、③要件の当てはめ（適用）、④量定（懲戒処分をするか否か、どの処分を選択するか、業務停止の期間など）に分けられる[5)]。

1）【3】の評釈として、清水正憲「判批」民商136巻3号（2007年）376頁、馬場健一「判批」判評583号（判時1971号）（2007年）177頁、加藤新太郎「弁護士会の懲戒処分における裁量とその範囲」NBL1239号（2023年）85頁参照。

2）東京高判平成25・5・8判時2200号44頁（業務停止2月）、東京高判平成25・9・18判時2212号26頁（戒告）、東京高判平成25・10・30判時2232号19頁（戒告）、東京高判平成26・5・21判時2239号57頁（戒告）などがある。

3）条解448頁。

4）髙中正彦『弁護士法概説〔第5版〕』（三省堂、2020年）253頁。髙中弁護士は、同書において、実際の懲戒例も4要件説に従ったものが多いといわれる。

5）塩野宏教授は、行政行為をするに当たっての行政庁の判断過程について、事実認定、事実認定そこで、弁護士の懲戒処分は、弁護士会の裁量と解した場合に、「どの点がどのように裁量判断であるのか」という論点が生じる。

Ⅱ　予備的考察

1　本稿の構成

本稿の問題関心は、弁護士懲戒における裁量の範囲を明確にして、弁護士懲戒に係る裁決取消請求事件の司法判断のあり方、換言すると、司法審査による弁護士会懲戒判断における裁量統制のあり方を考察することにある。

その考察の順序としては、まず、弁護士懲戒における裁量の範囲について予備的考察をして論点の方向性につき一定の見通しを立てた上で、判例【3】を確認し、検討を加える（Ⅲ）。次に、手続保障関連の問題にも触れ（Ⅳ）、さらに、関連する懲戒処分と不法行為責任の評価の乖離の問題を論じて（Ⅴ）、結びでまとめをする（Ⅵ）。

2　論点の方向性

第1に、弁護士法・会則（規程ほか）の解釈（①）について、弁護士法違反の有無を評価する場面としては、ⓘ裁判所が、弁護士法違反に基づく訴訟行為排除の申立てについて判断する場面、ⓘⓘ弁護士会が、懲戒処分事由としての弁護士法違反について判断する場面、ⓘⓘⓘ裁判所が、弁護士会のした懲戒処分が違法であることを理由とする国賠請求訴訟において弁護士法違反について判断する場面がある。これらの判断の前提となる弁護士法・会則（規程ほか）の解釈が異なるのは不都合であり、法律判断である以上、裁判所の専権であると解される。したがって、弁護士会に弁護士法・会則（規程ほか）の解釈についての裁量はないと解すべきであろう。

第2に、懲戒事由該当性については、証拠に基づいて事実の存否を認定した上（②）で、認定事実を評価して懲戒事由に該当するか否かを判断する（③）。

②の事実認定は、証拠に基づいてされるものである以上、同じ証拠を前提

の構成要件への当てはめ、手続の選択、行為の選択、時の選択に分ける。塩野宏『行政法Ⅰ〔第6版〕』（有斐閣、2015年）138頁。本稿では、懲戒事由の有無・量定の判断過程に即した分け方をした。

とすれば、弁護士会が裁判所と異なる判断をしてよいはずはないから、裁量の余地はない[6]。

③の当てはめ（適用）については、「品位を失うべき非行」という規範的要件には、その該当性有無の評価には要件裁量が肯定される。要件裁量とは、行政行為の根拠となる要件の充足について行政庁が最終認定権をもつことをいう[7]。

第3に、量定（懲戒処分をするか否か、どの処分を選択するか、業務停止の期間など）については、効果裁量が認められる。効果裁量とは、行政庁が、行政行為をするかしないか（ある行為をする自由）、するとしてどの処分をするか（行為の選択）についての裁量である[8]。効果裁量のうち、前者を決定裁量、後者を選択裁量という[9]。

以上によれば、弁護士懲戒処分において、弁護士会は、法解釈、事実認定については裁量の余地はないが、認定された事実関係の懲戒事由（規範的要件である「品位を失うべき非行」）該当性の判断については、懲戒が弁護士会の自律的作用であることから、弁護士会に一定の要件裁量が認められ、懲戒事由に当たる場合に、懲戒をするか否か、いかなる処分を選択するかについては効果裁量が認められると整理される[10]。

これが論点の方向性であり、現在の議論の到達点であるとみてよいと思われるが、その論拠となる判例法理を検討して、その正当性・相当性を点検することにしたい。

Ⅲ　弁護士懲戒における裁量の範囲

1　総説

弁護士懲戒における裁量について、弁護士会による懲戒制度の趣旨から合理的裁量に基づき懲戒処分を選択することを正当化するのは、判例**【3】**で

6）宇賀克也教授（現最高裁判事）は、事実認定については行政裁量は認められないのが原則であるとされる。宇賀克也『行政法概説Ⅰ〔第8版〕』（有斐閣、2023年）374頁。
7）塩野・前掲注5）139頁。
8）塩野・前掲注5）149頁。
9）大橋洋一『行政法Ⅰ〔第5版〕』（有斐閣、2023年）217頁。
10）**【3】**の判時1951号39頁の匿名コメント、加藤・前掲注1）88頁参照。

ある[11)]。

【3】は、業務停止3月の懲戒処分を取り消した【4】東京高判平成14・12・4（D1-Law28081161）の判断を、裁量の範囲内として破棄したケースである。

2　事案の概要と経過

(1) 請求と事実関係

弁護士Xは、所属する第二東京弁護士会から業務停止3月の懲戒処分（以下「本件懲戒処分」という）を受け、弁護士法（平成15年法律128号による改正前のもの。以下同じで、単に「法」という）59条に基づきY（日本弁護士連合会）に対する審査請求をしたが、審査請求を棄却する裁決（以下「本件裁決」という）を受けた。そこで、Xは懲戒事由はなく、綱紀委員会において弁明の機会を与えられなかった手続的瑕疵もあると主張して、法62条（現行法では61条）に基づき、本件裁決の取消しを求めた。

Xは、米国法人から賃借建物の明渡しに関する交渉を依頼され、その交渉、解決金の受領、送金等の事務を行ったが、その過程における行為を理由に依頼者らから懲戒請求をされた。懲戒事由は、①依頼者に対し、解決金の一部である300万円を平成6年11月に受領していながら、虚偽の報告（いまだ受領していない旨、平成7年1月になって受領した旨）をしたこと、②独断で賃借建物の明渡しに関して再交渉し、追加立退料300万円を受領しながら、報告しないで秘匿したことが、法56条1項所定の「品位を失うべき非行」に当たるというものであった。

(2)【4】の概要

【4】は、次の理路をもって、本件裁決を取り消した（請求認容）。

Xの言い分　外国為替及び外国貿易管理法（以下「外為法」という）等による外国送金に関する規制が当時厳格に運用されており、Xは、解決金を、大蔵大臣の許可を要しない500万円以下の少額に分割し、かつ、取扱銀行が疑いを抱かないよう間隔を置いて送金していたのであり、事実に反する報告をしたのは、取扱銀行に不審を抱かれないようにするため、受領の日を偽る意

11)　本節については、加藤・前掲注1）85頁参照。

図からであったと主張している。

懲戒事由①について　Xは、外為法上の規制強化に遭遇し、賃貸人の協力を得難い事情の下で、なお依頼者に早期に送金しようと努力していたことは明らかであって、上記虚偽報告は、弁護士倫理が禁圧しようとするものとはおよそ異なり、弁護士の品位を失うべき非行に当たるということはできない。

懲戒事由②について　Xによる再交渉は依頼者の依頼に基づくものであり、その要求が依頼者の依頼の趣旨に反するとまではいえず、弁護士倫理に違反する点は、いささかもうかがうことができないし、Xが相手方から300万円の支払を受けたことを依頼者に報告せず、依頼者に引き渡すこともなく、その後相手方に返還した行為も、支払を受けた後に必要がないことを知り、返還を申し出、相手方から求められて保管していたにとどまる。

結論　本件の事情の下では、弁護士倫理に違反する点は見当たらず、弁護士の品位を失うべき非行に当たるということもできない。

3 【3】の概要

本件懲戒処分が裁量権の逸脱または濫用に当たるということはできないとして、【4】を破棄し、Xの請求を棄却した。

(1)　懲戒制度の趣旨と合理的裁量に基づく処分の選択

懲戒制度の趣旨　弁護士に対する懲戒は、弁護士会の自主性・自律性を重んじ、弁護士に対する指導監督作用の一環として設けられたものである。

懲戒判断における考慮要素　懲戒の可否、程度等の判断においては、懲戒事由の内容、被害の有無や程度、これに対する社会的評価、被処分者に与える影響、弁護士の使命の重要性、職務の社会性等の諸般の事情を総合的に考慮することが必要である。

裁量の対象と内容　ⓘある事実関係が「品位を失うべき非行」といった弁護士に対する懲戒事由に該当するかどうか、また、ⓘⓘ該当するとした場合に懲戒するか否か、ⓘⓘⓘ懲戒するとしてどのような処分を選択するかについては、弁護士会の合理的な裁量にゆだねられているものと解される。

懲戒処分の違法の判断基準　弁護士会の裁量権の行使としての懲戒処分は、全く事実の基礎を欠くか、または社会通念上著しく妥当性を欠き、裁量権の範囲を超えまたは裁量権を濫用してされたと認められる場合に限り、違法となるというべきである。

(2)　報告義務・金品引渡義務の意義

弁護士倫理規定（平成2年3月2日日弁連臨時総会決議。弁護士職務基本規程〔平成16年日弁連会規70号〕の施行により平成17年4月1日廃止。以下「規定」という）に定める事件処理の報告義務（規定31条）は、委任契約から生ずる基本的義務（民法645条）であり、依頼者に対し適切な自己決定の機会を保障するためにその前提となる判断材料を提供するという趣旨で、事件を受任した弁護士が負うべき重要な義務であるし、金品の引渡し等の義務（規定40条）も、委任契約から生ずる基本的な義務（民法646条）であるから、特に依頼者のために預かった金品に関する報告は重要なものというべきである。さらに、依頼事項に関連して相手方や第三者から金品を預かった場合、そのことを依頼者に報告することも報告義務の内容となるというべきである。

(3)　「品位を失うべき非行」該当性と当該処分の相当性

Xの各行為は、（懲戒事由①②のとおり）規定31条、40条の趣旨に反し、依頼者に不審感を抱かせるに足りるものといわざるを得ず、原審認定に係る経緯やXの主観的意図を考慮したとしてもなお、各行為が法56条1項所定の「品位を失うべき非行」に当たるとし、業務停止3月の懲戒処分を相当とする旨の判断が社会通念上著しく妥当を欠くものとはいえず、本件懲戒処分が裁量権の逸脱または濫用に当たるということはできない。

懲戒事由①について　　Xは、外為法の制約の下で、取扱銀行に不審を抱かれないようにするため、受領の日を偽る意図の下に虚偽報告をした旨主張するが、依頼者側にその意図を説明していない。そして、別文書による報告や電話等による口頭説明を含め、真実の報告をせず、その事情の説明をしなかったことについて、やむを得ない事情があったことはうかがわれない。

懲戒事由②について　　追加金300万円については、これを受け取ったこと、これを相手方に返還しようとしたこと・相手方から頼まれて預かり保管したことを、依頼者に一切報告していない。追加金300万円が依頼の趣旨に反しない要求をして受領したものであるとすれば、本来、その受領の事実を報告した上で、返還をすることについて了承を得るべきであるし、相手方から再度預かるよう求められたときには、そのことを依頼者に報告した上で、慎重な対応をすべきものである。

4　考察

(1)【3】の意義

第1に、【1】は、最高裁として初めて、弁護士の懲戒処分について弁護士会に合理的な裁量権があることを明示した点において、規範的意義を有する[12)]。

第2に、裁量判断の対象と内容は、①一定の事実関係の懲戒事由該当性の有無、②懲戒相当の評価、③懲戒処分の選択・量定である。

第3に、弁護士が、外国法人から賃借建物の明渡しに関する交渉を受任し、その交渉、解決金の受領、送金等の事務を行った際、依頼者に虚偽の報告をしたほか、追加金の受領、預かり保管したことを報告しなかったこと[13)]は、弁護士としての品位を失うべき非行に当たり、所属弁護士会による業務停止3か月の懲戒処分が相当とする判断が、裁量権の逸脱・濫用に当たるとはいえない。【3】は、このように本件懲戒処分が裁量の範囲内にあるとの判断を示した点において、事例的意義を有する。

(2) 懲戒処分の裁量性

懲戒処分に関して弁護士会に裁量があるかについて、【3】の前にも下級審の先例には裁量性を肯定したものがいくつかみられた[14)]。

【4】は、裁量性につき明示の議論をしてはいない[15)]が、次のような付言をしている。

「本件は、第二東京弁護士会・日本弁護士連合会において、人生経験はもとより、実務経験も豊富な多数の法曹を含む多数の者が審議に関与し、平成9年の懲戒申立て以来、約4年の審議を経、Xについて懲戒相当の決議がされた事案であることが提出された証拠等から明らかである。昨今、訓練を経た裁判官の事実認定・法的判断よりも、いわゆる素人の事実認定・判断の方

---

12)　清水・前掲注1) 376頁、馬場・前掲注1) 177頁。

13)　現在では、事件処理の報告義務は、規定31条から規程36条に、預り金等の返還義務は、規定40条から規程45条に移し替えられているが、【3】が説示((2))するとおり、民法645条・646条と相俟って基本的執務規範と位置づけられるものと解される。

14)　東京高判昭和63・2・25判時1272号74頁、東京高判平成元・4・27判タ710号129頁、東京高判平成15・3・26判時1825号58頁など。

15)　この点から、裁量性を認めない趣旨と評するのは、清水・前掲注1) 376頁。

が優れているとして、職業裁判官の判断に対する批判も喧しい事情の下において、職業裁判官3名からなる当裁判所が、わずか1年弱の審理を経たのみで、先に述べたように経験豊富な多数の法曹も加わり、同僚裁判として判断したXに対する懲戒相当の認定判断を覆すについては、躊躇を覚えないではない」としつつ、「しかしながら、本件は、Xが、その名誉と人格を賭して、懲戒に相当する事由がないとして争う事案であり、弁護士と外国法人との紛争であることが幸いし、関係者双方の行動及び考えが双方間の連絡文書として豊富に残されており、事実経過を検証する客観的証拠が多数存する点において、当裁判所が扱う多くの紛争とは様相を顕著に異にしている。本件は、大量の書類の中から生じた事実を確定することが可能である点において、社会経験等の未熟さ等の故に危惧される（職業裁判官の一員としてこれに同意する訳ではない。）職業裁判官による判断ではあっても、なお、その職業的訓練が最も活かされ得る種類の紛争であり、このような観点をも考慮し、当裁判所は、本件について審理し、判断した」というのである。

この付言が際立つ特色であるが、**【4】**は、これは、裁量性について一定の配慮しているようにもみえる。つまり、**【4】**は、（明言をしていないものの裁量性を肯定した上で）的確な事実認定を本領とする裁判官の審判（司法判断）に適する事案では、裁量性をことさら重視するのは相当でないと考えていたと読み解くことができるように思われる。

これに対して、**【3】**は、懲戒が「弁護士会の自主性・自律性を重んじ、弁護士に対する指導監督作用の一環として設けられたもの」という点に着目して裁量性を肯定した[16]。

この点は、公務員の懲戒処分についてその可否・処分の選択は懲戒権者の裁量に任されるとする判例法理（**【5】**最判昭和52・12・20民集31巻7号1101頁）と通底するものがある。ただし、弁護士懲戒の裁量は自律性により正当化されるのに対し、行政庁の処分は公益性判断における当該行政庁の専門性や技術的判断を尊重する趣旨から裁量性が肯定されるものであることには留意すべきであろう[17]。

16）清水・前掲注1）376頁。
17）馬場・前掲注1）179頁参照。

(3) 手続的瑕疵の有無の審査

【4】 は、懲戒事由①②について、X の執務に倫理上の問題はない旨を述べる。

これに対し、**【3】** は、3 (3) において「品位を失うべき非行」該当性を述べている[18)]。そのような評価の違いが結論の差異を導いたものであるが、X の主張した懲戒手続上の問題に対するスタンスの違い（見方の差異）も背後にあるように思われる。

まず、**【4】** は、「X の主張のうち、懲戒請求者らの指摘する懲戒事由が変更され、第二東京弁護士会綱紀委員会において、変更後申立てに係る懲戒事由が明らかにされないまま、審議されたとする指摘は、看過することのできないものを含む」という。なぜなら、「民事訴訟における弁論主義が妥当しないとはいえ、懲戒を受けるべき事由が明確にされることなく審議されるようでは、的確な弁明をすることができないことは明らかであり、そのような懲戒が妥当性を維持し得るとは考え難い」からである。

これに対して、**【3】** は、X の主張する2点について失当と判断した。

第1に、本件懲戒請求が、報酬の支払いを免れるための濫用的申立てであり、また、懲戒請求者らの意思に基づかないものであって、却下されるべきである旨の X の主張は、主張自体失当であるとした。懲戒請求は、弁護士会による懲戒権の発動を促す申立てであり、懲戒権発動の端緒となるものにすぎないから、懲戒請求が不適法であることが当然に発動された懲戒権の行使自体を違法とするものではないことを理由とする[19)]。

第2に、第二東京弁護士会綱紀委員会において変更後の事由（すなわち本件懲戒処分の前提とされている事由）について弁明する機会を与えられず手続的瑕疵がある旨の X の主張も失当であるとした。その理由は、①綱紀委員会は、懲戒委員会に審査を求めるか否かを調査する機関にすぎず、その調査において、X は、通知を受け、期日に出頭し、陳述する権利を法律上認められているわけではない上（弁護士法 71 条は、同法 67 条 2 項を準用していない[20)]）、② X

---

18)　報告義務の履行を求めることは弁護士の独断専行を戒める意義があるとするのは、馬場・前掲注 1）179 頁。

19)　この点は、一般論としてはそのとおりであるが、濫用的申立てであることが懲戒事由の存否の判断に（多くの場合マイナスの）影響を及ぼすことがあることを否定する趣旨ではないであろう。

20)　現行弁護士法 71 条の 6 第 1 項は、綱紀委員会は、対象弁護士に対し、陳述・説明・資料の提出の主張を前提としても、綱紀委員会で問題とされた事由は変更の前後を通じて実質的に同一の事実関係を前提とするものということができるし、その後の懲戒委員会での懲戒手続等においては、変更後の事由に基づく懲戒請求を前提とし、X の弁明等も踏まえた審査が行われるものであることも明らかというのである。この点は、本件は、手続保障において欠けるところはない旨の指摘と解される。

つまり、【3】は、①対象弁護士は、（懲戒委員会の期日とは異なり）綱紀委員会での調査に出頭・陳述等を求める法的権利はない（その限りで手続保障の要請は後退する）という制度論、②問題とされた事由は変更の前後を通じて実質的に同一の事実関係を前提としていたので手続保障に問題なしという実質論を展開しているのであり、【4】とは、本件懲戒手続における手続保障の見方についての差異があることが分かる。

(4) 裁量の発現と司法審査のあり方

【3】は、Ⅱ 2 でみたように、処分の基礎となる事実[21]は、裁判所が証拠により認定すべきものであり、弁護士会に裁量の余地はなく、認定事実の懲戒事由該当性（規範的要件[22]である「品位を失うべき非行」に該当するか否か）の判断は、懲戒が弁護士会の自律的作用であることから、一定の要件裁量が、懲戒事由に当たる場合には効果裁量が認められると整理することができる[23]。

また、【3】は、司法審査における懲戒処分の違法の判断基準については、「弁護士会の裁量権の行使としての懲戒処分は、全く事実の基礎を欠くか、又は社会通念上著しく妥当性を欠き、裁量権の範囲を超え又は裁量権を濫用してされたと認められる場合に限り、違法となる」とする。言葉に着目して考えると、「全く事実の基礎を欠く」場合の違法性は明白かつ重大であると思われるが、それにもかかわらず、「全く事実の基礎を欠く」場合でも裁量

を求めることができることを定める。他方、対象弁護士は綱紀委員会に対し綱紀審査に係る事案につき書面により意見を提出することができる旨が、綱紀審査会規程 26 条で定められているに止まる。この点につき、条解 629 頁、630 頁。

21）当該事実の立証責任は懲戒処分者である弁護士会にある。

22）「品位を失うべき非行」の品位失墜は規範的要件であり、「品位失墜」という評価を根拠付ける事実とその反対の評価を障害する事実は証明責任の問題であるが、それらの事実を総合して判断する「品位失墜」に該当するという当てはめは、「品位失墜」の論証が奏功しているかの判断であり論証責任の問題である。この点について、加藤新太郎「民事訴訟における論証責任論」春日偉知郎先生古稀祝賀『現代民事手続法の課題』（信山社、2019 年）51 頁。

23）判時 1951 号 39 頁の匿名コメント参照。

の範囲内でありまたは裁量権の濫用ではないことがあり得ることを前提としているかのような判示になっているのは不相当の極みである。少なくとも措辞適切を欠くと思う。弁護士会が「全く事実の基礎を欠く」場合に懲戒処分を下す事例は想定することはできないとしても、法規範として維持することは著しく不当であるから、最高裁としては、適宜な事案に係る上告、上告受理申立て事件において、この部分は明示的に変更すべきであろう。

弁護士会の「品位を失うべき非行」に該当するか否かの判断については、論理的には、次の5つの場合がある。すなわち、当該問題とされた行為は、①品位を失う行為である（品位失墜の評価ができる）、②どちらかといえば品位を失う行為である、③品位を失う行為といえるか、品位を失う行為とみることはできないかの判断に迷う（どちらの評価もおかしくない）、④どちらかといえば品位を失う行為とみることはできない、⑤品位を失う行為とみることはできない、に分かれる。そして、実際には、懲戒委員会の多数決によって懲戒事由該当性（品位失墜）の有無が判定され懲戒処分が決定されるのであるから、①②は品位失墜あり、④⑤は品位失墜なしに収斂し、③は生じないことになる。このうち裁決取消訴訟が提起されるのは、①②である。

これを司法判断のあり方との関係で考察するに、裁判所（裁判官）が弁護士会の判断を追証した場合にも、論理的には①ないし⑤の判断に分かれる。そして、裁判所が①②の心証を形成した場合には、懲戒処分に違法性のないことは明らかであるから取消しの余地はない。裁判所が、③の心証を形成した場合には、弁護士会の自律的作用としての当該懲戒処分は裁量の範囲内と解されることになる。これに対し、裁判所が品位失墜とまではいえない（⑤）が、その方向に傾く心証を形成したとき（④）でも、裁量の範囲内と解すべきかどうかについては議論の余地がある（著しく妥当性を欠くという評価・判断をするかどうかという問題）。さらに、裁判所が⑤の心証を形成した場合には、裁判所としては、当該懲戒処分は社会通念上著しく妥当性を欠くと評価・判断すべきものと解される。

量定に関する司法判断も同様であり、業務停止1年の懲戒処分について、裁判所として、業務停止1年が不相当であり、社会通念上著しく妥当性を欠くと評価・判断した場合には、当該懲戒処分を取り消し、より短期間の業務停止処分、さらには戒告処分をすることができると解される。

行政裁量の司法審査の方法として、【3】は、「社会通念に照らし著しく妥当性を欠くか」という判断基準を示した（これを社会的観念審査という）が、最高裁は、社会的観念審査に併せて、「判断要素の選択や判断過程に合理性を欠くところがないか」という判断過程審査の方法を提示している（【6】最判平成18・2・7民集60巻2号401頁[24]）。これ以降、近時の判例は、行政裁量の司法審査の方法として社会的観念審査と判断過程審査とを併用することが一般化ないし原則化したこと、判断過程審査の方法が採用されたことによって行政庁による裁量権行使の透明化と裁判所による裁量統制の判断過程が透明化したことが指摘されている[25]。

弁護士会の懲戒処分（裁量）の司法審査について判断過程審査の方法に言及した判例は出ていない。しかし、「社会通念に照らし著しく妥当性を欠くか」という基準（社会的観念審査）のみでは、明確性が不十分であること[26]を考えると、判断過程審査を意識した司法審査の観点も取り入れることが相当であると解する。

Ⅳ　手続保障関連の問題

1　総説

弁護士懲戒手続における手続保障に関連して、懲戒処分を受けた弁護士が、弁護士会（単位会）の懲戒委員会が審査権限を逸脱したという理由で、損害賠償請求をしたケースがある[27]。【7－2】東京地判令和3・1・26判時2512

24）【6】は、公立学校の学校施設の設置目的外使用を許可するか否かは原則として管理者の裁量に委ねられており、学校教育上の支障がない場合でも合理的な裁量判断により使用許可をしないこともできるところ、司法審査において裁判所は、その判断要素の選択や判断過程に合理性を欠くところがないかを検討し、その判断が、重要な事実の基礎を欠くか、または社会通念に照らし著しく妥当性を欠くものと認められる場合に限って、裁量権の逸脱または濫用として違法とすべきだとしたうえで、県教職員組合が県教育研究集会の会場として市立中学校の学校施設を使用することを不許可とした市教育委員会による本件処分について、裁量権の逸脱を認め国家賠償請求を認容した事例である。

25）山本隆司「行政裁量の判断過程審査の理論と実際」司法研修所論集129号（2019年）3頁。判断過程審査の併用により、裁量審理の構造および審理のあり方に一定の影響があるが、それは処分の違法性（これも規範的要件）を具体化し立証・認定主題を特定・明確化する方向に働き、むしろ好ましいものである。この点につき、巽智彦「事実認定論から見た行政裁量論――裁量審理の構造に関する覚え書き」成蹊法学87号（2017年）97頁。裁量審査についての学説の役割については、山本・前掲13頁。

26）山本・前掲注25）4頁。

号48頁、**【7-1】**東京高判令和4・4・14判時2542号56頁が、それである。このケースも、懲戒処分における裁量と関係する問題があるので、考察を加えることにする。

2　事案の概要

Y弁護士会に所属する弁護士であるXは、Y弁護士会の懲戒委員会のした懲戒議決（本件懲戒議決）に基づき業務停止1月の処分（本件懲戒処分）を受けた。

Xは、本件懲戒処分は、国家賠償法上違法な行為であったと主張して、Yに対し、同法1条1項に基づき、業務停止により被った弁護士報酬等の経済的損害および精神的損害の合計8386万円余と遅延損害金の支払を請求した。

本件の争点は、①Y弁護士会の懲戒委員会は、審査対象とすべき事実以外の事実を認定して本件懲戒議決をしたといえるか（審査権限の逸脱の有無）、②同懲戒委員会は、証拠上不合理な事実を認定して本件懲戒議決をしたといえるか（事実認定の不合理性の有無）、③本件懲戒議決ないし本件懲戒処分に関する国家賠償法上の違法性の有無、④損害の発生およびその額であった。

弁護士懲戒手続は、ⓘ懲戒請求（弁58条1項）、ⓘⓘ綱紀委員会の調査・議決（同条2項、3項前段、4項）、ⓘⓘⓘ懲戒委員会の審査・議決（同条3項後段、5項前段、6項前段）、ⓘⓥ弁護士会の懲戒処分（同条5項後段、6項後段）で構成される。Xは、この手続の中で、「懲戒委員会の本件懲戒議決が、審査権限を逸脱し、事実誤認もある違法なものであり、これに基づいて行われたY弁護士会の本件懲戒処分は国賠法上違法である」と主張したのである。

3　【7-2】について

(1)　【7-2】の概要

【7-2】は、Y弁護士会の懲戒委員会によるX弁護士に対する懲戒議決（業務停止1月）は、綱紀委員会の議決において事案の審査を求めることを相当と認められた特定の具体的事実およびこれに基づく懲戒の可否等の判断に必要と認められる事実の範囲に属さない事実を認定して懲戒の議決をしたも

27)　本節については、加藤新太郎「弁護士懲戒における審査権限逸脱に基づく損害賠償請求の可否」NBL1261号（2024年）77頁参照。

のであり、弁護士法が定める懲戒の手続に違反した違法な議決であるとして、Xの請求を一部認容した（4283万円余と遅延損害金）。

⑵　争点①について

一般論　弁護士法が、懲戒制度において綱紀委員会による事案の調査・懲戒委員会による事案の審査の２段階の手続を設けているのは、懲戒処分手続の各段階とそれぞれを主宰する各委員会等の役割・権限とを明確に区分し、もって、対象弁護士が当該手続内において防御を尽くすことができるようにし、手続の適正を確保する目的を有する。

審査対象弁護士としては、綱紀委員会の議決において事案の審査を求めることを相当と認められた事実を対象として、懲戒委員会の審査において防御を行うことになるのであるから、懲戒委員会において審理の対象とすべき事実は、綱紀委員会の議決において事案の審査を求めることを相当と認められた特定の具体的事実と同一の社会的事実のほか、これに基づく懲戒の可否等の判断に必要と認められる事実の範囲に限られ、これらの事実の範囲を安易に拡張して解釈することは許されない。

当てはめ＝結論　Yの懲戒委員会による本件懲戒議決は、綱紀委員会の議決において事案の審査を求めることを相当と認められた特定の具体的事実およびこれに基づく懲戒の可否等の判断に必要と認められる事実の範囲に属さない事実を認定して、Xに対する懲戒の議決をしたものと認められるから、本件懲戒議決は、弁護士法が定める懲戒の手続に違反した違法な議決である。

4　【7－1】について

⑴　【7－1】の概要

【7－1】は、要旨⑵のとおり判示して、Yの敗訴部分を取り消し、Xの請求を棄却した[28]。

⑵　争点①について

一般論　弁護士会綱紀委員会が、懲戒請求の対象となっている複数の事実が事案ないし事件として同一性の範囲にあると認めた上で、その一部について懲戒事由に相当すると判断し、議決主文として単に懲戒相当とした場合

---

28)　本件は、最決令和5・3・15（2023WLJPCA036003）により上告不受理とされ終了した。

には、弁護士会懲戒委員会ではすべての懲戒請求事由が審査の対象となると解するのが相当である。

当てはめ＝結論　Y弁護士会綱紀委員会が、懲戒請求事由である①利益相反、②詐欺破産の主導、③別件の高額報酬の各事実が事案ないし事件として同一性の範囲にあると認めた上で、その一部である③の事実について懲戒事由に相当すると判断し、議決主文として単に懲戒相当としたものと認められる場合において、Y弁護士会懲戒委員会が、①②の各事実についても審査の対象としたことは、弁護士法が定める懲戒の手続に違反したものとはいえない。

5　考察

(1)【7－1】の意義

【7－1】は、ⓘ弁護士懲戒手続における懲戒委員会の審査権限の範囲についての解釈（一般論）を前提として、本件事実関係の下で、綱紀議決が事案の審査を求めることを相当としつつ、その理由中で懲戒事由を認められないとした一部の事実について審査の対象としたことは、弁護士法が定める懲戒手続に違反したものとはいえず（手続違反なし）、ⓘⓘ本件懲戒処分の内容に関しても弁護士会の裁量権の範囲を超えまたは裁量権を濫用してされたものとは評価できないとした事例判決である。

ⓘⓘの点は、**【3】**で明示された裁量論に依拠した判断である。日弁連が既に本件懲戒処分取消しの裁決をしているのであるから、業務停止1月を含めて、懲戒処分を下したこと自体に裁量権の逸脱・濫用ありの判断をしてもよさそうにも思われるが、「裁量のカベ」はかくも強固なのかという印象を受けざるを得ない[29]。

(2) 審査の範囲に関する議論

懲戒委員会の審査の範囲に関する一般論をみると、**【7－2】**は、「綱紀委員会の議決において事案の審査を求めることを相当と認められた特定の具体的事実と同一の社会的事実のほか、これに基づく懲戒の可否等の判断に必要と

29)　もっとも、無罪判決の確定した元被告人が原告として提訴した国賠請求訴訟について職務行為基準説により警察・検察には違法性を欠くとする事例がみられることと同じではないかと割り切る議論も想定される。

認められる事実の範囲」に限られるとする。これに対して、【7－1】は、「綱紀委員会が、懲戒請求の対象となっている複数の事実が事案ないし事件として同一性の範囲にあると認めた上でその一部について懲戒事由に相当すると判断し、議決主文として単に懲戒相当とした場合には、懲戒委員会では全ての懲戒請求事由につき審査の対象とすべきである」という。

【7－2】の論拠は、対象弁護士の防御権の保障（手続の適正の確保）の要請である。Xは、その具体的発現として、下線部につき、綱紀委員会が、議決の理由中で懲戒請求者が求めた懲戒請求事由を請求者の意図よりも限定的に整理したときには、懲戒委員会は綱紀議決による限定的な整理に拘束され、それと異なる観点から懲戒請求事由を判断してはならないという命題を解釈論として主張する。これに対し、【7－1】の論拠は、①懲戒の手続に関する弁護士法の規定の解釈は、弁護士法の趣旨に反するものでない限り、弁護士会（日弁連を含む）による解釈を尊重するのが相当であること、②Xの解釈論を裏付ける法的根拠が見当たらないこと、③Xの解釈論は、日弁連の見解と整合しないこと、④綱紀議決の理由中の整理で除外された懲戒事由につき請求者の異議申出の機会が確保されない懸念があること、⑤このように解しても対象弁護士の防御の観点から手続保障には欠けるとはいえないこと、などが挙げられている。

(3)　考察

審査の範囲に関する論点は、法的問題であり、その認定判断は、裁量の範囲内のものではない。そこは前提とした上での議論であるが、審査の範囲に関する【7－2】の論拠は明確であり、【7－1】も対象弁護士の防御権の保障の必要性は意識している。

もっとも、【7－1】の①②③の論拠は現状追認的であることが特徴的であり、その点がいささか気になるところであるが、実際にも不意打ち回避が重要であることを考えると、これらを論拠とすることは必ずしも不合理とはいえないかもしれない。防御権保障の具体的発現としてXの主張する綱紀議決の理由中の判断に基づく審査の範囲の限定については、【7－1】の④のいう懸念を招くが、対象弁護士の防御権保障と（請求の一部は綱紀委員会で認められた）請求者の異議申出の機会保障とのバランスの問題であるからである。さらにいえば、【7－1】の⑤がいうように「懲戒委員会の審査の対象は、懲戒請求書記載の具体的事実であり、事案・事件としての同一性の範囲にあるものに画される」のであるから、手続保障として十分という見方もおかしいとはいえない。

ここでの手続保障の問題は、一回の手続における効用確保の要請と防御権保障の要請とのバランスをどのように考えるかにより緩厳が方向付けられるものであり、その限りで、弁護士会の懲戒処分（裁量）の司法審査のあり方とは直接の関連はないといえる。ただ、**【7－1】**の議論の仕方が相当に現状追認的であることは、懲戒処分の裁量統制に係る裁判所のスタンスとの関係において、一般化してよいかについては疑問符を付けておきたい。

V　懲戒処分と不法行為責任の評価の乖離

1　総説

弁護士が執務の内外の行為に基づいて、懲戒処分はされたが、損害が生じない場合には民事責任は負わない（民法709条）。しかし、損害が観念されても、不法行為上違法性なものとはいえず民事責任を負わないとしたケースがみられる。**【8－1】**最判平成23・7・15民集65巻5号2362頁[30)]は、弁護士に懲戒処分（業務停止2月）がされたが、民事責任は負わなかった事例である[31)]。

本節では、懲戒処分と不法行為責任の評価の乖離という観点から、**【8－1】**の事例を考察する[32)]。

---

30)　評釈等として、中島基至「解説」『最判解説民事篇平成21年度』（法曹会、2015年）568頁、水野謙「判批」ジュリ1440号（平成23年度重要判例解説）（2012年）82頁、前田陽一「判批」リマークス46号（2013（上））46頁、星野豊「判批」法時86巻10号（2014年）128頁、加藤・後掲注32）94頁など。

31)　その逆に、民事責任は負うが、懲戒処分はされない事例としては、弁護士が依頼者との間で紛議が生じた場合に金銭を支払う（民事責任を負う）形で調停が成立したケースがある。こうしたケースでは懲戒請求もされないことが通常であるし、仮に懲戒請求がされても、「品位を損なうべき非行」（弁56条1項）に該当しないと判断されることが少なくない。

32)　本節については、加藤新太郎「弁護士がテレビ番組で弁護士懲戒を呼び掛けた行為の不法行為の成否と倫理上の評価」NBL1243号（2023年）94頁参照。

2　事実の概要と経過

(1) 事実の概要

刑事事件（いわゆる「光市母子殺害事件」）の弁護団を構成するXらは、弁護士でありタレントとしても活動していたYに対し、Yがテレビ番組（読売テレビ「たかじんのそこまで言って委員会」）に出演して、Xらの弁護活動が許されないとしてXらについて弁護士法58条1項所定の懲戒請求を呼び掛けるなどの発言（以下、Yの発言を「本件発言」、本件発言のうち懲戒請求を呼び掛ける行為を「本件呼び掛け行為」という）をしたことが、①Xらの名誉を毀損するとともに、②本件呼び掛け行為が名誉毀損とは別個の不法行為を構成する旨主張して、慰謝料および弁護士費用330万円と遅延損害金の支払を求めた。

「光市母子殺害事件」は殺人、強姦致死、窃盗被告事件であり、マスコミにより広く報道されていた。この事件の被告人Aは、第1審および第1次控訴審においては公訴事実を認め、無期懲役の判決を受けていたが、Xらの一部が選任された後には、故意を否認するようになり、第1次上告審では破棄差戻判決を受け、その後、第2次控訴審においても本件否認の主張を維持し、死刑判決を受けていた。Yの本件発言後、弁護士会に対し、Xらについてそれぞれ約600件の懲戒請求がされた。

(2) 本件の経過

【8-3】広島地判平成20・10・2民集65巻5号2442頁は、①本件発言が名誉毀損に当たるとともに、②本件呼び掛け行為が名誉毀損とは別個の不法行為を構成するとして、各自200万円および遅延損害金の支払を求める限度で認容した。

他方、**【8-2】**広島高判平成21・7・2民集65巻5号2478頁は、①本件発言は弁護団が殺意否認の主張を創作したという趣旨でなく、意見論評の域を逸脱していないとして名誉毀損の成立を否定したが、②本件呼び掛け行為は、懲戒請求に理由がないことを知りながら行った懲戒制度の趣旨目的を逸脱するものであり、弁護団に対する批判的風潮を助長して、Xらの名誉感情等の人格的利益を害するとともに、不当な心身の負担を伴う対応をさせた点で名誉毀損とは別個の不法行為を構成するとし、各自90万円および遅延損害金の支払を求める限度で認容した。

3 【8－1】について

(1) 【8－1】の概要

【8－1】は、双方の上告を受理した上で、原判決中Yの敗訴部分を破棄して、同部分についてXらの請求を認容した原々判決を取り消し、Xらの請求をいずれも棄却した。

名誉毀損の成否　本件発言が名誉毀損に当たらないとした【8－2】の判断①は、正当として是認することができる。

経験則違反　Yとしては、Xらの本件弁護活動がAに不利益な弁護活動として、懲戒事由に該当すると考えていたとみるのが相当であって、Xらに対する懲戒請求に理由がないことを知りながら本件呼び掛け行為をしたとの【8－2】②の上記事実認定は、経験則に反するものといわざるを得ない。

別個の不法行為の成否　Yの本件呼び掛け行為は、品位を失うべき非行に当たるとして、弁護士会における自律的処理の対象として検討されるのは格別、その態様、発言の趣旨、Xらの弁護人としての社会的立場、本件呼び掛け行為により負うこととなったXらの負担の程度等を総合考慮すると、本件呼び掛け行為によりXらの被った精神的苦痛が社会通念上受忍すべき限度を超えるとまではいい難く、これを不法行為法上違法なものであるということはできない。

(2) 【8－1】の判旨

弁護士であるテレビ番組の出演者において、特定の刑事事件の弁護団の弁護活動が懲戒事由に当たるとして、弁護団を構成する弁護士らについて懲戒請求をするよう視聴者に呼び掛けた行為は、次の①～⑤など判示の事情の下においては、弁護士らについて多数の懲戒請求がされたとしても、これによって弁護士らの被った精神的苦痛が社会通念上受忍すべき限度を超えるとまではいえず、不法行為法上違法なものであるということはできない。

①　本件行為は、娯楽性の高いテレビのトーク番組における出演者同士のやり取りのなかでされた表現行為の一環といえる。

②　本件行為の趣旨とするところは、懲戒請求は広く何人にも認められるとされていることなどを踏まえ、視聴者においても前記弁護活動が許せないと思うのであれば懲戒請求をしてもらいたいとして、視聴者自身の判断に基づく行動を促すものであり、その態様も、視聴者の主体的な判断を妨げて懲

戒請求をさせ、強引に懲戒処分を勝ち取るという運動を唱導するようなものとはいえない。

③　前記弁護士らは、社会の耳目を集める刑事事件の弁護人であって、その弁護活動の当否につき国民による様々な批判を受けることはやむをえないものといえる。

④　懲戒請求が多数されたについては、多くの視聴者等が出演者の発言に共感したことや、出演者の関与なくしてインターネット上のウェブサイトに掲載された書式を使用して容易に懲戒請求をすることができたことが大きく寄与している。

⑤　懲戒請求は、ほぼ同一の事実を懲戒事由とするもので、弁護士会の綱紀委員会による事案の調査も一括して行われ、前記弁護士らもこれに一括して反論をすることができ、同弁護士会の懲戒委員会における事案の審査は行われなかった。

4　考察

(1) 経験則違反とされた理由

不当弁護士懲戒請求の規律に関する最高裁判例として、**【9】**最判平成19・4・24民集61巻3号1102頁がある。**【9】**は、弁護士懲戒請求が事実上または法律上の根拠を欠く場合において、請求者が、そのことを知りながらまたは通常人であれば普通の注意を払うことによりそのことを知りえたのに、あえて懲戒を請求するなど、懲戒請求が弁護士懲戒制度の趣旨目的に照らし相当性を欠くと認められるときには、違法な懲戒請求として不法行為を構成する旨判示した[33)]。本件は、不当懲戒請求そのものではなく、懲戒請求を呼び掛けた行為が問題とされているのであるから、行為類型としては別のものであるが、**【8-2】**は、**【9】**の判断枠組みを意識して、Yは ⓘ「Xらに対する懲戒請求に理由がないことを知りながら本件呼び掛け行為をした」と事実認定した上で、ⓘⓘ「懲戒制度の趣旨目的を逸脱するもの」と、評価判断をした[34)]。

これに対し、**【8-1】**は、ⓐ Yが、本件刑事事件の経過や本件否認の主張

33)　加藤新太郎「弁護士懲戒請求の規律」名古屋大学法政論集227号（2008年）1頁。

34)　原判決が**【8】**を意識していることにつき、水野・前掲注30）83頁、前田・前掲注30）43頁。

の内容を踏まえ、Xらの本件否認の主張は弁護士としての職責に反する旨を詳細に主張していること、ⓑ本件発言が、その主張に沿ったものであることから、ⓒXらの本件弁護活動が懲戒事由に該当すると考えていたことを導くことが相当とした。つまり、ⓐⓑの事実からして、経験則上、Xらの弁護活動に懲戒事由該当性ありと認識していた（ⓒ）と認定すべきであるのに、**【8-2】**が上記ⓘの事実認定をすることは経験則に反する旨の判断をしたのである[35]。

(2)　本件弁護士懲戒請求の呼びかけ行為等の不法行為の成否と受任限度論

本件では、弁護士について懲戒請求をするよう呼び掛ける行為が当該弁護士の名誉感情その他の人格的利益を侵害するものとして不法行為法上違法といえるか否かが問題とされた。この点について、表現の自由と人格的利益との調整の場面における違法性の判断基準を示した**【10】**最判平成元・12・21民集43巻12号2252頁[36]がある。

受忍限度論は、騒音等の公害による被害の違法性の判断について、一般通常人ならば社会共同生活を営む上で、当然受忍すべき限度をこえた侵害を被ったときに、侵害に違法性があるとする法理として発展してきた[37]。不法行為の要件論においては違法性説＝相関関係理論が通説となっており、違法性は、ⓐ被侵害利益の種類・性質と、ⓑ侵害行為の態様との相関関係において判断される。すなわち、相関関係理論においては、加害行為の違法性は、ⓐ被侵害利益面での違法性の強弱と、ⓑ侵害行為の態様面での違法性の強弱との相関的・総合的考察によることになる[38]。つまり、受忍限度論は、相関関係理論の生活妨害類型に対する発展形態とみてよいものである[39]。

---

35)　これは、経験則違反の適用事例にほかならないが、判決に影響を及ぼす明らかな法令違反としても一定の意義がある。この点つき、杉山悦子「経験則論再考」高橋宏志先生古稀祝賀『民事訴訟法の理論』（有斐閣、2018年）499頁。

36)　**【10】**は、通知表の交付をめぐる混乱に関して公立小学校教師を批判するビラ（氏名・住所・電話番号等の記載のもの）の配布行為が私生活の平穏などの人格的利益を侵害するか否かが争われた事案について、ビラの配布行為（その後、電話、葉書、スピーカーによる嫌がらせも受けた）により攻撃を受けた者の精神的苦痛が、その者の社会的地位および当時の状況等から社会通念上受忍すべき限度内にあるということはできないとして、不法行為の成立を認めた（名誉毀損は否定）。

37)　能見善久＝加藤新太郎編『論点体系判例民法8不法行為Ⅰ〔第3版〕』（第一法規、2019年）435頁〔大塚直〕。

38)　窪田充見編『新注釈民法（15）』（有斐閣、2017年）288頁〔橋本佳幸〕。

39)　加藤新太郎「違法操業中の生コン工場の騒音被害にも受任限度論を適用すべきか」NBL 1163号（2020年）76頁。

本件は、懲戒請求を呼び掛けられた弁護士の被った精神的苦痛という人格的利益と、懲戒請求を呼び掛ける行為という表現行為との対立・調整が問題とされている事案であり、その限りで、**【10】**と類型的同質性がある。そうした考慮から、本件において、受忍限度論が採用されたものと解される。

(3) 弁護士懲戒処分における「品位を失うべき非行」と違法性判断との関係

本件呼び掛け行為をしたYには、大阪弁護士会から業務停止2月の懲戒処分が付されている[40)]。3 (1) (ウ) でいう「弁護士会における自律的処理」として、弁護士法56条1項の「品位を失うべき非行」であったと（倫理上）評価されたのである。

この点に関連して、須藤裁判官は、補足意見において「本件は、弁護士同士の相互論争としての性格も否めず、その点からすると、弁護士会、日本弁護士連合会の自治、自律の下での内部処理に委ねられるべき（国家権力に頼るには適しない）側面もあろう」と述べる。これは、弁護士というプロフェッションの世界において確立されている行為規範に違反したり、価値観を冒涜するような作為・不作為は、（国家法の規律とは別途に）職業規範違反として自律的に規律するという大きな枠組みを前提とした上での本件の見方（弁護士同士の相互論争）の指摘であり、弁護士同士の相互論争は懲戒手続に委ね、「国家権力に頼る」ことになる不法行為訴訟として扱うべきではないという議論である。本件にはそういう「側面もあろう」という言い方であることを留保するとしても、上記の議論は評論家のコメントとしてはともかく、判断者としての最高裁判事の言説として評する限り、賛成し難いものがある。

もっとも、不法行為に基づく民事責任を基礎づける違法性判断と弁護士懲戒処分における「品位を失うべき非行」該当性の判断について、前者が否定され、後者が肯定されることは、法の趣旨・目的が異なる（損害賠償と品位損傷・品位毀損）ことから正当化され得るものである[41)]。

しかし、品位失墜の評価は、不法行為における違法性の評価に影響しないのか、本件では違法性の評価の乖離が大きすぎないかとの疑問は拭えないのである。

40)　水野・前掲注30) 83頁。
41)　加藤・前掲注32) 94頁。

Ⅵ　むすび――司法審査による弁護士会懲戒判断における裁量統制のあり方

司法審査による弁護士会懲戒判断における裁量統制のあり方という観点から、本稿の論旨を整理しておくことにしたい。

弁護士の懲戒処分における懲戒事由の有無・量定の判断過程は、①弁護士法・会則（「規程」ほか）の解釈、②事実認定、③要件の当てはめ（適用）、④量定（懲戒処分をするか否か、どの処分を選択するか、業務停止の期間など）に分けられる。

第1に、弁護士法・会則の解釈は、法律判断であり、弁護士会に裁量はない。

第2に、懲戒事由該当性については、証拠に基づいて事実の存否を認定した上（②）で、認定事実を評価して懲戒事由に該当するか否かを判断する（③）。

②の事実認定は、証拠に基づいてされるものであるから、同じ証拠を前提とする以上、弁護士会が裁判所と異なる判断をすることは許容されず、裁量の余地はない。

③の当てはめ（適用）については、「品位を失うべき非行」という規範的要件には、その該当性の有無の評価には要件裁量が肯定される。これは、懲戒制度が弁護士会の自律的作用であることから正当化される。ただし、司法により裁量の逸脱・濫用の有無の審査がされる。

第3に、量定については、懲戒制度が弁護士会の自律的作用であることから効果裁量（決定裁量、選択裁量）が認められる。ただし、司法により裁量の逸脱・濫用の有無の審査がされる。

第4に、司法審査における懲戒処分の違法の判断基準については、判例は、「弁護士会の裁量権の行使としての懲戒処分は、ⓐ全く事実の基礎を欠くか、またはⓑ社会通念上著しく妥当性を欠き、裁量権の範囲を超えまたは裁量権を濫用してされたと認められる場合に限り、違法となる」とするが、ⓐは、措辞適切を欠く。

第5に、司法審査において、「社会通念に照らし著しく妥当性を欠くか」という基準（社会的観念審査）に加え、「判断要素の選択や判断過程に合理性を欠くところがないか」という基準（判断過程審査）を採用することが相当である。

第６に、手続保障関連の問題は、一回の手続における効用確保の要請と防御権保障の要請とのバランス問題に係るものは裁量とは関わりないと解される。ただし、社会的観念審査に加えて、「判断過程に合理性を欠くところがないか」という判断過程審査を併用すると、別の観点からの議論が可能となる余地があるように思われる。さらに考えてみたい。

第７に、不法行為に基づく民事責任を基礎づける違法性判断と弁護士懲戒処分における「品位を失うべき非行」該当性の判断について、前者が否定され、後者が肯定されることは、法の趣旨・目的が異なる（損害賠償と品位損傷・品位毀損）ことから正当化され得る。しかし、その乖離が大きくなりすぎ、司法が弁護士会の自律的作用である懲戒判断を軽視するかのような事態は回避すべきであり、司法審査においても留意することが要請されよう。

第８に、司法審査による弁護士会懲戒判断における裁量統制としては、弁護士会の自律的作用である懲戒判断を尊重するところに眼目があるところ、弁護士懲戒に係る裁決取消請求事件は懲戒対象弁護士の枢要な司法的救済手続であるという観点を没却してはならない。

以上の整理を弁えた上で関係者が各自の役割を適切に果たすことにより、弁護士懲戒制度は弁護士会の自律的作用として有効に機能することになるはずである。また、裁判官としても、弁護士会の懲戒判断に裁量が肯定されることから弁護士会の判断尊重過多に傾き結論を触らないでおくことが無難であろうというスタンスを形成することは無用であるどころか、司法に期待される救済的役割を十全に果たすことにはならないことに思いを致すべきである。

本稿の執筆を契機として、本テーマの関連問題についても整理・解明する必要を感得したので、さらに検討を続けていくことにしたいと思う。

9　濫用的懲戒請求を巡る諸問題

神田安積

Ⅰ　弁護士懲戒制度

弁護士懲戒制度は、基本的人権を擁護し社会正義を実現することを使命とする弁護士の信頼性を維持するための重要な制度であり、弁護士自治を支える根幹である。

現行弁護士法は、弁護士がその使命を十全に果たすことを企図し、弁護士会に高度な自治権を認め、弁護士に対する国家機関の監督を排除し、弁護士会および日本弁護士連合会に懲戒権限を付与した。このことは、旧弁護士法において、国家機関が弁護士に対する懲戒権を有し、そのため、弁護士の自由な職務活動が様々制約されたことへの反省を踏まえたものである。この点に関し、最高裁判所は「弁護士に対する所属弁護士会及び日弁連による懲戒の制度は、弁護士会の自主性や自立性を重んじ、弁護士会の弁護士に対する指導監督作用の一環として設けられたものである」としている（最判平成18・9・14集民221号87頁）[1)]。

1）　後掲最判平成19・4・24民集61巻3号1102号において、田原睦夫裁判官の補足意見は、弁護士自治が認められるに至った理由について、「我が国の弁護士制度は、大日本帝国憲法の下では、司法省の監督下にあり、その監督を離れて弁護士会の自治を確立することは、当時の弁護士界の悲願とされていたところ、裁判所法の制定より2年遅れて昭和24年に制定された現行弁護士法によって、世界で類例を見ない広範な自治権が、漸く弁護士会及び日本弁護士連合会に認められるに至懲戒請求は、何人でも、懲戒の事由があると思料するときにすることができるとされている（弁58条1項)。これは、利害関係者にとどまらず、広く一般の人々に懲戒請求権を認めることにより、自治的団体である弁護士会に与えられた自律的懲戒権限が適正に行使され、その制度が公正に運用されることを期したものと解される（最判平成19・4・24民集61巻3号1102号）[2)]。

懲戒請求を受け付けた弁護士会は、原則としてすべての事案を綱紀委員会に調査させなければならず、従前、その例外として、①懲戒請求であるか否か判断ができない場合、②対象者が明らかに所属の弁護士や弁護士法人ではない場合または対象弁護士等が特定できない場合などに限り、綱紀委員会に付さずして手続不開始としてよいものと解されてきた。受付段階で弁護士会において手続不開始となし得る事案は、弁護士懲戒制度が広く市民から懲戒請求がなし得るとされた趣旨を損なわないとみられる限定的な範囲にとどめられるべきであると考えられたからである。

弁護士法上も、懲戒請求があった案件については必ず綱紀委員会の調査に付すべきものとされ、綱紀委員会の調査に付さない扱いを認めた条文が存在しないこと、平成15年改正後の弁護士法58条4項において、懲戒請求の適法性の判断を綱紀委員会の権限とする旨明文化された経緯から、弁護士会執行部において綱紀委員会の調査には付さずに手続不開始とする処理について

った。この自治権が認められたのは、以下の理由によるものと解されている。すなわち、弁護士会及び日本弁護士連合会を構成する個々の弁護士（中略）が、弁護士法の使命に基づいて行う、基本的人権を擁護し、社会正義を実現するための活動が、時として国家機関に対する批判者の立場に立つことがあるところ、それらの活動の適正な遂行を保障するには、弁護士の活動を国家機関の監督から独立させる必要があり、他方で弁護士法その他の法律によって弁護士に認められた諸権能は、国民の権利義務に直結することもあり、弁護士が、その諸権能に基づいた職責の適正な遂行が確保されることは、弁護士制度の根幹を基礎づけるものである」と述べ、引き続き、弁護士会・日弁連に懲戒権限が付与されたことについて、「そこで弁護士法は、弁護士会に、その所属する弁護士に対し、その職責を適正に遂行するよう指導、監督する権限を与えるとともに、弁護士会の指導、監督権限を、弁護士として活動する全弁護士に及ぼすべく、弁護士は各単位弁護士会に加入しなければ、弁護士として活動することができないとする強制加入制度を定め、他方、弁護士法で認められた弁護士制度に対する国民の信頼を維持し確保するべく、弁護士が、その活動の過程において、弁護士法や弁護士会の規則に違反するなどの非違行為を行った場合には、その会員が所属する弁護士会において、その自治権の行使の一環として当該弁護士に対する懲戒権を行使することができることとしたのである」と述べる。

2）　条解480頁、高中正彦『弁護士法概説〔第5版〕』（三省堂、2020年）247頁、日本弁護士連合会調査室『弁護士懲戒手続の研究と実務〔第3版〕』（日弁連、2011年）37頁。なお、福原忠男『弁護士法〔増補〕』（第一法規、1990年）245頁は、「弁護士会が懲戒権を行使する前提として、所属弁護士の職務の内外について巨細にこれを知るということは、事実上不可能である。それゆえ、広く一般の人々から、弁護士に対する懲戒の請求ができることとして、弁護士会の懲戒権の発動が適切に活発化されることを期したのが本条1項の規定である」とする。

法も消極的であると考えられる[3)]。

Ⅱ　懲戒請求の新受件数の状況

1　懲戒請求事案の新受件数の推移

次のグラフは、2004年から2023年までの各年（1月1日から12月31日まで）の全弁護士会における懲戒請求事案の推移をまとめたものである。

懲戒請求新受件数の推移（2004年～2023年）

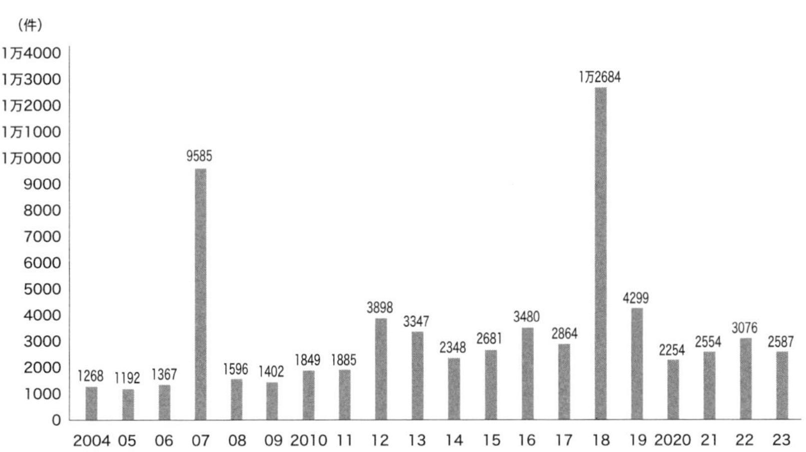

（注）日本弁護士連合会編著「弁護士白書」を基に作成

この20年間を概括すると、2007年、2012年、2013年、2016年、2018年、2019年、2022年を除くと、新受件数は1000件台から2000件台で推移しており、2011年を最後に2000件台を下回ったことはない。

3）「司法制度改革審議会意見書」（2001年）は、「弁護士に関する苦情の処理、綱紀・懲戒に関する諸手続など、弁護士の職務の質に関する指導・監督等については、弁護士会に自律的権能（いわゆる弁護士自治）が認められ、国家機関の監督に服さないこととされている。これら弁護士会の自律的権能を実効的かつ厳正に行使し弁護士自治を一層実効あらしめることは、弁護士会の国民に対する責務と言うべきである。また、弁護士会が自律的権能を行使する上で、手続の透明化、国民に対する説明責任の実行、それらの運営・運用への国民参加等、国民の意思を適切に反映させる方策を講じることも必要である」と指摘している。

2　特徴的な年度の状況

新受件数が3000件台以上となった年（2007年、2012年、2013年、2016年、2018年、2019年、2022年）には、具体的には、次のような事情がそれぞれ存しており、いずれも後述するいわゆる大量懲戒請求がなされたことがその一因であったものと思われる。

まず、2007年の新受件数が前年の約7倍になったのは、いわゆる光市母子殺害事件の弁護団に対する懲戒請求が8095件あったためである[4)]。

次に、2012年の新受件数が前年の約2倍になったのは、1人で100件以上の懲戒請求をした事案が5例（5例の合計1899件）あったことなどによるものである。

また、2013年の新受件数が前年に引き続き3000件を超えたのは、1人で100件以上の懲戒請求をした事案が5例（5例の合計1701件）あったことなどによるものである。

2016年の新受件数が3000件を超えたのは、1人で100件以上の懲戒請求をした事案が5例（5例の合計1511件）あったことなどによるものである。

2018年の新受件数が前年の4倍となったのは、1人で100件以上の懲戒請求をした事案が4例（4例の合計1777件）あったこと、特定の会員に対する同一内容の懲戒請求が8640件あったことなどによるものである。

2019年の新受件数が3000件を超えたのは、関連する事案につき複数の会員に対する同種内容の懲戒請求が合計1900件あったことなどによるものである。

さらに、2022年の新受件数が3000件を超えたのは、1人で100件以上の懲戒請求をした事案が4例（4例の合計が1097件）あったことなどによるものである。

4）　2007年5月27日放送のテレビのトーク番組において、タレントとしても活動していた弁護士が、いわゆる光市母子殺害事件の弁護団の訴訟活動が懲戒事由に当たるとして、「ぜひね、全国の人ね、あの弁護団に対してもし許せないって思うんだったら、一斉に弁護士会に対して懲戒請求をかけてもらいたいんですよ」「懲戒請求ってのは誰でも彼でも簡単に弁護士会に行って懲戒請求を立てれますんで、何万何十万っていう形であの21人の弁護士の懲戒請求を立ててもらいたいんですよ」等と発言して視聴者に呼び掛け行為をし、同弁護団を構成する弁護士らが所属する弁護士会に多くの懲戒請求がなされたものである。なお、当該呼び掛け行為について、最高裁判所は、不法行為法上違法とはいえないと判示した（最判平成23・7・15民集65巻5号2362頁）。

3　2017年における懲戒請求の状況

2017年に、日本弁護士連合会や弁護士会の会長声明に関し、800人を超える者から全国の21弁護士会に対して懲戒請求がなされた。

後述するとおり、日弁連はこの問題について、2017年12月25日に「全国各地における弁護士会員多数に対する懲戒請求についての会長談話」を発出し、その中で、「当該請求を弁護士に対する懲戒請求として取り上げることは相当ではない」とした上で、「各弁護士会においてしかるべく対処することを期待する」ことを表明した。その結果、各弁護士会が懲戒請求として取り扱わないこととしたため、上記の懲戒請求の件数[5)]は2017年の新受件数（2864件）から除外されている。

Ⅲ　濫用的懲戒請求

1　弁護士法58条1項

前述のとおり、弁護士法58条1項は、「何人も、弁護士又は弁護士法人について懲戒の事由があると思料するときは、その事由の説明を添えて、その弁護士又は弁護士法人の所属弁護士会にこれを懲戒することを求めることができる」と定めている。当該条文を踏まえ、日弁連のホームページにおいても、「弁護士等に対する懲戒の請求は、事件の依頼者や相手方などの関係者に限らず誰でもでき、その弁護士等の所属弁護士会に請求します（同法58条）」と紹介されている。その趣旨についても既に言及したとおり、懲戒権の適正な発動と公正な運用を担保するため、公益的見地から一般の人々に対し権利として認められているものである[6)]。

5）　本件大量懲戒請求は、大きく2回に分けて約13万件、約3万2000件請求され、合計約16万2000件に達したとされる。

6）　前掲最判平成23・7・15において、竹内行夫裁判官の補足意見は、「弁護士法58条1項は、『何人も』懲戒の事由があると思料するときはその事由を添えて懲戒請求ができるとして、広く一般の人に対して懲戒請求権を認めている。これは、弁護士に対する懲戒については、その権限を自治団体である弁護士会及び日本弁護士連合会に付与し国家機関の関与を排除していることとの関連で、そのような自治的な制度の下において、懲戒権の適正な発動と公正な運用を確保するために、懲戒権発動の端緒となる申立てとして公益上重要な機能を有する懲戒請求を、資格等を問わず広く一般の人に認めているものであると解される」と述べる。

また、同最判において、須藤正彦裁判官の補足意見は、「弁護士法上、『何人も』懲戒請求の申出が認められる（弁護士法58条1項）。その趣旨は、弁護士にあっては、主権者たる国民によりいわゆる『弁護士自治』が負託され、弁護士の懲戒権限が、弁護士会に固有の自律的権能として与えら

2　濫用的懲戒請求に関する最高裁の判断

このように懲戒請求権は、広く何人にも付与されているが、それは、濫用的な請求を許容するものではない。

この点に関し、最高裁は、「懲戒請求を受けた弁護士は、根拠のない請求により名誉、信用等を不当に侵害されるおそれがあり、また、その弁明を余儀なくされる負担を負うことになる。そして、同項〔筆者注：弁58条1項〕が、請求者に対し、恣意的な請求を許容したり、広く免責を与えたりする趣旨の規定ではないことは明らかである」とした上で、「同項に基づく請求をする者は、懲戒請求を受ける対象者の利益が不当に侵害されることがないように、対象者に懲戒事由があることを事実上及び法律上裏付ける相当な根拠について調査、検討をすべき義務を負うものというべきである」「同項に基づく懲戒請求が事実上又は法律上の根拠を欠く場合において、請求者が、そのことを知りながら又は通常人であれば普通の注意を払うことによりそのことを知り得たのに、あえて懲戒を請求するなど、懲戒請求が弁護士懲戒制度の趣旨目的に照らし相当性を欠くと認められるときには、違法な懲戒請求として不法行為を構成する」と判示した（前掲最判平成19・4・24）。

最高裁の上記判示は、訴えの提起が不法行為に当たるための要件と類似しており、比較して検討することが有益である。最高裁は、訴えの提起の不法行為該当性について、主張に事実的・法律的根拠がないと事実認定されたことを前提としつつ、「そのことを知りながら又は通常人であれば容易にそのことを知りえたといえるのにあえて提起したなど、訴えの提起が裁判制度の趣旨目的に照らして著しく相当性を欠くと認められるときに限られる」と判示している（最判昭和63・1・26民集42巻1号1頁）。訴えの提起と懲戒請求申立てとのそれぞれの不法行為該当性について、最高裁は、大要、①前者については「通常人であれば容易にそのことを知り得たのに」とされているところ、後者については「通常人であれば普通の注意を払うことによりそのこと

れているところ、その権限の行使が適正になされるためには、それについて国民の監視を受けて広く何人にも懲戒請求が認められることが必要であるからということにある。言うまでもなく、弁護士自治ないしは自律的懲戒制度の存立基盤をなすのは、主権者たる国民の信認であるから（「信なくば立たず」である。）、この面からも懲戒請求が認められる者の範囲は広くかつ柔軟に解されるべきであって、厳格な調査、検討を求めて、一般国民による懲戒請求の門戸を狭めるようなことがあってはならないし、また、弁護士会によっても、懲戒事由がある場合について、懲戒請求が広く推奨されたりするところである」と述べる。

を知り得たのに」とし、②前者については「裁判制度の趣旨目的に照らして著しく相当性を欠くと認められるときに限られる」とされているところ、後者については「弁護士懲戒制度の趣旨目的に照らし相当性を欠くと認められるときには」としている。つまり、最高裁は、弁護士に対する懲戒請求について、訴えの提起の違法性について前掲最判昭和63・1・26が示した基準と比較して、懲戒請求者に対してより厳しい注意義務を課して、訴えの提起よりも不法行為の成立範囲を広く認める基準を採用したものといえる[7)]。

3　下級審の裁判例の動向

上記最判平成19・4・24の判断は、その後の下級審の裁判例においても踏襲されており[8)]、当該懲戒請求が違法または適法とそれぞれ判断した判例には、たとえば、以下のものがある（ここでは、後述するいわゆる大量懲戒請求ではない事案に限定して列挙する）。

(1)　懲戒請求が適法と判断した事例

①東京地判平成20・8・26判タ1283号157頁
②東京地判平成23・3・25判時2115号57頁
③東京地判平成28・2・8判時2330号56頁
④東京地判平成28・10・4 TKC 25538127

7）　このような判断基準を採用するにあたっては、次のような点が考慮されたものとされる（高橋譲「判解」『最高裁判所判例解説（民事篇）平成19年度』362頁）。まず、裁判を受ける権利が憲法上の権利であるのに対し、弁護士の懲戒請求権は公益の観点から認められた法律上の権利であることが挙げられる。すなわち、法的紛争の解決を求めて訴えを提起することは原則として正当な行為であり、提訴者が敗訴の確定判決を受けたことのみによって、直ちに当該訴えの提起が違法とはならないが、懲戒請求権は、弁護士会または日弁連の自主的な判断に基づいて、弁護士の綱紀、信用、品位等の保持を図るという目的を達成するため、公益的見地から一般の人々に対し特に認められたものであり、懲戒請求権個人の利益保護のためのものではないからである（前掲最判昭和49・11・8）。また、紛争解決を目的とする民事訴訟の提起と被懲戒者である弁護士に非難を向ける懲戒請求とは性質が異なり、被告となる者と被懲戒者となる者が受ける不利益にも差異があり、懲戒請求はむしろ、告訴・告発の制度に類似する側面があるといえることも挙げられている。

8）　上記の最高裁の判断を前提としていない下級審の裁判例として、たとえば、東京地判昭和62・9・28判時1281号111頁（懲戒請求は違法）、東京高判平成元・3・22判タ717号132頁（違法）、東京地判平成4・3・31判時1461号99頁（違法）、東京地判平成5・11・18判タ840号143頁（違法）、東京高判平成9・9・17判時1649号124頁（適法）、名古屋地判平成13・7・11判タ1183号249頁（違法）、神戸地裁平成15・4・18判時1837号74頁（違法）、東京地判平成17・2・22判タ1183号249頁（違法）、宇都宮地足利支判平成17・3・16民集61巻3号1121頁（最高裁判決の1審・違法）、東京高判平成17・8・25民集61巻3号1139頁（最高裁判決の原審・適法）、東京地判平成19・6・25判時1989号42頁（違法）がある。

⑤大阪地判平成29・1・20判タ1445号229頁
⑥東京地判平成31・3・26 TKC 25580966
⑦東京地判令和3・9・28 TKC 25601343
⑧東京地判令和3・10・21 TKC 25601835
⑨東京地判令和5・6・1 TKC 25598486
⑩東京地判令和5・6・26 TKC 25597486

(2) 懲戒請求が違法と判断した事例

①東京地判平成26・7・9判時2236号119頁
②東京地判平成27・2・20（判例集未登載・上記（2）①の第2次訴訟）
③東京地判平成28・11・15 TKC 25538826（上記（2）①の第3次訴訟）
④広島高判平成31・3・14判時2474号106頁

Ⅳ　大量懲戒請求[9)]

1　大量懲戒請求の特徴

上記Ⅱ2および同3において述べたとおり、2007年から、その後少し間をおいて、2012年、2013年、2016年、2017年、2018年、2019年、2022年において、いわゆる大量懲戒請求の現象が発生した。

もとより大量懲戒請求であるとしても、その一事をもって、直ちに濫用的な懲戒請求になることを意味するものではない。しかし、上記の各年度における大量懲戒請求は、たとえば、当初の懲戒請求に対し審査不相当と議決したことを理由として、綱紀委員会の委員全員や弁護士会の理事者を対象に懲戒請求がなされたり、弁護士会の活動や意見表明を契機として、弁護士会長や所属する会員全員に対する懲戒請求がなされるなど、従前想定し得なかった濫用的な内容であるとともに、特定の者から多数の弁護士に対して、または多数の者から特定の弁護士に対して、同時に懲戒請求がなされたものであった。

特に、2017年における大量懲戒請求は、日弁連や弁護士会の会長声明に

9）　後掲2019年4月11日付「濫用的懲戒請求への対応及び本人確認書類の提出を義務化する場合のモデル会規改正について（通知）」において、「多数の請求者から又は多数の会員に対する懲戒請求をいう」と説明されている。

関し、800人を超える者から全国の21弁護士会に対して懲戒請求がなされたものであった。当該大量懲戒請求は、日弁連が2016年7月29日に「朝鮮学校に対する補助金停止に反対する会長声明」を発し、各地の弁護士会が同様の意見表明をしたことに対して批判する点で共通しており、特定の団体または個人がブログで賛同者を募り、当該ブログの閲読者と思われる多数の者が、全国の弁護士会に対して、日弁連または弁護士会の役員に対しては意見表明の決定・執行の責任者であることに基づき、在日韓国人・朝鮮人の会員に対してはその属性に基づき、さらには会長声明に全く関与していない会員に対しても懲戒請求をしたものであり、もとより個々の弁護士の非行を問題とするものではなかった。

2　大量懲戒請求に関する司法判断

2017年になされた大量懲戒請求については、懲戒請求を受けた弁護士が自ら原告となり、懲戒請求を行った者を被告として損害賠償請求訴訟を提訴している。たとえば、以下の判例において、前掲最判平成19・4・24の基準を前提とした上で、当該懲戒請求は違法であり不法行為を構成するとして、原告となった弁護士の請求がいずれも認容されているが、これらの訴訟は、在日韓国人・朝鮮人の会員を含め、会長声明に全く関与していない会員が提訴したものである。

①東京地判平成30・10・23 TKC 25562093
②横浜地判平成31・4・11 TKC 25563113
③東京地判平成31・4・12 TKC 25563558
④東京高判令和元・5・14 TKC 25570263[10]（上記①の控訴審判決）
⑤東京地判令和元・5・27 TKC 25580045
⑥東京高判令和元・10・3 TKC 25569550（上記③の控訴審）

10）在日韓国人の弁護士を標的とした大量懲戒請求について、当該判決は、「本件会長声明の発出主体ではなく、東京弁護士会の役員でもない一審原告が対象弁護士とされたのは、専らその民族的出身に着目されたためであり、民族的出身に対する差別意識の発現というべき行為」として、人種差別であることを明確に認定した。また、2018年7月24日付沖縄弁護士会会長声明は、「当該会員のバックグラウンドを根拠に狙い撃ちしたものであることが明らかである。そうであるとすると、かかる請求部分は、人がみな本質的に平等であり、人種、民族性、宗教ないし性別等にかかわらず、個人としてその尊厳が保護されるべきとの価値観を真っ向から否定するヘイトスピーチ、あるいはそれと同種の行為であるといわざるを得ず、当会は、その意味においても、断じてこれを容認することが出来ない」と指摘している。

⑦最決令和元・10・29 TKC 25564541（上記④の上告審）
⑧静岡地判令和元・11・7 TKC 25564547
⑨名古屋高判令和元・12・11 判例集未登載
⑩東京地判令和2・7・3 TKC 25585666
⑪最決令和2・10・21 判例集未登載（上記⑨の上告審）
⑫最決令和2・10・28 TKC 25569884（上記⑥の上告審）
⑬名古屋地判令和3・12・16 TKC 25571898
⑭東京地判令和4・4・15 TKC 25605319
⑮東京地判令和4・7・6 TKC 25606745
⑯名古屋高判令和4・7・6 TKC 25593197（上記⑬の控訴審）
⑰東京地判令和4・8・8 TKC 25606558
⑱横浜地判令和4・8・25 TKC 25594198

V　大量懲戒請求を含む濫用的懲戒請求への対策

1　綱紀委員会の前置

弁護士法58条1項が何人でも懲戒請求できることとしたことは、弁護士会による懲戒権発動を国民の監視下に置いてその適正な行使を担保することにあったが、そのことは同時に、その中に根拠のない懲戒請求や嫌がらせ目的の懲戒請求が含まれることがありうることを想定していたものであった。

そのため、仮にかかる濫用的な懲戒請求が直ちに懲戒委員会の審査に付されることになると、当該弁護士（弁護士法人）は著しい不利益を受けることとなることから、弁護士法58条2項は、懲戒請求権の濫用によって弁護士らが不利益を被ることのないように、弁護士会が受け付けた懲戒請求事案および弁護士会が自ら懲戒手続の開始を求めた事案について、直ちに懲戒委員会の審査に付すのではなく、綱紀委員会の調査を前置することとした。

2　新たな対策の必要性

しかしながら、特に2017年に発生した大量懲戒請求は、インターネットを中心としたIT技術の進展により、もともと社会的つながりのない個人同士の情報や文書等の流通が極めて容易になり、従来であれば一人ないしは極めて少数からの請求にとどまっていた事案について、インターネット上の呼びかけに呼応して極めて多数の者からなされた懲戒請求であった。過去にも、個々の弁護士会において単発的で規模も数百件程度の大量懲戒請求はなされていたが、それに比しても、2017年になされた懲戒請求は法制定時にはおよそ想定しえなかった大量かつ濫用的内容の懲戒請求であった。

このような状況に至り、濫用的な懲戒請求が結果として懲戒委員会の審査に至らず、綱紀委員会の調査に付されることだけでも、またそもそも懲戒請求がなされること自体だけでも、対象弁護士等において看過できない損害が生じることが改めて認識されることとなった。福原・前掲注2) 247頁は、綱紀委員会の調査の前置に関し、法制定時の立法趣旨として、「懲戒の事由があるとの嫌疑のもとに懲戒委員会に付議されたとあっては、たとえ、その後に事由がないとして懲戒されなかったとしても、その名誉と信用を損ずることははなはだしいものがある。懲戒委員会に付せられたという一事だけで弁護士としては大きな負担である。それゆえ、広く一般からの懲戒の請求を、一応、綱紀委員会に付し、いわばあらごなしをして、その調査の結果その弁護士を懲戒することが相当と認められたときに、弁護士会は懲戒委員会に付議してその審査をさせることとしたのである。かようにして、一般からの懲戒の請求につき、たとえ濫訴ということが起こったとしても、十分にその弊害を防止できるものと考えたのである」と述べていたが、もはや綱紀委員会の前置によっては「濫訴ということが起こったとしても、十分にその弊害を防止できるもの」とは考えることができない事態を招来することとなったのである。

このことは、前掲最判平成19・4・24および前掲Ⅲ3(2)およびⅣ2記載の各判例においても、当該懲戒請求が懲戒委員会の審査に至ったか否かを問うことなく、懲戒請求がされたこと自体について違法な懲戒請求として不法行為を構成する旨判断していることからも明らかである[11)][12)]。

11)　最判平成19・4・24において、田原睦夫裁判官の補足意見は、「弁護士に対する懲戒は、その弁護士が弁護士法や弁護士会規則に違反するという弁護士としてあるまじき行為を行ったことを意味するのであって、弁護士としての社会的信用を根底から覆しかねないものであるだけに、懲戒事由に該当しない事由に基づくものであっても、懲戒請求がなされたという事実が第三者に知れるだけでも、その請求を受けた弁護士の業務上の信用や社会的信用に大きな影響を与えるおそれがあるの

3　2017年会長談話

そこで、日弁連は、2017年の大量懲戒請求事案への対応を検討することとし、同年10月以降の理事会において議論し、同年12月の理事会でこれらを受理しないという取扱いを発表した。その上で、2017年12月25日、「全国各地における弁護士会員多数に対する懲戒請求についての会長談話」を発した。

その内容は、全会員またはそれに準ずる規模の会員に対する懲戒請求は、

である。……弁護士に対して懲戒請求がなされると、その請求を受けた弁護士会では、綱紀委員会において調査が開始されるが、被請求者たる弁護士は、その請求が全く根拠のないものであっても、それに対する反論や反証活動のために相当なエネルギーを割かれるとともに、たとえ根拠のない懲戒請求であっても、請求がなされた事実が外部に知られた場合には、それにより生じ得る誤解を解くためにも、相当のエネルギーを投じざるを得なくなり、それだけでも相当の負担となる。それに加えて、弁護士会に対して懲戒請求がなされて綱紀委員会の調査に付されると、その日以降、被請求者たる当該弁護士は、その手続が終了するまで、他の弁護士会への登録換え又は登録取消しの請求をすることができないと解されており（平成15年法律第128号による改正前の弁護士法63条1項。現行法では、同62条1項）、その結果、その手続が係属している限りは、公務員への転職を希望する弁護士は、他の要件を満たしていても弁護士登録を取り消すことができないことから転職することができず、また、弁護士業務の新たな展開を図るべく、地方にて勤務しあるいは開業している弁護士は、東京や大阪等での勤務や開業を目指し、あるいは大都市から故郷に戻って業務を開始するべく、登録換えを請求することもできないのであって、弁護士の身分に対して重大な制約が課されることとなるのである。弁護士に対して懲戒請求がなされることにより、上記のとおり被請求者たる弁護士の身分に非常に大きな制約が課され、また被請求者は、その反論のために相当な時間を割くことを強いられるとともに精神的にも大きな負担を生じることになる」と述べ、懲戒委員会の審査に至らなくとも、懲戒請求がなされること自体の負担の大きさについて指摘している。

また、前掲最判平成23・7・15において、須藤正彦裁判官の補足意見も、「懲戒請求は、それがなされると、弁護士会は必ず綱紀委員会の調査に付すから（弁護士法58条2項）、対象弁護士は、陳述や資料の提出等を求められ（同法70条の7）、また、『懲戒の手続に付された』ことによって、弁護士会の登録換えや登録取消しができなくなる（同法58条2項、62条1項）から、別の地にての開業や公務員への転職もできなくなるという制約も受け、また、事実上、懲戒請求がなされたということが第三者に知られるだけで、対象弁護士自身の社会的名誉や業務上の信用の低下を生じさせるおそれを生じさせ得、軽視し得ない結果が生ずる」と指摘する。

12）　これに対し、前掲最判平成23・7・15において、竹内行夫裁判官の補足意見は、「広く何人に対しても懲戒請求をすることが認められたことから、現実には根拠のない懲戒請求や嫌がらせの懲戒請求がなされることが予想される。そして、そうしたものの中には、民法709条による不法行為責任を問われるものも存在するであろう。そこで、弁護士法においては、懲戒請求権の濫用により惹起される不利益や弊害を防ぐことを目的として、懲戒委員会の審査に先立っての綱紀委員会による調査を前置する制度が設けられているのである。現に、本件懲戒請求についても、広島弁護士会の綱紀委員会は、一括調査の結果、懲戒委員会に審査を求めないことを相当とする議決を行ったところである。綱紀委員会の調査であっても、対象弁護士にとっては、社会的名誉や業務上の信用低下がもたらされる可能性があり、また、陳述や資料の提出等の負担を負うこともあるだろうが、これらは弁護士懲戒制度が自治的制度として機能するためには甘受することがやむを得ないとの側面があろう」と述べ、濫用的懲戒請求によるものであっても、綱紀審査会の調査の負担については甘受することがやむを得ない側面があるとする。なお、当該最判の法廷意見は、「本件懲戒請求については、同弁護士会懲戒委員会における事案の審査は行われなかったことからすると、本件懲戒請求がされたことにより、第1審原告らに反論準備等のために一定の負担が生じたことは否定することができないとしても、その弁護士業務に多大な支障を生じたとまでいうことはできない」とする。

「懲戒請求の形をとりながらも、その内容は弁護士会活動に対して反対の意見を表明し、これを批判するものであり、個々の弁護士の非行を問題とするものではなく、弁護士懲戒制度は、個々の弁護士の非行につきこれを糾すものであるから、これらを弁護士に対する懲戒請求として取り上げることは相当ではない」として、各弁護士会に対して、「しかるべく対処されることを期待する」というものであった。

このように、日弁連は濫用的懲戒請求に対する方策として、懲戒請求における「対象弁護士の大量性」に初めて着眼し、全会員またはそれに準ずる規模の会員に対する懲戒請求であって、「懲戒請求の形をとりながらも、その内容は弁護士会活動に対して反対の意見を表明し、これを批判するもの」について、懲戒手続きを開始しない（綱紀委員会に事案の調査を求めない）こととしたものである。

4　2018年事務総長通知

次に、日弁連は、2018年2月6日に、大要、大量懲戒請求であって一見して懲戒事由がないことが明白な場合については、各弁護士会の会規等を改正した上で、懲戒請求として受理した事案でも簡易な手続によることなどを可能とする旨の日弁連事務総長名の「大量懲戒請求への対応（通知）」を発した。

同通知は、2017年12月25日付「全国各地における弁護士会員多数に対する懲戒請求についての会長談話」を踏襲して、引き続き懲戒請求における「対象弁護士の大量性」に着眼している。しかし、2017年12月25日付「全国各地における弁護士会員多数に対する懲戒請求についての会長談話」が、全会員またはそれに準ずる規模の会員に対する懲戒請求を要件として懲戒手続きを開始しないこととしていると解されるのに対し、2018年2月6日「大量懲戒請求への対応（通知）」は、全会員またはそれに準ずる規模には至らない会員に対する大量懲戒請求の場合であっても、「一見して懲戒事由がないことが明白な場合」には、懲戒手続きを開始することを前提として、簡易な手続によることができるとしたものである。

なお、「簡易な手続」について、具体的には、「(1)綱紀委員会の調査手続に付すが、綱紀委員会において即日又はこれに近い短時日に迅速な処理を行う。この場合においては、各会の会規に必要に応じて改正を加えることにより、対象弁護士に対して弁明書の提出を求めない扱いも可とする。(2) (1)の手続を行う場合には、綱紀委員会の調査の結果懲戒をしないとの弁護士会の決定が出た場合に、その段階で、①綱紀委員会に調査をさせたこと及び②対象弁護士を懲戒しない旨の決定をしたことを、併せて懲戒請求者及び対象弁護士に通知することも可とする。(3) 綱紀委員会に調査をさせたことの通知及び対象弁護士を懲戒しない旨の決定をしたことの通知（(2) によりこれらを併せて通知する場合を含む。）は、各会の会規につき所要の改正を行うことにより、必ずしも配達証明付きの郵便によらずとも、一般書留、簡易書留、特定記録郵便のような郵便物の郵便局による引受が証明され、特定の住所宛に配達されたこと及びその日時が何らかの形で追跡できる方法による書面通知をもってすることも可とする」と説明されている。

併せて、「補足説明」として、「本通知にかかる簡易な手続をとるかどうかは、『多数』にあたるかどうか、及び懲戒事由がないことが一見して明らかであるかどうかを含め、懲戒請求が提出された各弁護士会においてまず判断いただくことである。ただし、上記 (1) については、各弁護士会が本通知にかかる簡易な手続が相当と判断しても、綱紀委員会が通常どおりの手続が適切であると考えれば、綱紀委員会の手続に付されている以上、綱紀委員会の考えが優先することとなる。また上記 (2) については、通知の方法の選択は各弁護士会の判断によるものの、通知の方法について綱紀委員会に意見がある場合は、綱紀委員会の意見を尊重すべき場合も多いであろう」との説明が付されている。

5　2019 年事務総長通知

引き続き日弁連は、2019 年 4 月 11 日に、大要、一定の濫用的懲戒請求事案について、限定的な範囲で手続不開始（綱紀委員会に付議しない取扱い）とすることも許容される旨の日弁連事務総長名の「濫用的懲戒請求への対応及び本人確認書類の提出を義務化する場合のモデル会規改正について（通知）」を発した。

具体的には、(1) 懲戒請求の内容により手続不開始が可能な事案に該当する事案類型として、①既に先行して綱紀委員会の議決に基づいて不相当の決定を出している事案について、同一人による同一事由の同一会員に対する繰り返し請求については、懲戒の手続を開始しないことができる。②既に先行して綱紀委員会の議決に基づいて不相当の決定を出している事案について、異なる請求者による同一事由の同一会員に対する大量請求（または繰り返し請求）における後行事案については、懲戒の手続を開始しないことができるとし、また、(2) 懲戒請求の手続において手続不開始が可能な事案に該当する事案類型として、綱紀委員会および綱紀手続に関する弁護士会会規において、本人確認書類の提出を請求者に義務付け、懲戒請求書書式に明記する等広く周知しているにもかかわらず、本人確認書類が提出されない場合については、懲戒の手続を開始しないことができる、とするものである。

この中で、上記 (1) ①に関し、同一内容による複数回の懲戒請求については、従来、一時不再理または二重の危険の禁止の趣旨から再度懲戒手続を行うことは相当でないとされつつ、内容の同一性については実質的な判断を要する場合が多いであろうことから、綱紀委員会の調査を求め、その判断を待つべきと解されてきた。これに対し、今回の通知においては、実質的な同一性判断を要しない場合、すなわち、懲戒請求書そのものが先行事案と外形上全く同一内容であるような場合や、懲戒請求書から一義的に対象事実の同一性が確認し得る場合には、先行する懲戒請求によって弁護士会による自律的な懲戒手続の発動の端緒は与えられており、また、既に綱紀委員会で議決がなされていることからすれば、後行事案についても同一の結論を出すほかなく、再度の調査に付す意義はないことを踏まえ、既に先行して綱紀委員会の議決に基づいて不相当の決定を出している事案について、後行事案の懲戒請求書そのものが外形上全く同一内容である場合および懲戒請求書から一義的に対象事実の同一性が確認できる場合は、手続不開始とすることができると考えられた旨説明されている（なお、その同一性の判断については慎重であるべきで、最初の繰り返し請求については、原則どおり綱紀委員会の調査に付すことも考えられる旨付言されている）。

また、上記 (1) ②に関し、今回の通知は、請求者が異なる場合であっても、既に先行して綱紀委員会の議決に基づいて不相当の決定を出している事案について同一事由による懲戒請求がなされ、その同一性が明白に懲戒請求書から判断できるとき（懲戒請求書そのものが外形上全く同一内容である場合および懲戒請求書から一義的に対象事実の同一性が確認し得る場合）には、既に客観的に同一といえる事案について綱紀委員会において透明性のある厳正な手続による判断を経由しているから、改めて綱紀委員会に同一性の実質的判断を求める理由はなく、したがって、このような類型についても、一時不再理または二重の危険の禁止を理由に後行の事案を手続不開始にし得る旨説明している（ただし、手続不開始の対応は、あくまでも弁護士懲戒制度の適正な運用を維持するために必要な限りでなすべき措置であり、単発または少数による繰り返し請求に対する手続不開始の措置はより慎重に判断すべきである旨付言されている）[13)]。

併せて、「留意点」として、「本通知は、一定の濫請求事案については懲戒請求であったとしても手続不開始の取扱いをなし得る場合があることを示すものである。ただし、手続不開始となし得るかどうかは個別の事案によって判断を異にするものであって、一定の類型の請求について手続不開始の取扱いを推奨するものではない。各弁護士会においては、本通知の考え方を踏まえ、個別事案に応じ、手続不開始の取扱いをなし得るかにつき慎重に判断されるよう望むものである」との説明もなされている。

以上のとおり、2019年4月11日付「濫用的懲戒請求への対応及び本人確認書類の提出を義務化する場合のモデル会規改正について（通知）」は、「対象弁護士の大量性」に着眼することはせずに、上記（1）①、②および上記(2) の3つの場合について懲戒手続不開始の対象としうることを確認したものである。

13）　なお、当該通知は、異なる請求者による同一事由の請求が複数同時になされた場合には、その一部を先行処理し、その余を保留し、先行事案の結論を出してから保留している事案を手続不開始とすることはできないとしている。その理由として、先行事案について何ら綱紀委員会での判断もなされていないにもかかわらず、一部の事案の受理手続を保留する合理的理由は見当たらず、また、同時になされた請求のうち一部のみを受理することは、その選択が恣意的になる余地もあり、さらに、懲戒請求者には陳述等（弁70条の7）や、異議申出（弁64条）などの機会が付与されているにもかかわらず、一部先行処理事案とその余の事案での機会付与の有無を異ならせる合理的理由もないことを挙げている。

また、先行事案の懲戒手続中に同一事由の後行事案が懲戒請求された場合についても、先行事案の決定を待ち手続不開始とすることはできず、後行事案も手続を開始すべきであるとしている（ただし、先行事案について決定が切迫しているなどの特別な事情があり、併合しての調査が見込めないなどの場合には、先行事案の決定を待った上で、手続不開始の取扱いをすることを許容する余地もある旨付言されている）。

6　2020年事務総長通知

さらに、日弁連は、2020年3月27日に、前掲2019年4月11日付「濫用的懲戒請求への対応及び本人確認書類の提出を義務化する場合のモデル会規改正について（通知）」において示された手続不開始が可能な事案における異議申出の可否に関する方針をとりまとめ、日弁連事務総長名の「濫用的懲戒請求事案について弁護士会が手続不開始とした事案に対する異議の申出について（通知）」を発した。

7　濫用的懲戒請求に対する対処方針

その後、日弁連は、2023年3月に設置された懲戒手続の諸問題に関する検討ワーキンググループの答申書に基づき、執行部において「大量懲戒請求、業務妨害的懲戒請求その他の濫用的懲戒請求に対する対処方針」を取りまとめ、2024年3月理事会において承認された。本対処方針においては、当面の方策として、懲戒手続の簡易処理および不開始について、弁護士会が従前の取扱いよりも拡大した対応を採り得ることを確認した[14)]。具体的には、下記（1）のとおり、これまでは「懲戒すべきでないことが一見して明らかであると認めるとき」について、「対象弁護士の大量性」に着眼して簡易処理を認めていたが、「対象弁護士の大量性」を捨象して簡易処理を認めることとしたものであり、また、下記（2）のとおり、「対象弁護士の大量性」に着眼することなく、①〜③の場合には懲戒手続不開始の対象としうることを確認したものである。

(1) 簡易処理の拡大について

2018年2月6日付「大量懲戒請求の対応について（通知）」では、懲戒請求が大量である場合に限って簡易処理を認めていたところであるが、今後は、懲戒請求が大量である場合に限らず、「懲戒すべきでないことが一見して明らかであると認めるとき」に該当すれば、弁護士会は簡易処理の手続を選択し得る[15)]。

---

14)　なお、本対処方針案は、残された今後の検討課題として、濫用的懲戒請求に関する①被害弁護士に対する支援体制の構築、②一律の実費予納および限定的費用徴求の導入の可能性について、引き続き検討を継続することを確認している。

15)　2018年2月6日付「大量懲戒請求の対応について（通知）」では、簡易処理の要件として「大量性」を要求していたところ、これに基づくモデル会規の条文上では「大量性」を要求しなかった

(2) 手続不開始の拡大

①異なる請求者による、同一事由に基づく、同一会員に対する懲戒請求で、先行案件係属中に後行案件の懲戒請求がなされたものに該当する案件について、先行案件についての議決が切迫しているなどの特別な事情があれば、併合の可否を問わず、先行案件の結論を待った上で後行案件について手続不開始とし得るものとする。

②以下の要件、すなわちⒶ懲戒請求が事実上または法律上の根拠を欠く場合において、懲戒請求者が、そのことを知りながらまたは通常人であれば普通の注意を払うことによりそのことを知り得たのに、あえて懲戒を請求するなど、懲戒請求が弁護士懲戒制度の趣旨目的に照らし相当性を欠くと認められるときであること、Ⓑ上記Ⓐに該当することが、弁護士会執行部にとって明白であり、これを立証し得る十分な証拠が保持されていること、Ⓒ上記Ⓑの判断について、たとえば、綱紀委員会との協議および手続不開始の処理についての意見の一致等弁護士会執行部の恣意性を排除する手続的な措置が講じられていることの各要件が充足される場合については、手続不開始の処理をなし得るものとする（ただし、手続不開始の処理は例外的なものであり、みだりにこれを行うとすれば懲戒制度への市民の信頼を損ない、弁護士自治を危うくしかねないものであることから、上記ⒶからⒸの要件充足の判断は、特にⒶの要件充足の判断に関する裁判例の動向にも十分注意を払いつつ、慎重になされるべきである。仮に濫用的懲戒請求ではないかと疑われる事案があったとしても、簡易処理の手続によって処理することも検討すべきである）。

③なお、以上に加えて、書面の記載を総合的に考察した結果懲戒請求を行う趣旨と解釈できないものについては、これを懲戒請求として扱わず、手続不開始とし得る（ただし、懲戒請求を行う趣旨ではないことが弁護士会執行部にとって明白であり、この点を客観的に裏付け得る証拠が保持されていること、および、当該判断について弁護士会執行部の恣意性を疑われぬよう手続的措置が講じられていることを要するものと解される）。

ため、若干の齟齬が存在していたが、本対処方針において改めて整合的なものとされたものと解される。

Ⅵ　今後の弁護士懲戒制度の運用のあり方

弁護士懲戒制度が、基本的人権を擁護し社会正義を実現することを使命とする弁護士の信頼性を維持するための重要な制度であり、弁護士自治を支える根幹であることは今後も不変である。

そのためには、懲戒権の適正な行使に支えられた懲戒制度の運用が求められるところであり、何人にも懲戒請求権を与え、また、原則として懲戒請求を受け付けた弁護士会は綱紀委員会に調査させることとした法の趣旨はこれからも限りなく尊重される必要がある。もし万が一にも懲戒権行使に対する行き過ぎた制約が生じることがあれば、透明性と公正性を確保しつつ弁護士職務の適正性を図ろうとした趣旨が損なわれることになりかねない。

他方で、大量懲戒請求を含む濫用的懲戒請求によって、基本的人権を擁護し社会正義を実現する弁護士の使命が脅威にさらされることがあれば、弁護士自治を支える根幹である弁護士懲戒制度自体が弁護士自治の目的を損ないかねないこととなる[16)]。

どこまでが正当な懲戒請求か、どこからが濫用的な懲戒請求なのかについて、前掲最判平成19・4・24は有益な基準を提示したが、想定を超えた大量懲戒請求の多発は日弁連において懲戒請求権のあり方を再考する契機となり、上述のとおり、「対象弁護士の大量性」に関連しない場合においても、手続不開始や簡易処理の拡大に至っている。

同時に、2018年2月6日付「大量懲戒請求への対応（通知）」における「補足説明」、2019年4月11日付「濫用的懲戒請求への対応及び本人確認書類の提出を義務化する場合のモデル会規改正について（通知）」における「留意点」、さらに、2024年3月理事会承認の本対処方針における付言において、手続不開始や簡易処理の拡大にふさわしい類型的要件を明らかにしつつも、

16)　前掲・須藤裁判官の補足意見は、大量懲戒請求が弁護士に与える脅威について、「弁護士会の懲戒制度の運用や結論に不満があるからといって、衆を恃んで懲戒請求を行って数の圧力を手段として弁護士会の姿勢を改めさせようとするのであれば、それはやはり制度の利用として正しくないというべきである」「多数の懲戒請求によってある弁護活動を一定の方向に誘導しようとする一種の社会的勢力ないしは政治的勢力によって懲戒請求がなされた場合も、弁護活動を著しく抑圧するおそれがあろう（懲戒請求のそのような利用は、むしろ国家権力の干渉よりも大きな脅威になるおそれさえなしとしない。）」

当該要件に該当しない個別事案が発生する可能性を完全に排斥しえない点について留保を付し、懲戒権行使に対する行き過ぎた制約が生じることがないように、最終的には個別事案に即して慎重さに万全を期する検討または手続を推奨している。

今後も弁護士懲戒制度の運用の改善に際しては、引き続き同様の姿勢を堅持する必要があるとともに、弁護士の不祥事に厳格に対応し、弁護士自治の堅持とともに社会の信頼を維持していかなければならない[17]。

17）　前掲・田原裁判官の補足意見は、「弁護士法の定める弁護士懲戒制度は、弁護士自治を支える重要な機能を有しているのであって、その懲戒権は、適宜に適正な行使が求められるのであり、その行使の懈怠は、弁護士活動に対する国民の信頼を損ないかねず、他方、その濫用は、弁護士に求められている社会正義の実現を図る活動を抑圧することとなり、弁護士会による自縄自縛的な事態を招きかねないのである」と指摘する。

10　弁護士会の指導監督権の限界

高中正彦

Ⅰ　はじめに――問題の所在

弁護士法31条1項は、弁護士会の目的につき、「弁護士及び弁護士法人の使命及び職務にかんがみ、その品位を保持し、弁護士及び弁護士法人の事務の改善進歩を図るため、弁護士及び弁護士法人の指導、連絡及び監督に関する事務を行うこと」であると定め、弁護士および弁護士法人の指導連絡監督事務を行うことが弁護士会の目的であるとする[1)2)]。一見すると、弁護士の活動全般について弁護士会が指導監督ができると考えることが可能であり、現に、そのような考えのもとに、相手方弁護士の個別の職務活動に対して弁護士会の指導監督を要求する弁護士会宛の苦情電話はかなりの数に達してい

1）　日本弁護士連合会の目的もほぼ同様に規定されているが（弁45条2項）、ここでは弁護士に対する第一次の指導監督権を有する弁護士会に限定して叙述を進める。また、弁護士法人に対する指導監督については、割愛する。
2）　行政手続法には行政指導の規定が置かれているが（2条6号、32条以下）、これには規制的行政指導、助成的行政指導、調整的行政指導の3種類があるとされる。塩野宏『行政法Ⅰ〔第6版〕』（有斐閣、2015年）221頁。弁護士会の指導についても、同様な分類ができるであろう。ただ、本稿で問題とするのは規制的指導である。

るし、弁護士の大きな不祥事が発覚すると、一部のマスコミでは、弁護士会の指導監督権の不行届きを弾劾する報道がなされることがある。しかし、弁護士会の弁護士に対する指導監督権には、弁護士の私生活上の自由の保障、弁護士の職務の独立性保障の面からの制約ないし限界があり、決して万能なわけではない。また、弁護士会には所属弁護士に対する懲戒権があるが、指導監督権と懲戒権の棲み分けについても、整理しておく必要がある。

Ⅱ　弁護士会の歴史

弁護士会の指導監督権を論ずるためには、弁護士会の歴史を振り返っておくのが有用である。

1　代言人規則による代言人組合

わが国の弁護士会の歴史は、1880（明治13）年の代言人規則（明治13年5月13日司法省布達甲1号）によって設立を義務づけられた代言人組合に始まる。そのような代言人組合の設立強制制度を導入したのは、当時の代言人の取締り強化策の1つとして、自治組織としての代言人組合を設立させ、指導監督の任を担わせようとしたためである。代言人という職がわが国で公認されたのは、1873（明治5）年の司法職務定制（明治5年8月3日太政官無号達）によってであるが[3]、それは、廃藩置県や官制改革を経て司法が明治政府の所管となり、裁判手続整備の一環をなすものであった。ところが、代言人の資格要件が全く定められなかったために江戸時代から存在した公事師[4]が代言人となり、その行動に世間の顰蹙を買う者がいたために、明治政府は、1877（明治9）年の代言人規則（明治9年2月22日司法省布達甲第1号）において、司法卿の免許状制度を導入した（免許代言人と呼ばれる）。しかし、依然代言人の資格要件に関する規律がなく、世間から問題視される代言人が絶えることが

3）　司法職務定制10章43条は「自ラ訴フル能ハサル者ノ為ニ之ニ代ハリテ其訴ノ事情ヲ陳述シテ冤枉ナカラシム」と規定した。なお、そこでは、代書人（現在の司法書士）と証書人（現在の公証人）の職務も規定されており、フランスの司法制度が大きく影響している。

4）　公事師は、江戸時代において公事（訴訟）のために出府した人が宿泊した宿（公事宿）の主人や手代が奉行所内での公事の進め方を伝授したり書類を代筆したりしたことから生まれたものである。その質は千差万別であり、品性や教養に欠ける者がいたため、世間からはしばしば蔑視の対象とされた。髙中正彦『弁護士法概説〔第5版〕』（三省堂、2020年）2頁。

なかった（三百代言の弊害）[5]。また、代言人組合の役員選挙の苛烈さも世の批判を浴びていた[6]。そこで、明治政府は、代言人の取締りを強化することとなり、1881（明治13）年の代言人規則において、代言人組合を各地方裁判所ごとに設立することを強制し、代言人取締りの役割を負わせることにしたのであった。代言人組合は、地方裁判所の本庁と支部ごとに設立するものとされ、規則（会則）制定は検事の照閲（検閲）を要するものとされた。また、代言人に対する懲戒権は、検事が有していた。代言人組合が自治組織とされても、実体は所属代言人の取締組織であったのである。

2　旧々弁護士法における弁護士会

1889（明治22）年2月に大日本帝国憲法が発布され、翌1890（明治23）年には、裁判所構成法、民事訴訟法、刑事訴訟法が続けて制定されて、司法に関する法整備が進んだが、独り弁護士に関する法律の制定が地域制限や審級制限を巡る政府と弁護士側の対立等によって遅れた。しかし、1893（明治26）年3月、ようやく弁護士法（明治26年3月4日法律7号。旧々弁護士法）が制定された。そこでは、地方裁判所ごとに弁護士会の設立が強制され、弁護士は、弁護士会に加入した後でなければ職務を行い得ないとされて強制加入制が採られたが、その弁護士会は所属地方裁判所検事正の監督を受けるものとされた。長島毅は、旧々弁護士法下の弁護士会は「弁護士統制の自治機関」であると述べているが[7]、監督権者である司法大臣および検事正の監督のもとに所属する弁護士の統制をすることが任務とされたのであって、そこでは弁護士の個別の職務行為に対する指導監督には限界があるなどという議論は微塵も見られない。

5）　三百代言とは、競争が激化した中で青銭三百文、玄米一升という廉価で代言を引き受ける代言人を揶揄した言葉といわれる。堕落した代言人の姿を叙述したものとして、大野正男「職業史としての弁護士および弁護士会の歴史」同編『講座現代の弁護士2　弁護士の団体』（日本評論社、1970年）51頁。

6）　代言人組合が設立されるや、その役員選挙ではすさまじい派閥闘争が繰り返された。明治13年代言人規則21条には「会長及ヒ副会長ト雖モ代言ノ職業ニ付テハ一般ノ代言人ト異ナルナシ」という規定がわざわざ置かれていることから見ると、何らかの利権争いがあったことが窺える。役員選挙を巡る内紛とこれに端を発した分裂は、弁護士会になっても続き、戦時体制になってようやく収束している。大野・前掲注5）28頁。これを厳しく批判したのが三ケ月章「現代の法律家の職能と問題点——弁護士」同『民事訴訟法研究6巻』（有斐閣、1972年）335頁。

7）　長島毅『弁護士法（現代法学全集8巻）』（日本評論社、1928年）277頁。

3　旧弁護士法における弁護士会

旧々弁護士法施行後も、弁護士の地位向上、職域拡大を目指す弁護士側の改正運動は続いたが、1933（昭和8）年に、弁護士法が大改正され（昭和8年5月1日法律53号。旧弁護士法）、法廷外への職務の拡大、弁護士の監督権者の司法省格上げ等が実現した。弁護士会についても、旧弁護士法29条1項は、「弁護士会ハ法人トス」と定めて法人格が付与された。さらに、同条2項は、弁護士会の目的につき、現行弁護士法に近い「弁護士ノ品位ノ保持及弁護士事務ノ改善進歩ヲ図ル」ことと規定した。その意義につき、金子要人は、「弁護士は国家司法の補助機関であってこの弁護士の品位向上は国家司法の公正なる遂行を助長し、その事務の改善進歩もまた国家司法の公正敏速なる遂行と公衆の権利伸長をもたらすことになる（現代文に改めた。以下同じ）」「弁護士は……私益的職務」とともに「公正なる裁判をなさしむるための補助者たる司法機関であるという公益的職務を有している」から「弁護士を統制するところの自治機関たる弁護士会が国家権力の監督を受けることは当然のことである」と述べている[8)]。

ここでも、弁護士の個々の職務行為に対する指導監督には限界がある等という思考は全く認めることができない。

4　現行弁護士法における弁護士会

第2次世界大戦後における日本国憲法の制定により、わが国の法体系は根本的な変更を余儀なくされたが、弁護士法もその1つであった。1949（昭和24）年制定の現行弁護士法では、弁護士会を監督する国家機関は存在しなくなり、弁護士名簿の登録は日本弁護士連合会が行い、弁護士の懲戒権も所属弁護士会が有することとなって、ほぼ完全な自治権を持つことになった。そして、第1条に弁護士の使命規定が置かれたことを受け、弁護士会の目的も、31条のとおりになっている[9)]。したがって、弁護士会は、「弁護士統制の自治機関」という法的性格から「基本的人権の擁護と社会正義の実現を使命とする弁護士がその品位を高め自らの弁護士事務の改善進歩を図るために地方

8）　金子要人『改正弁護士法精義』（立興社、1934年）255頁。

9）　三ケ月・前掲注6）319頁は、基本的人権の擁護と社会正義の実現は司法に携わる人に共通する使命であるという。団藤重光『法学の基礎〔第2版〕』（有斐閣、2007年）230頁も、同様の認識を述べる。

裁判所の管轄ごとに設立された自治団体」という法的性格に変質ないし脱皮したというべきである。

そうすると、弁護士会が構成員である弁護士に対して指導監督権を行使することができるのは、基本的人権の擁護と社会正義の実現という使命を達成するために、弁護士職全体についてその品位を高め弁護士事務を改善進歩させるという範囲内における指導監督に限られるという帰結になると考える。この範囲を超えて、弁護士会は指導監督権を行使できないと解すべきである。

Ⅲ　弁護士会の法的性格

弁護士会の指導監督権を論ずる場合に、その法的な淵源は何かを考える必要があるが、そのためには、弁護士会の法的性格を検討することが有益である。

1　公法人

旧弁護士法において弁護士会に法人格が付与されたことにつき、金子要人は、「当然公法人と解釈せらるることであろうと信ずる」と述べ[10)]、福原忠男も、「現行弁護士法では、強制設立、強制加入に加えて国の有する懲戒権を行使する権能が認められており、その公的性質がさらに顕著であるので、公法人であることに疑いを入れる余地はない」と断じている[11)]。しかし、かつては有力であった公法私法二元論は、現在ではほとんどその支持者がなく、公法人と私法人を対置させることについても、過去の議論となっている[12)]。したがって、弁護士会が公法人であることからその指導監督権の根拠や内容を導き出す手法は、採用する限りではないというべきである。

2　公共組合

弁護士会は、公共組合の性格を持つかという議論がある。公共組合とは、行政事務を行うことを目的として設立された公の社団法人と定義されるが、

---

10)　金子・前掲注 8) 256 頁。

11)　福原忠男『増補弁護士法（特別法コンメンタール）』（第一法規、1990 年）166 頁。

12)　我妻榮『新訂民法総則』（岩波書店、1965 年）143 頁、田中二郎『新版行政法（上）〔全訂第 2 版〕』（弘文堂、1974 年）76 頁、塩野・前掲注 2) 28 頁等。

弁護士会がそれに当たれば、行政権の主体という性格から指導監督権が説明できることとなる。公共組合には、強制加入制がとられること、設立・解散についての国家意思の介在があること、国家監督があること、業務遂行に公権力が付与されていること、経費の強制徴収が認められることという特色があるところ[13]、弁護士会の強制加入制や公権力の付与（登録取消し・登録拒絶、懲戒）は、公共性の高い専門職の適正を担保する要請と当該職業の自律性確保の要請との調和を図るために認められたものであって、弁護士会の行うすべての事務を行政事務とする趣旨ではないと解される[14]。そうすると、弁護士会は公共組合には当たらず、行政主体としての地位を認めることはできないと解され、公共組合性からその指導監督権を導き出すこともできないというべきである。

3　同業者団体

東京地判平成14・1・22判時1809号16頁は、弁護士法旧30条3項に基づく営業不許可決定に対する取消訴訟において、「弁護士会は、……本質的には弁護士という共通の職業に就いている者らがその共通の利益を維持増進することを目的として結集しているもので、いわゆる同業者団体の一種である」「同業者団体も、その活動に当たって構成員に一定の規律の保持を求め、それに違反する構成員に制裁を与えることから、権力的な作用を行っているように見えないでもないが、そのような行動は、本来的にはあくまで団体の目的達成のために行われる自治的活動であって、そのことによって同業者団体を公権力の主体とみることはできない」と述べ、同業者団体の行為自体を行政処分として取消訴訟の対象とすることができるのは、当該団体に事務委任をした法律にその旨の明文規定がある場合に限られると判示している[15]。

4　私見

弁護士会は、登録進達拒絶権、登録取消権や懲戒権という自治的行政権限

13)　安本典夫「公共組合」『現代行政法大系7巻』（有斐閣、1985年）287頁。
14)　塩野宏『行政法Ⅲ〔第5版〕』（有斐閣、2021年）123頁、宇賀克也『行政法概説Ⅲ〔第5版〕』（有斐閣、2019年）304頁。
15)　弁護士会の国選弁護人推薦停止決定に対する取消訴訟についての東京地判平成16・2・26判タ1160号112頁も、全く同文である。

を持つ特殊な団体＝法人ではあるが、弁護士会が所属弁護士に対して指導監督権を行使できる法的な淵源は、団体設立の目的に基づいて団体規律・団体秩序を維持し、団体としての対外的信用を保持するために必然的に持たなければならない団体の構成員を統制する権能にあると考える。すなわち、団体は、一般に、設立目的に違背する構成員の行為を統制して、団体の存立を図るものであるが、この本質は、弁護士会であっても変わらないというべきである。弁護士会を「同業者団体」と呼ぶことにはいささかの抵抗感があるが、弁護士の専門職団体ないし職能団体であることは争いようがない。

弁護士会に特有なのは、その設立の目的にある。すなわち、弁護士法31条は、「弁護士の使命及び職務にかんがみ、その品位を保持し、弁護士事務の改善進歩を図るため、弁護士の指導、連絡及び監督に関する事務を行うこと」と規定し、弁護士の基本的人権の擁護と社会正義の実現という公共的使命と弁護士法３条に定める広範な職務権限を指標として、弁護士の品位保持と弁護士事務の改善進歩を図ることを設立の趣旨にしているのであり、団体設立の目的が公益性の極めて高いものとなっている。このことから、構成員である弁護士に対して指導監督権の行使をする範囲が公益目的達成も含む広範なものになっていると考えられる。

Ⅳ　弁護士会の指導監督の具体的イメージ

1　弁護士会の指導監督が問題とされる場面

ここで、弁護士会の指導監督とは、どのようなことをイメージしているのかを確認しておきたい。私は、抽象的な議論をしても得るものがないと考えるので、次のような８つの場面を想定してみたい。

ケースＡ　弁護士会に対し、依頼者という人から、「依頼した弁護士から事件の処理経過に関する報告がない。連絡をほしいと伝えても連絡がない」との苦情があった場面

ケースＢ　弁護士会に対し、依頼者という複数の人から、**ケースＡ**と同様の苦情が続いた場面

ケースＣ　弁護士会に対し、交通事故の被害者という人から、「保険会社の代理人弁護士が自分の休業補償を一方的に打ち切ってきたので、支払い

を再開するように指導してほしい」との苦情があった場面

ケースD　弁護士会に対し、依頼者という複数の人から、「弁護士に債務整理事件を依頼し、和解金を振り込んだが、クレジット会社等から依然督促状が届いており、弁護士が和解金を着服したようなので調べてほしい」との苦情があった場面

ケースE　弁護士会に対し、複数のクレジット会社と複数の依頼者という人から、「債務整理を謳い文句とする広告を出している弁護士の事務所は、事務長しか電話に出ないし、大量の事務職員が事務処理をしていて、事件屋と結託している事務所らしい」との電話と書面が届いた場面

ケースF　弁護士会に対し、テレビを見たという人から、「死刑が確実な極悪人に就いた弁護士は、犯行を否認する弁護活動をし、被害者遺族を愚弄している。そのような弁護活動を止めさせてほしい」と要請してきた場面

ケースG　弁護士会に対し、勾留中の被告人から、「自分の国選弁護人は、3日後に公判が開かれるのに全く接見に来ない。何とかしてほしい」との手紙が届いた場面

ケースH　弁護士会に対し、隣に住むという人から、「隣家の弁護士が私の住居の新築工事について、音がうるさいとか自分の敷地を無断使用している等とクレームを付け、大声を出したり派手な立て看板を掲出したりして困っている。何とかしてほしい」と要請してきた場面

2　弁護士会が行う指導監督の方法

上記の8つの各場面について、弁護士会の指導監督とは、どのようなことをイメージすればよいのであろうか。

ケースA　これを放置しておくことは問題であるとの認識は一致すると予想するが、弁護士会の役員が、当該弁護士の事務所に乗り込み、事件記録を提出させて進行具合をチェックしたうえで、「依頼者に○○○と報告せよ」という指示をすべきだとする意見は少ないであろう。大多数は、「○○氏から電話があったので、善処されたい」と電話または文書で連絡するにとどめるとする考えであろう。

ケースB　多数の事件処理を放置していることが推測され、病気、事故、犯罪等が原因となっている可能性も認められるので、弁護士会には積極的な

関与＝指導監督が求められると考えてよいであろう。問題は、具体的にどのような指導監督をすべきかにある。たとえば、弁護士が重度のうつ病であった場合、当該弁護士に特定の行為をするように指示することは無理であり、その親族等の関係者に善処を求めることができるにとどまるとするのが多数の考えではないかと思う。事故や犯罪に巻き込まれた場合も、これと同じように考えられる。また、事件放置が広告によって大量に事件受任したことに基づく場合も考えられるが、受任を止めるように指示すべきであるとする考えは、少数ではないかと思われる。

ケースＣ　損保会社が休業補償を止めたのには交通事故と休業の因果関係に疑問がある等相応の理由があると思われ、弁護士会の役員が、「○○氏の休業補償を止めたのは可愛そうであるから、再開されたい」と指示すべきだとする論者はまずいないと思われる。結局、○○氏から苦情があった旨のみを告知することとなろうが、それは単なる伝言であって厳密には指導監督ではない。そうすると、**ケースＣ**は、指導監督の場面ではないことにもなる。

ケースＤ　弁護士に和解金を着服横領したとの疑いがかなり濃いと認められる場面である。ここで弁護士会の役員は、当該弁護士に対して苦情が複数届いている旨の伝言をするだけで足りると考える者は、かなり少ないであろう。やはり、何らかの積極的な指導行為が必要であるが、会則上の根拠もなしに、当該弁護士の事務所に乗り込み、関係事件記録をつぶさに点検し、預かり金に関する預金通帳のみならず個人名義の預金通帳をチェックし、不審な出金や送金について説明を求めることについては、無制限で許されるとする論者は少ないと考えられる。弁護士会が所属の弁護士に対して指導監督に関する積極的な措置ができるためには正当な法的根拠が求められることに争いはないであろう。

ケースＥ　非弁提携が強く疑われる事務所であるから、弁護士会は、速やかに対応しないと、ある日突然に事務所が閉鎖される事態が出来し、消費者被害問題に発展しかねない。しかし、その対応策は、強制力のない指導監督権の行使ではなく、懲戒権の発動と被害者の救済対策の実施なのではないかとの意見が多いものと思われる。

ケースＦ　当該弁護人を務める弁護士に対し、犯行を否認せずに認めるようにせよと指導することを是認する論者はまずいないであろう。被疑者・

被告人の基本的人権を擁護するための弁護士の活動方針については当該弁護士の判断を尊重すべきであって弁護士会といえどもこれに容喙すべきではないという認識が浸透しているものと思われる。

ケースG　被告人に接見しない刑事弁護士に問題があることは誰もが認めるところである。しかし、問題は、弁護士会はどうすべきかにあり、公判期日当日に裁判所の接見室でもよいから接見をして被告人の意見を徴するように指導すべきであるという意見、指導しても時機に遅れているから、懲戒請求をするほかないとする意見に分かれるものと思われる。

ケースH　弁護士といえども私生活上の自由がある領域があり、これに職業団体としての弁護士会が正当な理由なく立ち入るべきではないとの考えがほとんどではないかと思われる。しかし、たとえば、「俺は弁護士だ」と大声でわめき散らし、「弁護士○○○○」と大書した立て看板を立てたとすれば、弁護士職全体の信頼を損なうおそれが強いとされ、弁護士会が私生活上の領域まで立ち入ることも許されるとの見解が支配的になろうと思われる。

3　まとめ

以上のように見ていくと、弁護士会の指導監督権の行使が問題となるのは、**ケースB**、**ケースD**、**ケースE**、**ケースG**、一部の**ケースH**に限定されるのではないかと考えられる。そこで、どうして以上のケースについて弁護士会の指導監督が認められるのか、また、どのような指導監督行為ができるのかを以下で深掘りしていくことにしたい。

V　弁護士会の指導監督権の行使方法

1　指導監督方法の限界

さらに、弁護士会の指導監督権はどのような方法で行使されるのかも検討する必要がある。

指導監督の行使方法についての一般的なイメージは、問題のある弁護士を弁護士会に呼び、会長またはその委任を受けた者から口頭で問題行為を指摘したうえで善処を求め、または必要な措置を講ずることを勧告する書面を交付する方法、問題ある弁護士に対して弁護士会の役員が電話をかけ問題行為を指摘してそれを解決ないし解消するように求め、または注意を促して、必要な措置を講ずることを勧告する書面を送付する方法であろう。しかし、このうちの必要な措置を講ずることを勧告する書面を交付する方法および同書面を送付する方法とも、現行弁護士法の下で有効になしえるかが検討されなければならない。弁護士の懲戒は弁護士法57条1項において4つの種類に法定され、それ以外のたとえば「注意処分」「警告処分」等をすることは違法であると見解が有力だからである[16)]。また、司法書士法や行政書士法には、司法書士会や行政書士会が所属の司法書士、行政書士に対して法令違反行為にあたるおそれがある場合に「注意勧告」をすることができる旨の規定があるが（司書61条、行書17条の2）[17)]、弁護士法にはこのような明文規定はなく、その点からも、弁護士会は「注意勧告」に相応する措置を講ずることができないと解することが十分に可能だからである。むろん、弁護士法に規定がなくとも、指導監督権の行使方法として「注意勧告」ができるとの解釈も成り立ち得るが、やはり弁護士にとっての不利益処分の性格を持つ制度について明文規定がないということは、重視せざるを得ないと考える[18)]。

そうすると、会則に別に定めがある場合を除き、弁護士会が所属の弁護士に対して指導監督をする方法として、「注意勧告書」「警告書」等の表題のもとに具体的な法令違反の可能性のある行為を指摘したうえでその是正をすべきことを文書で命ずる方式は、回避すべきこととなり、可能なのは、弁護士に対し、口頭または文書をもって、弁護士としての品位を失うおそれのある行為を指摘し、速やかな問題の解消を求めるという程度にとどめざるを得ないと認められる。

---

16)　髙中・前掲注4）263頁。

17)　小林昭彦＝河合芳光＝村松秀樹編著『注釈司法書士法〔第4版〕』（テイハン、2022年）430頁は、司法書士の品位を保持し、司法書士会の自主性や指導権を強化するため、司法書士会の指導によって所属会員が司法書士法等に違反して懲戒処分の対象となることを未然に防止しようとする趣旨であるとし、懲戒を目的とするものではなく、司法書士会の目的の1つである会員に対する指導方法の1つとして位置づけられるとする。

18)　大阪地判平成19・1・30判時1978号32頁は、司法書士会による所属司法書士に対する注意勧告は、所属司法書士に対する事実上の不利益とか、司法書士会の内部的な規律問題とかにとどまるものではなく、司法書士の一般的市民秩序における権利利益に影響を与えるものであるから、司法審査の対象になるとしている。

2　市民窓口（苦情窓口）の運用例

全国の弁護士会には所属弁護士に関する苦情相談窓口として市民窓口が設置されているが、東京弁護士会の例を紹介する。そこでは、相談担当弁護士が電話または面談の方法で依頼者、相手方を含む苦情申出人の対応をしているが、そこでは苦情があったことを対象の弁護士に伝言する、役員に報告する等の対応にとどまっており、苦情対象弁護士に対して何らかの行動を取るように指導することは行っていない。また、一定期間に複数の苦情があった弁護士に対しては、その旨を通知するにとどめている。苦情の深刻さを感じた苦情担当弁護士が弁護士会役員に報告することがあるが、報告を受けた役員は、対象の弁護士に連絡を取り、苦情の真偽、苦情対象行為の解決・解消を要請することを行うが、何らかの行為、たとえば依頼者に対する報告、預かり金の清算を直ちに行うことを命令することはないといってよい[19]。

Ⅵ　指導監督権と懲戒権の守備範囲

1　指導監督権と懲戒権との関連性

弁護士会の指導監督権は、弁護士の私生活上の自由と職務の独立性を侵害する場合にはその行使を差し控えるべきであるとされても、弁護士の私生活上の行為および弁護士の個々の職務行為が懲戒処分の対象になることは弁護士法56条の法文上明らかである。現に、弁護士の職務外の私生活上の行為に対する懲戒例として、暴行、痴漢、盗撮、SNSでの誹謗中傷等があり、個々の職務行為に対する懲戒例として、事件処理の放置、準備書面における相手方等の誹謗中傷、事件処理の説明義務違反、和解金の着服、非弁護士との提携をはじめとして多数ある[20]。

弁護士会の指導監督は、所属弁護士に注意を喚起することによって依頼者または第三者に損害を及ぼす事態を事前に防止し、その結果弁護士に対する社会の信頼を維持しようとするものであるのに対し、弁護士の懲戒は、品位を失うべき非行を犯した弁護士に事後的に制裁を加えるものであって、その方向は同一ではない。しかし、弁護士会の指導監督権の行使によって弁護士

---

19)　市民窓口の運用実績については、白書2022年版148頁。
20)　飯島純子『新訂懲戒事例が教える弁護士心得帖』（第一法規、2023年）を参照。

の非行が未然に阻止されるのであれば、懲戒権の発動を止めることになるから、両者は決して無関係というわけではない。

2　指導監督権行使と懲戒権発動の先後関係

弁護士会の指導監督権の発動と懲戒権の発動との関係性については、弁護士に問題のある行動があったとしても弁護士会は指導監督権の発動等に頼らず、間髪を入れずに懲戒請求をして弁護士に制裁を加え、それによって弁護士に対する社会の信頼を確保すべきであるとの考えがある。反対に、懲戒は弁護士に対して致命的なダメージを与えるサンクションであるからできる限り謙抑的に運用されるべきあり、弁護士会の指導監督によって非行を是正し非行自体を避止させることを優先させるべきであるから、弁護士会は指導監督権の発動を過度に躊躇すべきではないとの考えがある。もちろん、弁護士の非行といってもさまざまな内容と程度があり、指導監督の対象がすべて懲戒の対象と重なり合うわけではない。懲戒事由に該当しないと認められる非行は、弁護士会の指導監督権の行使で是正することにならざるを得ないのであるが、懲戒事由に該当すると認められる非行について考え方が分かれるわけである。

どちらが妥当であろうか。これは、弁護士の私生活上の自由または職務の独立性の侵害を最小限に抑えることを優先させるべきか、それとも弁護士の非違行為による国民の弁護士層全体に対する信頼の喪失をできる限り適時に効率的な方法で回避していくことを優先させるべきかという価値判断に帰着すると考える。両者の考えが両立する方法が選択されるべきであろうが、それが叶わないとき、私は、弁護士の私生活上の自由をいたずらに侵害してはならないことは憲法上の要請であり、職務の独立性をいたずらに侵害してはならないことは弁護士という職業の存立を支える本質的な要求であること、国民の弁護士層全体に対する信頼は弁護士の指導監督権の行使以外の方法でも確保できることを理由として、前者の考えを支持したい。したがって、弁護士会は、所属弁護士の問題行為に対し、指導監督権の行使に最後まで拘泥すべきではなく、弁護士法に明記された制裁手段である懲戒の請求に舵を切るべきであると考える。

3　懲戒請求事前公表制度と指導監督権行使の関係

なお、全国の弁護士会では、国民の弁護士・弁護士会に対する信頼を確保するための緊急性があるとき、事前開示の必要性があることを要件にして、懲戒請求をした旨、対象弁護士の氏名、事案の概要等を事前に公表できる制度を導入しているが、この制度と弁護士会の指導監督権の守備範囲についても、前項と同様に、弁護士会の指導監督権の行使に最後まで拘泥し、懲戒請求を躊躇することは回避すべきであると考える。事件放置や非弁提携の案件では、被害者が多数に及ぶ可能性を秘めているが、その救済は、早期の懲戒請求と救済体制の整備によって行うべきであると考える[21)]。

Ⅶ　弁護士会の指導監督権の限界——弁護士の私生活上の自由の保障

1　憲法の私生活上の自由の保障

現行弁護士法の立案に当たった福原忠男は、「品位保持の見地から、日常の生活について監督し得ることを意味する」と述べ[22)]、弁護士会は、弁護士の私生活に対しても指導監督権の行使ができるとし、条解も「弁護士の品位を保持するために弁護士を指導監督することを目的とする旨定めていることから、弁護士の日常生活についても、実情に応じて指導監督の対象となし得るものと解される」としている[23)]。

社団であれ組合であれ一般の団体の構成員は、団体設立と加入の目的からくる制約を受けるものの、それから離れた私生活に属する行動までは指揮命令を受けないのが原則である[24)]。そして、この私生活上の自由は憲法の保障を受けるものである。すなわち、憲法の人権規定は私人間にも適用されるとの見解（直接適用説か間接適用説かは問わない）のもとに、団体の構成員が有

21）　弁護士の懲戒請求に関し、立法論として、弁護士会が対象弁護士の職務を仮に停止する制度の導入が論ぜられることがある。しかし、その要件、懲戒せずとなった場合の被害回復などについて極めて困難な問題があり、私は、導入に消極的である。

22）　福原・前掲注11）165頁。

23）　条解346頁。

24）　労働契約についても、それが労働者の私生活に対する使用者の一般的支配までを生じせしめるものではなく、労働者の私生活上の言動が事業活動に直接関係を有するか企業の社会的評価の毀損をもたらすもののみが懲戒の対象になるとされている。菅野和夫＝山川隆一『労働法〔第15版〕』（弘文堂、2024年）665頁。

する憲法13条の生命・自由・幸福追求権は、個人の私生活上の自由を含んでおり、弁護士会も、合理的理由がない限り会員たる弁護士の私生活上の自由を侵害してはならないとされる[25)]。そして、この個人の私生活上の自由の保障については、強制加入制度との関係からも説明される。有名な南九州税理士会事件では、税理士会が強制加入団体であり、会員税理士には脱退の自由が保障されていないから、会員税理士の思想・信条の自由に対する考慮が必要であり、政党に対する金員の寄付は、選挙における投票の自由と表裏をなすものとして、税理士会が多数決原理によって団体の意思として決定し会員税理士に協力を義務付けることはできないとされている（最判平成8・3・9民集50巻3号615頁）。この判例は、団体の指導監督を問題としたものではないが、個々の構成員が有する憲法13条の生命・自由・幸福追求権は、強制加入制度が採用されて脱退の自由が認められない団体においては特にその保障に意を用いなければならないとする根拠になると考えられる。

このように見ていくと、団体設立と加入目的から構成員の私生活上の自由を制約できる限界はどこか、団体構成員が有する私生活上の自由という人権を制約する合理的理由は何かを検討していくことが問題の核心をなすというべきであろう。

2　指導監督権の行使ができる要件

それでは、どのような要件あるいは合理的理由があれば、弁護士会は弁護士の私生活上の自由を制約することができるのかを検討する。

まず、理解を促進するためケースを想定してみたい。前述した**ケースH**のほかに、弁護士が酒に酔って居合わせた客に迷惑をかける行為を繰り返していた場合、弁護士がクレーマーとなって複数の商品販売会社に対して過度な抗議活動をしている場合、弁護士がSNSで仮名を使って過激な投稿を繰り返している場合等については、その主体が弁護士であったとしても、弁護士

---

25)　憲法13条の幸福追求権の解釈につき、自律的な個人が人格的に生存するために不可欠とされる基本的な権利・自由の総体であるとする人格的利益説が有力である。芦部信喜（高橋和之補訂）『憲法〔第7版〕』（岩波書店、2019年）120頁、佐藤幸治『日本国憲法論〔第2版〕』（成文堂、2020年）176頁。これに対し、個人の自由な行為という意味での一般的行為の自由であるとの一般的行為自由説も主張されており（長谷部恭男編『注釈日本国憲法（2）』（有斐閣、2017年）102頁〔土井真一〕参照）、この考えによるとケースの行為は全て包摂されることになる。

会の指導監督の対象にはならないと考えられる。これに対し、**ケースH**で触れたように、「俺は弁護士だ」「弁護士として言っている」等と告知したり立て看板に「弁護士」と表示していたとすれば、弁護士会の指導監督権の行使が容認される合理的理由があるというべきである。そして、弁護士会の目的達成の指標の一つが「弁護士の品位の保持」なのであるから、弁護士という職にあることとの関連性が明らかな行為であり、社会の人も弁護士としての行為であるからこそ問題にしているということがあれば、品位保持という団体の目的達成のための合理的理由を基礎付けると考える。もちろん、上記のケースは、いずれも憲法上の私生活上の自由の問題ではないとの批判があり得るが、行為態様が温和になれば私生活上の自由が浮上してくるであろう。

以上のように考えると、弁護士の私生活上の行為に対して弁護士会が指導監督権を行使することに合理的理由があるとされるのは、①弁護士に社会的な非難に値すると認められる私的行為があり、それによって弁護士全体に対する対外的信用が毀損されるおそれが認められること（対外的信用毀損のおそれ）、②その対象の私的行為が「弁護士としての行為」であることが明示または黙示で対外的に明らかであること（弁護士の行為の認識）がまず必要であり、これに加えて、③弁護士会の懲戒権の発動を待っていたのでは回復することのできない弁護士の社会的信用の失墜のおそれがあること（行使の緊急性）、④弁護士会の指導監督権の行使によって当該弁護士の問題行為が是正され、弁護士の社会的信用の失墜が回避される見込みがあること（行使の必要性）という要件が必要であると考える。これらの要件がない場合には、弁護士会としての懲戒請求を検討すべきである。

Ⅷ　弁護士会の指導監督権の限界――弁護士の職務の独立性の保障

1　弁護士の職務の独立性による指導監督権の制限

弁護士会の指導監督権の限界として常に指摘されるのは、「弁護士会は弁護士の個々の職務行為に対して指導監督権の行使はできない」というテーゼである。この問題は、刑事弁護において先鋭化しやすいが[26)]、民事弁護の世界でも起こりえる。マスコミが個々の弁護士の職務活動を非難するとき

(たとえば、世論の厳しい批判を浴びる消費者被害事件について加害企業側の代理人に就任して企業活動を擁護した場合)、当該の弁護士からは、個々の弁護活動に対して弁護士会は指導監督権を行使できるはずがないとの反論がなされる。しかし、これは、個々の職務活動に対しては一切弁護士会の指導監督権が及ばないとする意味に理解することはできず、弁護士の独立性または弁護士の職務の独立性を侵害する場合は、弁護士会はその指導監督権の行使を差し控えるべきだという趣旨に理解しなければならない。団体法理からすれば、その構成員に対して当該団体の目的の範囲内であれば広く指導監督ができるのが原則というべきところ、弁護士会という職業団体については、構成員である弁護士の独立性または職務の独立性を侵害する指導監督は自制するべきものと考えられるわけである。

なお、刑事弁護の関係では、「弁護権」を侵害しない範囲で弁護士会の指導監督権の行使がなされるべきであると説かれることがある[27)]。弁護権とは、憲法37条3項の弁護人依頼権の意味ではなく、弁護人が被告人・被疑者の正当な利益と権利を擁護するため最善の弁護活動を行う権利を指しているが、弁護士会が弁護人たる弁護士が有する被疑者・被告人の利益を擁護するためのさまざまな権利を制限するような指導監督はできないとするのは、そのとおりであるが、弁護人の弁護権の内容をなす限りは一切の指導監督ができないと断ずることは困難であると考える。本稿では、弁護権に関する論述は、省略する。

2　弁護士の職務の独立性の根拠

弁護士会は構成員である弁護士の独立性または職務の独立性を侵害してはならないとする理由は何であろうか。その答えを導き出すには、独立性の根拠まで遡る必要がある。弁護士の独立性は、弁護士という職の独立性という意味と弁護士が職務活動を行ううえでの独立性という意味の2つがあるが[28)]、弁護士会の関係では、後者の意味での独立性が問題となるものと考

---

26)　刑事法廷における弁護活動に関する倫理規程（会規22号）2条は、「弁護人は正当な理由のない不出頭、退廷および辞任等不当な活動をしてはならない」と定めているが、1970年代の学園紛争の被告人の刑事弁護人と裁判所が鋭く対立したことから紆余曲折の末に制定されたものであった。そこでは、弁護士会は個々の弁護活動には一切容喙できないとの主張が強力になされていた。

27)　条解345頁。後掲奈良地判平成20・11・19判時2029号100頁。

えられる。

弁護士と依頼者との法律関係は委任契約ないし準委任契約と解されるが、委任契約の受任者は一定の自由裁量の権限を持ち、委任者の指図に頼ることなく、委託された事務をその目的にしたがって最も合理的に処理する権利義務を有する[29)]。しかし、弁護士の場合は、そのような自由裁量権を超えた独立性が認められるのであって、その根拠は、実定法上の定めにはないとすれば、弁護士という職の本質に遡る必要があることになる。このような視点から検討すると、弁護士が、医師、聖職者と並ぶプロフェッションとして公共的責務を負うことが職務の独立性の根拠であると考えることができる[30)]。すなわち、弁護士がプロフェッションとしての公共的責務を果たすためには、その職務行為、特に法的判断を行う行為について、依頼者や権力はもちろん、所属する弁護士会からも独立していることが要求されることになるわけである。

前述したように、旧々弁護士法あるいは旧弁護士法下の弁護士会は、国家機関の監督下にあり、「弁護士統制の自治機関」と位置づけられたから、公共的責務があるといっても国家に尽くす責務という意味であったのであるが、現行弁護士法では、弁護士会の監督権者は存在せず、弁護士の指導監督をする権限を持つのも弁護士会のみになったから、弁護士の公共的責務は、国家に対するものではなく、社会一般の利益を目指すものに変容したことが明らかである。弁護士モデル論として、「在野法曹」モデルが唱えられたことがあるが、それは主に戦前の国家機関の監督下にある弁護士を措定したものであったというべきである。わが国には欧州のようなプロフェッションとしての法曹の伝統は認められないが、1970年代に入り、弁護士は公共的な責務を負うプロフェッションであるとの認識が再確認され、大方の支持を得るに至っている[31)]。

---

28)　髙中・前掲注4）52頁。

29)　我妻榮『債権各論中二』（岩波書店、1962年）656頁。

30)　髙中・前掲注4）53頁。

31)　石村善助『現代のプロフェッション』（至誠堂、1969年）、石井成一「職業としての弁護士とその使命」『講座現代の弁護士1　弁護士の使命・倫理』（日本評論社、1970年）が弁護士のプロフェッション論の嚆矢といってよい。三ケ月章『法学入門』（弘文堂、1982年）108頁も、弁護士のプロフェッション性を説いている。

3　弁護士の職務行為に対する一般的な指導監督

弁護士の職務行為に対する一般的な指導監督が許されることは異論がなく、むしろ指導監督の本来的なあり方と位置づけられる。一般的ということは、特定の弁護士の個別の職務行為を対象とするのではなく、所属弁護士全員を対象として、一律に職務行為に関する指導監督を行うことである。典型例は、各種の研修であるが、日本弁護士連合会が全弁護士を対象として職務行為の規律をした例として、弁護士等の業務広告に関する規程（会規44号）、多重債務処理事件にかかる非弁提携行為の防止に関する規程（会規50号）、弁護士職務基本規程（会規70号）、債務整理事件処理の規律を定める規程（会規93号）、預り金等の取扱いに関する規程（会規97号）等がある。

4　個別の職務行為に対する指導監督権の行使が許される要件

福原忠男は、「弁護士の担当事件の処理方法について、特に必要があると認められるときは、これを具体的に指導し監督し得るものであると解する」と述べ[32)]、「特に必要があると認められるとき」という制限付きで、弁護士の個別の職務行為についても弁護士会の指導監督権が及ぶと明言する。また、条解は、「明らかに違法な弁護活動、実質的に弁護権を放棄したと認められる行為、あるいは職業的専門家である弁護士としての良識から著しく逸脱した行為等については、弁護士会の指導監督による是正の特別の必要性が認められる場合に、指導監督権の行使ができるものと解される」と述べ[33)]、指導監督権行使の特別の必要性のほかに、対象の行為を限定しながらも、弁護士の個別の職務行為に対する弁護士会の指導監督権の行使が許されるとしている。さらに、同書は、指導監督権の行使の手続についても、弁護士会の執行機関である会長および副会長のみの判断によることなく、弁護士会内の民主的かつ適正な議論と批判を経た慎重な手続をとるべきことを指摘している[34)]。

いずれにしても、弁護士の個別の職務行為に対しては弁護士会の指導監督は一切及ばないとすること、すなわち弁護士の個別の職務行為によって依頼

---

32)　福原・前掲注11）165頁。
33)　条解345頁。
34)　条解347頁。この見解は、刑事法廷における弁護活動に関する倫理規程の提案理由が大きく影響している。

者等に損害が発生してもそれを覚知しながら拱手傍観した弁護士会は指導監督権の不行使の法的責任は一切問われないとして強力な免責団体とすること、そして、個別の職務行為については懲戒をもって対処するほかないとすることは困難である。私は、弁護士会が弁護士の個別の職務行為に対する指導監督権の行使ができる要件ないし基準は何かを考究することが必要であると考える。ただ、「特に必要があると認められるとき」では、問いをもって問いに答えるようなものであり、要件ないし基準として不完全であることは明らかである。

それでは、どう考えるべきか。私は、弁護士会が所属弁護士に対して指導監督権の行使ができる法的な淵源は、自治団体の構成員に対する設立目的に基づく団体秩序と対外的信用の保持の権能であると考えるから、その行使対象も、設立目的と関連性のある事項に限定されるものと考える。すなわち、①所属弁護士に法令や会則に違反すると認められる行為、社会的な非難に値すると認められる行為があり、それが基本的人権の擁護と社会正義の実現という使命に背馳し、弁護士会内部における秩序を紊乱する可能性があり、または、弁護士に対する対外的信用が毀損されるおそれが認められること（秩序紊乱または対外的信用毀損の可能性）がまず必要であり、これに加えて、②弁護士会の懲戒権の発動を待っていたのでは依頼者その他に対して回復することのできない損害を与えるおそれがあること（行使の緊急性）、③弁護士会の指導監督権の行使によって当該弁護士の問題行為が是正され、損害発生が回避される見込みがあること（行使の必要性）という要件が必要であると考える。

以上の要件がある具体的な例としては、前述した**ケースB**、**ケースD**、**ケースE**、**ケースG**、**ケースH**をあげることができる。**ケースB**は、多数の依頼者に対する報告義務違反と処理放置（弁護過誤）により多大な損害を発生させるおそれがある場合、**ケースD**は、多数の依頼者からの預かり金の着服横領（犯罪行為）が強く疑われる場合、**ケースE**は、弁護士法27条違反（犯罪行為）が強く疑われ、弁護士の対外的信用が毀損されるおそれが強い場合、**ケースG**は、刑事弁護人としての基本的な責務を放棄していると認められる場合、**ケースH**は、弁護士職全体に対する社会的評価を低下させるおそれが強い場合といえるであろう。

そして、以上に述べた要件がない場合には、弁護士会は、速やかに懲戒請求を検討すべきである。反対に、弁護士会が以上の要件が具備されていることを認識していたのに、指導監督権を行使せずに漫然と放置していた場合には、その不作為と相当因果関係のある依頼者を含む第三者の損害について、法的責任を免れることはできないものと考える。

なお、指導監督権を行使する手続については、弁護士会の執行機関に一任されていると解される。むろん、弁護士会内の民主的な審議を経ることが望ましいとはいえるが、弁護士会の意思決定の在り方の問題であるから、執行機関たる会長が1人で判断してはならないというものではない。

Ⅸ　不祥事に関する弁護士会の責任追及

1　2つの不祥事事例

最後に、弁護士会の指導監督がなされなかったことを理由とする損害賠償請求訴訟が2つあるので、紹介しておきたい。

1つは、奈良地判平成20・11・19判時2029号100頁である。事案は、巨額の詐欺・横領事件を引き起こした弁護士の所属弁護士会に対し被害者が損害賠償を請求したものであるが[35]、そこでは、弁護士会は、所属弁護士に弁護士としての良識を著しく逸脱した行為が認められる可能性を認識したときには、速やかに業務監査および収支報告の徴求を行う義務があり、それによって当該弁護士の詐欺行為等が明らかになった場合など弁護士自治に対する社会の信頼を維持するために特に必要と認めるときには、それを公表する義務があると主張された。裁判所は、弁護士の職務の高度の独立性、守秘義務に照らすと、受任事件の処理に関して個別具体的に指導監督することは、明らかに違法な弁護活動、実質的に弁護権を放棄したと認められる行為、職業的専門家である弁護士としての良識から著しく逸脱した行為が存在するなどして、弁護士会の指導監督による是正が特に必要な場合等特段の事情が存する場合のほかは許されないとし、業務監査ということも、当該弁護士の事務所への立ち入りを受忍させあるいは関係書類の提出を強制させる等の義務を課することを前提とするものであって、法令の規定がない限り許されない

35)　対象の弁護士は、12億4000万円の債務額で自己破産し、実刑に処せられている。

と判示した。この判断は、妥当なものである。

もう1つは、判例集未登載であるが、福岡地裁平成18・10・27である。奈良地裁判決と同様、巨額の詐欺・横領事件を引き起こした弁護士の所属する弁護士会が被害者から損害賠償の請求を受けたものである[36)]。判決は、弁護士会の指導監督権の不行使による損害賠償責任を認めなかったが、その理由は不明である。しかし、上記奈良地判と同一の判断をしたものと予想される。

2　依頼者見舞金制度

弁護士が依頼者の預かり金を着服した場合にその所属弁護士会に対する指導監督権の不行使を理由とする損害賠償の請求は容易に認められないが、だからといって弁護士会は何もしなくともよいことにはならない。その1つの答えが依頼者見舞金制度である。これは、弁護士の業務上横領行為によって財産を失った依頼者に対し、日本弁護士連合会が所定の調査手続を経て金500万円を限度とする見舞金を支払う制度である[37)]。支払うのはあくまでも見舞金であって、損害の賠償金ではない。しかし、見舞金であっても、日本弁護士連合会が弁護士の横領行為による被害者に一定の金銭給付をすること自体が弁護士の指導監督権を持つ団体としての道義的な責任を自覚したうえのことというべきである[38)]。

X　おわりに――指導監督権の「限界」なのか

本稿は「指導監督権の限界」とのタイトルを付けたが、そもそも弁護士法が弁護士会に対して認めた所属弁護士に対する指導連絡監督権は、弁護士のプロフェッション性および憲法上の私生活上の自由の保障にかんがみると、

36)　対象の弁護士は、10億円を大きく超える詐欺・横領の被害を与えたようであり、自己破産するとともに実刑に処せられたとのことである。

37)　石田京子「依頼者保護基金の展望――アメリカでの状況を踏まえて」森際康友＝髙中正彦編『依頼者見舞金』（ぎょうせい、2017年）154頁。アメリカでは、すべての州において「依頼者保護基金」が設けられ、弁護士の非行による依頼者の経済的損失を補填している。

38)　「依頼者見舞金制度に関する規程」（平成29年会規103号）を審議した日本弁護士連合会の臨時総会では、会費を不祥事を起こした弁護士の後始末に使うなという強い反対意見があった。わが国の一部弁護士の意識は、アメリカの弁護士のレベルには至っていない。

現在においては、弁護士一般の職務を適正妥当に行わせるための指導監督に限定されるべきであり、弁護士の個別の職務行為および弁護士の私生活上の行為に対する指導監督を本来的に予定していないと解するのが相当である。そうだすると、「限界」という用語はやや不正確であって、そもそも弁護士会の指導監督権とは一般的なものとして行使されるべきであり、弁護士の個別の職務行為および私生活上の行為を対象とすることは極めて例外であるとの整理をすべきなのであろう。

11　弁護士会照会の報告義務等を巡る諸問題

石黒清子

Ⅰ　弁護士会照会の概要

1　根拠規定

弁護士会照会は、弁護士が受任事件について証拠を収集し、事実を調査する等、職務活動を円滑に遂行処理できるよう、昭和26年に弁護士法の一部改正（議員立法）により創設された法律上の制度である。

弁護士法23条の2には、次のように規定されている。

1項　弁護士は、受任している事件について、所属弁護士会に対し、公務所又は公私の団体に照会して必要な事項の報告を求めることを申し出ることができる。申出があった場合において、当該弁護士会は、その申出が適当でないと認めるときは、これを拒絶することができる。

2項　弁護士会は、前項の規定による申出に基き、公務所又は公私の団体に照会して必要な事項の報告を求めることができる。

2　制度趣旨

弁護士会照会は、照会申出弁護士の受任事件を前提としていることから、弁護士の依頼者や弁護士自身の利益のための制度であるという誤解を受けやすいがそうではない。それらは結果として得られることがありうる効果にすぎず、あくまでも、弁護士会照会は、弁護士が基本的人権の擁護と社会正義の実現を使命としている（弁1条）ことに鑑み、弁護士が、受任事件の当事者の立場から受任している事件を処理するために必要な事実の調査および証拠の発見収集を容易にし、当該事件について真実の発見と公正な紛争の解決の実現に寄与するという公共的な利益のために設けられたものである。

そして、濫用を防止し、その適正な運用を確保するために、照会権限を弁護士会に付与し、①その権限の発動を個々の弁護士の申出に係らせつつ、②個々の弁護士の申出が弁護士会照会制度の趣旨に照らして適切であるか否かの判断を当該弁護士会の自律的判断に委ねるという仕組みにされている。

3　弁護士会照会制度の概要

(1)　受任事件の存在が前提

弁護士が弁護士会照会制度を利用するためには、受任事件が存在しなければならない（弁23条の1第1項）。示談交渉や法律相談処理のためでもよいが、具体的な事件の受任を前提としない単なる調査のみを行う照会は許されていない（東京弁護士会照会申出審査基準細則4条3項）。また、訴えの提起、調停の申立て、民事保全の申立て等、裁判上の紛争解決手続利用の前後も問われることはない。

さらに、刑事事件であっても、捜査段階であると起訴後であるとを問わず利用が可能であり、刑事告訴事件でもよいとされている。

(2)　照会先は公私の団体

照会先は、公務所または公私の団体であり、法人格の有無や規模の大小は問題とならない。個人は除外されるが、個人であっても、法律事務所、税理士事務所、個人経営の飲食店等、一個の組織体として社会的機能を営むと認められるものは照会先に含まれるとされている（東京弁護士会照会申出審査基準細則3条等）。

(3)　照会を求める理由

照会申出書には、照会を求める理由（争点、要証事実、照会を求める事項と要証事実との関連その他照会の必要性を判断するために必要な事項）を記載しなければならない（例えば、東京弁護士会照会手続申出規則3条等）。これは、照会に応じる必要性を照会先に理解してもらうとともに、照会を求める側の利益と秘密等を守られる側の利益を照会先が比較衡量するのに必要な情報を提供するためである。

2005（平成17）年4月に「個人情報の保護に関する法律」（以下「個人情報保護法」という）が全面施行されて以来、守秘義務やプライバシーの保護等に過剰に反応し、報告に躊躇する照会先も存在することから、そうした照会先の不安を払拭しうるような判断の材料となりうる記載が求められる。

(4) 照会事項

弁護士会照会は、専ら照会先が手持資料から即座に報告することができる事項にかかる照会を予定したものである。そのため、意見や判断を求めるような照会は許されておらず、照会先が手持資料から即答困難な鑑定や検証に代わる照会は許されていない（東京弁護士会照会申出審査基準細則5条2項、3項）。

また、文書送付嘱託（民訴法226条）のように、照会先が所持する文書の写しそのものの送付を求めることもできない。ただし、照会先が、報告に代えて、文書の写し等を送付してくることもあるので、報告に代えて、文書の写しを送付することを促す照会は認められている。

(5) 報告の目的外利用の禁止

弁護士会照会により得られた報告内容を、当該照会申出の目的以外に利用することは禁じられている（東京弁護士会照会手続申出規則9条等）。そのため、別事件に使用したり、流用したりしてはならない。

弁護士には法律上守秘義務があるが、受任事件の依頼者にはない。それゆえ、弁護士会照会により得られた報告書を、安易に依頼者に交付してしまうと、以後、当該報告書が一人歩きし、照会申出の目的以外に利用されてしまう危険性は捨てきれない。特に、報告書を検討した結果、予定していた立証等には利用できない内容だったという場合には、そもそも依頼者にその報告内容をそのまま伝える必要があるのか、伝えなければいけないのかという点も問題となる。

いずれにせよ、報告書を裁判における書証として利用したような場合を除き、依頼者に報告書をそのまま交付したり、報告内容をそのまま知らせたりすることには慎重でなければならない。

Ⅱ　弁護士会照会制度の運用状況

1　利用件数

弁護士会照会制度は、2021年1月～12月の1年間に全国の弁護士会で年間19万5866件利用されている[1)]。2015年には17万6334件であった利用件数[2)]も、6年間で約2万件の増となっている。2020年に民事執行法が改正施行され、債務者の財産の所在に関する情報を第三者から取得できる手続等が別途整備された後もこのような増加が続いていることは、同制度がいかに弁護士の職務遂行、さらには司法制度の適正な運営のため重要な役割を果たしているかを示すものといえよう。

2　報告拒絶の実態

弁護士にこれほど利用されている弁護士会照会制度であるが、実際には、照会先から報告がこない、あるいは無視されるという事例も少なくない。典型的な報告拒絶事例としては、通信の秘密に関する照会、国税局や税務署に対する特定人の収入や課税所得等に関する照会、金融機関に対する特定人の預金の有無・残高・取引履歴の照会、ライフラインの契約者の特定に関する照会等である。これらの事項の中には、調査嘱託の申立て（民訴法186条）等によれば報告が得られるものもなくはないが、国税局や税務署等は、関係者が同意した調査嘱託に対しても通常報告を拒絶している。

Ⅲ　報告拒絶の可否

1　報告拒絶の背景

後記のとおり、通説・判例ともに、弁護士会照会を受けた照会先には公法上の報告義務があると解している。しかし、弁護士会において、必要性および相当性を審査した上で発出される照会であっても、報告したことによりプライバシー等を侵害されたことを理由とする者からの照会先に対する損害賠

1）　弁護士白書2022年版211頁。
2）　弁護士白書2016年版204頁。

償請求訴訟においては、照会先自身が独自に照会の必要性と相当性の判断を適正に行ったかどうかが問われている。それゆえ、誤って報告したことにより個人情報やプライバシー等の他人の権利を漏洩、侵害すれば、損害賠償責任を負わされる可能性は存在する（最判昭和56・4・14民集35巻3号620頁）。

他方、弁護士会照会は、弁護士法の法文上、「必要な事項の報告を求めることができる」（弁23条の2第2項）としか定められておらず、報告を拒絶しても制度上、履行を強制する規定も制裁規定もない。そのため、仮に照会に応じなくても、弁護士会にはそれを強制する方法はなく、照会先は報告を拒絶したからといって不利益な扱いを受けることもない。

したがって、最終的に損害賠償責任を問われることにはならないような事案であっても、第三者の紛争に巻き込まれたくないという事勿れ主義、さらには照会の要否を検討し照会事項を調査した上で報告することに要する労力等を考え、判断を誤れば損害賠償請求を受けるかもしれないというリスクを冒してまで、判断の難しい比較衡量をするよりも、とりあえず報告を拒絶してしまった方が無難であると考えて報告を拒絶する照会先も少なくない。

公表されている直近のデータである平成29年1月から12月の報告拒絶率は約3.9%、無視が9.4%[3)]、数字の上では決して高くはないのかもしれない。しかし、弁護士会照会制度の利用には費用（弁護士会によって異なるが、最も高額な東京弁護士会、第一東京弁護士会および第二東京弁護士会では消費税別で手数料7000円＋往復の郵便代）がかかるため、各弁護士会の受付窓口では、これまでの経験を踏まえ、拒絶されることが明らかな、あるいは拒絶される可能性の高い照会先や照会事項については、会員である弁護士に情報を提供し、事前に注意喚起を行っている。その結果、このような照会先に対しては、弁護士が自主規制し、そもそも照会申出を行っていないという実態がある。

それゆえ、統計的な数字に表れない潜在的な拒絶事例も含めると、弁護士会照会制度の存在意義を没却してしまうような不当な報告拒絶事例はやはり少ないとはいえない。

3）　佐藤三郎・加藤文人・京野垂日編著『弁護士会照会ハンドブック』（金融法務事情研究会、2018年）33頁。

2　報告義務の存在

弁護士会から照会を受けた照会先には、照会を行った弁護士会に対して報告をなすべき公法上の義務がある。しかし、照会先において、報告を拒絶する正当な理由がある場合には、その全部または一部の報告を拒絶することが許される[4)]。

これは、現在、通説であり、確立した判例[5)]であると言ってよいであろう。

3　報告義務存否の判断基準

問題となるのは、報告拒絶が正当であるか否かの判断である。

報告拒絶の理由とされるのは、主として個人情報やプライバシー保護の必要性である。しかし、これらも絶対的なものではないため、抽象的にこれらの保護が必要だというだけでは拒絶理由としては不十分である。弁護士会照会を受けた照会先には回答すべき公法上の義務があるというからには、報告の拒絶が許される正当性の有無は、個別具体的な事案において、各照会事項につき、照会を求める側の利益と秘密を守られる側の利益を比較衡量し、前者の側が勝ると認められるか否かによってなされるべきである（最判平成28・10・18民集70巻7号1725頁の岡部喜代子裁判官の補足意見、名古屋高判平成29・6・30判タ1446号76頁）。

ここで検討されるべき照会を求める側の利益とは、本制度の趣旨からみて、照会に基づく報告によって得られる公共的利益、すなわち真実の発見と公正な判断への寄与であり、秘密を守られる側の利益とは、各種法令や守秘義務契約等によって守られるべき個人情報やプライバシー等の利益である。

したがって、照会申出を受けて発出の当否について審査を行う弁護士会や、

4）　福原忠男『弁護士法〔増補版〕』（第一法規出版、1990年）122頁、高中正彦『弁護士法概説〔第4版〕』（三省堂、2012年）118頁、新堂幸司『新民事訴訟法〔第5版〕』（弘文堂、2011年）395頁、高橋宏志『重点講義民事訴訟法（上）〔第2版補訂版〕』（有斐閣、2013年）87頁、最判平成28・10・18民集70巻7号1725頁。その他弁護士会に対する報告義務を認めた裁判例として、①岐阜地判昭和46・12・20判時664号75頁、②京都地判昭和50・9・25判時819号69頁、③大阪高判昭和51・12・21判時839号55頁（②の控訴審判決）、④東京高判平成22・9・29判タ1356号227頁、⑤大阪高判平成19・1・30判時1962号78頁、⑥広島高岡山支判平成12・5・25判時1726号116頁等、⑦名古屋高判平成29・6・30判タ1446号76頁。

5）　弁護士会が照会先に対し、当該照会に対する報告をする義務があることの確認を求めた訴えにおいて、確認の利益を欠くことを理由に不適法であると判示した最高裁判決も、報告義務の存在自体を否定しているものではないと解される（最判平成30・12・21民集72巻6号1368頁）。

照会を受けた照会先では、それぞれ、かかる利益の比較衡量を行い、照会の必要性および相当性を判断している。弁護士会では、弁護士が所属弁護士会に照会申出をする場合には、照会発出可否の審査を行う弁護士会や照会に基づき報告を求められた照会先が、それぞれ前記事由を比較衡量した上で報告をなすべき照会であると安心して判断できるような情報提供を、照会を求める理由として明示してもらうようにしている。

弁護士会が、照会申出の必要性および相当性を総合的に判断する際の考慮要素としているのは、通常、次のような事項である（東京弁護士会照会申出審査基準細則7条等）。

①当該秘密の性質と法的保護の必要性の程度

②当該当事者（当該秘密を守られる側）と係争当事者との関係

③報告を求める事項（照会事項）の争点としての重要性の程度

④他の方法によって容易に同様な情報が得られるか否か

他方、当該判断に必要とされる範囲を超えて情報提供をしすぎてしまうと、照会申出ないしは照会自体が、法令や守秘義務契約に違反し、個人情報やプライバシー等を侵害することになってしまう危険もあるので注意が必要である。

4 個人情報保護法との関係

弁護士会照会を受けた照会先には報告義務があるとはいっても、弁護士会照会制度には報告義務違反に対する制裁規定は存在せず、報告義務を強制する方法もない。むしろ、個人情報保護法では、本人の同意を得ない利用目的外での個人情報の取扱い（同法18条）や第三者への個人情報の提供（同法27条）を禁止している。そのため、照会先が、個人情報の保護に過剰に反応し、判断を誤って損害賠償責任を負わされるリスクを恐れるあまりに、同法に基づき、安易に報告を拒絶してしまうという不当な報告拒絶事例も少なくない。

現に、個人情報保護法が全面施行された2005（平成17）年当時、こうした現象は、弁護士会照会にとどまらず、人の生命、身体または財産の保護のために個人情報が必要とされる等の場合にまで提供が拒絶される等、社会問題化した。そこで、内閣府国民生活局は、かかる「過剰反応」防止のための取組みを行い、その中で、弁護士会照会は、同法が禁止した利用目的外での個人情報の取扱いや第三者への個人情報の提供の例外として許容される場合を定めた「法令に基づく場合」（現個人情報保護法では27条1項1号）の中に含まれることを明確に示した[6)]。当時は個人情報保護法の適用がなく、他の法令で規制されていた地方自治体や国の行政機関および独立行政法人の保有する個人情報に関しても、個人情報保護法と同様、弁護士会照会は、保有個人情報の目的外利用や第三者提供を認める例外に該当するとされた[7)]。

このように、個人情報保護法等に基づき保護の対象となる個人情報であっても、弁護士会照会制度に基づく照会に対して報告することは例外的に認められている。したがって、弁護士会照会を受けた照会先は、同法に該当することを理由として直ちに報告を拒絶することは許されず、前記利益の比較衡量を行うなどして、法令に基づく例外に該当するか否か等を検討し、報告を拒絶できる正当な理由の有無を判断することになる。

5　法令や契約に基づく秘密保持義務や守秘義務との関係

個人情報の保護と並んで、よくみかける報告拒絶理由の1つが法令や契約に基づき課せられた秘密保持義務や守秘義務の存在である。こうした秘密保持義務や守秘義務を定めている法令は、国家公務員法100条1項、地方公務員法34条1項、所得税法243条、法人税法163条、相続税法72条、地方税法22条、郵便法8条等数多く、その他契約も含め、これらが保護しようとする利益や規定の趣旨等も各法令や契約ごとに様々である。

そして、これらの法令や契約の中には、法令に基づく場合や正当な理由等がある場合には例外的に情報提供が許容される（秘密保持義務や守秘義務が解除される）旨を明示的に規定しているものと、そうでないものとがある。そのため、照会先によっては、このような法令や契約に規定された秘密保持義務や守秘義務との関係で、自身が保有する情報を報告することはできないと考えてしまうことも少なくない。

しかし、法令や契約において明文で規定された秘密保持義務や守秘義務と

6）　平成18年2月付け「個人情報保護関係省庁連絡会議説明資料」3、4頁。

7）　行政機関の保有する個人情報の保護に関する法律8条1項、各自治体の個人情報保護条例、内閣府国民生活局企画課個人情報保護推進室「個人情報保護法に関するよくある疑問と回答」、法務省・総務省・経済産業省等作成の「個人情報保護に関するガイドライン」等。

いえども、例外規定が存しないからといって一切例外が認められないわけではなく、法令や契約に基づき秘密保持義務や守秘義務が課せられているというだけでは弁護士会照会に対する報告拒絶の正当理由には該当しない。

これは、最高裁が、1981（昭和56）年4月14日、守秘義務の対象事項である前科等にかかる弁護士会照会が問題となった事件の判決において、「前科等の有無が訴訟等の重要な争点となっていて、……照会して回答を得るのでなければ他に立証方法がないような場合には、……弁護士法23条の2に基づく照会に応じて報告することも許されないわけのものではない」と判示している（最判昭和56・4・14民集35巻3号620頁）ことからも明らかである。

また、弁護士会照会制度に基づく照会があった場合に、地方公務員が地方公務員法34条または地方税法22条の規定にかかわらず、これらに規定する秘密に該当する事柄を報告することができるか否かを巡る「弁護士法第23条の2に基づく照会に関する質問主意書」に対する内閣総理大臣の答弁書においても、「秘密に該当する事項を開示することが正当視されるような特段の事由が認められない限り、秘密を漏らした者は……刑罰の対象となることから、照会に応じて当該事項を報告することは許されない」、「個別の事案において、秘密に該当する事項を開示することが正当視されるような特段の事由が認められるか否かを……判断するためには、弁護士会の照会の中で、照会に応じた報告を受けることによって得られる公共的な利益の内容がそれぞれの事例に即して具体的に明らかにされていることが必要であると考える」と述べられている[8)]。そして、この答弁書では不十分であるとして衆議院法務委員会で行われた佐々木秀典衆議院議員からの質問に対して、内閣法制局第1部長は、「地方公務員法第34条等に規定する秘密に該当する事項についてこれを開示することが正当視されるような特段の事由が認められる場合にまで弁護士会からの照会に対し回答することが許されない、という趣旨ではない」と明確に答弁しており[9)]、秘密保持義務や守秘義務を課せられている場合でも、例外的に照会に応じて報告することが許される場合があることを認めている。

8）　弁護士法23条の2に基づく照会に関する質問に対する内閣総理大臣の平成13年4月6日付答弁書（内閣衆質151第33号）。

9）　同年5月18日衆議院法務委員会での内閣法制局第1部長阪田雅裕氏の答弁。

したがって、照会先は、たとえ刑事罰という制裁の下、秘密保持義務や守秘義務が課されている事項について報告を求められた場合であっても、個別の事案ごとに、秘密保持義務や守秘義務によって守られるべき利益と照会に基づく報告を受けることによって得られる公共的な利益とを比較衡量し、その結果、後者の方が勝るときは、報告をすべき義務を負う。そして、報告をすべき義務があると認められる場合において、照会を受けた照会先が、秘密保持義務や守秘義務の課されている事項について報告をしたとしても、違法性は阻却される。

すなわち、法令や契約に秘密保持義務や守秘義務が規定されていても、弁護士会照会に応じて報告することは例外的に許されており、この例外に当たるかどうかは、報告を拒絶できる正当な理由があるか否かにかかっているところ、この正当理由の有無は前記比較衡量を行うことによって決せられることになる。

Ⅳ　不当な報告拒絶を争う方法

1　報告義務の存否が争われた場合の対応

弁護士会から照会を受けた照会先には、報告をなすべき公法上の義務があるとはいっても、報告を拒絶する正当な理由がある場合には、その全部または一部の報告を拒絶することが可能である。しかし、照会先と弁護士会とでこの正当な理由の有無について判断が分かれたときは問題となる。

このような場合、照会権限をもつ弁護士会は、照会先に対し、不当な報告拒絶であるとして苦情を申し入れたり、再照会をしたりするなどして、諦めずに粘り強く報告するよう交渉しているが、それでも、照会先との間で決着が付かない場合、最終的には裁判で別途、その当否を争う方法がなければ、本制度の実効性はなくなってしまう。

そこで、このような事態を打開するため、照会先に対して、後記のとおり、正当な理由のない報告拒絶は不法行為に当たるとして損害賠償請求訴訟を提起したり、報告義務があることの確認を求める訴えを提起したりという方法が提案され、実際に行われてきた。

2　不法行為に基づく損害賠償請求訴訟について

(1) 弁護士会に対する不法行為の成否

平成27年、名古屋高裁は、「法律上23条照会の権限を与えられた弁護士会が、その制度の適切な運用に向けて現実に力を注ぎ、国民の権利の実現という公益を図ってきたことからすれば、弁護士会が自ら照会をするのが適切であると判断した事項について、照会が実効性を持つ利益（報告義務が履行される利益）については法的保護に値する利益であるというべきである」として、報告拒絶は同利益の侵害であるから、弁護士会照会に対する報告を拒絶した照会先は同照会をした弁護士会に対して不法行為責任を負うと判示した（名古屋高判平成27・2・26判時2256号11頁）。

これに対し、この上告審では、弁護士会照会の制度趣旨や手続の構造に照らし、むしろ、「弁護士会が23条照会の権限を付与されているのは飽くまで制度の適正な運用を図るためにすぎないのであって、23条照会に対する報告を受けることについて弁護士会が法律上保護される利益を有するものとは解されない。したがって、23条照会に対する報告を拒絶する行為が、23条照会をした弁護士会の法律上保護される利益を侵害するものとして当該弁護士会に対する不法行為を構成することはないというべきである」と判示して、弁護士会が、照会先に対し、不当な報告拒絶であることを理由に不法行為に基づき損害賠償を求めることはできないと判示した（最判平成28・10・18民集70巻7号1725頁。以下「平成28年判決」という）。学説の中にも、弁護士会には法律上保護される固有の利益は存在しないとする説が少なくない[10)]。

しかし、弁護士会に照会権限が付与されている理由は制度の適正な運用を図るためだとしても、だからといって、弁護士会照会を発出した弁護士会がその照会に対する報告を受ける利益はないという結論には直ちに結びつかないように思う[11)]。なぜなら、弁護士会は本制度の適正な運用を図るために権限を付与されているのであるから、その運営主体として、少なくとも適時に報告を受ける利益はあると考えられるからである[12)]。

とはいえ、仮にこれが認められたとしても、報告事項について直接の利害

---

10)　村上正子・新・判例解説Watch17号（2015年）176頁等。

11)　加藤新太郎「弁護士会照会に対する照会先の報告拒絶による不法行為の成否」NBL1089号（2017年）88頁。

12)　伊藤眞「弁護士会照会の法理と運用」金法2028号（2015年）22頁。

関係を有しない弁護士会に損害を認めることは難しいとする説も数多い[13)]。

しかし、前記のとおり、弁護士会照会に対して照会先が正当な理由なくその報告を拒絶する行為は、弁護士会の当該権限の適正な行使（適時に報告を受ける利益）を阻害するものであることは間違いない。それを前提とすれば、その結果、弁護士会が無形の損害を受けたと評価することも、なお可能なように思える（東京高判平成22・9・29判タ1356号227頁、平成28年判決）。

以上の観点から、弁護士会に対する不法行為の成立を否定する理由として、平成28年判決があげた前記理由の他に、弁護士会照会制度創設の際、議論の末、調査権限を個々の弁護士にではなく、弁護士会に付与することにしたという経緯からみて、そもそも弁護士会が権利主体となることまで積極的に意図してはいなかったこと[14)]や、弁護士会には報告事項そのものについて実体的な利害関係はないこと[15)]等をさらにあげる論評もある[16)]。

いずれにしろ、平成28年判決により、弁護士会が、照会先に対し、不当な報告拒絶であることを理由に不法行為に基づき損害賠償を求める道は閉ざされてしまった。

(2) 照会申出弁護士またはその依頼者に対する不法行為の成否

照会申出弁護士またはその依頼者に対する不法行為の成否にかかる最高裁判決はまだ存在しない。しかし、照会申出弁護士の依頼者に対する不法行為の成否について、下級審では、照会申出弁護士の依頼者から照会先に対する損害賠償請求を認めたもの（大阪地判平成18・2・22判時1962号85頁、京都地判平成19・1・24判タ1238号325頁等）と、これを否定したもの（大阪高判平成19・1・30判時1962号78頁、東京高判平成22・9・29判時2105号11頁、東京高判平成25・4・11金融法務事情1988号114頁、福岡高判平成25・9・10判時2258号58頁、前記名古屋高判平成27・2・26等）とが存在する。また、照会申出弁護士に対する不法行為の成否については、弁護士に対する不法行為の成立を否定した裁判例が存在する（岐阜地判昭和46・12・20判時664号75頁）。

---

13)　飯畑正男『照会制度の実証的研究』（日本評論社、1984年）251頁、須藤典明・銀行法務21 767号（2014年）12頁（金融機関と弁護士会照会）、今津綾子・私法判例リマークス50号（2015年）125頁等。

14)　「座談会民事訴訟手続における裁判実務の動行と検討第5回」判タ1397号（2014年）49頁〔松下淳一発言〕。

15)　伊藤眞「弁護士会照会制度の今後」金法2053号（2016年）1頁。

16)　加藤・前掲注11)。

否定する裁判例が根拠としてあげているのは、弁護士会照会の権利、利益の主体は、弁護士法23条の2の構造上、弁護士会であり、個々の弁護士およびその依頼者は、当該制度が適正に運用された結果、その反射的利益（または事実上の利益）としてこれを享受できる立場にあるというにすぎないから、報告が得られない場合に直ちに個々の弁護士およびその依頼者について法的保護に値する法益侵害があったとみることは困難であるというものである。

ただし、照会を発出した弁護士会には照会先の報告拒絶について法的保護に値する利益はないとして、不法行為の成立を否定した前記平成28年判決の補足意見において、岡部喜代子裁判官は、「23条照会に対する報告義務が公法上の義務であることからすれば、その義務違反と民法上の不法行為の成否とは必ずしも一致しないとはいえるが、正当な理由のない報告義務違反により不法行為上保護される利益が侵害されれば不法行為が成立することもあり得るところである」と述べている（平成28年判決の岡部喜代子裁判官の補足意見）。平成28年判決は、照会申出弁護士またはその依頼者に対する不法行為の成否については何ら判断していないから、報告を拒絶した照会先の損害賠償責任を一切否定したものとまではいえない。それゆえ、報告の拒絶が直接照会申出弁護士またはその依頼者の法的保護に値する権利や利益、例えば、訴訟物等を害する目的でされたような場合には、照会申出弁護士もしくはその依頼者に対する不法行為の成立が認められる余地が、ケースによってはまだ残されているように思える。

3　報告義務確認請求訴訟について

(1)　行政訴訟なのか、民事訴訟なのか

弁護士会照会の報告義務確認請求訴訟については、そもそも行政訴訟、すなわち、公法上の法律関係に関する確認の訴えなのか[17)]、民事訴訟なのか[18)]が問題となる。

この点について、名古屋高裁は、平成29年6月30日、①「23条照会に基づく報告義務が公法上の義務であり、弁護士会が司法制度に関与する主体

17)　東京地判平成24・11・26判タ1388号122頁、伊藤・前掲注12）21頁。

18)　名古屋高判平成29・6・30金判1523号20頁、名古屋高判平成23・2・10金法1988号135頁、東京高判平成25・4・11金判1416号26頁。

として公共的・公益的な地位にあるとはいっても、弁護士会は国の機関や行政過程の主体となる法人ではないし、弁護士法は、23条照会に関し、これを発した後の照会先との権利義務関係の形成や照会先が報告を拒絶した場合の強制履行ないし制裁の規定を設けておらず、単に『報告を求めることができる。』と規定するにとどまるから、弁護士会が23条照会に関し、公権力の行使の権限を付与されているとはいえず、行訴法上の『行政庁』に当たるとはいえない」こと、「照会先が公務所や公の団体であったとしても、照会先が23条照会に対する報告を拒絶する行為は事実行為であって行政処分でないことはもちろんのこと、所管する行政過程上の行為ということもできない」ことから、当該紛争は行政過程における紛争といえないこと、②「『公法上の法律関係に関する確認の訴え』を訴訟手続の面からみると、行政庁の公権力の行使に関する不服の訴訟（抗告訴訟）を中心として定められた行訴法が、行政権行使の過程で生じる行政庁と国民との間で生じた紛争の解決を主眼とした訴訟制度であり、そのような行政権行使の過程の特質に応じて民訴法の特別法として定められたこと」、「平成16年の行訴法改正の際、行政過程の中で多用されながら、抗告訴訟の対象とならない行政の行為を契機として国民と行政主体との間に紛争が生じた場合、実質的当事者訴訟の活用を図るため、実質的当事者訴訟の例示として『公法上の法律関係に関する確認の訴え』が加えられたこと」からすれば、行訴法4条後段の「公法上の法律関係に関する訴訟」についても、国民と行政主体との間の紛争を予定していることが明らかであり、「『公法上の法律関係に関する確認の訴え』が認められる行政主体との紛争は、行政処分を背景とし、あるいは後に行政処分が控えていることにより、現に存在する不利益を除去するための確認の利益が認められる場合である」こと、③「『公法上の法律関係に関する確認の訴え』には、抗告訴訟の規定の一部が準用されるが（行訴法41条1項。行政庁の訴訟参加〔同法23条〕、職権証拠調べ〔同法24条〕、判決の拘束力〔同法33条1項〕、釈明処分の特例〔同法23条の2〕）、本件は、控訴人と被控訴人との間における本件照会事項に対する報告義務の存否をめぐる訴訟であり、かかる個別具体的な事案における判断が求められている事件であるから、他の関係機関なり団体の訴訟参加やこれらに対する判決の拘束力を認めたり弁論主義を排除したりする理由はないし、本件では、釈明処分の対象となる『処分又は裁決』は存在しない。そうすると、行政過程における紛争とはいえない本件において、行政過程の特質に応じた上記規定を本件の訴訟手続に準用する実益や必要性を見いだすことはできない」ことを理由に、報告義務確認訴訟は、「『公法上の法律関係に関する確認の訴え』に該当するとしてこれに行政事件訴訟手続を適用するのではなく、原則に戻り、民事訴訟であると解するのが相当である」と判示した（前掲注18）名古屋高判平成29・6・30[19]）[20]。

(2)　訴えの利益の存否

民事訴訟においては、訴えの利益が必要であるところ、確認の訴えでは、①原被告間の具体的紛争の解決にとって、確認訴訟→確認判決という手段が有効・適切であるか（方法選択の適否）、②確認対象として選んだ訴訟物が、原被告間の紛争解決にとって有効・適切であるか（対象選択の適否）、③原被告間の紛争が確認判決によって即時に解決しなければならないほど切迫し成熟したものであるか（即時解決の必要性）、④訴訟物たる権利または法律関係について確認判決による紛争の解決を図るのに、有効、適切な被告を選んでいるか（被告選択の適否）、といった視点が必要であるなどと解されている[21]。

それゆえ、弁護士会照会を受けた照会先の報告義務確認訴訟においても、この点が問題となる。

弁護士会による報告義務確認の訴えの当否　　学説の中には、報告拒絶の正当理由の有無について弁護士会と照会先の意見が異なる場合には当該制度の実効性を確保する必要があることや、報告義務の存在が明確になれば、照会先は報告による守秘義務違反を心配することなく安心して報告することができること等を理由に弁護士会による報告義務確認の訴えについて確認の利益を認めるものが少なくない[22]。他方で、弁護士会は報告事項について直接の利害関係を有するわけではないこと等を理由に、これについて否定的な見解も多数存在する[23]。

そして、前記平成28年判決の事案までは、弁護士会が照会先に対して報

---

19)　これに賛同する学説として、酒井博行『民事手続と当事者主導の情報収集』（信山社、2018年）293頁。

20)　弁護士会の照会先に対する報告義務確認請求を確認の利益がないことを理由に不適法であるとして却下した最判平成30・12・21民集72巻6号1368頁は、この点についての判断はしていない。

21)　新堂幸司『新民事訴訟法〔第5版〕』（弘文堂、2011年）。

22)　伊藤・前掲注12）21頁、村上・前掲注10）176頁等。

23)　今津・前掲注13）124頁。

告義務があることの確認を求めた裁判例は見当たらなかったが、最高裁は、同判決において、被上告人の予備的請求とされていた報告義務確認請求については、さらに審理を尽くさせる必要があるとして、事件を原審に差し戻した。同差戻審は、当該確認請求が認められれば、照会先が報告義務を任意に履行することが期待できること、照会先は、認容判決に従って報告すれば、第三者から当該報告が違法であるとして損害賠償請求されたとしても、違法性がないことを理由にこれを拒むことができること、弁護士会は当該確認請求が棄却されれば、本件照会と同一事項について再度の照会をしないと明言していることから、当該報告義務の存否に関する紛争は、当該判決によって収束する可能性が高いと認められること等を理由に、当該確認請求訴訟について確認の利益を認め、本件照会事項の一部については報告を拒絶する正当な理由はないとして、当該事項にかかる報告義務確認の訴えを認容した（名古屋高判平成29・6・30判タ1446号76頁等）。

しかし、その再上告審において、最高裁は、平成30年12月21日、「弁護士法23条の2第2項に基づく照会（以下「23条照会」という。）の制度は、弁護士の職務の公共性に鑑み、公務所のみならず広く公私の団体に対して広範な事項の報告を求めることができるものとして設けられたことなどからすれば、弁護士会に23条照会の相手方に対して報告を求める私法上の権利を付与したものとはいえず、23条照会に対する報告を拒絶する行為は、23条照会をした弁護士会の法律上保護される利益を侵害するものとして当該弁護士会に対する不法行為を構成することはない（最高裁平成27年（受）第1036号同28年10月18日第三小法廷判決・民集70巻7号1725頁）。これに加え、23条照会に対する報告の拒絶について制裁の定めがないこと等にも照らすと、23条照会の相手方に報告義務があることを確認する判決が確定しても、弁護士会は、専ら当該相手方による任意の履行を期待するほかはないといえる。そして、確認の利益は、確認判決を求める法律上の利益であるところ、上記に照らせば、23条照会の相手方に報告義務があることを確認する判決の効力は、上記報告義務に関する法律上の紛争の解決に資するものとはいえないから、23条照会をした弁護士会に、上記判決を求める法律上の利益はないというべきである。本件確認請求を認容する判決がされれば上告人が報告義務を任意に履行することが期待できることなどの原審の指摘する事情は、いずれも判決の効力と異なる事実上の影響にすぎ」ないとして、「23条照会をした弁護士会が、その相手方に対し、当該照会に対する報告をする義務があることの確認を求める訴えは、確認の利益を欠くものとして不適法であるというべきである」と判示して原判決を破棄し、同訴えを却下した（最判平成30・12・21民集72巻6号1368頁[24]。以下「平成30年判決」という）。

本事案において確認判決が認められれば、既判力をもって報告義務のあることが確定する。しかし、その後、照会先がこの判決を尊重して行動するかどうかは事実上の問題でしかなく、また報告が得られたとしてもそれにより確実に紛争解決につながるということもできない。そして、確認の訴えにおいては、確認の対象となりうるものが形式的には無限定に存在することを考えると、司法のリソースという観点からも、確認の利益に絞りをかける必要性がある[25]ことも理解はできる。

しかし、裁判所の判断により報告義務の存在が明確になることで、照会先は守秘義務違反等の責任を追及される恐れなく安心して報告することが可能になる（＝報告を拒絶する理由はもはやなくなる）こと、その結果、報告が得られれば、それが直接、当該事案の紛争解決に結びつくものでなかったとしても、できる限り証拠や情報収集をした結果であるとして、裁判手続や判決に対する国民の公正・信頼・納得は少なくとも確保でき、広い意味での紛争解決につながることは間違いないように思われる。他方、弁護士会の照会先に対する報告義務確認訴訟を認めたとしても、かかる訴訟が激増するとも思えない。

いずれにせよ、この結果、弁護士会照会に対する報告拒絶について弁護士会が、裁判で正当理由の有無の当否を争う道がなくなってしまったことは、本制度の実効性確保の点で残念というほかない。

照会申出弁護士またはその依頼者による報告義務確認の訴えの当否　照会申出弁護士またはその依頼者が照会先に報告義務の確認を求めた裁判においては、報告義務の存否について判決をもって法律関係を確定することが、その法律関係に関する法律上の紛争を解決し、当事者の法律上の地位の不安、危険を除去するために必要かつ適切である等として照会申出弁護士の依頼者に

24）　作田寛之・ジュリ1543号（2020年）92頁等。
25）　加藤新太郎「弁護士会照会に対する報告義務確認請求の確認の利益」NBL 1141号（2019年）103頁等。

ついて確認の利益を認めたもの（東京地判平成24・11・26判タ1388号122頁）と、照会先の報告義務は弁護士会に対する義務であって照会申出弁護士やその依頼者に対する義務ではないこと等を理由に確認の利益を否定したもの（名古屋高判平成23・7・8金法1988号135頁、依頼者について東京高判平成25・4・11金法1988号114頁等）とが下級審には存在する。

しかし、前記平成30年判決の趣旨、すなわち、弁護士会照会に対する報告の拒絶については制裁の定めがないため、相手方に報告義務があることを確認する旨の判決が確定しても、弁護士会、ひいては弁護士会照会申出弁護士やその依頼者は、専ら当該相手方による任意の履行を期待するほかはないことから、弁護士会照会の相手方に報告義務があることを確認する判決は、結局のところ、法律上の紛争の解決に資するものとはいえないという点からすれば、照会先の照会申出弁護士やその依頼者に対する不法行為の成否にかかわらず、弁護士会照会申出弁護士やその依頼者による報告義務確認の訴えが認められる余地も存在しないように思われる。

V　課題

弁護士会照会に対する報告を拒絶したことをめぐり照会先の不法行為の成否や報告義務の存否が争われた事件の本質は、これらの訴訟を通じて弁護士会照会の実効性を確保しようという点にある[26)]ところ、前記のとおり、これまでの判例や多くの学説は、こうした方法を否定した。そのため、弁護士会照会によって報告が得られるか否かは、結局のところ、相手方の意思次第ということになってしまう。

しかし、弁護士会照会には、下記のとおり、他の証拠収集手続等にはない有用性がある。弁護士および弁護士会としては、このことを念頭においた上で、弁護士会照会請求制度の実効性の確保を含めた制度のあり方の他、改正の要否やその方向性についても検討を進めていく必要がある。

26）平成28年判決木内道祥裁判官の補足意見、伊藤・前掲注12）15頁等。

1　包括的な情報や証拠収集の必要性

迅速かつ公正な紛争解決を実現するためには、紛争の基礎にある重要な事実を、当事者が訴訟の前後を問わず、早い段階で把握できなければならず、そのためには、当事者がまだ知らない情報や証拠にアクセスできるきっかけも必要である。

現在、これに役立ちそうな制度として、民事訴訟法上、以下のような手続が存在する。しかし、使い勝手が悪いため、紛争解決のために必要な情報や証拠の収集方法として広く活用されているのは、前記のとおり、弁護士会照会制度である。

ところが、弁護士会、照会申出弁護士およびその依頼者からの不法行為に基づく損害賠償請求訴訟や報告義務確認請求訴訟が認められないとすると、照会先が正当な理由なく報告を拒絶してもなすすべはなく、弁護士会照会制度の実効性を担保することはできない。

したがって、弁護士会としては、照会先からの報告を少しでも得やすくするため、これまで以上に審査体制の整備・充実、照会拒絶事案における個別交渉、報告拒絶が多い照会先との懇談会開催等に取り組んでいくことが重要である。同時に、現在、公益社団法人商事法務研究会において研究が進められている「証拠収集手続の拡充等を中心とした民事訴訟法制の見直しのための研究会」の動向にも注意を払い、弁護士会照会制度以外の情報や証拠の収集制度のあり方についても積極的に意見を述べていくことが必要である。

2　他の民事訴訟法上の証拠収集方法等

弁護士会照会制度以外の民事訴訟法上の証拠収集方法等は、以下のとおりである。

(1)　提訴前証拠収集制度

①提訴前当事者照会（民訴法132条の2、132条の3)、②提訴前証拠収集処分（民訴法132の4。文書送付嘱託、調査嘱託、専門家の意見陳述、執行官の現況調査)。

①②ともに、提訴前であってもできるが、訴えの提起を予告する通知（予告通知）を書面でした場合に、当該予告通知をした日から4月以内に限って利用が可能であるにすぎない。それゆえ、情報や証拠の収集に密行性を要する場合には利用が難しい。また、同手続を利用して得た情報や証拠だけでは

足りない場合、それらを元に改めて情報や証拠を得たいという場合、予告通知期間が足かせとなるという問題がある。

さらに、①は、提訴した場合の主張または立証を準備するために必要であることが明らかな事項について照会が可能であるが、裁判所の関与なく紛争の当事者間で実施される手続であるため、相手方当事者にとって不利益な情報や証拠の取得は期待できない。これに対し、②は、当該予告通知に係る訴えが提起された場合の立証に必要であることが明らかな証拠となるべきものに限られた処分でしかない。

そして、①②いずれの手続も、弁護士会照会制度と同様、報告を拒絶しても制裁措置は予定されておらず、任意の履行を期待するほかない点が問題である。

(2) 提訴後の証拠収集方法

①当事者照会（民訴法163条）、②調査嘱託（民訴法186条）、③文書送付嘱託（民訟法226条）、④文書提出命令（民訴法221条）。

①～④のいずれの手続も提訴後でないと利用できないため、裁判沙汰を避けて話し合いによる紛争解決を希望する当事者には用をなさない。

①は、訴訟の係属中、主張または立証を準備するために必要な事項について照会が可能であるが、裁判所の関与なく紛争の当事者間で実施される手続であるため、相手方当事者にとって不利益な情報や証拠の取得は期待できない。これに対し、②～④は、いずれも、民事訴訟法上、「第4章 証拠」の章に規定されているとおり、立証に必要な証拠となるべきものに限られた処分でしかない。

また、①～③のいずれの手続も、弁護士会照会制度や前記 (1) の手続と同様、報告を拒絶しても制裁措置は予定されておらず、任意の履行を期待するほかない点が問題である。

これに対し、④については、第三者が文書提出命令に従わないときは、裁判所は、決定で20万円以下の過料に処すことができると定められている（民訴法225条1項）。しかし、その分、要件も厳格に規定されており、裁判所の判断も厳しくなる傾向にある。そのため、紛争の早い段階で利用することは困難である。また、過料の額が低いことや、実際に制裁が課されるケースは非常にまれであることから、命令発出の相手が第三者とはいっても、紛争の当事者と関係が深いものである場合の実効性は必ずしも高くない。

(3) 証拠保全（民訴法 234 条）

証拠保全は、提訴の前後を問わず利用できるが、提訴後の証拠調べの時期まで待っていたのでは、その証拠の取り調べが不可能、または困難になる事情のある証拠についてなされる証拠調手続そのものであるため、証拠調べの必要性が厳格に求められる。

それゆえ、提訴前、あるいは訴訟の初期段階で、そもそも必要な情報や証拠かどうかについて絞り込むことが困難なものについて利用することはできない。

(4) 財産開示制度

①財産開示手続（民執法 196～203 条）、②第三者からの情報取得手続（民執法 204～211 条）。

金銭債権についての強制執行の申立ては、原則、債務者の財産を特定して行う必要がある。そのため、債権者が債務者の財産について十分な情報を有していないと、たとえ苦労して勝訴判決を得ても実効的な強制執行を行うことはできない。これでは司法に対する信頼が失われてしまう。

そこで、強制執行による権利の実現の実効性を確保するため、債権者が債務者の財産に関する情報を取得するための手続として、民事執行法において前記①②の手続が規定された。それゆえ、①②ともに、債務名義を得た債権者等が、かかる目的実現のために必要な情報を執行段階において取得するための手続としてのみ利用可能な制度である。

①は、債務者（開示義務者）を裁判所に呼び出し、裁判所で債務者本人から債務者自身の財産について陳述させ、執行に必要な情報を取得するというものである。財産開示期日に裁判所に出頭して債務者の財産状況を陳述しなかった場合には、6 か月以下の懲役（令和 7 年 6 月 1 日より拘禁刑）または 50 万円以下の罰金が科せられる（民執法 213 条 1 項 6 号）。刑事罰の対象とされているため実効性は極めて高い。

②は、債務者の財産に関する以下の情報を債務者以外の第三者から提供してもらう手続である。

ⓐ土地・建物に関する情報を登記所（法務局）から 、ⓑ給料の支給者に関する情報を市区町村、日本年金機構等から、ⓒ預金貯金債権に関する口座等

の情報を金融機関（銀行、信金、農協等）から、ⓓ上場株式、国債等に関する口座等の情報を金融機関（銀行、証券会社等）から入手できる。

ただし、ⓐの不動産情報、ⓑの勤務先情報の申立ての際は、申立ての日より前3年以内に財産開示期日における手続が実施されたことの証明が必要とされている（財産開示手続前置の要件）。

以上のとおり、財産開示制度の実効性は高く担保されてはいるが、執行という最終段階において権利実現の実効性を確保するという極めて限定的な目的のために認められた手続であり、要件も厳格である。

3　弁護士会照会制度が他の証拠収集制度とは異なるメリット

他の民事訴訟法上の情報・証拠収集手続の長短は、以上のとおりであるが、弁護士会照会制度には、これらとは異なる以下のようなメリットがある。

(1) 事件の種別は問われないこと

弁護士会照会制度の利用は、受任事件の存在が要件になっている（弁23条の1第1項）ため、具体的事件の受任を前提としない単なる調査のみを行う照会は許されない（東京弁護士会照会申出審査基準細則4条3項）。しかし、民事事件の他、家事事件、行政事件、刑事事件等、事件の種別は問われないし、調停の申立て、民事保全の申立て、刑事告訴事件等、裁判上の紛争解決手続利用の前後も関係なく、示談交渉や法律相談処理のためだけでもよいとされている。

(2) 提訴とは無関係に利用できること

弁護士会照会は、裁判外の手続であり、提訴するかどうかとは関係なく利用することができる。それゆえ、照会申出をするに当たり、提訴の必要もなければ、提訴前の証拠収集処分のように、その後、期限内に提訴しなければいけないというプレッシャーにさらされることもない。

(3) 訴訟における証拠の収集に限られていないこと

弁護士会照会は、提訴前に、証拠のみならず、提訴の当否や交渉の方針、見通し等を検討するための情報を収集したり、事実確認をする手段としても使うことができる他、示談交渉、民事調停、家事調停、その他ADR等を前提とした調査においても利用が可能であることから、濫訴防止にもつながる。

これは、「裁判沙汰」にしたくないという国民感情にも合致した情報や証拠の収集方法ということができる。

(4) 紛争当事者の氏名や住所等の特定のためにも利用が可能であること

弁護士会照会は、前記 (2) (3) のような特性を有することから、訴訟や交渉の相手方の氏名や住所がわからない場合や相手方の住所や相手方特定のためにも利用が可能な制度である。それゆえ、訴訟提起あるいは交渉開始にあたり、まず相手方の氏名や住所等を特定するための資料収集や事実確認の手段としても有効に活用することができる。

(5) 相手方に知られずに調査を行うことができること（密行性）

弁護士会照会は、提訴前の証拠収集処分のような予告通知は不要であるため、相手方に知られずに調査を行うことが可能である。それゆえ、情報や証拠収集の動きを察知した相手方からの指示等により、照会先が証拠を処分ないしは隠蔽してしまう危険性も少ない。

また、訴訟係属中であっても、相手方に知られずに裁判外で報告を求め、その内容を確認した上で、証拠として提出するかどうかを決めることができるというメリットもある。

ただし、照会を受けた照会先が相手方に、当該照会の事実について連絡をしてしまう可能性はあるので、照会申出弁護士は、相手方に知られたくない場合には、照会申出時に、あらかじめその旨を申出書に明記している場合が多い。

(6) 照会権限が弁護士会にあるため、採否について裁判所とは異なる判断を期待できること

照会権限、すなわち照会を発出するか否かの審査権限は、各弁護士会にある。それゆえ、常日頃から紛争当事者の代理人という立場で、証拠や事実確認のための資料収集に努力を重ねてきた弁護士自身が、照会発出の当否について審査を担当することになる。その結果、裁判上の証拠収集手続では、裁判所が採用しなかったケースでも、弁護士会照会の場合には、異なる判断がなされ、発出が認められることもある。

(7) 裁判所の負担を増加させないですむこと

裁判所の関与を必要とする情報や証拠の収集手続では、その照会の要否を法定の要件に照らして裁判所が検討し、決定しなければならない。そのため、その分、裁判所の負担が増加し、本案訴訟の審理の遅延等、審理のスピードにも影響を与えるおそれがある。しかし、弁護士会が審査、発出の権限をもつ弁護士会照会ではそのような心配はない。

(8) 不当な報告拒絶に対して粘り強い交渉が期待できること

裁判所とは異なり、不当に報告が拒絶された場合には、弁護士会が照会先に苦情を申し立てたり、再照会をするなどして、報告を得る努力をしてくれるという点で、照会申出弁護士にとっては大変心強い制度である。

また、報告拒絶が多い照会先に対しては、個別事件において報告を求めるための交渉とは別に、弁護士会が照会先との懇談会を設けるなどして意見交換を行い、弁護士会照会制度に対する理解や、迅速で公正な紛争解決のための協力を求める活動にも尽力している。

(9) 弁護士会が照会を行うことにより報告に信用性が認められること

弁護士会照会を受けた照会先は、弁護士会に報告を行い、弁護士会は照会申出人である弁護士に照会先から受理した報告を通知する。そして、照会申出弁護士は、必要と認めるときは、照会申出書記載の目的の範囲内で、これを立証活動等に用いることになる。

このように、弁護士会照会は、弁護士会が照会先から報告を受けて、照会申出弁護士に通知するという形式をとることから、報告の改ざん等のおそれがなく、照会申出弁護士自身が直接照会先から得た報告内容をまとめて証拠として使用するよりも信用性が高くなる。

4　弁護士会照会制度改正の必要性

(1) 改正の必要性

弁護士会照会は、弁護士が民事事件等の当事者の代理人ならびに刑事事件の被疑者および被告人の弁護人としてその職務を遂行する過程において、当事者の立場から、速やかに情報や証拠を収集し、事実を明らかにしていくことで、濫訴を防止し、民事裁判や刑事裁判の審理を充実、迅速化させ、ひいては、真実の発見と公正な判断の実現に寄与するという公共的な利益のために、民事訴訟法等が規定する情報や証拠の収集方法の制度とは別に設けられた制度である。

それゆえ、不当な報告拒絶を放置してしまえば、弁護士会照会制度の立法趣旨は没却され、同制度は形骸化し、弁護士（会）の事実調査や証拠収集にとどまらず、真実の発見や公正な判断の実現、ひいては司法に対する国民の信頼をも損なうことになりかねない。

しかし、前記のとおり、不当な報告拒絶を裁判で争う道はほぼ閉ざされてしまい、仮に裁判で争う道がまだ残されていたとしても、裁判には時間も費用もかかり、紛争解決のための情報や証拠収集方法としては現実的でないことを考えると、裁判を利用することなく、弁護士会照会の実効性を確保できるような制度にするための法改正が求められる。

もっとも、本制度に強制力を持たせようとすれば、厳格かつ慎重な手続きが必要とされるため、今のような簡易迅速な情報や証拠の収集は困難となり、ひいては迅速な裁判の要請も後退せざるを得なくなるであろう。改正については、その点も念頭において慎重に検討することが必要である。

(2) 改正案の概要

日弁連は、平成14年11月22日、「司法制度改革における証拠収集手続の拡充のための弁護士法第23条の2の改正に関する意見書」を公表し、プライバシー等に配慮しつつ、弁護士会照会制度の実効性を確保することを目的とした同条の改正案を提案した。

同改正案の内容は、およそ次のとおりである。

弁護士会照会によって第三者のプライバシーや個人情報等が害されることがないよう、弁護士からの照会申出の当否を審査するのは弁護士会であることを条文に明記するとともに、照会申出弁護士は、弁護士会照会によって受けた報告内容を、当該報告を求めた目的以外に使用してはならないという目的外使用禁止規定を新設する。

また、「弁護士会は、……必要な事項の報告を求めることができる」とされていたにすぎない従来の規定に加え、弁護士会照会を受けた照会先は、「弁護士会に、必要な事項を報告しなければならない」と定めた上で、「報告しないことに正当な事由がある場合はそれを疎明してこれを拒絶することができる」とする。

そして、照会先が「報告を拒絶した場合あるいは報告をしなかった場合」、弁護士会は、「日本弁護士連合会に対し、……報告の拒絶あるいは報告をしないことについての正当な事由の有無について、審査を求めることができる」ものとし、この審査請求を受けた日弁連は、弁護士会および照会先双方から事情説明を受けた上で、個別事案ごとに比較衡量を行い、適切かつ迅速に審査・判定し、「報告の拒絶あるいは報告をしないことに正当な事由がないと判断したときは、……必要な事項の報告をすべきことを勧告することができる」との規定を新設しようとしている。

(3) 当該改正案立案の背景

弁護士会照会制度の実効性を確保するには、照会先が弁護士会照会を受けて報告をした場合には一切の責任を免れるといった趣旨の免責規定や不当な報告拒絶に対する制裁措置を設けた方がより効果的である。

しかし、各弁護士会の審査を経ただけの照会にこのように強い効力まで認めてよいのかといった疑問や、現在、弁護士会照会制度と同様の文言（「報告することができる」）により報告義務を定めた法令が他に数百も存在しているところ、その全てについて同様の改正要求が噴出する可能性があることが指摘されたこと等から、これらの問題解決のためにかえって改正作業が遅れてしまうといった事態は避けるべきだとの意見を踏まえ、まずは前記改正案の範囲で弁護士会照会制度の機能を拡充、強化し、同制度を実効性あらしめることにしたものである。

(4) 改正運動の現状

平成14年11月22日付け日弁連理事会の決議を経て、弁護士会照会制度の改正運動は始まった。その後、平成20年2月29日付け日弁連理事会において、平成14年11月22日付け日弁連理事会決議について一部見直しを行ったが、以来、現在に至るもなお、具体的な改正作業に向けた立法活動には至っておらず、むしろ改正運動は停滞してしまっているというのが実状である。

その主たる理由としては、一般国民には馴染みが薄い弁護士会照会制度の改正だけでは、国民ひいては政治家を動かすことは難しく、それゆえに日弁連の中においても機運がなかなか盛り上がらないところにあると思われる。なぜなら、弁護士会照会制度の直接的な利用者は、紛争当事者から事件を受任した弁護士だけであるため、ともすれば、弁護士自身や依頼者の利益のための制度にすぎないとの誤解を受けやすく、また、紛争とは無関係に生活している国民の関心や理解を得ることは難しいからである。

(5) 今後の改正運動

前記のような改正運動停滞の実状を踏まえると、今後改正運動を進めていくには、弁護士が受任事件の当事者の立場から真実の発見と公正な判断の実現に寄与するという公共的な利益のために設けられた弁護士会照会制度の立法趣旨と、同制度を規定した弁護士法の条文改正が必要とされる理由を弁護士各人が自覚し、各弁護士会および個々の弁護士が主体的にこれを広く一般市民に知らしめ、その理解を求める努力を積み重ねていくことが不可欠である。

同時に、弁護士会照会制度を広く民事訴訟法や刑事訴訟法等も視野に入れた早期かつ包括的な裁判の充実・迅速化のための情報・証拠収集制度としてとらえ直し、それらの実効性を高めるための方策の1つとして弁護士法23条の2の改正問題を位置づけることで、この問題を政治的に取り上げやすくするとともに、弁護士会照会制度が議員立法により制定されたという歴史的経緯を踏まえ、今後も引き続き、日本弁護士政治連盟を初め、各議員に対し、地道に積極的な働きかけをしていく必要があろう。

なお、日本弁護士連合会では、民事訴訟を利用しやすく事案解明力のあるものとするために、証拠・情報収集手続について、一段と踏み込んだ制度改正を行うべく「文書提出命令及び当事者照会制度改正に関する民事訴訟法改正要綱試案」(2012(平成24)年2月16日)を公表するとともに、民事訴訟の充実・迅速化のためには、訴訟の基礎となるべき重要な事実を、①「訴訟のごく早期の段階で」、②「相当程度の包括性をもって」把握することを可能にする仕組みが不可欠であるとして「早期開示命令制度新設の立法提案」(2022(令和4)年7月15日)も行っている。

(6) 今後の活動

弁護士法により、弁護士会照会制度という情報や証拠の収集方法を与えられた弁護士会としては、照会先や一般市民に信頼される制度運用を図るため、同制度の運用状況に関心を払い、同制度が適正に利用されるよう、照会申出およびその審査の手法並びに審査基準等について日々研鑽に努める必要があろう。同時に、不当な報告拒絶事例については、同制度が形骸化してしまうことがないよう、照会先に改善を求める努力も弁護士会は怠ってはならない。

また、証拠収集手続の拡充等を中心とした民事訴訟法制度見直しのための議論が進み、証拠や情報の収集方法が拡大することはおおいに意味のあることではあるが、前記のとおり、弁護士会照会には、他の証拠収集方法とは異なる弁護士会照会ならではの存在意義がある。それゆえ、現行法制度の改正や新たな証拠収集方法の創設等によって、今、現に活用されている弁護士会照会制度の利用が不可能ないしは難しくなってしまうようでは本末転倒である。

紛争の当事者の立場から、真実の発見と公正な判断の実現に寄与することで、これまで日本の司法を支えてきたともいえる弁護士会照会制度を、今後も守り、かつ育てていくことが弁護士および弁護士会の責務であると考える。

12　弁護士の継続研修における ジェンダー視点

南野佳代

Ⅰ　はじめに――継続研修におけるジェンダー視点の状況

弁護士会および日弁連では、会員に対する様々な研修を提供しているが、これらの継続研修において、ジェンダー視点は必ずしも十分に取り入れられているとは言い難い。現代の法曹、とりわけ弁護士に、ジェンダー視点に敏感であることがなぜ求められるのか、なぜ「継続研修」において取り入れられるべきなのかを論ずることが本稿の課題である。

そこで、法曹継続研修におけるジェンダー視点（トピックではない）の必要性が法曹の共通認識となるために、その意義について論じることを目的として、本稿は以下のように構成される。

議論の前提として、弁護士の継続研修におけるジェンダー視点の取扱い状況（2022年実施ジェンダー法学会シンポジウム調査）の整理とその結果から、ジェンダーに関する研修の現状を確認する。次に、法学においてジェンダー視点がもつ意義を、20世紀以降の法の発展を振り返りつつ整理する。またジェンダー平等の実現に向けた国際的な努力の観点からは、ジェンダー視点の修得は、法曹が備えるべき適格性の一部としてのジェンダー平等に関する能力（gender competence）につながるものでもあることから、ジェンダー視点は現代の法曹継続研修に必須の要素となったことを主張する。最後に、ジェンダー視点は実務における行動変容を求めるものであるが、それは倫理研修においても当てはまる。獲得されたジェンダー視点による実務は、弁護士の法に対する重要な貢献につながることに触れたい。

ここでは、ジェンダー法学会2022年学術大会のシンポジウム「法曹養成とジェンダー」のために実施した法曹教育におけるジェンダーにかんする調査結果をもとに、現在の法曹がその養成段階から継続研修において、ジェンダー視点について学ぶ機会がどの程度あるのか、現状を確認する[1)]。このアンケート調査では、法科大学院（35校中16校回答）、司法研修所、総合法務研究所、および弁護士会（52会中25会回答）が回答にご協力くださった。

法科大学院においては、2校が必修科目の一部としてジェンダーを取り扱っていると回答し、実務科目において設置しているのが2校、これら以外の選択科目において開講しているのが6校で、うち4校ではジェンダーに特化した科目が置かれ、1校では科目名称には表れないが、内容においてジェンダー視点が主要な位置にあり、もう1校では他校開講科目を連携科目として履修可能と回答している。その他のカリキュラム外活動や、いずれかの科目でジェンダーを取り上げているという回答も含めると、何らかのジェンダー関連教育を実施している法科大学院は35校中、18校であった[2)]。

司法研修所においては、司法修習課程ではジェンダー視点にかかわる科目はないが、多様な人権問題のひとつとして位置づけられているとのことである。継続研修においては、女性差別撤廃条約やセクシュアル・ハラスメント等のジェンダー問題への裁判官の意識を高めるための研修に取り組んでいるほか、分野別研修の家族法実務でDV被害者について、刑事法実務で性犯罪被害者についての理解を深める研修を行ったとのことである[3)]。

弁護士会においては、回答した25会のうち、ジェンダー視点を意識した研修を実施していると回答したのは16会であり、そのテーマは、セクシュアル・ハラスメント、DV、セクシュアル・マイノリティ、婚姻制度、ジェンダーと司法などがあった。それらのテーマについて、かなり掘り下げた内

1）　石田京子、深堀寿美、細永貴子、南野佳代「ジェンダー法学会　シンポジウムⅡ　法曹養成とジェンダー」ジェンダーと法20号（2023年）113〜161頁。

2）　深堀寿美「法科大学院及び司法研修所における『ジェンダーの視点を意識した』科目設置・カリキュラム設置状況（2022年）――アンケート結果及び各校カリキュラム検討を踏まえて」ジェンダーと法20号（2023年）118〜128頁。

3）　同上、125〜127頁。

容を扱ったと思われる研修も見られた。実務分野の研修においては、家族法実務で実施しているのが6会、刑事法実務では2会、労働法実務では7会であった[4]。全52会であるから、今後さらに普及することが望まれる状況といえよう。

検察庁においては、ジェンダー視点を意識した研修の有無およびその具体的内容を尋ねたところ、検察官・検察事務官を対象として、組織としての男女共同参画の啓発、セクシュアル・ハラスメント等各種ハラスメントの防止を目的とした研修を行っているとのことである。ただ、この回答には、「お尋ねの、『ジェンダーの視点を意識した研修の指し示す範囲が必ずしも明らかではないことから、一概にお答えすることは困難』」と書かれていた[5]。回答内容からは、組織運営上の課題として重要性が認識されているように思われるが、実務において意味を持つ研修がどの程度なされているのかについては、判断がしづらい。

以上で確認できたように、ジェンダー視点の必要性の認知度は、法曹の教育研修において、以前の調査時と比べて、一定程度は向上したとみられる[6]。しかし、ジェンダー視点は日本の法曹養成教育、継続教育において必ずしも十分に取り入れられているとは言えない状況にあって、期待されたほどには普及していない。2022年の調査において、ジェンダー視点を中心とした科目を実施するためには、カリキュラム編成上余裕がないことや、授業および研修の講師選定や教材準備が困難ということが障壁になる段階にあることがアンケートの回答から読み取れる。今後、優先度における順位が引き上げられ、相当な調整やリソースを投入してでも実施すべき事項と位置づけられることが待たれる。

4）　細永貴子「法曹養成課程におけるジェンダー平等教育の現状と課題――弁護士会及び検察庁へのアンケート結果に基づいて」ジェンダーと法20号（2023年）129～136頁。

5）　同上、138～140頁。

6）　2022年以前の調査については、簡単なまとめは、南野佳代「法曹養成とジェンダー　企画趣旨」ジェンダーと法20号（2023年）115～116頁。詳細は、後藤弘子「ジェンダーと法曹養成教育」ジェンダーと法4号（2007年）3～20頁、二宮周平「ジェンダーとロースクール教育」ジェンダー法研究1号（2014年）17～41頁、渡辺千原「日本の法曹継続教育におけるジェンダー」南野佳代編『法曹継続教育の国際比較』（日本加除出版、2012年）235～264頁を参照。

Ⅱ　ジェンダー視点の意義

1　多様化する社会におけるジェンダー視点

ここでいったん、本稿で使用するジェンダーに関する研修、ジェンダー視点について若干触れておきたい。ジェンダーに関する研修としては、たとえば、日本や国際社会におけるジェンダー間格差の実態や平等実現のための施策などを含み、法学的な内容には限定していない。ジェンダー視点は、法学はもちろん、社会科学、人文科学、自然科学において、これまで主流であったものの見方や暗黙の基準などの前提条件自体を見直す視点である。その意味で、領域横断的であり、学問と実務、思想と実践を架橋する。ジェンダー視点は、性別によって人を分け隔てし、その二分法に基づく行動・思考様式を人びとに命じるジェンダー規範と、その結果としての社会的現実を問い直す視点である。この視点からの問題提起は、あらゆる領域において自明であり当然とされているのは、ジェンダーにおいての強者という、実は単一の視点からの判断思考行動であることを明らかにしてきた。ジェンダー視点は、より多様性に開かれ、包摂的な、だれもがより生きやすい世界を求める思想と学問と運動を貫く視点である。これは、法に携わるものが追求すべき価値理念に含まれるべきものである。法学の世界においても、ジェンダー視点からすべての領域において問題提起がなされ、重要な法の変革をもたらし、現代法を形成してきた。これからも、法を更新していく視点であり続けるだろう。

ジェンダー視点からの具体的問題提起の内容は、社会とともに変化しうるものである。ジェンダー規範は社会を構成する規範の体系の一部であるから、社会自体の変化によって、ジェンダー間格差のあり方も変化するため、特定の「べからず集」や「マニュアル的知識」だけでは持続的に実務に活かすことができない。ジェンダーセンシティブであることは、ジェンダー平等を実現するべく、ジェンダー視点から不断に問い直し続けるという姿勢と実践として具現化される。

グローバル化と技術革新によって国境を越えて人もモノも資本も移動し、情報は一瞬で世界中に拡散され、個人が情報発信をする手段をもった。その結果として社会は多様化したともいえるかもしれない。あるいは、人びとの本来の多様性が可視化され、排除から包摂へと価値観が変わったともいえる。人の多様性については、肌の色や言語や服装や食べるものや信じるものなど、様々な目に見えるものも目に見えないものもある。性別という違いについては、違いがあること自体は疑われなかったが、その価値や意味づけといった社会的に付与されるものについては、長らく1つの性が基準であり続け、もう1つの性は従属的な地位におかれ、それが社会規範であり続けてきた。基準が単一であること、そして2つの性の関係のあり方に疑問を提示し、社会のあり方を変えて、2つの性が等しく尊重されるよう挑んできたのがフェミニズムである。単一的な基準を揺るがし別のあり方もあることを示し、それを尊重することを求めてきたことは、社会の多様化を進めた動きであったといえる。それは、法規範にも影響を与え、それまでの基準を変えてきた。

2　法学における「ジェンダード・イノベーション」

イノベーションは科学技術革新とそれによる産業上の革新に結び付けられる言葉である。ジェンダード・イノベーションとは、佐々木成江によると、「これまでの科学・技術分野における研究や開発では、男性のみを対象や基準とすることが多く、女性のほうに不利益が生じがちな状況」にあったが、「科学・技術分野における研究や開発のプロセスに、積極的に性差分析を組み込んでいくことで、イノベーションと発見を実現するという概念」である。米国においては、科学技術革新をもたらす戦略として、女性の研究者数を増加させ、処遇も含めた働きやすい職場環境を整備し、新たな知を生み出すという道筋でジェンダード・イノベーションが目指された。それにより実現されるべきなのは、科学技術の革新、ビジネス産業への貢献、多様性を包摂する公平な社会である[7)]。科学に絞れば、社会科学が探求してきたジェンダーについての知見を、他分野の研究においても活用してジェンダー分析を用いることで、知の革新を行うものである。

法学の分野においては、どうだろうか。振り返ってみるに、20世紀において法学は既にジェンダー視点からの問題提起を受け止め、革新されてきているし、これからもそれは不断に行われるだろう[8)]。なぜなら、法は公正な

7）　佐々木成江「ジェンダード・イノベーションとは？」https://ocha-igi-mag.jp/articles/gendered-innovation/（2024年5月9日最終アクセス）

社会を実現することを価値としており、法学は究極的にはその価値の実現に向けた探求であり、法実務は実践であると同時に、法そのものを更新する営みだからである。19世紀末からの第一波フェミニズム運動は、女性の参政権と教育を受ける権利の獲得、婚姻による妻の無能力制度の廃止等を掲げた権利獲得運動であった。女性はその性によって、これらの公的活動や経済活動、それらの前提となる高等教育には向いていないとされていた。つまり、それらの法律とその運用は、男性のみが主体として想定されていた。

20世紀後半の、いわゆる第二波フェミニズムの学問的側面では、私的な関係においても権力関係が存在することを明らかにし、女性の自己決定権を求めた。1970年代以降、米国では女性の法学への進出が徐々に進み、社会科学におけるジェンダー概念と研究の進展と歩調を合わせるように、法学の研究教育と実務において、ジェンダー視点からそれまでの基準を変更――「ジェンダード・イノベーション」――してきた。それらは、たとえば職場における「個人的関係」は、職場における権力関係とジェンダーの権力関係の作用を受けるため、上位者から下位者への意に反した強制が起こりがちであり、それは「個人的な問題」ではなく、違法な性差別行為であるというセクシュアル・ハラスメントの法理を確立した。この時、それまでの（不法）行為者の意図から、被害者の意思が基準となった。

さらに、家庭という親密性の場においても、社会構造としてのジェンダーに基づく観力関係は作用しており、容認されるべきではない人権侵害が発生しうることを明らかにし、公的対応がなされるべき暴力「ドメスティック・バイオレンス」であることを法制化し、公私二元論の境界を修正した。性暴力への公的対応である性犯罪規定に関しては、行為者の意図ではなく、被害者の同意の有無が中核にあるべきであることが合意され、国際標準となった[9]。日本では、2017年と2023年の刑法改正に（完全ではないが）反映されている。家族形成についても、各国ではすでに異性愛中心主義から、多様な

8）　ここからの記述については、以下を参照。南野佳代「法曹継続教育とジェンダー」ジェンダー法研究1号（2014年）43～74頁、南野佳代「『フェミニズム法と社会研究』を目指して」法と社会研究4号（2019年）。

9）　たとえば、日本学術会議「『同意の有無』を中核に置く刑法改正に向けて――性暴力に対する国際人権基準の反映」（2020年）https://www.scj.go.jp/ja/info/kohyo/pdf/kohyo-24-t298-5.pdf（2024年7月12日最終アクセス）参照。

関係性の承認と包摂へ移行してきている。これらの法制度や裁判、法実務における変容は、法律専門職の養成と研修にも反映され、ジェンダー研修が各国で実施されている[10)]。つまり、法学教育においてもすでに「ジェンダード・イノベーション」は進行中である。

Ⅲ　ジェンダー研修の必要性

1　人権グローバルスタンダードの観点から

まず、司法と裁判官のあり方についての国際基準として、裁判官の行動に関するバンガロール原則、国連司法の独立に関する基本原則がある。バンガロール原則では、裁判官は言葉や振る舞いに偏見や思い込みがあらわれないこと、弁護士に対して同様の行動を要請することが求められている[11)]。裁判官や法律家、教育専門家が参加し、司法教育についての協議や実践的情報交換、協力によって司法への信頼を確保することを目的とする国際的協力機関として国際司法教育機関（International Organization for Judicial Training）があり、定期的に国際会議を開催し、研修の質と方法の向上のため、各国最高裁判所と司法研修所が協力している[12)]。

次に国際人権法の１つである女性差別撤廃条約の第２条（c）は、「女子の権利の法的な保護を男子との平等を基礎として確立し、かつ、権限のある自国の裁判所その他の公の機関を通じて差別となるいかなる行為からも女子を効果的に保護することを確保すること」と定めている。また、権利実現における司法の役割に鑑みて、国連女性差別撤廃委員会は女性の司法へのアクセスに関する一般勧告33号（CEDAW/C/GC/33, 2015年）の前文で、CEDAWの２条、３条、15条に言及して女性の権利の保障のために取られるべき措置のなかに、司法関係者のジェンダーに関する教育を含めている[13)]。

10)　南野佳代「『司法におけるジェンダー・バイアス』への取組みと司法教育」法社会学77号（2012年）107〜133頁。

11)　バンガロール原則５章平等 https://www.unodc.org/pdf/crime/corruption/judicial_group/Bangalore_principles.pdf)。

12)　2022年のカナダ連邦最高裁判所と司法研修所が実施したオタワでの国際会議についての報告は南野佳代「第10回国際司法教育会議報告」京女法学23号（2023年）103〜119頁を参照。次回は2024年ソウルにて開催。

13)　https://www.gender.go.jp/international/int_kaigi/int_teppai/pdf/kankoku33.pdf（内閣府仮訳、2024年５月１日最終アクセス）

勧告のパラグラフ1では、「女性の司法へのアクセスの権利は、女子に対するあらゆる形態の差別の撤廃に関する条約に基づいて保護される全ての権利の実現にとって欠かせないものである」とし、パラグラフ13では、「本委員会は、裁判所や準司法機関の主要都市集中、農村や僻地では利用できないこと、利用するために必要な時間および費用、手続の複雑さ、障害をもつ女性にとっての物理的障壁、法律扶助を含む質の高い、ジェンダー問題に対応した法的助言を得られないこと、ならびにしばしば指摘されている司法制度の質における不備（例えば教育不足を原因とするジェンダーに敏感でない判決または決定、手続の遅延や過剰に長期にわたる手続期間、腐敗など）、これら全てが女性の司法へのアクセスを妨げていることを注視してきた」（圏点は筆者）としている。パラグラフ15では、司法判断適合性について、(a) で司法制度のジェンダー応答性を高めること、(c) では司法の専門家がジェンダーに敏感な姿勢で事件を扱うように確保するとしている。

これらに基づき、石田は、ジェンダーセンシティブな法専門職を養成することはCEDAWの要請であると指摘する[14)]。

2　ジェンダー主流化と法曹のジェンダー研修

1995年北京で開催された第4回世界女性会議の北京宣言に明示され、行動綱領にも繰り返し明記されたジェンダー主流化とは、ジェンダー平等実現のための政策理念である。あらゆるレベルの政策形成に女性の十分な参加とジェンダー視点からの企画と評価が求められる。第一義的には国・自治体、公的機関がその責任主体であり、国の一部門である司法も当然含まれる。北京宣言は市民社会のあらゆる部門に対し、行動綱領の実施に対して十分に責任を負い、寄与することを要請している。司法の担い手であり、市民社会において人権実現を主導すべき弁護士は、この要請を強く受けていることは言うまでもないだろう[15)]。すでに長らく実現を待たれている国際的要請であ

14)　石田京子「法曹養成におけるジェンダー視点の必要性」ジェンダーと法20号（2023年）142頁。

15)　北京宣言はパラグラフ14において女性の権利は人権であることを確認し、パラグラフ38においてジェンダー主流化をジェンダー平等の実現に必要であると明記し、行動綱領の責任主体として、第一義的には政府としつつ、「あらゆる女性及び男性のみならず非政府機関に対し、また、市民社会のあらゆる部門に対し、……政府と協力して行動綱領の実施に対し、十分に責任を負い、この行動綱領の実施に寄与することを強く要請する」としている。行動綱領はパラグラフ41で、「女性の

るジェンダー主流化を実施するには、組織がジェンダー平等の達成を組織的目標のひとつとし、かつ、所属する構成員が個人的な職務上の目的として認識することが必要である。そこで、構成員がジェンダー平等な対応ができる能力開発が必要になり、その方法は組織的なジェンダートレーニングであるとされている。

ジェンダー主流化の達成のために、組織的な研修により、個々の構成員がジェンダー平等に関する能力をもって各職務分野と政策においてジェンダー平等を目指すことができるようにすることが、ジェンダー主流化の前提条件であり、同時に、ジェンダー主流化の実施によってジェンダー平等に関する能力が更新される。この能力は、ジェンダー平等を職場と個人において達成しようとする意志、社会構造としてのジェンダーに関する専門的知識（学問的知見と情報）、およびそれらを職務において実践しジェンダー主流化を実現するための能力によって構成される[16)]。

留意すべきは、1回だけあるいは唯一のジェンダートレーニングとして研修がなされた場合、効果が薄く、持続性がないことの指摘がなされていることである。つまり、継続的かつ複数の種類の研修機会が必要なのである。

なお、これらの国際機関や国際共同研究の成果としてのジェンダー主流化の方法であるジェンダートレーニングが養成すべきジェンダー平等に関する能力には、上述のように、ジェンダー平等を達成するという組織目標とその構成員間での共有とコミットメント、ジェンダー平等の達成のために適切な

地位向上及び女性と男性の平等の達成は、人権の問題であり、社会正義のための条件であって、女性の問題として切り離して見るべきではない。それは、持続可能で公正な、開発された社会を築くための唯一の道である」としている。つまり、平等の達成は社会正義の前提であり、その方法としてジェンダー主流化が、政府だけでなく、市民社会においても要請されている。北京宣言と行動綱領は総理府（現内閣府）の仮訳を参照した。https://www.gender.go.jp/international/int_standard/int_4th_beijing/index.html　https://www.gender.go.jp/international/int_norm/int_4th_kodo/index.html（2024年5月1日最終アクセス）

なお、申琪榮「『ジェンダー主流化』の理論と実践」ジェンダー研究18号（2015年）1〜8頁も参照。

16）　このまとめは、以下を参考にした。フンボルト大学ジェンダーコンピテンスセンター（Susane Baer教授のプロジェクト）http://www.genderkompetenz.info/eng/gender-competence-2003-2010/Gender%20Competence.html. EUジェンダー平等研究所 https://eige.europa.eu/gender-mainstreaming/toolkits/gender-institutional-transformation/step-9-developing-gender-equality-competence?language_content_entity=en. EUジェンダー平等研究所による研究成果として法学教育におけるジェンダー主流化を実装することを目指し、ジェンダーコンピテンスを修得するよう編成されたテキストとして、Dragica Vujadinovic, Mareike Frohlich, Thomas Giegerich eds., *Gender-Competent Legal Education* (Springer, 2023).

方法やデータを使用するスキル、およびジェンダーに関する社会構造についての理論的理解と社会構造としてのジェンダー関係にかかわる情報・知識の獲得と理解が含まれる[17)]。組織的かつ継続的にこれらについての研修が行われることがジェンダー主流化を推進する。このような組織的なジェンダー主流化に、市民社会を含むあらゆる部門で取り組む努力がなされてきたかどうかが、この30年間のジェンダー平等達成度として表れているのではないか[18)]。

これらのトレーニング方法や内容については、国連、OECD、欧州機構などが調査研究や実施実績に基づいてツールキットを開発し、公表している[19)]。ジェンダー主流化の責任主体は、主に政府であるとしても、市民社会においても、ジェンダー平等な社会の実現のためには、組織的研修による構成員のジェンダー対応力育成が求められるであろう。

統治機構の重要な一部門であり、「人権の最後の砦」でもある司法は、法律専門職が担う。その圧倒的多数を占め、最前線で人びとと接しているのは、弁護士である。それゆえ、司法におけるジェンダー主流化、つまりジェンダーセンシティブな法実務には、弁護士の主体的なコミットメントが欠かせない。組織としては、裁判所、検察庁、弁護士会が責任主体であろう。また、石田が指摘するように、米国などでは法律事務所単位でジェンダートレーニングを行っている。その背景には、ジェンダー平等へのコミットメントや倫理規程の遵守はいうまでもないが、事務所の経営的判断もあるとされている[20)]。

法曹における組織的な研修は、司法研修所や法務総合研究所、弁護士会（単位会と連合会）におけるジェンダー主流化の取組みになるだろう。ただ、法律専門職の倫理的要請や、法サービス利用者が不当な対応をされたと感知することによる実務上の不都合あるいは不正義をなくすことは、一刻を争うものである。最優先で取り組まれるべきは、法サービスを必要としている者

17）　https://eige.europa.eu/gender-mainstreaming/toolkits/gender-institutional-transformation/step-9-developing-gender-equality-competence?language_content_entity=en

18）　世界経済フォーラムによるジェンダーギャップ指数ランキングの日本の位置（2023年は146か国中125位、2024年は156か国中118位）にそれが反映されている。

19）　国連とOECDのツールキットについては、石田・前掲注14）143〜146頁が詳しく紹介している。

20）　石田・前掲注14）149頁。

に、法律専門職が（当然、意図してはいないはずの）二次加害をしてしまうことの防止であろう。次に、法サービス利用者に、法律専門職がジェンダーに関して（これも意図はしていないはずだが）差別的言動を行ったと感知されることであろう。これは法制度の公平性の認知にかかわり、法サービス利用回避につながる恐れがある。法外の「解決」が選択されることによる不正義の恐れだけでなく、法制度全体の信頼性をゆるがし、法制度の利用を通じて実現されるべき法の更新を阻害しうるという意味で、法制度の存立基盤を毀損しかねない。そこで、個人でも可能な取り組みとして、法律専門職は、ジェンダーバイアスが自己の言動にもあると想定して不断に点検活動をすることが望まれる。人は、社会構造が原因であるバイアスを一定程度身に付けてしまうのは避けられないが、少なくとも法律専門職は自覚的に自己の各種バイアスの理解と克服に取り組む必要がある。ジェンダーバイアスに関しては、いくつか利用可能なリソースがある。法専門職向けに作成されたものではないが、十分に利用可能である[21]。

留意すべきであるのは、バイアスは社会構造によって発生するものであって、社会の変化とともにその現象のしかたも変わるため、「べからず集」的な資料は有効性に限りあるものとして参考程度に留め、不断の見直しの習慣化が有効な対策であることである。なお、国際司法教育機関において紹介されている海外の研修実践例では、バイアスに気づき自己点検することを不断に実践する能力習得のための研修は、「裁判官の態度と価値」という科目区分におかれ、裁判官の倫理研修の一部に位置づけられている[22]。

3　司法への信頼と法曹倫理

民主的国家においては、市民からの信頼は司法の存立基盤である。訴訟当事者の司法への信頼は、裁判の勝敗という実質的側面よりは、むしろ手続的側面、つまり公平に審理されたという実感やきちんと説明されたという納得感にあるといわれる。ここでいう手続的側面とは、当事者がかかわるすべて

21）　もっとも簡易なものは内閣府のチェックシート（https://www.gender.go.jp/research/kenkyu/pdf/seibetsu_r03/03.pdf）。説明については、男女共同参画学協会連絡会のものが分かり易い（https://www.djrenrakukai.org/doc_pdf/2019/UnconsciousBias_leaflet.pdf）。

22）　南野・前掲注 8）「法曹継続教育とジェンダー」64 頁。

の事柄において、公平に取り扱われたかどうかという広い範囲にかかわる。すなわち、司法制度の担い手である裁判官、弁護士（双方の代理人）、そして裁判所の職員（書記官、廷吏、窓口などの事務官）ら、裁判所関係者の言動が公平公正であったと、当事者が感じていることである。

ジェンダーに関していえば、性差別的意識の表出は論外であるが、日常におけるジェンダーに関する思い込みや決めつけが、言葉、態度、目つき、しぐさから、相手に感知されるかどうかである。代理人の意図や意識にかかわらず、当事者の受け止めが問題である。弁護士の言動によっては、被害者への二次加害となることもあるし、性別を理由に歓迎されていないとの印象は司法制度利用回避につながるであろうし、司法の担い手から不当な差別的言動を受けたと感じれば、司法への信頼を損なうことになる。これだけのインパクトがありうるのだが、問題は、日常におけるジェンダーに基づく思い込みや決めつけは、社会的に構築されたものであり、社会規範と密接に関連しているため、いわば「当たり前」や「常識」の範疇にあると思われがちであって、何もなければ自覚することが難しいことである。さらには、ジェンダー役割意識は世代間の違いが大きく、同世代間でも性別による違いも相当程度あること、また、法曹は学歴や階層をも考慮するとある程度以上の同質性をもち、性別においても同質性が高い集団であるところに、自覚するにはいっそうの困難がありうる。

弁護士の言動（言葉、態度、目線、声の調子、ふとしたしぐさなど、言語的・非言語的コミュニケーション）から受ける印象は、市民から見た法制度の公平さの印象とそれに基づく信頼性の判断を左右する。なぜなら、法的サービスのユーザーたる市民にとっては、目の前にいる弁護士こそが法制度を代表するからである。法曹の公平性への信頼があって初めて、市民は法制度を利用する。法制度が回避され、役割が果たせない時、法の支配は実現されず、法は発展しない[23)]。

法曹の言動が司法への信頼にとって重要であるのは、裁判においても同様である。裁判のユーザーから見た紛争解決プロセスの公平性の評価には、実体的結果よりも手続的側面が決定的な影響を及ぼすことは、確立された人文

23）　南野・前掲注8)「法曹継続教育とジェンダー」45頁。

社会科学的知見であり、法曹養成課程においてはもちろん、継続教育においても必須項目である。たとえば、司法教育においては、国際会議でも繰り返し何らかの形で取り上げられていることから、基礎的共通理解と位置づけられているといえる[24)]。なお、この手続的側面とは、紛争処理の全プロセスにおいて、法曹と裁判所職員や関係者の言動にジェンダーに関する偏見や予断があると、利用者に受け取られないことを意味する[25)]。米国では法廷におけるジェンダーバイアスの露呈は、それが裁判官であれ、代理人であれ、上訴理由となり、原判決破棄の理由となる。代理人のジェンダーバイアスに満ちたふるまいは、裁判官による制裁の理由となる。これらの判例は、1990年代後半のものであるが、当時既に裁判官行動模範規則によって性別に基づく偏見や予断を言動に表すことが禁じられていたことにも留意したい[26)]。

なお、米国においては、弁護士の倫理規程のモデルであるABA模範規則の2016年8月改正により、差別的な言動あるいはハラスメントに当たるものを弁護士業務に関連して行った場合、専門職としての非行を構成することとなった[27)]。これに関連して、髙中は、日本ではこのような第三者配慮義務は、弁護士法1条2項の誠実義務が実定法上の根拠になり得るとし、同項の「前項の使命に基き」という文言は、弁護士の基本的人権の擁護と社会正義の実現という使命に基づいて誠実に職務を行うのであれば、依頼者関係を越えたより高次の内容を含むものでありうるとしている[28)]。

Ⅳ　ジェンダー研修の意義と弁護士倫理

ジェンダー平等は社会正義と人権の実現と不可分であり、ジェンダー規範

---

24)　訴訟プロセスの公平性についての社会心理学的研究成果は、司法教育の国際会議においても繰り返しセッションが行われている。プログラム内容の詳細を確認できた2013年、2017年、2022年の国際司法教育会議においては、個別会議が設定されていた。

25)　南野・前掲注8)「法曹継続教育とジェンダー」67頁。

26)　南野・前掲注8)「法曹継続教育とジェンダー」61頁。判例については、同61頁の注28を参照。

27)　石田京子によると、ABA模範規則によれば、依頼者の代理に当たり、第三者への配慮については4.4条に定めがあったが、2016年の改正により、8.4条（g）が追加され、「人種、性別、宗教、出身国、民族、身体障がい、年齢、性的指向、性自認、配偶関係、または社会経済的地位に基づく、ハラスメントまたは差別」を弁護士業務に関連して行った場合、非行を構成する。この改正の解説文献には、「表現の自由と同じくらいに重要なのは、司法と弁護士への信頼であるという説明」があった（髙中正彦・石田京子編『新時代の弁護士倫理』（有斐閣、2020年）163～164頁〔石田〕）。

28)　髙中・石田編・前掲注27）164～165頁〔髙中〕。

は、各社会において一定以上の実効性のある秩序装置のひとつであって、そのあり方は、変容するものである。ジェンダーに関する研修は、そのジェンダー規範の性質から、法曹継続教育においても、繰り返し実施されるべきものである[29)]。

この点については、石田が紹介している国連の女性の司法アクセスおよびジェンダー主流化のツールキットにおいても、ジェンダー平等に資する司法機関における職員は繰り返し研修を受けていることが求められており、「すべての構成員が女性の権利に関する研修を継続的に受けていることの重要性」が示されている[30)]。

ジェンダー規範が当事者の言動や認識にどのような影響をもっているのかは、社会的事実やその社会科学的理解に関する知見であり、それらは法曹が目の前の当事者（性別にかかわらず）に対して公平な接遇をするために必要である[31)]。同じような言動であっても、当事者の受け止めはそれぞれの社会的文脈によって変わりうることの理解に基づいて、多様な当事者に公平であると認知される能力が養われるだろう。法制度を直接担う法曹は、ジェンダーについての一定以上の理解をもって法サービスのユーザーに接することが求められ（ジェンダーセンシティブであること）、さらに、ニーズに応える実務能力（ジェンダーコンピテンス）を涵養することが期待されるが、少なくとも、前者は必須であるといってよい。というのは、繰り返しになるが、司法に対する市民の信頼は、公平らしさに左右されるが、その公平らしさは法曹、裁判所事務官等の、当事者や関係者に対する言動から認知されるからである。実質的な公平さは当然であるとして、言動から知覚される公平感である公平らしさは、市民からの司法の公平性の評価の重要な部分であり、その意味で司法の公平性と信頼の基盤になるのである[32)]。

これまでに実施した海外のジェンダーに関する法曹継続教育についての調査（『法曹継続教育の国際比較』では日本も含めて9か国、他に台湾でも調査している）からは、法曹のふるまいが法制度への市民の信頼を左右するとの共通認識があって、研修によってジェンダーバイアスのない司法を目指している[33)]。

29)　南野・前掲注8)「法曹継続教育とジェンダー」46〜47頁。
30)　石田・前掲注14) 144〜145頁。
31)　南野・前掲注8)「法曹継続教育とジェンダー」47頁。
32)　南野・前掲注8)「法曹継続教育とジェンダー」48頁。

なお、ここでいうジェンダーバイアスは、あからさまな差別的言動ではない。そのような行いをする者は、そもそも法曹たる資質がないのだから。目的とされているのは、本人が気づいていない、意識化されていない、いわゆる暗黙のバイアス（implicit bias、日本ではアンコンシャス・バイアスということが多いようである）に対応することである[34]。

司法においてジェンダー研修が必要と認識された歴史的経緯を振り返れば、調査研究によって、ジェンダーバイアスは、実体的法理だけでなく、法廷における関係者の言動はもちろん、裁判所運営や職場環境まで、女性に対して不利な影響を及ぼしていることが明らかにされてきた。法制度にかかわる人びとのジェンダーにかかる思い込みや偏見が、裁判所や法律事務所での市民の経験――判決という結果だけでなく、関係者の言動というプロセスにおいて感知される不公平感――に影響し、ジェンダー間で格差を生むのである。裁判所は、裁判官行動規範（倫理規程）とジェンダー研修を導入し、法の公平性は、それを担う人びとの公平性にかかっているという認識の下、あらゆる形態のジェンダーバイアスへの取組みがなされた[35]。石田は、日本の民事訴訟利用者を対象とした実証研究においても、女性は法制度や裁判への評価が男性と比べて低いことが分かっていることから、日本においても女性が司法に対して疎外感を抱いており[36]、「そのような司法は信頼されない」と指摘して、法曹養成プロセスに切れ目のないジェンダー教育の導入を求めている[37]。

石田によれば[38]、国際人権文書や持続可能な開発目標等に明示され、国際社会において広く共有された共通認識においては、司法が国民に信頼される機関であるために、また、司法が国民の権利を実現するという役割を果たすために、さらに、司法へのアクセス保障のために、司法がジェンダーセンシティブであることが求められている。ジェンダーセンシティブであるためには、一方で司法（法専門職、裁判所、警察などの職員も含む）関係者の女性比率

33）　南野・前掲注 8）「法曹継続教育とジェンダー」48 頁。
34）　南野・前掲注 8）「法曹継続教育とジェンダー」47 頁注 5。
35）　南野・前掲注 8）「法曹継続教育とジェンダー」59～60 頁。
36）　石田京子「ジェンダーの視点からみた利用者の評価」菅原郁夫ほか編『民事訴訟の実像と課題――利用者調査の積み重ねが示すもの』（有斐閣、2021 年）81 頁以下。
37）　石田・前掲注 14）150 頁。
38）　石田・前掲注 14）141～146 頁。

が一定以上であること（その国の男女比に近いこと）が、他方で、全構成員がジェンダー研修を受ける機会があることが「車の両輪」として求められている。ジェンダー研修は、法専門家のみならず、司法にかかわるすべての構成員に必要な研修であることは、国連とOECDが作成した女性の司法アクセスおよびジェンダー主流化のためのツールキットにおいても明示されている。

他方、法曹養成課程においては、米国を参照すると、全米法律家協会作成の法曹倫理模範規則において、ジェンダーに基づく差別とハラスメントが禁止事項として明示されたことにより、性差別的言動は、懲戒事由を構成することとなった。いくつかのエリートロースクールにおいて、差別的言動をしない法曹養成のために、利用可能な教材を紹介している。この教材の目的は、自己の持つ暗黙の偏見に気づく機会をもたせ、偏見のない法専門職のあるべき姿を認識させているという[39]。このような教育は、個人が自省的に偏見をチェックし、自ら変えていこうとすることができる能力を開発するものであり、知識の獲得というよりは、行いの修得、行動変容を目的としている。その意味で、裁判官の継続教育と同様の試みが、なされている。

法曹の備えるべき能力としてのジェンダー視点は、法曹養成においては法科大学院における講義、演習、クリニック等で修得することが（法科大学院のカリキュラム、教員に依存するところがあるとしても）可能である。しかし、圧倒的多数である法曹にとって、ジェンダー視点を修得する機会は、継続研修において提供されることが求められるだろう。継続研修の目的は、実務家に必要な知識と技術のアップデートであるとすれば、ジェンダー視点は、法の更新を理論的に知るうえで欠かせないものである。また、それらのアップデートによって、法実務のあり方を更新していくことは、法曹倫理によって求められる。ジェンダーにかかわって公平であろうとすることは、法曹倫理において高い水準で求められるべき公平性の達成に必要である。

なお、倫理研修は行動に反映されて初めて意味を持つ。研修や教育は行動変容が目的であって、「教養や知識をえた」「理想的にはそうだろう」でとどまっているならば、その研修の目的は達成されなかったというべきであろう。継続研修は実務家が実務を更新し行動（クライアントの接遇、法廷での弁論、書面

39）　石田・前掲注14）147～149頁。石田は、米国においては法曹養成課程から継続教育まで、どのように切れ目なく「プロセスとしてのジェンダー教育」が行われているかを説明している。

の内容まで）に反映されて＝実務を変えて初めて意味をなすものである。その意味で、研修の具体的プログラムは実務家の行動＝実務の変容を明確に達成目標とせねばならない。

最後に、法の革新における法曹の役割について鳥山は、「弁護士のアイデンティティはソフトローや倫理も含めた広い意味での『法』、つまり『ルール』を駆使して依頼者の正当な利益を擁護することにあり……」「すべての弁護士に共通の武器は、法であり、言葉です。セクハラやパワハラ問題が典型例ですが、言葉やロジックで社会を変えていけるのが弁護士です」と述べ、弁護士倫理規程について弁護士は「守るべき規範」と捉えるよりも、「目指すべき価値」としてとらえる方がよいと述べている[40)]。弁護士は「法の支配」の担い手であるだけでなく、「法の創造」にも携わり[41)]、市民からみれば司法制度の代表として、人権の擁護と社会正義の実現という価値を目指して法と社会を変革していくことも、弁護士の役割である。そうであるならば、ジェンダー視点を修得すること――「べからず集」の参照ではなく――は、倫理的にも実務的にもこれからの弁護士に欠かせないだろう。

法廷における弁護士のもうひとつの、そしてかけがえのない役割について触れておきたい。筆者は海外の最高裁判所判事との交流機会があるごとに、ジェンダーに関する司法教育に、日本の司法研修所はなかなか貴国のようにはリソースを割けないようであるけれども、実現するにはどうすればよいと思うかと尋ねてきた。回答は、「弁護士がいるではないか、法廷で弁護活動を通じて最もよく裁判官を教育できるのは弁護士なのだから」というものであった。川嶋も、「よき弁護士がよき裁判官を育て、よき裁判官がよき弁護士を育てる。その不断のシナジー効果の積み重ねこそが日本司法の継続的質向上を導く」と述べている[42)]。ジェンダーセンシティブな弁護士の活躍を強く期待したい。

40）　高中・石田編・前掲注 27）317～318 頁〔鳥山半六〕。
41）　高中・石田編・前掲注 27）319 頁〔鳥山〕。
42）　高中・石田編・前掲注 27）296 頁〔川嶋四郎〕。

13　司法アクセスの保障と弁護士の役割

池永知樹

Ⅰ　はじめに――問題の所在

弁護士は、法律事務を全般的に担当しうる唯一の法律専門職であり（弁3条）、非弁護士の法律事務の取扱い等は禁止されている（同72条）。弁護士は、このような権限を享受する専門職である以上、プロフェッション全体としても、弁護士一個人としても、その権限に伴う社会的責務として、司法アクセスの保障の実現に取り組むべき特別の責務を負う。もっとも、この司法アクセスの保障をめぐる課題は広大な裾野を有しており、かつ時代の推移とともに変容をしていくのであり、プロフェッションの責務にも一義的正解があるわけではない。

戦後の歴史を振り返ると、欧米諸国を中心とした戦後の司法アクセスの展開を総括したカペレッティ＆ガースは、福祉国家黄金期の1970年代に、第一波として、貧困者のための法律扶助制度、第二波として、消費者訴訟やクラス訴訟等にみられる集合利益の代理制度、第三波として、ADR制度等にみられる裁判所外の紛争解決手続や民間の紛争解決手続を含めた包括的な紛争解決制度の3つの発展に整理した[1]。現在との比較では、その発展的説明

1）　マウロ・カペレッティ＆ブライアント・ガース（小島武司訳）『正義へのアクセス』（有斐閣、1981年）27～81頁。

においても、プロフェッションの責務の内容としても、比較的分かりやすいものであった[2)]。

しかし、1980年代ころから、欧米諸国は戦後福祉国家の危機に直面し、その変容を通じて、司法アクセスの問題は複雑かつ多元的な論点を提供してくるようになった。法律扶助資金の縮小に伴うプロボノ活動の再クローズアップはもとより、高価になりやすい弁護士の代理援助に代わるパラリーガルあるいはセルフヘルプによる効率的サービスの追求、そして今日、ITにAI技術を組み合わせた革新的サービスの追求が行われるようになっている。法律扶助の運営主体に対しても、民間の市場原理を導入し、ニューパブリックマネジメント（New Public Management）[3)]による経営効率性が追求されるようになっている。

並行して、市場を活用しての法律扶助の代替サービス（訴訟保険、訴訟ファンド等）も活発になり、さらに今日、非法律家（小売サービス業、コンサルティング業、テクノロジー産業等）にも法律事務所の所有とマネジメントへの参加を認めて法律サービスの活性化を企図するABS（Alternative Business Structure）が登場し、元々企図されたビジネスの文脈にとどまることなく、法律扶助の領域にも射程を伸ばしながら、拡散しつつある。

カペレッティ＆ガースが、戦後福祉国家の黄金期に司法アクセスを3つの波で総括した時代と比較すると、弁護士が司法へのアクセスを定義して、サービスを独占する地位は低下し（あるいは、弁護士限りではこの問題に対応しきれなくなっているとともに）、司法へのアクセスが全般的に「公（国家）」から「民（市場）」にシフトし、市場化・民営化されてきている。このような潮流とも関係し、単一のプロフェッションとしての安定性は弱くなり、法域により程度の差はあるにせよ、弁護士職には分裂が生じているように思われる[4)]。

2）　四半世紀後には、楽観的で単純な発展的説明であるとの評価が加えられるようになった（Francis Regan, Alan Paterson, Tamara Goriely and Don Fleming, *The Transformation of Legal Aid*, Oxford University Press(1999) p.2）。

3）　民間企業の経営手法を公共部門にも導入し、競争原理に則った公務運営を行うことにより、効率的かつ高品質のサービス提供を目的とする公共政策モデルであり、1980年代以降の欧米諸国で形成され、日本においては1990年代後半に独立行政法人制度として構想された（独立行政法人制度研究会編『改訂　独立行政法人制度の解説』（第一法規、2004年）223頁）。

4）　アメリカにおける先行研究として、ジョン・P・ハインツ他（宮澤節生監訳）『アメリカの大都市弁護士――その社会構造』（現代人文社、2019年）。アメリカ、北欧、イギリスの3法域の法律扶助動向を比較の上、その潮流に市場化（marketisation）と分裂（fragmentation）を観察するも上記のとおり、司法アクセスをめぐる課題は、今日、複雑かつ多元的な様相を呈しているが、本稿は、わが国の法律扶助制度および運営主体である日本司法支援センター（以下「法テラス」という）の課題を主軸に置きつつ、わが国が比較軸としてきた欧米諸国との比較および欧米法律扶助の変容の視点を意識しながら、司法アクセスの保障と弁護士の役割をめぐる現代課題を論ずる。

Ⅱ　わが国の法律扶助の歴史――欧米諸国との比較軸のもとでの発展

1　財団法人法律扶助協会による民間型の法律扶助事業と『講座　現代の弁護士』の整理

1970年刊、「執筆者四十数名、全四巻であり、弁護士がまとめた論集としては質、量共に空前の画期的出版であった」[5]と評される『講座　現代の弁護士』（日本評論社）は、第2次大戦後、1952年に日弁連が発足させた財団法人法律扶助協会（以下「扶助協会」という）による民間型の日本の法律扶助モデルについて、アメリカ型であるとし、「そのことは、戦後、わが国が連合軍に占領され、日本国憲法以下、諸法制について大幅にアメリカ法が継受されつつあったという時代の一般的背景や、本制度が、そもそも連合軍総司令部の示唆にもとづいて法務府民事法務長官から『貧困者の訴訟援助について画期的な具体的方策を立案せよ』との指示がなされ、当時新設された法務省人権擁護局において法律扶助に関する具体的方策の検討が始められたという当初の経緯もあるが、何よりもまず、永い歴史的過程を経て発展していたアメリカの法律扶助の制度に範を求めることになったと考えられる」[6]と整理した。

そして、今から半世紀前のわが国の法律扶助制度の現状と未来について、「法律扶助の形は、現在、アメリカ型、イギリス型、北欧型の3種に大別さ

のとして、Rosemary Hunter, Annette Olesen and Rebecca L Sandefur, “Lawyers and Access to Justice”, In Richard L Abel, Hilary Sommerlad, Ole Hammerslev & Ulrike Schultz eds., *Lawyers in 21st-Century Societies* vol.2:Comparisons and Theories, Hart Publishing p.305 (2022).

5）　宮川光治・那須弘平・小山稔・久保利英明編『変革の中の弁護士――その理念と実践（下）』（有斐閣、1993年）378頁。

6）　鍛治巧「法律扶助をめぐる問題」古賀正義編『講座　現代の弁護士3　弁護士の業務・経営』（日本評論社、1970年）345頁。

れうるといわれている」ところ、日本は戦後にアメリカ型から出発したものの、扶助資金の絶対的・慢性的不足に直面し続け、「わが国の法律扶助事業は、欧米先進諸国のそれにくらべ、大幅に立ち遅れているといわれる。そして、それと同時に、ただ単に誕生が遅れたばかりでなく、そのうえに、発育環境も悪く、体質的にも恵まれなかったために、栄養失調の徴候がみえるともいわれている」、「扶助協会の内外には、現在、このほか数多くの改革意見が提起され、わが国の法律扶助事業百年の大計が検討されている」が、「それが、イギリス型の扶助制度に傾くにしろ、アメリカ型の道を歩むにしろ、あるいは、わが国独自の発展を続けるにしろ、わが扶助協会が、ようやく幼少期を脱して、壮年期を迎えることに変わりはなく、扶助協会のめざましい活躍を期待せずにはおれない」[7)]と展望を描いた。

1970年当時、世界の法律扶助が、アメリカ型、イギリス型、北欧型の3種に分類され、アメリカ型については、主として弁護士会および社会事業団体が中心となる民間型制度、イギリス型については、当時のイギリスが社会保障制度の最も発達した国であり、その一環として、法律扶助も国家的規模において制度化され、国家的制度として世界で最も完備した公的制度、北欧型については、法律扶助は社会保障事業の一環として完備しており、たとえばスウェーデンでは財政的にも国と地方公共団体が全額を負担している公的制度として整理されている[8)]。また、扶助協会の活躍を期待しつつ、民間団体で担うことの限界が指摘され、「事務組織を強化し、事務運営を合理化するために、財政的基盤の強い特殊法人の設立が望まれる」[9)]と述べられている。

2　法律扶助制度研究会報告書と民事法律扶助法の制定および扶助協会による事業継続

『講座　現代の弁護士』から四半世紀を経た1994年、「法務省は、我が国の司法制度に適合した望ましい法律扶助制度の在り方等について本格的に研究するため、所要の予算措置を講ずるとともに、最高裁判所、日弁連、法律

7）　鍛治・前掲注6）345頁、348〜349頁、357〜358頁。
8）　鍛治・前掲注6）345〜348頁。
9）　鍛治・前掲注6）356頁。

扶助協会及び諸外国の訴訟制度にも詳しい学者の参加を得て、平成6年11月、法律扶助制度研究会（以下「研究会」という。）を発足させた」[10)]。

研究会は、アメリカ、イギリス、スウェーデン、フランス、ドイツ、韓国への海外調査を経た上、当時、未だに法律扶助法のなかった日本と比較して「欧米諸国では、いずれも、法律扶助制度を法律に基づき整備している。すなわち、イギリスは1949年に、フランスおよびスウェーデンは1972年に、アメリカは1974年に、ドイツは1980年にそれぞれ法律扶助に関する法律を制定し」、「いずれの国においても、国の強い関与と財政的負担の下に制度が運営されている」[11)]と整理した。他方、日本においては「現状は法律扶助に関する法律が制定されていないため、国の責務として法律扶助制度をどのように位置付けるか法律上明確でなく、また、弁護士・弁護士会がどのような形でその責務を果たすべきかについても法律上明確でない」、「今後の司法機能の強化といった国内的要請や法律扶助制度の国際的水準に照らすと、可及的速やかに抜本的な改革を図ることが必要である」[12)]と結論付けた。

なお、『講座　現代の弁護士』においては、アメリカ型については、民間モデルとして整理されていたのが、1974年にLSC（Legal Services Corporation）法が制定されたことにより、アメリカにおいても、州レベルにとどまらず連邦レベルで民事法律扶助制度が整備された点が重要な相違点である。これにより、研究会が発足した1994年当時、日本は、先進諸国において、唯一、法律扶助法のない国となっていた。

研究会報告書（1998年3月）に基づき、2000年4月民事法律扶助法が成立し、日弁連が扶助協会を発足させた1952年から約半世紀を経て、日本にもようやく法律扶助法が誕生した。しかし、研究会報告書は、民間の指定法人による法律扶助事業を提案しており[13)]、これに基づき、引き続き民間の扶助協会が、法律扶助事業を担うことになった。基本が民間であるために、管理運営のための国費による補助金も一部にとどまるという限界があり、より公共性の高い法人形式へと再編していく過渡期にとどまるものと評価された[14)]。

10）法律扶助制度研究会『報告書』（1998年）1頁。
11）法律扶助制度研究会・前掲注10）12頁。
12）法律扶助制度研究会・前掲注10）24頁。
13）法律扶助制度研究会・前掲注10）37頁。

3　司法制度改革審議会意見書と総合法律支援法の制定および法テラスによる法律扶助事業の開始

民事法律扶助法制定の前年の1999年7月に設置された司法制度改革審議会は、アメリカ、イギリス、ドイツ、フランスの海外調査も実施の上、2001年6月、司法制度改革審議会意見書を内閣に提出した。意見書は、民事司法制度の改革の1つとして司法アクセスの拡充を掲げ、日本の法律扶助について「欧米諸国と比べれば、民事法律扶助事業の対象事件の範囲、対象者の範囲等は限定的であり、予算規模も小さく、憲法第32条の『裁判を受ける権利』の実質的保障という観点からは、なお不十分と考えられる」、「民事法律扶助制度については、対象事件・対象者の範囲、利用者負担の在り方、運営主体の在り方等について更に総合的・体系的な検討を加えた上で、一層充実すべきである」[15]と結論付けた。

意見書に基づき、2004年5月、総合法律支援法が成立し、同法の下で、2006年10月から法テラスが日本の法律扶助事業を運営するようになった（扶助協会は翌2007年に解散）。法テラスは、それまでの民間団体である扶助協会とは異なり、独立行政法人に準じた法人形式をとる公法人であり、ここにおいて、日本の法律扶助は、民間型制度から脱却し、国の責務として実施される（総合法律支援法8条、11条等）公的制度として生まれ変わった。1952年に日弁連が発足させた民間の扶助協会が、数々の欧米調査を経ながら、2006年に公法人である法テラスに事業承継されるまでに、半世紀を超える54年を要した。

他方、福祉国家の黄金期の1970～80年代に法律扶助制度の基本整備を終了し、その大きな拡充を遂げた欧米諸国においては、福祉国家の危機に直面しており、日本が司法制度改革審議会で議論を進めていた1990年代後半ころから、法律扶助制度を縮小合理化していくようになる。これと連動して、リーガルサービス全般に対する規制緩和策を推し進めながら[16]、公的資金

---

14)　佐川孝志「法律扶助制度改革の到達点と今後の課題」『日本の法律扶助――50年の歴史と課題』（法律扶助協会、2002年）216頁。

15)　司法制度改革審議会「司法制度改革審議会意見書――21世紀の日本を支える司法制度」（2001年）30頁。

16)　弁護士自治を終焉させたと評されるほどに2007年法的サービス法下で推進されたイギリスのリーガルサービス規制緩和策に言及するものとして、吉川精一『英国の弁護士制度』（日本評論社、2011年）148～154頁。

で担われていた法律扶助が民間に委ねられるようになっていった。特に、近代法律扶助制度の母国といわれ、戦後、最も法律扶助制度を拡充してきたイギリス（イングランド＆ウェールズ。以下、単にイギリスというときはイングランド＆ウェールズの意味である）において、法律扶助の市場化のうねりが激しく、1999年司法アクセス法（Access to Justice Act 1999）および2012年法律扶助法（Legal Aid, Sentencing and Punishment of Offenders Act 2012, 略称LASPO）のもとで市場化が進んだ。

Ⅲ　わが国の法律扶助の現状と課題

1　質量の拡充と発展

民間の扶助協会から、2006年に公法人である法テラスに事業承継されたことにより、日本の民事法律扶助事業は、質量ともに拡充することになった。

量的側面から、民事法律扶助の基幹業務である法律相談援助と代理援助の実績を扶助協会時代と比較すると、扶助協会が業務を行った最終年度の2005年の法律相談援助件数は10万2531件、代理援助件数は5万6318件であったが、法テラスに事業承継後は、平均して、前者は年間約30万件（約3倍）、後者は年間約10万件（約2倍）の実績となっている[17)]。

質的側面からであるが、1970年代にカペレッティ＆ガースの「正義へのアクセス・プロジェクト」に参加するなどして、欧米法律扶助の日本への接続の在り方を研究されてきた小島武司教授は、扶助協会から法テラスへの「改革の過程では、開業弁護士がパートタイムで法律扶助を提供するジュディケア・システムに弁護士が専任スタッフ、いわばpoverty lawyerとなって法的サービスを提供するアメリカ型スタッフ弁護士制の仕組みが接木され、弁護士過疎への対応も進むことになる。ここに、日本の法律扶助制度は、民間組織から公的組織へと移行し、ヨーロッパ型とアメリカ型が組み合わされたハイブリッド・システムが成立し、法テラスは、10年余の歳月を経て今、新制度として定着をみている。スタッフ弁護士制導入のほか、コールセンターの新設、全国各地の事務所設置、大規模災害に際しての法的支援などが法

17）　法テラス編『法テラス白書　令和4年度版』（法テラス、2023年）63頁、68頁。

の内実に独自の生気を与えている」[18] と描写しており、質的拡充を示唆するものになっている。

質量の拡充はさらに進められ、法テラスの事業開始から10年を経過した2016年には、改正総合法律支援法が成立し、認知機能が十分でない高齢者・障がい者、被災者、DV・ストーカー被害者等を正面から制度の対象に加えた。いわば、欧米法律扶助が近年の重点扶助対象として位置付ける「社会的に脆弱な（vulnerable）人々」の類型がわが国にも公式に導入され、資力に関わりなく援助の対象とされた。これにより、総合法律支援は、普遍的なアクセス障害を超えて、個別的なアクセス障害に対してもきめ細かい対応を図っていくという、「民事法律扶助の基本的な考え方の大きな転換」[19] ないし「総合法律支援はいわば第2段階に入ったものと評価することが可能」[20] であると説明されている。

2　司法アクセスのバリアの克服と改革課題

山本和彦教授は、司法アクセスのバリアについて、これを①距離のバリア、②費用のバリア、③情報のバリア、④心理的なバリア、そして2016年改正総合法律支援法の趣旨を踏まえての⑤個別的なバリアの5つに整理している[21]。以下、山本教授の分類を踏まえ、わが国の法律扶助の現状と課題について整理する。なお、紙幅の制約から限られた論点の整理にとどまる。

①距離のバリアの除去については、スタッフ弁護士の配置数と司法過疎地域事務所の設置数について、2006年の法テラス業務開始から徐々に増加し、2014年度に配置数252名、2015年度に39事務所に達したが[22]、その後は伸び悩んでおり、2022年度は204名・37地域事務所である[23]。地域事務所の数・偏在、スタッフ弁護士の数・質の問題はなお残存しており、質量両面の確保のためには、スタッフ弁護士のキャリアプランの確立が重要な意義を持つとされている[24]。

18）小島武司「ジョンソン新論文の展望と法律扶助の50年」総合法律支援論叢9号（2017年）4頁。
19）山本和彦「法テラスの現状と課題」総合法律支援論叢9号（2017年）88頁。
20）山本・前掲注19）93頁。
21）山本・前掲注19）94～102頁。
22）法テラス編『法テラス白書　平成27度版』（法テラス、2016年）102～104頁。
23）法テラス編・前掲注17）106頁。

②費用のバリアの除去については、前記のとおり、扶助協会時代と比較をすると、法律相談援助と代理援助の実績は大きく増加しているが、近年は、前者は年間約30万件、後者は年間約10万件で横ばいの状態であり、日本社会で経済的格差が拡大してきているとの各方面からの指摘にかかわらず、頭打ちの状態になっている。法テラスが2008年に実施した「法律扶助のニーズ及び法テラス利用状況に関する調査」によれば、法テラス利用を躊躇した理由について、最も高いのが「費用が分からない」(30%以上) であり、費用のバリアは、各バリアの中でも最大の障害要因を占めている[25)]。このことに関連して、潜在的ニーズの顕在化を妨げている大きな阻害要因として、かねてより指摘されてきたのが、先進諸国においては見られない日本の特徴である立替金の全額償還原則である[26)]。資力に乏しい国民を対象としながら、事件の解決により得た財産的利益にかかわらず、支出した資金の全額を償還させることを原則とするという日本の制度は、先進諸国の例をみても特異なものであり、応能負担による原則給付制への転換[27)]などの抜本的な改善が求められている[28)]。

③情報のバリアの除去については、法テラスの認知状況について、2008年度24.3%であったのが、年々上昇し、2014年度以降は50%を超えるようになった[29)]。しかし、具体的にどのようなサービスを提供しているかに関する業務認知度については、2014年度以降も現在に至るまで10%台の低位

24)　山本・前掲注19) 94頁、98〜99頁。

25)　法テラス「法律扶助のニーズ及び法テラス利用状況に関する調査報告書」(2010年) 152頁。

26)　立替金の全額償還原則の問題点を分析したものとして、大石哲夫「民事法律扶助の受給資格と利用者の負担をめぐって——日本型リーガルエイドの特質と改善課題」総合法律支援論叢4号(2014年)。

27)　日弁連は、2023年3月3日臨時総会「民事法律扶助における利用者負担の見直し、民事法律扶助の対象事件の拡大及び持続可能な制度のためにその担い手たる弁護士の報酬の適正化を求める決議」において、「民事法律扶助の利用者負担の在り方を見直し、立替・償還制ではなく原則給付制とし、資力が一定程度を超えている利用者のみ負担能力に応じて負担する（応能負担）など、利用者負担の軽減を図ることは喫緊の課題である」と指摘している（https://www.nichibenren.or.jp/document/assembly_resolution/year/2023/2023_1.html/(2024年7月8日アクセス))。

28)　かねてより、原則給付制を導入する際に弁護士費用敗訴者負担制度の採用が前提になるか否かが論点とされてきたが（法律扶助制度研究会・前掲注10) 29〜30頁)、現行の民事法律扶助の大部分が、勝敗を前提とする純粋な民事訴訟とは異なる自己破産および離婚関連事件であり、かつ法律扶助受給者の大半が生活保護に準ずる経済状況にあること等を踏まえると、敗訴者負担制度の採用が前提になるとの立場は今日的には妥当せず、また、論理必然的な関係にもないとの我妻学教授の見解が参考になる（我妻学「民事法律扶助と司法へのアクセス」池田辰夫先生古稀祝賀『次世代民事司法の理論と実務』(法律文化社、2023年))。

29)　法テラス編・前掲注17) 154頁。

で推移し続けており[30)]、法テラスの利用阻害要因の1つになっていることが考えられる[31)]。

④心理的なバリアの除去については、前記の法テラス「法律扶助のニーズ及び法テラス利用状況に関する調査」によれば、法テラス利用を躊躇した理由について、費用のバリアの次に高いのが「弁護士・司法書士は近づきにくい」(20%以上)であり、心理的バリアが高位にあることが示されている[32)]。また、2016年度から2020年度にかけて実施された全国的な大規模調査プロジェクト「民事紛争全国調査2016-2020」も、専門相談機関への相談には心理的バリアがあることを前提としつつ、友人・知人・家族・会社の同僚等の「身近な人びとへの相談は、一方で、専門機関や専門家の所在や種別、アクセス方法等に関する重要な情報入手媒体となるとともに、他方で、それらの専門機関への相談についてためらいの気持を持つこともあるかもしれない人びとの『背中を押して』、専門機関相談を促す効果があると考えられる」[33)]と指摘している。同時に、「今後日本社会の高齢化がさらに進行し、それと並行して高齢者の単身化・孤独化が進行していくならば、また、若年・中年者でも、いわゆる『ひきこもり』等社会的に孤立する人びとが増えていくならば、身近に相談できる家族や友人・知人等がいない人びとが増え、そのことが専門機関相談の経路を狭めていく可能性も示唆している」[34)]と警鐘を鳴らすものになっている。

以上のとおり、心理的なバリアを除去していくためには、費用のバリアをはじめとする他のバリアとの結びつきの程度や絡み合いを踏まえつつ、社会の動態構造の変化を経過観察しながら効果的かつ効率的な方策を打ち出していく必要がある。そのための基本メソッドがニーズ調査であり、法テラスに

---

30)　法テラス編・前掲注17)154頁。

31)　法テラスの名称認知度は高まっているが、具体的な業務認知度が深められているわけではなく、このことが法テラスの利用阻害要因の1つになっていることを示唆するものとして、橋場典子「法テラス利用の阻害要因」佐藤岩夫・阿部昌樹・太田勝造編『現代日本の紛争過程と司法政策』(東京大学出版会、2023年)142頁。「法テラス認知度調査における名称認知度と業務認知度の変遷からは、法テラスという名前は何となく知っていても実際何をしている団体なのか不明である、という市民の声が示されていると言えよう。名称認知度だけではなく業務認知度を深めていく必要が指摘できる」と述べる。

32)　法テラス・前掲注25)152頁。

33)　佐藤岩夫「トラブル経験の特徴と専門機関相談の規定要因」佐藤・阿部・太田編・前掲注31)57頁。

34)　佐藤・前掲注33)58頁。

おいても、定期的にニーズ調査を実施し、日本社会の動態構造の変化を踏まえた効果的かつ効率的なバリア除去のための法律扶助事業を実施していく必要がある。

⑤個別的なバリアの除去については、2016年改正総合法律支援法により、高齢者・障がい者等を正面から制度の対象に加え、普遍的なアクセスバリアの打破から、より個別的なバリアの解消へと向かっていることは大きな意義を有するものであるが、この分野においてきめ細かな対応を行うには、福祉機関と連携したアウトリーチ活動やケース会議への参加を含めた司法ソーシャルワーク活動が重要であるところ、現行の民事法律扶助制度が、訴訟代理を中心に設計されているため、司法ソーシャルワーク活動自体に対する正面からの援助が認められていないという問題がある。これに対して、濱野亮教授は、たとえば、ケース会議への出席や各種交渉は「訴訟代理の報酬を中心に構築されている現行の法律扶助制度ではカバーしきれない要素が多く、通常は無償になってしまう。ジュディケア弁護士の進出を促すには、一定の活動を有償化するための法改正が必要である」、「会議は所要時間、内容、弁護士の関与形態の点で様々であり、弁護士が参加した会議のいずれを報酬請求の対象とすべきかは判断が難しい。運用が煩雑にならないよう、かつ濫用の誘因を惹起せしめないよう留意する必要がある。例えば、同一事案につき、年間一定数（例えば、原則として3回まで）の報酬請求を認めるという制度の導入、あるいは、法改正を必要としない運用レベルでの対応等について検討するべきである」[35] と提言している。

さらに、個別的バリアの除去が行き届いておらず、代替的に日弁連の受託業務（総合法律支援法30条2項）で対応している分野として、子ども、移民・難民などへの法的支援があり、正面から法律扶助の対象者に加えていく必要がある[36]。

35）　濱野亮「司法ソーシャルワークによる総合的支援」立教法学93号（2016年）163頁、167頁。

36）　日弁連の2023年3月3日臨時総会決議（前掲注27））は、「社会経済構造の変化の中で、民事紛争案件以外にも法的支援が必要な事案が増大しており、国民等の正当な権利擁護の観点、弁護士等の早期支援により複合的多重的な困難へ進行することを防止する観点からは、特に高齢者・障がい者、子ども、在留資格を有しない外国人等、社会的弱者といわれる者への法的支援は重要である。これらの法的支援は現在、当連合会が費用を負担して法律援助事業として行っているが、その費用負担は本来、国費・公費で賄われるべきであり、これらを含め、法的支援が必要な事案に対して民事法律扶助の範囲の拡大が強く求められるところである」と指摘している。

Ⅳ　欧米法律扶助の変容

1 『講座　現代の弁護士』の整理と変容

『講座　現代の弁護士』は、1970年当時の世界の法律扶助を、アメリカ型、イギリス型、北欧型の3種に分類し、アメリカ型については民間モデル、イギリス型および北欧型については公的モデルとして整理した。その後、1974年にLSC法が制定されたことにより、アメリカにおいても、連邦レベルで民事法律扶助制度が整備されるようになり、世界の法律扶助は、公的資金を大規模投入した福祉国家モデルとして位置付けられるようになった。

しかし、福祉国家を支えてきた戦後の高度経済成長に陰りが生じ、長期的構造的不況の時代に入った1980年代ころからの欧米諸国では、「小さな政府」をスローガンに「公（国家）」から「民（市場）」へのシフトが進み、公的サービスの市場化・民営化が観察されるようになった。

それでは、アメリカ型、イギリス型、北欧型の各法律扶助制度は、どのような変容を遂げ、その過程でどのような問題に直面したのであろうか。

2　アメリカ型の変容

アメリカ型は、「公」から「民」へのシフトを最も直裁的に実施したモデルであり、法律扶助を民間のプロボノプログラムによって代替しようとした。

アメリカの連邦民事法律扶助予算の上昇は、1980年代前半にピーク期を迎え、以降は、物価上昇率とは無関係に低額で抑えられたが、これを代替した主要セクターが、大規模ローファームによる組織的なプロボノ活動であり、ローファームの規模が大きくなるのに比例して、その組織的な資金力と人員動員力も増大し、大規模なプロボノ活動が展開していくようになった[37)]。

アメリカの主要ローファームは、プロボノ機構（Pro Bono Institute）に対し、毎年度のプロボノ従事時間数を報告しているが、以下の図1は、1998年度から2014年度の総プロボノ時間数の推移である。

37）Steven A. Boutcher, "The Institutionalization of Pro Bono in Large Law Firms: Trends and Variation Across the AmLaw 200", In Robert Granfield & Lynn Mather eds., *Private Lawyers & the Public Interest*, Oxford University Press (2009) p.145.

図１　主要ローファーム・プロボノ時間数総計（単位・時間）[38]

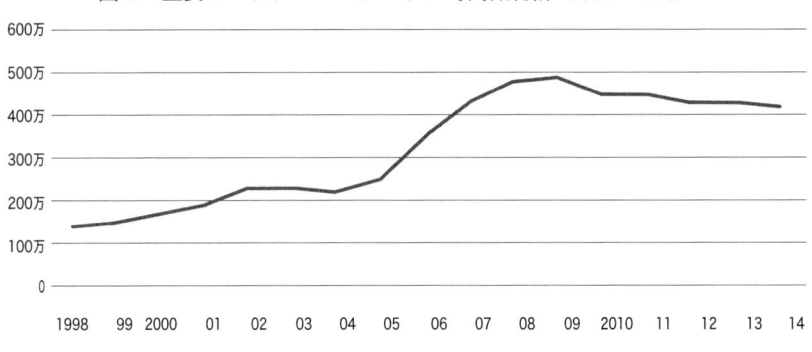

600万
500万
400万
300万
200万
100万
0

1998　99　2000　01　02　03　04　05　06　07　08　09　2010　11　12　13　14

しかし、図１のとおり、2008年リーマンショックまでは順調であったが、同ショックにより、プロボノは限界に直面した。アメリカが大不況に陥り、人びとが債務、雇用、住居等をめぐる深刻な法的問題に見舞われた時期に、プロボノは下降を始め、市場の脆弱性に弱いという限界を示すことになった[39]。

3　イギリス型の変容

イギリス型は、「公」を維持しつつ、1999年司法アクセス法を契機として、

図２　民事法律扶助プロバイダ数（事務所数）の集約推移（1986～2009年）[40]

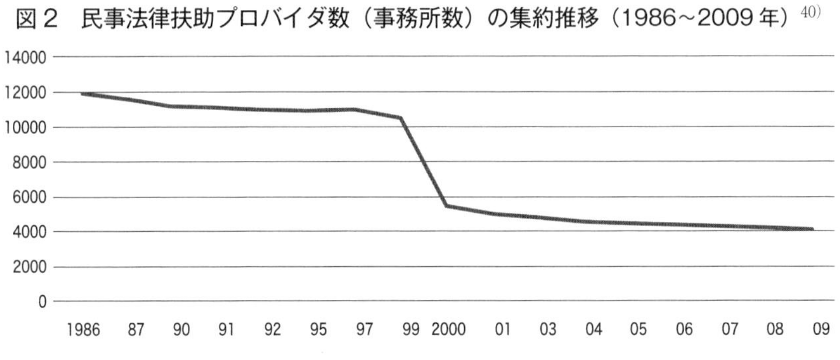

38)　Pro Bono Institute, *Year in Review 2015*, p.14.（https://www.probonoinst.org/wp-content/uploads/PBI-Year-in-Review-2015.pdf）/(accessed 2024/07/08)

39)　Hunter, Olesen and Sandefur, *supra* note 4, p.304

40)　Alan Paterson, *Lawyers and the Public Good: Democracy in Action?*, Cambridge University Press, p.96 (2012).

公的スキームに民間の市場原理を注入し、ニューパブリックマネジメントの手法により経営効率性を追求した。その象徴的な手法が、入札制と独占契約制（ブロック・コントラクト）による労働集約である。

入札を制したサービス提供者に法律扶助事件を一括して独占契約させる手法は、予算の効率的管理を目的としていたが、古くからの良質の法律事務所が入札に負けて法律扶助事業から撤退し、代わりに、工場でのベルトコンベアー型処理[41)]を想起させる未経験の法律事務所が入札を制し、法律扶助の仕事が、質の有無を問わない底辺への競争（race to the bottom）に変容していく副作用をもたらした[42)]。サービス提供者の集約は、激しい利害対立を引き起こすようにもなり、サービス提供者と法律扶助運営機関との間に過剰な緊張関係がもたらされた[43)]。サービス提供者の集約はその後も進められ、2012年法（LASPO）施行に伴い、2013年度1881事務所から2021年1445事務所にまで減少し、担い手である弁護士と事務スタッフのリクルートと保持が困難になっている[44)]。

かつて世界の法律扶助の最先進国とされたイギリスにおいて、今日、法律扶助の仕事は、法律事務所経営の持続可能性を見通すことができないリスクの高い仕事となり、サービス提供者が著しく減少し、特に過疎地において、住民が法律扶助にアクセスできない事態が引き起こされるようになった。ロー・ソサイエティは、イギリス版のリーガルエイド・ゼロワンマップを定期改訂しており、法律扶助の担い手が欠乏状況にあり、住民が法律扶助のインフラにアクセスできない危機的事態に陥っていると警告している[45)]。

4　北欧型の変容

北欧型は、「公」と「民」の中間（「共」）を追求したモデルであり、法律扶助の削減を、いわゆる「共助」としての訴訟保険によって代替しようとした[46)]。

41） Hunter, Olesen and Sandefur, *supra* note 4, p.318.

42） Paterson, *supra* note 40, pp.96-97.

43） Paterson, *supra* note 40, pp.83-84.

44） Catrina Denvir, Jacqueline Kinghan, Jessica Mant, Daniel Newman and Sasha Aristotle, *We are Legal Aid:Findings from the 2021 Legal Aid Census*, p.10. pp.77-78 (2022)

45） The Law Society, Legal Aid Dessert.（https://www.lawsociety.org.uk/campaigns/civil-justice/legal-aid-deserts/（accessed 2024/07/08））

46） Ole Hammerslev & Olaf Halvorsen Rønning eds., *Outsourcing Legal Aid in the Nordic Welfare States*, Palgrave Macmillan (2018).

北欧の中でも訴訟保険への代替を最も推進したのがスウェーデンであり、1997年法は、訴訟保険優先適用の原則を導入するとともに、正当な理由なく未加入の場合には法律扶助受給を認めない事実上の強制加入主義を採用した。加えて、法律相談援助を原則有償化して利用意欲にブレーキをかける、法律扶助の利用を100時間に上限設定する、紛争性の低い離婚関連事件については法律扶助を認めない等の諸制約を課して、訴訟保険への誘導を図った[47)]。

表1　スウェーデン1997年法律扶助法の影響――支出額と取扱件数の推移[48)]

	年度	支出額（単位・ユーロ）	取扱件数
法律扶助	1994/95	3970万	6万
	2000	2070万（－1900万）	1万4200（－4万5800）
訴訟保険	1997	1590万	1万775
	2000	2560万（＋970万）	1万4000（＋3245）

しかし、表1のとおり、1997年法施行前後を比較して、法律扶助支出額は約2分の1に減少して財政の効率性は実現したが、削減幅に見合うだけの訴訟保険の支出額はなく、法律扶助件数の減少幅に見合う訴訟保険取扱件数の増加も見られず、司法アクセスの保障は全体的に後退することになった。

法律扶助を訴訟保険に代替させることの限界としては、保険適用の前提として事故発生が要件となるため、事故発生前ないし混然とした段階での法的問題に関する限界があること、モラルハザードの問題から家事事件に対して限界があること、低所得者層の保険加入率が低く、加入できても免責金額を支払えず利用できない場合があること、サービスを手厚いものにすると保険料が上昇し、未加入層が増大すること等の問題が指摘されている[49)]。

---

47)　Isabel Schoultz,"Legal Aid in Sweden" *supra* note 46, pp.45-59.

48)　Matthias Kilian & Francis Regan, “Legal expenses insurance and legal aid – two sides of the same coin? The experience from Germany and Sweden”, 11(3) *International Journal of the Legal Profession*, p.249 (2004).

49)　Kilian & Regan, *supra* note 48, pp.241-246.

5 「公」から「民」へのシフト（司法アクセスの市場化）と課題

以上のとおり、「公（国家）」から「民（市場）」へのシフトの態様は、各法域によって様々であるが、いずれのモデルも問題に直面してきた。

それでは、わが国における法律扶助と司法アクセスの現代課題をいかに理解すべきか。欧米諸国との比較の視点を踏まえながら、Ⅴにおいて検討する。

Ⅴ　法律扶助と司法アクセスの現代課題

1　国際法律扶助学会（International Legal Aid Group）[50)] の基本視座

欧米法律扶助の現代課題について、国際法律扶助学会は、以下の基本視座を提示する[51)]。

巨視的な変遷としては、貧富の差を問わず、福祉国家の理念の下、司法アクセスの万人への平等の保障を追求する戦後の普遍的法律扶助（universalism）の後退と、これに代わり、限られた公的資金の下で、資金投入先のターゲットを絞り込み（targeting/rationing）、ターゲットを絞った社会的に脆弱な（vulnerable）人びとに対する包括的な法律扶助への転換が観察される[52)]。

上記転換を踏まえ、限られた資金の投入先となるターゲットを正確に把握するための[53)] ニーズ調査が重視されるようになるとともに、限られた資金を投入する以上はこれに見合う価値の実現が求められる（value for money）という視点からの、サービスの質の確保の論点が重視されるようになる。そして、コスト効率性追求の視点から、IT サービスの提供が重視されるようになる。

50）　国際法律扶助学会（www.internationallegalaidgroup.org/（accessed 2024/07/08））は、1992年に設立された欧米を中心とする法律扶助の国際ネットワーク組織であり、実証的な調査研究（Evidence-Based Policy）に基づく、主に法律扶助先進国の法律扶助政策の調査、検証およびこれに基づく政策提言を目的としている。

51）　隔年ごとに開催される国際法律扶助学会国際会議の冒頭において、議長であるアラン・パターソン教授（スコットランド・ストラスクライド大学ロースクール）が近年提示している基本視座である。

52）　Richard Moorhead and Pascoe Pleasence, “Access to Justice after Universalism: Introduction”, in *After Universalism:Re-engineering access to justice*, Blackwell Publishing, pp.1-3. (2003)

53）　給付を困窮者に集中するというターゲティングは政策的に魅力的に映るが単純ではなく、利用可能な情報と他者から提供された情報をいかに正確に検証できるかに依拠する。受給者の行動の変化にも注意する必要があり（A.B. アトキンソン（丸谷冷史訳）「ターゲティングと家族給付」『福祉国家論』（晃洋書房、2018年）252頁）、ターゲットを正確に把握するためのニーズ調査は必須である。

2　わが国の現状と課題

欧米法律扶助の変容および国際法律扶助学会の基本視座を踏まえ、日本の現代課題については、どのように理解すべきか。

総論としては、欧米法律扶助と比較したとき、日本の歴史と実績はなお浅く、欧州諸国の人口１人あたりの法律扶助支出額[54)]と比較しても、なお不十分と考えられる[55)]。したがって、引き続き普遍的なアクセスバリアの克服を基底にした上で、その先に、個別的なバリアの解消へきめ細かな対応に向かう方向性が確認されるべきである[56)]。

ただし、資金の効率的活用の視点は、わが国においても当然に妥当するのであり、先行する欧米法律扶助（アメリカ型、イギリス型、北欧型）の変容の経験を参考にし、以下のとおり、バランスのとれた法律扶助政策を追求すべきである。

第１に、アメリカ型の変容に関し、日本では、法テラス設立前から、全国の弁護士会の委員会活動（高齢者・障がい者の権利擁護に関する委員会、子どもの権利に関する委員会等）を中心に、多様なプロボノ活動を展開してきた長い歴史があり、弁護士会員から徴収した会費を主財源として、法律援助事業を展開している。海外の弁護士団体において観察されることの少ない日本の弁護士会の際だったプロボノ活動であり、これを引き続き推進すると同時に、しかし、司法アクセスの保障を担う第一次的な責任主体は国であり（憲法32条）[57)]、公費拡充を求めていくことが重要である。

第２に、イギリス型の変容に関し、法テラスは、事業運営の効率化を目指す独立行政法人に準じた法人であり（総合法律支援法40条２項３号、41条２項２号等）、源流にあるニューパブリックマネジメントの価値観が注入され、設立当初より事業の効率的運営が追求されてきている。重要なことは、イギリスの経験の功罪を踏まえ、過度の効率性追求に走り、法律扶助が質の有無を

---

54)　European Commission for the Efficiency of Justice, *European judicial systems-CEPEJ Evaluation Report-2022 Evaluation cycle*（https://www.coe.int/en/web/cepej/cepej-work/evaluation-of-judicial-systems/（accessed 2024/07/08））.

55)　Earl Johnson Jr.（池永知樹訳）「民事事件とアクセス・トゥ・ジャスティス――さらに斬新かつ広範な焦点」総合法律支援論叢９号（2017年）36頁。

56)　山本・前掲注19）102頁。

57)　プロボノはあくまでも補助手段（supplement）であり、国家が第一次的責務を負うことを指摘するアメリカの論考として、Richard L.Abel, "State, Market, Philanthropy, and Self-Help as Legal Services Delivery Mechanism", in *supra* note 37, p.304

問わない底辺への競争に劣化しないようにすることである。

第3に、北欧型の変容に関し、日本の訴訟保険制度の発展は、概ね順調に推移しており、法律扶助は訴訟保険ではカバーしにくい債務や離婚関連事件等の社会福祉に関わる分野を対象とし[58]、訴訟保険は事故発生を契機とした民事事件を対象としており[59]、相互の役割分担が自生的に形成されてきていることから、スウェーデンのように法律扶助を訴訟保険によって人為的に代替するのではなく、自然に相互補完し合う関係を追求すべきである。

次に各論としては、限られた資金の効率的活用の観点から、①ニーズ調査の定期実施とこれに基づく効果的な事業展開、②サービスの質の確保、③ITサービスの活用が課題となる。ニーズ調査については、法テラスは設立初期の2008年に実施をしたが、その後は実施しておらず、社会の動態構造の変化を踏まえ、定期実施の必要がある。質の確保については、ピアレビュー[60]によって対応している法域がクローズアップされており、ITサービスについては、AI技術も導入した法律扶助サービスの開発に取り組んでいる法域もあるが[61]、わが国においては、いずれも今後の検討課題である。

Ⅵ　おわりに――「公（国家）」と「私（市場）」の揺れの中で

冒頭で述べたとおり、欧米諸国において、司法へのアクセスが全般的に「公（国家）」から「民（市場）」にシフトし、市場化・民営化されてきている中で、後発国家である日本は、先行する欧米の経験に目配せし、接木をしながら、法律扶助制度を展開させてきた。

プロフェッショナリズムは、静的概念ではなく、「公」と「私」の揺れの

58)　法テラスの代理援助の対象事件の約8割が自己破産・債務整理、離婚関連事件その他家事事件で占められている（法テラス編・前掲注17）71頁）。

59)　取扱件数は年々増加し、2019年度は4万件を超えた。対象範囲も被害事故だけでなく、一般民事事件、中小企業・個人事業主の事業活動における事件等に拡大されている（『弁護士白書2022年版』216頁）。

60)　独立の経験を積んだ実務家パネルが一連の基準とレベルに照らして専門家の仕事の質を評価する制度であり、事件記録ファイルの検討などが行われる。

61)　AIが類似事例での先例判断を考慮しながら当事者の具体的状況を分析し、離婚問題の支援を行っていく、オーストラリア法律扶助機関が開発したAI離婚調停システム“amica”（https://amica.gov.au/(accessed 2024/07/08)）が代表例である。“amica”はamicable（友好的な）の略称であり、紛争性の高くない離婚事件を対象にオンラインでの解決を図ることを目的としている。

中で社会の諸力からの影響を受ける動的概念であり、かつ社会のステークホルダーとの間の弁証法的関係の産物（product of a dialectic relationship）であるとも指摘される[62]。

日本の弁護士が、プロフェッション全体としても、弁護士一個人としても、司法アクセスに関わるステークホルダーとの間にどのように弁証法的に関わり、「公」と「私」の適切な関係を豊かに描き[63]、司法アクセスの保障を実りあるものにしていけるかどうかが問われている。

62） Gerald Hanlon, *Lawyers, The State and The Market:Professionalism Revisited*, Macmillan Business, p.3 (1999).

63）「公（国家）」でもなければ「私（市場）」でもない中間的存在である弁護士および弁護士団体の「市場との対抗性」を意識の上、その静的・動的態様を考察したものとして、池永知樹「弁護士の社会階層への浸透過程と現代課題――中間団体モデルを基軸として」『JLF 叢書 Vol.23 社会の中の新たな弁護士・弁護士会の在り方』（商事法務、2018 年）。

他方、弁護士業務の市場性を当然の前提としている英米の弁護士モデルを参考に、日本の弁護士についても市場性を積極的に承認し、「市場を否定するプロフェッションでも、市場に対抗するプロフェッションでもなく、市場の肯定をプロフェッションの論理として組み込むプロフェッショナリズムがいかにして可能なのか」と問題提起の上、弁護士法 27 条（非弁護士との提携の禁止）、同 72 条（非弁護士の法律事務の取扱い等の禁止）等の現行規制は、クライアントへの複合的なサービスを提供するための「原理としてのワンストップ・サービス」への障壁になっているとして、現行規制への再考を提起するものとして、武士俣敦「弁護士業務の市場形成とプロフェッショナリズム」福岡大学法学論叢 68 巻 4 号（2024 年）611 頁、655 頁、661 ～ 663 頁。

武士俣論文は、最後の統合モデル「Fully Integrated Model」は、法、会計、ビジネス・コンサルティングなどの複数の専門職サービスが一体的に統合されたものであり、法サービスの提供は法律事務所ではなく、事業体の法サービス部門となる。狭義の MDP であり、これは、元々は「グローバルなビジネスの世界における弁護士と巨大会計事務所との MDP による企業クライアントに対するサービスの供給という具体的文脈において語られてきた。しかしながら、それとは異なる市場セグメントとして個人クライアントの市場があり、それはさらに、支払い能力のない個人、すなわち、法律扶助によって成り立つ市場と、支払い能力のある個人が顧客となる市場に区別され、個人の問題に対応する医療や福祉の専門職などが協働の相手として登場する。MDP という視座は、この市場をも射程に捉えうるものである。個人クライアントを対象とする MDP の具体的な構想の一例として、アメリカで提唱された『社会正義のための協働（Social Justice Collaboratives）』がある。これは、いわば『MDP の社会正義バージョン』とも言いうるもので、法的援助を必要とする個人（とくに、領域横断的なニーズを抱えていて、ホーリスティック・アプローチ（holistic approach）を必要とするホームレス、DV 被害者、貧困者など）にとっての MDP サービスの有用性を指摘する」と考察する（627 ～ 628 頁）。

同考察は、拙稿の出発点（「Ⅰ　はじめに――問題の所在」の冒頭第一段落）に発想の転換を求め、弁護士法 72 条等の現行規制に再考を求めることにより革新的な司法アクセス保障の可能性を探るものであり、わが国の弁護士・弁護士会が直面する近未来の課題を提示するものといえる。

14　弁護士の法律事務独占と「事件性」を巡る諸問題

伊藤倫文

Ⅰ　はじめに

弁護士法3条1項は「弁護士は、当事者その他関係人の依頼又は官公署の委嘱によつて、訴訟事件、非訟事件及び審査請求、再調査の請求、再審査請求等行政庁に対する不服申立事件に関する行為その他一般の法律事務を行うことを職務とする」と規定し、弁護士の職務範囲を規定している。

一方、弁護士法72条では、「弁護士又は弁護士法人でない者は、報酬を得る目的で訴訟事件、非訟事件及び審査請求、再調査の請求、再審査請求等行政庁に対する不服申立事件その他一般の法律事件に関して鑑定、代理、仲裁若しくは和解その他の法律事務を取り扱い、又はこれらの周旋をすることを業とすることができない。ただし、この法律又は他の法律に別段の定めがある場合は、この限りでない」と規定され、これに違反する場合には、刑事罰の対象となる（弁77条3号）。そのため、弁護士法72条は、弁護士による法律事務の独占を規定したものとされる。

このように、弁護士法3条1項は、弁護士の職務範囲を定めたものであって、同法72条本文は、弁護士の法律事務独占を規定したものとされるが、その範囲が同じであるか否かについて争いがある。

そして、弁護士法3条1項においては、「その他一般の法律事務」と規定されているのに対し、同法72条本文では、「その他一般の法律事件に関〔する〕……法律事務」と規定されているため、「その他一般の法律事件」における「事件性」の要否の問題として争われてきたものである。

本稿では、弁護士法72条の規定の歴史、制度趣旨を踏まえ、裁判例を検討して、「その他一般の法律事件」をどのように解すべきかについて論ずる。

Ⅱ　弁護士法72条制定までの歴史

1　弁護士の職務範囲

わが国における弁護士に関する法制は、明治9年代言人規則に始まり、明治13年代言人規則のあと、1893（明治26）年の弁護士法（明治26年3月4日法律7号。同年5月1日施行。以下、「旧々弁護士法」という）、1933（昭和8）年の弁護士法（昭和8年5月1日法律53号。昭和11年4月1日施行。以下「旧弁護士法」という）を経て、戦後1949（昭和24）年に制定された現行の弁護士法（昭和24年6月1日法律205号。同年9月1日施行。以下、単に「弁護士法」という）に至る。

そして、旧々弁護士法においては、下記のとおり、弁護士の職務範囲を「通常裁判所ニ於テ法律ニ定メタル職務」を基本として、特別法により特別裁判所で職務を行うことができるとされていたにすぎない。

旧々弁護士法1条　弁護士ハ当事者ノ委任ヲ受ケ又は裁判所ノ命令ニ従ヒ通常裁判所ニ於テ法律ニ定メタル職務ヲ行フモノトス但シ特別法ニ因リ特別裁判所ニ於テ其ノ職務ヲ行フコトヲ妨ケス

実際、大正年間までは、そのような制限的なものとして取り扱われていたが、昭和に入り、判例（大判昭和6・11・18刑集10巻609頁）の上で、弁護士が裁判外で法律事務を取り扱うことは一種の慣習として一般公知の事実に属すると認められるに至ったものである。そして、旧弁護士法では、下記のとおり、明文で、弁護士の職務が裁判所での職務に限定されることなく、一般法律事務を行うものとまで拡張したのであり、画期的なことであるとされる[1)]。

旧弁護士法1条　弁護士ハ当事者其ノ他ノ関係人ノ委嘱又ハ官庁ノ選任ニ因リ訴訟ニ関スル行為其ノ他一般ノ法律事務ヲ行フコトヲ職務トス

このように、旧弁護士法では、「一般ノ法律事務」を行うことができると規定され、「法律事務」については、法律に規定する事項に関連する事務万端を包含するものとされた。ただ、「法律事務」の語義があいまいであるとの批判もあり、現行法では、法律事務の主なものとして「訴訟事件、非訟事件及び審査請求、異議申立て、再審査請求等行政庁に対する不服申立事件に関する行為」（なお、「異議申立て」については、「再調査の請求」に改正（平成26年改正））を例示したものであって[2)]、旧弁護士法の「法律事務」の範囲を変更するものではないといえる。

2　非弁行為の取締り

非弁行為の取締規定を置くべきとの主張は、明治45年3月第28回帝国議会に提出された弁護士法改正案のなかの「弁護士ニ非スシテ法律ニ関スル事務ヲ取扱フコトヲ業トスル者ハ１年以下ノ懲役又ハ千圓以下ノ罰金ニ処ス」との条項に認められる。

ただ、同条項は成立せず、その後も度々同趣旨の法案が提出されたが、なかなか成立には至らず、1923（昭和8）年に、法律事務取扱ノ取締ニ関スル法律（昭和8年5月1日法律54号）が制定され（旧弁護士法と同じ昭和11年4月1日施行）、非弁行為の取締規定が定められることになった[3)]。

同法律では、下記のとおり、「他人間ノ訴訟事件」または「他人間ノ非訟事件」に関して、「鑑定、代理、仲裁若ハ和解」を行うことを禁止しているものである。

法律事務取扱ノ取締ニ関スル法律1条　弁護士ニ非ザル者ハ報酬ヲ得ル目的ヲ以テ他人間ノ訴訟事件ニ関シ又ハ他人間ノ非訟事件ノ紛議ニ関シ鑑定、代理、仲裁若ハ和解ヲ為シ又は此等ノ周旋ヲ為スヲ業トスルコトヲ得ズ但

1）　福原忠男『増補弁護士法』（第一法規出版、1990年）57～58頁。
2）　福原・前掲注1）58頁。
3）　非弁取締規定が制定されるまでの審議状況等については、福原・前掲注1）276頁以下、条解633頁以下、髙中正彦『弁護士法概説〔第5版〕』（三省堂、2020年）331頁以下参照。

シ正当ノ業務ニ附随シテ為ス場合ハ此ノ限ニ在ラズ

同法の提案理由については、「弁護士の数の少なかった時代には、一般国民は弁護士でなくて法律上の知識を有する者の助言を求め、ことに簡易な事柄については種々の事情からこれらの弁護士でない者に依頼することが便宜であり、現在この種の業務に従事する者が全国を通じて相当数にのぼるのである。これらの者の存在も、時代の推移に伴い種々の弊風を生じ、不法の行動をあえてして法律を無視する者もあり、現今に至ってその弊に堪えないので、この機会（旧弁護士法制定）にこの法律を制定して、その取締りを励行することを適当と考えるものであるというのである」[4]とされている。

そして、同時期に制定された旧弁護士法において、弁護士の職務を「其ノ他一般ノ法律事務」と規定しているのに対し、法律事務取扱ノ取締ニ関スル法律では、上記のとおり、「他人間ノ訴訟事件」または「他人間ノ非訟事件」に関して、「鑑定、代理、仲裁若ハ和解」を行うことを規制対象としている。この点、旧弁護士法1条について、「一般の法律事務を行ふことを聴て辯護士の特權なりと解すべき根據が無い。卽ち改正法は辯護士の職務を定義したのみで、辯護士に非ざる者は之を行ふことを得ざる旨、卽ち弁護士に專屬する職務なりと規定したのでは無い」として、「履行の催告、債權の取立、債務整理、契約の締結、組合の設立、會社の創立其の他の法律事務に關し他人の依頼に應じて其の代理を爲し又は輔佐援助するが如き簡易なる事務は特別に資格を有する辯護士に依頼するを要せず、法律に通曉せる者なるに於ては辯護士に非ざる者と雖も容易に之を爲し得られるものである」として、非弁護士の行為を広く容認しようとする考えもあった[5]。

ただ、法律事務取扱ノ取締ニ関スル法律によって、取締りの対象となる行為に関して、訴訟事件については、「現に裁判所に繫屬中たることを要しない、將來訴訟となる虞ある民事上又は行政上一切の事件を意味する。將來訴訟となる可能性ある爲めには、必ずしも權利關係に爭あることを要しない、又具體的に紛爭を生じたる場合にも限らない、容易に任意履行を受け得られない狀勢にある程度にあるを以て足るのである。従て、單純な集金、督促の

4）　福原・前掲注1）280頁。
5）　喜多辰次郎『改正辨護士法と三百行爲　附・興信所探偵社研究』（二松堂書店、1936年）7〜8頁。

如きは訴訟事件と云ひ得ないが、其の程度を超えた場合は、訴訟事件と云ひ得る場合が生ずることを注意せねばならぬ」[6]と解され、判例においても、「訴訟事件」の意義を広義に解して、調停申立て、支払命令申請等（大判昭和14・3・17刑集18巻145頁）や将来裁判所に訴訟として継続するおそれのある貸金の督促申立て等（大判昭和15・2・14新聞4538号9頁）まで含ませていたものである[7]。

一方、非訟事件については、「其の本質上、訴訟的性質を缺いて居り、非訟事件の當事者は、訴訟事件のそれの如く法律知識や、手續上の經驗を必要としないので、其の紛議に至らない程度の場合には、非辯護士の介在を弊害なしと認めて、非訟事件の場合は議紛に關する場合に限つて禁止されて居る」[8]とのことである。

そして、現行弁護士法が制定されるにあたり、弁護士でない者の法律事務の取扱いを取り締まることは、弁護士制度を確立するうえにおいて当然の事理であることから、従前、独立した法律となっていたものを、弁護士法の1つの章に吸収するとともに、規制をさらに徹底したものといえる。そのうえで、従前は、「訴訟事件」と「非訟事件の紛議」を対象にしていたところ、「訴訟事件、非訟事件及び審査請求……その他一般の法律事件」と規定したことにより、非訟事件に限定を付していた「紛議」を排除し、しかも、訴訟事件、非訟事件に限定せず、「その他一般の法律事件」を対象にすることにしたものである[9]。

このように、弁護士法72条では、規制対象を「その他一般の法律事件」に関する法律事務に拡大したが、その範囲をどのように捉えるかについて争いが残ることになった。

6）松尾菊太郎・奈良正路『改正辯護士法疑義提要』（東京法鉾閣、1936年）101頁。
7）福原・前掲注1）287頁。
8）松尾・奈良・前掲注6）102頁。
9）現行弁護士法が制定された当時、72条には、但書として「この法律に別段の定めがある場合」と「正当の業務に付随してする場合」が規制の例外とされていた。後者は、法律事務取扱ノ取締ニ関スル法律においても規定されていたものであるが、弁護士制度の発達により、弁護士以外の者の業務執行のために弁護士業務を行わせることが真にやむをえないと認められるような分野を見出すことは困難であるなどの理由により、昭和26年改正で削除された（福原・前掲注1）293頁参照）。

Ⅲ　弁護士法72条の立法趣旨

弁護士法72条の立法趣旨について、最高裁は「ところで、同条制定の趣旨について考えると、弁護士は、基本的人権の擁護と社会正義の実現を使命とし、ひろく法律事務を行なうことをその職務とするものであつて、そのために弁護士法には厳格な資格要件が設けられ、かつ、その職務の誠実適正な遂行のため必要な規律に服すべきものとされるなど、諸般の措置が講ぜられているのであるが、世上には、このような資格もなく、なんらの規律にも服しない者が、みずからの利益のため、みだりに他人の法律事件に介入することを業とするような例もないではなく、これを放置するときは、当事者その他の関係人らの利益をそこね、法律生活の公正かつ円滑ないとなみを妨げ、ひいては法律秩序を害することになるので、同条は、かかる行為を禁圧するために設けられたものと考えられるのである」とする（最大判昭和46・7・14刑集25巻5号690頁）[10)]。

この点、保護法益について、弁護士制度の維持・確立とする立場[11)]（弁護士制度説）、法律事件の当事者その他の利害関係人の法律生活の公正・円滑な営みとする立場[12)]（法律生活説）、弁護士制度を包含した国民の法律生活における法律秩序全般の維持・確立であるとする立場[13)]（法律秩序説）、法律生活・法律秩序総合説[14)]などがある。なお、法律生活説の立場からは、保護法益の内容・範囲が比較的明瞭となるとして、本罪を具体的危険犯と性格づけ、成立範囲をできるだけ明確にすべきであって、上記最高裁判決についても、法律生活説の考えに引き寄せて解釈するのが妥当であるとする。しかし、上

---

10)　本件では、弁護士法72条について、「報酬を得る目的で『法律事務を取り扱い、又はこれらの周旋をすること』を業とすること」であるとする考え（一罪説）と、「報酬を得る目的で法律事務を取り扱うこと」と「法律事務取扱いの周旋をすることを業とすること」であるとする考え（二罪説）との対立があったなか、従前の判例（最判昭和38・6・13民集17巻5号744頁、同昭和39・2・28刑集18巻2号73頁等）を変更し、一罪説の立場を採用したものである。そのため、「私利をはかつて……反復するような行為を取り締まれば足りる」と判示したものである。

11)　福原・前掲注1）282頁。伊藤司・判例評論645号（2012年）62頁（判時2160号208頁）同旨。

12)　関哲夫・刑事法ジャーナル27号（2011年）110頁。

13)　条解638頁。なお、高中・前掲注3）338頁も同旨。

14)　遠山信一郎「弁護士法72条の事件性を巡る問題　新しい法曹養成制度の視座から」自由と正義60巻11号（2009年）102頁参照。

記最高裁判決において、「私利をはかつてみだりに他人の法律事件に介入することを反復するような行為を取り締まれば足りる」との限定を付しているとはいえ、72条においては、法益侵害の具体的危険の発生を要件としていないことからも、具体的危険犯と捉えるのではなく、上記判決が判示しているとおり、当該対象となった当事者・利害関係人の生活利益にとどまらず、法律秩序の維持をも目的とするものと解すべきである。

Ⅳ　事件性に関する従前の考え方・裁判例

1　はじめに

弁護士法72条に規定する「その他一般の法律事件」に関する「法律事務」について、「事件性」の概念によって、制限するかどうかについては、事件性必要説、事件性不要説の争いがある。また、それ以外に、他の理由によって、弁護士法72条によって規制する「その他一般の法律事件」に関する「法律事務」を制限する立場もあるほか、「法律事務」[15]自体をも、事件性による制限とは別に限定的に解する立場もある[16]。

このような対立のなか、多数の賃借人が入居するビルを解体するために、入居者の立退きを求めた案件について、最決平成22・7・20刑集64巻5号793頁（以下、「最高裁平成22年決定」という）は、「このような業務は、賃貸借契約期間中で、……立ち退く意向を有していなかった賃借人らに対し、専ら賃貸人側の都合で、同契約の合意解除と明渡しの実現を図るべく交渉するというものであって、立ち退き合意の成否、立ち退きの時期、立ち退き料の額をめぐって交渉において解決しなければならない法的紛議が生ずることがほぼ不可避である案件に係るものであったことは明らかであり、弁護士法72

15）「その他の法律事務」については、法律上の効果を発生変更する事項の処理を指すとの考え（東京高判昭和39・9・29高刑集17巻6号597頁。福原・前掲注1）289頁も同旨）のほか、これに加えて、法律上の効果を保全、明確化するための処理も含むとの考え（条解654頁、高中・前掲注3）349頁）がある。

16）　三浦透「判解」『最高裁判所判例解説刑事篇〔平成22年度〕』149頁では「争いや疑義が『具体化または顕在化』していなくても立退き交渉が『その他一般の法律事件』に当たり得ると解した場合においても、弁護士法72条は、『鑑定、代理、仲裁若しくは和解その他の法律事務』を扱ったことも要件としているのであり、この観点から処罰範囲が適切に画されることも押さえておくべきであろう」としている。

また、「法律事務」には、法的整序の範囲の書類作成は含まれないとする立場などがある。

条にいう『その他一般の法律事件』に関するものであったというべきである」と判断した。

そこで、従前の事件性を巡る議論を紹介したうえで、最高裁平成22年決定やその後の下級審の裁判例なども踏まえて「その他一般の法律事件」に関する「法律事務」をどのように解するべきかを論ずる。

2　従前の考えの対立

「その他一般の法律事件」に関する「法律事務」についての考えの主なものとしては、次のようなものがある。なお、これら以外にも、立法趣旨から限定的に解したり、正当業務行為にあたる場合は弁護士法72条の要件に該当しないと解したりする立場などもある。

(1) 事件性不要説

事件性不要説は、法律事務については、「事件性」の要件による限定を認めない立場[17]であり、弁護士法3条が弁護士の職務の面から、同法72条が非弁護士の取り扱ってはいけない業務という面から、それぞれ同一のことを規定しているものと解する立場である。

この立場は、非弁護士の活動一切を禁止しようとする立法目的にたって「一般の法律事件」という包括的表現を採用しているため、その趣旨にそって解釈すべきであるとする。そして、「事件性」という不明確な要件を持ち込むことによって、処罰範囲が曖昧になって罪刑法定主義に反すること、「その他一般の法律事件」の例示とされている非訟事件には紛争性のないものもあり、「事件」のなかには、家事事件手続法の別表第1に列記されている事項のように紛争という概念が不要のものもあることなどを理由とする。また、実質的にも、「事件性」の要件を付すことにより、事件屋等が「事件性」がないと強弁して自己の非弁行為を正当化することを招きかねないことも理由とする。

17)　条解647頁以下。髙中・前掲注3）345頁以下。ただし、髙中・前掲注3）346頁では、前記最決平成22・7・20が判示した「交渉において解決しなければならない法的紛議が生ずることが不可避である案件」との考えについて、判例理論が確立しつつあるとの評価をしており、一定の制限を認めるものともいえる。

遠山・前掲注14）101頁以下。なお、同氏は司法改革による「社会生活の医師なる弁護士」の質的向上、量的拡大事情が72条の立法趣旨の実現を確実にするとともに、事件性必要説を排除する決め手となる追加的立法事実であるとする（同108頁）。

なお、「事件性」の要件を付さないことにより、処罰範囲が無限定になるとの批判に対しては、他の構成要件を厳格に解釈する方法あるいは正当業務行為による違法性阻却を認める方法によるべきであるとする。

そして、事件性不要説にたつ裁判例としては、次の2つが挙げられている。

①大阪高判昭和43・2・19高刑集21巻1号80頁は、検察官の裁量による自由刑の執行延期を求める申請書等を提出した行為が弁護士法72条違反になるかが問題となった案件において、「刑の執行は判決の確定後に行なわれるものであつて、刑事訴訟事件そのものではないが、国家権力による法的強制であり、その執行延期申請はその始期の変更を求めるもので、刑事訴訟事件に伴う法律事件というべきであるから、その処理は法律事務ということができる。それが裁判所に事件として係属中でないとか、終了後であることをもつて法律事務たることを否定するのは、徒らに弁護士の職務の範囲を狭めるものであつて相当でない」と判断しているが、そのなかで、弁護士法3条と同法72条について「弁護士の職務の範囲内の事項につき非弁護士にその取扱を業とすることを認めないことにあることを考慮すると、両者の内容は全く同一であり、同法72条本文で弁護士でない者が取り扱うことを禁止されている事項は、弁護士の職務に属するもの総てに亘るものと云わなければならない」としている[18)]。

②浦和地判平成6・5・13判時1501号52頁[19)]では、「弁護士法3条及び72条の『その他の法律事務』に右のような『事件性』という不明確な要件を導入することはかえって処罰の範囲を曖昧にし、罪刑法定主義の精神に反するというべきであり、また、先に詳述した立法及び法制の沿革からみても同法72条は非弁護士の活動一切を禁止しようとする立法目的に立脚して『一般の法律事件』という包括的表現を採用しているのであり、これらのことは法解釈上当然に考慮されるべきことである。そうすると、弁護士法3条と同法72条とはその表現に若干の相違があるが、3条は、弁護士の職務の面から、また、72条は非弁護士が取り扱ってはならない事項の面から、そ

18)　この判決においては、「刑事訴訟事件そのものではないが……刑事訴訟事件に伴う法律事件というべきである」と判示しているとおり、事件性不要説を採用することで結論が導かれたものではない。

19)　同判決の控訴審判決（東京高判平成7・11・29判時1557号52頁）も原審の上記引用部分を引用し、原審の結論を維持し確定している。

れぞれ同一のことを規定しているものと解するのが相当であり、これに『事件性』という要件を加えることは相当でない」と判示し、事件性不要説の立場をとった。ただ、本件は、登記申請業務が司法書士の独占業務であって、弁護士の業務範囲には入らないかどうかが争いになったものであり、非弁行為が問題となったものではない。そして、司法書士会側が、弁護士法3条の弁護士の職務規定と同法72条の取締規定の範囲が同一であって、いずれもが紛争的性格すなわち「事件性」を有する法律事務に限られるとの主張を受けてなされたものにとどまり、弁護士法72条の「事件性」が問題になったものではない。しかも、同判決では、上記判示の後に、「仮に、弁護士法72条の『一般の法律事件』が被告司法書士会主張のとおり、『事件性』の要件を必要とすると解する余地があるとしても、職務規定と取締規定の範囲を同一に解さなければならない必然性はない。即ち、前記認定のとおり、旧弁護士法の下では1条により弁護士は『一般の法律事務』を行うことができたが、法律事務取締法1条によって右『一般の法律事務』の内の『訴訟事件及び非訟事件の紛議』が弁護士の専属的職務になったのであり、弁護士法の下においても、同法72条の取締規定の解釈によって同法3条の職務規定の範囲を限定的に解すべきではない」とも判示しており、あくまで、弁護士の職務範囲に制限を付すべきでない点が問題となった案件である。

(2)　事件性必要説

事件性必要説では、「法律事件」とは、法律上の権利義務に関し争いや疑義があり、または新たな権利義務関係の発生する事件をいうとされているところ[20)]、72条の「その他一般の法律事件」については、例示として訴訟事件、非訟事件および……行政庁に対する不服申立事件等を掲げているため、実定法上「事件」と表現されている案件およびこれと同視しうる程度に法律関係に問題があって「事件」と表現され得る案件でなければならないとする立場である[21)]。この立場によると、弁護士法3条で弁護士の職務とされている法律事務に該当する行為であっても、同法72条の適用を受けないものがあることになり、処罰範囲を制限する考えといえる。法務省もこの立場で

20)　三浦・前掲注16）144頁では、権利義務に関し争いや疑義がある案件は、例示中の訴訟事件、新たな権利義務関係の発生する案件は、例示中の非訟事件にそれぞれ対応すると思われるとする。
21)　福原・前掲注1）288～289頁。

ある[22)]。

この立場は、文言上、例示として、訴訟事件、非訟事件……行政庁に対する不服申立事件等を掲げていることから、事件と表現され得る案件でなければならず、また、弁護士法3条の定める「その他一般の法律事務」と異なり、「法律事件」に関する法律事務という表現になっていることが理由とされる。また、法律分野の拡大に伴い、およそあらゆる事項が何らかの法律に関わっているといっても過言ではなく、権利義務関係に関する案件すべてが「その他一般の法律事件」にあたるとすれば、処罰の範囲が著しく拡大してしまい不当であることや、弁護士法72条は刑罰法規であることからも、謙抑的に解釈されなければならないとされる。また、法律事務全てを弁護士が賄っているのかに疑問を呈するものである。

ただ、事件性必要説は、基本的に、「事件」と同視できる案件に限定するとの考えであるが、紛議等の具体化、顕在化まで必要とせず、将来訴訟係属するおそれがあるだけでは足りないものの、将来訴訟となりうる蓋然性が具体的事情から認定できるものに限るべきであるとする立場や、訴訟ないし紛議が生じるおそれがあれば足りるとする立場など、様々である。そして、抽象的な「おそれ」で足りるとすれば、実質的には事件性不要説の立場とほぼ等しいともいえる。

この立場にたつ裁判例としては、広島高決平成4・3・6判時1420号80頁がある。同決定では、「右にいう法律事件とは、訴訟事件、非訟事件等同条に例示されている事件を含む広く法律上の権利義務に関し争いがあり、疑義があり、または新たな権利義務関係を発生させる案件をいうが、『その他一般の法律事件』とは、同条に例示されている事件以外で実定法上事件と表現されている案件（例えば、調停事件、家事事件、破産事件等々）だけではなく、これらと同視し得る程度に法律関係に問題があって事件性を帯びるもの（すなわち、争訟ないし紛議のおそれのあるもの）をも含むと解するのが相当である」としている。

---

22)　司法制度改革推進本部・法曹制度検討会第24回（平成15年12月8日）における黒川弘務司法法制課長発言、法務省大臣官房司法法制部「AI等を用いた契約書等関連業務支援サービスの提供と弁護士法第72条との関係について」（令和5年8月）2頁など参照。

(3) 簡易少額事件排除説

簡易・少額な事件は、「その他一般の法律事件」に該当しないとの立場である。「事件性」を理由に限定を加えるものではなく、簡易・少額な事件が「その他一般の法律事件」に含まれないとすることで、弁護士法72条を限定的に解釈するものである。

この考えは、札幌地判昭和46・2・23刑月3巻2号264頁において、「民事事件に関していうならば、『紛争の実体、態様などに照らして、一般人がこれに当面しても、通常、弁護士に依頼して処理することを考えないような簡易で少額な法律事件』は、同規定にいう『訴訟事件……その他一般の法律事件』に含まれないと解すべきである」と判示されている。この判決では、簡易で少額な法律事件については、将来訴訟事件になるほどの深刻な紛争に発展する可能性はなく、通常弁護士に依頼して処理する必要があるとは到底考えられない案件であることを理由とする[23]。

(4) 法的判断基準説[24]

法的判断を要する事務を広く72条の対象にし、法的判断を要しない事務は72条に違反しないとする立場である。この立場では、不動産管理業者や駐車場管理業者が、少額・大量定型的に行う集金業務は72条の規制対象外であるとする。

そして、「その他一般の法律事件」による限定というより、法律判断を要しない事務は、「その他一般の法律事件に関する法律事務」に含まれないとする立場といえる。

3　最高裁平成22年決定の内容

(1) 一審判決、控訴審（原審）判決、最高裁決定の考え方

第1審判決（東京地判平成21・1・20刑集64巻5号803頁以下で引用）

「弁護士法72条にいう『法律事件』とは同条に例示されている事件の外、法

---

23) 桜田勝義「弁護士法72条本文前段にいう『その他一般の法律事件』の範囲」判タ264号（1971年）60頁以下では、判旨には反対であるとするも、少額債権取立業を何らかの形で制度的に創設すべきであるとする。

24) 鴨原洋平・遠藤直哉「弁護士法72条概説」遠藤直哉編著『法動態学講座3　新弁護士業務論——警備業・不動産業・隣接士業との提携——違法駐車取締からAI法務まで』（信山社、2019年）5～6頁。

律上の権利義務に関し争いがあり、疑義があり、または新たな権利義務関係を発生させる案件をいうと解され、同条が規定する『その他一般の法律事件』とは、同条に例示されている事件以外で実定法上事件と表現されている案件だけではなく、これらと同視しうる程度に法律関係に問題があって、争訟ないし紛議のおそれのあるものをも含むと解される。……被告人らの業務は、そもそも立退き交渉がまとまるか否か、仮にまとまるとしても、立退き猶予期間や立退き料の額をめぐり賃借人らの間に紛議が生ずることが事柄の性質上十分に予想されるものであったと認められる。被告人らの業務は弁護士法72条にいう『その他一般の法律事件』に該当するというべきである」。

原判決（東京高判平成21・10・21東高刑60巻1～12号172頁）　「本条に例示されている事件や実定法上事件と表記されている案件と同視し得る程度に法律上の権利義務関係に問題があって、争いや疑義が具体化又は顕在化するおそれのある案件すなわち争訟ないし紛議の生じるおそれのある案件は、法律的観点から公正かつ円滑な解決が図られなければならず、まさに、法律専門家であり、基本的人権の擁護と社会正義の実現を使命とする弁護士に委ねられるべきであって、弁護士以外の業者の介入を許した場合の上記のような弊害を避け、法律秩序を維持するためには、このような案件も『その他一般の法律事件』に含まれると解しなければならない道理である（もとより、正当業務行為として違法性を阻却される場合があり得ることは別論である。）。……本件業務は、賃貸人側の事情から、賃借人らとの交渉により、賃貸借契約期間中に同契約の合意解除と明渡しの実現を図るものであり、賃借人らにおいて合意解除に応じるか否か、応じるとしても本件物件からの立ち退きの時期や立ち退き料の額をどうするかなどの法律上の権利義務関係は、あらかじめ確定しているわけではなく、今後の賃借人らとの交渉にかかっているところ……賃貸借契約の合意解除に向けた交渉においては、上記法律上の権利義務関係について、争訟ないし紛議の生じ得ることは当然に予想されたところである（現に、多くの賃借人とは、合意に至るまでに複数回の交渉を重ねている。）。

このように、交渉によって、法律上の権利義務関係を変更し、新たな権利義務関係を設定することを内容とする本件業務は、その性質上、争訟ないし紛議の生じるおそれの高いものということができ、弁護士法72条に例示されている事件と同視し得る程度に法律上の権利義務関係に問題があり、争訟ないし紛議の生じるおそれのある案件であって、同条にいう『その他一般の法律事件』に該当するというべきである」。

最高裁平成22年決定の内容　「被告人らは、多数の賃借人が存在する本件ビルを解体するため全賃借人の立ち退きの実現を図るという業務を、報酬と立ち退き料等の経費を割合を明示することなく一括して受領し受託したものであるところ、このような業務は、賃貸借契約期間中で、現にそれぞれの業務を行っており、立ち退く意向を有していなかった賃借人らに対し、専ら賃貸人側の都合で、同契約の合意解除と明渡しの実現を図るべく交渉するというものであって、立ち退き合意の成否、立ち退きの時期、立ち退き料の額をめぐって交渉において解決しなければならない法的紛議が生ずることがほぼ不可避である案件に係るものであったことは明らかであり、弁護士法72条にいう『その他一般の法律事件』に関するものであったというべきである。そして、被告人らは、報酬を得る目的で、業として、上記のような事件に関し、賃借人らとの間に生ずる法的紛議を解決するための法律事務の委託を受けて、前記のように賃借人らに不安や不快感を与えるような振る舞いもしながら、これを取り扱ったのであり、被告人らの行為につき弁護士法72条違反の罪の成立を認めた原判断は相当である」。

(2)　最高裁決定の捉え方

事件性との関係　同決定については、事件性必要説の考えを採用したものであると捉える立場[25]や、事件性必要説に親和的であると捉える立場[26]のほか、事件性不要説の立場からは、法的主張の対立や権利義務の対立が具現化していること、すなわち法的紛争の現在性を必要としないとの立場を明らかにしたものと評価する立場[27]など様々である。本決定は、事件性のような要件を全く問題にしていないとまではいえないものの、法的紛議の具体化または顕在化を求めていないことも明らかであるため、上記見解の違いも、事件性必要説をどのように捉えているのか（法的紛議の具体化または顕在化を要するものを事件性必要説と捉えるかどうか）の違いにすぎないように思われる。

---

25)　小山大士「弁護士資格等がない者らが、ビルの所有者から委託を受けて、そのビルの賃借人らと交渉して賃貸借契約を合意解除した上で各室を明け渡させるなどの業務を行った行為について、弁護士法72条違反の罪が成立するとされた事例」研修762号（2011年）32、34頁。

26)　判時2093号162頁（囲み説明部分）参照。

27)　髙中・前掲注3）346頁。

先例としての意味　また、本決定の効力については、「『その他一般の法律事件』の意義について正面から判示していないのであり、むしろ、その判文からは、本件に係る具体的事実関係を比較的詳細に判示した上で弁護士法72条違反の罪の正否に係る事例判断をしている」[28]と論じられるように、事例判断にとどまることから先例性に否定的な立場が有力であるが、その後に同旨の下級審の裁判例が続いていることに鑑みれば、判例理論は確立しつつあるとの評価をする考えもある[29]。

本決定に一定の規範性を認めようとする立場にたっても、ここで示された「交渉において解決しなければならない法的紛議が生ずることが不可避である」場合に弁護士法72条の「その他一般の法律事件」に該当することを示したものであり、その外延については全く示していないとする立場もある。

そして、判例理論が確立しつつあるとの立場からは、「事件性」の要否や有無を形式的に論ずることを改め、当該事案につき法的紛議が生ずることがほぼ不可避であったかどうか等を個別具体的に総合判断していくべきであるとしている。

V 「その他一般の法律事件」についての考察

1　事件性不要説に対する評価

事件性不要説の立場は、事件性必要説に対して、「事件性」という不明確な要件を持ち込むことにより、処罰範囲が曖昧になって罪刑法定主義に反するとするが、結果的には、事件性不要説では、処罰範囲が無限定に広がってしまう。この立場では、他の構成要件（「報酬目的」や「業務性」）を厳格に解釈する方法や正当業務行為によって違法性阻却を認めることで足りるとするが、「報酬目的」や「業務性」と、「その他一般の法律事件」による限定は内容が異なるもので、限定しようとする対象が違う。そして、違法性阻却で処罰範囲を限定しようとするとしても、構成要件は違法類型であって、犯罪成立の原則形態であるため、犯罪成立が認められないようなものは構成要件から外すべきである。そのため、構成要件を限定的にとらえて、必要以上に処罰範

28)　三浦・前掲注16) 153頁。
29)　高中・前掲注3) 346頁。

囲を広げないことが必要といえる。事件性必要説とされるもののなかにも、法的紛議の具体化または顕在化を求めるものから、抽象的な「おそれ」で足りるものまであるが、重要なのは「その他一般の法律事件」によってどのような限定を付すかの問題といえる。

弁護士法72条に定める「法律事務」は「その他一般の法律事件」による限定を受けることによって、弁護士法3条に定める「一般の法律事務」より範囲が狭くなるが、沿革的にみても、弁護士の職務範囲と、独占業務範囲（非弁取締りの範囲）は必ずしも一致していたわけではないことは、前記のとおりである。

2 「その他一般の法律事件」による制限

(1)　基本的な考え方

事件性不要説の考えにたたず、「その他一般の法律事件」によって「法律事務」を限定するにあたっては、弁護士法72条の立法趣旨、条文との整合性を考える必要がある。

保護法益については、前掲最大判昭和46・7・14で「当事者その他の関係人らの利益をそこね、法律生活の公正かつ円滑ないとなみを妨げ、ひいては法律秩序を害することになる」と示されていることを踏まえ、法律生活とともに法律秩序も保護法益と考えるべきである。このように、法律秩序をも保護法益であると考える以上、前記Ⅲの通り、法益侵害の具体的危険の発生まで必要と考えるべきでなく、一定の危険性があれば足りるものといえる。

そして、「法律事件」については、「広く法律上の権利義務に関し争いがあり、疑義があり、または新たな権利義務関係の発生する案件」であるとされている[30)]。これは、前記のとおり、弁護士法72条に規定する「その他一般の法律事件」の例示とされる「訴訟事件」に対応するのが「権利義務に関し争いがあり若しくは権利義務に関し疑義がある案件」であり、同じく「非訟事件」に対応するのが「新たな権利義務の発生する案件」であるとされる。そのため、「その他一般の法律事件」によって、「法律事務」に限定を加えるとしても、事件性必要説や最高裁平成22年決定が問題とする、事件性＝法

---

30)　福原・前掲注1）288頁、なお、東京高判昭和39・9・29高刑集17巻6号597頁は「その他一般の法律事件」を同様に解している。前掲注20）参照。

的紛争、法的紛議などの基準で、制約するのが相当であると考える。

(2) 法的紛議の発生の程度——外延について

最高裁平成22年決定後の裁判例 いわゆる「事件性」について、最高裁平成22年決定は、あくまで、「交渉において法的紛議が生ずることがほぼ不可避である場合」が「その他一般の法律事件」に該当するとしたのであって、法的紛議の発生の現在化、顕在化までは必要でないとの考えであることは明らかであるものの、法的紛議の発生がどの程度であれば、「その他一般の法律事件」に該当するのかは判断していないため、その外延をどのように考えるのが問題となる。

この点、最高裁平成22年決定が「交渉において解決しなければならない法的紛議が生ずることがほぼ不可避」であるとの判断基準を示した後も、下級審においては、法的紛議の発生の程度については、最高裁の示した判断基準と異なる表現を用いているものも少なくない。

つまり、①法的紛議が生ずることがほぼ不可避であることを基準とするもの[31]のほか、②法律上の権利義務に関する紛争に発展する可能性がある事項とするもの（大阪地判令和2・6・26判例秘書LLI/DB判例番号L07551546）、③将来法的紛議が生ずることが予測できる状況とするもの（東京地判平27・7・30判時2281号124頁）、④争訟ないし紛議の生じるおそれとするもの（大阪高判30・9・21高刑速報平成30年330頁（京都地判平成30・3・8の控訴審））、⑤法的紛議の生ずる可能性がおよそ考えられない事案にとどまらず、法的紛議の生ずる蓋然性が高い事案とするもの（大阪高判令和3・2・25（大阪地判令和2・6・26の控訴審））などである。

上記のうち、弁護士法72条の該当性を否定したのは、東京地判令和2・2・3であるが、それ以外にも、東京地判令和4・1・24判タ1508号240頁は、法的紛議の発生が不可避であるとはいえないとして、72条違反を否定している。

上記東京地判令和2・2・3は、当該退職代行が弁護士法72条違反にならないとしたものであるが、「法的な争いや疑義が具体化又は顕在化している

31） 鳥取地米子支判平成24・10・22Westlaw Japan2012WL_JPCA10226003、控訴審・広島高松江支判平成25・5・29Westlaw Japan2013WL_JPCA05296004、大阪高判平成26・6・12判時2252号61頁、東京地判平成29・11・29判タ1453号200頁、京都地判平成30・3・8判例秘書LLI/DB判例番号L07350391、東京地判令和2・2・3判例秘書LLI/DB判例番号L07530474。

事案が『その他一般の法律事件』に該当することは明らかであるとしても、法的な紛議が顕在化しない限り『その他一般の法律事件』に当たらないと解釈することは、……弁護士法72条の趣旨を没却することになりかねず、相当でない。他方で、弁護士法72条は刑罰法規であるところ、現代社会においては、あらゆる事象が、およそ何らかの法律に関わっているといえるから、権利義務関係の対立がある案件がすべて『その他一般の法律事件』に該当するとすれば、処罰の範囲が著しく拡大してしまい不当である。また、争いや疑義が生じる『おそれ』や『可能性』があることを要件とすることも、要件が不明確となり相当でない。……『その他一般の法律事件』に当たるといえるためには、法的紛議が顕在化している必要まではないが、紛議が生じる抽象的なおそれや可能性があるというだけでは足りず、当該事案において、法的紛議が生じることがほぼ不可避であるといえるような事実関係が存在することが必要であると解するのが相当である」として、法的紛議が生じることがほぼ不可避であるといえるような事実関係が存在したとも認められない段階で、退職に必要な連絡の代行を依頼し、退職の意思を伝達したにすぎないのであって、「その他一般の法律事件」に該当しないとの判断をしている。

また、前掲東京地判令和4・1・24は、未払受信料の支払を求めるにあたり、支払に応じる意思があるか否かを確認し、必要な手続を教示するにすぎず、支払に関する意向の対立があるときに、その調整を行うことは予定されていないものと認めるのが相当であるとして、法的紛議の発生が不可避であるとはいえないとして、弁護士法72条の「その他一般の法律事件」に関する業務にあたらないとしたものである。ただ、これは、法律事務にあたるかどうかの問題であるともいえるように思われる。

法的紛議発生の蓋然性　法的紛議の具体化、顕在化まで必要とすると、法的紛議が生じることがわかっているような状態においても、まだ、法的紛議が顕在化していないとして、無資格者による交渉を認めることになり、本来、守られるべき法的利益が侵害されてしまう危険性があり、弁護士法72条の立法趣旨である関係者の法律生活の公正な営みや法律秩序の維持を図れなくなる[32]。このように、法的紛議が発生していないなどとして、非弁行

32)　前掲東京高判平成21・10・21（最高裁平成22年決定の原審）では、「争いや疑義が具体化又は顕在化していなければ、弁護士以外の者も報酬を得る目的で業として他人の法律上の権利義務関係

為者が自らの非弁行為を正当化する危険性もあり、望ましくない。ただ、法律関係においては、法的紛議が生ずる可能性が常に潜んでいるともいえるため、単なる「可能性」では、処罰範囲が広がりすぎると考える。

また、最高裁平成22年決定においては、「『おそれ』や『予想』は、将来何らかの事態が発生する可能性を予測しようとする表現であることから、基準としての不安定さが感じられる〔ため〕……将来予測の問題ではなく、現在存在する事情の問題としてとらえるのが相当であるように思われる」ことから、法的紛議が生じることがほぼ不可避であるような基礎事情が存在することを問題にしているとされる[33]。

このように、「法的紛議が生ずることがほぼ不可避」であるとの基準で判断することも合理的ともいえるが、法的紛議が生ずることがほぼ不可避である場合は、かなり限定的な場合であるため、法的紛議の発生が不可避であるとはいえないなどの理由で「その他一般の法律事件」に該当しないと判断されると、処罰範囲を必要以上に限定してしまうおそれもないとはいえない。

最終的には、事実認定・評価の問題ではあるが、最高裁平成22年決定で示された「法的紛議が生ずることがほぼ不可避である」との判断基準より、少し広い範囲である、前掲大阪高判令和3・2・25で示されたような「法的紛議が発生する蓋然性」を基準に、「蓋然性が認められる」場合には、「その他一般の法律事件」と捉えるのが相当と考える。

つまり、「その他一般の法律事件」については、「交渉において解決しなければならない法的紛議が発生し、あるいは、その生ずる蓋然性が認められる場合」と解すべきものと考える。

3 法的紛議の内容

(1) 法的紛争解決手段との関係

最高裁平成22年決定が示した法的紛議の内容について「『法的紛議』の語によって、たんなる法的『疑義』を超えた一種の“法的紛争事件説”を採用したものと読める」と論じたうえで、「“法的紛争事件”とは、権利義務や事

に介入できるとすれば、力の強い者、奸智にたけた者などを不当に利し、反面において、関係人に正当な権利を主張する機会を失わしめることとなるなどの弊害が生じ〔る〕」とも指摘する。

33) 三浦・前掲注16) 148～149頁。

実関係に関して関係当事者間に法的主張の対立が有り、制度的に訴訟などの法的紛争解決を必要とする案件のことである」とする見解がある[34]。

しかし、上記最高裁決定では、「法的紛議」が発生していることが必要であるとしていないことは明らかであり、しかも、最高裁決定では、「交渉において解決しなければならない」法的紛議であるとされているように、制度的に訴訟などの法的紛争が発生することを不可避であるとしているのではなく、権利義務についての双方の主張に開きがあり、交渉によって解決を図らなければならないことが不可避であるとしているものである。

(2) 新たな権利関係が発生する案件との関係

「法律事件」は、一般に「広く法律上の権利義務に関し争いがあり、疑義があり、または新たな権利義務関係の発生する案件」であるとされている[35]。

この点に関し、「将来の法律関係を形成するためのコンサルタント的な業務等を弁護士以外が行った場合や、不動産売買・賃貸の仲介業者が業務に関連してこれらの契約締結業務を行う場合などについて、常に弁護士法72条違反の罪が成立すると解すべきかが問題となろう」[36]とされ、また、最高裁平成22年決定では、「(権利義務を)新たに形成させる事件」(新たな権利義務の発生する案件)を「その他一般の法律事件」に含めないとの考えを示したものであると評するものもある[37]。

ただ、不動産売買・賃貸を新たに締結する場合については、その契約が成立しなかったとしても、何ら法的紛議になるものではなく、法的問題として解決する手続も認められていない。これに対し、広島地判平成18・6・1判時1938号165頁で問題となった非公開株式の売却あっせんを行うコンサルタント業務については、譲渡承認がなされず、裁判所において買取価格決定がなされるといった法的解決手段(会社144条)が予定されているものである。また、東京高判平成23・10・17東高刑時報62巻103頁で問題となった会社分割コンサルタントも、債務を残したまま、資産だけ新設会社に譲渡する形での濫用的会社分割を指南するものであって、当然、法的紛議が生じるもの

34) 兼子仁『行政書士法コンメンタール〔新14版〕』(北樹出版、2024年)54頁。
35) 前掲注30)参照。
36) 三浦・前掲注16)144頁。
37) 兼子・前掲注34)53頁。

であった。そのため、「新たな権利義務の発生する案件」についても、「法的紛議が生ずることの蓋然性が認められる」か否かで判断すれば足りるにすぎず、新たな権利義務の発生する案件は、「その他一般の法律事件」に該当しないとの考えは採用することはできない。

4 その他一般の法律事件に関する法律事務

(1) 法律事務を制限する事件性以外の事由の要否

弁護士法72条では、「鑑定、代理、仲裁若しくは和解その他の法律事務」の取扱いなどが禁止されており、法律事務については、法律上の効果を発生、変更する事項の処理をいうとする裁判例があるが（東京高判昭和39・9・29高刑集17巻6号597頁）、それのみではなく、法律上の効果を保全・明確化する事項の処理も法律事務と解されている[38]。

そして、法律事務については、上記のとおり、「その他一般の法律事件」による制限を受けると解するところ、それ以外に、何らかの制限を付する必要があるかどうかが問題となる。

この点、前記のとおり、「その他一般の法律事件」については、「交渉において解決しなければならない法的紛議が生ずる蓋然性が認められる」場合と考えるが、その状態において、紛議の発生を予防し、あるいは、法的紛議が発生した段階では、その解決に向けて行う法律事務が「その他一般の法律事件に関する法律事務」と考えるべきであって、それ以上に、「法律事務」を制限して解する必要はないと考える[39]。

(2) 法律事務と法的整序の範囲内の書類作成との関係

前記Ⅳ2（4）の法的判断基準説の立場では、その他一般の法律事件に関する法律事務には、法的判断を要しない事務は含まれないとする。

法的判断を要する事務を広く弁護士法72条の対象にし、法的判断を要しない事務は同条に違反しないとする立場である。ただ、この立場で、法律事務に該当しないとする不動産業者などの行う賃料回収行為についても、賃料の支払を1回怠った程度の段階の請求行為であればともかく、すでに、賃料

38） 条解654頁、高中・前掲注3）349頁。

39） 福原・前掲注1）289頁でも、「本条〔引用中：弁護士法72条〕で制限している法律事務は、これらの法律事務全般についてではなくて、それが、『法律事件に関して』のものであることが要件となっている」としており、それ以上に制限を加えていない。

の支払が何か月も滞納されている段階での回収行為が非弁行為にあたらないとは考えられない。

なお、司法書士に認められている裁判所提出書類の作成（司法書士法3条1項4号）が、弁護士法72条本文の「法律事務」に該当しないとの考えのもと、法的整序の範囲での書類作成は、弁護士法72条の「法律事務」に該当しないとの考えもある。

しかし、交渉において解決しなければならない法的紛議が生ずる蓋然性が認められていたり、すでに法的紛議が顕在化したりしている段階になって、弁護士資格のないものが、法的整序の範囲での書類作成であっても、それによって法的解決を図ろうとすれば、かえって適切な法的助言を受けられず、弁護士法72条の立法趣旨である当事者その他の関係人らの利益をそこね、法律生活の公正かつ円滑ないとなみを妨げ、ひいては法律秩序を害することを防ぐことができないことになってしまう[40)]。そのため、交渉において解決しなければならない法的紛議が生じている場合はもちろん、その蓋然性が認められる段階においては、法的整序の範囲であっても、弁護士資格がないものが関与することは認められないのであり、これは、権利義務に関する書類作成が認められている行政書士（行政書士法1条の2第1項）であれ、無資格者であれ同様である。

そのため、「その他一般の法律事件に関する……その他一般の法律事務」については、交渉において法的紛議が生じる蓋然性が認められる段階において、その法的紛議を予防し、解決するための法律事務全てを含むものと考えるべきである。

Ⅵ　具体的場面での検討

「その他一般の法律事件に関する法律事務」について、具体的場面で、どのように考えるのかを検討してみる。

40）　前掲最大判昭和46・7・14。

1　不動産賃貸に関する問題について

最高裁平成22年決定では、ビルのテナントの明渡しが問題となっているが、不動産管理業者が滞納賃料の請求や明渡し請求などを行う例が認められる。

そのため、これらの行為が非弁行為に該当するかどうかが問題となる[41]。

(1) 滞納賃料の請求

滞納賃料が生じている場合は、賃借人に義務違反が認められるため、滞納賃料の支払を求めることが、「その他一般の法律事件に関する法律事務」に該当するかが問題となる。

この点、賃料の滞納があっても、その滞納額が1回分にとどまる場合には、単に失念していた場合や引落口座の残高が不足していただけの場合などもあり、交渉において解決しなければならない法的紛議が生ずる蓋然性が認められない場合も少なくない。

ただ、1回の滞納であっても、賃借物件の修繕の要否などで、賃貸人と賃借人との間ですでに争いがあり、それ故に賃料を支払っていない場合もあり、このような場合は、交渉において解決しなければならない法的紛議が生ずる蓋然性が認められ、あるいは、法的紛議がすでに顕在化しているともいえる。

したがって、滞納賃料を請求する行為についても、①滞納の回数、②滞納金額、③過去の支払状況、④支払がなされなかった理由、⑤支払をしないことについての賃借人からの説明の有無、⑥支払がなされないことについての賃貸人側の認識、⑦契約締結後の期間などの事情を考慮して、滞納賃料を請求する時点において、交渉において解決しなければならない法的紛議が生じているか、あるいは、生ずる蓋然性が認められるかを判断することになるといえる。

なお、滞納賃料の請求は、法律上の効果を保全、明確化するものであり、法律事務に該当するが、賃料滞納の事実を告知するだけの場合や、滞納賃料の支払いの意向や支払いの時期などを確認しただけの場合であれば、法律事務とまでいえない場合もあるといえる。ただし、その後、相手方との間で交渉をすれば、法律事務を行ったことになる。

41）　不動産管理業者の問題について、伊藤倫文「不動産管理事業と非弁行為について――平成22年最高裁決定を踏まえて」自由と正義67巻12号（2016年）25頁。

(2) 賃料増減額請求

賃料の増額請求をしたり、減額請求をしたりすることが、「その他一般の法律事件に関する法律事務」に該当するかも問題となる。

賃料の増額請求や減額請求は、契約当事者間の利害が対立するもので、交渉において解決しなければならない法的紛議が生ずる蓋然性が認められることが多いといえる。

ただ、契約書に賃料改定条項があり、改定時期と増減の改定基準が定められているような場合には、契約にしたがっての請求であり、交渉において解決しなければならない法的紛議発生の蓋然性が認められない場合も少なくないといえる。また、増減の改定基準に関する規定がないとしても、増減額を見直す時期が契約書で規定されている場合や、近隣の賃料の状況などから、一定の範囲での賃料増減が予想されるような場合には、交渉において解決しなければならない法的紛議の生ずる蓋然性が認められないこともあるといえる。

このように、賃料増減額請求についても、①契約書の賃料改定条項の有無・内容、②当事者の賃料増減に対する認識、③当事者間の関係性、④近隣賃料との乖離の程度などの事情も考慮して、法的紛議発生の蓋然性を判断することになるが、上記事情のもとで蓋然性が認められない状況においても、その増減の額、増減率が許容範囲を大幅に超えるような場合には、法的紛議の発生の蓋然性が認められることも多いといえる。

(3) 契約の解約告知、解除

借地借家法の適用がある場合には、期間の定めのない建物賃貸借においても、賃貸人からの解約申入れには正当事由が必要であるため（借地借家27条、28条）、契約を終了するための申入れは、交渉において法的紛議が生ずる蓋然性が認められるのがほとんどである。法的紛議発生の蓋然性が認められない場合としては、賃借人が退去することが明らかであるような極めて稀な場合に限られるといえる。

同様に、賃料未払いやその他の契約違反を理由として契約を解除する場合も、賃借人との間で利害が対立し、交渉において解決しなければならない法的紛議発生の蓋然性が認められるのが一般的といえる。

なお、賃貸借契約終了にあたり、原状回復の範囲が問題となる場合も多いが、あくまで、修繕費用を算定するにとどまるのであれば、弁護士法72条との関係で問題はないといえるが、修繕の範囲などが問題になる場合には、交渉において解決しなければならない法的紛議が発生する蓋然性が認められる場合も少なくないといえる。

2　遺言などの単独行為

最高裁平成22年決定において示された、「交渉において解決しなければならない法的紛議」の発生の程度によって判断するとの考えに対しては、たとえば、遺言のように、相手方の受領を必要としない相手方のない単独行為の場合には、相手方がいないので、どのような形で遺言作成に関わったとしても、「その他一般の法律事件」に該当することはないのではないのかとの疑問がないわけではない。

ところで、遺言は、後日の紛争を予防するために作成されるのが一般的であるが、法定相続人間に特に争いが生じていない場合に、遺産の取得方法を指定するものであれば、法的紛議が生ずる蓋然性が低く、このような場面で、遺言の作成に関与しても、弁護士法72条に定める「その他一般の法律事件に関する法律事務」にあたらないことが多いように思われる（行政書士法1条の2第1項に定める「権利義務に関する書類」の作成との関係で、同条違反になる場合はありうるといえる）。

ただ、すでに、法定相続人間で諍いが生じている場合や、生前贈与の扱いをどうするのか（特別受益の持戻し免除など）、寄与分をどのように考えるのかなどが問題となるような場合には、遺産分割協議において、意見の対立が生じる蓋然性が認められるのであって、遺言書を作成することによって、そのような法的紛議が生じることを防ぎ、あるいは抑えることが考えられる。つまり、このような場合に、遺言書の作成に関与すれば、その他一般の法律事件に関する法律事務に該当するのであり、弁護士法72条違反となると考えるべきである。

そして、単に、遺産分割方法を指定するのでなく、上記のような場面で、遺言書作成に関与する場合には、法的知識を駆使して行う必要がでてくることも多い。そのため、弁護士以外の法律の専門家でない者が関与する場合には、報酬を受領したにもかかわらず、適切な紛争予防につながらないことも多く、適切な法的サービスを受けられないことになってしまう。そのため、弁護士法72条の立法趣旨である当事者その他の関係人らの利益の保護を侵害するものであって、同条に違反する行為として処罰すべきものと考える。

3　コンサルティング業務

コンサルティングとは、ある分野について、豊富な経験や、専門的知識、技術などをもとに、クライアントの課題解決のためにアドバイスや指導を行う業務であり、対象とする分野（経営、人事、ITなど）、業種（医療系コンサルタント、不動産コンサルタントなど）など様々である。

民間で、〇〇コンサルタント、〇〇診断士などの資格を付与しているものもあるが、コンサルティング業務を行うには、本来、資格が必要とされているわけではない。ただ、コンサルタントの名のもとに、法的問題に関するコンサルティング業務を行う場合には、弁護士法72条との関係が問題となりうる。

前記Ｖ３（2）のとおり、非公開株式の売買をあっせんするコンサルタントや、会社分割コンサルタントなどが弁護士法72条違反になるかどうかが争いになり、同条違反との判断がなされた判決例もあるように、問題なのは、コンサルタントの名称ではなく、取り扱っている業務内容である。

この場合においても、当該コンサルティング業務で解決に向けて行われる助言等の場面で、交渉において解決しなければならない法的紛議が生じているのか、あるいは、その蓋然性が認められるかどうかで判断することになる。

ただし、前記のとおり、新規の売買契約、賃貸借契約の締結にあたっても、その内容、条件において、対立する場面も少なくないが、この場合は、対立して、最終的に契約締結に至らなかったとしても、法的手続で解決を図ることができないため、交渉において法的紛議が生ずるものとはいえない。

4　AIを用いた契約書等関連業務支援サービス

令和5年8月、法務省大臣官房司法法制部は、「AI等を用いた契約書等関連業務支援サービスの提供と弁護士法72条との関係について」[42]を公表し

42）https://www.moj.go.jp/content/001400675.pdf

て、一定のガイドライン（以下、「法務省ガイドライン」という）を定めた。

ここでは、個別の事件における具体的な事実関係に基づき、前掲の最大判昭和46・7・14で示された同条の趣旨に照らして、判断されるべきであるとしている。そして、契約書等の作成、審査、管理の各業務について、弁護士法72条の要件が検討されており、「その他一般の法律事件」に関しては、いわゆる事件性必要説の立場にたったうえで、個別の事案ごとに、契約の目的、契約当事者関係、契約に至る経緯やその背景事情等諸般の事情を考慮して判断されるべきものと考えられるとする。また、「鑑定……その他の法律事務」についても、「鑑定」とは法律上の専門的知識に基づき法律的見解を述べることをいうとされ、「その他の法律事務」とは、法律上の効果を発生、変更等する事項の処理をいうとしたうえ、各種サービスにおいて提供される具体的な機能や利用者に対する表示内容から判断されるべきものとする。

本件問題についても、「その他一般の法律事件における法律事務」については、「交渉において解決しなければならない法的紛議が発生し、あるいは、その生ずる蓋然性が認められる場合」において、その解決または予防に向けた法律事務一般に該当するかどうかを判断基準として弁護士法72条違反を考えるべきである。

そのため、交渉において解決しなければならない法的紛議が発生し、あるいは、その発生する蓋然性が認められる案件について、その解決・予防に向けた合意内容を定めるために契約書を作成する場合は、「その他一般の法律事件」に該当するものと考える。そして、同様に、契約審査についても、上記状態において契約書を審査するものであれば、「その他一般の法律事件」に該当すると考える。

ただ、すでに、契約内容も決まって、契約書の内容を、契約ひな形と比較するなどの形式的な審査であれば、「その他一般の法律事件」の状態にはないということができよう。

これに対し、法務省ガイドラインでも示されているとおり、契約書の管理業務のうち、すでに作成した契約書等について、契約関係者、契約日、履行期日、契約基準日、自動更新の有無、契約金額その他の当該契約書等上の文言に応じて、分類、表示したり、契約書等に定めた期限等の到来を知らせたりするものについては、「その他一般の法律事件」に該当する場面でもなく、機械的処理であるため、「法律事務」に該当しないことが多いと考えられる。

この点、法務省ガイドラインでは、さらに、管理対象となる契約書等の記載内容について、随時自動的に、個別の事案に応じた法的リスクの有無やその程度が表示される場合やそれを踏まえた個別の法的対応の必要性が表示されるような形で管理がなされる場合には、「鑑定……その他の法律事務」に該当し得るとされる。これは、個別案件の評価の問題であって、契約書等の管理業務として捉えるのかの問題はあるが、個別案件での契約書上のリスク評価をするというのであれば、「交渉において解決しなければならない法的紛議が生ずる蓋然性」が認められる場面での契約条項の適用の限界などを判断するものであるため、その他一般の法律事件における法律事務に該当することもあると考える。

法務省ガイドラインにおいては、各業務について「鑑定……その他の法律事務」に該当しうる事例をあげている。ここで示されているのは、個別案件に対して具体的な対応がなされるのかどうかの基準であって、個別案件の予防・解決に向けてのサービスであれば「法律事務」に該当するが、定型的な契約書のひな形を提示したり、契約書のひな形との条項の過不足などを提示したりするにとどまる場合には、「法律事務」に該当しないとするものといえる。これは、弁護士法72条に関して、あくまで、交渉において解決しなければならない法的紛議が生ずる蓋然性が認められる、具体的案件に向けての予防・解決が問題となることからも当然のことといえる。

このように、AIを用いた契約書等関連業務支援サービスについても、具体的なサービス内容について、弁護士法72条に違反するかどうかを判断することになるが、交渉において解決しなければならない法的紛議が生ずる蓋然性が認められる案件について、具体的な予防、解決に向けてのサービスであるかどうかによって判断すれば足りるものと考える。

Ⅶ　おわりに

弁護士法72条における事件性について、同条が制定されるまでの経緯、立法趣旨なども踏まえて、考察をしてきた。

そのなかで、最高裁平成22年決定が事例判断であるとはいえ、個別事情を踏まえ、「交渉において解決しなければならない法的紛議が生ずることがほぼ不可避」である案件について、弁護士法72条に規定する「その他一般の法律事件」に該当するとの判断がなされたことは重要である。つまり、交渉において解決しなければならない法的紛議が生じていなくても、少なくとも、交渉において法的紛議が生ずることが不可避である状態でなされた法律事務が弁護士法72条に違反する場合があると判断したものである。

そして、当該案件では、交渉において解決しなければならない法的紛議が生ずることがほぼ不可避であった案件であるが、法的紛議の発生可能性がどの程度であれば、「その他一般の法律事件」に該当するかは何ら判断していない。本稿では、交渉において解決しなければならない法的紛議の発生や、その発生がほぼ不可避であることまでは要することなく、前掲最大判昭和46・7・14刑集25巻5号690頁で示された同条の立法趣旨なども踏まえ、交渉において解決しなければならない法的紛議が生ずる蓋然性が認められる場合には、「その他一般の法律事件」に該当すると判断すべきと考えたものである。

最高裁平成22年決定以降も、下級審で、法的紛議が生ずることがほぼ不可避であるとまで認めない場合にも、「その他一般の法律事件」に該当するとした裁判例もあり、最高裁平成22年決定の外延をどのように捉えるのかが、今後の課題といえる。

15　司法書士・行政書士の業務権限と非弁問題

井上英昭

Ⅰ　はじめに

弁護士法72条は、弁護士または弁護士法人でない者が、報酬を得る目的で訴訟事件、非訟事件、行政庁に対する不服申立事件その他一般の法律事件に関して鑑定、代理、仲裁、和解その他の法律事務を取り扱い、またはこれらの周旋をすることを業とすることができないとし、同法77条3号において、これに違反した者に刑事罰を科している。

ところで、日本における法律専門職である弁護士、司法書士、行政書士は、弁護士が、法廷での代理業務を行う者として出発し、その後、1933年の旧弁護士法により法廷外の一般の法律事務も業務とすることが認められた後も、司法書士や行政書士の前身である司法代書人や代書人（行政代書人）は、書類の作製という代書業務を行う者として、弁護士の業務とは明確に区別され、戦後の司法書士法や行政書士法の制定においてもその区別が維持されてきた。

ところが、1999年の司法制度改革審議会の設置に始まる一連の司法制度改革の中で、司法書士に簡易裁判所の代理権等を認める認定司法書士制度が設けられ、また、行政書士についても行政庁への不服申立手続の代理権を認める特定行政書士制度が設けられるなど、司法書士や行政書士等のいわゆる隣接士業について業務権限の拡大が進められ、司法書士会や行政書士会では、もはや「書士」ではないというさらなる権限拡大が求められるようになり、これらの隣接士業において、弁護士法72条に違反する非弁問題が激増することとなった。

そこで、本稿は、このような状況を踏まえ、あらためて司法書士法や行政書士法において規定された司法書士や行政書士の業務権限について確認し、それがどのような場合に弁護士法72条に違反する非弁行為となるのかについて整理したものである。

Ⅱ　弁護士・司法書士・行政書士の歴史

1　日本における明治、大正期の法律専門職

日本における弁護士（代言人）、司法書士（司法代書人）・行政書士（代書人・行政代書人）という法律専門職は、1872年の司法職務定制にはじまるといわれる。しかし、当時は、代言人、代書人といってもその資格についての定めもなく、むしろ1873年の代人規則に基づく無資格者である代人による訴訟代理が広く行われており、ようやく1890年の民事訴訟法の制定により代人規則による代人から代言人による訴訟代理に移行したとされているが、同法においても弁護士以外の者による訴訟代理が広く認められており、その後も長く無資格者による法廷代理が続いたとされている[1)]。

結局、法律専門職として弁護士や司法書士等の業務が確定していったのは、弁護士については、1876年の代言人規則から1880年の改正代言人規則を経て1893年の旧々弁護士法の制定によるものであり、司法書士や行政書士の前身である代書人一般については、1903年の代書人取締規則（大阪府令）や1904年の代書業者取締規則（警視庁）にはじまり、その後、司法書士については、1907年の大阪地方裁判所における区裁判所及出張所構内代書人取締規則を経て1919年の司法代書人法、さらに行政書士については、1920年の代書人規則（内務省令）によるものといえる[2)]。

1）　林真貴子「近代日本における無資格者による法廷代理とその終焉」三阪佳弘編『「前段の司法」とその担い手をめぐる比較法史研究』（大阪大学出版会、2019年）31頁。

2）　兼子一・竹下守夫『裁判法〔第4版〕』（有斐閣、1999年）449頁は、「明治5年当時、果して、

ちなみに、弁護士は、旧々弁護士法において、「通常裁判所ニ於テ法律ニ定メタル職務ヲ行フモノ」とされ、これに対し、代書人は、代書人取締規則（大阪府令）では、「文書ノ代書ヲ業トスル者」（1条）として、「代書委託者ニ訴訟ヲ勧メ又ハ訴訟ノ鑑定若ハ紹介ヲ為シ其ノ他、他人ノ訴訟行為ニ干渉スルコト」（4条1号）ができないと規定され、代書業者取締規則（警視庁）でも、代書業は「他人ノ委託ヲ受ケ文書、図面ノ作製ヲ業トスル」（1条）とされ、代書業者は「訴訟事件、非訟事件及其ノ他ノ事件ニ関シ代書以外ノ干與ヲ為シ又ハ之ヲ鑑定、紹介スルコト」（4条1号）ができないと規定されていた。こうして、その後の代書人規則（内務省令）も、代書人について「他ノ法令ニ依ラスシテ他人ノ嘱託ヲ受ケ官公署ニ提出スヘキ書類其ノ他権利義務又ハ事実証明ニ関スル書類ノ作製ヲ業トスル者」（1条）として、「法令ノ規定ニ依ルニ非スシテ他人ノ訴願、訴訟又ハ非訟事件ニ関シ代理、鑑定、勧誘、紹介、又ハ仲裁其ノ他之ニ類スル行為ヲ為スコト」（9条1号）ができないと規定し、弁護士の業務と明確に区別していた。

また、司法代書人についても、司法代書人法は、「他人ノ嘱託ヲ受ケ裁判所及検事局ニ提出スヘキ書類ノ作製ヲ為スヲ業トスル者」（1条）とし、「其ノ業務ノ範囲ヲ超エテ他人間ノ訴訟其ノ他の事件ニ関與スルコト」（9条）ができないとして、弁護士の業務との区別が図られていた。

2　旧弁護士法の制定

このような状況で、1933年に旧弁護士法が制定され、1条で、弁護士の業務範囲が、「訴訟ニ関スル行為」から「其ノ他一般ノ法律事務」にまで拡大され、あわせて法律事務取扱ノ取締ニ関スル法律において、「弁護士ニ非サル者ハ報酬ヲ得ル目的ヲ以テ他人間ノ訴訟事件ニ関シ又ハ他人間ノ非訟事件ノ紛議ニ関シ鑑定、代理、仲裁若ハ和解ヲ為シ又ハ此等ノ周旋ヲ為スヲ業トスルコトヲ得ス但シ正当ノ業務ニ附随シテ為ス場合ハ此ノ限ニ在ラス」（1条）と規定して、同時に施行された。

このように、旧弁護士法の制定により、弁護士の業務範囲は、法廷におけ

職業階層としての代書人がいたのかどうか（単にフランスから輸入した法制度上の名称だけだったのではないか）、それが大正8年の司法代書人法の規律対象とされた職業集団と繋がるのかについては、疑問がなくはない」としている。

る訴訟代理活動から法廷外の一般の法律事務にまで拡大したが、このとき司法代書人法や内務省令の代書人規則が改正されることはなく、弁護士の業務と司法書士（司法代書人）や行政書士（代書人・行政代書人）の業務とは、弁護士が裁判外を含む代理業務、司法代書人（司法書士）や代書人・行政代書人（行政書士）は代書業務ということで棲み分けされてきた。

3　戦後の弁護士法、司法書士法、行政書士法の制定

戦後、1946年の日本国憲法の成立により日本の司法制度が一新される中で、1949年に現行の弁護士法が制定され、続いて1950年に司法書士法、1951年に行政書士法が制定された。

そして、弁護士は、「当事者その他関係人の依頼又は官公署の委嘱によって、訴訟事件、非訟事件及び審査請求、再調査の請求、再審査請求等行政庁に対する不服申立事件に関する行為その他一般の法律事務を行うこと」（弁3条1項）を職務とするとされ、司法書士は、「他人の嘱託を受けて、その者が裁判所、検察庁又は法務局若しくは地方法務局に提出する書類を代って作成すること」（司書旧1条）を業とし、「その業務の範囲を越えて他人間の訴訟その他の事件に関与してはならない」（司書旧9条、のち旧10条）とされ、行政書士は、「他人の依頼を受け報酬を得て、官公署に提出する書類その他権利義務又は事実証明に関する書類を作成すること」（行書旧1条1項）を業とするとされた。

4　司法制度改革による司法書士、行政書士の権限拡大

その後、2001年の司法制度改革審議会意見書に基づき、簡易裁判所における140万円以下の民事訴訟や紛争の目的の価額が140万円以下の民事紛争についての裁判外の和解代理権を認めた認定司法書士制度や、一定の範囲で行政庁への不服申立手続の代理権を認める特定行政書士制度が設けられることになった。そして、司法書士会や行政書士会では、もはや「書士」ではないという一層の権限拡大が求められるようになり、司法書士や行政書士において弁護士法72条に違反する非弁問題が激増するようになった。

Ⅲ　司法書士・認定司法書士の業務権限

1　司法書士の業務権限

(1) 司法書士法に規定する業務

司法書士の業務について、司法書士法3条1項1号～5号は、以下の業務を規定している。

①法務局等に提出・提供する書類・電磁的記録の作成（司書3条1項2号）、裁判所・検察庁に提出する書類や筆界特定手続等において法務局等に提出・提供する書類・電磁的記録の作成（同項4号）という書類作成業務

②登記・供託手続についての代理（同項1号）、登記・供託に関する審査請求手続についての代理（同項3号）という手続代理業務

③以上の事務についての相談（同項5号）という相談業務

(2) 独占業務

以上の司法書士の業務は、他の法律で別段の定めがない限り、司法書士の独占業務とされており、その違反者に対しては罰則規定が設けられている（司書73条1項、78条1項）。

(3)「他の法律」による制限

司法書士の業務については、「その業務を行うことが他の法律において制限されているものについては、これを行うことができない」（司書3条8項）と制限されている。

この場合の「他の法律」に該当する場合について、『注釈司法書士法〔第4版〕』は、土地家屋調査士法68条1項に規定する表示に関する登記についての土地家屋調査士の独占業務、弁理士法75条に規定する特許関係書類の作成に係る弁理士の独占業務、税理士法52条に規定する税務書類の作成に係る税理士の独占業務などが該当するが、弁護士法については、司法書士法3条1項各号に規定する業務自体が弁護士法72条によって制約される関係にあるとは考えられないとして、「他の法律」には該当しないとする[3)]。

しかし、例えば土地家屋調査士法などは、当該士業法に規定した業務をそ

3）　小林昭彦ほか編著『注釈　司法書士法〔第4版〕』（テイハン、2022年）173頁以下。

のまま独占業務とする形で規定しているのに対して、弁護士法は、3条1項において、「訴訟事件、非訟事件及び審査請求、再調査の請求、再審査請求等行政庁に対する不服申立事件に関する行為その他一般の法律事務を行う」と広く「一般の法律事務」を業務とするとしたうえで、72条において、そのうち「訴訟事件……その他一般の法律事件」に関して、「鑑定、代理、仲裁若しくは和解その他の法律事務」を取り扱うことだけを禁止するという構成となっているものである[4)]。

このように、弁護士法は、司法書士法3条1項1号～5号の業務が弁護士法3条1項に規定する弁護士の業務と競合することを前提にしたうえで、そのうち弁護士法72条に違反する業務だけを禁止するという構成をとっているのであり、このような法律の構成を理解するならば、弁護士法72条の場合も司法書士法3条1項1号～5号に規定する司法書士の業務を制限する規定となっていることは明らかである。したがって、弁護士法72条も司法書士法3条8項の「他の法律」に該当するというべきであり、司法書士の書面作成等の業務は、弁護士法72条に違反する業務はできないという制限を受けているというべきである。

(4)　代書としての制限

司法書士法は、司法代書人法の規定を引き継ぎ、「司法書士は、その業務の範囲を越えて他人間の訴訟その他の事件に関与してはならない」(旧9条、1978年改正で旧10条)と、司法書士の業務があくまで「代書」であり、代理行為に及んではならないということを明文で規定していた[5)]。

しかし、2002年の改正により認定司法書士制度を設け、簡裁訴訟代理関係業務というその範囲で弁護士と同じ代理権限を認めることになったことか

4)　弁護士法3条1項の「その他一般の法律事務」と同法72条の「その他の法律事務」の意義は、同じ「法律事務」という文言が使用されているが、「その他」と「その他の」の違いから、72条の「その他の法律事務」は、3条1項の「その他一般の法律事務」より狭く、鑑定、代理、仲裁、和解等の法律事務を例示とする限定された「法律事務」と解すべきである。「その他」「その他の」につき、田島信威『最新法令用語の基礎知識〔三訂版〕』(ぎょうせい、2005年)29頁参照。

5)　徳永秀雄『改正司法書士法概論』(日本加除出版、1979年)78頁。昭和10年6月28日法曹会決議は、「事件ノ内容ニ付判断ヲ為シ鑑定ニ属スル程度ノ処置ヲ為スカ如キハ代書業ノ範囲ヲ逸脱ス」としている。昭和29年1月13日民事甲2554号民事局長回答も、「いかなる趣旨内容の書類を作成すべきかを判断することは、司法書士の固有の業務範囲には含まれないと解すべきであるから、これを専門的法律知識に基づいて判断し、その判断に基いて右の書類を作成する場合であれば、同条(弁護士法72条)の違反の問題を生ずる」としている。

ら、旧10条は削除されることになった。しかし、旧10条が削除されたからといって、このとき司法書士の業務が「代書」の範囲を越えて他人間の訴訟その他の事件に関与してもよいということになったものではない。

以上から、司法書士の業務範囲については、弁護士法72条による制限、さらに「代書」という司法書士固有の業務範囲という内在的制限の双方を踏まえて検討しなければならない。

2　認定司法書士の業務権限

(1)　認定司法書士

認定司法書士とは、2001年の司法制度改革審議会意見書において、弁護士の数が不足し国民の権利擁護が不十分であると指摘され、当面の法的需要を充足するための措置として、2002年の改正により、一定の能力担保措置を講じたうえで、簡易裁判所における訴訟代理等の簡裁訴訟代理等関係業務を行う権限が付与された司法書士である。

(2)　簡裁訴訟代理等関係業務

2002年の改正以降、2004年、2005年の改正により、司法書士法3条1項6号～8号に規定する簡裁訴訟代理等関係業務は以下のとおりとされている。

①簡易裁判所における140万円以下の民事訴訟、訴え提起前の和解、支払督促、訴え提起前の証拠保全、民事保全、民事調停、少額訴訟債権執行等の手続の代理（司書3条1項6号）

②自ら代理人として関与している事件の判決等に対する上訴提起（同号）

③紛争の目的の価額が140万円以下の民事紛争についての相談や裁判外の和解の代理（同項7号）

④対象土地の合計額の2分の1相当額に100分の5を乗じた金額が140万円以下、すなわち5600万円以下の筆界特定手続に関する相談や代理（同項8号）

(3)　司法書士と認定司法書士の業務権限の違い

司法書士の業務権限は、その固有の業務範囲である「代書」という基本的な性格に基づき、弁護士法72条本文の制限に違反しない範囲で認められているものである。

これに対し、2002年の改正によって認定司法書士に認められた簡裁訴訟代理等関係業務は、弁護士法72条ただし書の「他の法律」に該当し、140万円以下という限定があるとはいえ、その範囲内では、「代書」や「書士」とは全く質的に異なる弁護士と同等の業務権限が与えられているものである。

Ⅳ　司法書士・認定司法書士に関する非弁問題

1　書類作成業務

現在の規定は、1950年制定の司法書士法において「書類を代って作成する」とされていたのが、1967年の改正で「書類を作成」とされたものである。

問題は、書類の作成といっても、単に依頼者の口授どおりに作成する場合から、依頼の趣旨にしたがって司法書士が一定の法律判断に従い、その裁量により独自に作成する場合まで色々とあり、果たしてどこまで許されるのかということである。

司法書士が裁判所提出書類を作成する場合、それは弁護士法72条に規定する「その他一般の法律事件」に関する場合となることが明らかであるので、その書面作成という法律事務が、「代書」の範囲を越え、弁護士法72条に規定する「鑑定、代理、仲裁、和解その他の法律事務」に該当しないかということが問題となる。

この問題につき、松山地西条支判昭和52・1・18判時865号110頁は、以下のとおり判示し、司法書士の行為は弁護士法72条に違反しないとした。

「司法書士は……他人の嘱託があった場合に、唯単にその口授に従って機械的に書類作成に当るのではなく、その嘱託人の目的が奈辺にあるか、書類作成を依頼することが如何なる目的を達するためであるかを、嘱託人から聴取したところに従い、その真意を把握し窮極の趣旨に合致するように法律的判断を加えて、当該の法律事件を法律的に整理し完結した書類を作成するところにその業務の意義がある」。「弁護士法72条に違反するかどうかは、書類作成嘱託の窮極の趣旨を外れ、職制上与えられた権限の範囲を踰越し自らの判断を以て法律事件の紛議の解決を図ろうとしたものであるかどうかによって判断すべき」である。

これに対し、控訴審である高松高判昭和54・6・11判時946号129頁は、次のとおり判示し、無罪とされた4件の公訴事実につき、1件を除き、当該司法書士の行為を弁護士法72条に違反するとした。

「司法書士の業務である右の訴訟関係書類の作成は、前述のとおり、弁護士の主要業務の一部と全く同一であることからして、右書類作成については相当な法律知識を必要とすることは司法書士法1条の2の規定をまつまでもなく明らかであり、また国が司法書士法を制定して一定の資格を有する者のみを司法書士としてその書類作成業務を独占的に行わせ、他の者にその業務の取扱を禁止している趣旨からして、司法書士が他人から嘱託を受けた場合に、唯単にその口授に従って機械的に書類作成に当るのではなく、嘱託人から真意を聴取しこれに法律的判断を加えて嘱託人の所期の目的が十分叶えられるように法律的に整理すべきことは当然であり、職責でもある。

けれども、弁護士の業務は訴訟事件に関する行為その他一般の法律事務の取り扱いにわたる広範なものであるのに対し、司法書士の業務は書類作成に限定されていること、弁護士は通常包括的に事件の処理を委任されるのに対し、司法書士は書類作成の委任であること、前述のように訴訟関係書類の作成が弁護士業務の主要部分を占めているのに対し、司法書士の業務は沿革的に見れば定型的書類の作成にあったこと、以上の相違点は弁護士法と司法書士法の規定のちがい特に両者の資格要件の差に基くこと、並びに弁護士法72条の制定趣旨が前述のとおりであること等から考察すれば、制度として司法書士に対し弁護士のような専門的法律知識を期待しているのではなく、国民一般として持つべき法律知識が要求されていると解され、従って、上記の司法書士が行う法律的判断作用は、嘱託人の嘱託の趣旨内容を正確に法律的に表現し司法（訴訟）の運営に支障を来たさないという限度で、換言すれば法律常識的な知識に基く整序的な事項に限って行われるべきもので、それ以上専門的な鑑定に属すべき事務に及んだり、代理その他の方法で他人間の法律関係に立ち入る如きは司法書士の業務範囲を越えたものといわなければならない」。

また、大阪高判平成26・5・29民集70巻5号1380頁も、後述する和歌山訴訟において、次のとおり判示している。

「司法書士が裁判書類作成関係業務を行うに当たって取り扱うことができるのは、依頼者の意向を聴取した上、それを法律的に整序することに限られる。それを超えて、法律専門職としての裁量的判断に基づく事務処理を行ったり、委任者に代わって実質的に意思決定をしたり、相手方と直接交渉を行ったりすることは予定されていないものと解され、司法書士の裁判書類作成関係業務としての行為がこれらの範囲に及ぶときは、同項4、5号の権限を逸脱することになるものと解すべきである」。

以上のとおり、司法書士の書類作成業務については、司法書士は、その法律的判断に従って依頼者の意向に従った書類を作成することを業務とするとはいえ、その内容は、あくまで依頼者の意向を法律的に整序することに限られ、それ以上に法律専門職としての裁量的判断に基づく事務処理を行ったり、依頼者に代わって実質的に意思決定をしたり、相手方と直接交渉を行ったりするなど、代理その他の方法で他人間の法律関係に立ち入ることは司法書士の業務範囲を超え許されないというのが実務上は確立しているといえる。

2　手続代理業務

現在の規定は、1967年の改正で、書面作成業務に加えて「手続を代ってする」という手続代行の規定が新設され、それが1978年の改正で「手続について代理する」という手続代理の規定となっているものである。

ちなみに、このような規定は、社会保険労務士法では、1978年改正で「手続を代ってする」という手続代行（提出代行）の規定が登場し、それが1986年改正で「代理する」という手続代理（事務代理）の規定となり、また、行政書士法でも、1980年改正で「手続を代って行い」という手続代行の規定が登場し、それが2001年改正で「手続について代理する」という手続代理の規定となっているものであり、ことに社会保険労務士法においては、その提出代行と事務代理について、それぞれ通達において、提出代行はあくまで「代行」であり、事務代理も、処分権限まで付与したものではないとされているものである[6)]。

以上からすれば、この場合の「代理」は、手続代行の延長上の手続代理の規定にすぎず、行政書士法や社会保険労務士法に規定する「代理」と同様、私法上の代理権が認められたものではない。

6）　提出代行につき昭和53・8・8庁文発2084号・労働省発労徴56号、事務代理につき昭和61・10・1労働省発労徴72号・庁保発40号。

3　相談業務――5号相談と7号相談

相談業務については、司法書士に関する司法書士法3条1項5号に規定する「相談」(5号相談) と認定司法書士に関する同項7号の「相談」(7号相談) があり、いずれも2002年の改正で設けられたものである。

このうち、認定司法書士に関する7号相談は、「民事に関する紛争（簡易裁判所における民事訴訟法の規定による訴訟手続の対象となるものに限る。）であって紛争の目的の価額が裁判所法第33条第1項第1号に定める額を超えないもの」についての相談と規定されているように、認定司法書士に簡裁訴訟代理等関係業務の代理権が認められたことから、これに付随する権利として、いわゆる「法律相談」[7)]をすることが認められたものである。

したがって、7号相談では、相談の対象が140万円以下でなければならないとか、簡易裁判所の民事訴訟手続の対象となるものに限られ、家事事件や行政事件などに関する相談はできないとはいえ、認定司法書士に認められた業務の範囲では弁護士と同等の法律相談権限が与えられているものである。

これに対し、司法書士に関する5号相談は、「前各号の事務」についての相談であり、その範囲内であれば、民事紛争に限られることはなく、また金額的な制限もない。しかし、その相談は、司法書士が依頼を受ける事務、すなわち登記申請や裁判関係書類の作成という事務についての相談であって、紛争についての相談となってはならず、いわゆる「法律相談」となってはならない。

したがって、5号相談については、弁護士法72条に違反してはならないという制限があり、また、「代書」という司法書士の固有の業務範囲を越えるものとなってはならず、その内容は、依頼者の依頼内容を法律的に整序するために必要な範囲内の相談に止まることが必要である[8)]。

7）法律相談とは、法規相談を含め広く法律に関する相談をいう場合もあるが、ここでは、具体的な法律上の問題に対して法律判断のうえ法的な解決策を助言する相談をいい、弁護士のみに認められている業務をいう。ちなみに、弁護士法74条2項においても「弁護士又は弁護士法人でない者は、利益を得る目的で、法律相談その他法律事務を取り扱う旨の標示又は記載をしてはならない」と規定されているものである。

8）小林ほか編著・前掲注3）54頁も、「依頼者の依頼の趣旨に沿って適切な書類を作成すること等のために必要な範囲内の相談である。通常は、依頼者の依頼内容を法律的に整序するための相談がこれに当たるものと考えられる」としている。

4 「紛争の目的の価額」

2002年の改正により、認定司法書士に裁判外における和解についての代理権限が付与されたが（司書3条1項7号）、この場合の140万円以内という「紛争の目的の価額」について、改正法の立案担当者の執筆した『注釈司法書士法』（2003年）は、債務整理事件では、「残債務の額ではなく、弁済計画の変更によって債務者が受ける経済的利益による」とする受益額説を主張した[9)]。これに対し、債務整理事件においても、民事訴訟手続における「訴訟の目的の価額」と同様、原則として請求債権額を基準とすべきとする債権額説とが対立し、司法書士会は受益額説を主張し、弁護士会は債権額説を主張するという対立が続いた。

しかし、受益額説が根拠とする債務弁済協定調停や特定調停における取扱いは、それらの手続が、債権額自体には争いがなく支払猶予を求める事態を想定し、資力の乏しい多重債務者を救済するために特に低額かつ定額化を図ったからであり、例外的な取扱いにすぎない。しかも、受益額説では、認定司法書士が代理権を有しているか否かは、その受任の時点では明らかではなく、交渉の結果、債務者の受ける経済的利益が確定して初めて決まることになり、司法書士の提案次第で代理権があるかどうかが決まるという不安定な事態を招くことになるという根本的な問題を有していた。

結局この問題は、2016年、最高裁が和歌山訴訟の最判平成28・6・27民集70巻5号1306頁において、以下のとおり債権額説を採用し、決着した。

「法3条1項7号は、……簡裁民事訴訟手続の代理を認定司法書士に認めたことに付随するものとして、裁判外の和解についても認定司法書士が代理することを認めたものといえ、その趣旨からすると、代理することができる民事に関する紛争も、簡裁民事訴訟手続におけるのと同一の範囲内のものと解すべきである」。

問題は、債務整理において複数の債権がある場合に、その「紛争の目的の価額」は、個別の債権ごとに算定すべき（個別債権額説）か、これを合算した総債権額で算定すべき（総額説）かである。

これについて、前記最高裁判決は、以下のとおり判示し、総額説を否定し、

9）　小林昭彦・河合芳光『注釈司法書士法』（テイハン、2003年）97頁。

個別債権額説を採用した。

「複数の債権を対象とする債務整理の場合であっても、通常、債権ごとに争いの内容や解決の方法が異なるし、最終的には個別の債権の給付を求める訴訟手続が想定されるといえることなどに照らせば、裁判外の和解について認定司法書士が代理することができる範囲は、個別の債権ごとの価額を基準として定められるべきものといえる」。

「認定司法書士が裁判外の和解について代理することができる範囲は、認定司法書士が業務を行う時点において、委任者や、受任者である認定司法書士との関係だけでなく、和解の交渉の相手方など第三者との関係でも、客観的かつ明確な基準によって決められるべきであり、認定司法書士が債務整理を依頼された場合においても、裁判外の和解が成立した時点で初めて判明するような、債務者が弁済計画の変更によって受ける経済的利益の額や、債権者が必ずしも容易には認識できない、債務整理の対象となる債権総額等の基準によって決められるべきではない」。

「以上によれば、債務整理を依頼された認定司法書士は、当該債務整理の対象となる個別の債権の価額が法３条１項７号に規定する額を超える場合には、その債権に係る裁判外の和解について代理をすることができないと解するのが相当である」。

しかし、複数の債権者に対して、それぞれ複数の借入れがあるというような事件において、一般的には、個別の債権ごとの価額を基準として考えるべきだとしても、１人の債権者に複数の借入れがある場合は、その複数の借入金をまとめて交渉するのが一般的であり、ことに訴訟提起となる場合は、これらを併合して提訴するのが一般的である。そうすると、このような場合にも、個別の債権ごとの価額を基準として考えるべきだとして、例えば、140万円、100万円、60万円という合計300万円の借入れについて、それぞれの個別の債権額が140万円以下であるということで、その債務整理を受任できるとすることが許されるのであろうか。

従前の『注釈司法書士法〔第３版〕』も、「同一債権者について複数債権がある場合には、当該債権ごとに和解契約をすることは、通常考えられないので、特段の事情のない限り、合算して算定することになると考えられる」としていたものであり[10)]、全てを個別債権額説によって処理することには問題がある。

また、個別債権額説によれば、複数の借入れがある場合に、債務の全てについて解決を図るのではなく、債務のうち140万円以下の債務だけ債権者と交渉するという「つまみ食い」を認めることにもなりかねず、この点でも問題がある。

さらに、多重債務者の実情が破産等の倒産処理しかない状況にあり、最終的に個別の債権の給付を求める訴訟手続が想定されないような場合にまで個別の債権ごとの価額を基準として定めるべきかどうかも問題である。そもそも和歌山訴訟については、複数の債務者のすべての債務の処理が1つの紛争であったとして、むしろ総額説を採用すべき事案と考える批判もあり[11)]、さらに検討する必要がある。

5　簡易裁判所における訴訟業務

簡易裁判所における訴訟業務において特に問題となるのは一部請求と訴訟上の和解である。

認定司法書士が300万円の債権を有する者から債権回収の相談を求められた場合、これに応ずることは司法書士法3条1項7号に違反する。しかし、債権者から、最初から100万円だけでも回収できないかという相談であれば、認定司法書士の業務の範囲内となり、簡易裁判所に300万円のうちの100万円の一部請求であることを明示して提訴することは可能である。

しかし、認定司法書士が、140万円までは認定司法書士でも提訴できるとして債権者を140万円までの訴訟に誘導し、一部請求として100万円の一部請求訴訟を提訴した場合、前掲『注釈司法書士法〔第4版〕』90頁は、司法書士の品位保持義務（司書2条）違反として懲戒処分を受けることになるが、それ以上に訴訟代理権までが否定されるわけではないとする。しかし、司法書士法3条1項6号の潜脱行為は、弁護士法72条に違反する行為であり、刑事罰の対象となる違法行為であり、公序良俗に反することから、その訴訟行為は無効として追完も許されず、訴えの提起自体が却下される危険性があ

10)　小林昭彦・河合芳光『注釈司法書士法〔第3版〕』（テイハン、2007年）117頁。
11)　我妻学「認定司法書士と裁判外和解の代理権能および裁判書類作成権能」上野泰男先生古稀祝賀『現代民事手続の法理』（弘文堂、2017年）764頁。

るというべきである。

次に、300万円のうち一部請求として140万円の請求訴訟を提訴した後、残額160万円を含めた300万円について訴訟上の和解をすることができるかという問題がある。

前掲『注釈司法書士法〔第4版〕』95頁以下は、ここでも司法書士の品位保持義務違反として懲戒処分を受けるだけで、和解の効力に影響を与えるものではないとする。

しかし、訴訟上の和解は、訴訟物に関する私法上の合意と訴訟終了に関する訴訟法上の合意によって成り立っており、民事訴訟法の手続に関する司法書士法3条1項6号イの規定とともに、訴え提起前の和解に関する同号ロの規定や裁判外の和解に関する同項7号の規定による制限という観点からも考えるべきである。そうだとすれば、訴訟上の和解において追加する債権額が140万円を超える場合はもとより、仮に140万円を超えなかった場合でも、和解の対象となる債権全体が140万円を超える場合は、認定司法書士に認められた業務権限に違反し、弁護士法72条に違反することになり、無効というべきである。

6　本人訴訟支援業務

認定司法書士は、簡易裁判所の民事訴訟に代理人として関与することができるようになったが、地方裁判所の手続には、裁判書類の作成や、そのような書類の作成に関する相談という範囲でしか関与することができない。そこで、以前から、司法書士が、裁判書類の作成のみならず、送達場所を司法書士事務所として裁判書類を一括管理し、また、期日には当事者本人に同行して裁判所に出向き、傍聴席や待合室で本人に助言するなどの行動が見られた。そして、これを司法書士は裁判書類作成業務の付随業務である本人訴訟支援として許されると主張してきたが、近年では、認定司法書士の業務で発揮できる法的判断が司法書士の書類作成となれば発揮してはならないということになるのかとして、司法書士の書類作成が法的整序の範囲に止まるべきとすることを批判する目的的判断肯定説という主張が現れ[12]、これに依拠して、

12)　加藤新太郎「裁判書類作成関係業務を通じた司法書士の本人訴訟支援のあり方」登記情報691号（2019年）4頁。

司法書士の裁判書類作成関係業務は、裁判の準備段階から裁判の終結まで、一連の裁判手続の中で、依頼者が所期の目的を達することができるように書類を作成する業務であるとして、必要な証拠も、裁判書類作成等関係業務の付随業務として取得できないものは本人に収集方法をアドバイスするなどして収集し、これらをもとに司法書士としての専門的な知識に基づく法律判断を行い、依頼者にメニューの提示を行って紛争解決に導くことが、本人訴訟支援の再構築として主張されている[13)]。

しかし、本人訴訟支援として日本司法書士会連合会執務問題検討委員会の提言するこのような司法書士の行為は、もはや法的整序の範囲内の行為とはいえないばかりか、実質的に専門的な鑑定に属すべき事務に及んだり、法律専門職としての裁量的判断に基づく判断や助言を行い、代理その他の方法で他人間の法律関係に立ち入るものに他ならない。

ちなみに、『司法書士裁判実務大系第1巻〔職務編〕』では、2002年改正で司法書士法の旧10条が削除されたことをもって、「司法書士が裁判書類の作成権限を行使する場合には、旧司法書士法とは異なり、他人間の訴訟その他の事件に関与するような書類作成も許される」と、2002年改正当時の国会審議を全く無視した主張までされており[14)]、まさに本人訴訟支援の再構築とは、このような誤った主張に依拠し、弁護士法72条に違反するものであることは明らかである。

この場合、問題は書面作成における法的判断の程度ではなく、それが「代書」の範囲を越えるか否かにあり、「代理」に踏み込んだ裁判書類の作成は許されるべきではない。

実際、司法書士が、当事者本人から書面の作成と提出の一切の委任を受けて印鑑を預り、本人名義の書面を作成して裁判所に提出し、期日には本人に出頭させて予め指示した行為のみを行わせていたという事案において、富山地判平成25・9・10判時2206号111頁は、当事者のした訴えの提起は、弁

---

13)　日本司法書士会連合会執務問題検討委員会「裁判書類作成関係業務——本人訴訟支援の留意点」日本司法書士会連合会編『司法書士裁判実務大系　第1巻〔職務編〕』（民事法研究会、2017年）153頁以下。日本司法書士会連合会執務問題検討委員会「司法書士の裁判業務の再構築」日本司法書士会連合会編『司法書士裁判実務大系　第2巻〔民事編〕』（民事法研究会、2020年）39頁以下。

14)　加藤俊明「司法書士の裁判実務とは何か」前掲注13）日本司法書士会連合会編『司法書士裁判実務大系第1巻〔職務編〕』122頁。

護士法72条、民事訴訟法54条1項本文に違反し、不適法な訴訟行為であるとして無効とし、追認しても有効とはならないとして、訴えを不適法却下しているものである。

7　破産事件や家事事件に関する業務

地方裁判所における破産事件や、家庭裁判所における家事事件については、司法書士であれ、認定司法書士であれ、裁判関係書類の作成とその作成に関する相談ということでしか関与する権限はない。

そこで、司法書士が、本人訴訟支援の場合と同様、破産事件において破産申立書を作成したり、家事事件において家事調停申立書を作成した延長で、依頼者に同行して裁判所に出向いたり、待合室で待機し、依頼者の相談に応じるなどの行為をすることが見られるが、これらの行為についても、本人訴訟支援について指摘したことと同様の問題がある。

なお、現在、多数の司法書士が、家庭裁判所において成年後見人に選任されて活動しており、司法書士会は、その実績を踏まえて、家事代理権の取得を強く求めているが、成年後見人の選任自体、司法書士の業務として司法書士法に規定されているものではない。また、家事事件そのものの運用に司法書士が関与してきた実績もない。したがって、司法書士会の権限拡大の要求に対しては、認定司法書士制度導入の現実を真剣に反省し、何よりも現在の家事事件の実態と問題点を分析し、その必要性と相当性、実効性を検討すべきである。

V　行政書士・特定行政書士の業務権限

1　行政書士の業務権限

(1)　独占業務

行政書士の中心的業務は、行政書士法1条の2第1項に規定している以下の書類作成業務である。

①官公署に提出する書類・電磁的記録を作成すること

②権利義務に関する書類・電磁的記録を作成すること

③事実証明に関する書類・電磁的記録（実地調査に基づく図面類を含む）を作

成すること

そして、これらの書類作成業務は、行政書士法19条により、原則として行政書士の独占業務とされ、同法21条によりその違反者に対して刑事罰を科すことが規定されている。

しかし、これらの書類の作成については、同法1条の2第2項において、「その業務を行うことが他の法律において制限されているものについては、業務を行うことができない」とされている。

したがって、行政書士の業務については、行政書士法1条の2第1項に規定された「作成」の意味、同条2項によりどのような制限があるのか、司法書士法、社会保険労務士法、土地家屋調査士法、建築士法などのほか、特に弁護士法との関係について、司法書士法における議論を踏まえて検討しなければならない。

(2)　非独占業務

上記書類作成業務のほか、行政書士については、行政書士法1条の3第1項において、以下の業務が規定されている。

①官公署に提出する書類の提出手続について代理すること（同項1号）

②官公署に提出する書類にかかる許認可等に関して行われる聴聞・弁明の機会付与、その他の意見陳述の手続において当該官公署に対してする行為について代理すること（同項1号）

③行政書士が作成できる契約その他の書類を代理人として作成すること（同項3号）

④行政書士が作成できる書類作成について相談に応ずること（同項4号）

そして、これらの事務についても、同項ただし書において、「他の法律においてその業務を行うことが制限されている事項については、この限りでない」とされている。

もっとも、これらの業務は、いずれも行政書士の独占業務とはされておらず、行政書士ではない者でもできるという性格の業務とされており、それを行政書士の資格で行うことができるとしているものにすぎない。

2　特定行政書士の業務権限

2014年の行政書士法改正により特定行政書士制度が発足した。特定行政書士とは、日本行政書士会連合会が実施する所定の研修の課程を修了した行政書士をいい、行政書士に認められた業務権限に加え、同法1条の3第1項2号において、以下の業務ができるとされている。

①行政書士が作成した官公署に提出する書類に係る許認可等に関する審査請求、再調査の請求、再審査請求等行政庁に対する不服申立ての手続について代理すること

②その手続について官公署に提出する書類を作成すること

この規定は、弁護士法72条ただし書の「他の法律」に該当するとされており、特定行政書士は、その範囲で法的紛争性のある法律事務を取り扱うことができるようになったということになる。

Ⅵ　行政書士・特定行政書士に関する非弁問題

1　書類作成業務

行政書士が作成する書類として行政書士法が規定しているのは、「官公署に提出する書類」のほか「権利義務又は事実証明に関する書類」である。

このうち、「官公署に提出する書類」としては、行政機関のみならず司法機関や立法機関に提出する書類も含まれる。また、「権利義務又は事実証明に関する書類」という文言については、刑法159条（私文書偽造等）に同じような文言があり、「権利義務に関する書類」としては、請求書や契約書等が該当し、「事実証明に関する書類」としては、履歴書や身分証明書等が該当する。

そして、これらの書類作成業務については、行政書士法1条の2第2項で、その業務を行うことが「他の法律」において制限されているものはできないとされており、弁護士法72条に違反しないかどうかのみならず、裁判所や検察庁に提出する書類については、司法書士法に違反しないかどうかについても注意しなければならない。

さらに行政書士の書類作成業務についても、司法書士の場合と同じように、「代書」というその沿革や資格要件等に基づく内在的制限があると言わねばならない。この点、広島高松江支判平成25・5・29ウェストロージャパン文献番号2013WLJPCA05296004も、行政書士の業務について、「依頼者の意

向に従ってその趣旨内容を法律常識的な知識に基づいて整理し、これを法律的に正確に表現した書面を作成する」ことであると判示し、これを逸脱した行為を弁護士法72条に違反するとしている。

したがって、行政書士の書類作成業務は、法的整序の範囲内であることが求められることになるが、弁護士法72条の「その他一般の法律事件」[15]に関する場合の書類作成について、『詳解行政書士法〔第5次改訂版〕』は、「事件性のある法律事務であっても、依頼者の口授どおりに作成するような場合、あるいは依頼者が示した文面と全く同じに作成するよう依頼されたような場合は、行政書士の業務として処理できることはいうまでもない」とだけ記載している[16]。

では、弁護士法72条の「その他一般の法律事件」の場合には、行政書士は口授の範囲でしか書類作成が許されないのかといえば、法令上そのように解すべき合理的根拠はなく、このような場合でも、行政書士は、法的整序の範囲内であれば、内容証明郵便を作成したり、契約解除の通知書を作成したり、自賠責保険金の請求書を作成するなどの書類作成ができると解さざるを得ない。もっとも、このような場合は、紛議の恐れが生じているということから、法的整序の範囲内といっても、その状況と内容次第では問題となることがあり、また、その作成した内容証明や請求書に対して相手から何らかの対応があり、引き続いて書類作成等を依頼されたような場合は、それ以上の関与は、もはや書類作成に止まらず、紛争に関与することになり、弁護士法72条に違反し、許されないことになることに注意すべきである[17]。

これに対し、たとえば遺言書の作成など、基本的に弁護士法72条の「その他一般の法律事件」に関しない場合は、弁護士法72条違反の問題は生じないことになる。しかし、その場合でも、行政書士の書類作成業務としては、法的整序の範囲を越える書類作成は許されず、これを越える書類作成は行政

15)　行政書士の場合は、司法書士の場合と異なり、弁護士法72条に規定する「その他一般の法律事件」に関する場合であるか否かが特に問題となる。弁護士法72条の「その他一般の法律事件」について、最決平成22・7・20刑集64巻5号793頁は、「交渉において解決しなければならない法的紛議が生ずることがほぼ不可避である案件」として従来の事件性必要説を否定し、その後、将来法的紛議が発生することが予測される状況であれば「その他一般の法律事件」に関する場合とする裁判例が続いている。

16)　地方自治制度研究会編『詳解行政書士法〔第5次改訂版〕』（ぎょうせい、2024年）35頁。

17)　大阪高判平成26・7・30自保ジャーナル1929号159頁参照。

書士法上直ちに無効とまではいえないとしても、少なくとも倫理上の問題が生じることは否定できず、また、その内容や事情によっては弁護士法72条に抵触すると判断されることもあることに注意する必要がある。

2　手続代理業務

行政書士法1条の3第1項1号の「手続代理」は、同項2号の特定行政書士に認められた不服申立代理と異なり、他の司法書士法や社会保険労務士法に規定されている「手続代理」と同じであり、私法上の代理権が与えられたものではない。こうして、聴聞・弁明等の手続における手続代理行為については、念のため、弁護士法72条に規定する法律事件に関する法律事務に該当するものを除くと規定されているものである。

3　契約代理

問題は、行政書士法1条の3第1項3号の「契約代理」である。「契約その他に関する書類を代理人として作成する」ということが何を意味するのか明確でないが、平成13年改正当時の総務省の担当者は、「『代理人として』とは、契約等についての代理人としての意であり、直接契約代理を行政書士の業務として位置づけるものではないが、行政書士が業務として契約代理を行い得るとの意味を含むものである」としている[18)]。また、このときの改正に関与した保岡興治衆議院議員は、行政書士会全国研修会において、「契約書の作成の代理ではなく、できたら契約締結の代理ができる旨を明確に規定してほしかったということになりましょうが、……私の責任で取りまとめさせていただいた条文案が契約書の作成代理ということになったわけです」「法律行為自体を代理する、……法律上争いがあって、当事者間の丁々発止のやりとりを代理して、事実上和解に当たるような契約も代理できるということ、これは弁護士だけができる業務です。それができると誤解されることを防ぐためには、このような表現がぎりぎりのところでした」と述べている[19)]。

以上からすれば、少なくとも契約書の作成について新たに私法上の代理権

18)　二瓶博昭「行政書士法の一部改正について」地方自治646号（2001年）92頁。
19)　保岡興治「改正行政書士法と今後の展望」月刊日本行政351号（2002年）120頁。

が与えられたものではないことだけは確かであり、そうすると、行政書士法1条の2の書類の作成権限に何か新しい権限を付与したものとはいえず、結局、契約代理というのは、書面作成における手続代理（事務代理）の規定にすぎないと考えられる。

4　相談業務

行政書士の相談業務については、司法書士の5号相談について記載したとおりであり、あくまで書類の作成に関する相談であり、依頼者の依頼内容を法律的に整序するために必要な範囲内の相談に止まるものでなければならない。

5　法定外業務

行政書士は、行政書士法に規定のない業務であっても、他の隣接士業の独占業務に抵触せず、また、弁護士法72条にも違反しない場合は、これを行うことができる。これを行政書士の法定外業務といって行政書士の取扱業務として宣伝している行政書士がいるが、それは、行政書士という資格がなくてもできる業務を言っているにすぎず、行政書士の業務として法令上認められているという業務ではない。

Ⅶ　今後の課題

司法改革制度審議会において議論がされた2000年当時、全国の弁護士の数は1万7000人にすぎず、諸外国と比べて圧倒的に少なく、また、全国の地方・家庭裁判所支部管轄区域を単位として弁護士が全くいない弁護士ゼロ支部や1人しかいない弁護士ワン支部がそれぞれ30以上もある状態であった。

そして、簡易裁判所における民事第1審通常訴訟事件における弁護士の関与率が10％程度にすぎなかったことから、このような国民の権利擁護が不十分な状況を直ちに解消する必要性があるとして、当面の法的需要を充足するための措置として認定司法書士制度が設けられた。

ところが、それから20年以上が経過した現在、認定司法書士の数も司法書士全体の78%に達し、2023年には全国で1万8000人を超えているにもかかわらず、簡易裁判所の民事第1審通常訴訟事件の新受件数は、制度発足当時と同程度にとどまり、これに対する認定司法書士の関与も、2022年で全体の4.6%に低迷する状態が続いている[20]。

これに対し、弁護士人口は、2003年当時の1万9508人から2023年で4万4916人に2倍以上に増加し、弁護士ゼロ支部は無くなり、弁護士ワン支部も2か所となっている。また、簡易裁判所における民事第1審通常訴訟事件における弁護士の関与率も、当初の10%弱の状況から毎年20%弱という状況が続いている[21]。

このような状況に照らすならば、いかに過渡的、応急措置的であったとはいえ、認定司法書士制度を設けた当初の目的は全く実現されていない。もちろん、弁護士の数を増員したからといって、弁護士だけで司法書士や行政書士等の業務分野をカバーすることはできない。しかし、紛争性のある分野において弁護士と競合する資格を認めたことによって、過払金バブルの中で非弁問題の激増を招き、多くの消費者被害を起こしてしまったことを忘れてはならない。

したがって、国民の権利擁護を充実させる方策としては、認定司法書士のように中途半端な資格を設けるよりも、フルカバーの法曹資格者による司法サービスの拡充を着実に図るべきであったといえ、その意味で、認定司法書士制度を今後も維持していく実益があるのか、その現実の活動実態を踏まえて真剣に再検討すべき時期にきている。

また、行政書士についても同様である。

本来行政書士は、戦後の行政書士法の法案審議でも、その活動が官公署の執務能率の向上にも資することが主張されていたように[22]、行政機関の補助職として、行政通達の内容や実際の運用に詳しい専門家として存在意義を発揮しているものである。

現在でも、行政書士の中心的業務は、建設業や運輸業の許認可、入管手続、風俗営業等の許認可など多種多様な行政機関の許認可業務であり、これらの

20) 『弁護士白書〔2023年版〕』50頁、101頁。
21) 『弁護士白書〔2023年版〕』24頁、101頁、202頁。
22) 日本行政書士会連合会50周年記念事業実行委員会編『行政書士50年史』(2001年) 27頁。

事業に関するコンサル業務を担っている。

ところが、紛争性のある分野に乗り出し、それも書類の作成だけに関与するのではなく、書面作成者である行政書士に連絡するように求めたりして、代理人として交渉に関与しようとしたりすることから多くの非弁問題が生じているものである。

したがって、司法書士にしても、行政書士にしても、それぞれの本来業務を尊重する中で、紛争性のある法律業務は弁護士の領域であるとして、相互の協力関係、ネットワークを作っていくことを考える必要がある。

現在でも弁護士は、税理士、公認会計士をはじめ、司法書士、土地家屋調査士、行政書士などと協力関係を作って業務を行っている。それを個人レベルからそれぞれの団体レベルでも相互交流を図っていくべきであり、少なくとも、それぞれの分野で、それぞれの法律専門職が何ができて、何ができないのか、できない場合はどうするかについて相互理解を深めていくことが今求められていると考える。

第２部　弁護士倫理をめぐる諸問題

序 弁護士倫理の「これから」を展望する

石田京子

Ⅰ 「弁護士倫理」という学問の「これまで」と「いま」

弁護士倫理を「弁護士」という専門職を規律する行為規範（専門職倫理）と定義するならば、2000年頃まで、日本ではこの領域において必ずしも十分な学術的検討がなされてこなかったといってよい。もちろん、実務家による弁護士のあるべき姿を論じる論稿や、弁護士実務のノウハウに関する書籍、学会においても法社会学者を中心とした弁護士モデル論や弁護士の社会的機能を検討した研究等の蓄積はあったが、弁護士を規律する具体的ルールの在り方については、特に学術的視点から論じたものは、弁護士法に関する最高裁判例の検討を除いて極めて乏しかったように思う。その背景としては、そもそも弁護士人口が少なく弁護士倫理の問題が社会に顕在化されていなかったこと、日本の弁護士に対して法的に拘束力を持つ具体的な行為規範は、弁護士法における若干の規定を除けば、2004年に制定された弁護士職務基本規程まで存在しなかったこと、法科大学院設立までは法曹養成に大学が正面からは関与しておらず、大学の講座として「法曹倫理」ないし「弁護士倫理」の設置がほぼ見られなかったこと等が挙げられる。その意味では、司法制度改革は日本の弁護士倫理研究において、間違いなく大きな転換点となった出来事である。

2001年6月に公表された司法制度改革審議会意見書では、その改革の3つの柱のひとつに「司法制度を支える法曹の在り方」が位置付けられ[1)]、プロフェッションとしての法曹の質と量を大幅に拡充することが提言された。

同意見書では、法曹人口の拡大、法科大学院を中核とする新たな法曹養成制度の整備に加えて、「弁護士倫理等に関する弁護士会の体制の整備」についても提言があり[2)]、この中で弁護士会に対し、弁護士倫理の制定およびこれに関する教育の強化、法曹養成段階における弁護士倫理教育の実践（およびそのための弁護士会の貢献）が要請された。

これに基づき、日弁連は1990年の総会決議による旧弁護士倫理に代わり、弁護士職務基本規程（平成16年11月10日会規70号、以下「規程」という）を定めた。これにより、具体的な弁護士の行為規範を検討する際に依拠する法ができた。例えば、弁護士のコアヴァリューの1つとして位置づけられる守秘義務について、弁護士法23条と規程23条の文言が異なることに端を発し、限定説・非限定説といった守秘義務の範囲や守秘義務が解除される事由に関する議論をはじめ、そもそも守秘義務は何のために、誰のために存在するのかなど、その理論的検討は飛躍的に深化した。また、利益相反については、弁護士法25条とほぼ同じ文言の規程27条に加えて、規程28条が設けられたことにより、利益相反を回避しなければならない理論的根拠についてのより詳細な分析や、実務におけるコンフリクトチェックの在り方、守秘義務との関係の検討など、様々な論点が議論されるようになった。

さらには、法科大学院において法曹倫理の履修が原則必修となったことにより、法曹倫理の教科書が数多く出版されることになった。今日、募集継続する法科大学院の数が発足当初の約半数となり、継続して改訂される教科書は限定的になったものの、「弁護士倫理を大学で学ぶ」ための教科書を研究者と実務家が手を携えて出版し、これに基づき法曹を志す法科大学院生が「弁護士はいかにあるべきか」「なぜ、弁護士は時として一般市民道徳とは合致しないような行動をとらなければならないのか」を教室で議論するようになったことは、大学に学問としての弁護士倫理を根付かせた。法科大学院における法曹倫理の授業には、多くの場合、実務家である弁護士が関与していたが、教科書の出版にあたり、そのような法曹倫理教育に携わる弁護士と法曹倫理に関心を持つ研究者の対話がこれまでにないほど促進され、このこと

1）　司法制度改革審議会「司法制度改革審議会意見書——21世紀の日本を支える司法制度」（平成13年6月12日）9頁。

2）　同上、84頁。

が法曹倫理に関する学術的研究力・発信力を飛躍的に高めた。今日、法科大学院の授業では、弁護士職務基本規程の条文を概観することに留まらず、具体的な懲戒事例や教科書の事例問題を取り上げ、これから司法試験を受験する学生たちと「では、弁護士としてどのような対応が適切か」を議論する。大学という自由な学修空間でこのような営みが行われるようになったことは、司法制度改革がもたらした大きな収穫であった。

アメリカの法曹倫理研究の第一人者であるR.ロタンダの「法曹倫理は母の膝の上で教わるものよりもずっと複雑である」[3)]という言葉を引き合いに出すまでもなく、弁護士には法専門職であるが故の固有の規律があり、時としてそれは非常に複雑である。日本の文脈では、会規としての弁護士倫理が定められて以来、この20年間で弁護士人口は急激に増加し、弁護士倫理の問題が社会に顕在化したことにより、これまで弁護士の間でいわば不文律で行われてきた実務が、言語化を求められ、社会から見て合理的なルールであるか、説明責任が課されるようになった。そして、弁護士の職域は急速に拡大し、今日、規程では規律されていない領域における倫理的課題も出現している。さらには日本社会自体が、急激なグローバル化やこれに伴う価値の多様化、技術革新による社会変容を目下経験中であり、社会と法の在り様が揺らぐ中で、弁護士倫理については検討すべき論点が溢れている。

日弁連による規程の制定から20年が経過し、規程に基づく懲戒実務は相当に定着し、司法制度改革で弁護士界に課された課題は一定程度成し遂げられ、その学術的研究も大きく発展した。他方で、利益相反の事務所内での拡張の在り方に代表されるような具体的な倫理的課題が最高裁判所まで争われるようになり（これまで、弁護士法に関する事件が毎年のように最高裁まで争われるようなことはなかったように思う）、依頼者も含めた社会の課題として弁護士倫理が取り上げられるようになった今日、そのすべてについて十分な理論的検討がなされているとは言い難いのが現状であろう。

3）　ロナルド・D. ロタンダ（当山尚幸ほか訳）『第4版 アメリカの法曹倫理：事例解説』（彩流社、2015年）7頁。

Ⅱ　弁護士倫理の「これから」

今後、弁護士倫理上の課題は、増えることはあっても、減ることはあり得ない。何故ならば、今後も弁護士の人口は増加していき、これによって弁護士の職域はさらに拡大することが予想され、そうすると、弁護士倫理は弁護士だけの課題ではなく、これまで以上に様々な分野において社会の問題として取り上げられることが増えると考えられるからである。弁護士倫理に取り組む弁護士も研究者も、これらの新たな課題について検討し、言語化していく努力が今後も一層求められている。

第2部では、「弁護士倫理を巡る諸問題」と題し、今日の弁護士が直面する倫理的課題についての論文を16本所収している。いずれも、現在のみならず、この先も課題となるであろう倫理問題を論じたものである。以下、テーマごとに整理して簡単に紹介する。

1　弁護士と依頼者の関係を巡る課題

弁護士がその典型的な業務スタイルとして、依頼者に対し法的サービスを提供し、その対価として報酬を得る法専門職であるということは、今後も変わりはないであろう。しかしながら、社会の弁護士に対する認識や、競争原理がどの程度機能しているか等、弁護士が社会で置かれている状況によって、弁護士と依頼者の関係は変容する。**飯田高「1　弁護士依頼者関係と弁護士倫理——心理と環境」**は、行動経済学の視点から、弁護士依頼者関係を論じ、現代社会で観察される現象として「心の商品化」と「共感の重視」の2点があることを示し、その倫理的示唆を論じる。

2　弁護士の第三者に対する義務

弁護士の「やりすぎ弁護」という言葉が広まって久しい。弁護士は、一義的には依頼者のために一生懸命に職務を行う誠実義務があるが、この依頼者に対する誠実義務も絶対的なものではなく、第三者や社会の利益を著しく損ねる場合には弁護士自身が責任を負うことがある。**榎本修「3　弁護士の第三者に対する責任」**は、弁護士がどのような場合に第三者に対する責任を負うのかを論じ、これまでの裁判例を踏まえて、何故そのような事態が起こるのかを検討する。

弁護士が受任の際に依頼者の本人確認義務を怠ると、法的責任を負うことがある。**西田弥代「4　弁護士の本人確認義務――地面師事案における弁護士の責任」**は、この本人確認義務を相手方を含む第三者に対して負う義務として位置づけた上で、地面師に関する判例を検討し、弁護士の本人確認の在り方を論じる。

3　弁護士倫理のコアヴァリューの理論的検討

弁護士の専門職としての独立、守秘義務、利益相反は、いわゆる弁護士倫理のコアヴァリューとして位置づけられるものである。これらの価値自体は普遍的であるとしても、弁護士を取り巻く状況の変化により、検討すべき課題も変化していく。**石畔重次「2　弁護士の『独立性』を巡る諸問題」**は、弁護士の独立性という概念について、その根拠と、様々な局面からの独立の問題、そして職としての独立を論じる。**手賀寛「5　守秘義務を巡る諸問題」**は、守秘義務の根拠、守秘義務の対象、義務解除事由について従来の議論を整理し検討したうえで、秘密の漏洩防止のための適切な措置を採ることの重要性を説く。**太田秀哉「10　利益相反規律の問題について――利益相反の同意解除と利益相反解除を狙った事件辞任」**、**田村陽子「11　弁護士法25条利益相反禁止違反行為を巡る諸問題」**は、いずれも利益相反に関する論文である。太田論文は、利益相反について当事者の同意によって禁止が解除されるとするルールについて、そもそも同意により解除される根拠が何であるのかを検討し、事前に同意を取ることの有効性、そして利益相反解除のための辞任について論じている。他方、田村論文は、弁護士法25条を中心とした利益相反の禁止規定とその法的効力について、規程57条に定められた共同事務所における規律も含めて論じている。

4　弁護士の職域拡大・兼併に伴う弁護士倫理

弁護士の職域が拡大するにつれて、弁護士でなくても就任できる地位に弁護士が就くことが増え、そのような場合の弁護士の当該地位における職務と弁護士業務との関係が議論されるようになった。**藤川和俊「6　遺言執行者

と後見人等を巡る諸問題」は、既に相当数の懲戒事例が存在する遺言執行者が相続人間の紛争に代理人として関与することが許されるか否かという論点を中心に、さらに後見人および後見監督人に関する類似の事例も取り上げ、これまでの懲戒事例における考え方を整理して論じている。**髙橋司「7　第三者委員会等と弁護士職務基本規程」**は、株式会社の取締役責任追及委員会の委員であった弁護士が、取締役らに対する損害賠償請求訴訟で当該会社の代理人として行った訴訟行為の排除が否定された令和4年最高裁決定を素材として、企業等が設置する第三者委員会等の委員弁護士がその後当該企業の代理人として訴訟活動を行うことの是非について、弁護士倫理の観点から論じている。**鳥山半六「8　社外通報窓口を巡る実務上の諸問題――顧問弁護士による『受付』業務を中心に」**は、企業不祥事等の社外通報窓口の受付業務を顧問弁護士が務めることの倫理的課題について、過去の関連する懲戒事例・裁判例も検討しつつ、実務上の留意点を含めて論じている。**安藤知史「9　社外役員に関する弁護士倫理上の課題」**は、弁護士が社外役員に就任することが近年増加している現状を踏まえ、弁護士社外役員を巡る倫理的諸課題を論じている。

5　共同事務所における利益相反の規律

弁護士人口が増加するにつれて、一人事務所は減少し、共同事務所や弁護士法人が増え、かつ大規模化しつつある。弁護士業務や経営体制の変化に伴い、個人としての弁護士の在り方のみならず、法律事務所の在り方にも変化が求められている。**桑山斉「12　共同事務所・弁護士法人における利益相反対策」**は、共同事務所・弁護士法人の現状を概観し、利益相反に関する事務所や法人のガバナンス体制の在り方を論じる。**加戸茂樹「13　共同事務所の離脱・移籍を巡る諸問題」**は、共同事務所における弁護士倫理上の規律を検討したうえで、規程57条で定められる利益相反の他の所属弁護士への拡張について、弁護士の共同事務所からの離脱・共同事務所への移籍に着眼して論じている。

6　弁護士業の経営、実務の変化を巡る諸課題

弁護士の経営部分は、その法社会学的検討は別として、広告自由化も

2000年であることから、行為規範についての理論的検討は司法制度改革までは特に乏しい分野であった。その後、広告自由化や高齢の弁護士の増加に伴い、広告に関する規律の在り方や、弁護士の「花道」の在り方も検討されるようになってきた。また、近年は技術革新が著しく、民事裁判のIT化も導入される中で、弁護士実務の在り方自体が変容を迫られている。**馬場陽「14　業務承継の対価授受をめぐる弁護士倫理の課題——引退に伴う事業譲渡を中心として」**は、弁護士職務基本規程13条が弁護士による依頼者紹介の対価授受を禁止していることとの関係で、引退する弁護士の業務継承の対価授受を巡る倫理問題を論じている。**上妻英一郎「15　弁護士の広告活動を巡る諸問題」**は、弁護士広告の規律の変遷を概観し、現在の規定と指針を踏まえた上で、現状の課題を論じている。**石田京子「16　技術革新と弁護士倫理」**は、ChatGPT等の生成AIを含む技術の変化がリーガルサービス市場と弁護士実務にもたらす影響を踏まえた上で、その倫理的課題について論じている。

上にごく簡単に紹介した論文は、まさに「法曹倫理は母の膝の上で教わるものよりもずっと複雑である」ことを各文脈において示している。各論点についての現在の理論的到達点を示すとともに、各執筆者の論文を通じて示される弁護士倫理への様々な視点も読み取ることができ、興味深い。読者には、ぜひ、各執筆者と対話するような気持ちで、各論文をご覧いただければと思う。

1 弁護士依頼者関係と弁護士倫理
——心理と環境

飯田 高

Ⅰ はじめに

次のような事例を考えてみよう。

> 弁護士であるＡ氏は、Ｐ氏の代理人となった。Ｐ氏は、Ｑ氏に傷害を負わせたとして同氏から不法行為に基づく損害賠償を請求されている。傷害を受けた証拠として、Ｑ氏はＺ病院が発行した診断書を持っていた。
>
> Ａ氏は、Ｚ病院の発行する診断書の信用性を失わせる目的で、事件と関係のないＹ氏にＺ病院で受診するよう依頼した。Ｙ氏は、傷害の事実がないのに「友人に殴られた」と申し出て、Ｚ病院から診断書を発行してもらった。
>
> Ａ氏は裁判でこの虚偽の診断書を提出し、「このような診断書ならいくらでも作れる」と述べ、Ｑ氏の診断書には証拠としての価値がないと主張した。その結果、Ｐ氏の傷害の事実は認められず、Ｐ氏が勝訴した[1]。

Ａ氏は知人を介して虚偽の診断書を発行させている。この行為が倫理にもとるとの非難を受けそうだということについては、あまり異論はないであろう。少なくとも、通常の弁護士業務とは言い難い。しかし、相手の証拠を潰すためにはたしかに有効かもしれず、Ａ氏の行為は依頼者であるＰ氏の

1） この例は、日本弁護士連合会による実際の懲戒の事例に基づいている。

利益になる行為ではある。

本章では、弁護士と依頼者の関係で生じうる問題のうち「反倫理的行動」を取り上げ、法と経済学（特に法と行動経済学）の観点から考察する[2)]。そして、弁護士人口の増加や社会の技術革新が進む中でそれらの問題がどのように変わっていくかを検討する。

法制度一般に限らず、法曹倫理についても経済学的な分析は行われており、行動経済学的な研究が積み重ねられてきている。現在では、行動経済学の視点をベースとして法曹倫理を考える behavioral legal ethics というべき分野ができつつあるので、そこでの研究を参照することにしたい（Ⅱ）[3)]。

次いでⅢでは、日本の弁護士が現在置かれている環境について、「弁護士経済基盤調査」を参考にしながら、社会学の視点も交えた検討を加える。そのうえで、Ⅱで述べた知見から今後どのような問題が生じうるかを論じる。

Ⅱ　行動経済学から見る弁護士倫理

1　標準的な経済学の考え方

(1)　プリンシパル・エージェントの関係

標準的な経済学の考え方に従えば、弁護士と依頼者の関係は「プリンシパル・エージェントの関係（エージェンシー関係）」として把握できる。この場合、プリンシパルが依頼者、エージェントが弁護士ということになる[4)]。

エージェントはプリンシパルの利益のために行動する立場にあるが、両者の究極的な目的は自分自身の利益をなるべく大きくすることである。したがって、両者は異なる方向のインセンティブをもつ可能性がある。たとえば、プリンシパルはエージェントが一生懸命働いてくれることを望むだろう。それに対して、エージェントは自分が投入する労力や時間をできるだけ節約し

2）「反倫理的行動」とは、広く社会に受け入れられている倫理や道徳に違背する行動を指す。用語としては「非倫理的行動」のほうが適切かもしれないが、「非合理的行動」と紛らわしいので「反倫理的行動」と表記する。何が反倫理的行動にあたるかは、社会や時代によって変化しうる。

3）　概観として、Jennifer K. Robbennolt and Jean R. Sternlight "Behavioral Legal Ethics," *Arizona State Law Journal*, Vol. 45, pp.1107-1182 (2013) を参照。

4）　プリンシパル・エージェントの関係については、たとえば伊藤秀史・小林創・宮原泰之『組織の経済学』（有斐閣、2019年）の第5章以下を参照。

つつ、自らの報酬を大きくしたいと考えるかもしれない。プリンシパル・エージェントのモデルでは、そのような場合にいかにしてエージェントを監視したり最適な努力をするインセンティブを与えたりするか、といった問題が立てられる。

(2) 合理的な世界での倫理規定の役割

このように人々（特にエージェントである弁護士）が合理的に動くという考え方からすると、倫理規定は「過剰な合理的行動を抑制するもの」と位置づけられる。つまり、倫理規定は制約条件として作用し、弁護士の利益追求行動が弊害をもたらすのを防ぐ。弁護士が依頼者の利益に適うように行動することや、バランス感覚を保持することを要求する倫理規定は、この観点から説明できよう。

弁護士職務基本規程21条の「弁護士は、良心に従い、依頼者の権利及び正当な利益を実現するように努める」〔傍点筆者〕という規定や、弁護士法1条の「弁護士は、基本的人権を擁護し、社会正義を実現することを使命とする」という規定は、そのような抑制の例として解釈することができる。

2　実際の人間の意思決定

(1) 合理性の限界

しかし、エージェントである弁護士もプリンシパルである依頼者も、つねに合理的な意思決定を行っているわけではない。行動経済学の知見は、さまざまな理由によって意思決定が非合理的になりうることを明らかにしている。

行動経済学（ないし認知心理学）の説明によると、個人の意思決定には大きく分けて2種類のタイプがある[5)]。ひとつは、直感に基づく素早い判断であり、自動的・無意識的なプロセスである（これをシステム1と呼ぶ）。もうひとつは、熟慮に基づくゆっくりとした判断で、統制的・意識的なプロセスである（こちらはシステム2と呼ばれる）。

(2) 合理性と倫理

弁護士の反倫理的行動は、合理性の結果なのだろうか、それとも非合理性の結果なのだろうか[6)]。行動経済学の分野の諸研究が示唆するのは、反倫理

5） Daniel Kahneman, *Thinking, Fast and Slow*, Farrar Straus & Giroux (2011).［ダニエル・カーネマン（村井章子訳）『ファスト＆スロー（上・下）』（早川書房、2014年）］

的行動はどちらか一方の所産ではなく、複雑な過程を経て生じるということである。

反倫理的な行動は、システム2の合理的な判断によって起こるものとは限らない。たしかに、システム2がもたらす反倫理的行動、すなわち慎重に計算したうえでのルール違反は十分にありえよう。一般にはこちらが目立ちやすく、抑制すべき行動として注目されやすい。

だが、システム1による判断（これはしばしば「浅慮」に近くなる）に起因している場合も決して少なくない。たとえば、自分たちの直面している状況を誤って認識し、結果としてルールに違反してしまうことはありうる。あるいは、大量の仕事に忙殺されて通常とは異なる判断をしてしまい、それが反倫理的行動と評価される場合もあるかもしれない。

事態をより厄介にするのは、システム1による反倫理的な判断をシステム2が正当化する場合がある、ということである。後で見るように、システム2は特定の行動をとるもっともらしい理由をうまく探し出し、システム1による意思決定を支えている[7)]。そのような場合は、反倫理的行動はシステム1とシステム2の協働の産物だと言える。

(3)　必ずしも合理的でない世界での倫理規定の役割

もしそうだとすれば、倫理規定は単に合理的行動の暴走を抑えるものと見るべきではない。仮にシステム1が反倫理的行動を引き起こすのだとすると、抑制すべきなのはむしろシステム1の暴走のほうである。自動的・無意識的なプロセスの働きを緩和させることができれば、より良い意思決定ができる可能性がある。

つまり、「倫理規定は意思決定をサポートするもの」と捉え直す余地が出てくる。弁護士の意思決定において、倫理規定はただ制約条件として立ちはだかるだけのものではない。意思決定を支援してより望ましい帰結に至るようにするためのツールとして倫理規定を利用できれば、倫理規定の具体的内容も明確にしやすくなるであろう。

6）　以下、「行動」と「意思決定」の語は意味を厳密に区別せずに用いている。「反倫理的行動」は「反倫理的意思決定」と読み替えていただいて差し支えない。

7）　この点につき、心理学者のHaidtの一連の著作を参照。日本語でアクセスできる文献として、Jonathan Haidt, *The Righteous Mind*, Allen Lane (2012).［ジョナサン・ハイト（高橋洋訳）『社会はなぜ左と右にわかれるのか』（紀伊國屋書店、2014年）］を挙げておく。

言うまでもなく、弁護士が熟慮に基づいて反倫理的行動をとる場合もあるから、意思決定のサポートのみに徹することは難しい。ときには利己的行動を前提とした規制中心のルール作りは必要かもしれない。しかし、実際の人間は性善説・性悪説の二分法で捉えられるものではなく、状況によって行動が大きく左右される、ということを理解しておくのは重要である。反倫理的と判断されるような行動を効果的に抑制するためには、そうした行動がいかなるプロセスを経て現れるかを詳しく検討することが不可欠である。

3　行動経済学の知見と弁護士倫理

行動経済学は、①人間の認知のあり方と、②社会的な環境（すなわち、人々の関係のあり方）が意思決定に影響を及ぼすことを示している。本項では、先行研究から得られる知見のうち、弁護士の業務における意思決定と関連のありそうなものを整理して説明する[8]。特に本稿の議論と深く関わるのは②の社会的環境の影響なので、そちらに重点を置いて説明しておきたい（社会的環境については、3点に分けて述べる）。社会的環境が行為主体の合理性を弱める場合もあれば、逆に合理性を強める場合もある、という点に留意していただきたい。

(1)　人間の認知の限界

まず、人間には認知的な限界がある。判断のために使える資源（時間、労力、注意力）には限りがあり、認知的資源が不足している場合は特にシステム2による判断が難しくなってくる。

時間的なプレッシャーがかかったり、目先の利益が重視されていたりするときは、倫理的でない行動が生じやすくなる。このことを示す例として著名なのは、John Darley と Daniel Batson による「善きサマリア人実験」である[9]。実験参加者であるプリンストン神学校の学生（40名）に対し、「善きサマリア人のたとえ」（ルカによる福音書10章25～37節）を聞かせたうえで、そ

8）　本項の整理は、主として Jennifer K. Robbennolt, “Behavioral Ethics Meets Legal Ethics,” *Annual Review of Law and Social Science*, Vol. 11, pp.75-93 (2015) および Russell Korobkin, “Behavioral Ethics, Deception, and Legal Negotiation,” *Nevada Law Journal*, Vol.20, pp.1209-1255 (2020) に負っている。

9）　John M. Darley and C. Daniel Batson, “‘From Jerusalem to Jericho’: A study of Situational and Dispositional Variables in Helping Behavior,” *Journal of Personality and Social Psychology*, Vol.27, No.1, pp.100-108 (1973).

の話に基づいた説教をしてほしい旨の依頼をする[10)]。説教を行う会場は別の建物だが、そこに向かう途中、苦しそうに咳き込む男性がうずくまっている。さて、学生たちはその人を助けるだろうか。この実験ではいくつかの条件が用意されており、あるグループの学生は会場へ出発する前に「もう時間がない」と言われ、別のグループの学生は「まだ時間的な余裕があります」と言われていた。その結果、まだ時間はあると言われた場合は63%の学生が援助行動をとったものの、時間がないと告げられていた場合に助けようとした学生は10%だけとなった。

行動経済学でも類似の問題が取り上げられ、多くの実験が行われている。たとえば、時間的なプレッシャーがある場合はそうでない場合と比べて嘘が多くなることを示した実験[11)]、疲労や認知的負荷があると反倫理的行動が発生しやすくなることを示した実験[12)]、あるいは、倫理的行動に関する認知が時点によって一貫せず、将来における自分の反倫理的行動も予測できない、ということを示した実験などがある[13)]。

弁護士が携わる業務は認知的・体力的に大きな負担を与えるものである場合が多い。そのような状況では、反倫理的行動を抑制するシステム２の働きが鈍くなる傾向がある。

(2) 社会的環境①——依頼者の利益の存在

弁護士と依頼者はプリンシパル・エージェントの関係にあるが、この関係は反倫理的行動の温床となる可能性がある。依頼者との関係で直接に反倫理的行動が発生しうるというケース（利益相反が典型例）の他にも、以下の３つの理由から反倫理的行動が起こりやすくなる。

---

10) 「善きサマリア人のたとえ」は次のような話である。ある人が山道で追いはぎに襲われて瀕死の状態にあったが、それに気付いた祭司やレビ人は道の反対側を通って行ってしまった。しかし、旅をしていたサマリア人はその人に応急手当を施し、宿屋まで連れて行って介抱した。この話には複数の解釈があるが、隣人愛について述べたものと解釈されることが多い。

11) Shaul Shalvi, Ori Eldar, and Yoella Bereby-Meyer, “Honesty Requires Time (and Lack of Justifications),” *Psychological Science*, Vol.23, pp.1264-1270 (2012).

12) Francesca Gino, Maurice E. Schweitzer, Nicole L. Mead, and Dan Ariely, “Unable to Resist Temptation: How Self-Control Depletion Promotes Unethical Behavior,” *Organizational Behavior and Human Decision Processes*, Vol.115, pp.191-203 (2011).

13) Rimma Teper, Alexa M. Tullett, Elizabeth Page-Gould, and Michael Inzlicht, Errors in Moral Forecasting: Perceptions of Affect Shape the Gap Between Moral Behaviors and Moral Forecasts,” *Personality and Social Psychology Bulletin*, Vol. 41, pp.887-900 (2015). 行動の対する評価が時点間で異なりうるという事実は、何が「合理的行動」にあたるのかを再検討する必要があることを示唆する。

第1に、近くにいる他者を助けるために反倫理的行動が選択される場合がある。弁護士・依頼者の関係に即して言えば、「依頼者のため」という名目が成り立つ状況においては、反倫理的行動が選択される可能性が高くなる。

たとえば、人々の道徳や協力行動を研究している Scott Wiltermuth は、次のような実験を実施した[14]。実験参加者は、アルファベットを並べ替えて単語を作る課題を行う。解けた課題の数だけ報酬を受け取れるが、その数については自己申告によるものとした。この実験は慎重に設計されており、自己申告した正解数が多い分、数字をごまかしたと推測できるようになっていた[15]。

報酬を参加者自身だけが受け取る条件と他の参加者と分け合う条件とで結果を比べたところ、後者の場合のほうが自己申告数は多かった。つまり、他者の利益が関わってくると、その利益を大きくするための不正が増える。同じことは参加者が匿名であっても観察される。他者の利益の存在は参加者自身の認識にも影響を与えており、他者に恩恵がもたらされる条件では当該行動が反倫理的であるという認識が弱まっていた。

また、行動経済学者である Francesca Gino らも、第三者が利益を得られる場面では不正が増えることを実験によって示しており、これを「自己奉仕的な利他性（self-serving altruism）」と表現している[16]。

個人の道徳観念は可塑的であり、システム1とシステム2の両方の作用を受けながら、自らの意思決定が正当化される。弁護士・依頼者の関係は、この「自己奉仕的な利他性」が特に出現しやすい構造になっていると考えられる。なぜなら、弁護士は「依頼者の利益をより大きくする」ことは通常の弁護士業務で望ましいとされ、したがって正当化はより容易になるからである。

14）　Scott S. Wiltermuth, "Cheating More When the Spoils Are Split," *Organizational Behavior and Human Decision Processes*, Vol. 115, pp.157-168 (2011).

15）　一般正答率がきわめて低い単語（taguan など）が正解になる課題を混ぜており、正解数をごまかしている可能性を識別できるようになっていた。

16）　Francesca Gino, Shahar Ayal, and Dan Ariely, "Self-serving Altruism? The Lure of Unethical Actions That Benefit Others," *Journal of Economic Behavior and Organization*, Vol. 93, pp.285-292 (2013) を参照。彼女らの研究では、小数第2位までの12個の数字の中から合計で10になる組み合わせを探すという課題が用いられている。参加者への報酬は、Wiltermuth の実験と同じく、自己申告による正答数に基づいて付与された。そして、「個人ごとに報酬が与えられる条件」と「2〜3人のグループに分けてその中で報酬が均分される条件」とで実験を行うと、後者の条件で申告の水増しがより多く見られた。

(3) 社会的環境②——責任の分散

第2に、複数の人が意思決定に関与する場合、その意思決定の倫理的な意味合いが希薄になりがちである。行為自体やその結果に対して責任感をもたなくてすむようになるため、倫理に反する行動もその分生じやすくなる。これは、社会心理学で「責任の分散」として知られる現象である[17)]。

プリンシパル・エージェント関係ではプリンシパルが決定権限をエージェントに委譲することになるが、その場合のエージェントの行動においても同じように「責任の分散」と言える現象が見られる。これは、プリンシパル以外の他者（遠くの他者）の利益への配慮が弱くなるという形で表面化する。

法学者の Kent Greenfield と Peter Kostant は、「最後通牒ゲーム（ultimatum game）」を使った実験を行い、意思決定にエージェントが介在することの効果を確認している[18)]。彼らの実験によると、エージェントは単独で行動する場合（つまり、自分自身の利益だけが問題となっている場合）と比べて「合理的」な行動が選択されやすい。最後通牒ゲームの実験は人々が他者の利益にある程度の配慮をして意思決定を行っていることを示すが、エージェントの立場になるとその点が弱まり、標準的な経済学の理論に近い意思決定になるのである。

さらに、経済学者の John Hamman らは「独裁者ゲーム（dictator game）」を用いた実験を行い、エージェントが介在している場合にはプリンシパルが自らの利益に資する「合理的」行動をとりやすくなる、ということを明らかにしている[19)]。ここでも同様に、単独で意思決定を行う場合と比較して、

17）初期の研究として、John M. Darley and Bibb Latane, “Bystander Intervention in Emergencies: Diffusion of Responsibility,” *Journal of Personality and Social Psychology*, Vol.8, pp.377-383 を参照（先ほど登場した Darley と同一人物である）。

18）Kent Greenfield and Peter C. Kostant, “An Experimental Test of Fairness under Agency and Profit-Maximization Constraints (with Notes on Implications for Corporate Governance),” *George Washington Law Review*, Vol.71, pp.983-1024 (2003) 参照。なお、最後通牒ゲームとは以下のような実験である。まず、提案者（X）は一定額の金銭を実験者から受け取る。X は、この金銭を別の実験参加者 Y と分け合うように求められる。X は分け前についてオファーを行うが、Y はそのオファーを「承諾」するか、「拒否」するかを選択する。もし Y がオファーを承諾すればオファーの通りの金額が与えられるが、拒否すれば X・Y とも何も受け取れない。仮に自分の受け取る金額が最大になるように X・Y が意思決定を行うとすると、Y は正の金額でありさえすればどんな金額でも承諾するはずなので、X は Y にほんの少しの分け前を与えて残りを自分の取り分とする、という結果になるはずである。しかし、最後通牒ゲームの実験をしてみると、理論が予測するような意思決定を行う人はほとんどいない。このゲームの含意や展開についての詳細は、小林佳世子『最後通牒ゲームの謎』（2021 年、日本評論社）をご覧いただきたい。

ゲームの相手方の利益は考慮されなくなっている。

(4) 社会的環境③――対立型の構造

今述べた点をさらに悪化させるのが、法律の世界を特徴づける対立型の構造である。訴訟は当事者が相対する場になっており、互いに敵視していることが多い。交渉の場面も、当事者が対峙する構造になっている点では同じである。

対立型の構造になっている状況では、反倫理的な行動が起こりやすくなる。たとえばMaurice Schweitzerらは、会社の代表という役割を与えて交渉を行わせる実験を実施し、実験参加者が交渉の場面を対立型として認識していると相手を騙す行動が多くなることを示している[20)]。

対立型の構造が反倫理的行動を促進する理由としては、以下の３つの点が挙げられる。１つ目は、当事者は相手を「悪者」あるいは「懲らしめるべき者」として見ている場合が多い、という点である。そのような人の利益は割り引かれて考えられるので、通常では選択されないような反倫理的行動が選ばれてしまうかもしれない。

２つ目は、対立型の構造においては、多くの当事者は問題を勝ち負けのフレームで捉えるようになる、ということである。勝負として認識されると、不利な立場に置かれた側が反倫理的な行動を選択する可能性が高くなる（窮地に追い込まれた人の意思決定は、ときに倫理規範を踏み越えてしまう）[21)]。

３つ目は、法律の世界における対立型の構造の特質として、自己利益の増進に専心することがむしろ推奨されているという点である。当事者は自分の

---

19)　John R. Hamman, George Loewenstein, and Roberto A. Weber, "Self-Interest through Delegation: An Additional Rationale for the Principal-Agent Relationship," *American Economic Review*, Vol. 100, pp.1826-1846 (2010) 参照。独裁者ゲームは、最後通牒ゲームからＹの意思決定のフェーズを取り除いたものである。実験者はＸに一定額の金銭を渡し、Ｙと分け合うことを求められる。分け前はＸが一方的に決めることができる。独裁者ゲームを使った興味深い実験研究として、Lucas C. Coffman, "Intermediation Reduces Punishment (and Reward)," *American Economic Journal of Microeconomics*, Vol.3, pp.77-106 (2011) も参照（ゲームを観察する第三者も、仲介者がいた場合には自己利益に基づく行動に対して寛容な態度をとることが示されている）。

20)　Maurice E. Schweitzer, Leslie A. DeChurch, and Donald E. Gibson, "Conflict Frames and the Use of Deception: Are Competitive Negotiators Less Ethical?" *Journal of Applied Social Psychology*, Vol. 35, pp.2123-2149 (2005).

21)　たとえば、Francesca Gino & Lamar Pierce, "Dishonesty in the Name of Equity," *Psychological Science*, Vol. 20, pp.1153-1160 (2009)、Eesha Sharma, Nina Mazar, Adam L. Alter, and Dan Ariely, "Financial Deprivation Selectively Shifts Moral Standards and Compromises Moral Decisions," *Organizational Behavior and Human Decision Processes*, Vol.123, pp.90-100 (2014) などを参照。

主張を存分に展開すべきであり、弁護士もそれに肩入れするべき、とされている。こうした規範の背後には、裁判官や仲裁人などの第三者が公正な判断を下すことができ、当事者が互いに主張をぶつけ合うことによって真実が顕れる、という前提がある。この前提が満たされない場合は、デメリットがメリットを上回るおそれがある。

以上の理由により、対立型の構造になっているときは「やりすぎ」・「行きすぎ」の弁護が誘発されやすくなる。本章の冒頭に挙げた事例も裁判の際に生じており、この要因が事態をエスカレートさせた例として理解できよう。

Ⅲ　弁護士の「仕事」の変容

1　社会調査から見る弁護士業務の現状

Ⅱでは、プリンシパル・エージェントの関係が反倫理的な意思決定を促す可能性を一般的な形で見てきた。ここでは、現在の日本の弁護士が置かれている環境を考慮しながら、Ⅱで紹介した知見からいかなる含意を引き出せるかを考えたい。

(1)　依頼者との関係についての意識

日本弁護士連合会は、10年ごとに「弁護士業務の経済基盤に関する実態調査（弁護士経済基盤調査）」を実施している。これは、弁護士の経済基盤のみならず日々の業務に対する意見についての質問も含む大規模な調査であり、弁護士業務の現状を知るための貴重なデータを提供してくれる。2020年3月から6月にかけて行われた調査の結果から、本章の主題に関連するものを何点か拾ってみよう[22]。

まず、「依頼者との関係」についてどの程度ストレス・不安・悩みを感じているかを直接に聞いた質問がある（問26（2））。無回答を除くと（回答数は1991）、「非常に感じる」が12.4％（247人）、「やや感じる」が40.1％（799人）となっており、合計すると過半数（52.5％）となる[23]。2010年の調査では

22）　2020年の調査の結果は、自由と正義72巻8号〔臨時増刊号〕（2021年）に掲載されている。なお、有効回答数は2192で、回収率は18.3％である。

23）　選択肢は、「非常に感じる」・「やや感じる」・「どちらともいえない」・「あまり感じない」・「まったく感じない」・「わからない／答えたくない」の6つである。パーセンテージの計算にあたっては、「わからない／答えたくない」も含めている（分母が大きくなるため、数値は少なめに出る）。

35.2％だったので、10年の間に17パーセントポイントも増えたことになる。

依頼者との関係に悩む弁護士の割合は、若い年齢層ほど大きくなっている。修習期別に見た場合、「非常に感じる」または「やや感じる」と答えた人の割合は、60期以降では約6割に達している。

(2) この10年の変化

弁護士経済基盤調査では、10年の間に回答者自身の環境や働き方にどのような変化があったのかについても尋ねている（問27）[24]。「他の弁護士との間で顧客獲得の競争が厳しくなった」という項目（問27（6））については、肯定する回答（「非常にそう思う」または「どちらかといえばそう思う」）をした人の割合が35〜59期で半数を超えている[25]。

弁護士を取り巻く環境が以前と比べて厳しくなっていることは、他の質問項目からも示唆される。確定申告書に基づく収入金額や所得金額を見ると、平均値・中央値ともに10年前よりも大幅に減少している（問22）[26]。「弁護士としての経済状況が悪化した」という項目（問27（7））でも、30〜59期では肯定的な回答、つまり「悪化した」とする回答が過半数を占めている（「どちらともいえない」が約2割、否定的な回答が約2割前後であった）。

さらに、労働時間そのものも増えている。「昨年（2019年）1年間の総労働時間」（問10）の平均は約2320時間となっており、10年前と比べると50時間ほど増加している。労働時間は減っていないのにもかかわらず収入・所得が大きく減少しており、客観面でも主観面でも、弁護士の労働環境はかつてよりも厳しくなっていることがうかがえる。

(3) 依頼者側の意識

以上は弁護士を対象にした調査の結果であったが、依頼者側は弁護士をどういう基準で評価しているだろうか。もっとも、「依頼者」にもさまざまなタイプの人たちが存在するので、全体像を実証的に示すことは難しい。ここでは、民事訴訟の代理を弁護士に依頼した人たちに限定して、調査結果の一部を示すことにしよう。

24）弁護士登録からの年数が10年未満の回答者については、弁護士登録時と比べた回答となっている。

25）それに対し、否定的な回答をしている人の割合は2〜3割である。

26）2010年調査では平均値が1471万円で中央値が959万円だったのに対し、2020年調査では平均値が1119万円、中央値は700万円（0以下を除けば770万円）となっている。

2016～2020年度に行われた「超高齢社会における紛争経験と司法政策」プロジェクトでは、2014年に地方裁判所での第1審が終了した民事訴訟の当事者を対象とする調査を実施している[27)]。代理人付きの当事者に対して、その代理人を選んだときにどのようなことを考慮したかを詳しく尋ねている（有効回答数は326）。

11個の項目のうち、「考慮した」と答えた人が最も多かったのは、「相談したときに親身になって話を聞いてくれたこと」であった（198人、60.7%）[28)]。この項目は他を大きく引き離しており、原告側・被告側の両方で約6割の当事者が代理人を選ぶ際の考慮要素として挙げている（なお、2位は「弁護士の能力」、3位は「弁護士の人柄」だった。2位と3位の差は大きくない）。依頼者にとっては、話を聞いてもらえたかどうかが最大の評価基準なのである。

民事訴訟研究会が実施している「民事訴訟利用者調査」でも、同様の結果が見られる[29)]。この調査では、自分の弁護士に対する評価を19項目にわたって尋ね、総合的な満足度についても聞いている。そのうえで、これら19項目のうち、満足度を判断するにあたって回答者自身が重要と考えた項目を3つ挙げてもらっている。最も重要だとされたのは「あなたの言い分を十分に聞いてくれた」という項目であり、当該質問が追加された2011年以降、この点は変わっていない。

(4) 弁護士の「仕事」

弁護士経済基盤調査の回答に示されているように、リーガルサービスの市場は競争が激しくなっている。弁護士人口の増加のほか、隣接法律専門職の業務範囲の拡大や、ITの普及による法的知識の入手しやすさの向上がその背景として挙げられる。今後は、AIによるサービスの代替も問題になるだ

---

27) 科学研究費基盤研究（S）16H06321（研究代表者：佐藤岩夫）。このプロジェクトの主な成果として、佐藤岩夫・阿部昌樹・太田勝造編『現代日本の紛争過程と司法政策――民事紛争全国調査2016-2020』（東京大学出版会、2023年）が挙げられる。

28) 他の項目および「考慮した」と答えた人数は次の通り。「弁護士の人柄」146、「弁護士の能力」157、「弁護士の専門分野」136、「弁護士の評判」109、「弁護士費用」117、「紹介してくれた人への義理」79、「紹介してくれた人や機関が信頼できたこと」122、「以前からその弁護士を個人的に知っていたこと」51、「勝てそうだと言ってくれたこと」108、「他に選べる弁護士がいなかったこと」65。

29) 最新の調査の結果については、菅原郁夫監修、垣内秀介・石田京子・山田文編、民事訴訟制度研究会『手続利用者から見た民事訴訟の実際――2021年民事訴訟利用者調査』（商事法務、2023年）を参照。

ろう。

このように競争相手が増える中で、「リーガルサービス」の内実も変わってきているように思われる。調査結果を見る限り、消費者である依頼者にとっては、リーガルサービスに含まれるのは専門知識の提供や法律行為の代理だけではない。話を聞いてくれることや人柄が良いことなどもリーガルサービスの良し悪しを判断する主要な基準であり、競争の激化とともにこの点が前面に出てきているようになっている。

社会学の分野においては、そうした仕事の性質の変化に関する議論が数多く存在する。以下ではそのうちのいくつかについて言及し、行動経済学および弁護士倫理に対する示唆を得ることにしたい。

2　心の商品化

(1) 感情労働

社会学者の Arlie Hochschild は、現代の多くの職業、特にサービス業では感情の管理が要求されていることを指摘している。たとえば飛行機の客室乗務員は、乗客を満足させるために、仕事中に表出される自らの感情を制御しなければならない。営業に携わる人も、顧客がどのように思うかを考え、自分の感情行動を仕立て上げることが求められる。このように、公の場における表情や身体表現を作るために感情を管理することを、Hochschild は「感情労働（emotional labor）」と表現する[30)]。感情労働は交換価値をもっており、賃金と引き換えに売られる一種の「商品」だと言える。

感情労働の特徴のひとつは、労働者の感情活動が研修や管理体制によって支配または強制されている、という点にある。つまり、適切な感情の表出を導くルールが明示的または黙示的に存在し、労働者はそのルールに従って業務を行う（このようなルールを「感情規則」と呼ぶ）。

Hochschild は、長期的に見ると感情労働には深刻なコストが伴うことについても触れている。なかでも、労働者個人に心身の負担がかかるだけでなく、労働者が本来の自分の感情を認識することがますます困難になっていく

30)　Arlie Russell Hochschild, *The Managed Heart: Commercialization of Human Feeling*, 2nd ed., University of California Press (2003)［初版の邦訳：A. R. ホックシールド（石川准・室伏亜希訳）『管理される心――感情が商品になるとき』（世界思想社、2000 年）］参照。

（すなわち「自己疎外」が起きる）という指摘は重要であろう。

(2) 感情労働としての弁護士業務

リーガルサービスの提供は感情労働の典型例であり、実際 Hochschild 自身も弁護士の業務を例として挙げている。もし弁護士業務が純然たるサービスとして観念されるとすれば、依頼者の満足を得るために一定の感情を作出することが要請されよう[31)]。

弁護士の業務には、感情労働としての性質が問題になりやすくなる事情が2つある。第1に、リーガルサービスのうち、法律に直接関連する部分（たとえば解決方法の適切さ、交渉の技術、法的知識の程度など）の質は、一般の人たちはなかなか評価できない。少なくとも、サービスを受ける前に質について判断するのは困難である。さらには、サービスを受けた後であっても質の評価はできないかもしれない[32)]。このようにサービスの質が評価できない場合、消費者にとってわかりやすい側面に注目が集まってくる。弁護士業務ではその「わかりやすい側面」が感情労働と直結しているため、競争圧力が高まると感情労働の比重は大きくなる。

第2に、一般に感情労働は感情規則によって規律されるが、弁護士業務は法曹倫理によっても規律されている。しかも、それぞれのルールが指示する事柄が異なる場合もある。言い換えると、「サービス提供者としての弁護士」にとって適切な行動と「プロフェッションとしての弁護士」にとって適切な行動は食い違う可能性があり、この点は他のサービス業とは異なる。感情労働に抵抗したい弁護士にとっては利益になりうる反面、弁護士個人には大きなストレス要因となるかもしれない[33)]。

31）この点を指摘する文献として、Sofia Yakren, “Lawyer as Emotional Laborer,” *University of Michigan Journal of Law Reform* Vol.42, pp.141-184 がある。

32）消費して初めて質を評価できる財を「経験財」、消費しても質を評価できない財を「信頼財」と言う。リーガルサービスは「経験財」または「信頼財」としての性格を有している。太田勝造「消費者契約とゲーム論――消費者取引秩序は自生的に創発しうるか？」ジュリスト1200号（2001年）159〜164頁。

33）久保真人「日本の弁護士のストレス要因についての検討――司法制度改革の影響をふまえて」同志社政策科学研究24巻2号（2023年）31頁。また、Joy Kadowaki, “Maintaining Professionalism: Emotional Labor among Lawyers as Client Advisors,” *International Journal of the Legal Profession* Vol.22, pp.323-346 (2015) には、アメリカの弁護士が感情労働と法曹倫理にどう対処しているかを示すインタビュー調査が含まれている。

3　共感の重視

(1) 現代における共感の強調

もっとも、感情労働と一口に言っても、具体的な行動の候補はいろいろある。たとえば、なるべく感情を抑えて話を聞いたり理解したりする、実際の感情とは関係なく表情を作る、自分の感情を多めに出しながら相手と話す、などである。

現代社会の全体的な特徴として、他者に対する共感（empathy）の大切さがことさら強調されるようになっていることが挙げられる[34)]。感情労働においても、共感性を伴うコミュニケーションが以前にもまして重視されてきていると言えよう。実際、たとえば看護や介護などのケアに携わる職業、あるいは医療関連の職業でも、共感または共感的理解という語がキーワードとして登場する。

また、AIの発展とともに、（今のところ）人間にしかできないこととして、共感性を伴ったやりとりが挙げられる場合がある。もしAIが人間に対して「共感」することが難しいのだとすれば、感情労働において共感が重視される傾向は今後も続くと予想される。

(2) 共感の弊害

当然ながら、他者に対する共感は、より良い社会を作るうえで欠かせない。もし共感がまったくなければ、人間の協力行動は不可能であっただろう。集団による生活、組織や市場の構築、そして法制度の確立もなかったはずである。

しかし、共感が弊害をもたらしうる点にも注意しなければならない。たとえば、ある事件や事故をきっかけとして法律が制定または改正されることがあるが、これは被害者に対する共感に基づいている場合が多い。共感のみに基づく法政策は、しばしば近視眼的であったり、どのような範囲の人々に影響を及ぼすかが十分に考慮されていなかったりする。

共感は、自分の所属する集団（内集団）の人々に対して向きやすく、自分が所属していない集団（外集団）の人々には向きにくい[35)]。そのため、集団

---

34)　この項の議論についての詳細は、Paul Blume, *Against Empathy: The Case for Rational Compassion*, Harper Collins (2016)［ポール・ブルーム（高橋洋訳）『反共感論――社会はいかに判断を誤るか』（白揚社、2018年）］を参照。

間の仲が良くない状況では、共感は対立を激化させる一因にもなる。

(3) 認知的共感と情動的共感

ではどうすべきかを考えるにあたっては、共感には大きく分けて2種類のものがあるという点に注意する必要がある。ひとつは、他者の立場や心理状態を理性によって知的に理解する「認知的共感（cognitive empathy）」である。「頭でわかる」というのがこれに該当する。もうひとつは、他者と同じ感情を自らも経験する「情動的共感（affective empathy）」である。たとえば、他者の痛みを自分の痛みとして捉えるのはこちらに相当する。

情動的共感は、内集団あるいは身内にとっては好ましい効果を生むことも多いが、外集団との関係ではそうとは限らない。また、情動的共感は具体的な特定の人に対しては働くが、抽象的な匿名の人に対しては働きにくい。

したがって、情動的共感が認知的共感よりも優位になるとき、全体の利益という観点からすると適切でない判断が下されやすくなる。長期的な視野に立った利害得失を考慮できなくなったり、自分からは遠いところにいる人々の存在や利害を軽視したりする可能性が高くなる。

なお、認知的共感と情動的共感がシステム1およびシステム2といかなる関係にあるかは必ずしも十分に研究がされているわけではないが、認知的共感はシステム2、情動的共感はシステム1に大まかに対応していると考えることができる。

(4) 弁護士の業務と共感

他のサービス業と同様、弁護士の業務にも共感が必要であることはよく指摘される[36)]。依頼者がいかなる問題を抱えてどのように困っているかを知

---

35)　Grit Hein, Giorgia Silani, Kerstin Preuschoff, C. Daniel Batson, and Tania Singer, “Neural Responses to Ingroup and Outgroup Member's Suffering Predict Individual Differences in Costly Helping,” *Neuron* Vol.68, pp.149-160 (2010) は、このことを脳の働きのレベルで示す実験である。実験参加者（サッカーファンの男性）は、手の甲に電気ショックを受けた後、他の参加者が同じショックを受けるところを見せられる。その他者が自分と同じチームのファンであると言われた場合は、共感と関連する脳領域が強く反応した。しかし、ライバルチームのファンだと言われた場合は強い反応は見られなかった（この論文はさらに、その反応の程度が援助行動を予測する因子になると述べている）。

36)　一例として、Ian Gallacher, “Thinking Like Non-Lawyers: Why Empathy is a Core Lawyering Skill and Why Legal Education Should Change to Reflect Its Importance,” Syracuse University SURFACE (2012) http://surface.syr.edu/cgi/viewcontent.cgi?article=1005&context=lawpub［2024年3月22日アクセス］を参照。日本の司法制度改革審議会の意見書も、法科大学院の教育理念のひとつとして「かけがえのない人生を生きる人々の喜びや悲しみに対して深く共感しうる豊かな人間性の涵養、向上」を掲げている。

ることは、的確な解決策を提示するための前提条件となる。つまり、認知的共感は弁護士の業務において大事な役割を果たしている。

認知的共感を超えて情動的共感まで必要なのだろうか。必要か不要かで言えば、たぶん不要ということになろう。依頼者と同じ感情を共有することが役立つ場合もあるかもしれない。だが、弁護士・依頼者が党派的になってしまい、第三者や社会に対する配慮が欠けることによる弊害を考えれば、情動的共感はむしろ抑えるほうがよい。たしかに、システム1とシステム2が完全に分離できないのと同様、認知的共感と情動的共感も峻別は難しい。しかし、共感にも複数の種類のものが存在し、好ましくない結果をもたらす共感がありうることを考慮しておくのは有益である。

さらに言えば、弁護士は強力な武器を持っているので、情動的共感に囚われることによる弊害が大きくなるおそれがある。法的知識があることや法の動員に慣れていることは、弁護士本人が意識しているかどうかにかかわらず、重大な結果をもたらすかもしれない。力を持つ人は、情動的共感をコントロールする術を身につけるほうが望ましい。

Ⅳ　おわりに——弁護士倫理のあり方

本章では、行動経済学の知見に照らして、弁護士と依頼者の関係においては反倫理的な行動を引き起こしやすい要因が多いということについて述べた。次に、現代社会で観察される現象として「心の商品化」と「共感の重視」の2点を示した。どちらの現象も、上記の要因と結びついてその効果を促進すると考えられる。

私たちの意思決定は、思いもよらない事柄によって左右され、合理的で適切な行動はできないこともある。しかし同時に、私たちは非合理性をもたらす諸要因に翻弄されるだけの存在ではなく、意思決定をより適切にするための対策を講ずることができる。弁護士の業務においても、できるだけ反倫理的な行動が出てこないようにする策を案出することも可能なはずである。

Ⅰで述べたように、弁護士倫理は意思決定を支援するものでありうる。そのためには、弁護士倫理に関わる事例を蓄積・整理していくことがまず必要であろう。過去の弁護士が直面してきたいろいろな倫理的な問題を共有したうえで、依頼者および他の人々の利害を比較検討できるような場がなければならない。

冒頭に挙げた事例も、A氏の行為が「反倫理的」と言えるかどうかについての判断は分かれるかもしれない。事例の条件を少し変えたり他の要素を付け加えたりするだけで、特に問題のない行為に見えるようになる[37)]。私たちの倫理感覚は意外と移ろいやすく、あてにならない。だからこそ、倫理的問題の関係する場面では意思決定支援が望まれる。特に、複数の視点を確保し、視野狭窄に陥らないようにすることが肝要である。

ルールや指針は、意思決定をサポートすることを旨として作られるべきである。弁護士の社会的責任に関するルールをより明瞭にしたり、弁護士職務基本規程に相手方を含む第三者に対する配慮義務についての規定を設けたりすることは、おそらく有用である[38)]。それとは別に、依頼者と対話する中で情動的共感が支配的になりすぎないようにするためのしくみを整備することも選択肢として考えられる。他にもさまざまなサポートの方法がありうるが、何が本当に有効な方法なのかについては、今後の経験的な研究を俟つのがよいだろう。

37)　たとえば、Z病院が日頃から虚偽の診断書を作成して保険会社から診療報酬を騙し取っていたというような事情があれば、判断は異なるだろう。

38)　詳細については、本書第2部3を参照。

2　弁護士の「独立性」を巡る諸問題

石畔重次

Ⅰ　コア・バリューとしての独立性

弁護士の独立は、守秘義務、利益相反とともに、弁護士にとってのコア・バリュー（core value、核心的価値）であるとされ、弁護士に関する行為規範の多くは、弁護士の独立性保持の重要性を規定している。たとえば、欧州弁護士会評議会（CCBE）の欧州弁護士模範行為規範が第１条で「独立した法曹は法の支配の必須条件である」と規定するのはその一例である[1)]。国際法曹協会（International Bar Association, IBA）の国際法曹行為規範も「独立性」を第１条に規定し、弁護士は独立性を保持し、依頼者の助言にあたって偏見のない独立した判断を行使しなければならないとしている[2)]。国際弁護士連盟（Union Internationale des Avocats, UIA）の法曹の行為原則も、弁護士が自由にかつ独立して活動する権利および独立を保持する義務を規定している[3)]。伝統的に弁護士の独立を重視するフランスは、2023年６月30日デクレ２条で、弁護士は自由かつ独立したプロフェッションであると明確に規定している[4)]。

1）　Model Code of Conduct for European Lawyers 2021, https://www.ccbe.eu/fileadmin/speciality_distribution/public/documents/DEONTOLOGY/DEON_CoC/EN_DEONTO_2021_Model_Code.pdf

2）　International Principles on Conduct for the Legal Profession, https://www.icj.org/wp-content/uploads/2014/10/IBA_International_Principles_on_Conduct_for_the_legal_prof.pdf

3）　Turin Principles of Professional Conduct for the Legal Profession in the 21st century, https://www.uianet.org/sites/default/files/charteturin2002-en.pdf

4）　Décret n° 2023-552 du 30 juin 2023 portant code de déontologie des avocat, https://www.legifrance.gouv.fr/jorf/id/JORFTEXT000047774060

1949年制定の日本の弁護士法には弁護士の独立に関する明文の規定はないが、同年に制定された日本弁護士連合会会則15条は、「弁護士の本質は自由であり、権力や物質に左右されてはならない」と規定している。1955年制定の弁護士倫理の前文にも「弁護士は、正義を尊び自由を愛する」との表現が見られる。その後、1990年に制定された弁護士倫理では、前文で「弁護士には職務の自由と独立が要請され、高度の自治が保障されている」と謳い、さらに、「弁護士は、職務の自由と独立を重んじる」(2条)、「弁護士は、事件の受任及び処理にあたって、自由かつ独立の立場を保持するように努めなければならない」(18条) と規定した。2014年に制定された弁護士職務基本規程（以下「職務基本規程」という）も、これらの規定をほぼそのまま踏襲している[5)]。

Ⅱ　独立性が必要とされる根拠

弁護士は中立的立場の裁判官と異なり、当事者一方の利益を代弁するにすぎないのに、なぜ独立性が必要とされるのか。その根拠については、プロフェッションとして公共的使命を負うからであると考えられる。弁護士という職業は、医師、聖職者と並び、プロフェッションと称されてきた。このプロフェッションの特性として、専門的な学識を有することは当然であるが、公共に対する奉仕の精神を有することが最も根源的なものであると指摘されている[6)]。

この公共性は、弁護士が司法という公共の制度に関わる一員であることからも、要求される。弁護士の基本的な職務は、直接間接に司法制度による法的紛争の予防と解決である。当事者の一方に立ってその利益を守ることによって相手方との紛争を予防または解決し、平和を維持または回復するのである。そしてこの平和は、暴力や権力によって相手方を屈服させることによって実現するものではない。正当な権利主張と交渉、説得、合意により、ある

5）　旧18条の規定は、20条に移されている。

6）　石井成一「職業としての弁護士とその使命」石井成一編『講座現代の弁護士1弁護士の使命・倫理』（日本評論社、1970年）73頁。石村善助『現代のプロフェッション』（至誠堂、1969年）が日本におけるプロフェッション論の嚆矢とされる。なお、従来のプロフェッション論に対する批判として、棚瀬孝雄「脱プロフェッション化と弁護士像の変容」自由と正義1996年10月号82頁。

いは、調停、仲裁、訴訟等の法的手段によって実現させるものである。弁護士のこの役割は、医師が病気を予防または治療し、患者の健康を回復させるのに類似している。

他方で、弁護士は、たんに依頼者の利益を擁護すればそれで足りるというものでもない。依頼者が不当な要求をすることもある。その中で、何が依頼者の「正当な利益」（職務基本規程 21 条）であるかを考えなければならない。「正当な利益」とは、社会正義に調和する依頼者の利益である。弁護士は、司法の一員としての公共的使命を負うものとして、どのような紛争解決が依頼者の利益を最大限に実現し、かつ社会正義と調和するのかを考えなければならない[7)]。この公共的使命を負うからこそ、弁護士には高度の独立性が必要とされ、また保障されるのである。

Ⅲ　独立性の局面

弁護士の独立は、①弁護士の職の独立性（独立して職務を行なうことのできる立場にあるか）と、②弁護士が職務活動を行ううえでの独立性（独立して判断し、行動しているか）に大別することができるほか[8)]、さまざまな角度から考察することができる[9)]。依頼者との関係に着目すれば、①依頼者のための独立性（依頼者の権利および正当な利益保護のため）と、②依頼者からの独立性（法専門職として法システムへの忠実義務に由来する）とに分けられる[10)]。また、①法的判断の独立性、②行動の独立性、③経済的独立性の側面から捉える見解もある[11)]。

一般的には、独立性を何からの独立かという観点から分類することが多い[12)]。『解説弁護士職務基本規程〔第 3 版〕』は、「弁護士は、職務の自由と独

7）　加藤新太郎『弁護士役割論〔新版〕』（弘文堂、2000 年）7 頁は、「弁護士の当事者の代理人的役割の限界を画するものが、公共的役割である」とし、弁護士は「最大限の努力を傾注して依頼者の権利実現または利益擁護に邁進することになるが、そのために社会正義その他の規範に違反しまたは公益ないし公的価値に抵触することは許容されない」と説く。

8）　髙中正彦『弁護士法概説〔第 5 版〕』（三省堂、2020 年）52 頁。

9）　加藤新太郎「日本における弁護士の独立性について」森勇編著『弁護士の基本的義務 弁護士職業像のコアバリュー 』（中央大学出版部、2018 年）45 頁以下が、明晰な分類をしている。本稿の整理もこれによっている。

10）　柏木俊彦「法曹を統合する理念」日本法律家協会編『法曹倫理』（商事法務、2015 年）6 頁。

11）　塚原英治ほか編『プロブレムブック法曹の倫理と責任〔第 2 版〕』（現代人文社、2007 年）371 頁。

立を重んじる」と規定する2条について、「ここにいう自由と独立は、①権力からの自由と独立、②依頼者からの自由と独立、③他の弁護士との関係からの自由と独立の3つの要素を含むものと考えられるが、それに尽きるものではない（組織内弁護士の自由と独立に関しては、50条の解説を参照）」と説明している[13]。これについては、他の弁護士からの独立と限定するのは狭きにすぎ、第三者からの独立とすべきだとする指摘もある[14]。ここでは、職務活動の独立を、①権力、②相手方、③第三者、④他の弁護士、⑤依頼者、⑥弁護士自身の利害との関係に分けて検討し、そのあとで職の独立を検討することにする。

1　権力からの独立

弁護士が依頼者の権利・利益を実現するためには諸々の圧力から独立していることが必要であるが、とりわけ、冤罪を主張する再審事件や水俣病などの公害訴訟、原子力発電所からの放射能被爆による損害賠償請求訴訟、1票の格差訴訟など直接間接に国を相手方としたり、国の政策を批判したりする訴訟などは、弁護士の独立が保障されなければ、適切に職務を遂行することができない。弁護士が検事正や司法大臣の監督下に置かれていた戦前の苦い経験や、人権擁護のために国家と対峙する弁護士が不当に拘束される諸外国の例を見るまでもなく、国家その他の権力と対峙してその誤りを糺すために権力からの独立が保障されなければならないことは明らかであろう。

2　相手方からの独立

弁護士が依頼者の権利・利益を守るためには、相手方と癒着することがあってはならない。相手方と利害関係を有していては、依頼者の利益実現のために全力を尽くすための矛先が鈍り、手加減をすることになってしまう。

その典型は交渉している相手方から金品を受け取る汚職行為であるが、金品以外の利益の収受、要求、約束も汚職行為として禁止される[15]。相手方

12）　加藤・前掲注7）8頁。
13）　解説5頁。
14）　永石一郎「弁護士の独立性・廉潔性・品位保持」日本法律家協会編・前掲注10）59頁。
15）　弁護士法26条、職務基本規程53条。顧問会社の紹介等の地位の供与や情交も「利益」に該当する。条解244頁。

から、相手方の意を汲んで解決すれば顧問にしてやるとの誘惑を受けることもある。相手方の甘言に乗じて顧問になることを承諾したが最後、狡猾な相手方の餌食となってしまう。相手方は弁護士会に懲戒申立てをし、弁護士はその将来を奪われることになる。相手方から利益供与の申し出を受け、誘惑にかられて合意をしただけでも、弁護士法26条および職務基本規程53条違反になるので、心すべきである。

癒着とは反対に、相手方と対立して深刻な問題になるのは、脅迫や暴力を受ける場合である[16]。以前は、交通事故の示談交渉などで被害者側に暴力団が付き、法外な要求をする例が少なくなかった。このような場合に、相手方の脅しに屈せず独立性を保持するには勇気がいる。以前は警察も、民事不介入の建前のもとに放任状態であった。その後、1992年に暴力団員による不当な行為の防止等に関する法律が施行されてから状況は一変し、警察も協力するようになった。国家権力から独立していなければならない弁護士が警察の協力を求めるのは矛盾しているように見えるかもしれない。しかし、弁護士の適正な職務遂行が第三者からの違法な脅迫や暴力によって侵害される場合に、これを排除するために国家権力の力を借りるのは、国家権力を弁護士の職務の内容に介入させるものではない。弁護士の独立に対する侵害を排除するための、法治国家における正当な権利の行使である。

3 第三者からの独立

相手方以外の第三者からの独立も必要である。たとえば、弁護士費用を依頼者の雇い主や両親などの第三者が支払う場合に、費用負担者が依頼者の意に反して早期和解を求めたりなどして事件の処理方針に介入することもありうる。弁護士としては、報酬を費用負担者が支払うのでその意向を無碍にすることは困難であるが、この点は、費用負担者は依頼者ではなく、弁護士はあくまで依頼者の利益のために職務を行うものであることを費用負担者に説明して納得を得るべきである。そもそも事件を受任する際に、事件処理は依頼者の意思を尊重して進めること[17]、守秘義務があるため費用負担者に対

16) その最も悲劇的な例は、オウム真理教に殺害された坂本弁護士一家の事件であった。小堀樹「坂本堤弁護士没後10周年を迎えての会長メッセージ」(1998年)(https://www.nichibenren.or.jp/document/statement/year/1998/1998_24.html)。

17) 職務基本規程21条、22条。

しても依頼者の同意がない限り事件経過等を報告できないことを、依頼者および費用負担者に説明しておくべきであろう。事件の紹介者に関しても同様である[18)]。

4　他の弁護士からの独立

従前の弁護士の倫理規定は、わが国でも欧州等においても、弁護士間の礼儀について詳細に規定していた。たとえば、昭和30年制定の旧々弁護士倫理には、「弁護士は、信義を重んじ、みだりに同僚を誹謗してはならない」(15条)、「事件に関し利益を供与して相手方代理人を誘惑してはならない」(17条) という表現がみられた。旧弁護士倫理においても、「弁護士は、相互に名誉と信義を重んじ、みだりに他の弁護士を誹ぼう・中傷してはならない」(43条) と規定されており、他の弁護士のセカンド・オピニオンを躊躇させるきらいが無きにしも非ずであった。この点は、職務基本規程では、依頼者の利益実現のために適正に職務を遂行するための規程という観点から、ギルド社会の仲間のかばい合いと受け取られかねないような表現が削除され、「弁護士は、……相互に名誉と信義を重んじる」と簡素化された (70条)。

最近の問題は、かばい合いとは対極的な、相手方代理人に対する誹謗中傷が目立つことである。弁護士人口が増加して互いの顔が見えなくなり、弁護士間の同業意識が薄れてきたことも影響していると思われるが、相手方代理人を過剰に非難したり、感情的に攻撃したりする例が見受けられる[19)]。

次に、弁護士同士の関係では、独立したての弁護士が他事務所の古手弁護士から事件を依頼されることも少なくない。体力の衰える古手弁護士は若手の手助けで助かるし、事件の少ない若手弁護士にとっては仕事に与ることができ、双方にとって利益がある。

このような場合、紹介料の支払いは禁止されているので[20)]、共同受任とすることがあるが、事案は若手に任せきりにして、名前だけの共同受任であったらどうであろうか。事案の処理に関与しなくても共同受任者として責任はとるので、報酬を分配しても問題はないのであろうか。委任状に名を連ね

18)　依頼者の紹介者に情報を開示して守秘義務違反とされた例として、大阪地判平成21・12・4判時2105号44頁。

19)　一例として、東京地判平成29・9・27判時2379号95頁。

20)　職務基本規程13条。

ただけで事案に全く関与していなければ実態は名義貸しであり、職務基本規程13条に違反するおそれがある。依頼者との打ち合わせに同席したり、事案の処理方針等の相談に乗ったりするなど、何らかの関与はすべきであろう。

5　依頼者からの独立

(1)　依頼者からの独立は難しい

最近では、依頼者からの独立が、最も難しいのではないだろうか。司法制度改革によって弁護士人口が短期間に急増した結果、いわゆる食えない弁護士が増加しているといわれる。依頼者の獲得に腐心する弁護士が増え、他方で、弁護士を渡り歩く依頼者も見られるようになった。交通事故の被害者が、獲得できそうな損害賠償額の見積もりを複数の弁護士に提示させ、最も有利な案を出した弁護士を選択するという例もある。不動産売買で相見積りをとるような感覚である。また、弁護士に依頼をした後で、途中で他の弁護士に換えることも多くなったように思われる。弁護士の敷居は格段に低くなっている。司法へのアクセスが身近になったのは好ましいことであるが、弁護士が依頼者に迎合する傾向を生じていないだろうか。

弁護士にとって依頼者からの独立はなかなか難しい問題である。なぜなら、弁護士は裁判官や調停委員のような中立第三者ではなく、依頼者から委任を受けて職務を行い、依頼者から報酬を受ける関係にあるからである。

とはいえ、依頼者の要求するままに職務を行えばよいというものではない。法的に問題のある要求をする依頼者もないことはない。このような場合に、依頼者から一歩距離を置き、専門職としての観点から、何が依頼者の正当な利益になるかを考え、それを依頼者に説得する能力が必要である。依頼者の言いなりになるのは単なる用心棒にすぎない。

(2)　弁護士は当事者化していないか

しかしながら、上記のような状況の変化の中で、最近は弁護士の当事者化が顕著なように思われる。依頼者に寄り添うのはよいが、依頼者に迎合するあまり一体化してしまうのである。依頼者から一歩距離を置いて手段や方法の正当性について熟慮することを怠るのは、プロフェッショナルとしての独立性に欠けるものと言わざるをえない。

依頼者との一体化の１つの例は、相手方を過剰に非難したり、感情的に攻撃したりするものである。たとえば、離婚や相続など当事者が感情的に対立しやすい事案において、弁護士が当事者にどっぷり浸かって感情移入していては、事件の解決も遠くなりがちである。打ち切り寸前の遺産分割調停事件を途中から受任したことがあったが、双方代理人の従前の準備書面を読むと、あまりに攻撃的で、調停委員が匙を投げるのもうべなるかなと思われたことがあった。相手方を攻撃すれば、親族間のしこりのある依頼者の溜飲は下がるであろう。しかし、遺産分割の合意形成という本来の目的からは遠ざかるばかりである。

依頼者に求められるままに職務上請求や弁護士会照会制度を濫用する例もある。依頼者の夫から頼まれるままに相手方の戸籍謄本等を職務上請求によって取得してそのまま渡してしまい、依頼者が相手方の家族構成や素性を知って、それを相手方と口論となったときに攻撃材料として暴露したという懲戒事例もある。以前には、マスコミ関係者から頼まれ、複数名の戸籍謄本等を取り付けて渡したという例もあった。

また、依頼者と一緒になって自力救済を敢行する例も目に付く。同族会社の支配権争いや建物明渡しなどで自力救済の手助けをしてしまうのである。たとえば、同族会社で、複数名が出資していることを示す公正証書の写しを相手方から受けていたにもかかわらず、依頼者が1人株主であるという依頼者の主張を鵜呑みにして、招集手続きをせずに1人株主総会を開催させ、依頼者と弁護士自身を代表取締役に選任してその旨の登記をした例もある[21)]。

依頼者から一歩距離を置き、視野を広げて事案を客観的に判断する姿勢が求められる[22)]。

6　弁護士自身の利害関係からの独立

(1) 職務基本規程は限定列挙

弁護士が独立して適正に職務を行なうためには、弁護士自身の利害関係による制約も排除する必要がある。この点に関しては、職務基本規程28条1号が、弁護士が相手方と一定の親族関係にある事件の受任を禁止し、同4号

21)　日本弁護士連合会『弁護士懲戒事件議決例集〔第25集〕』（日本弁護士連合会、2023年）40頁。

22)　職務基本規程31条は、「弁護士は、依頼の目的又は事件処理の方法が明らかに不当な事件を受任してはならない」と規定し、同14条は、「弁護士は、……違法若しくは不正な行為を助長し、又はこれらの行為を利用してはならない」と規定している。

が依頼者の利益と弁護士の経済的利益が相反する事件の受任を禁止している。規定の趣旨は、依頼者の権利実現のために弁護士が最善を尽くすことに支障をきたすような利害関係がある場合には無理に職務を行ってはならないというところにある。職務の公正さを損ない、弁護士の信用を毀損するからである。

ただし、上記の規定はいずれも限定列挙であるので、職務の公正や職務に対する信頼の見地から問題があると思われる事案であっても、規定の文言に当てはまらないケースも生じうる。たとえば、職務基本規程28条1号は親族関係の利益相反を規定しているが、相手方が弁護士の親族ではなくても、弁護士が以前に資金援助を受けていた恩人や会社で、特別の関係が認められる場合はありうる。また、弁護士が以前に相手方企業に組織内弁護士として勤務していた場合など、相手方に対する守秘義務の観点から依頼者の代理に最善を尽くせない場合もあろう。相手方本人とは特別な関係がなくとも、相手方の代理人と近いうちに共同事務所設立を計画しているなど、代理人と特別な関係にある場合も考えられる。このような事情は依頼者の信頼を損なうおそれがあるので、少なくとも依頼者に説明をすべきである[23)]。そのような事情を隠したまま職務を遂行すれば、職務基本規程5条の誠実公正義務違反に問われる可能性もある。

立法論としては、規定の対象を限定列挙とせずに、利害関係のある場合を包括的に対象とし、利害関係の実質性で絞りをかけることも考えられる。ABA弁護士業務模範規則1.7条（a）は、「他の依頼者、元の依頼者もしくは第三者に対する責任によりまたは自己に利害関係があるために、代理行為が実質的に制約されるおそれが顕著であるときは……その依頼者の代理をしてはならない」と規定している[24)]。職務基本規程の立案過程においてもこれに類する規定とすることが検討されたが、懲戒の根拠規定としては抽象的にすぎるとの意見が強く、限定列挙となった。したがって、現行の規定で

23）旧倫理25条は、「相手方と特別の関係があって、依頼者との信頼をそこなうおそれがあるときは、依頼者に対し、その事情を告げなければならない」と規定していた。限定列挙から漏れる事案に対処するために、この規定は残してもよかったと思われる。

24）https://www.americanbar.org/groups/professional_responsibility/publications/model_rules_of_professional_conduct/rule_1_7_conflict_of_interest_current_clients/ 訳文は、吉川経夫ほか『弁護士倫理の比較法的研究』（法政大学出版局、1986年）32頁を参照した。ただし、現在の条文は改正されている。

は、職務基本規程28条1号にも4号にも該当しないが職務の公正の見地から問題があると思われるケースについては、誠実公正義務を規定する職務基本規程5条や依頼者の権利および正当な利益実現の努力義務を定める21条等の適用によって対応することにならざるをえない[25]。

(2) 実務上の問題

弁護士と依頼者との利益相反というと、報酬自体も、依頼者にとっては少ない方がよく、弁護士としては多い方がよいので、利益が相反するといえなくもない。しかしそれは、適正な職務遂行をするための適正な報酬という観点から折り合いがつくものであろう[26]。

実務上、多くの弁護士が悩むのは、事件処理である。たとえば、交通事故の被害者側の場合、判決まで行けば、遅延損害金も弁護士費用も加算される。しかし、弁護士が成功報酬制をとる場合は、早期和解の方が、多少賠償額は低くなっても手間暇が削減でき、コストパフォーマンスがよいということが往々にしてある。そういった場合に、依頼者の無知に乗じ、弁護士自身の都合を優先させて和解を選択するのは、依頼者の正当な利益を実現すべき義務（職務基本規程21条）に背くことになりかねない。判決の見込みやリスク、和解のメリット・ディメリット（損害賠償額は判決より低くなりがちな反面、早期解決となる。過失割合も判決では厳しく認定されるリスクがある等々）を説明して、依頼者の意思を尊重しなければならない（職務基本規程22条）。

また、タイムチャージであればともかく、着手金と成功報酬で事件を受任している場合に、どこまでその事件に労力と時間を費やすかも、悩ましい問題である。結局は、弁護士自身のプロフェッショナルとしての良心にかかっていると思われる。

25）職務基本規程82条2項（解釈適用指針）は、1章（1〜8条）の規定は「行動指針又は努力目標を定めたものとして解釈し適用しなければならない」としているが、5条の信義誠実義務は、倫理的義務ではなく法的義務と解するのが多数説であるとされる（解説13頁、条解12頁以下）。いずれにしても、利害関係が弁護士の職務を実質的に制約するほどのものか否かという判断が必要になろう。

26）報酬が過大であれば懲戒の対象になる。懲戒例として、自由と正義2023年9月号61頁。

Ⅳ　職の独立性

以上、弁護士活動における独立の面を見てきたが、こうした活動の独立を維持するためには、独立して職務を行う地位が保障されなければならない。これまで弁護士の古典的な業務形態は独立開業弁護士であったが、近年、急速に法律事務所の共同化が進み、また、組織内弁護士として企業や官庁で活動する弁護士も急増した。そのため、弁護士の職の独立性も、個人開業モデルにとらわれることなく、こうした弁護士の活動環境の変化に応じて考察する必要がある。

1　組織内弁護士の独立性

近年、組織内弁護士は著しく増加した。組織内弁護士協会のホームページによると、2024年6月30日現在の企業内弁護士数は3391名で、弁護士4万5742名の7.4%を占めている[27)]。

組織内弁護士と企業等の組織との関係は、取締役等に関しては委任契約になるが、多くは雇用契約になる。その場合、企業等の指揮命令を受ける関係になり、弁護士としての独立性を保持できるかが、問題にされてきた。

従前は、弁護士と公務員との兼職は原則的に禁止され、営利業務の従事や企業の取締役等役員や従業員になることについては所属弁護士会の許可が必要とされていたが、2003年に弁護士法が改正されて公職への就任が認められ、営利業務従事等も自由化されて届出制になった[28)]。この自由化の際には、弁護士の独立性が損なわれるのではないかとの懸念も示されていた[29)]。

組織内弁護士に関して、職務基本規程は、組織内弁護士は自由と独立を自覚して職務を行なうように努めるとする規定を設けた（50条）。ただし、これは注意的に自覚を促すものであって、一般の開業弁護士に比して重い義務

27）日本組織内弁護士協会のホームページ（https://jila.jp/material/statistics）。

28）弁護士法30条。

29）一例として、大阪弁護士会の「弁護士の職務の独立性保持に関する意見書」は、社会の弁護士に対するニーズの変化、国の司法制度において法の支配を社会の隅々にまで行き渡らせようとする要求に対して理解を示しつつ、弁護士法30条の改正に際して、職務の独立性保持義務を確認する明文規定を新設するよう提案している。https://www.osakaben.or.jp/web/03_speak/iken_backnum/iken021203-1.php

を課すものではないとされている[30)]。

この組織内弁護士の独立性については、抽象的に組織内弁護士が組織の指揮監督下にあるという議論は無意味であり、実態を直視すれば外部弁護士であっても依頼者がその意見にしたがうとは限らず容易に解任される立場にあるのであって、程度問題にすぎないとする批判がなされている[31)]。

また、組織内弁護士が担当する職務に関して法令違反行為を知ったときの措置義務（職務基本規程51条）に関しても、違法行為を阻止すべき義務は全ての弁護士にあるはずであり、組織内弁護士のみを特別視するのは不当であると批判されている[32)]。

確かに、依頼者の法令違反行為を阻止すべき責務は、組織内弁護士も外部の顧問弁護士も異なるところはない[33)]。ただし、組織内弁護士の大半は雇用契約により職務を行なうという相違点に鑑み、外部弁護士と異なる規律をする立法例もある。

コモン・ロー国の英米などは一般の開業弁護士と区別しないが、大陸法国では、弁護士の独立性を重んじるフランスなどのように、組織内法律家（juriste d'entreprise）に弁護士会への登録を認めない国もある。弁護士会に登録しないため、弁護士としての義務（deontology obligations）に服さない反面、通信秘密が認められていない[34)]。ドイツでは、判例で二重職業理論（Doppelberufstheorie）が展開され、弁護士会への登録が認められる一方で、組織内での活動は弁護士としての職務ではなく通信秘密も享受しないとされ、

30）　解説148頁。51条に関して、同152頁。

31）　本間正浩「組織内弁護士と弁護士の『独立性』（1）～（3）」法律のひろば2009年3〜5月号は、企業内弁護士の実態を紹介して詳細に議論している。ただ、著者が所属する大企業の実態が前提となっており、中小企業では状況が異なるのではないか、との疑問は残る。

32）　本間正浩「弁護士業務基本規程51条の実務上の問題点」森勇編著『リーガルマーケットの展開と弁護士の職業像』（中央大学出版部、2015年）339頁。

33）　日弁連会則11条は、「弁護士は、常に法令が適正に運用されているかどうかを注意し、いやしくも非違不正を発見したときは、その是正に努めなければならない」と規定している。ただ、職務基本規程では、違法・不正行為の助長または利用の禁止にとどめている（14条）。

34）　クラウディア・ザイベル（石田京子訳）「欧州における法律専門職ビジネスモデルの急展開と職業倫理」森際康友編著『職域拡大時代の法曹倫理』（商事法務、2017年）256頁以下。

フランスでは、企業内弁護士にも通信秘密が保障される諸外国に比してフランス企業が不利にならないように、組織内法律家を認知して通信秘密を認めようとする動きが20年以上も繰り返されているといわれる。2021年にも、組織内弁護士（avocat salarié en entreprise）職を創設して通信秘密を認める法案（No. 4091）が検討されたが、反対も強く撤回された。https://www.lemonde.fr/societe/article/2021/03/05/reforme-de-la-justice-le-projet-de-statut-d-avocat-salarie-en-entreprise-abandonne_6072065_3224.html 最近の動向は、後掲注58）参照。

雇用関係を離れた場での活動のみが弁護士としての職務であるとされてきた[35]。しかし、2016年に施行された連邦弁護士法（BRAO）の改正によって組織内弁護士（シンディクス弁護士、Syndikusrechtsanwalt）に関する規定が新設され、弁護士会の認可を受けた組織内弁護士が、雇用関係の中で雇用者のために、専門的な独立性および自己責任により行う活動は、弁護士としての活動であると明記された（BRAO46条）[36]。

日本は組織内弁護士と外部弁護士を区別しない立場をとるが、それでも、職の特質に着目した規律を設けることは妨げられないであろう。職務基本規程51条についても、企業等の組織の中で活動する組織内弁護士の特質に着目した規定と解される[37]。ただし、51条の表現は硬直的なきらいがあり、立法論としては、より簡潔な表現にし、また、外部弁護士も含め、組織を依頼者とする弁護士の義務とすることも考えられる[38]。

2 非弁提携

弁護士の職の独立性を損なう典型例は、非弁護士との提携である。過払金返還を業とする者に名義を貸し、事務所を乗っ取られてしまうような例である。弁護士は、独立性を保持するため、報酬目的で非弁行為を業とする者と提携したり、弁護士以外の者と正当理由なく報酬を分配したりすることが禁止されているが（弁護士法27条、職務基本規程12条）、残念ながらこの禁を破る例が跡を絶たない。

前代未聞の例となった弁護士法人東京ミネルヴァ法律事務所の事案では、法律事務所が、非弁業者であるA社グループのB社から事務所を賃借していただけでなく、内装やパソコン等の什器備品の多くも賃借していた。事務員のうちの管理職ポストはB社から派遣されている者が占めていた。法律事務所の事業の中心は過払金返還請求事案であったが、依頼者への連絡や対応、金融業者との交渉（和解提案書や和解書の作成）などの法律事務も事務員が

35) ザイベル・前掲注34)。ハンス・プリュッティング「ドイツ職業法における独立性の要請」森編著・前掲注9）27頁。

36) プリュッティング・前掲注35）28頁。BRAO 46条は https://www.gesetze-im-internet.de/brao/_46.html. 訳文は、森編著・前掲注9）500頁以下。

37) 森際康友編『法曹の倫理〔第3版〕』（名古屋大学出版会、2019年）273頁以下〔石畔重次・上野陽子〕。

38) 加藤・前掲注7）55頁は、外部弁護士にも同様の義務付けをする方向が相当であるとする。

行っていた。事務所の依頼者はA社グループが地方相談会やWeb広告等で獲得し、法律事務所の資金繰りや人事等はA社の会長が取り仕切っていた。法律事務所はA社グループから多額の報酬や費目を請求され、売上を超える額の支払いをしていた。とくに、成立年度の2013年からの4年累計では、A社グループへの支払額が売上高を15億円も超過していた。この支払いには金融業者からの過払金返還金など依頼者のための預り金を流用していたが、経営が立ち行かなくなったため弁護士法人を解散し、状況を弁護士会に報告した。報告を受けた弁護士会は、残存資産の散逸を防ぐために2020年6月に東京地方裁判所に破産手続開始を申し立て、即日破産手続開始決定が出された[39]。破産宣告時点の法律事務所の元依頼者は3885名、負債総額は最終的に約30億円に達した[40]。

依頼者の権利を擁護すべき弁護士が、多数の依頼者に極めて多額の損害を被らせた由々しき事態であり、弁護士の独立を損ねただけでなく、弁護士に対する信頼を著しく毀損することになった。

3　異業種共同事業（MDP）

異業種共同事業は、他業種の専門職との共同事業である。弁護士と会計士などの他業種専門職との提携（multidisciplinary practice）やパートナーシップによる共同経営（multidisciplinary partnership）は、MDP（異業種共同事業）と称される[41]。他業種専門職は弁護士ではないので、法律事務を取り扱うことや事件の周旋をすることは、報酬目的で業として行う限り許されない[42]。弁護士が他業種専門職と報酬分配をすることも、正当な理由がある場合を除き、認められていない[43]。「正当な理由」の解釈にもよるが、日本では、一般的に、弁護士が会計士など他の専門職と経費を共同にする事務所は認められるが、収入を分かち合う収支共同事務所を営むことは許されないと解される[44]。

39）　破産管財人ホームページ。https://iwsk-kanzai.jp/data/20210125157report.pdf
40）　破産管財人の第7回債権者集会報告。https://iwsk-kanzai.jp/data/20231025houkoku.pdf
41）　狭義では、共同事務所経営（multidisciplinary partnership）を指すことが多い。
42）　弁護士法72条、条解641頁。
43）　職務基本規程12条。
44）　解説29頁は、12条に「違反するおそれが高く、」と、含みを持たせた説明をしている。

こうした隣接専門職との共同事業に関しては、1990年代に会計士との提携が問題となった。当時ビッグ・ファイブ（Big Five）と称された世界的な5大会計事務所が、コンサルティング業務の延長として法律サービスをも取り込もうとする動きがみられた。法律事務所が資本力の巨大な会計事務所に呑み込まれて弁護士の独立性が失われるのではないかと危惧されたが[45]、2001年のエンロン事件やその後のワールドコム事件によって風向きが一変した。エンロンの会計監査を担当していたアーサー・アンダーセンが解散に追い込まれただけでなく、会計事務所のあり方に対する風当たりが強まり、会計監査業務とコンサルティング業務との兼任自体が利益相反であると批判され、両部門の分離を要求する規制当局の動きもあって[46]、法律サービス業務を取り込もうとする会計事務所の動きも一時は下火になった。

4 新事業体（ABS）

しかし、その後に浮上したのは、MDPよりも包括的でドラスティックなABS（Alternative Business Structure、新事業体または代替的事業体）と呼ばれる法律事務所の形態であった。MDPは会計士などの隣接専門職とのパートナーシップ等による共同経営であったが、ABSでは、投資家など一般の非弁護士にも法律事務所への経営参加や出資が認められる。MDPなど法律サービス以外の業務も許される。2001年にオーストラリアのニューサウスウェールズ州でABSが認められたが、イギリスのイングランド&ウェールズでも、民間企業は激しい競争にさらされているのに弁護士が法律サービスを独占しているのは消費者の利益に反するという見地から、政府主導で改革が進められ、2007年に法律サービス法（The Legal Services Act 2007）が成立した[47]。ローソサイエティやバーカウンシル等の法律家の職業団体は、会員の利益代表機能と規律機能が分離され、各団体の規律機能（ソリシターの場合はソリシタ

45） UIAは、1999年、MDPで活動する弁護士は他業種専門職からの独立性を保持しなければならないとする決議を出している。https://www.uianet.org/sites/default/files/chartenewd1999-en.pdf

46） 白鳥省吾「会計不信と会計プロフェッション」https://waseda.repo.nii.ac.jp/record/15909/files/SyagakukenRonsyu_03_00_013_Shiratori.pdf

47） 2007年法成立に至る英国法曹界の実情は、吉川精一『英国の弁護士制度』（日本評論社、2011年）111頁以下が詳細に分析している。ABSについては同書155頁以下。また、クラウディア・ザイベル（石田京子訳）「グローバル時代の弁護士像とその倫理――欧州最前線の動き 代替的経営構造（ABSとヨーロッパの反応）」森際編著・前掲注37）206頁以下も、ABSに対する欧州の当時の反応を伝えている。

ー規律局、Solicitors Regulation Authority, SRA[48)]）を監督する独立機関として法律サービス局（Legal Services Board, LSB）が新設され、弁護士自治は失われた[49)]。他方でABSを認め、法律サービス市場を民間に開放した[50)]。2012年に最初のABSが認可されて以来ABSは年々増加し、2015年には、ロンドン証券取引所に上場するABSも出現した[51)]。2022年10月31日時点では、イングランド＆ウェールズの法律事務所数9636のうち1141事務所がABSであり、法律事務所の12％がABSになっている[52)]。4大会計事務所（Big Four）も、全てABS認可を受けている[53)]。

アメリカでは、1991年以来、ワシントンDCが、法律事務所で協働する非弁護士に限定して共同所有・共同経営を認めているが（法律業務以外は許されない）[54)]、他の州は、非弁護士との報酬分配や共同経営を禁じるABA模範規則5.4条と同内容の規則を定めており、非弁護士の共同所有・共同経営は認めていなかった。しかし、2020年にユタ州がUtah legal regulatory sandboxと称して、非弁護士が出資するABSを許容する試験的取り組み（seven-year pilot initiative）を開始し[55)]、2021年1月からはアリゾナ州が、ABA模範規則5.4条と同内容の規制を廃止し、正式にABSを許容した[56)]。いずれも、ABSは法律サービス事業への参入を容易にして競争を促進し、

48）　SRAはローソサイエティの部局ではあるが、ソリシターを規律する権限を独立して行使する。ローソサイエティに残されたのは、ソリシターの利益を代表する機能のみとなった。

49）　吉川・前掲注47）149頁は、「2007年法の下において、英国の弁護士自治は終焉を迎えた」という。

50）　ソリシターが法律事務所をABSにするにはソリシター規律局（SRA）の認可を受けなければならない。経営者の少なくとも1人はソリシターである必要があるが、経営に参加しない非弁護士が100％所有することも可能である。ABSについての詳細は、ローソサイエティの下記サイト参照。https://www.lawsociety.org.uk/topics/business-management/alternative-business-structures

51）　Law Society Gazette. https://www.lawgazette.co.uk/features/flexing-the-abs/5112032.article

52）　SRAのウェブサイト。https://www.sra.org.uk/sra/research-publications/authorising-profession-2021-22/

1141のABS事務所の形態は、会社850、パートナーシップ50、LLP（有限責任パートナーシップ）238、その他3であった。

53）　Sapere Research Group, *Alternative business structures and multidisciplinary practices: A working paper*. https://legalframeworkreview.org.nz/wp-content/uploads/2023/03/WP-11-Alternative-Business-Structures-and-Multi-Disciplinary-Practices-final.pdf

54）　https://www.dcbar.org/for-lawyers/legal-ethics/rules-of-professional-conduct/law-firms-and-associations/professional-independence-of-a-lawyer

55）　UTAH Office of Legal Services Innovation, https://utahinnovationoffice.org/

56）　Arizona Supreme Court Administrative Office of the Courts, https://www.azcourts.gov/cld/Alternative-Business-Structure. 2024年6月時点で、アリゾナ州のABSライセンス取得事務所は76に達している。

消費者の法律サービスへのアクセスを改善するとする。はたしてそうなのか、また、この動きが他州にも広がるのかどうかが、現在の最大の関心事になっている[57)]。

5　職の独立のこれから

近年、弁護士を取り巻く環境は大きく変遷している。わが国でも、報酬基準は撤廃され、広告や営利業務は自由化された。

組織内弁護士も急増して全弁護士の7%に達し、存在感を増してきた。弁護士の独立性が脆弱化するのではないかと危惧する声を尻目に、組織内弁護士は着実に企業や官庁に受け入れられてきた。組織の内部に存在することにより弁護士へのアクセスを容易にし、法令遵守や紛争予防に貢献してきた功績は大きい。弁護士としても、たとえば製薬や航空、海運、建設、ITなど、所属する組織の活動分野での専門的知見を蓄積することができる。

弁護士の独立性を強く求める欧州においても、組織内弁護士は存在感を増している。ドイツでは2016年に連邦弁護士法で組織内弁護士が認知され、企業内法律家の弁護士会登録を認めないフランスにおいても、国際競争でフランスの企業が不利な立場に置かれないようにするため、企業内法律家にも通信秘密を認める法改正が検討されている[58)]。

今後の課題は、他の専門職や一般の非弁護士との共同経営や共同所有を可能にして、フレキシブルな法律サービスの提供形態を認めるか否かである。MDPでは、共同経営にすることにより優秀な専門家を誘致することができ、また、会計士、税理士、司法書士や経営、ITの専門家など幅広い専門家と1か所でサービスを提供すること（one-stop service）が可能になるので、依頼者にとっても利便性が増すといわれる。さらに、ABSでは、外部資本を取り入れてIT化の促進や業務拡大を図ることができ、小規模事務所では家族らを共同経営者にすることができるという。消費者にとっては、競争の促進によってアクセスが容易になり、低コスト高品質の法律サービスを受けられ

57）　https://www.alanet.org/legal-management/2021/september/features/shaking-up-the-law-firm-management-structure

58）　https://www.senat.fr/leg/pjl23-014.html. ただし、2023年11月16日に憲法評議会において法の目的から逸脱する改正との判断が出され、仕切り直しになった。https://www.conseil-constitutionnel.fr/decision/2023/2023855DC.htm

るようになるという[59)]。

しかし、ABSでは、イギリスのSSB LawやPure Legalなど、巨額負債を抱えて倒産する例が出ており、そうでなくても、外部資本に依存するのは、出資を引き揚げられたりして経営が不安定になるリスクがある。守秘義務や利益相反回避などの弁護士の義務の遵守が疎かになるおそれもある。最大の懸念は、やはり弁護士の独立性が損なわれるのではないかという点にある。ABSでは依頼者の利益を最優先にするとされるが、投資家は投資に見合う利潤を得るのが目的であるから、直接間接の圧力を受けたり、弁護士が忖度したりする事態は避けられないのではないだろうか。

また、非弁護士が参加するとなると、非弁護士をも含む組織としてのABSを監督する機関が必要になるが、かりに法律サービス局（LSB）のような監督機関が導入されることになれば、弁護士の独立と自治は著しく毀損されることになろう[60)]。

いずれにせよ、わが国では、法律事務所に外部資本の導入を必要とするような土壌は、いまだ醸成されていないと思われる[61)] [62)]。

ただし、弁護士の独立は弁護士自身のために保障されるものではなく、依頼者の利益を適正に実現するために保障されるものであるから、弁護士が事務所の主導権を有し、依頼者に尽くす弁護士の義務を損ねるおそれが少なく、依頼者の利便性が増すような業務形態については、検討の余地があろう。

現実性があるのは、弁護士主体の他業種専門職とのMDPではないだろうか。たとえば、相続事案や労務関係事案などは、弁護士と税理士や社会保険労務士が同時に相談にのれば便利である。ただ、経費共同事務所でも相当程度ワンストップでのサービス提供は可能と思われるので、収支共同にすべき

59）　LSBは、ABS10年の実績を高く自己評価している。*THE STATE OF LEGAL SERVICES 2020: A reflection on ten years of regulation.* https://legalservicesboard.org.uk/wp-content/uploads/2020/11/The-State-of-Legal-Services-Narrative-Volume_Final.pdf

60）　前掲注49）・59）。LSBの上記報告書は、他国もイングランド&ウェールズの改革に追従し、自治と競争制限は独立機関による規制と自由市場モデルに変わりつつあると自賛する（14頁19項）。

61）　ドイツもABSは認めていない。ドイツでの議論状況については、ヴォルフガング・エヴァー「弁護士の独立に関する今日的諸問題」森編著・前掲注9）37頁以下。

62）　ABS自由化の恩恵を最も受けているのは、おそらく、法律サービスを会計、コンサルティングと統合できる4大会計事務所、そしてLegalZoomなどのオンラインサービス業者であろう。https://investors.legalzoom.com/news-releases/news-release-details/arizona-supreme-court-approves-alternative-business-structure、https://www.ucllawforall.com/

必然性があるのかを検証しなければならない。また、他業種専門職は監督官庁の監督に服するので、弁護士の独立や守秘義務が侵害されるおそれはないのか、他業種専門職との利益相反の問題は生じないのか等、検討すべき課題も少なくないと思われる。

いずれにしても、これまでは弁護士の観点からの議論が主体であったが、今後は、消費者、依頼者の観点から、より利用しやすく、より信頼できる法律サービスへの要求がいっそう高まるであろう。弁護士としても、弁護士の独立性を維持しながら、アクセスを容易にし、利便性を高めていく努力を重ねていかなければならない。

3　弁護士の第三者に対する責任

榎本　修

Ⅰ　第三者に対する責任を弁護士が負う法的根拠

弁護士の職務は「当事者その他関係人の依頼」等により「法律事務を行うこと」（弁3条）であるから、第三者に対して責任を負うのは例外的な場合である。では、①ここにいう「第三者」の意義および②これに対して責任を負う根拠は奈辺に存するか。

1 「第三者」の意義

「第三者」は「当事者」の対義語である[1]から、「第三者」の意義を検討することは、「当事者」概念を裏から検討することを意味する。

弁護士業務における「当事者」とは誰か。弁護士業務には、弁護士に対する明確な「依頼者」がある場合もある。例えば、典型的な弁護士業務である訴訟の委託は委任（民643条）・準委任（同656条）の双方の要素を含む契約である[2]。この委任者[3]、すなわち「依頼者」は当事者である。また、法律相談における「相談者」も当事者であろう[4]。しかし、弁護士業務の中には裁判所から選任されて行う破産管財人（破産法2条12号、74条1項）や成年後

1）　竹内昭夫＝松尾浩也＝塩野宏編集代表『新法律学辞典〔第3版〕』（有斐閣、1989年）921頁。法律用語研究会編『有斐閣法律用語辞典〔第5版〕』（有斐閣、2020年）748頁。
2）　内田貴『民法Ⅱ 債権各論〔第3版〕』（東京大学出版会、2011年）289頁。
3）　民法643条は「当事者の一方」と表現するが、同644条の2以下ではこれが「委任者」と表現されている。
4）　法律相談を行う契約は、一種の請負契約（民632条）であるとも考えられる。

見人（民8条、843条1項）のような業務もある。このような広い意味での「依頼者」以外の者が「第三者」にあたる。

弁護士（ないし弁護士法人）が責任を負うこととなった「第三者」の具体例としては、①相手方当事者本人[5)]、②相手方代理人弁護士[6)]などが典型的なケースであるが、それ以外にも③債務整理案件における債権者や破産管財人[7)]、④破産管財人として職務を遂行した場合の破産債権者[8)]、⑤売買契約で売主の代理人として職務を遂行した場合の相手方買主[9)]、⑥刑事事件における弁護人として職務を遂行した場合の当該事件の被害者[10)]、⑦所属事務所の他の弁護士[11)]や事務職員[12)]などがある。

2　第三者に対する責任の根拠

それでは、ここでいう「責任」とは何か。法律用語研究会編『有斐閣法律用語辞典〔第5版〕』685頁は、「責任」を「多義的な語である」としつつ、「一般には、自己の行為の結果について、何らかの義務、不利益、制裁を負わされること」をいうものとする。このような意味で言えば、①民法上の損害賠償責任を負う場合だけでなく、弁護士法等による②刑罰規定による制裁（刑法134条等による処罰）、③懲戒規程による制裁（不利益）も一種の責任である。

本稿は「第三者に対する責任」を論ずることから、①の民法上の損害賠償責任が認められた事例の検討を中心とする。その場合、第三者と弁護士は契約関係にないから、ここで責任を負う根拠は不法行為に基づく損害賠償責任

5）　名誉毀損等に関する事案が多い（Ⅱ参照）が、自力救済の事案（浦和地判平成6・4・22判タ874号231頁）なども問題となる

6）　名誉毀損等に関する事案（Ⅱ参照）と懲戒請求を不法行為であると主張する事案（最判平成19・4・24民集61巻3号1102頁）が多い。

7）　①破産申立遷延等による財産散逸防止義務違反が認められた例（東京地判平成21・2・13判時2036号43頁等）、②過大な弁護士報酬が否認された事例（東京地判平成22・10・14判タ1340号83頁等）など。これらの責任については、全国倒産処理弁護士ネットワーク編『破産申立代理人の地位と責任』（金融財政事情研究会、2017年）参照。

8）　札幌高判平成24・2・17金判1395号28頁等（不足額確定書を提出しないうちに配当表を作成して最後配当した点につき破産管財人弁護士に破産法85条2項の責任を認めた）。

9）　東京地判平成7・11・9判タ921号272頁（売主についての本人確認義務違反を認定）。

10）　高松高判平成17・12・8判時1939号36頁（示談交渉の経過が強引かつ一方的として不法行為責任を認めた）。

11）　東京高判平成21・7・30判タ1313号195頁（雇用された外国弁護士（外国弁護士の法律事務の取扱い等に関する法律2条2号（当時））の経営者弁護士に対する報酬請求を一部認容した）。

12）　東京地判平成27・1・13判時2255号90頁（事務局長の事務職員に対するパワハラを認定し、弁護士法人の責任を認めた）。

（民法709条）が基本である[13]。しかし、破産の場面では依頼者以外の者に対する責任が生ずる場合があり、ⓐ破産者等を依頼者とする場合には、その債権者（民法424条による責任や財産散逸防止義務違反の責任）・破産管財人に対する責任（報酬の過大・否認（破産160条）、同じく財産散逸防止義務違反など）、ⓑ自らが破産管財人となる場合には、債権者・担保権者その他の関係者に対する責任が問題となる場合がある[14]。

II　どのような行為が違法・不当とされているか

上記のとおり弁護士は、様々な「第三者」に対して責任を負う場合があるが、本稿では、(1) 弁護士の中心的な業務である訴訟提起・追行、(2) 訴状・答弁書等の準備書面の記載内容、(3) 書証の提出、(4) 尋問の各場面で弁護士の行為が違法・不当とされた判例を中心に検討する。

1　訴訟提起（不当訴訟）・追行

不当訴訟一般について、**【1】**最判昭和63・1・26民集42巻1号1頁は、訴え提起にあたり、提訴者が事実的・法律的根拠につき、高度の調査・検討が必要と要請されるものと解するならば、裁判制度の自由な利用が著しく阻害される結果となり妥当でないこと等を理由に、訴え提起が相手方に対する違法行為となる場合は、①提訴者の主張した権利・法律関係が事実的・法律的根拠を欠き、②提訴者が、これを知り、通常人が容易にこれを知りえたのにあえて訴えを提起したなど「訴えの提起が裁判制度の趣旨目的に照らして著しく相当性を欠くと認められるとき」に限られるとする[15]。

このような司法制度における民事訴訟提起・攻撃防御の自由や裁判を受ける権利（憲法32条）の重要性に鑑み、訴訟提起自体が問題とされても違法性を認めない判決が多い。

例外的に違法性が認められた事案として注目されるのは、弁護士が提起し

---

13) 加藤新太郎『弁護士役割論〔新版〕』（弘文堂、2000年）75頁参照。
14) 破産法85条2項に基づく破産管財人の責任を認めたものとして前掲注8）の札幌高判参照。
15) ただし、本判決は当事者同士での訴訟事案であり、代理人弁護士に対する責任については、更に別途の検討を要することにつき、升田純『なぜ弁護士は訴えられるのか』（民事法研究会、2016年）337頁。

た不当訴訟を理由とする相手方弁護士に対する本訴請求に対し、当該本訴が不法行為である旨の反訴が提起された事例につき、本訴請求を棄却し反訴請求を認容した**【2】**東京高判昭和54・7・16判タ397号78頁である。同判決は、代理人弁護士の行為が相手方に対する不法行為となるためには、単に本人の訴えの提起が違法であって本人について不法行為が成立するというだけでは足りず、「代理人としての行動がそれ自体として本人の行為とは別箇の不法行為と評価し得る場合に限られる」と判示する。同判決は、依頼者の訴訟提起等を委任された弁護士は、依頼者とは別に独自に当該提訴等が違法なものでないか、検討、吟味すべき義務があることを前提としているとも評価されている[16)]。他に違法性が認められたものとしては、**【3】**東京地判平成10・2・27判タ1028号210頁が、別訴の訴訟活動が不当訴訟である旨の訴訟提起を、不当な圧力をかけて別訴を有利に進行させる目的で提起された違法なものと評価して弁護士の責任を認めている。

2　訴状・答弁書等の準備書面の記載内容

書面の記載内容については、名誉毀損による不法行為として争われることが多い。

名誉毀損一般については、**【4】**最判昭和41・6・23民集20巻5号1118頁が「名誉棄損については、その行為が公共の利害に関する事実に係りもつぱら公益を図る目的に出た場合には、摘示された事実が真実であることが証明されたときは、右行為には違法性がなく、不法行為は成立しない」と判示する。しかし、以下の判例では、必ずしも上記最判の枠組みがそのままには用いられておらず、要証事実との関連性や表現内容・方法等を勘案して結論が導かれている[17)]。**【5】**東京地判平成10・11・27判時1682号70頁は、そのような判断枠組みを明示したものであり「弁論主義・当事者主義の観点から、訴訟手続における主張は、それが他人の名誉を毀損するものであったとしても、要証事実と関連性を有し、その必要性があり、表現内容、方法、態様が適切である場合には、正当な弁論活動として、結果的に主張事実が真実であ

16）加藤・前掲注13）132頁、同書183頁以下「不当訴訟と弁護士の責任」、高中正彦『判例　弁護過誤』（弘文堂、2011年）308頁。

17）高中・前掲注15）214頁参照。

ることの立証が得られなくとも、その違法性が阻却されると解すべきである」とする[18]。

訴状や答弁書・準備書面の記載についても、上記のとおりの自由な訴訟追行を尊重する趣旨から違法性が認められなかった事案が多い。以下は、例外的に違法性が認められた事案である。

(1) 訴状の記載の違法性

【6】浦和地判平成6・5・13判タ862号187頁、**【7】**東京高判平成7・11・29判時1557号52頁は、弁護士が被告司法書士会を「劣位下等な職能集団」と訴状に記載したことの違法性を認めた。

(2) 答弁書等の準備書面の記載の違法性

相手方本人のみに対する責任が認められたもの　**【8】**水戸地判平成13・9・26判タ1127号189頁は、弁護士が準備書面等に訴訟上の必要性が認められない事項を著しく不適切な表現で記載した点等につき名誉毀損による不法行為責任を認めた[19]。**【9】**東京地判平成18・3・20判タ1244号240頁は、「主要な動機が訴訟とは別の相手方に対する個人攻撃とみられ、相手方当事者からの中止の警告を受けてもなお訴訟における主張立証に名を借りて個人攻撃を続ける場合には、訴訟上の主張立証であることを理由とする違法性阻却は認められない」としたうえで、本件の請求内容が「民事訴訟実務においてはいわゆる無理筋とみられる主張ばかりが入れ替わり立ち替わり提出されてい

---

18)　室橋秀紀「訴訟活動と不法行為の成否――その現状と課題」判タ1242号（2007年）36頁は、加藤・前掲注13）223頁などを踏まえて、裁判例が㋐意図・目的、㋑関連性・必要性、㋒表現の相当性などを主たる考慮要素として違法性の有無を判断している、と整理する。

自由な訴訟追行の保障と相手方の人格権（名誉権）保護との調整について、加藤・同書214頁が「弁論主義の下において展開される主張・立証はその性質上類型的に名誉毀損（法益である人格権侵害）のおそれがあるが、適正な裁判の確保という利益維持の観点から、原則として、その侵害を社会的に相当なものとして許容されるとする（結果無価値の不存在）一方、例外として、法秩序に違反する形態での法益侵害は社会的に不相当なものとして許容されない（行為無価値の存在）」という法規範命題を提示する点や、「①要証事実に関連性があり、主張の必要性があり、主張方法も相当であった場合には、真実性を欠いていても違法性はないが、②要証事実に関連性がなく、主張の必要性もなく、主張方法も不相当であった場合には、真実性があっても違法性があることになる。さらに、③要証事実に関連性があるかどうか主張の必要性があるかどうかは微妙であり、主張方法もただちに不相当ともいえない場合には、真実であるかどうか（その事実を証明できるかどうか）によって違法性が決定されることになる（類型考慮説）」とする点（加藤新太郎『コモン・ベーシック弁護士倫理』（有斐閣、2006年）237頁）も参考となる。

19)　升田・前掲注15）436頁は、本件が「特に依頼者の責任を否定しつつ、弁護士の責任を肯定したことは注目される」とする。その点について、同判決は、依頼者は準備書面等にいかなる内容を記載するかについて、具体的な指示をしておらず、その点は代理人弁護士に一任していたものと認められるから、各記載について不法行為責任を負うものではない、と判示している。

る」もので、「残余の記載の用語、表現振りも、もっと客観的な落ち着いた表現を採用することが可能なのに、ことさらに刺激的、攻撃的な用語、表現が繰り返し多用されており、訴訟行為の名を借りて原告に対する個人攻撃を行っているものと推認されてもやむを得ない程度に至っている」として、弁護士が作成した準備書面につき名誉毀損の不法行為責任を認めた。

相手方代理人弁護士に対する責任が認められたもの[20]　**【10】**千葉地館山支判昭和43・1・25判時529号65頁は、相手方弁護士らが「刑事訴追をうけ裁判を受けており」「高度の法律知識を使い、法律の裏をかくあらゆる途を講ずる処置をしている」等と準備書面に記載したことについて「その訴訟に関係ないことを述べたり、相手方代理人を誹謗することにより、名誉を侵害する場合は、仮令民事訴訟の法廷において述べたものであっても違法性を阻却しない」等として不法行為責任を認めた。**【11】**大阪地判昭和58・10・31判タ519号184頁、**【12】**大阪高判昭和60・2・26判時1162号73頁は、不動産の二重譲渡の事案において、「相手方弁護士らは、被告らから横領することを企て、その実行を共謀した」「相手方弁護士らはいずれも横領行為の共謀共同正犯者又は教唆犯者である」等の主張について、その主張の根拠は十分ではないことや「横領罪の共犯に該当するとまで主張しなければ、その背信的悪意者性、公序良俗違反性が高度である旨を表現、伝達しえないものでないことは明らか」として弁護士の不法行為責任を認めた。**【13】**東京地判平成5・7・8判タ824号178頁は、医療事件の被告代理人弁護士が調査事務所に原告の身辺調査を依頼してその報告書を和解期日に裁判所に提出したことについて、原告代理人弁護士が相手方弁護士は「倫理感（ママ）が完全に麻痺し、事の是非、善悪の判別もできない」「弁護士であれば何をしてもかまわないという特権的な思い上がった意識、観念に取りつかれている」、相手方弁護士の「回答は明白に」相手方弁護士が「精神異常であることを示す。品性は低劣、行為は卑劣」等と準備書面に記載した事案について、著しく適切さを欠き「常識を逸脱し、原告の名誉を著しく害するものであって、社会的に許容される範囲を逸脱するものであるので、正当な弁論活動とはいえない」として弁護士の不法行為責任を認めた。**【14】**東京高判平成9・12・17判タ

---

20)　前項では相手方本人のみに対する責任を認めたものを掲げたが、本項では相手方代理人に対する責任を認めたものについては、重ねて相手方本人に対する責任を認めたものも含めて整理した。

1004号178頁は、相手方代理人弁護士は関係者に「虚偽の陳述をさせてむりやり黒を白にしようとする行為をしている」等と準備書面に記載した事案について、「これらの推測は、客観的な根拠に基づくものとは到底認めることはできない」「断定的な表現をもって訴訟上主張することは、その推論に飛躍がありすぎ、かつ、その『黒を白』等との表現も著しく穏当を欠く」として名誉毀損を理由とする弁護士の不法行為責任を認めた。**【15】**東京地判平成29・9・27判タ1464号213頁は、離婚調停において相手方代理人弁護士が「弁護士として存在すること自体、許されない」等の記載をした準備書面を弁護士が提出した事案について、この表現が「原告が不法行為責任を負い、それに関する訴訟提起が予想される旨を本件離婚調停の進行の参考とするために、裁判所に伝えるという目的を超えて、弁護士である原告の人格を攻撃するもの」であり「表現方法が不当」である等の理由により違法性が阻却されない等として弁護士の不法行為責任を認めた。

3　書証の提出

【16】京都地判平成2・1・18判タ723号151頁は、仮処分申請事件において差別的記載のある興信所の調査報告書を疎明資料として提出した事案で、当該報告書が「保全の必要性を具体的に基礎づける事実との関連性に大きな疑問が残る」うえに、他に直接的な疎明資料が存在するのに、当該報告書を疎明資料として裁判所に提出することは「弁護士として要求される慎重さを著しく欠いた[21]もの」で「社会的に許容される範囲を逸脱したことが明らかな活動であるというべき」で「その違法性は阻却されない」として名誉毀損による弁護士の不法行為責任を認めた。**【17】**東京高判平成11・9・22判タ1037号195頁は、面談強要禁止の仮処分で、弁護士が別件で取り扱った例外的に無審尋で発令された他の事件の家事調停申立書の控えを提出した事案につき、同申立書には当事者の国籍や身上経歴、財産関係、当事者の中に特別養子がいることなどが記載され、これらについては、みだりに漏洩公開されない法律上の保護に値する利益（プライバシー）があるのに対し、当該申

21)　同判決は、当該弁護士の依頼者の責任を否定したが、その理由として、弁護士が「法律の専門家として専門知識を生かしてかなり広範な裁量権をもって行動することが許されている」し、弁護士の「弁護活動を逐一監視する義務」もないから過失はないと判示している点も注目される。

立書控えと当該仮処分事件は当該弁護士が「各紛争ないし事件申立てに関与したという以上には事件としては関連性が全くなく」、弁護士としては「プライバシー侵害のおそれ[22]に考慮を巡らせるべき」であったのに、本件全証拠によっても「プライバシー侵害への配慮をした形跡を窺うことができない」こと等を理由として、弁護士にプライバシー侵害による不法行為責任を認めた。**【18】**東京地判平成22・5・27判時2084号23頁は、最高裁係属事件の口頭弁論期日等に関し、相手方弁護士の名誉を毀損する記載がある報告書を提出したことについて、上告審における争点と報告書の記載事項が「およそ関係がないことは明らかであり、それを上告審における口頭弁論において主張、立証する必要性も全くない」ことなどを理由に当該報告書を提出した弁護士の不法行為責任を認めた。

4　尋問

【19】東京地判昭和26・9・27下民集2巻9号1138頁は、約束手形金請求訴訟の被告本人尋問において「原告（約束手形金請求訴訟の被告）が蓄えている二号三号の生活費は原告が支出しているか」との趣旨の反対尋問を弁護士が為した事例につき、「本件発問は原告の支払能力を知るためにされた」との主張を「給付訴訟において被告の支払能力の有無は事件の争点とは関連性がない」から「本件にあっては正当な訊問権の範囲を超えて」おり、「被告の発問は不当であつた」として排斥した[23]。

Ⅲ　原因についての考察

1　違法行為についての故意（認識・認容）

弁護士の第三者に対する責任が生ずる原因の中には、配当表の誤りによる誤配当[24]のような単純な過失によるものもある。しかし、上記Ⅱで検討し

22）　同判決は申立書が事件関係に以外には閲覧謄写が許されない（当時の家事審判規則12条、現在の家事事件手続法254条参照）一方、民事保全記録の閲覧に時期的制限が設けられている（民事保全法5条1項）としても、閲覧等を通じて債権者以外の第三者に開示漏洩される可能性があることを指摘する。

23）　ただし、判決の結論としては、原告がその質問に対して単に否定すれば足りたから、これにより原告が公然侮辱せられたわけではなく、原告の名誉が害されたということはできないとして損害賠償請求は棄却されている。

た民事訴訟における①訴訟提起・追行、②訴状・準備書面における記載、③書証の提出、④尋問が違法・不当と認められたケースについては、基本的には当該行為を行うことについては認識・認容があり、客観的にはそれが違法・不当であるにもかかわらず、それが正当であると考えてその評価を誤った点にその原因があると考えられる。

このうち、名誉毀損やプライバシー侵害の記載が含まれている書証を提出した判例【16】【17】のケースは過失による可能性もあるが、およそ弁護士が書証を裁判所に提出するにあたっては、提出する書証の記載内容やその評価については当然に十分吟味して提出していることが通例であるから、仮に過失によって提出したものであるとしても、それは故意と同等な重過失とも評価され得るものであろう。

2 「弁護士観」の多様化と名誉毀損訴訟
――「新時代の弁護士」に求められるもの

上記で違法不当とされた判例に特徴的であるのは、相手方当事者本人に対するものよりもその代理人弁護士に対する名誉毀損の事案が相当に多い点である（例えば準備書面に関するⅡ 2 (2) の判例【10】〜【15】参照）。

一般に弁護士が訴訟等において書面を作成するにあたっては、既に当事者間に紛争が存在することが前提であるから、その代理人弁護士が作成する書面は、相手方当事者の名誉感情はもちろん、客観的には名誉そのものを毀損する内容を含む場合もその性質上、一定程度予定される[25]。しかし、そのような書面のやり取りや立証過程において、当事者本人ではない代理人弁護士同士の個人的心情や心理によって当該紛争とは別の紛争が生じ紛争が激化することは本末転倒である。しかるに、上記で違法・不当とされたものの中には（当事者同士の紛争というよりも）代理人弁護士同士の紛争の体を為しているものが少なくない。例えば、準備書面を作成した弁護士の責任が認められ、依頼者本人の責任は認められていない判例【8】が典型的である。

弁護士増員による「競争の激化」あるいは「依頼者の権利意識の増大」を

24）　前掲注 8）参照。

25）「弁論主義の下において展開される主張・立証はその性質上類型的に名誉毀損（法益である人格権侵害）のおそれがある」とする加藤・前掲注 13）214 頁参照。

背景とした若手弁護士の「やり過ぎ弁護」「熱心弁護」が指摘されることがあるが、一方で「弁護過誤訴訟で敗訴しているのは、意外とベテラン弁護士なのです。何でベテラン弁護士が、そのような過激な行為に走ってしまうのかは、よく分かりません」ともいわれることがある[26)]。

この点は、以下のように分析できるのではないか。すなわち、上記①～④（訴訟活動）以外でも、弁護士が相手方弁護士の懲戒請求をしたことが違法・不当とされた事案が少なくない[27)]ことからも分かるように、依頼者本人以上に、弁護士自身がエキサイトしていることが、この種の責任を生じさせる原因になっている場合が少なくない。上記各判例の中では、「弁護士かくあるべき」という個々の弁護士の少しずつ異なる「弁護士観」がぶつかり合い、それを裁判所に認めさせたいという思いが表れている。そして、同業であるからこそ、その紛争は激化しやすいという側面がある。そして、「弁護士かくあるべき」とのより強固な信念を持っているのは若手弁護士よりもベテラン弁護士であり、だからこそベテラン弁護士がよりエキサイトしてしまうのではないか[28)]。

「他の弁護士や相手方、さらには証人を誹謗・中傷してはならないということは、単なる道徳ではなく最も古典的な弁護士倫理である」といわれる[29)]。このような弁護士同士の紛争は、上記のようにその性質上、それが生じやすく、激化しやすいからこそ、古くから弁護士倫理でそれを戒める規定が置かれ[30)]、日本以外でも弁護士につき同種規定が置かれてきた[31)]。

日本では、司法制度改革以降の弁護士の増加、法テラスに所属する弁護士や企業内弁護士・組織内弁護士の増加などによる職域の多様化（本書第1部1

26）以上につき、高中正彦＝石田京子編『新時代の弁護士倫理』（有斐閣、2020年）155頁、274頁〔高中発言〕各参照。

27）例えば東京地判平成5・11・18判タ840号143頁など。前掲注6）最判平成19・4・24も参照。

28）判例【15】の事案では「あなたは弁護士として不適当、向いていない。弁護士倫理上問題がある」「私は綱紀委員（ママ）に所属しているが、このような弁護士がのさばっていることが問題、綱紀委員（ママ）でも問題とする」「あなたのような人が修習生を教えていることが問題。修習委員会にも報告する。修習生がかわいそう」等と被告弁護士が発言した事実が認定されている（220～221頁）が、当該発言内容からして、そのような発言をしたのは一定の経験を有するベテラン弁護士であると推認される。

29）塚原英治＝宮川光治＝宮澤節生編著『プロブレムブック　法曹の倫理と責任〔第2版〕』（現代人文社、2007年）224頁〔宮川光治〕。

30）旧弁護士倫理43条、50条参照。

31）当時の西ドイツの準則を紹介する伊藤彦造「職業倫理からみた弁護士実務の具体的検討」石井成一編『講座現代の弁護士1　弁護士の使命・倫理』（日本評論社、1970年）287頁以下参照。

～3、7参照）によって、上記のような「同業」意識が薄れる可能性もあるが、他方、よって立つ「弁護士観」自体がこれまでにないほどに多様化・複雑化していることから、このような弁護士同士の紛争は増加し、激化するようにも思われる。

しかし、そもそも、このような弁護士同士の紛争や相互の懲戒請求[32]などは、弁護士に依頼した当事者が望んでいることなのだろうか[33]。

いかに弁護士が多様化したとしても、全ての弁護士に現に共通する規範であり、今後もそのような規範たるべき弁護士職務基本規程を、このような観点から自戒を込めて改めて見てみると、わたしたち新時代に生きる弁護士は、各自の弁護士実務について再考すべき点があるように思われる。同規程が弁護士に対して一般的な信義誠実義務（5条）を課しているにもかかわらず、更に加えて他の弁護士等との関係において「相互に」名誉と信義を重んじ（70条）、信義に反して不利益に陥れてはならない（71条）と敢えて重ねて規定している趣旨は何か。それのみならず、73条で「協議」や「紛議調停」による円満な解決に努めると、その紛議の解決方法まで規定している趣旨は何か。

弁護士同士の「弁護士観」に関する紛争をよりよく解決し得るのは、裁判所における訴訟ではなく、弁護士会における紛議調停ではないか[34]。上記各判例で弁護士が訴訟まで提起する前や訴訟係属途中において、このような

32）　不当訴訟と懲戒請求は類似する部分もあるが、ある意味では後者の方が応訴等の負担が大きい。この点で、前掲注6）最判平成19・4・24での田原睦夫裁判官補足意見が、日本の弁護士自治が現在の形で認められるに至った経緯から説き起こし、以下のように指摘する点が注目される。「弁護士が自ら懲戒請求者となり、あるいは請求者の代理人等として関与する場合にあっては、根拠のない懲戒請求は、被請求者たる弁護士に多大な負担を課することになることにつき十分な思いを馳せるとともに、弁護士会に認められた懲戒制度は、弁護士自治の根幹を形成するものであって、懲戒請求の濫用は、現在の司法制度の重要な基盤をなす弁護士自治という、個々の弁護士自らの拠って立つ基盤そのものを傷つけることとなりかねないものであることにつき自覚すべきであって、慎重な対応が求められる」。

33）　ローヤリング（lawyering：弁護士実務）の目的は依頼者・当事者の「納得」にある（榎本修『ローヤリングの考え方』（名古屋大学出版会、2022年）49頁参照）が、弁護士同士に紛争が発生・激化すれば、自身の紛争に対する依頼者の「納得」が増すとは必ずしもいえない。

　他方、個々の当事者・依頼者は全て異なる意思・趣向を持っているから、中には「相手方の弁護士自体を糾弾してくれた方が納得する」という者もあるかもしれない。その場合は、専門家としての弁護士の判断の独立性（職務基本規程20条参照）や主張内容を依頼者とは独自に検討・吟味すべき義務（前掲注16）参照）が問題となってくる。

34）　弁護士会には紛議調停だけでなく懲戒請求の手続もある。しかし、前掲注32）にいう懲戒手続の応訴等の負担について論ずるまでもなく、弁護士同士の紛争において懲戒請求の前に紛議調停が試みられるべきことは、正に弁護士職務基本規程73条の定めるところである。

協議や紛議調停をどの程度試みたのかは明らかではないが、少なくともこの規程の趣旨が十分に活かされていれば、このような責任を認める旨の判決には至っていないのではないだろうか。

新しい時代の弁護士倫理は、ベテラン弁護士に対してこそ、「弁護士」概念についての意識改革と多様な弁護士像の受容・対応を求めているのかもしれない。

4　弁護士の本人確認義務

――地面師事案における弁護士の責任

西田弥代

Ⅰ　はじめに――地面師と弁護士の関係

1　地面師とは

平成29年6月、都心の一等地を巡って、大手不動産会社から巨額の金員をだまし取った地面師グループの犯行が大きく報道され、社会の注目を集めたが、その後も、地面師の報道は断続的に続いている。

地面師とは、自分に所有権のない土地を勝手に売り飛ばす詐欺師（『広辞苑』）とか、他人の土地を自分のもののように偽って第三者に売り渡す詐欺師（『大辞林』）と定義されるが、単独犯行は少なく、通常は、不動産業を装う者、土地所有者になりすます者（替え玉）などの役割分担をして、グループで犯行に及ぶ。そして、偽造した土地所有者の印鑑登録証明書（以下「印鑑証明書」という）、当該印鑑を押捺した登記委任状のほかに必須なのが、土地所有権移転登記のための必要書類である登記識別情報がない場合の資格者代理人の本人確認情報（不登法23条4項1号）である。すなわち、土地所有者になりすました者は、当然のことながら登記識別情報を持っていないから、弁護士や司法書士といった不動産登記申請の資格者に代理人を依頼し、登記識別情報を紛失した等と偽って本人確認情報を作成させるのである。

2　弁護士の責任の発生

弁護士法3条は、弁護士の職務を規定するが、「一般の法律事務」には登記申請行為の代理業務が含まれる[1]。

そこで、地面師は、狡猾な偽装を行って土地所有者になりすまし、登記申請の代理権を持つ弁護士に依頼し、弁護士を騙して詐欺に協力させる。このように騙され地面師の協力をさせられた弁護士は、売買代金を詐取された詐欺被害者たる買主と、土地を無断で売られた所有者に対する不法行為責任を負うことになる。

地面師事案に関与した弁護士に関する裁判例は3件ある（ただし、2件は同一の案件）。これ以外にも、任意交渉や訴訟中に和解などで解決した事案などもあると思われるため、現実には相当数の事案があるものと予想される[2]。

3　不動産登記法における規定内容

平成16年改正後の不動産登記法の定めと本人確認に関する不動産登記規則によれば、所有権移転登記のような権利に関する登記を申請するときには、登記義務者の「登記識別情報」を提供することが必要となる（不登法22条1項）。登記識別情報の提供がないとき、登記申請を受けた登記官は、登記義務者に対して、登記申請があったことおよび申請内容が真実であるときはその旨の申出をすべきことを通知するが（不登法23条1項。事前通知制度）、登記申請が登記申請の代理資格を有する代理人によってなされ、当該資格者代理人作成にかかる「本人確認情報」の提供があれば、事前通知制度の適用がない[3]。そして、平成29年に改正された不動産登記規則72条2項は、資格者代理人が登記義務者と面識がないときは、①運転免許証、個人番号カード（マイナンバーカード）、旅券（パスポート）、在留カード、特別永住者証明書、運転経歴証明書のいずれか1つ以上の提示を求める方法、②健康保険等の被保険者証、公務員共済組合の組合員証、私立学校教職員共済制度の加入者証、

1）　東京高判平成7・11・29判時1557号52頁。

2）「本人意思」の確認義務違反の弁護過誤判例は多数あるが、その法的性格は債務不履行責任であるから、「本人性」の確認とは性格を異にする。

3）　平成16年改正前の不動産登記法では、登記識別情報は「登記済証」（いわゆる権利証）であり、「本人確認情報」は「保証書」であった。保証書に関して不動産登記規則現72条2項のような規定は存在しなかった。

基礎年金番号通知書、児童扶養手当証書、母子健康手帳、身体障害者手帳等のうち2つ以上の提示を受ける方法のいずれかによって本人確認をすべきことを定めている。地面師詐欺においては、この本人確認書類にも、巧妙な偽造が施されている。

II　弁護士が地面師に騙された事例1　東京地判平成7・11・9 判タ921号272頁

1　事案の概要

Xは、A所有の土地を買い受けることとなり、Aの紹介者であるY_1からAが買付証拠金800万円を要求していると聞き、Aと面識がないことや土地上に借地人名義の建物があり明渡しに不安があったことから、売主A側に代理人として弁護士がつくことを取引の条件とすることを求めた。

Xは、ホテルの喫茶店において、Y_1から所有者Aの替え玉の女性（自称A）、Aの代理人であると称する弁護士Y_2を紹介された。Xが自称Aに対し、身分証、印鑑証明または権利証等を見せてほしいと頼んだところ、自称Aは、戸籍謄本のようなものを見せただけで、あとは登記のときに確認できるようにすると述べた。Xは、弁護士Y_2に対し、Aの代理人として預り証に署名してくれなければ買付証拠金800万円を交付しない旨述べたところ、Y_2は一旦断ったが、Y_1らからも頼まれたため、Aの代理人として預り証に署名押印し、Xに交付し、800万円の現金小切手を受領した。

後日、さらにY_1、自称A、弁護士Y_2その他2名が集まり、売買代金6578万円（手付金2000万円）の売買契約を締結することとなった。この際、Xは、弁護士Y_2に対し、弁護士バッジにかけてAの代理人になってくれなければ手付金を支払わない旨述べたところ、当初は断っていた弁護士Y_2も、Y_1から大丈夫と言われるなどしたため、代理人として売買契約書に署名捺印した。Xは自称Aに対し、手付金2000万円から買付証拠金800万円を差し引いた1200万円を交付した。

後日、詐欺と気づいた買主Xが、Y_1を刑事告訴し、Y_1から被害金の一部の支払いを受けた。そして、Y_1に対し民法709条に基づく損害賠償請求、弁護士Y_2に対し、①民法117条に基づく無権代理人の責任ないし②民法

709条に基づき損害賠償請求したのが本件である。なお、弁護士 Y_2 は、ⓐ錯誤無効により意思表示が法律上存在しなくなるので、無権代理人の責任は発生しない、ⓑ本件はXによる計画的詐欺であり、Y_2 は無過失であるから、不法行為が成立しないなどとしてこれを争った。

2　判決要旨

主文　Y_1 と弁護士 Y_2 に対し、連帯して金1680万円を支払うよう命令。

理由　（弁護士 Y_2 について）ⓐ代理人としての意思表示については錯誤無効が成立するとしつつ、土地所有者Aの替え玉をA本人と誤信したことについて弁護士 Y_2 に重過失はないとして、民法117条の無権代理人としての責任は発生しないとした。重過失がないと認めた背景には、① Y_1 などが、自宅から連れてきたA本人であると述べていたこと、②自称Aは、干支を聞かれた際に正確に答えていたこと、③ Y_1 からXとの協定書、A名義の売却承諾書、借地権者の建物明渡同意書を見せられ、Xと Y_1 が共同買主として地上げするという協定をし、既にXが Y_1 に500万円を地上げ費用として交付済みであるなど両者が緊密な関係にあると思っていたこと、④上記建物明渡同意書には、その事実を証明する旨の他の弁護士の署名と職印の押捺があり、公証役場の受付印も押捺されていたことなどがあるとした。

一方で、上記ⓑの争点については、一般に弁護士が法律事務に関して代理人を受任し、第三者と法律事務をするにあたっては、依頼者本人の意思に基づく者であるか否かを充分に確認すべき高度の注意義務がある。なぜなら、一般に弁護士が受任すれば相手方は本人とは直接交渉せずに、代理人弁護士を通じて交渉するのが社会的慣行になりつつあるといって差し支えないし、弁護士が代理人として活動するからには本人の意思に基づく委任があるか否かを充分に確認し、替え玉などに騙されることのないようにしておくのが当然というべきだからである。

本件においては、土地上には借地人の建物があり、複雑な親族関係の存在もうかがえ、地主の売却承諾書や借地人の建物明渡同意書の履行について不安が残るので、売主に代理人として弁護士をつけてほしいとXが要求しており、弁護士 Y_2 も認識できたはずである。また、弁護士である自分が代理人になるからこそ、Xが金員交付するのだということを充分に理解していたはずである。さらに、本件については、XからAらに対して直接に面談を求めたり、電話をかけたりしないことを約束する念書がXからY_1に差し入れられており、XからA本人に連絡をとろうとしてもとれないという特殊な状態にあることを、弁護士Y_2自身も知っていたはずである。また、弁護士Y_2は、買付証拠金授受および手付金授受に際して報酬を受領しており、相当の注意義務を尽くしてしかるべきである。加えて、本件取引は、いわゆる地上げであって、不動産取引のなかでもリスクのある取引といえるし、金額も高額であるから、慎重に対応すべきであった。さらに、本件売却承諾書や建物明渡同意書には公証役場の日付印が押されているが、そのような公証印は、かえって法律関係を仮装するために悪用される事例も皆無とはいいがたく、公証役場の押捺があるからといって文書の内容の真実性までも担保されないことは弁護士であるY_2ならば充分に理解できたはずである。本件事実経過に照らすと、弁護士Y_2は、本件売買が本当に実在するのかどうかを、わずか1回だけ執行の立会いを依頼した程度のY_1等に頼って判断するのではなく、自ら直接Aに電話するとか、建物明渡合意書に署名のある弁護士に確認の電話をするとか、自称Aに対しても保険証や権利証、印鑑証明などで依頼者本人であることを充分に確認すべき業務上の注意義務があった。

弁護士Y_2は、これらの注意義務を怠り、A本人の承諾がなく、Aの替え玉であったことに気づかなかったのであるから、過失があり、Xに生じた損害を賠償すべき不法行為責任があると言わざるを得ない。右の結論は、弁護士に高度の注意義務を課することによって弁護士一般に対する高い社会的信頼を維持し、もって法律専門家である弁護士を通じて契約締結手続を円滑に実行させ、法律的紛争を迅速適正に解決させていくという見地に照らして、やむを得ないものと考える。

3　コメント

本件は、平成16年の不動産登記法改正前の事案であり、本人確認の方法について定めた不動産登記規則72条2項の規定もない時期の事案である。とはいえ、弁護士が自称Aの戸籍謄本を確認し、自称Aが干支を正確に答えられたことをもって本人確認をしたのみでは、本人確認として充分とはいえないであろう。弁護士Y_2は、Y_1とAとの契約関係などから、両者が密接な関係であると認識していたが、そもそもY_1とは、執行の立会いを1回依頼された程度の関係で、濃い人間関係もなく、Y_1に頼って本件売買の存在を判断したこと自体にも問題があった。その他にも、地上げ案件であるなどの特殊事情もあった。

なお、本件において、弁護士Y_2は、XとY_1らの計画的犯行であるとの主張をしているが、第1審において、Xの過失相殺に関する主張はなされていない。過失相殺の主張がなされていたら、認容額が減少した可能性はある。

Ⅲ　弁護士が地面師に騙された事例2の1　東京地判平成28・11・29判時2343号78頁

1　事案の概要

弁護士Yは、商標登録出願等の案件を複数紹介してきた金融ブローカーのPから、不動産売買の立会いを依頼され、いったんは断ったものの、再びのPの要請に基づき立会いを引き受けることになった。Pが売主のAと称する高齢女性を紹介したので、弁護士Yは、本人確認のための書類の提示を求めたところ、自称Aは偽造した住民基本台帳カード（以下「本件住基カード」という）を提示したので[4]、そのコピーをとった上、氏名、住所、生年月日を質問したところ、自称Aは本件住基カードのとおりに回答した。また、不動産売買の立会いを求めた理由を質問すると、売却するのは亡夫から相続した不動産であるが、売買は初めてのためと回答した。すると、その4日後、Pから、Aが登記識別情報を紛失したので本人確認情報を作成してもらいたいといっているとの連絡が入り、いったんは断ったもののPの再度の要請により、これを承諾した。翌日、Pとともに訪れた自称Aに対し、弁護士Yは、本人確認書類の提示を求めたところ、本件住基カードを提示したので、氏名、住所、生年月日を質問すると、住基カードのとおりに回答した。

翌日、弁護士Yは、Pの要請により、喫茶店において不動産業を営むQに面会したが、その際、PはQに対し売主側の立会人であると紹介した。また、6日後には、弁護士Yの求めに応じて、自称AとPは、登記識別情

4）　住民基本台帳カードは、平成27年12月末で廃止され、マイナンバーカードに移行した。

報を紛失した経緯に関する追加資料として、相続登記実行済みの遺産分割協議書、登記識別情報紛失の経過を記載した確認書、対象不動産の所有名義人Aの子2人の印鑑証明書を持参した。その翌日、弁護士Yは、自己の法律事務所のあるビルの会議室において、売主側として自称A、P、弁護士Yが、買主側としてQ、買主X、司法書士、媒介業者等が集まり、不動産売買契約が調印され、弁護士Yは、Pの紹介した司法書士が作成した登記申請書に添付された自称Aの本人確認情報に押印し、登記義務者代理人となった。なお、弁護士Yは、弁護士会発行の印鑑証明書を準備しておらず、途中抜け出してそれを取得に行ったことがあった。

そして、登記申請書類が揃った段階で、弁護士Yは事務所に戻り、司法書士は法務局に赴いて申請書類を提出したが、買主XとPは、取引先の信用金庫に赴いて売買代金2億4000万円を引き下ろし、自称AとPに交付した。

しかし、その後、本件不動産の所有者Aが別途売買契約を締結しており、その引渡し準備のために登記簿を確認したところ、Xに所有権移転登記がなされていたため、直ちに処分禁止の仮処分をするとともに、所有権移転登記抹消登記請求訴訟を提起した。この訴訟は、Xが抹消登記をする旨の和解で終了したが、売買代金を詐取されたXは、弁護士Yに対し、3億2239万円余の損害賠償を求めて提訴した。

2　判決要旨

主文　弁護士Yに対し金1億6044万円余の支払いを命令。

理由　追加資料として提出された遺産分割協議書は誤記が多くそのままでは登記申請に使用できないことを容易に気付くことができる内容のものであったこと、本件売買は2億4000万円を現金決済するという異例の方法であり、当時78歳とされる自称Aに交付することは著しく安全性を欠く行為であること等によれば、自称Aの本人確認において、なりすましによるものであることを疑うべき事情があったというべきである。

弁護士Yの本人確認は、不動産登記法と同規則に定められた方法によっており、その内容も、申請者代理人として通常要求される程度のものを満たしているが、なりすましを疑うに足りる事情があるときは、さらに当該事情に応じた適切な調査を行う義務がある。本件では、自らAの自宅に赴くか自宅に確認文書を送付して回答を求めるなどして本人確認をする義務があったというべきである。また、売買契約締結までの間にそのような本人確認をする時間的余裕がなかったときは、売買契約調印の際にさらに本人確認のための調査が必要であることを指摘し、それが終わるまでは本人確認情報の提供ができないことを申し入れ、それが拒否されたら本人確認情報の提供を拒絶する義務があったというべきである。

弁護士Yには、上記の義務違反があるが、買主のXにも、本人確認を怠った過失があり、その割合は4割である。

3　コメント

本裁判例は、不動産登記規則72条2項に基づく本人確認は行ったと認められたにもかかわらず、登記識別情報紛失の資料として提出された遺産分割協議書の記載と高額の取引における現金決済などからは、なりすましを疑うべき事情が存するとされて、その場合における本人確認義務の違反があるとされたものである。本人確認のための資料に不自然な点がなくても、それに関連する資料にも最大限の注意を払わなければならないことを示した。

Ⅳ　弁護士が地面師に騙された事例2の2　東京地判平成28・12・21、東京高判平成30・9・19判時2393=2394号36頁

1　第1審

(1)　事案の概要

前記Ⅲと同一の事案であるが、弁護士Yに対して損害賠償請求をしたのは、地面師グループによって土地の所有権移転登記をされてしまった真実の所有者である。その所有者は、移転登記をされた土地を取り戻すための仮処分や訴訟をし、また、所有者は、地面師被害の発生前に、他社に対して当該不動産を売却し、すでに手付金1000万円を受領していたことから、買主たる会社から手付金と違約金の合計4480万円の請求訴訟を提起されて300万円を支払う和解をしていた。

そこで、所有者は、弁護士Yに対し、訴訟対応等の費用として1417万円

の損害賠償請求をした（その後Ａ死亡によりＸが１審訴訟を承継した）。

(2)　判決要旨

主文　　Ｘの請求棄却。

理由　　資格者代理人が不動産登記規則72条２項に規定された方法による本人確認を行った場合には、資格者代理人が知り得た諸事情に照らし、なお当該申請人が申請の権限を有する登記名義人であることを疑うに足りる事情が認められる場合に限って、その他の方法による本人確認をすべき注意義務を負うものと解するのが相当である。また、「犯罪による収益の移転防止等に関する法律」と日弁連の「依頼者本人特定事項の確認及び記録保存等に関する規程」に基づく本人確認においても、弁護士が上記規程に基づく本人確認を行った場合には、当該弁護士が知り得た諸事情に照らし、なお当該依頼者によるなりすましを疑うに足りる事情が認められる場合に限って、その他の方法による本人確認をすべき注意義務を負うものと解するのが相当である。

顔写真付の住基カードを提示させ、五官の作用を用いて不自然な点がないかを確認し、住基カードに記載された氏名、住所、生年月日を回答できるかを確認すれば、不動産登記規則、日弁連規程による本人確認をしたものと解すべきである。また、遺産分割協議書の誤記、確認書記載内容の不自然さ等があるが、詐称によるなりすましを疑うに足りる事情があったとはいえない。

2　控訴審

(1)　控訴審での追加認定事実

Ｐが弁護士Ｙに買主希望者Ｑを紹介した際、Ｑは自称Ａに対してＡの子供に関する質問したところ自称Ａが黙ってしまい、Ｑは売主本人であると信用できないとして帰ってしまったこと、弁護士Ｙは本人確認情報の提供の経験がなく、その勉強も不十分であったこと、弁護士Ｙにはサービサーの取締役としての善管注意義務違反行為の懲戒処分歴があったこと等が認定された。

なお、１審判決後弁護士Ｙは死亡し、Y_2が訴訟を承継した。

(2)　判決要旨

主文　　弁護士Ｙ承継人Y_2に対し約441万円の支払いを命令。

理由　弁護士Ｙは、買主希望者Ｑが自称Ａに対してＡの子供に関する質問したところ自称Ａが黙ってしまい、Ｑは売主本人であると信用できないとして帰ってしまう事実に立ち会っているが、これは、自称ＡがＡ本人でないこと（なりすましであること）を疑うに足りる事情である。したがって、弁護士ＹはＡ本人であることを確認するため、住基カードの提示を求める方法以外の方法（住所地訪問、架電、転送不要郵便物の送付など）による本人確認を実施すべきであった。しかし、本件では弁護士Ｙはこれをしていない。また、遺産分割協議書も複数の誤記があって登記済のものとしては不自然である。

2010年代に入って、都市部で、地面師グループによる詐欺被害が再び増えてきた。地面師グループは、詐欺を成功させるために、司法書士をグループメンバーに取り込んで共犯としたり、売り主側に弁護士を関与させて買主側を信用させたりするようになっている。弁護士は、登記申請や本人確認情報の提供に熟達していないのが普通である上、弁護士登録人数の増加に伴う平均収入の減少に直面しているが、依然として弁護士の社会的信用は高いため、本件における弁護士Ｙのように地面師グループに利用されやすくなっている。登記識別情報を失ったと自称する者からの売買契約への立会いや本人確認情報の提供の依頼が、司法書士ではなく弁護士に対してあった場合には、弁護士の社会的信用の悪用を意図した詐欺グループからの依頼である可能性がある。よほど注意をして業務遂行しないと、業務上のミスを原因として弁護士自身が懲戒処分を受けるおそれがあることに留意すべきである。面識のない人物であって登記識別情報を紛失したと自称する者を売り主とする不動産売買取引への弁護士の立会依頼に対しては、特に慎重に対応すべきであろう。

弁護士Ｙには、詐称人に対する本人確認について注意義務違反の不法行為責任がある。

3　コメント

第1審判決後に、買主候補者が詐称人に対して子に関する質問したところ詐称人が黙ってしまい、売主本人であると信用できないとして帰ってしまったという新たな事実が追加主張されたため、詐称人の尋問が実施されたという異例の展開をした案件である[5)]。控訴審判決は、資格者代理人が不動産登記規則72条2項に規定された方法による本人確認を行った場合には、資格者代理人が知り得た諸事情に照らしなお当該申請人が申請の権限を有する登記名義人であることを疑うに足りる事情が認められる場合に限って、その他の方法による本人確認をすべき注意義務を負うとした1審判決を踏襲したものの、1審とは異なり、本人であることを疑うに足りる事情が認められるとし、それについての本人確認が不十分であるとしたものである。この控訴審判決には、前掲東京地判平成28・11・29が強く影響していると認められる。

本人であることを疑うに足りる事情=なりすましを疑うに足りる事情は、登記申請の依頼をしてきた経緯、登記識別情報を提出できない理由、印鑑証明書や本人確認書類の異常、不動産取引態様の異例さ等について問題となっており、これらを広汎にチェックすることが求められている。

V　司法書士が地面師に騙された事例

1　地面師に騙された司法書士の裁判例概観

司法書士が地面師に騙されて詐欺に協力してしまった事案の数は、司法書士が登記申請を主たる業務としていることから、弁護士の比ではない。全てが地面師が暗躍したものではないが、司法書士の本人確認義務に関する判例としては、①浦和地判平成4・7・28判時1464号112頁、②大阪地判平成9・9・17判時1652号104頁、③福岡高宮崎支判平成22・10・29判時2111号41頁、原審・宮崎地判平成22・5・26判時2111号45頁、④東京地判平成24・12・18判タ1408号358頁、⑤東京地判平成25・5・30判タ1417号357頁、⑥東京地判平成26・11・17判時2247号39頁、⑦東京地判平成27・12・21判タ1425号282頁、⑧東京地判平成28・5・25判タ1443号237頁、⑨東京高判平成29・12・13判時2387号13頁、⑩最判令和2・3・6民集74巻3号149頁などがある。その全てを紹介することは本稿の目的から外れるので行わないが[6)]、最近の5件の裁判例（⑥から⑩）を取り上げて分

5）　判時2393=2394号36頁の囲み記事。
6）　①から③までの判例につき、加藤新太郎『司法書士の専門家責任』（弘文堂、2013年）184～198頁参照。

析する。特に⑩の最判については、司法書士の本人確認義務に関する考え方の枠組みを示したものとして参考になろう。なお、紙幅の関係から、一部の裁判例については事案の概要を省略する。

2　東京地判平成26・11・17判時2247号39頁

(1) 判決要旨

司法書士Yは、買主Xから、土地を買い受けるに際し、運転免許証や印鑑証明書等の登記申請書類の真否の確認を含む土地所有者Aの本人確認を委任されたものと認められるところ、①自称Aから示された運転免許証にはインクのにじみのようなものが、印鑑証明書には印字のズレや消去した文字の残像のようなものがあったこと、②平成21年に東京法務局と東京司法書士会が行った注意喚起の書面には、偽造された印鑑証明書には氏名や住所等の上書き部分に消去した文字の残像が一部残っていることが紹介されていたことからすれば、司法書士としての知識に照らし、運転免許証と印鑑証明書の痕跡が不審であるとして自称Aに確認を求め、これらが真正であるか否か、自称Aが本人であるか否かを証明できる客観的資料の提出をさらに求めるとともに、買主Xに対して不審な点があることを伝えて注意喚起するべき義務があった。しかし、司法書士Yは、上記書類の不審な痕跡を看過し、運転免許証の顔写真との風貌の一致、生年月日等を確認しただけで本人性の確認を終え、登記申請に及んだものであるから（なお、登記申請は登記官が偽造を見破ったため却下された）、本人確認を怠った過失があり、債務不履行責任を負うとされた。買主Xは、自称Aに支払った売買代金3500万円外の損害賠償請求をしたが、買主の過失割合は7割とされた。

(2) コメント

司法書士が本人確認の依頼を受けており、契約上の義務があるとの前提に立って、①と②の事実から、司法書士の本人確認義務の不履行があるとされているが、②の注意喚起書面が配布されていたことが大きく影響していると考えられる。法務局、所属司法書士会の情報には常に細心の注意を払っておくことが求められるといえる。

3　東京地判平成 27・12・21 判タ 1425 号 282 頁

(1) 判決要旨

司法書士Ｙは、順次売買による所有権登記の「連件申請」における後件申請（所有権移転請求権仮登記＋手付金を被担保債権とする抵当権設定登記）のみを最終買主Ｘから受任したものであるが、司法書士は、登記権利者から登記の申請代理を受任した場合、本人確認情報を提供する場合でなくとも、申請人が登記義務者本人であることを確認するのが通常であるから、不法行為法上も申請人が登記義務者であることを確認する注意義務があるという余地はある。連件申請の場合、前件の申請人が登記義務者本人でないと前件の登記が実行されない結果、後件の登記も実行されることがないから、後件の登記権利者（買主）は前件の申請人がその登記義務者本人であることに関心があるといえるが、それだけでは、後件の上記登記申請代理のみを受任した司法書士について、前件の申請人が登記義務者でないことを疑うべき特段の事情があるときでない限り、自ら受任していない前件の登記についてまで、その登記義務者の本人確認をすべき注意義務があるとはいえない。なお、本件の前件登記の申請代理人は、弁護士である。

(2) コメント

連件申請では、前件と後件で別の資格者代理人が選任されるのが通例であるが、後件の資格者代理人には、前件の登記申請になりすましを疑うべき「特段の事情」がない限り、前件の登記に関して本人確認をする義務はないとされている。しかし、特段の事情の有無こそが問題である。この判決をもって、後件の登記申請受任者が前件の登記義務者の本人確認をすべき注意義務はないと考えることは危険である。

4　東京地判平成 28・5・25 判タ 1443 号 237 頁

(1) 判決要旨

司法書士Ｙは、土地所有者Ａのなりすましである自称Ａと買主Ｂから所有権移転登記申請の依頼を受けたが、自称Ａの印鑑証明書の偽造が見破られて登記申請が却下されたため、買主Ｂが売買代金１億 1300 万円の損害を受けたとしてその賠償を求めた（なお、資格者代理人の本人確認情報ではなく、公証人の認証が使われていた）。司法書士は、登記権利者の関係では当該登記申請に対応する物権変動の前提となる売買契約の成否等について判断すべき立場にはないから、登記申請書類が真正に作成されたか否かは本来的には当該権利変動の当事者が調査し、確認すべきことであって、不動産登記申請の依頼を受けた司法書士は、依頼者から特にその確認を依頼された場合や当該書類が偽造または変造によるものであることが一見して明らかである場合等の特段の事由がない限り、登記申請を依頼した登記権利者に対し、登記申請書類の作成が真正であることについての調査および確認をすべき義務は負わない。自称Aが提出した印鑑証明書は、バラの花模様の鮮明度が薄く周囲の模様が判読できないこと、色もやや薄く地紋文がぼやけていること、印字の文字が太く番号の書体が異なること、用紙が厚いこと、横浜区長印の「浜」が三水ではなく二水であることという特徴があるが、いずれも偽造であることが一見して明らかであるとはいえない。したがって、司法書士Yには過失責任はない。

(2)　コメント

地面師1人による詐欺事案である。判決は、依頼者から特にその確認を依頼された場合、当該書類が偽造または変造によるものであることが一見して明らかである場合等の「特段の事由」がない限り、司法書士は、印鑑証明書の真正に関する調査確認義務がないとするが、後述の5の東京高裁判例と比較すると、司法書士の責任に寛大なように思われる。

5　東京高判平成29・12・13判時2387号13頁

(1)　判決要旨

司法書士Yは、土地所有名義人会社Aの自称代表者Bの依頼により本人確認情報の提供を行って買主Xに対する所有権移転登記申請をしたものである。司法書士等の資格者代理人が本人確認情報を提供する場合に登記申請人と面識がないときには不動産登記規則72条2項に規定した方法で本人確認を行えば足りるが、依頼の経過や業務遂行過程で入手した情報、当該登記申請人が申請権限を有する登記名義人であることを疑うに足りる事情（なりすまし等を疑うに足りる事情）がある場合には、本人確認のためのさらなる調査を行うべき注意義務がある。①土地所有者が所在地の都道府県または近県に住所を有していない小規模企業や個人である場合は、通常よりも警戒レベルを上げるべきであること、②自称ＢのＡ社が休眠状態という発言は、鹿児島市の小規模会社が東京都心に時価１億、２億もする更地（駐車場）を保有しているのに休眠状態というのは通常考えがたいし、賃料収入があることと矛盾すること、③売買代金の送金先がＢ個人名義のゆうちょ銀行口座であったことも不審な情報であること、④自称Ｂが売買残代金の着金を確認しないままに司法書士Ｙに登記必要書類を預けたことも不審であること、⑤鹿児島で交付されたとするＢの印鑑証明書が売買契約日と同じであったことは、鹿児島で交付された印鑑証明書がその日のうちに東京に到着していたこととなり、印鑑証明書の申請に疑問を生じさせる事情であること、⑥自称Ｂが登記識別情報を提示できない理由として、書類をどこにしまったか分からなくなって、なくしてしまったとの説明は不審であることは、なりすましを疑うに足りる事情である。

以上から、司法書士Ｙは、さらなる本人確認の調査をすべき注意義務を怠ったとして、２億2443万円の賠償責任を認めた。ちなみに、原審（東京地判平成28・9・2）は、不動産取引業を営むＸも印鑑証明書の偽造に気付かず、登記申請を審査した登記官も偽造を見抜けなかったことから、印鑑証明書の偽造は極めて精巧であり、偽造の疑いを抱くことは困難であったとして、司法書士Ｙの責任を認めなかった。

(2)　コメント

登記識別情報を提出できない理由の不自然さ、印鑑証明書の不自然さ、不動産取引態様の不自然さ等を克明に指摘して、なりすましを疑うに足りる事情＝特別な事情があったとして、司法書士の注意義務違反を認めている。地面師詐欺の被害が発生した以上は、登記申請の代理をした司法書士には登記のプロとしての何らかの落ち度があったものと推認されるのだと考えられる。不動産登記規則72条２項の確認規定を遵守しただけでは直ちに免責されることはないといってもよいであろう。原審と控訴審で結論が異なることからも、特別な事情の有無は一見して明らかなものではなく、資格者としては慎重に業務を行わなければならない。

6　最判令和2・3・6民集74巻3号149頁

(1) 事案の概要

所有名義人自称AからB（第1売買）、BからX（不動産会社）（第2売買）、XからC（第3売買）へ不動産を転々譲渡するにあたり、第1売買の所有権移転登記（前件登記）を弁護士Dが、BからCへの中間省略登記（後件登記）を両者から司法書士Yが受任し、連件申請した。ところが、登記申請後に自称Aの印鑑証明書の偽造等が発覚したため、Yは、前件申請が却下を免れないとして後件申請を取り下げた（前件申請は後日却下）。なお、登記申請前の登記申請書類を確認する当事者間の会合において、生年月日の異なる自称Aの印鑑証明書2通が提出され、コピーしても「複製」の文字が現れなかったことが確認された。また、公証役場においてAが人違いでないことを証明させた旨の認証が付された自称AのDに対する登記申請委任状も提示されたという経緯があった。

Xは、D及びYに対し、注意義務違反があるとして、共同不法行為に基づき6億4800万円の損害賠償請求をした。第1審では、Dに対する請求が全額認容され（確定）、Yに対する請求は棄却された。Xが請求を3億4800万円に減縮して控訴したところ、第2審では、司法書士は登記が実現しない相応の可能性を疑わせる事情が明らかになった場合は、前件申請に関する事項も含めて速やかに必要な調査を行ない、登記申請委任者その他の重要な利害関係人に必要な警告をすべき注意義務を負うとして、Xの過失5割を認定した上で、Yに対し3億2400万円の支払いを命じた。これに対し、Yが上告したのが本件である。

(2) 判例要旨

原判決破棄差し戻し。

①「司法書士の職責及び職務の性質と、不動産に関する権利の公示と取引の安全を図る不動産登記制度の目的（不動産登記法1条）に照らすと、登記申請等の委任を受けた司法書士は、その委任者との関係において、当該委任に基づき、当該登記申請に用いるべき書面相互の整合性を形式的に確認するなどの義務を負うのみならず、当該登記申請に係る登記が不動産に関する実体的権利に合致したものとなるよう、上記の確認等の過程において、当該登記申請がその申請人となるべき者以外の者による申請であること等を疑うべき

相当な事由が存在する場合には、上記事由についての注意喚起を始めとする適切な措置をとるべき義務を負うことがあるものと解される。そして、上記措置の要否、合理的な範囲及び程度は、当該委任に係る委任契約の内容に従って定まるものであるが、その解釈に当たっては、委任の経緯、当該登記に係る取引への当該司法書士の関与の有無及び程度、委任者の不動産取引に関する知識や経験の程度、当該登記申請に係る取引への他の資格者代理人や不動産仲介業者等の関与の有無及び態様、上記事由に係る疑いの程度、これらの者の上記事由に関する認識の程度や言動等の諸般の事情を総合考慮して判断するのが相当である。」

②「上記義務は、委任契約によって定まるものであるから、委任者以外の第三者との関係で同様の判断をすることはできない。もっとも、上記の司法書士の職務の内容や職責等の公益性と不動産登記制度の目的及び機能に照らすと、登記申請の委任を受けた司法書士は、委任者以外の第三者が当該登記に係る権利の得喪又は移転について重要かつ客観的な利害を有し、このことが当該司法書士に認識可能な場合において、当該第三者が当該司法書士から一定の注意喚起等を受けられるという正当な期待を有しているときは、当該第三者に対しても、上記のような注意喚起を始めとする適切な措置をとるべき義務を負い、これを果たさなければ不法行為法上の責任を問われることがあるというべきである。そして、これらの義務の存否、あるいはその範囲及び程度を判断するに当たっても、上記に挙げた諸般の事情を考慮することになるが、特に、疑いの程度や、当該第三者の不動産取引に関する知識や経験の程度、当該第三者の利益を保護する他の資格者代理人あるいは不動産仲介業者等の関与の有無及び態様等をも十分に検討し、これら諸般の事情を総合考慮して、当該司法書士の役割の内容や関与の程度等に応じて判断するのが相当である。」

③ X は委任者以外の第三者に該当するものの、Y が受任した中間省略登記である後件登記の中間者であって、後件登記に係る所有権の移転に重要かつ客観的な利害を有しており、Y にも認識可能であった。Y は、A の印鑑証明書 2 通に記載された生年に食違いがあること等の問題点を認識しており、相応の疑いを有していたものと考えられる。

しかし、Y が委任を受けた当時本件不動産についての一連の売買契約、前件登記及び後件登記の内容等は既に決定されており、Yは、前件申請が申請人となるべき者による申請であるか否かについての調査等をする具体的な委任は受けていなかった。さらに、前件申請については、D弁護士が委任を受けていた上、委任者であるAが人違いでないことを証明させた旨の公証人による認証が付されている委任状が提示された。しかも、Xは不動産業者であり、Xの依頼した不動産仲介業者と共に当事者の会合において印鑑証明書の問題点等を確認しており、印鑑証明書の食違いはYが自ら指摘したこともうかがわれる。

Yにとって委任者以外の第三者に当たるXとの関係において、Yに正当に期待されていた役割の内容や関与の程度等の点について検討することなく、注意喚起を始めとする適切な措置をとるべき義務があったと直ちにいうことは困難であり、更に積極的に調査した上で代金決済の中止等を勧告する等の注意義務をXに対して負っていたということはできない。

(3)　コメント

本判例は、(2)①において、司法書士の委任者との関係における義務について述べるとともに、司法書士が負うべき適切な措置の要否や範囲・程度について、委任契約の内容によって決まるとしつつ、その解釈の枠組みを示している。また、(2)②において、委任関係にない第三者に対しても義務を負うことがあるとし、その義務の存否・範囲及び程度は諸般の事情を総合考慮して判断すべきとする。本人性の確認が問題となる事案における司法書士の義務について最高裁が初めて具体的な規範や考慮要素を示したものであり、今後の裁判に強く影響を与えるものと思われる。

7　司法書士の本人確認義務の総括

以上の5件の判例を総合すると、司法書士は、不動産登記規則72条2項を遵守さえしていれば本人確認義務違反の責任を問われないのが原則とされるものの[7]、「なりすまし（替え玉）を疑うべき事情」があれば、例外的に、

7）　福岡高宮崎支判平成22・10・29判時2111号41頁は、抵当権設定登記義務者がなりすましであったことを見抜けなかった司法書士の債務不履行責任が問題となったものであるが、なりすましと面談し、印鑑証明書と後期高齢者医療被保険者証の提示を受け、氏名、生年月日、借入金額を答えさせれば、それは「宮崎県司法書士会依頼者等の確認に関する規程」の定めに従っており、本人性と登記意思の存否に関する一応の確認をしたということができるとする。しかし、この判旨は、現

慎重・厳格な本人確認をすべき義務が生じるとされている。しかし、直近の判例を見ると、原則と例外が逆転し、「なりすましを疑うべき事情」があることが事実上推定され、そのような事情がなかったことは司法書士側で主張立証すべきことになっているように思われる。そして、「なりすましを疑うべき事情」は、登記申請の依頼をしてきた経緯の不自然さ、登記識別情報を提出できない理由の不自然さ、印鑑証明書や本人確認書類の不自然さ、不動産取引態様の不自然さなど多方面に亘っており、少しでも上記の不自然さが認められれば、「なりすましを疑うべき事情」があるとされ、慎重・厳格な本人確認義務が発生するというのが現状と認められる。これらは、弁護士に要求される本人確認義務と同一である。

なお、連件申請のうちの後件申請のみの委任を受けた司法書士は、当初は、前件申請についての確認義務はないとされたものの、「前件申請とおりの登記の実現を疑わせる事由」があるときには、前件申請に関する事項についても調査確認義務があるとされるのが現在の到達点と認められる。

Ⅵ　弁護士の本人確認義務の法的根拠とその方法

1　本人確認義務の法的根拠

弁護士は、委任契約を締結した依頼者に対しては善管注意義務を負担し、その違反があれば債務不履行責任を負うが、相手方を含む第三者に対しては一般の不法行為責任を負うだけである。そして、自己に法律事務を委任した当事者（依頼者）が当該事案における本人と同一人かどうかをチェックするという本人確認義務は、依頼者に対する義務ではないから、相手方を含む第三者に対して負う義務ということになる。

そのような第三者に対する不法行為責任を発生させる過失＝注意義務違反はどこから発生するかであるが、司法書士について、判例（たとえば、東京高判平成30・9・19）は、司法書士は、不動産の登記に関する申請代理業務を独占する登記手続の専門家として（司書1条、2条、73条）、法令または実務に精通して、公正かつ誠実にその職務を行うべき立場にあること（司書2条）から、

在では通用しないであろう。

厳しい注意義務が発生するとしている。これを弁護士について見ると、司法書士法とはやや表現が違うものの、弁護士法1条2項にも「(基本的人権の擁護と社会正義の実現という) 使命に基き、誠実に職務を行」わなければならないという誠実義務の規定があり、それは通常の善管注意義務とは異なる弁護士独自の法的義務を規定したものと解釈すべきであるから[8]、この誠実義務が本人確認義務を発生させる法律上の根拠になるというべきである。そして、弁護士法上の誠実義務は、まずは、依頼者のために最善を尽くすべき忠実義務として委任契約に基づく善管注意義務を加重した法的義務として機能するが、第2には、相手方を含む第三者に対する関係でも、一般的な損害発生回避義務として機能すると考えるのが相当である[9]。司法書士の地面師詐欺の被害者に対する不法行為責任を認めた判例でも、司法書士法2条の誠実義務が論拠とされていることから見ても、弁護士法1条2項の誠実義務は、第三者に対する配慮義務としての意味を持つものと考える。

2　本人確認の際の心構え

弁護士が登記申請の代理を行う場合の本人確認方法は、司法書士の場合と異なる点はない。まずは、不動産登記規則72条2項に則った本人確認を行うことになるが、同規則に基づく本人確認をしただけでは当然には免責されないから、何よりも重要なのは、「なりすましを疑うべき事情」があるかを慎重に見極めることにある。そのためには、「困っている人を何とか助けてあげよう」というような安易な考えはせずに、すべてを疑ってかかるような対応が必要である。

なお、弁護士に対して本人確認義務を課している日弁連の会規として「依頼者の本人特定事項の確認及び記録保存等に関する規程」(会規95号) がある。これは、マネー・ロンダリング対策のための「犯罪による収益の移転防止に関する法律」の適用を除外するために制定されたものであるが、依頼者の本人特定をすべき場合と確認方法が詳細に規定されている。これは、他の案件

8） 弁護士法1条2項の誠実義務が、訓示的な義務かそれとも善管注意義務を加重した法的義務かについては争いがあるが、法的義務とする見解が多数である。髙中正彦『弁護士法概説〔第5版〕』(三省堂、2020年) 44頁、条解12頁、加藤新太郎『弁護士役割論〔新版〕』(弘文堂、2000年) 361頁。

9） 加藤新太郎『コモン・ベーシック弁護士倫理』(有斐閣、2006年) 146頁参照。

についても、必要に応じて援用されるべきであろう。

3　本人確認義務違反とならないために

どのような落ち度があったら本人確認義務違反の責任を問われるのかを裁判例を参考にまとめてみたい。

(1)　依頼の経過のチェック

不動産売買契約の立会い、本人確認情報の提供を依頼してきた経過や状況を吟味する。地面師詐欺は、飛び込みで契約立会いや登記申請を依頼するようなことはなく、多くが過去に事件等を通じて知り合った者の接近から始まっている。弁護士側は、過去の依頼者等であるから、警戒心も緩みがちになるのであるが、地面師は、当該弁護士の知り合いをグループに引き込むことから詐欺行為に着手すると知るべきである。また、登記識別情報（登記済証）を紛失した経緯についても、慎重なチェックをするべきである。腑に落ちない点があれば、よく確認しなければならないし、それを証明する資料を提出させるべきである。追加提出の資料も、本人確認書類におけると同様の注意をもって十分に吟味しなければならない。

(2)　印鑑証明書のチェック

所有権移転登記には印鑑証明書と当該実印を押捺した委任状が必須であるが、印鑑証明書は極めて巧妙に偽造されているのが通例であり、一見して偽造と見破れるような安易なものはない。ほんの少しでも不審な点、不自然な点がないか、形状および内容ともに、非常に注意して確認する必要がある。そして、不審な点、不自然な点があれば、当該印鑑証明書を発行した自治体に対する確認をすべきである。これを怠ると、過失があるとされるのが原則と考えておくべきであろう。

(3)　本人確認書類のチェック

不動産登記規則72条2項に規定されている本人確認書類のうち、一般的なのは、運転免許証、健康保険証である。これら印鑑証明書と同様に、精巧な偽造がなされているのが一般であるから、一見しただけでは偽造を見破るのは困難であり、非常に注意して確認する必要がある。不審な点や不自然な点があったときは、当該証明書類の発行元に対する確認も怠ってはならない。

(4) 本人情報に対するチェック

本人確認書類の形式的なチェックだけでは足りないことは明らかであって、本人に対して本人しか知り得ない情報を確認することも必須である。なりすまし＝替え玉は、どんな質問が来るかを予め想定してその回答を周到に準備しているから、それではカバーできていないような質問をすることを検討すべきである。その点からすれば、住所、本籍地、生年月日、干支を質問したくらいでは足りないというべきであろう。

(5) なりすましの疑念を持った場合の対処

以上のチェックによって地面師詐欺の疑いが少しでも出てきたら、改めて登記事項証明書を取り寄せ、そこに記載されている売主の住所に実際に赴くとか、転送不要の確認要請郵便を送付するとかをしなければならない。売買代金決済までの時間的な余裕がないようなときには、買主をはじめとする利害関係を有する者に対して、疑問点を説明し、取引を中止することを警告すべきである。それでも聞く耳を持たなかったときは、自己防衛のためにも辞任をすべきことになる。なお、弁護士賠償責任保険では支払保険金の限度額が設定されている。個々の弁護士の契約内容にもよるが、1請求1億円と仮定すると、付保されない金額は当然自己負担であることも留意したい。

Ⅶ　おわりに――詐欺師に騙されないために

「地面師グループは、詐欺を成功させるために、司法書士をグループメンバーに取り込んで共犯にしたり、売主側に弁護士を関与させて買主側を信用させたりするようになっている。弁護士は、登記申請や本人確認情報の提供に熟達していないのが普通である上、弁護士登録人数の増加に伴う平均収入の減少に直面しているが、依然として弁護士の社会的信用は高いため、……地面師グループに利用されやすくなっている」（東京高判平成30・9・19判時2393=2394号36頁）、「地面師詐欺事案では、名義の管理がルーズな弁護士が利用されることが少なくなく、それが詐欺その他の不正の温床になっていることは、不動産取引にかかわる者にとって、広く知られている事実である」（東京高判平成30・9・19判時2392号11頁）とまでいわれている。また、地面師は、警戒心を緩めるため、連件申請の後件申請のみを依頼してくることも多いようである。

弁護士の中でも、弁護士法１条の基本的人権の擁護と社会正義の実現という使命を自らに重く受け止める傾向がある弁護士は、依頼者の素性や悪意に対する警戒心が緩くなりがちである。また、弁護士の大幅増加に伴う競争激化により、何とか事件を受任したいとの焦りから、依頼者および依頼事件のチェックが疎かになりがちでもある。詐欺被害を少しでも減らすためにも、弁護士自身を守るためにも、性善説で事件受任をすることはかなり危険であることを心にとめておきたい。

5　守秘義務を巡る諸問題

手賀　寛

Ⅰ　守秘義務の根拠

1　守秘義務の重要性と実質的根拠

本稿では守秘義務に関する問題を扱う。守秘義務は弁護士倫理において特に重要視されるコア・バリューの１つであり[1)]、その重要性から、事件の終了後も、弁護士が弁護士でなくなった後も、さらには秘密主体（秘密の秘匿に利益を有する者）の死亡後さえも存続する[2)]。このように高い価値が認められるのは、守秘義務が、弁護士に秘密を託した者の信頼を保護し、ひいては弁護士という職業そのもの、弁護士を利用した権利の実現が可能な社会の維持存立を図る意義を有するためである。弁護士は依頼を受け法律事務を提供することを職務とするが、依頼者の利益を正当に実現するには、事件に関する情報を依頼者にとっての有利不利を問わず正確に把握し、適切な判断を行う

1）　森際康友編『法曹の倫理〔第３版〕』（名古屋大学出版会、2019年）42～44頁〔尾関栄作・松本篤周〕、条解166頁、加藤新太郎『コモン・ベーシック弁護士倫理』（有斐閣、2006年）104頁等。ドイツ法に関し、スザンネ・オファーマン－ブリュッハルト（森勇訳）「弁護士の守秘義務」森勇編著『弁護士の基本的義務』（中央大学出版部、2018年）448頁。

2）　田中紘三『弁護士の役割と倫理』（商事法務、2004年）251頁、手賀寛「依頼者の死亡と弁護士の証言拒絶権」高橋宏志先生古稀祝賀論集『民事訴訟法の理論』（有斐閣、2018年）558頁。米国法曹協会（American Bar Association, ABA）の法律家職務模範規則（Model Rules of Professional Conduct、以下「ABA模範規則」という）に関し、Ellen J. Bennett et al., *Annotated Model Rules of Professional Conduct* (American Bar Association, 10th ed., 2023) p. 139。

必要がある。守秘義務は、弁護士に開示した秘密は守られる、との信頼を担保し、依頼者が安心して率直に弁護士に情報を提供できるようにすることをもって、弁護士を利用した権利の実現を可能とするのである。したがって守秘義務は、第一次的には依頼者と弁護士の信頼関係の確保に目的があり、依頼者に対する弁護士の誠実義務（弁1条2項）の具体化とも表現される[3)]。

他方、弁護士は公共的な役割[4)]も有することを考えれば、依頼者ではない第三者が弁護士を信頼して秘密を託した場合、その信頼も保護すべきでないか、との疑問が生じる。わが国では、第三者との関係でもいわば「法に誠実であるべき義務」として誠実義務を観念しうる、との見解が有力に主張されており[5)]、これを守秘義務にも反映すべきとも考えられる。守秘義務の秘密主体に関するこの問題は、Ⅲで詳しく扱う。

いずれにしても、実質的な意味での守秘義務は、秘密の保護を通じて、弁護士を信頼して秘密を託した者のその信頼を保護することを目的とした制度であり、秘密保護そのものを目的とするプライバシーや名誉権・財産権等の保護法理、また契約に基づく秘密保持義務とは、性質を異にする。

2　守秘義務を定める実定法規範

実質的意味での守秘義務を具体化する規範としては、弁護士法23条・弁護士職務基本規程（以下、「職務基本規程」という）23条が存在する[6)]。本稿で

3）　田中宏『弁護士のマインド』（弘文堂、2009年）139頁、田中紘三・前掲注2）245頁、手賀寛「守秘義務」髙中正彦・石田京子編『新時代の弁護士倫理』（有斐閣、2020年）46頁等。

4）　解説3～4頁、加藤・前掲注1）13頁、福原忠男『弁護士法〔増補〕』（第一法規、1990年）40頁等。

5）　加藤新太郎『弁護士役割論〔新版〕』（弘文堂、2000年）362～363頁は、誠実義務は、第三者に対する一般的損害発生回避義務として発現する場面があり、依頼の意図が公序良俗に反する場合、弁護士は、その旨を依頼者に説明して再考を促し、依頼者の利益を図るとともに、第三者に損害を与えない意味で公共的要請を充足させることも必要となると述べ、具体例に東京地判昭和62・10・15判タ658号149頁を挙げる。「法に誠実であるべき義務」の表現は、髙中正彦『弁護士法概説〔第5版〕』（三省堂、2020年）24頁注9によった。森際編・前掲注1）10頁、12頁〔馬場陽・北川ひろみ・森際康友〕も、弁護士は社会正義の実現（弁1条、職務基本規程1条）という公共的使命を担う存在として社会に対して信義に従い誠実にその職責を全うすることが求められ、第三者および裁判所との関係でも「誠実義務」（その実質は、社会正義が要求する「職務執行の制約原理」）が観念されるが（同書12頁）、依頼者に対する誠実義務と第三者や裁判所に対する誠実義務とは性質を異にし、混同は避けなければならない（同書10頁）と指摘する。

6）　ほか職務基本規程では、56条が共同事務所の他の所属弁護士の依頼者の秘密につき、62条が弁護士法人の他の社員・使用人等の依頼者の秘密につき、同様に漏洩・利用を禁ずる。23条・56条・62条はいずれも義務規定である（82条2項）。

は、形式的な意味で守秘義務というときは、この2か条をあわせた意味で用いる。

形式的意味での守秘義務の違反は、弁護士法違反や会規違反としての懲戒（弁56条1項）の対象となる。この意味で守秘義務は公法上の義務であり、私法上の義務と異なり、対応する権利者は存在しない（守秘義務違反が民事上不法行為を構成しうる[7)]ことは別論である）。また、弁護士が「正当な理由がないのに、その業務上取り扱ったことについて知り得た人の秘密を漏ら」す行為は、秘密漏示罪（刑法134条）にあたる。

以上のほか、職務基本規程18条、19条や日弁連の弁護士情報セキュリティ規程[8)]も、広義においては守秘義務に関わる。これらの規範については後（Ⅵ）に触れる。

3 弁護士法と刑法の関係

弁護士と外国法事務弁護士については、職務規範・懲戒基準としての守秘義務を定める規定（弁23条、外弁法55条）と、秘密漏示に対する刑罰規定（刑法134条、外弁法109条）が、形の上では独立して存在している。そのうえで、弁護士法23条と刑法134条の解釈論は近接してきており[9)]、刑法違反を「品位を失うべき非行」として懲戒しうるならば（弁56条1項）、守秘義務に関する限り弁護士法23条独自の意義はないとも思える。実際、他の法律専門職では、例えば司法書士のように、職務規範として守秘義務（司書24条）を定め、その違反を懲戒（司書47条）・刑事罰（司書76条）の対象とすることが一般である。

だが、実質的な意味での守秘義務を具体化する弁護士法23条は、秘密の保護を通じた弁護士への信頼確保、ひいては弁護士という職業の維持存立を目的とする規定であり、本質的には個人的法益の保護を目的とする刑法134条とはやはり異なるのではないか[10)]。そして、弁護士への信頼確保、弁護

7） 不法行為が認められた例に、大阪高判平成22・5・28判時2131号66頁。

8） 令和4（2022）年6月10日会規117号。

9） 例えば、西田典之ほか編『注釈刑法第2巻 各論（1）』（有斐閣、2016年）313頁以下〔樋口亮介〕は、保護法益論（314頁）、秘匿の利益における客観面・主観面双方の考慮（316頁）等の諸点において弁護士法の議論と近接し、違法性阻却事由（320頁以下）に関しては、法曹倫理の議論も参照して論ずる。

10） 高中・前掲注5）102頁注10。刑法134条の立法目的・保護法益に専門職の円滑な利用や専門

士という職業の維持存立の観点から秘密保護を考える際、弁護士が事件に党派性をもって関わる職業であり、職務遂行のため様々な利害を有する関係者の秘密に触れ、その秘密を依頼者のために活用することもしばしば必要であることは、重要な意味を有する。弁護士法23条と刑法134条の扱う問題には共通点があり、相互に影響を与え合いつつ解釈を深めることには意義があるが、秘密の保護自体を目的に論ずれば、医療関係・宗教関係の専門職と異なる弁護士の特質を見逃し、依頼者のための秘密の適切な活用を妨げることにならないか。刑法134条の解釈を職業ごとに細分化すればこの懸念は払拭されようが、それは、弁護士法23条の存在意義が失われるというより、刑法134条を弁護士法23条違反の刑罰規定と扱うに近いと思われる。

Ⅱ　守秘義務の対象1――職務性、非公知性、秘匿の利益

守秘義務の対象は、弁護士が職務上知り得た他人の秘密であり（職務性）、この秘密は、一般に知られていない事実であること（非公知性）に加え、秘密主体との関係において、法的保護に値するだけの利益（秘匿の利益）を備えていることが必要である[11)]。

秘匿の利益については、秘密主体本人が特に秘匿を望むこと（主観的利益）と考えるか、一般人の立場から秘密主体本人であれば秘匿を望むと考えられること（客観的利益）と考えるか、の問題があるが、弁護士の守秘義務に関しては、主観的利益・客観的利益のいずれかがあれば秘匿の利益が認められる（主観的意味の秘密に限らず、客観的意味の秘密も守秘義務の対象となる）[12)]。裁判規範としてみれば、本人の秘匿の意思が認定できる場合はもちろん、秘匿の意思が認定できなくとも、社会通念上秘匿しておきたい事項（例えば、依頼者が弁護士を解任したこと[13)]）であれば、守秘義務の対象と判断されることになる。弁護士の調査により、依頼者の事件処理と関連する世間一般には知られてい

職の保護が挙げられることもあるが（西田ほか編・前掲注9）314頁〔樋口〕等）、森際編・前掲注1）49～50頁〔尾関・松本〕は、本来的には専門職が得た秘密・プライバシーの保護にあった同条の立法趣旨が、旧弁護士法21条制定過程の議論の影響で拡張解釈されるようになったと推測する。

11）　条解168頁以下、解説55頁以下、森際編・前掲注1）46頁以下〔尾関・松本〕等参照。

12）　大阪高判平成19・2・28判タ1272号273頁、大阪地判平成21・12・4判時2105号44頁。

13）　前掲注7）大阪高判平成22・5・28。

ない事実が判明したときは、社会通念上、依頼者はその独占的利用を望むであろうから、客観的に秘匿の利益が認められよう[14)]。

Ⅲ　守秘義務の対象２——秘密主体の範囲

1　弁護士法23条の秘密主体

弁護士法23条は、職務基本規程23条と異なり、守秘義務の対象となる秘密を文言上依頼者の秘密に限定していない。このことから、弁護士法につき秘密主体の範囲をどう考えるか、という問題が生じる。大別して①限定説、②非限定説、③折衷説が主張されてきた。

(1)　限定説

弁護士法23条の対象を依頼者[15)]の秘密に限定する立場であり、守秘義務は依頼者に対する誠実義務の具体化であるとの理解に基づき、第三者の秘密保護はプライバシー保護等の別の法理で対応すべきとする[16)]。この考え方は、英米法における守秘義務（ABA模範規則1.6条（a）等）や弁護士・依頼者間の秘匿特権（Attorney-Client Privilege）が弁護士依頼者関係に着目した保護であることと共通する。もっとも、弁護士依頼者関係に関する秘密を特に保護することは英米法のみの特徴ではなく、例えばドイツでも「職業秘密は、弁護士と依頼者との間の信頼が存するための基本条件」と捉えられ、守秘すべき情報は「少なくとも依頼者の利益にもかかわる」ことが前提であって[17)]、弁護士が相手方その他の第三者に対して守秘義務を負わないことにほぼ異論はない、とされる[18)]。

(2)　非限定説

弁護士法23条の対象は依頼者の秘密に限らず、第三者の秘密を含む、と

14)　手賀・前掲注3）48頁。

15)　依頼者には、個別事件を依頼した者のほか、相談者や顧問先、組織内弁護士の雇用主等も含む。解説58頁。

16)　塚原英治「弁護士の守秘義務」NBL 956号（2011年）100頁、市川充「第三者情報の保護」高中・石田編・前掲注3）58頁、福原・前掲注4）126頁等。森際編・前掲注1）48頁以下〔尾関・松本〕は、守秘義務の問題としては限定説を正当としたうえで、依頼者以外の第三者の情報に適用されうる弁護士法23条は、依頼者に対する守秘義務の問題と秘密情報そのものの保護の要請とを峻別せず規定してしまっているのではないか、と指摘する。

17)　マティアス・キリアン（應本昌樹訳）「弁護士の職業秘密」森勇編著・前掲注1）472頁、473頁。

18)　オファーマン－ブリュッハルト・前掲注1）453頁。

する立場である[19)]。同条の文理解釈や、I1でみたように秘密を開示する第三者の弁護士の公共的役割に対する信頼を保護すべきことが、この立場の論拠となる。

(3) 折衷説

限定説を基礎としつつ、「依頼者に準ずる者」の秘密も保護対象と考える立場である。「依頼者に準ずる者」としては、依頼者の家族その他の第三者で、弁護士の職務に関し、その職務遂行上、弁護士に対して秘密を開示した者や、弁護士会照会（弁護士法23条の2）や職務上請求に応じた官公庁・市町村や公私の団体が挙げられる[20)]。

2　非限定説に親和的な議決例・懲戒処分例等[21)]

日弁連綱紀委員会の議決例や各弁護士会の懲戒処分例には、以下のように、依頼者以外の第三者の秘密を弁護士法23条の問題とする、非限定説に親和的なものがある。

(1) 事例1（日弁連綱紀委議決例）[22)]

Aから離婚事件を受任した弁護士甲は、相手方Bとの協議の過程で、Bの勤務先サーバーで管理される電子メールアドレスを推測により作成し、事件に関する電子メールを繰り返し送信した。日弁連綱紀委員会は、法23条の守秘義務は第三者の秘密やプライバシーにも及ぶことは当然としたうえで、メールサーバーに残るログがサーバー管理者により管理・チェックされている限り、守秘義務を犯したと評するほかない旨を述べ、懲戒審査相当とした。

(2) 事例2（日弁連綱紀委議決例）[23)]

交通事故の加害者を代理していた弁護士乙は、被害者CおよびCが通院した整骨院Dを名宛人とする通知書・回答書を送付した。通知書には、Cの医師所見等、回答書にはDの別件訴訟に関する架空請求・不正請求の問

19)　条解169頁、日本弁護士連合会弁護士倫理に関する委員会編『注釈弁護士倫理〔補訂版〕』（有斐閣、1996年）（以下、「倫理注釈」として引用する）380頁。田中宏・前掲注3）146頁。

20)　高中・前掲注5）103頁、手賀・前掲注3）50頁。加藤・前掲注1）126頁も、目的との関係ではバランスが取れているとして折衷説に肯定的である。

21)　溝口敬人・清水俊順・藤川和俊『弁護士懲戒の状況と分析』（新日本法規、2023年）は、守秘義務に関する議決例・懲戒例を網羅的に集積し丁寧な分析を加える。

22)　日弁連綱紀委平成23・11・16議決例集14集155頁、溝口ほか・前掲注21）82頁B20〔溝口〕。

23)　日弁連綱紀委2019・8・27議決例集22巻197頁、溝口ほか・前掲注21）89〜90頁B29（その後の原弁護士会の懲戒判断につき、同書25〜27頁A29）〔溝口〕。

題等が記載されていた。日弁連綱紀委員会は、これらＣの秘密・Ｄの秘密をＤ・Ｃに伝える必要性はなく、守秘義務に違反するとして、懲戒審査相当と判断した（その後、原弁護士会も弁護士法23条違反として戒告処分に付したが、日弁連懲戒委員会は、守秘義務解除の正当事由は認められないが、開示の必要性等を考えれば「品位を失うべき非行」とまではいえない、として懲戒しないと判断）。

(3) 事例 3（懲戒処分例）[24]

弁護士丙は、Ｅの代理人としてＦに対する損害賠償請求訴訟を提起した際、通知の必要性・相当性を欠くにもかかわらず、Ｆの父親宛に、Ｅの夫と交際するＦに対し不貞行為に基づく損害賠償請求訴訟を提起した旨を記載した通知書を送付した。丙のこの行為は弁護士法23条に違反するとされ、品位を失うべき非行として他の非行とあわせて戒告処分に付された。

また、秘密漏示罪に関する最決平成24・2・13刑集66巻4号405頁も、非限定説に親和的であり、鑑定人たる医師につき、刑法134条1項の「『人の秘密』には、鑑定対象者本人の秘密のほか、同鑑定を行う過程で知り得た鑑定対象者本人以外の者の秘密も含まれる」と明言した。千葉勝美裁判官の補足意見は、秘密漏示罪の対象を医師と患者、弁護士と依頼者という信頼関係に基づき知り得た秘密に限定する目的論的限定解釈に「文理上の手掛かりはなく、解釈論としては無理」と評した[25]うえで、刑法134条は「医師の身分を有する者に対し、信頼に値する高い倫理を要求される存在であるという観念を基に、保護されるべき秘密（それは患者の秘密に限らない。）を漏らすような倫理的に非難されるべき行為」を禁止した、と述べている。

3 「第三者の秘密」保護に関する理論的展開

非限定説が指摘するように、限定説の解釈は、弁護士法23条の文理上の手掛かりに欠ける。議決例や懲戒処分例も、非限定説を前提とするものと考えられる。それでも限定説や折衷説への支持は根強く、ときには、最終的に

---

24) 溝口ほか・前掲注21）22頁A23〔溝口〕。

25) 千葉補足意見はこのように論ずるが、法の文理を軽視すべきでないことは当然として、目的論的限定解釈自体は一般に用いられる法解釈技法であり（例えば、民法177条にいう第三者につき、いわゆる背信的悪意者はこれにあたらないとする最判昭和43・8・2民集22巻8号1571頁）、その余地を完全に否定することはできないのではないか。

非限定説に着地する論者も、限定説への共感を示す[26)]。この共感（ないし非限定説への抵抗感）を生む要因を、市川充弁護士が、以下のように端的に説明する[27)]。

> 弁護士が第三者情報を利用しその際に開示されるのは、弁護士が依頼者や官公署から委任、委嘱を受けた職務を行う上で必要だからであり、その限りで開示が許されるものである。……第三者情報の開示は職務を行ううえで原則としてできると解すべきである……原則として開示が禁止され、職務を行う場合に正当業務行為として違法性阻却されるという構成は、依頼者の権利と正当な利益の実現という弁護士制度の本来の目的を狭めることになり、合理性を欠くことになろう。

確かに、弁護士が、依頼者の正当な利益を実現することをもって正義という公益に貢献する職業であることを考えれば[28)]、公共的役割を理由に第三者の利益に必要以上に配慮して依頼者の正当な利益の実現（正義という公益の実現）が妨げられては、本末転倒である。弁護士が依頼者の秘密に触れるのは依頼者自身の利益のためであるが、第三者の秘密に触れるのは、その秘密を依頼者のために用いる目的によるのである。この違いは、第三者の秘密を保護するとしても、その保護態様は依頼者の秘密とは異なる、との考えにつながる。市川論文は、第三者の秘密につき（根拠はともかくその保護は弁護士の倫理上の義務であるとしたうえで）開示については、定型化された守秘義務解除の正当事由ではなく、弁護士の職務に関する開示の必要性と、開示の内容・範囲・方法の相当性が問題となるとしており[29)]、この基準は、前掲の事例2・事例3が開示の必要性や相当性を論ずるところと共通する。また、日弁連の懲戒実務に関し、第三者の秘密の開示は「秘密主体である依頼者以外の者の同意がなければできないという同意開示ルールを採用しているのではなく、開示の必要性や方法の妥当性といったプライバシーへの配慮をすること

---

26)　条解169頁、藤川和俊「守秘義務の対象及び『正当な理由』」自由と正義69巻8号（2018年）24〜25頁、森際編・前掲注1）48〜49頁〔尾関・松本〕、田中宏・前掲注3）146頁。

27)　市川・前掲注16）59頁。

28)　森際編・前掲注1）6頁〔森際〕。

29)　市川・前掲注16）59頁。

で良いと」しており、限定説に立った上でプライバシーへの配慮を求める立場と、弁護士法23条を根拠にするか否かの差はあれ、実質的には同じである、との指摘もなされている[30)]。正当な指摘と思われるが、弁護士法23条の守秘義務の対象外たる秘密が、同条の秘匿の権利についても対象外となるならば、その点では実質的な差が生じよう。

また、非限定説を前提に、第三者の秘密の保護範囲をある程度限定する試みとして、藤川和俊弁護士は、「弁護士が職務遂行する過程で何人の信頼関係にも基づかず独自に入手した依頼者以外の者の秘密」、例えば弁護士に誤送信されたメールに記載された秘密については信頼保護の要請が働かず、守秘義務の範囲が広汎になりすぎることを避けるため、仮に非限定説に立っても「秘密の入手経路において、信頼関係に基づいて提供されている場合に限定」すべきと論じている[31)]。

4　若干の私見

以上を前提に、弁護士法23条における秘密主体の範囲につき考えたい。

まず、「依頼者の秘密」は、依頼者を秘密主体とする秘密であり、必ずしも依頼者自身に関する情報に限られないことには気をつけたい。第三者に関する情報につき依頼者が秘匿の利益を有する場合には、その情報は「依頼者の秘密」となりうる[32)]。「第三者の秘密」についても同様である。そして、秘匿の利益を基準とすれば、特定の秘密につき複数の秘密主体が存在しうる[33)]。例えば、ある個人企業の財務状態の悪化は、この事実が漏れれば経営が困難となる経営者のほか、倒産すれば職を失う従業員等も秘匿の利益を有しうる。よって、経営者から依頼を受けた弁護士にとっては、この秘密は「依頼者の秘密」であると同時に「第三者の秘密」ともなる。

したがって、「第三者の秘密」を弁護士法23条の対象とすることの意味は、第1には、守秘義務を課す局面で、第三者のみが秘匿の利益を有する秘密を含めるか、第2には、守秘義務の例外を認める局面で、依頼者と第三者が秘密主体となる秘密につき、第三者との関係でも解除要件の充足を求めるか、

30)　溝口ほか・前掲注21）56頁〔溝口〕。
31)　藤川・前掲注26）25頁。
32)　森際・前掲注1）51～52頁〔尾関・松本〕、手賀・前掲注3）50頁。
33)　手賀・前掲注3）50頁。

にある（非限定説ではさらに、秘密主体が依頼者であるか第三者であるかで解除要件が異なるか、という第3の問題が生じるが、これはⅣ7で論ずる）。折衷説も含め、いずれを正当とすべきか、次の表をもとに考えたい。

表　秘密主体の類型と弁護士への秘密預託の際の信頼

<table>
<tr><th colspan="2" rowspan="2">秘密主体の類型</th><th rowspan="2">①
依頼者</th><th colspan="2">②依頼者に準ずる者</th><th colspan="3">③第三者</th></tr>
<tr><th>②-Ⅰ
利益共通型</th><th>②-Ⅱ
照会対応型</th><th>③-Ⅰ
調査協力者</th><th>③-Ⅱ
相手方</th><th>③-Ⅲ
全くの第三者</th></tr>
<tr><td colspan="2">党派的職務の遂行過程における弁護士との関係</td><td>弁護士依頼者関係</td><td>弁護士依頼者関係に準ずる関係</td><td>協力関係</td><td>協力関係</td><td>利害対立</td><td>関係せず</td></tr>
<tr><td rowspan="3">弁護士への信頼</td><td>党派性に対する信頼</td><td>弁護士依頼者関係に対する信頼</td><td>弁護士依頼者関係に準ずる信頼</td><td colspan="4"></td></tr>
<tr><td rowspan="2">公共性に対する信頼</td><td colspan="2"></td><td>弁護士の特別な調査権限への信頼</td><td colspan="3"></td></tr>
<tr><td colspan="6">弁護士の品位・公共性に対する信頼</td></tr>
<tr><td colspan="2">信頼に基づく秘密の預託</td><td>あり</td><td>あり</td><td>あり（照会等に対応する限度）</td><td>あり（調査に協力する限度）</td><td>あり</td><td>なし</td></tr>
</table>

この表は、秘密主体の類型ごとに、依頼者のため党派的に職務を遂行する弁護士との関係と、弁護士に対する信頼の性質、弁護士への信頼に基づく秘密の預託の有無をまとめたものである。弁護士の品位・公共性に対する信頼は、社会一般に、つまり全ての類型の秘密主体につき存在するものとした。また、秘密の「預託」とは、弁護士が秘密に触れることを許容ないし受忍している、という意味で用いており、秘密主体が自ら弁護士に秘密を開示した場合だけでなく、弁護士の調査により秘密を知られることを許容・受忍している場合も含む。

① 依頼者は、弁護士依頼者関係を形成し、弁護士の品位・公共性に対する信頼に加え、その党派的関係に対する信頼をもって、自らの秘密を弁護士が取り扱うことを許している。

②-Ⅰ 依頼者に準ずる者（利益共通型）は、依頼者との身分関係・社会的関係から依頼の実現に依頼者と共通の利益を有する者を指す。弁護士依頼者関係に準ずる関係を形成し、弁護士の品位・公共性に対する信頼に加え、その党派的関係に対する信頼をもって、自らの秘密を弁護士が取り扱うことを許している。

②-Ⅱ 依頼者に準ずる者（照会対応型）は、弁護士会照会や職務上請求に応じた者である。弁護士とは党派的な関係をもたずに調査に協力する地位にある。弁護士の品位・公共性に対する信頼に加え、弁護士の特別な調査権限（弁護士がその公共性ゆえに特別な調査権限を認められること）を信頼し、照会等に応じた限りにおいて、自らの秘密を弁護士が取り扱うことを許している。

③-Ⅰ 第三者（調査協力者）は、弁護士の調査に応じた第三者である。調査に応じた限りで自らの秘密を弁護士が取り扱うことを許す点は②-Ⅱと共通するが、弁護士の特別な調査権限に対する信頼はなく、弁護士の品位や公共性に対する信頼に基づく。

③-Ⅱ 第三者（相手方）は、依頼者およびその代理人的役割にある弁護士とは利害が対立する関係にある。事件処理の過程で自らの秘密を弁護士が取り扱うことを受忍せざるを得ないが、その際に伴う信頼は、弁護士の品位・公共性に対する信頼である。

③-Ⅲ 第三者（全くの第三者）は、弁護士と何らの接触を持たず、ただその者の秘密が、職務遂行過程の弁護士の知るところとなったような場合である。弁護士の品位・公共性に対する信頼は有するが、自らの秘密を弁護士が取り扱うことを許容していない（そもそも認識していない）。

限定説（①のみ保護）、折衷説（①②を保護）、非限定説（①②③を保護）の対立は、弁護士法23条の保護対象に、弁護士の品位・公共性に対する信頼に加えて、弁護士依頼者関係に基づく信頼やそれに準ずる信頼、また弁護士の特別な調査権限への信頼までを求めるか否かの違いである。私見は折衷説に共感を覚える。弁護士の党派性に対する信頼（弁護士依頼者関係に基づく信頼やそれに準ずる信頼）、また、弁護士の公共性に対する信頼の中でも、特別な調査権限への信頼は、弁護士の品位・公共性一般に対する信頼とは、質的に異なるのではないか。非限定説を採ることは、この信頼の質的な違いを見えにくくする。その結果、依頼者の秘密の保護と第三者の秘密の保護が全く等しくあるべきとの誤解が生じれば、弁護士が依頼者のために行う職務遂行は大きな制約を受けることとなりかねない。弁護士法23条の秘密主体は、①依頼者、②-Ⅰ 依頼者に準ずる者（利益共通型）、および②-Ⅱ 依頼者に準ずる者（照会対応型）とすることが、弁護士を利用した権利の実現が可能な社会の維持存立に適うと考えたい。

折衷説に立てば、この立場では、依頼者弁護士が受任事件の相手方の転居先を知るため弁護士会照会を利用したような場合には、その回答により得た秘密（相手方の転居先）は依頼者・相手方・照会先団体の秘密となりうるが、依頼者および照会先団体との関係で守秘義務の解除要件を満たせば、秘密の開示は弁護士法23条に反しない（相手方との関係はプライバシー保護等の問題となる）。また、弁護士が成年後見人として被後見人の秘密を知った場合や、裁判所から破産管財人就任の打診を受け債務者の情報を知ったが就任を断った場合、形式的には「依頼者」が存在しないことになるが、裁判所を依頼者に準ずる者（法律事務の遂行について依頼者と同様の利益を有する、利益共通型）と位置付ければ、守秘義務による保護対象と考えることができよう[34)]。

だが、限定説・折衷説は弁護士法23条の文理からは離れた解釈であることは受け容れざるを得ない。守秘義務の限りでは、非限定説の適用例には限定説と実質的な差がないことも、その通りであるから、非限定説の中で取扱いの差を考えるアプローチにも、合理性はあろう。ただし、仮に非限定説に立つ場合であっても、先の類型のうち③-Ⅲ 第三者（全くの第三者）の秘密は、保護の対象外としてよいのではないか。弁護士を信頼して秘密を託することを、そもそもしていないからである。②-Ⅱ依頼者に準ずる者（照会対応型）や③-Ⅰ（調査協力者）についても、照会・調査に応じて弁護士に託した秘密以外は、同様である。藤川弁護士が説く「その秘密の入手経路において、信頼関係に基づいて提供されている場合に限定する」非限定説は、信頼関係に基づいて秘密を提供した者を保護対象とすべきとする点で、賛成できる。そのうえで、第三者たる秘密主体が複数（例えばA・B）いる場合、Aが弁護士を信頼して秘密を託したが、Bはそのことを知らない、という場合、Bとの関係では守秘義務の問題ではないと考えるべきであろう。

Ⅳ　義務解除事由

秘密の開示に正当事由がある場合、守秘義務はその限りで解除される[35)]。

34)　成年後見の事例については、溝口ほか・前掲注21）42～43頁、および78～79頁B14〔溝口〕。破産管財人打診の事例は、研究会にて加藤新太郎弁護士から例示を頂いた。

職務基本規程23条は文言上「正当な理由」のある秘密の開示・利用を許すが、弁護士法23条も正当事由のある秘密の開示を許すと理解されている[36)]。裁判例にも、正当事由の不存在が同条違反の要件と述べたものがある（仙台高判昭和46・2・4判時630号69頁）。秘密主体が複数になることを肯定する本稿の立場では、正当事由は、守秘義務の対象となる個々の秘密主体との関係で考えるべきである（ある秘密主体との関係で正当事由を具備しても、他の秘密主体との関係で正当事由がなければ、秘密の開示は守秘義務違反となる）。

具体的な正当事由については職務基本規程にも定めがなく、解釈に委ねられる[37)]。この点、ABA模範規則1.6条（b）は守秘義務の例外を詳細に定めており、わが国では、守秘義務そのものの捉え方に英米法の影響がみられるのと同様、正当事由の類型化論においても、同規則の影響が強い。現在、正当事由の類型には一定の共通認識が形成されているが、この経緯からか、正当事由の議論はもっぱら依頼者の秘密を想定してなされる傾向がみられる。以下では正当事由の類型を挙げたうえで、第三者の秘密および依頼者に準ずる者の秘密に関する守秘義務解除事由は、本節の最後でまとめて論ずる（Ⅳ7）。

1　秘密主体の同意

秘密主体自身の同意があれば秘密の開示が認められることは、争いがない[38)]。秘匿の利益が放棄されているため、秘密としての要保護性を欠き、守秘義務が解除される。この秘密主体の同意は、同意の可否を判断するために必要な情報を適切に与えられたうえでのものであるべきである（ABA模範

---

35)　正当事由を詳細に論ずるものに、森際編・前掲注1）54～61頁〔尾関・松本〕および解説61～65頁。

36)　条解169頁、解説62頁、高中・前掲注5）104頁等。森際編・前掲注1）54頁〔尾関・松本〕は、条文解釈上の根拠として、弁護士法23条但書の「法律に別段の定め」に、正当な理由がある秘密の開示を罰しない刑法134条1項も含まれる、と論じる。仮にこの条文解釈によれば、論理的には、秘密漏示罪と弁護士法23条とで正当事由の内容は同じものとなろうか。

37)　日本司法書士会連合会が2022年に定めた司法書士行為規範は、司法書士の秘密保持義務が解除される場合につき、本人の承諾がある場合、法令に基づく場合、司法書士が自己の権利を防御する必要がある場合、これらのほか正当な事由がある場合、と類型化して定める。弁護士についても、2019年当時提案されていた職務基本規程改正案では、正当な理由の例示が考えられていたようである。森際編・前掲注1）61頁注1〔尾関・松本〕。

38)　比較法的に見れば、秘密主体が開示に同意すれば守秘義務違反とならない、という扱いは自明のものではない。例えばフランスでは、職業秘密の確保が公益として重視され、依頼者が弁護士の秘密を放棄し開示に同意することは、認められていない。キリアン・前掲注17）496頁。

規則もインフォームド・コンセント[39]を要求する。1.6条(a))。

2　黙示の同意・推定的同意

秘密主体の同意は、黙示の同意や推定的同意（以下、「黙示の同意」とまとめる）でもよいとされる[40]。この黙示の同意は、1つには緊急事態への対応を可能にし、もう1つには、弁護士の職務の過程で当然に必要な秘密開示を正当化する意義を有する。前者の例としては、連絡がつかない依頼者の名誉や信用を守る緊急の必要性がある場合、がある。後者の例としては、弁護士が補助者たる事務職員に依頼者の相談内容を説明する場合や、自治体の法律相談を担当した弁護士がその終了後に自治体に内容を報告する場合が挙げられる。

黙示の同意は現実の同意とは異なるから、秘密主体の利益を考慮すれば、無闇に多用すべきではない。他方で、弁護士の適切な職務遂行のために、秘密の開示が必要となる場合（他の弁護士や専門職、補助者、外部業者等の協力を得るために開示が必要な場合等）、黙示の同意を適切に活用できれば、秘密主体を害することなく円滑に職務を遂行できる。そして、依頼者との関係では、黙示の同意の有無は、当該の秘密の開示が依頼の趣旨を適切に実現するため必要・相当であるか、また依頼者が通常予期しうる開示であるか、等の要素により判断できよう[41]。例えば、共同事務所や弁護士法人については、依頼者は事務所・法人を一体と捉え、自らが直接依頼した弁護士のほかにも必要な範囲で情報が共有されることを想定しているのがむしろ通常ではないか。事務所・法人の運営上必要となる情報共有、特にコンフリクト・チェックのための情報共有は、黙示の同意により正当化することができると思われる[42]。これに対して、依頼の趣旨を実現するために事務所外の専門職（司法書士、会計士等）や外部業者と協力する場合には、依頼者は当該の専門職や外部業者との情報共有を当然には予定していないことが通常であろうから、黙

39）「提案された行動方針の重大なリスクと、合理的に利用可能な代替手段について弁護士から十分な情報と説明を与えられた上での同意」をいう（ABA模範規則1.0条(e))。

40）森際編・前掲注1）54～55頁〔尾関・松本〕、倫理注釈91頁、解説62頁。

41）ABA模範規則1.6条注釈［5］も、代理の実行のため適切である場合には、弁護士には黙示的に開示権限が与えられているとする。

42）共同事務所・弁護士法人内のコンフリクト・チェックのための情報共有に関しては、森際編・前掲注1）56～59頁〔尾関・松本〕に詳しい。ほか、ABA模範規則1.6条注釈［5］。

示の同意に頼らず、明示の同意を得ておくべきである。

3　公共の利益

公共の利益のために秘密の開示が必要である場合にも、守秘義務解除の正当事由が認められうる。弁護士には公共的役割も求められるからである[43]。具体的に問題となるのは、依頼者の犯罪行為の企図が明確で、かつその実行が差し迫っており、犯行が行われれば極めて重大な結果が生じるような場合である。わが国では、依頼者が殺人や重大な傷害を企図している場合には危険の緊急回避・防止に必要かつ相当な範囲で秘密の開示が許されるが、財産犯に関しては守秘義務解除に慎重であるべき、との見解が支配的である[44]。

4　弁護士自身の防御等

弁護士自身が民事訴訟の被告となった場合や、刑法犯の嫌疑をかけられた場合、さらには懲戒請求を受けた場合等には、自身の防御のため必要な限度で、秘密の開示が許される[45]。弁護士が弁護士会照会や文書提出命令、捜査関係事項の照会、捜査官の事情聴取、さらには税務調査を受けたとき等も、自己防衛の必要がある限り、同様である[46]。

依頼者に対する報酬請求訴訟でも守秘義務の解除が認められることはありうるが（正当な報酬を守る意味で防御的な要素はある）、弁護士が攻撃側、依頼者が防御側に立つことになるから、より慎重な判断が必要となる[47]。関連して、弁護士が元依頼者から違法な懲戒請求を受け、その不法行為に対する損害賠償を命ずる確定判決を得て、これを債務名義として、元依頼者から受任した事件の遂行の過程で知り得た元依頼者名義の銀行預金の債権差押を申し立てた、という事案につき、必ずしも正当な理由があったとすることはできないとした日弁連綱紀審の議決例がある（懲戒審査相当の議決は得られず）[48]。

43）　解説63頁は、近時は弁護士の公共的役割が重視されて守秘義務解除が従来より広く認められる傾向にあり、さらに進んで秘密を開示しなければならない場合も議論される、と指摘する。

44）　解説63～65頁、倫理注釈90頁、森際編・前掲注1）59～61頁〔尾関・松本〕。

45）　森際編・前掲注1）55～56頁〔尾関・松本〕、解説62～63頁、倫理注釈91～92頁。

46）　解説63頁。

47）　解説63頁。倫理注釈92頁は、受任事件で求められる範囲を超えて依頼者が開示した秘密については、報酬請求訴訟ではより慎重に取り扱うべきと述べる。

48）　日弁連綱紀審2016・4・12議決例集19巻144頁、溝口ほか・前掲注21）95頁B37〔溝口〕。

5　法令の遵守

弁護士法23条但書は、「法律に別段の定め」を許容しており、他の法令の遵守のための秘密の開示は、守秘義務に反しない。職務基本規程との関係でも、法令の遵守のための秘密の開示は許される[49)]。民事訴訟法や刑事訴訟法が認める証言拒絶権・押収拒絶権を弁護士が行使せずに証言・押収に応じた場合には、法令上認められる秘匿の権利を行使していないのであるから、守秘義務解除の正当事由は認められない[50)]。

6　その他

ここまで、わが国で正当事由として類型化されているものを挙げた。これらのほか、ABA模範規則1.6条(b)は、弁護士が同規則を遵守するために助言を得る目的で行う情報開示（同条(4)）や、事務所移籍に先立つコンフリクト・チェックのための情報開示（同条(7)）に関する規定を設けている。前者について、弁護士自身が適正な職務の進め方に迷ったとき、他者の助言を得て早期に対処・是正できることの意義は大きく、わが国でも、職務規範の遵守につき助言を仰ぐための秘密の開示には、正当事由を認めうるのではないか。後者についても、弁護士の事務所移籍の自由を保障しつつ利益相反を防止する必要があり、正当事由を認めてよいと考える。

7　秘密主体の類型と義務解除事由

ここまで、主として依頼者の秘密を前提して守秘義務解除の正当事由を論じてきた。折衷説や、また仮に非限定説によるとき、これら正当事由は、依頼者以外の者にも同様に妥当するだろうか。

先にみたように（Ⅲ2および3）、非限定説を前提とする議決例は、秘密開示の必要性・手段の相当性という、正当事由と比して緩やかな基準に拠っているのが実際である。非限定説の論者が議決例同様の基準を用いるかは明らかでないが、弁護士に対する信頼の種類が異なること（第三者は、弁護士の品位・公共性に対する信頼しか有しない）、また弁護士には第三者の秘密を依頼者の

---

49)　解説62頁。

50)　森際編・前掲注1）55頁〔尾関・松本〕、条解170頁。秘密漏示罪の成立に関しては、条解同頁は、弁護士の証言による司法上の利益が秘密主体の秘匿の利益に優越する場合、違法性がないとする。

ために用いる職務上の必要があることを考えると、非限定説に立つ場合でも、第三者の秘密の開示は、弁護士の職務に関して必要性があり、その内容・範囲・方法が相当であれば、許されるべきである[51)]。そのうえで、依頼者の秘密に関して守秘義務解除の正当事由となるようなものについては、第三者との関係でも、当然に開示の必要性・相当性を満たすと考えられる。第三者との関係では、弁護士の品位・公共性に対する信頼の保護が問題であるところ、依頼者との関係での正当事由は、この弁護士の品位・公共性に対する信頼に加え、弁護士依頼者関係に基づく信頼をも有する依頼者についてさえ、秘密の開示を許すからである。また、依頼者に準ずる者に関しては、利益共通型はもとより、照会対応型についても、依頼者と同様に正当事由を考えてよいであろう。弁護士依頼者関係に準ずる信頼も、弁護士の特別な調査権限に対する信頼も、弁護士依頼者関係に基づく信頼を超える要保護性をもつものではないからである。

若干の検討を要する点の1つは、黙示の同意の扱いである。依頼者に準ずる者（照会対応型）や第三者（調査協力者）は、依頼者の代理人的役割である弁護士に対し、その品位・公共性を信頼して秘密を託すのであり、特に反対の意思を表示したような場合を除いては、託した秘密が依頼の趣旨を実現するために必要・相当な方法で開示されることにつき、黙示の同意があると考えられる。他方、第三者（相手方）については、依頼者と利害が対立する以上、依頼の趣旨実現のための秘密の開示に黙示の同意を認めることは困難であろう。第三者（全くの第三者）についても、そもそも自身の秘密を弁護士が取り扱うことを認識していないため、黙示の同意の活用は困難である。

また、公共の利益に関する正当事由では、犯罪予防という一種正当防衛的な考慮が働いていると思われるところ、仮に、開示される秘密につき、犯罪に無関係の秘密主体たる第三者がいれば、当該第三者との関係では、緊急避難に類する問題へと変化し、結果、第三者自身の犯罪の場合と比して厳格に考えることになりそうである[52)]。弁護士自身の防御のための秘密の開示にも、類似した問題が生じる。

---

51)　市川・前掲注16）59頁。

52)　逆に第三者が犯罪を企図し、犯罪に無関係な依頼者も秘密主体となる事案では、元々の基準（正当事由）が厳格であるためより困難な問題が生ずる（この問題は限定説でも生じる）。

V　秘匿の権利

職務上の秘密に関する秘匿の権利についても触れよう。弁護士に守秘義務を課しても、公権力等が強制力をもって秘密の開示を求めてきた際に拒絶できなければ、弁護士に秘密を預けた者の信頼は保護されない。弁護士法23条は、弁護士に対する信頼を確保し、弁護士の職務の存立を保障するために、秘匿の権利についても規定している[53)]。ほかにも、民事訴訟法197条1項2号（証言拒絶権）、同220条4号ハ（文書提出義務除外事由）、刑事訴訟法105条（押収拒絶権）、同149条（証言拒絶権）、通信傍受法16条（傍受禁止）、議院証言法4条（宣誓・証言・書類提出の拒絶権）が、弁護士の職務上の秘密に秘匿の権利を認める。また、公正取引委員会の行政調査手続に関する判別手続（提出を命じられた物件のうち、事業者と弁護士との間で秘密に行われた通信の内容を記録した一定のものにつき、審査官がその内容にアクセスせず事業者に還付する手続）も、強制的な開示から秘密を保護する効果を有する。

以上多くの規定が存するが、わが国における秘匿の権利の主体は、基本的には弁護士のみである（例外的に、民訴法220条4号ハは、職務上の秘密を記載した文書の所持者を問わない[54)]）。依頼者が所持する、弁護士の助言を記録した文書につき、英米法の弁護士・依頼者間の秘匿特権[55)]のような通信秘密保護を求める議論が、特に行政調査との関係を中心に、繰り返しなされてきた。前述の判別手続の導入はその1つの成果であるが、文書の取扱いの変更と位置付けられており、秘匿の権利まで認めたものではない[56)]。理論的な障壁の1つは、通信秘密保護の権利性の根拠であり、裁判例には、わが国の現行法制下では具体的な権利・利益としての弁護士・依頼者間の秘匿特権は認められない旨を述べたものがある[57)]。これに対しては、手続により不利益を受け

53）　森際編・前掲注1）43頁〔尾関・松本〕。

54）　法務省民事局参事官室編『一問一答 新民事訴訟法』（商事法務研究会、1996年）250頁。

55）　この秘匿特権については、佐成実「米国『弁護士・依頼者秘匿特権』の基本構造と企業実務」NBL1142号（2019年）4頁、田村陽子「弁護士の職務上の秘匿特権と通信秘密をめぐる比較法的考察」筑波ロー・ジャーナル27号（2019年）109頁、竹部晴美「弁護士・依頼者間の秘匿特権の現状に関する一考察」法と政治70巻1号（2019年）441頁等参照。

56）　井本吉俊「公取委の判別手続を念頭においた弁護士との秘密通信の取扱いの実務対応」NBL1178号（2020年）31頁。

うる当事者に対する防御権・手続保障の実質として、弁護士と協議し法的助言を受けて行動する機会の保障が求められる、という観点から権利性を基礎付ける立場があり[58]、私見もこれに賛成したい。要件と限界について適切に明確化するには、立法による対応が望ましいであろうが、弁護士と依頼者の通信秘密には、法的保護に値する利益は認められると考える。

Ⅵ　秘密の漏洩防止のための適切な措置

守秘義務は、基本的には、弁護士自身の故意による秘密の漏示や利用を禁ずる[59]。だが、弁護士に秘密を託した者の信頼保護の観点からは、弁護士の職務に関わる者・補助する者による秘密の漏示・利用[60]や、不注意による秘密の漏示も防ぐ必要があり、弁護士には、そのために適切な措置をとることが求められる。職務基本規程が、事務職員による秘密の漏洩・利用がないよう弁護士に指導監督を義務づけ（19条）[61]、また事件記録の保管・廃棄に関して秘密・プライバシーの漏洩に注意を求めているのも（18条）、この趣旨を含む。

こんにち特に問題となるのは、情報セキュリティへの対応である。PC・スマートフォン等の情報機器、またクラウド上のものを含めた各種のサービス等は弁護士の職務にも不可欠といえるが（まもなく生成型AIもこれに加わるであろう[62]）、扱いを誤れば、意図しない形での秘密の漏洩や不正アクセスに

57）　いわゆるJASRAC事件の第1審判決（東京地判平成25・1・31判例秘書登載）、控訴審判決（東京高判平成25・9・12判例秘書登載）。

58）　伊藤眞「実態解明と秘匿特権との調和を求めて」判時2367号（2018年）128頁。このほか、比較法的観点も考慮して通信秘密保護制度の憲法論的基礎を論ずるものに、「依頼者の秘密保護の憲法論的基礎」自由と正義73巻12号（2022年）所収の一連の論稿がある。

59）　職務基本規程23条につき、解説61頁。過失による漏洩を弁護士法23条違反とした例に日弁連懲戒委平成22・1・12議決例集13集70頁（事件記録に別の事件の裏紙を利用していたことを失念し、依頼者に交付した事例）があるが、解説61頁は、職務基本規程18条違反とすれば足りた事案であるとする。

60）　履行補助者である事務職員による秘密の漏洩は、弁護士の債務不履行となる。田中宏・前掲注3）149頁。

61）　ドイツ連邦弁護士法43a条(2)はより具体的であり、弁護士が被用者に文書をもって秘密保持を義務づけ、義務違反には刑事責任が生じる旨告知すること、さらに、被用者の守秘義務遵守を確実にするために弁護士が適切な措置をとること、を弁護士の基本的義務と定める。

62）　英国では、司法府におけるAI利用のガイドラインが公表され、AIに入力した情報は全世界に公開されたものとみなされうること等から、機密情報やプライバシーに注意するよう求めている。

つながる。日弁連が定める弁護士情報セキュリティ規程では、弁護士には、その職務上取り扱う情報の種類・性質等に応じた情報セキュリティに対する危険を把握するよう努めること、またその危険を踏まえて情報セキュリティを確保するための情報取扱方法を定めること等が求められる（3条）。ABA模範規則も、守秘義務を定める1.6条に「弁護士は、依頼者の代理に関する情報について、不注意による開示や許可されていない開示、または不正なアクセスを防止するため、合理的な努力をしなければならない」義務をも定めている（同条（c））。守秘義務の重要性と情報機器の不可欠性に鑑みれば、情報セキュリティに関する知識能力は、弁護士にとって必須の能力となってゆくことは疑いない。

Courts and Tribunals Judiciary, Artificial Intelligence (AI): Guidance for Judicial Office Holders (12 Dec. 2023), https://www.judiciary.uk/guidance-and-resources/artificial-intelligence-ai-judicial-guidance/ (2024年1月10日確認)。

6　遺言執行者と後見人等を巡る諸問題

藤川和俊

Ⅰ　はじめに――本論稿の目的

遺言執行者に就任した弁護士が、就任中または遺言執行終了後、相続人間の紛争に代理人として関与することが許されるか。

この問題に関する各弁護士会および日弁連の懲戒事例は相当数に及ぶが、日弁連の懲戒判断に対する評価は「揺れている」というものである。しかし、大丈夫だと思って相続紛争の代理人として関与したのに予測が外れて懲戒処分を受けるようなことがあってはならない。懲戒という処分を下すのであれば、その判断基準が明確でなければならないことは論を俟たない。本論稿は、まず、遺言執行者に関する上記問題に関して可能な限り明確な判断基準を提供することで予測可能性を確保することを目的とするものである。さらに、類似する問題として、後見人および後見監督人に関する同種の問題についても検討を加える。

Ⅱ　遺言執行者に関する日弁連懲戒委員会等の判断基準

1　『解説弁護士職務基本規程〔第３版〕』の分析

『解説』は、遺言執行者となった者が一部相続人の代理人になれるのかという問題は、大別すると、職務基本規程5条および6条の問題としてとらえる見解（A）と利益相反の問題としてとらえる見解（B）に分かれるとしたうえで、同書において取り上げられている日弁連懲戒委員会の議決を次のとおり分類している[1]。

①日弁連懲戒委平成13・8・24議決例集未搭載・B
②日弁連懲戒委平成18・1・10議決例集9集3頁・A
（遺言執行終了後代理人に就任した事案）
③日弁連懲戒委平成20・4・14議決例集11集24頁・B
（代理人就任が先行し、遺言執行者に就任して地位が兼併となった事案）
④日弁連懲戒委平成21・1・13議決例集12集3頁・A
（遺言執行終了前に代理人に就任して地位が兼併となった事案）
⑤日弁連懲戒委平成22・5・10議決例集13集19頁・B
（代理人就任が先行し、代理終了後遺言執行者に就任した事案）

ところが、これらの議決の後になされた次のふたつの議決は、AまたはBのいずれか一方に組み入れることはできない（傍点は引用者が付した。以下同じ）。

⑥日弁連綱紀委平成24・8・28議決例集15集163頁
日弁連懲戒委平成26・8・18議決例集17集40頁
（遺言執行終了前に代理人に就任して地位が兼併となった事案）

〔綱紀委〕遺言執行者となった弁護士は、遺言執行中はもちろんのこと、遺言執行が終了した後も、相続人の代理人となって他の相続人を相手に訴訟行為を行うことを慎まなければならず、これに違反した場合は、弁護士の品位を失うべき非行になる。特に既に相続人間で紛争が発生していた場合や紛争が予想される場合には、遺言執行者と相続人の代理人の地位の兼併は、中立性・公平性を損なうことから、慎まなくてはならない[2]。

〔懲戒委〕遺言執行者が特定の相続人の代理人となることは、遺言執行者の職務の中立・公正性が疑われるおそれのある行為であり、遺言執行業務が

1）解説96〜98頁。
2）解説97頁。

終了していると否とに関わりなく、避けるべきである。懲戒対象弁護士の行為は、職務基本規程28条3号が規定する利益相反行為に当たり、遺言執行者の中立・公正性を損なうものである。

この事例は、遺言者の生前から遺言者の三男との間に遺言者所有土地上の建物を取り壊して土地の明渡しを求めていたという紛争の実態があり、遺言書は、遺言者の「全財産を遺言者の二女に相続させる」旨および他の推定相続人に対する廃除を内容とするものであったところ、遺言者死亡後、懲戒対象弁護士が遺言執行者に就任して廃除の調停申立をし、調停事件係属中に懲戒対象弁護士と同一事務所所属弁護士が三男らに対する建物収去土地明渡請求訴訟における二女の代理人に就任し、同弁護士辞任後に懲戒対象弁護士が二女の代理人に就任するなどした事例である。

⑦日弁連懲戒委平成27・10・19議決例集18集60頁

（代理人就任が先行し、遺言執行者に就任して地位が兼併となった事案）

相続人間の相続を巡る紛争において、遺言執行者たる弁護士が一部の相続人の代理人となることは許されず、たとえ遺言執行行為が終了した後であっても、遺言執行者としての職責の公正さを疑わしめ、遺言執行者に対する信頼を害するおそれがあり、ひいては弁護士の職務の公正さを疑わしめるおそれがあるため、懲戒処分を免れない場合があることは既に当委員会が議決しているところである（前記②の日弁連懲戒委員会議決）。しかしながら、具体的事案に即して実質的に判断したときに、遺言の内容からして遺言執行者に裁量の余地がなく、遺言執行者と懲戒請求者を含む各相続人との間に実質的にみて利益相反の関係が認められないような特段の事情がある場合には、非行に当たらないと解すべきである[3)]。

この事例は、遺言書は、遺言者の「全財産を遺言者の長男に相続させる」旨の内容であり、長男が自らこの遺言に基づいて不動産移転登記手続などの執行を行い、懲戒対象弁護士は、当初遺言執行者に就任していなかったとこ

3）　解説97〜98頁。

ろ、他の相続人の長男に対する遺留分減殺請求について長男の代理人に就任し、その後も遺言執行者への就任の問い合わせに対して執行行為は終了しているので就任の必要はないと回答していたが、財産目録調整義務があるとの指摘を受けて就任を承諾した（財産目録の交付未了）という事案である。

2　懲戒実務の現状

⑥の議決例は、遺言執行者の職務の中立・公正さおよび職務基本規程28条3号の違反を問題とし、⑦の議決例は、遺言執行者としての職責の公正さ、信頼および遺言執行者と懲戒請求者を含む各相続人との間における実質的な利益相反の関係の有無を問題としていることからすると、A＋Bの立場にあるといえ、先の①から⑤の議決例も含め、どの条項違反の問題として検討すべきなのかが定まっていない状況にある。

さらに、⑦の議決例の登場は、Aの立場を貫いた場合に一部代理人に就任することは禁止されるはずであるが、更にBの要素を加味することによって、例外を肯定することとなるのであり[4]、この点がまさに懲戒判断が揺れているとされるゆえんである。

なお、①から⑦の議決例において対象弁護士が問題とされた行為は、遺言執行者の就任が先行し、その後で代理人就任がなされたという類型のみならず、その逆の類型として、代理人就任が先行し、その後で遺言執行者に就任したものも含まれていることに留意する必要がある。この点についての考察は後述する。

Ⅲ　判断基準についての一考察

1　『解説弁護士職務基本規程〔第3版〕』の立場

『解説』99頁は、次のように述べる（①から⑥の数字およびⓐⓑは、引用者が追加）。

職務基本規程5条および6条の問題とするにせよ、利益相反の問題とす

4）　高中正彦・石田京子編『新時代の弁護士倫理』（有斐閣、2020年）80頁〔加藤新太郎〕は、⑦の議決例の判断手法について「例外を肯定することになる」としている。

るにせよ、単に遺言執行者が一部相続人の代理人になった場合には、直ちに弁護士の非行とするのではなく、当事者の利益や遺言執行者の公正性や信頼が害されたかについて、実質的に判断されるべきであり、具体的には、①遺言執行が終了しているかどうか、②遺言の内容について遺言執行者に裁量の余地があるかどうか、③相続人間の紛争の内容や、④当事者間に深刻な争いがあり話し合いによっては解決することが困難な状況にあったかどうか、⑤代理人となるにつき相手方の同意（黙示の同意を含む）があったかどうか、 ⑥遺言執行者になった経緯等の事情を考慮しながら判断されるべきである。

以上のとおり、遺言執行者に関しては多くの問題があるが、ⓐ遺言執行が終了していない時点においては、一部の相続人の代理人になるのは差し控えるべきであると言わざるを得ない。また、ⓑ遺言執行が終了した後であり、かつ遺言執行者に裁量の余地がない場合であっても、少なくとも当事者間に深刻な争いがあって、話し合いによる解決が困難な状況においては、遺言執行者に就任した弁護士が一部の相続人の代理人となることは、やはり差し控えるべきであろう。

2 評価

前段の①から⑥の考慮すべき事情は多岐にわたり、これらを羅列するだけでは到底明確な判断基準を提供することは困難である。①から⑥の事情とⓐおよびⓑとの関係について、『解説』では特に触れられてはいないが、敢えてその関連性を探るとすれば、ⓐの場合は、①の事情を、ⓑの場合は、④の事情を取り込んだものといえよう。しかし、①および④以外の事情はどのように考慮することとなるのか、また、①および④の事情が存する場合において、他の事情が存在することによる影響の有無や程度などはどうなるのかなど不明であって、判断基準として明確性を欠くと言わざるを得ない。

また、ⓐおよびⓑを整合的に解釈するならば、遺言執行が終了した後、遺言内容に裁量の余地がなく、話し合いによる解決が困難ではない状況であれば、一部の相続人の代理人となることは認められることとなりそうであるが、これはかなり限定的な場面であって、このような場合のみが許容されるとするのであれば、相当性を欠くこととならないであろうか。

3　遺言執行者に中立性は求められるか

(1) 問題の所在

弁護士職務基本規程のどの条項の違反を問題とするのか、という根本問題について、前述のとおり、A、B、A＋Bの各見解があるが、このうち、Bの弁護士職務基本規程27条や28条を根拠とする見解は、条文解釈上の疑義がある[5)]ことから採用することは難しいといえる。そうであるとすると、消去法によりAの弁護士職務基本規程5条、6条によるとする見解に依らざるを得ないこととなる。しかし、遺言執行者の中立性が何を根拠として求められているのか、ということについては、実は判然としないというのが本稿の立場である。

(2) 日弁連議決例

AまたはA＋Bの見解に立つ日弁連議決例を概観すると次のようになる。

日弁連懲戒委平成12・10・10議決例集8集27頁　遺言執行者が遺言執行事務を公正中立に行うことは、特にその遺言によって不利益を受ける相続人らが強く求めるところであり、とりわけ、弁護士である遺言執行者により一層そのような要請が強いと判断される。

日弁連懲戒委平成18・1・10議決例集9集3頁　遺言執行者は、特定の相続人の立場に偏することなく、中立的立場でその任務を遂行することが期待されている。

日弁連懲戒委平成21・1・13議決例集12集3頁　中立、公正さを求められる遺言執行者の職務、職責からいって、代理人としての訴訟活動は慎むべきである。

日弁連綱紀委平成23・1・19議決例集14集151頁・日弁連綱紀審平成23・6・21議決例集14集201頁　遺言執行者としての職務の中立性、公平性につき不信感を抱かせた点で配慮に欠けるところがあった。

日弁連綱紀委平成24・8・28議決例集15集163頁　遺言執行者と相続人の代理人の地位の兼併は、中立性公平性を損なうため慎まなければならない。

日弁連懲戒委平成25・9・9議決例集16集74頁　遺言執行者としての

---

5)　解説98〜99頁、高中・石田編・前掲注4）74〜75、78頁〔加藤〕。

職務の中立・公正さについて、懲戒請求者が疑義を持ちあるいは深めることとなることは当然予測されることである。

日弁連綱紀委平成26・2・19議決例集17集97頁　地位の兼併は、遺言執行者の中立、公正性が侵害されているものと評価すべきである。

日弁連懲戒委平成26・8・18議決例集17集40頁　遺言執行者が特定の相続人の代理人となることは、遺言執行者の職務の中立・公平性が疑われるおそれのある行為である。

日弁連懲戒委平成26・8・19議決例集17集47頁　遺言執行者は、特定の相続人の立場に偏することなく、中立公正な立場で任務を遂行することが要求され、弁護士である場合、弁護士職務基本規程5条、同6条の規定から、より一層職務の中立公正さが求められる。

日弁連懲戒委平成27・10・19議決例集18集60頁　遺言執行者としての職務の公正さを疑わしめ、遺言執行者に対する信頼を害するおそれ、ひいては弁護士の職務の公正さを疑わしめるおそれがある。

これらは、遺言執行者には職務の中立性、公正さが求められているとしているが、その中立性、公正さが何を根拠として求められるのかについては何ら触れていない。なお、平成12・10・10の議決例は、とりわけ弁護士である遺言執行者により一層そのような要請が強いとしているが、その根拠は示されていない。また平成26・8・19の議決例は、弁護士である場合、弁護士職務基本規程5条、6条の規定から、より一層職務の中立公正さが求められるとしているが、同規程が遺言執行者の中立公正さの根拠となりうるかは疑問があり、後に検討を行う。

(3) 裁判例：東京高判平成15・4・24判時1932号80頁、懲戒処分取消請求事件

事案の概要　本件は、被告が、原告が遺言により遺言執行者に指定され、黙示的にその就職を承諾していたにもかかわらず、上記遺言により遺産の全部を相続するものとされた相続人に対する遺留分減殺請求の調停事件について、その相続人（相手方）の代理人となったことが弁護士倫理26条2号に違反する（受任している事件と利害相反する事件について職務を行ったもの）として戒告する処分（本件処分）をしたところ、原告が、①原告は本件遺言の遺言執行者に就職していない、②遺言執行者に就職したとしても、上記調停事件において、遺産の全部を相続するものとされた相続人の代理人となったことは弁護士倫理に違反しないと主張して、本件処分の取消しを求めた事案である。

裁判所の判断　遺言執行者は、相続財産の管理その他遺言の執行に必要な一切の権利義務を有し（民法1012条）、遺言執行者がある場合には、相続人は、相続財産の処分その他遺言の執行を妨げるべき行為をすることができない（同1013条）。すなわち、遺言執行者がある場合には、相続財産の管理処分権は遺言執行者にゆだねられ、遺言執行者は善良なる管理者の注意をもって、その事務を処理しなければならない。したがって、遺言執行者の上記のような地位・権限からすれば、遺言執行者は、特定の相続人ないし受遺者の立場に偏することなく、中立的立場でその任務を遂行することが期待されているのであり、遺言執行者が弁護士である場合に、当該相続財産を巡る相続人間の紛争について、特定の相続人の代理人となって訴訟活動をするようなことは、その任務の遂行の中立公正を疑わせるものであるから、厳に慎まなければならない。弁護士倫理26条2号は、弁護士が職務を行い得ない事件として、「受任している事件と利害相反する事件」を掲げているが、弁護士である遺言執行者が、当該相続財産を巡る相続人間の紛争につき特定の相続人の代理人となることは、中立的立場であるべき遺言執行者の任務と相反するものであるから、受任している事件（遺言執行事務）と利害相反する事件を受任したものとして、上記規定に違反するといわなければならない。

批判的検討　この裁判例は、本件の問題を利益相反の問題（弁護士倫理26条2号）と捉えているが、遺言執行者の中立性についても述べているのであり、相続財産の管理処分権が遺言執行者に委ねられ、遺言執行者は善良なる管理者の注意をもってその事務を処理しなければならないという地位・権限を根拠として、遺言執行者の中立性を導き出している。

しかし、相続財産の管理処分権の行使の内容やその効果は、遺言内容によって異なるものであり、例えば、全財産を特定の相続人に相続させるという遺言の場合、当該遺言の執行は、当該特定の相続人以外の法定相続人からみれば中立的とは思えないであろうし、また、推定相続人の廃除の遺言の場合も、当該推定相続人にとっては中立的とは思えないものである。したがって、管理処分権が委ねられているということから遺言執行者の中立的立場が直ちに導かれるものではない。

また、善管注意義務については、改正前民法1012条2項（改正後民法1012

条3項）において、民法644条の規定を遺言執行者について準用するとある。遺言執行者には委任に関する規定が準用されているが（民法1012条3項、1018条2項、1020条）、委任者にあたるものは誰かということが問題となり、遺言者の地位を承継した相続人とみるのが有力であるとされている[6)]。したがって、遺言執行者は相続人に対して善管注意義務を負うこととなる。しかし、相続人に対して善管注意義務を負う遺言執行者が何故に相続人に対する関係で中立に職務を行うことが求められるのかが判然としない。

民法において善管注意義務が要求されるのは、民法644条の他にも、同法298条（留置権者による留置物の保管等）、同法400条（特定物の引渡しの場合の注意義務）などに見られるが、その意味は、その者が属する階層・地位・職業などにおいて一般に要求されるだけの注意を意味する。自分の能力に応じた程度という主観的なものではなく、客観的に要求される程度の注意を意味する[7)]。したがって、遺言執行者の場合は、遺言執行者という地位において一般に要求されるだけの注意ということになる。そして、遺言執行者は、遺言に示された遺言者の意思を実現することを職務とするものであり、そのために相続財産の管理処分権を有し、善良なる管理者の注意をもってその管理処分権を行使することが求められているのであるから、注意義務の内容は遺言の内容によって異なることとなる。決して、全ての遺言を通じて遺言執行者が相続人との関係で中立的立場を求められるものではない。したがって、善良なる管理者の注意をもって遺言執行を行うべき義務が課されていることから直ちに相続人との関係で中立的立場であるべきことが求められるものではなく、中立的立場が求められるか否かは、遺言内容によって左右されうるものと考えるべきである。

そもそも民法は、遺言者の欠格事由として未成年者および破産者のみが遺言執行者となることができないと規定し（民法1009条）、相続人を除外していない。遺言内容によっては相続人間に厳しい利害対立が生ずるが、その場合であっても利害関係のない第三者を遺言執行者に選任することが法律上要求されているものではなく、相続人が選任されることを許容しているのである。

6）　中川淳『相続法逐条解説（下巻）』（日本加除出版株式会社、1995年）307頁。

7）　我妻榮他『我妻・有泉コンメンタール民法　総則・物権・債権〔第8版〕』（日本評論社、2022年）546、746頁〔田山輝明〕。

したがって、上記裁判例が指摘するような管理処分権の委託、善管注意義務という民法の規定から遺言執行者の中立性を直ちに導き出すことは適切ではなく、遺言執行者は、遺言内容によって中立性が要求される場合とそうでない場合があるという整理になるものと解すべきである。

なお、先の平成26・8・19の議決例は、弁護士である場合、弁護士職務基本規程5条、6条の規定から、より一層職務の中立公正さが求められるとして、同規程が遺言執行者の中立公正さの根拠であるとしているが、同規程は（他の法的根拠によって）弁護士の職務が中立的立場であることが要求されている場合に中立的立場に立って職務を行うことを求めているに過ぎず、同規程から遺言執行者の中立公正さを導くことはできないと考える。

(4)　相続法改正の影響の有無

平成30年7月6日民法及び家事事件手続法の一部を改正する法律（平成30年法律72号）が成立し、段階的に施行されたが、遺言執行者についても重要な改正がなされている。一方、『解説』は、2017年（平成29年）12月に発行されていることから、改正前の民法（相続法）を前提としていることとなる。そこで、遺言執行者に関する弁護士倫理問題について相続法の改正による影響の有無を検討する。

遺言執行者に関する改正内容

（遺言執行者の権利義務）

新第1012条①　遺言執行者は、遺言内容を実現するため、相続財産の管理その他遺言の執行に必要な一切の行為をする権利義務を有する。**【傍点部分を追加】**

②　遺言執行者がある場合には、遺贈の履行は、遺言執行者のみが行うことができる。**【新設】**

（遺言執行者の地位）

改正前1015条　遺言執行者は、相続人の代理人とみなす。**【削除】**

（遺言執行者の行為の効果）

新1015条　遺言執行者がその権限内において遺言執行者であることを示してした行為は、相続人に対して直接にその効力を生ずる。**【新設】**

検討　遺言執行者の権利義務および地位等については上記のような改正がなされているが、これらは、従来の解釈等を基本的に踏襲し、これを明示したものとされている。そうであるとすれば、相続法の改正によって、弁護士職務基本規程の解釈や懲戒実務は影響を受けないということとなる[8)]。しかし、31年ぶりに行われた相続法の大改正は、遺言執行者に関する弁護士倫理の問題について、規定の明文化を通じて新たな解釈の視点を提供するものと解する。

まず、遺言執行者の権利義務については、改正前の1012条1項は、上記の傍点部分を除いた部分、すなわち「相続財産の管理その他遺言の執行に必要な一切の行為をする権利義務を有する」旨の規定があるのみであった。しかし、これは一般的・抽象的な規定内容であり、遺言執行者は誰の利益のために職務を遂行すべきかといった点や、例えば、相続させる旨の遺言や遺贈がされた場合に、遺言執行者が具体的にどのような権限を有するかといった点について規定上必ずしも明確でなく、判例等によってその規律の明確化が図られてきた。また、改正前の1015条が「遺言執行者は、相続人の代理人とみなす」と規定されていたことから、遺言執行者は、相続人のために職務を行うべき義務がある等と主張され、遺言執行者と相続人との間でトラブルになることが少なくないといわれていた。そこで、新法では、1015条の「相続人の代理人とみなす」という表現を改めるとともに、1012条1項において、遺言執行者の職務は、「遺言の内容を実現する」ことにあるとする規定を設け、その法的地位を明確化することとしたのである[9)]。

ここに、「遺言の内容を実現するため」の文言を挿入したのは、遺言執行者の行為の目的を明文化することで、遺言内容を実現する機関としての遺言執行者の地位を明確にしたものであり、遺言執行者は、死亡した遺言者に代わってその意思を実現する機関であって、遺言がなければ法定相続により相続人に帰属した財産を遺言により配分するための具体的活動を行うことから、基本的に相続人とは利益相反の関係にあり、相続人の利益を実現する立場にはないとされている[10)]。

8）　髙中・石田編・前掲注4）77頁〔加藤〕。
9）　堂薗幹一郎・野口宣大編著『一問一答新しい相続法〔第2版〕』（商事法務、2020年）111、113頁。
10）　大村敦志・窪田充見編『解説民法（相続法）改正のポイント』（有斐閣、2019年）166頁〔増田勝久〕。

以上のとおり、相続法改正の趣旨は、遺言執行者が相続人と利益相反の関係に立つこと、相続人の利益を実現する立場にはないことを正面から認めたうえで、相続人の代理人であるとする規定を削除し、かつ、行為の目的は遺言の内容を実現することであると明確に定め、遺言執行者に対し、遺言者の意思を実現することを託したのである。これらは前述のとおり、従来の解釈等を明確にしたものではあるが、法文に規定されたことで、遺言執行者の地位が法文上明確なものとなり、遺言者の意思を実現するためには相続人との間で利益相反関係に立つとしても、遺言者の意思の実現が優先される結果、相続人との関係で中立的立場に立つことは求められないことが明確にされたと理解できる。

すなわち、従前の解釈等を明確にしたものであって基本的な立場に変動はないことから、懲戒実務においても変更はないとする考えも十分に首肯できるが、従前の解釈等を相続法の法文上明確にしたことによって、懲戒実務の在り方について変更を促す契機となりうるものと解する。

(5) 私見

遺言内容からのアプローチ　以上の考察を踏まえると、遺言執行者に関する弁護士倫理問題を検討するにあたっては、遺言執行者は死亡した遺言者に代わってその意思を実現する機関であることからすると、中立的立場が求められるか否かは、遺言者の意思がどうであったか、それを反映した遺言の内容が中立的立場を要求していると解されるか否かに関わることとなる。

例えば、「全遺産を甲に相続させる」という遺言の場合、遺言者は、まさに全遺産を甲が相続することを望んでおり、他の相続人には遺留分の主張もしてほしくないという意思であると解される。この場合、遺言執行者に就任した弁護士は、遺産を調査して遺産目録を作成し、当該遺産目録に記載された全遺産を甲に相続させるための諸手続を行うことになる。そして、遺言執行の終了の前後を問わず、他の相続人から遺留分の主張（遺留分侵害額請求の調停申立や訴訟提起等）がなされた場合に甲の代理人に就任して調停や訴訟の対応をすることは、正に、遺言者の意思、つまり全遺産を甲に承継させたい、可能な限り多くの遺産を甲に承継させたいという遺言者の意思の実現に合致することであって、これを禁止する理由は見当たらないと解される。

一方、遺言の内容が、例えば、不動産は甲に、預貯金は乙に、株式は丙に各相続させるといった遺産分割方法を指定するものである場合や特定の遺産の承継を明記しないで相続分の割合を定めるものである場合、遺言者の意思は、全遺産を特定の相続人に相続させるという遺言とは異なり、それぞれの相続人の生活等を考えて相続人間のバランスを重視し、自分の死後相続人間でトラブルが発生しないことを求めていると解される。この場合、遺言者の死亡時点において預貯金が相当目減りし、また、株価が高騰するなどの変動の結果、特定の相続人の遺留分を侵害する状況に至ることがありうる。しかし、遺言者の意思としては、それぞれの相続人の生活が成り立つようにと配慮し、自分の死後残された遺族が争わないようにとの願いを込めて遺言書を作成したものと解されることから、遺言執行者に対しては、中立的立場に立って各相続人の利害のバランスを図ることを期待しているのであって、一部相続人の代理人に就任することはその期待に反し許されないと解される。

すなわち、遺言者の意思は、当該遺言書が執行された結果、相続人間で事後的な紛争を発生させることを想定ないし容認しているものと、相続人間で事後的な紛争を回避することを期待しているものとに大別できる。前者の遺言を「紛争容認型遺言」、後者の遺言を「紛争回避型遺言」と呼ぶことが可能であり、前者の場合は弁護士倫理上の問題は発生せず、後者の場合は弁護士倫理の問題が発生し、一部相続人の代理人に就任することが許されないこととなる。この解釈は、新民法1012条の「遺言の内容を実現するため」との文言を重視して、代理人就任の可否について、前述の考慮要素①から⑥に左右されることなく遺言の内容のみを基準として判断することから、法律に合致するとともに判断基準としての明確性、予測可能性を提供するものであると解する[11)]。

なお、前述したとおり、遺言執行者に関する弁護士倫理の問題は、遺言執行者の就任が先行し、その後で代理人就任がなされたという類型と代理人就任が先行し、その後で遺言執行者に就任したという類型があり、『解説』99

11)　遺言によっては遺産の分割に関して触れず、廃除のみを内容とする遺言もありうる。例えば、被相続人に対する暴力や侮辱を理由として長男を廃除する旨の意思表示が示され、遺産の分割に関しては何らの定めもしていないのであれば、長男が廃除された後の相続人間の遺産分割において一部相続人の代理人に就任することは、遺言者の意思に反するものではなく、「紛争容認型遺言」に該当する。なお、前述の日弁連懲戒議決例⑥は、廃除の意思表示の他に全財産を二女に相続させるとの遺言であり、同様に「紛争容認型遺言」に該当する。

頁は、後者の類型は別途検討が必要な問題であるとしているが、後者の類型であっても、遺言の内容から判断して、遺言執行者への就任の可否を検討すれば足りることであり、両類型を通じて同様の判断基準で検討すれば足りると解する[12)]。

「公正中立」の意味　ところで、森際康友編著『職域拡大時代の法曹倫理』（商事法務、2017年）61頁〔柏木俊彦〕は次のように述べる。

この弁護士法25条4，5号の利益相反の類型の趣旨は、遺言執行者にそのままあてはまります。遺言執行者は、遺言の当事者である相続人・受遺者に対して公正中立な立場でその法定の任務を誠実に遂行しなくてはいけません。弁護士が遺言執行者となっても相続人・受遺者は遺言事件の当事者ではあっても依頼者ではありません。公正中立といいましても遺言が特定の相続人にすべての財産を遺贈する遺言もあり得ますから、遺言の内容が公正中立であること（原文ママ）意味するのではなく遺言執行者の任務の遂行のしかたが公正中立であることです。

公正中立な立場で遺言を執行すべき遺言執行者が偶々弁護士であったことから、特定の相続人・受遺者からの依頼を受けて遺言の紛争事件を引き受けて党派的な利益擁護の役割を遂行して、弁護士が遺言執行者としてなした行為を特定の相続人・受遺者の党派的な利益のために擁護したり否定したりしたのでは公正中立な遺言執行者という法定の制度及び党派的な役割の代理制度双方に対する社会的信頼を損ねます。弁護士法25条4，5号の役割衝突の利益相反と趣旨を同じくします。

この点、前掲『職域拡大時代の法曹倫理』66頁〔村橋泰志〕は、次のように述べるが、全く同感である。

「自分の人生の締めくくりとして自分の思いを全部込めたような遺言書をつくってほしい。そしてあなたにその執行を託したい。」と望むことは

12）　解説99頁は、この問題について「当該弁護士の遺言執行者就任が弁護士法25条1号・2号、職務基本規程27条1号・2号に直接抵触することがないとしても、相続人の一部から遺言執行者としての中立性、公正性に強い疑念ないし不信感をもたれる可能性があるので、職務基本規程5条、6条に照らし、遺言執行者への就任の適否については、慎重な検討が必要である」とする。

まれではございません。そういうときに、私は逃げたくないのです。〔中略〕このような場合は相続人全体のために第三者として中立公正な役割を果たすというよりも、遺言者の代理人として、まさに党派的にその意思を実現するということが、遺言執行者に期待された役割なのです。〔中略〕遺言者がそのような意思をもっているということは相続人にも遺言書の記載内容自体で明らかです。また、遺言執行者に遺言の内容を実現したいと頼んでいること自体も明確です。そうしますと、相続人は遺言執行者に対して、遺言書の記載とは別にして、自分たちのために公正にやってくれ、ということは期待しない。一律に弁護士の遺言執行者の役割を考えるのが観念的にすぎるのではないかと思います。

まとめ　私見と上記柏木見解との違いは、「公正中立」の意味をどう捉えるかにかかっていると解する。私見は前述のとおり、遺言者の意思を反映した遺言の内容にスポットを当て、遺言の内容が遺言執行者に対して中立的立場を要求しているかどうかを判断基準とするものである。これに対し、柏木見解は任務の遂行の仕方にスポットを当てた判断基準である。

しかし、任務の遂行の仕方が公正中立であるとは具体的にいかなる意味であろうか。それは、善管注意義務とどのように異なるのであろうか。善管注意義務と同じであれば、善管注意義務からは中立的立場を導き出せないとの前述の指摘が妥当するし、善管注意義務と異なるとするのであれば、どのような法的根拠から導かれるのか明らかにする必要があるであろう。

このように見てくると、「任務の遂行の仕方の公正中立」という考えによるのではなく、より具体的かつ明確な遺言者の意思・それを表す遺言の内容に焦点を当てて判断基準を定立することが相続法改正の趣旨にも合致し、かつ、基準の明確性・予測可能性を提供できると解する。

Ⅳ　弁護士職務基本規程の改正案

日弁連の懲戒実務が揺れていること、予測可能性が立たないことから、遺言執行者に関する弁護士倫理の問題について、弁護士職務基本規程を改正して解決の道筋をつけるとした場合、どのような改正が適切であるか。

1　改正案の検討

(1) 遺言執行者の中立公正さを根拠として、全面禁止とするもの

弁護士職務基本規程27条に次のとおり、6号を加える。

第27条　弁護士は、次の各号のいずれかに該当する事件については、その職務を行ってはならない。ただし、第3号に掲げる事件については、受任している事件の依頼者が同意した場合は、この限りでない。

一から五（省略）

六　遺言執行者として職務上取り扱った遺言の相続財産に係る事件であって、当該遺言に係る相続人又は受遺者の依頼によって他の相続人又は受遺者を相手方とするもの

この改正案は、全面的に一方相続人の代理人就任を禁止するものであって、規制としては明確であり予測可能性が認められる。しかし、規制範囲として過度に広汎である点、事後紛争容認型遺言の場合、遺言者の意思と相容れない結果となる点において妥当性には疑問がある。

(2) 職務回避型利益相反の禁止として次の条項を設けるもの[13)]

第29条

一　自己の経済的利益と相反する事件

二　親族を相手とする事件

三　公務員として職務上扱った事件

四　仲裁人・調停員・和解斡旋などの手続実施者などの就任前後の代理人関与を原則（就任）禁止とし、実質的弊害のないときを例外とする。

五　財産管理人（遺言執行者・後見人・破産管財人・相続財産管理人など）の就任前後の代理人関与を原則（就任）禁止とし、実質的弊害のないときを例外とする。

この改正案は、前述の日弁連懲戒議決例⑦の懲戒判断で示された判断基準を取り入れたものと解されるが、「実質的弊害のないとき」の判断に際し、

---

13)　遠藤直哉『法動態学講座2　新弁護士懲戒論』（信山社、2018年）101～102頁。

前述の考慮事情①から⑥を考慮するとするのであれば、予測可能性に乏しく判断基準としての明確性を欠くとの問題点を克服できないこととなる。

2　私見

Ⅲの「判断基準についての一考察」で示した私見を明文化する次のような内容が相当と思料する。

弁護士職務基本規程27条に次のとおり、6号を加える。

第27条

六　遺言執行者として職務上取り扱った遺言の相続財産に係る事件であって、当該遺言に係る相続人又は受遺者の依頼によって他の相続人又は受遺者を相手方とするもの。ただし、遺言の内容が許容する場合は、この限りではない。

Ⅴ　後見人および後見監督人に関する問題

1　後見人について

(1) 日弁連の懲戒事例

成年後見人として被後見人の財産管理をしていたが、被後見人が死亡した後、相続人間において遺産分割のトラブルが発生して一部の相続人から代理人となることを依頼された場合、成年後見人であった弁護士は受任できるか。

この問題についての日弁連の懲戒事例は、遺言執行者の場合と比べ少ない。日弁連懲戒委員会は、直ちに中立性・公正さが害されるわけではないとしている（日弁連懲戒委平成25・2・12議決例集16集3頁）。

上記事案は、成年後見人であった弁護士が、成年後見事務において、成年被後見人の預貯金や株式などの金融資産について不明なものがあり、成年被後見人の子に対する提訴の要否について家庭裁判所に相談したところ、その必要はない旨回答を受け、成年被後見人の死後に残余財産を相続人に引き渡すべく保管している状態において、相続人間に相続に関わる紛争が勃発し、遺産分割事件について一部の相続人の代理人に就任したという事案である。

原弁護士会綱紀委員会が懲戒審査を求めないとしたが、日弁連綱紀委員会が原弁護士会懲戒委員会に事案の審査を求めることを相当とする議決をし、原弁護士会懲戒委員会が戒告の判断をしたところ、日弁連懲戒委員会は、これを取り消して懲戒しない旨の判断をした[14)]。

その判断において、後見人の場合、遺言執行者は相続人の代理人とみなすとの民法1015条のような規定はなく、後見人は成年被後見人に対して善管注意義務を負う立場であるが、一部相続人の代理人就任時点では成年被後見人は死亡して存在せず、形式的にみて関係者間の利益相反に該当するとはいえないという点を挙げている。そして、非行に該当するのは、成年後見中の善管注意義務違反等を隠匿する目的がある場合や成年後見人でなければ知り得なかった事実を依頼を受けた相続人のために利用する場合であるが、本件ではこれが認められないとした上で、上記の日弁連綱紀委員会の議決後に代理人を辞任するなど成年後見人としての職務の公正さを確保するための一定の配慮をしているという事情をも考慮した結果、弁護士としての品位を失うべき非行に該当するとまでは認められないとしている。

(2) 検討

成年後見人は、成年被後見人の生活、療養看護および財産の管理に関する事務を行うこととされ、それらの事務を行うに当たっては、成年被後見人の意思を尊重し、かつ、その心身の状態および生活の状況に配慮しなければならないとされている（民法858条）。そして、財産の管理に関する事務を行うに当たっては善管注意義務を課せられている（同法869条、644条）。また、利益相反の場合に成年被後見人による公正な代理権の行使ができないことを理由に特別代理人の選任請求をすることなどが求められているが（同法826条）、利益相反行為の当事者は、①成年後見人と成年被後見人のほか、②後見人が法律上または委任によって代表・代理する者と成年被後見人、③後見人を同じくする被後見人相互間が該当するとされている[15)]。このように、現行民法は、成年後見人についての規律を設けるが、いずれも成年被後見人の利益保護の観点からの規律であって、後見事務の中で成年被後見人の推定相続人の利益保護を求めることはしていない[16)]。したがって、後見人の場合は、

14）　解説100頁。

15）　松原正明・浦木厚利編著『実務成年後見法』（勁草書房、2020年）131頁〔松井芳明〕。

16）　松原・浦木編著・前掲注15）153頁〔松井〕も「成年後見人は成年被後見人のために事務を行うのであり、成年被後見人の親族の利益ないし便宜のために事務を行うものではない」とする。ま

遺言執行者に関するこれまでの議論と異なり、相続人に対する関係での中立的立場は要求されていないと解され、一部相続人の代理人に就任することは原則として問題となることはなく、前述の善管注意義務違反等の隠蔽目的がある等の場合に許されないとする見解に賛同する。

ところで、日弁連懲戒委員会は、前述のとおり、更に原弁護士会と日弁連との間での懲戒手続が進行している中途において対象弁護士が代理人を辞任したことを取り上げて成年後見人としての職務の公正さを確保するための一定の配慮をしているという事情をも考慮した結果、懲戒しない旨の判断をしている。

この点をどう理解ないし評価すべきかは重要な問題である。仮に、対象弁護士がこのような辞任の措置を採らなかった場合、この懲戒委員会の判断からすれば、懲戒されるリスクは消失しないこととなる。その結果、後見事務終了後、一部相続人の代理人に就任し、辞任することなく代理人としての職務を全うすることは、懲戒のリスクを抱えることとなるため、委縮効果によって見送られることとならざるをえない。

しかし、成年後見人は、成年被後見人のために後見事務を行うものであって、相続人に対する関係で中立的立場に立つべきことが求められるものではないことからすると、一部相続人の代理人に就任することは何ら問題がないはずである。先に指摘した事情（成年後見中の善管注意義務違反等を隠匿する目的がある場合や成年後見人でなければ知り得なかった事実を依頼を受けた相続人のために利用する場合）は後見事務に対する公正さを阻害するものとして許されないが、そのような事情がない限り、辞任しなくとも懲戒相当になることはないものと解すべきである[17]。

た、東京地判令和4・5・24 Westlaw Japan 文献番号 2022WLJPCA05248010 は、相続人の一部から後見人であった弁護士を被告として、相続人を公平に扱わず自分をないがしろにしたなどとして提起された不法行為に基づく損害賠償請求訴訟において、「成年後見人は、被後見人との関係で、善管注意義務を負い（民法644条、869条）、成年後見人の意思の尊重及び身上につき配慮する義務を負うが（民法858条）、その職務に関して、被後見人の推定相続人ないし親族との関係で特別な法的義務を負うべき理由はな」いとしている。

17）解説100～101頁は「後見人であった者が一部相続人の代理人となることが原則として非行にあたると解すべきではないであろう。もちろん、後見人の職務の公正に対する社会的信頼を確保するために後見人は行動すべきであって、公正さを害するような行為は慎むべきである。このような後見人の行為が非行に該当するかは、具体的な事案に於いて判断されるべきである」としており、後見人の辞任については触れていないことから、辞任を懲戒しないことの必須の判断要素とはしていないと解される。

2　後見監督人について

(1) 日弁連の懲戒事例

成年後見監督人として成年後見人の後見事務の監督をしていたが、被後見人が死亡した後、相続人間において遺産分割のトラブルが発生し、一部の相続人から代理人となることの依頼を受けた場合に、成年後見監督人であった弁護士は受任できるか。

この問題についての日弁連の懲戒事例も、後見人の場合と同様少ない。日弁連綱紀委員会および同綱紀審査会は、原則としてこのような受任関係に立つことは相当でないとしている（日弁連綱紀委平成26・5・21議決例集17集111頁、同綱紀審平成27・1・20議決例集18集147頁）。

上記事案は、成年被後見人の姉の子が成年後見人に選任され、後見監督人に対象弁護士が選任されたが、成年被後見人が死亡して後見監督事務が終了した後、上記成年後見人から相続に関する相談を受けて助言をし、その後、関連する事件の代理人に就任したという事案である。

日弁連綱紀委員会は、後見人と後見監督人の関係は、後見監督人の職務が後見人の事務を監督すること（民法851条1号）、後見人またはその代表する者と被後見人との利益が相反する行為について被後見人を代表すること（同条4号）と定められていることから、両者は、後見人と相続人との関係よりも癒着を想起させてはならない関係にあり、職務の公正さがより強く要求されるべき関係であることを根拠として、原則として受任関係に立つことは相当でないと判断した（なお、この事案は、受任事案が不動産の家賃の清算に関する支払督促事件であり、相手方が印紙を納めないことで却下となったため対象弁護士は実質的に何も行ってない等の事情から非行の判断には至っていない）。

(2) 検討

後見監督人または家庭裁判所は、いつでも、後見人に対し後見の事務の報告・財産目録の提出を求め、後見の事務・被後見人の財産の状況の調査をすることができると定められているが（民法863条1項）、実務上、後見人は、後見監督人が選任されていない場合は、家庭裁判所に対し、定期報告として年に1回、後見等事務報告書、収支状況報告書、財産目録を裏付資料と共に提出する一方で、後見監督人が選任されている場合は、後見監督人との話し合いによって年間の報告回数を定め、後見監督人に上記書類を提出し、後見監督人は、提出された関係書類を精査し、定期報告として年１回、家庭裁判所に対し、後見等監督事務報告書を提出する。

したがって、法律の文言上は、後見監督人が選任されている場合でも家庭裁判所は後見人に対して報告を求めたり調査をすることができることとなっているが、後見監督人が選任されている場合は、後見監督人が監督業務のほとんどを担っているのが実情である。このような関係に鑑みれば、後見監督人が後見監督事務終了後、後見人の代理人に就任することは、後見監督業務の公正さに対する疑念を生じさせるものであって、職務の公正の確保（弁護士職務基本規程５条）、弁護士の信用と品位の保持（同規程６条）に抵触するおそれが大きいと解する[18)][19)]。

ところで、この事案は、後見人であった相続人からの依頼を受けられるかという事案であるが、後見監督人の弁護士倫理問題としては、相続人間の相続紛争について、後見人ではなかった一部の相続人からの依頼を受ける場合も問題となりうる。この場合は、後見監督人と後見人との間における前述の規律は問題となり得ない。そして、後見監督業務は、後見人の事務が民法858条の規律を満たしているか否かの観点から行うものであり、後見監督人が推定相続人との関係で中立的立場であることが要請されるものでないことは後見人と同様と解されることから、一部相続人の代理人に就任することは原則として問題はなく、後見人の場合と同様に、後見監督事務において求められる善管注意義務違反等を隠匿する目的がある場合や後見監督人でなければ知り得なかった事実を依頼を受けた相続人のために利用する場合には許されないと考えてよいであろう。

Ⅵ　おわりに――肝に銘ずべきこと

遺言執行者に関しては、日弁連懲戒委員会の懲戒実務が揺れていることか

18）　日弁連綱紀審平成27・1・20の反対意見も同旨である。

19）　同種の問題として、民事信託において受託者と第三者との間で紛争が生じた場合に、信託監督人または受益者代理人に就任している弁護士が受託者の代理人に就任できるかが問題とされており、日弁連2022年12月16日「民事信託業務に関するガイドライン」22頁は、後見監督人と後見人との関係が基本的に当てはまるとして、受託者から事件を受任するかどうかは慎重に判断すべきであるとする。

ら弁護士の業務に対する委縮効果があり、これをなくすべく弁護士職務基本規程の改正が早急に望まれるところである。本論稿では解釈論での対応可能性、解釈論を明文化した改正案を検討したが、私見のように全面禁止とすることなく、一定の場合に代理人就任が可能となるとの解釈・懲戒実務ないし改正規程が確立した場合の問題点を少し触れておく。

私見は、遺言内容によって事後の代理人就任の可否が決定されることから、弁護士として遺言書作成、遺言執行者就任、一部相続人の代理人就任と3度の関与が可能となる。そこで、遺言書作成段階から関与する場合、将来において一部相続人の代理人就任が可能となるような内容に遺言者を誘導することも可能となる。しかし、そのようなことは厳に慎まなければならない。遺言者が残される遺族間の紛争回避を望んでいるのに、その意思（遺志）に反して「紛争容認型遺言」を作成するように誘導することは、弁護士職務基本規程22条（依頼者の意思の尊重）に違反するものであり、品位を失うべき非行として許されないものであることは、肝に銘じられなければならない。

7　第三者委員会等と弁護士職務基本規程

髙橋　司

Ⅰ　はじめに

最決令和4・6・27判時2543=2544号47頁（判タ1503号17頁。以下、「令和4年最決」という）は、株式会社の取締役責任追及委員会の委員であった弁護士が、取締役らに対する損害賠償請求訴訟で当該会社の代理人に就任して行った訴訟行為の排除を否定した。近時、企業の不祥事等に対し、弁護士が委員となった第三者委員会や内部調査委員会が設置されることが増え、社会の耳目も集まる。本件は、そのような委員会と弁護士倫理に関する初の最高裁の判断であり、注目を集め、多くの評釈もなされている[1)]。

しかし、この決定は、当該委員会の委員がその後に訴訟代理人に就任して

1）　著者が目にしたものとして、石毛和夫・銀行法務21 888号66頁（2022年、同896号106頁に転載）、石田京子「弁護士による調査と訴訟代理」早稲田大学法学会『早稲田大学法学会百周年記念論文集　第1巻公法・基礎法編』（成文堂、2022年）467頁、伊藤隼・ジュリスト臨時増刊1583号（令和4年重要判例解説）102頁、遠藤元一・金判1678号（2023年）2頁、加藤新太郎・NBL 12225号（2022年）96頁、工藤敏隆・法学研究（慶應義塾大学）96巻7号（2023年）53頁、酒井博行・法セ増刊（新判例解説Watch）32巻（2022年）161頁、高中正彦・判例秘書ジャーナル2022年10月14日、手賀寛・民商法雑誌159巻2号（2023年）264頁、戸高広海・月刊税務事例54巻12号（2022年）87頁、堀清史・法教508号（2023年）131頁、松中学・資料版商事法務461号（2022年）98頁。

行った訴訟行為を排除しないと判断した事例決定に過ぎず、多岐にわたる問題のごく一部について回答を出したにすぎない。この代理人就任（兼併）が弁護士職務基本規程（以下、「職務基本規程」といい、条文の引用は「規程○条」とする）に反するのか、換言すれば懲戒になりうるかの答えは出ていない。また、「第三者委員会」の委員であった者が代理人に就任して訴訟行為等をすることが弁護士法（以下、条文については「法○条」と記載する）や職務基本規程に違反するかにも触れていない。

一方、日弁連は、最近、ハラスメント委員会の委員の兼併の事案について、単位会による懲戒（戒告）の判断を覆し、懲戒しないとの判断をした。

本稿は、企業等[2)]によって設置される第三者委員会等の委員の弁護士が、その後当該企業の代理人として訴訟活動等を行うことの是非について、職務基本規程上のいくつかの問題の検討を、「第三者委員会等のあり方」という観点ではなく、もっぱら弁護士倫理の観点から行うものである。

Ⅱ　令和4年最決

1　事案

X社で発生・発覚した「金品受領問題」と称される問題について、X社では、日弁連ガイドラインに準拠して設置した第三者委員会から再発防止の提言を受けた後、X社の取締役であったYらがX社に対し会社法423条1項の責任を負うかを判断するために、A弁護士らに委員を委嘱して、取締役責任調査委員会を設置した。X社は、この委員会につき、独立性を確保した利害関係のない立場にある社外の弁護士から成る委員会である旨の公表（以下、「本件公表」という）をした。同委員会は、上記問題に関し、Yらから事情聴取を行ったうえで、X社に対し、Yらには損害賠償責任が認められる等を記載した調査報告書を提出した。X社は、A弁護士らを訴訟代理人として、大阪地裁に、Yらの会社法423条1項の責任を追及する訴訟を提起した。Yらは、この訴訟においてA弁護士らが訴訟行為を行うことは、弁護士法25

2）　第三者委員会には、企業等が設置するもののほかに、地方公共団体がいじめ等の事案に際して設置するものがある。本稿は、紙幅の関係等から、企業等によって設置されるものを主に念頭に置いて論じることとする。地方公共団体の第三者委員会については、法の支配206号（2022年）の特集「第三者委員会」のうち、第1部「地方公共団体の第三者委員会」中の座談会や論稿に詳しい。

条 2 号・4 号等の各趣旨に反するとして、A 弁護士等の各訴訟行為の排除を求める申立てを行った。

2　原決定

原々審（大阪地裁）は排除を認めなかった。しかし、原審である大阪高決令和 3・12・22 判時 2538 号 22 頁（以下、「令和 3 年大阪高決」という）は、Y らは金品受領問題等について、本件責任調査委員会の委員である A 弁護士らの独立かつ中立・公正な立場を信頼し、その事情聴取に応じたのであり、その回答は A 弁護士らに対して上記立場からの法律的な解決を求めるためになされたに等しく、また、A 弁護士らの上記立場は裁判官と変わるところがないとして、その訴訟における A 弁護士らの X の訴訟代理人としての訴訟行為を、弁護士法 25 条 2 号および 4 号の各趣旨に反するとして、その類推適用によって排除した[3)]。

3　令和 4 年最決

最高裁は、これを覆した。その要旨は以下のとおりである。

本件責任調査委員会は、金品受領問題等に関して、X 社が Y らの会社法 423 条 1 項に基づく損害賠償責任の有無等を調査、検討するために設置したものであり、その委員は、X 社から委嘱を受けて、上記の調査等のために職務を行うものである。Y らにおいても、本件責任調査委員会の名称および設置目的ならびに本件記載に照らし、本件責任調査委員会が、X 社のために上記の調査等を行っており、事情聴取の結果が、X 社の Y らに対する損害賠償請求訴訟において証拠として用いられる可能性があることを当然認識していたというべきである。そうすると、Y らが本件責任調査委員会の事情聴取に応じてした回答が、その委員である A 弁護士らに対して金品受領問題等について法律的な解決を求めるためにされたに等しいということはできない。また、本件責任調査委員会の設置目的やその委員の職務の内容等に照らし、A 弁護士らが裁判官と変わらない立場にあったということもできない。これらのことは、X 社が本件公表をしていたからといって、変わるものではな

3）　この高裁決定自体に対する評論として、石毛和夫・銀行法務 21　884 号（2022 年）66 頁、松中学・資料版商事法務 457 号（2022 年）123 頁がある。

い。そもそも、弁護士に委任をして訴訟を追行する当事者の利益や訴訟手続の安定等を考慮すると、弁護士法25条に違反する弁護士の訴訟行為を排除する判断において、同条の規定についてみだりに拡張または類推して解釈すべきではない。

4　若干の分析

著者は、この決定に対し、上述の既になされたものに加える評釈をする力を持たず、また評釈をする者としての適格性にも欠ける[4]。本稿の検討に必要な限りで、若干の分析をするにとどめる。

(1) 本件委員会の客観的な性格

判示　この決定が本件委員会の客観的な性格について述べる部分は、「本件責任調査委員会は、金品受領問題等に関し、X社がYらの会社法423条1項に基づく損害賠償責任の有無等を調査、検討するために設置したものであり、その委員は、X社から委嘱を受けて、上記の調査等のために職務を行うものである」という文と、「また、本件責任調査委員会の設置目的やその委員の職務の内容等に照らし、A弁護士らが裁判官と変わらない立場にあったということもできない」という文の2つのみであり、簡略である。

法25条2号についての主張等に対応する部分　上記2つの文のうち前者は、Yらの主張およびそれを容れた令和3年大阪高決の、法25条2号についての主張・判示に対する回答である。Yらは、YらがA弁護士らに「協議」や「依頼」をしたという主張をしていたのに対し、X社は、あくまでもX社が依頼者であると主張しており、後者を容れたものと理解できる。

法25条4号についての主張等に対応する部分　後者は、同4号についてのYらの主張・原審の判示への回答である。

冒頭に、「本件責任調査委員会の設置目的」が挙げられている。同決定のこれより前の文中には、「設置目的」との語は用いられていないが、「Yらの会社法423条1項に基づく損害賠償責任の有無等を調査、検討する」ことが「設置目的」であると考えられる。

「その委員の職務の内容等」が何を指すのかも、それほど明確ではない。

4）著者は、この最決における抗告人X社の代理人であり、原事件における原告代理人（ただし上記責任調査委員会の委員ではなく、排除申立ての対象にはなっていない）である。

原決定が理由とした「独立かつ中立・公正な立場」については、言及すらなく、そのような立場にあったかどうかは結論に影響しないようにも見える。およそ法25条4号はこのような場合に類推適用される余地はないとしているように見える。

また、委員が「裁判官と変わらない立場」に立つような委員会が一般論としてありうるかについては、何の言明もしていない。あるタイプの委員会の委員は裁判官に類するからその委員であった弁護士が後に企業等からその件を受任することは禁止されるけれども、本件委員会の場合はそのタイプではないから許容される、という思考は示されていない。

(2) Yらの主観

この決定は、「Yらにおいても、本件責任調査委員会の名称及び設置目的並びに本件記載に照らし、本件責任調査委員会が、X社のために上記の調査等を行っており、事情聴取の結果が、X社のYらに対する損害賠償請求訴訟において証拠として用いられる可能性があることを当然認識していたというべきである」としたうえで、「そうすると、Yらが本件責任調査委員会の事情聴取に応じてした回答が、その委員であるA弁護士らに対して金品受領問題等について法律的な解決を求めるためにされたに等しいということはできない」としている。委員会に事情聴取をされ後に訴訟で被告となった者の主観によって、結論が変わりうる可能性を示唆しているととれないわけではない。

ただし、このYらの主観への言及は、法25条2号についての判示部分のみで述べられている。同4号にかかる部分では述べられていない。聴取対象者が委員を裁判官類似の者と誤解しても、結論には影響しないことになりそうである。

(3) 訴訟行為の排除の判断のあり方

さらに、同決定は、「そもそも、弁護士に委任をして訴訟を追行する当事者の利益や訴訟手続の安定等を考慮すると、弁護士法25条に違反する弁護士の訴訟行為を排除する判断において、同条の規定についてみだりに拡張又は類推して解釈すべきではない」とする。この点については、内容自体は妥当であるものの、本件が法25条2号・4号の外延に含まれない以上は不要な判示ではなかったか、との指摘がある[5)]。

5　未解決の問題

このように、この決定は、原決定の訴訟行為の排除についての判断を否定したにとどまる。事例決定であり、その射程はいくつかの意味で限定的である。

(1)　本件委員会の位置づけ

原決定が本件責任調査委員会を第三者委員会の一種であると位置づけた[6)]のに対し、令和4年最決は、原決定を要約する中においても、本件責任調査委員会の性格には言及せず、「第三者委員会」という語も用いていない。最高裁として、「第三者委員会」というものを、訴訟排除の文脈で意味があるカテゴリーとして認めるのかどうかも明確ではないわけである。そのようなカテゴリーは認めたうえで、本件責任調査委員会はそこには属さないとしたものと読むことが一応可能ではある。しかし、では「第三者委員会」のカテゴリーに含まれる委員会の委員であった弁護士が、その委員会を設置した企業側の代理人として訴訟追行をすることに制約はあるか。その訴訟行為が排除されうるのか。この令和4年最決は、答えを出していない。

(2)　職務基本規程違反について

また、この最決は、代理人に就任して訴訟行為を行うことが職務基本規程に違反するものとして懲戒となるのかについても、何の判断もしていない。最決令和3・4・14民集75巻4号1001頁（以下、「令和3年最決」という）は、職務基本規程違反（この決定では57条違反）を理由とする訴訟行為の排除はできないとしている。訴訟行為の排除が認められるのは、その訴訟行為が弁護士法（25条等）に違反した場合であり、利益相反行為であっても、規程28条・57条等に反するのみでは排除の対象にならない。裏返せば、排除はされないが職務基本規程には違反する行為が存しうることになる。したがって、問題の兼併が職務基本規程に違反するかどうかも、令和4年最決からはわからないことになる。

5）　酒井・前掲注1）164頁。

6）　本件では、不祥事の原因を究明し再発防止策を提案することを目的として設置されていた第三者委員会が設置されていたわけであるが、令和3年大阪高決は、本件責任調査委員会と併せて、「いずれの第三者委員会であっても」としている。

Ⅲ　職務基本規程違反についての最近の日弁連の判断

日弁連は、最近、関連する事案で、注目するべき判断をした[7)]。

1　事案

Ｐ弁護士は、顧問をしている学校法人Ｑから依頼を受け、同法人が設置したハラスメント防止委員会に学生Ｒから申し立てられたハラスメント事案の事実調査および法的分析を含むサポート業務を行った（委員ではない）。その手続終了後、Ｒが学校法人Ｑを相手方として、この調査分析結果に関する民事調停を申し立てたところ、Ｐ弁護士は、Ｑ法人の代理人として、第１回調停期日に出頭した。

2　単位会の判断

第二東京弁護士会は、この行為を、規程27条２号や５号には反しないとしつつ、同５条および６条に違反するとして、対象弁護士Ｐを戒告した[8)]。次述の日弁連の議決が引用するところによれば、「実態上、本件ハラスメント申立ての手続において事実関係の調査及び法的判断を行い、調査委員会の委員と同様の立場に就いた以上、Ｐ弁護士は、『事実聴取や法的判断を行った案件と基本的事実を同一とする事件について、ハラスメントの加害者とされる者の代理人として行動することはもとより、潜在的に使用者責任等を負う可能性がある使用者の代理人として、申立人と対峙することも原則として許されないというべきである』」とされている。

3　日弁連の判断

日弁連は、この判断を覆し、Ｐ弁護士を懲戒しないとした。議決書[9)]に記載されているその理由はややわかりにくい。ただ、このような受任が許されるかには、「各事案に応じて、委員会等が設置された目的や態様の考慮の

7）　自由と正義2023年12月号64頁。
8）　自由と正義2023年１月号95頁。
9）　日本弁護士連合会『2023年弁護士懲戒事件議決例集（第26集）』（2024年）24頁以下。

みならず、更に当該弁護士の委員会等における立場、申立てをした者及び申し立てられた相手方に対する説明内容、その後に代理した事件の性質や審理状況、その事件における当該弁護士の活動内容等、それぞれの案件に現れた諸般の事情を総合的に勘案、考慮して判断する必要がある」とする。そのうえで、当該委員会は内部調査型の委員会であり、本件大学から独立性を確保した利害関係のない立場にあると外部に表明されている等の事情は認められないこと、P弁護士は委員ではなく窓口となって法的判断を補助する者であったこと、Rに対し本件大学Qの立場から調査を行う者であると説明していることをあげる（なお、P弁護士がRから事情聴取等を行ったかは明記されていない）。これに、P弁護士が代理人となったのは第1回期日で不調に終わった調停事件のみであったことなども考慮して、単位会の判断を覆したのである[10)]。なお、反対意見があった旨の記載がある。

Ⅳ　第三者委員会について

1　登場の歴史

1997年、山一證券の破たんが明らかになった後、経営者の責任を明らかにするために社内調査委員会が設置された。委員長に指名された同社の常務は、徹底した調査によって真相を究明するために、専門家である弁護士を委員に加えることとしたが、経営者の関与を調査するためには顧問弁護士では不適任と考え、同社と利害関係のない第三者性のある2名の弁護士を外部委員として加えた。その報告書が高く評価されたことから、不祥事を起こした企業が専門家（特に弁護士）による調査を実施し、「不祥事の実態」を公表する調査委員会（第三者委員会）の実務が広がったとされている[11)]。

---

10)　なお、ほぼ同じ時期、ある弁護士が、法人が設置したハラスメント相談窓口の担当者の代行を受任して被害を訴える者から事情聴取を行った後に、その弁護士と同じ事務所に所属する対象弁護士が、その被害を訴える者からその法人に対してなされた地位確認等請求訴訟（事情聴取がされた事実関係と同一の事実を含む）において、法人の訴訟代理人として、被害を訴える者の主張を争った事例についても、懲戒が問題となっている。第二東京弁護士会は、規程5条・法56条1項によって、対象会員を戒告とし、その判断は日弁連でも維持されている（自由と正義2023年1月号95頁および12月号62頁、日本弁護士連合会・前掲注9）43頁以下）。

11)　國廣正「第三者委員会の歴史と将来」法の支配206号（2022年）131〜133頁。

2　日弁連「第三者委員会ガイドライン」

(1)「不良第三者委員会」問題とガイドラインの制定

しかし、「第三者委員会」と称するものの中には経営陣を守るためのその場しのぎの調査報告書も多く見られるようになり、「第三者委員会は不祥事企業の経営陣を守るためのまやかしの手段」とする新聞報道なども増加した[12)]。

この「不良第三者委員会」の排除を目的として日弁連の弁護士業務改革委員会内で議論が重ねられ、2010年7月、日弁連で、「企業等不祥事における第三者委員会ガイドライン」（以下、「日弁連ガイドライン」という）が制定された[13)]。

(2) 内容

このガイドライン[14)]は、「第1部　基本原則」と「第2部　指針」によって構成されている。その主要な条項は、①ステーク・ホルダーが実質的な依頼者であり、ステーク・ホルダーに対する「証明責任」が中核概念であること、②不祥事の「真因」を究明するための事実調査委員会であること、③独立性・中立性・公正性、④従来型の弁護士業務と異質の業務、等と整理されている[15)]。

3 「第三者委員会」の定義

「第三者委員会」とは何か。現在の法令には、第三者委員会について直接の根拠はなく、したがって定義もない。書籍にも、「第三者委員会とは」といった形での定義はあまり書かれていない[16)]。

概ねコンセンサスが得られているところは、企業等が不祥事を起こした場合に、その企業等から独立した委員のみで構成される調査委員会によるものを、内部に調査委員会を設けて調査を行う方法との対比において、「第三者委員会」と呼ぶという定義であろう[17)]。

12）國廣・前掲注10）132頁。
13）國廣・前掲注10）133頁。
14）https://www.nichibenren.or.jp/document/opinion/year/2010/100715_2.html
15）國廣・前掲注10）133～134頁。
16）『法律学小辞典〔第5版〕』（有斐閣、2016年）、『法律用語小辞典〔第5版〕』（有斐閣、2020年）などに、「第三者委員会」という項目はない。
17）髙中正彦『法曹倫理』（民事法研究会、2013年）42頁。

日弁連ガイドラインは、第三者委員会を、「企業等において、犯罪行為、法令違反、社会的非難を招くような不正・不適切な行為等（以下、「不祥事」という）が発生した場合及び発生が疑われる場合において、企業等から独立した委員のみをもって構成され、徹底した調査を実施した上で、専門家としての知見と経験に基づいて原因を分析し、必要に応じて具体的な再発防止策等を提言するタイプの委員会である」としている。しかし、これは第三者委員会のいわば理想型である。これに合致しないものを「第三者委員会」と呼んでいけないとする理由はない。

以後、この定義・限界は若干曖昧にし、日弁連ガイドラインに合致する委員会を概ね念頭に検討をしたうえで、Ⅷにおいて、委員であった弁護士の兼併が禁止される第三者委員会の範囲を検討することとする。

4　第三者委員会の「依頼者」

(1) 職務基本規程における「依頼者」の意味

職務基本規程第3章の表題は、「依頼者との関係における規律」である。この章をはじめとして、同規程には、「依頼者」との語が多々登場する。

「依頼者」が誰かは、当該事件の直接の法的効果・経済的効果が誰に及ぶのかという事件の実体から判断するのが原則であり、弁護士と面談をした者や報酬を支払った者とは必ずしも一致しないと解されている。例えば刑事事件で被疑者・被告人以外の親族等によって弁護人が選任され委任契約が結ばれた場合であっても、「依頼者」は被疑者・被告人である。その語が使われている条項によって若干の違いはあり、例えば規程28条の利益相反の場面などでは、その親族等も「依頼者」に含まれることがあるが、その場合も、弁護士の行為の効果が帰属する被疑者被告人も「依頼者」である[18)]。

(2) 第三者委員会の場合の「依頼者」

日弁連ガイドラインとともに公表された「『企業等不祥事における第三者委員会ガイドライン』の策定にあたって」は、不祥事等を起こし第三者委員会を設置する企業等を「名目上の依頼者」と呼び、「その背後にあるステーク・ホルダー」を「真の依頼者」と呼んでいる。

18）解説43頁。

しかし、弁護士倫理の論点を考える場合、第三者委員会にあっても、その依頼者は、当該事件、すなわち不祥事等の効果・影響を直接に受ける、その不祥事を起こした企業等と考えなければならない。その企業は、多くの場合は、第三者委員会の委員とその委員会の活動についての契約を締結した企業と同一であろうが[19]、不祥事を起こした企業の親会社などが委任契約の締結者となる場合もあることには、一応の留意は必要である。そのような場合は上述の被疑者・被告人の親族が刑事弁護についての委任契約を締結したような例と同様に、契約を締結した企業と、調査対象の企業のいずれもが「依頼者」にあたると考えるべきであろう。

不祥事を起こした企業等には、「依頼者」として、調査の効果が帰属する。企業等がその結果について一定の拘束を受けるのは、その企業等が依頼者であることの効果、換言すれば委任契約の効果である。ステーク・ホルダーは、仮に「真の依頼者」であるといっても、その結果には拘束されず、調査結果等の成果もごく一部しか得ることができない。

弁護士の守秘義務も、少なくとも職務基本規程上のもの（規程23条）は、依頼者の秘密に対象が限定されている。弁護士法上の守秘義務（法23条）については、依頼者の秘密に限定されないとする非限定説が有力になりつつあるが、例えば守秘義務が解除される例外については依頼者の秘密と依頼者以外の秘密を区別して考える必要があるから[20]、両者を区別する必要、言い換えれば「依頼者」を特定する必要はなお存在する。

V　顧問弁護士等の第三者委員会委員への就任の可否

本稿の主な検討テーマとは時間的に逆のケース、すなわち企業の顧問弁護士は当該企業が設置した第三者委員会の委員に就任できるか、というテーマ

19）　森田憲右「弁護士の中立公正義務の理論的分析（2）」筑波ロー・ジャーナル34号（2023年）76〜77頁。

20）　依頼者の秘密について、その開示が許される場合については、①依頼者の承諾がある場合、②弁護士の自己防衛の必要がある場合、③公共の利益のため必要がある場合に整理されている（解説職務基本規程62〜63頁）。しかし、依頼者以外の秘密については、①は意味を持たない一方、例えば訴訟において相手方の秘密を明らかにすることは原則として許容されるべきであって、全く別の規律が必要である。依頼者以外の秘密の場合の守秘義務の例外については、藤川和俊「守秘義務の対象及び『正当な理由』」自由と正義2018年8月号22頁以下参照。

については、いくつかの弁護士倫理のテキストに記述がある。いずれも就任に否定的な見解が記されている。その顧問弁護士が、委員会の調査等の対象となっている不祥事、つまり同一の事件について法律相談や事件としての委任を受けたことがあるかを問わず、顧問弁護士であったことの一事のみから、就任はできないと考えられているようである。

ただし、そこであげられている理由は、第三者委員会の性格からみて回避するべきである[21)]、企業価値と信頼の回復という観点からすると就任は否定されるべきである[22)]といったものである。つまり、第三者委員会のあり方の観点からのものである。日弁連ガイドラインは、「企業等と利害関係を有する者は、委員に就任することはできない」としたうえで、顧問弁護士はこれに該当するとしているが[23)]、これも顧問弁護士が委員に入っている場合は「日弁連ガイドラインに沿った」第三者委員会ではなくなるという意味である。顧問弁護士が加わった、日弁連ガイドラインに準拠しないものであっても、ただちに「第三者委員会」といえなくなるというわけではない[24)]。第三者委員会は法律に定義がある制度ではないから、この問題は、例えば株式会社の監査役に顧問弁護士が有効に就任できるかいう議論[25)]とは異なる。

そして、本稿が主たる検討対象とする弁護士倫理の観点からすると、すなわち企業が設置する第三者委員会の委員に当該企業の顧問弁護士が就任することが弁護士法や職務基本規程に違反するか、という観点からすると、就任自体がそのような違反となることはないと考えられる。遺言執行者の場合、被相続人の代理人として推定相続人の一部との係争に関与していた弁護士が、その被相続人の遺言の遺言執行者に就任できるかという兼併の問題が提起されているが[26)]、それとは異なる。

このことは、顧問弁護士に限らず、当該不祥事について相談や解決依頼を受けていた弁護士についても同様と考える。

---

21)　高中・前掲注17）43頁。

22)　森際康友編『法曹の倫理〔第3版〕』（名古屋大学出版会、2019年）289頁〔鳥山半六〕。

23)　日弁連ガイドライン「第2部指針」「第2」「5. 利害関係」。他方、企業等の業務を受任したことがある弁護士や社外役員については、ケース・バイ・ケースで判断される、とする。

24)　本村健ほか編著『第三者委員会　設置と運用〔改訂版〕』（金融財政事情研究会、2020年）74頁〔高木明〕。

25)　会社法335条2項の「使用人」と同様といえるかが議論されている（江頭憲治郎『株式会社法〔第9版〕』（有斐閣、2024年）552頁）。

26)　解説99頁。

Ⅵ　第三者委員会の委員であった弁護士の兼併の可否

1　概論

不祥事があった企業等によって設置された第三者委員会の委員であった弁護士が、その不祥事について企業等の代理人となることは、職務基本規程に違反するものとして弁護士倫理上許容されず、懲戒対象となりうる、という結論は、現時点では最高裁によっても日弁連においても示されていない。しかし、おそらく多くの支持を集めるように思われる。本稿もそのような結論を支持する。

2　職務基本規程のどの条項に違反すると考えるか

(1) 序論

この兼併禁止の根拠を職務基本規程（あるいは弁護士法）のどの規定に求めるか。いくつかの考え方がありうると思われる。前述の遺言執行者の場合の議論でもいくつかの見解が示されていたが[27)]、現在の日弁連懲戒委員会は、規程5条・6条を根拠とする説によっている。その議論では、「遺言執行者は、その任務を終えた後であっても、相続財産に関する事件について、特定の相続人の代理人となってはならない」という結論が先にあり、その結論に向けて条文の適用を考えるという、法律家以外にとっては若干違和感がある思考経路がとられている[28)]。第三者委員会の委員の兼併についての規定の適用の問題も、これと同じようなところがあるように思われる。そうすると、重要なのは、禁止がされるか、禁止されるとしてどの範囲で禁止されるかであって、どの条項によるかは、それほど重要ではないのかもしれない。そう考えつつも、適用規定について検討を試みる。

(2) 規程5条・6条を根拠とする考え方

Ⅲで述べた学校法人のハラスメント委員会に関する単位会（第二東京弁護士

---

27)　規程5・6条の問題とする見解と、利益相反の問題とする見解に大別され、後者には、規程27条1号説、27条5号説、28条2～3号説がありうるとされている（解説98頁など）。

28)　誠に余談であるが、著者は、法曹倫理の講義で遺言執行者の問題を取り扱うとき、学生時代の刑法のゼミナールで報告を担当した、名誉毀損罪における真実性の誤信についての議論を思い出す（その議論は、例えば山口厚『刑法各論〔第2版〕』（有斐閣、2015年）143頁などに詳しい）。

会）の判断は、規程5条・6条を懲戒の根拠としている（もっとも、前述のとおり、日弁連は、この委員会は第三者委員会と同列には扱えないとして、その判断を覆している）。遺言執行者の兼併についての判断を見ても、日弁連の懲戒委員会は、規程27条や28条の類推適用等よりも、規程5条・6条を根拠とする判断を好むように思われる。

遺言執行者について規程5条・6条を理由とする見解の根拠は、遺言執行者に（正確には、弁護士たる遺言執行者に）求められる、相続人たちとの間の「等距離性」である[29)]。一部の相続人等からその相続についての事件を受任することは、この等距離性から導かれる中立公正義務に反すると考えられている。

第三者委員会の委員の場合、遺言執行における相続人たちのような、「等距離」というべき複数の関係者は明確には想定されない。しかし、問題を起こした企業等から「一定の距離」を置く第三者委員会の委員になった以上、この「距離」を保ち中立公正であるべき義務があって、後に当該企業からその件を受任することは、これに反すると考えられる。

規程5条・6条を懲戒の根拠とすることには、一般に、規程82条2項の趣旨に合致しないとの批判がある。法56条1項の「品位を失うべき非行」に当たるか、実質的な判断が求められる必要がある。規定の抽象性ともあいまって主観的判断に流れやすいから、可能な限り具体的条項に即して判断する必要があると考えられている[30)]。また、遺言執行者の場合については、「等距離性」や「中立公正義務」がその任務が終わった後も続くことについて説得的な説明がされているかにもやや疑問がある。同様のことは第三者委員会の委員の例についても妥当する。

(3)　規程27条4号・5号を類推する考え方

石田京子教授[31)]は、第三者委員会の委員である弁護士は、法25条4号や規程27条5号で規律される裁判官や仲裁人、ADRの手続実施者により近い、独立公正な役割があると見ることができ、その後の訴訟において一方当事者を代理することは、独立した調査であることを信じて事実解明に協力した当

29）　加藤新太郎『コモン・ベーシック弁護士倫理』（有斐閣、2006年）76頁、高中・前掲注17）104頁。

30）　解説222頁。

31）　石田・前掲注1）482頁。

事者等の信頼を裏切る行為であることに加えて、社会における第三者委員会の信頼を損なうことにもなりかねず適切でない、とされる。

私見もこの見解の結論、特に仲裁人に類似するものとして捉える見解に共感を覚える。石田教授は、裁判官に類するものして法25条4号を用いる可能性も示唆するが、同号の「公務員」の意味の拡張の議論はあっても、民間企業から報酬を得て設置された調査委員会委員にまで拡張する見解は見当たらないから[32]、裁判官に類するものとの考えにはいささか無理があるように思われる。また、石田教授は、仲裁人等に擬する理由として、第三者委員会における依頼者は報酬を払う企業のみではなくステーク・ホルダーあるいは社会全体であるとされていることを根拠のひとつに挙げているようである[33]。しかし、上述のとおり、第三者委員会の依頼者は設置企業等と考えるべきである。ステーク・ホルダー等も依頼者と考えることは、比喩や心構えとしては理解できるが、特に弁護士倫理の問題を考える場合には、議論をわかりにくくする懸念があると考える。

仲裁人と仲裁当事者との間には仲裁人契約が存在する。その性格には議論はあるものの、仲裁人に対して当事者の間に存在する法的紛争を仲裁契約に基づいて解決することを委任する委任契約（民法643条）と理解する見解が通説的地位を占めてきた[34]。仲裁人は、この仲裁人契約に基づいて、委任者である個々の調停当事者とは一定の距離を置き、全ての調停当事者と等距離性を保つことが求められている。第三者委員会の場合、もっぱら設置する企業との契約であって、「等距離」を考えるべき他者は観念できないが、委任者と受任者が一定の距離を置くことが委任契約から帰結されるという点に共通点を見いだしうる。

法25条4号（規程27条4号）の趣旨は、将来弁護士としての受任を予定して公職としての事件処理に手心を加えるおそれがあること、公職在職中の縁故等を誇張して事件依頼者に対し過大な信用をもたせる弊害があること、公職の立場で取り扱った事件を弁護士として依頼者のため非難したり逆に公職中の処理にこだわって弁護士としての処理に無理をしたりすると弁護士とし

32）　石田・前掲注1）477頁。
33）　石田・前掲注1）482頁。
34）　小島武司ほか編『注釈と論点　仲裁法』（青林書院、2007年）97頁。

ての品位信用を失墜させること等である[35)]。また、判事・検事等は事件内容を当事者双方の面から知悉できるため、退官後これを利用することは、弁護士としての品位、信用を失墜させることにもなる[36)]。法25条5号（規程27条5号）の趣旨も、これと概ね同じと考えられている[37)]。仲裁人契約を締結した他方当事者に対する「裏切り」とも考えられそうであるが、一般的にはその点には着目されていない。他方当事者の同意によって兼併の禁止が解除されないことは、その信頼や期待の保護は、この禁止の直接の目的ではないことを示している。

第三者委員会の委員の場合も、委員在任時の判断に手心を加える可能性、委員終任後に弁護士として受任する際の縁故等の強調のおそれ、受任後の処理における品位等失墜の懸念などの理由は妥当し、また依頼者以外の関係者から知悉した事実の利用といった懸念も妥当する[38)]。第三者委員会設置の契約は、もっぱら設置企業等とのものであって、仲裁人の場合と異なり、対立当事者との契約はない。しかし、仲裁人の兼併の禁止の趣旨は他方当事者の信頼ではないから、類推の基礎は肯定できると考える。

3　禁止の範囲や効果について

(1)　委員在任中の場合

第三者委員会の委員退任前、すなわち在任中に、設置者である企業の依頼を受けて、問題となっている事件の解決についての事件を受任することも禁止されるか。特に交渉や相談、場合によっては保全処分や訴訟を依頼する事態も考えられないわけではない。任務終了後の受任が禁止される以上、任務中の受任も当然に禁止されるべきであろう。禁止の根拠を法25条5号や規程27条5号に求める場合、「仲裁手続により仲裁人として取り扱った事件」という、事件の終了を前提にした過去形の文言に該当するかに疑問がないわけではないが、いわゆる「勿論解釈」からすると、在任中の受任も禁止され

35）　矢野邦雄「判解」『最高裁判所判例解説民事編昭和42年度』97頁。

36）　条解224頁。

37）　条解229頁。

38）　なお、遺言執行者の兼併のケースを規程27条5号の問題とする見解として、柏木俊彦「弁護士が遺言執行者に就任した場合と利益相反の問題」判タ1283号（2009年）30頁がある。この見解に対しては、「紛争解決手続実施者」という文言解釈として無理があるとの批判もある（解説99頁）。

ると考えるのが自然である。

(2) ヒアリング等をした者を相手方とする事件に限定されるか

第三者委員会は、関係者から広くヒアリングなどを行う。その委員であった弁護士が受任することを禁じられるのは、このヒアリング等に応じた者を相手方とする事件（訴訟等の法的手続、交渉など）に限定されるか。法25条5号などの兼併禁止の理由としてあげられる、「当事者双方の面から知悉」という事情は、この場合以外には存しない、あるいは希薄ではある。委員の兼併に対する異論は、実際問題として、ヒアリング等の対象となった者からあがり、他からはあまりあがらない。

しかし、委員としての仕事に手心が加えられる可能性や、受任後の弁護士の業務が不適切なものとなる懸念などの理由は、ヒアリングをした者以外を相手方とする場合でも変わらない。第三者委員会の委員であった弁護士は、これを設置した企業等と一定の距離を保ち続けるべきであるという考え方からの帰結としても、禁止されるべきは、ヒアリング対象者などを相手方とする紛争の受任にとどまらないと考える[39)]。

(3) 同一性がない事件の受任や顧問契約の締結の可否

第三者委員会の委員であった弁護士は、その委員会のテーマであったこと以外の事件を、その設置企業から受任できるか。

法25条5号や規程27条5号が禁止するのは、調停人として取り扱った事件と同一性を有する事件の受任であるから、その類推を考える見解に立つ以上、同一性を有しない事件の受任には、弁護士法や職務基本規程の問題はないと考えるのが自然である。一般に、この同一性はある程度は広く捉えるべきと考えられているうえ、第三者委員会の調査や提言の対象が当該企業のあり方全般に及ぶとすると、同一性の範囲はかなり広くなろうが、限度もある。

他方、規程5条・6条の問題と考えた場合には、この問題の結論は演繹的には導かれない。個別具体的事案に即して考えるべきことになるが、「同一性がない事件の受任も禁止される可能性がある」というだけでは、行為規範として機能しない。

39）本村ほか編著・前掲注24）88頁〔白井真〕は、第三者委員会を設置した企業等は、当局や取引先への対応について、同委員会にアドバイスを求めることも許されない、とする。ただし、文脈からすると委員会の仕事が行われている間は、との意味のようである。

適切な結論を論理的に導くことは容易ではない。裁判官であった弁護士でも、法25条4号によって禁止されるのは、裁判官時代に担当した事件と同一性を有する事件のみであり、その事件の当事者の依頼にかかる全く別の事件の受任は禁止されない。このことからすると、第三者委員会の委員による設置企業からの他の件の受任も、同法や同規程に違反しないと考えるべきであろう。ただし、「同一性」は広く解釈するべきである。第三者委員会の検討対象がその企業の企業風土など広くに及んでいることからすると、特に顧問就任については疑問が残ると考える。

なお、類似の問題は、遺言執行者の場合にも生じうる（例えば、遺言執行者であった弁護士が、その相続における相続人の１人から委任を受けて他の相続人に対する貸金返還請求訴訟の訴訟代理人となる、相続人の１人が営む事業について顧問弁護士となる等）。この点の議論は著者が知る限りでは存せず、そのような受任等を否とした懲戒例も、おそらくない。今後の議論が待たれる。

(4)　第三者委員会の委員であった弁護士と同事務所の弁護士の場合

第三者委員会の委員であった弁護士と同じ事務所に所属する他の弁護士が、委員会設置企業等から、当該不祥事にかかる事件の委任を受けることができるか。

規程27条5号を根拠とする見解に立てば、同57条の適用問題となる。つまり、第三者委員会の委員をしていた弁護士の受任が禁止される以上、同じ事務所の他の弁護士の受任も、同条の「職務の公正を保ち得る事由」がない限り禁止される。

一方、規程5条・6条の問題と考えた場合、その結論は当然ではない。遺言執行者の事例に関して、規程5条・6条の適用場面で同57条が類推適用される余地があるとされているが[40)]、「他の弁護士」自身について規程5条・6条違反を検討するという考え方も可能に思われる。遺言執行者と同じ事務所の弁護士がその相続に関する遺留分減殺請求事件を受任した件に関して、利益相反の関係は認められないという表現を使って懲戒を否定した日弁連の議決があり[41)]、ケース・バイ・ケースの柔軟な対応とも捉えうるが、行為規範としてはわかりにくさを否定できない。規程5条・6条説に立つ場合も、

40)　解説165頁。なお、この記述は、同書の第3版に新たに加えられたものである。
41)　日弁連懲戒委平成22・5・10議決例集13集19頁。

第三者委員会の委員であった弁護士と同事務所の弁護士についても、「職務の公正を保ち得る事由」がない限り、受任は認められないと考えるべきであろう。

(5) 訴訟行為の排除

第三者委員会の委員であった弁護士が訴訟代理人として行った訴訟行為は排除されるか。

法25条5号を根拠と考えれば、排除も認められる余地もあるように見える。しかし、第三者委員会の委員は、仮に仲裁人に類似するとしても、仲裁人そのものではない。「弁護士法25条に違反する弁護士の訴訟行為を排除する判断において、同条の規定についてみだりに拡張又は類推して解釈すべきではない」という令和4年最決の判示からすると、訴訟行為の排除までは認められないと考える。

一方、職務基本規程5条や6条に反するという見解に立つ場合には、法違反ではなく職務基本規程違反にとどまることから、令和3年最決の帰結として、訴訟行為の排除は認められない。

4　兼併を認める見解について

森田憲右教授[42)]は、第三者委員会の委員であっても、その職務終了後に、その委員会を設置した企業等から依頼を受けて、会社の役員に対する責任追及訴訟における代理人になることができるとする。例外は、委員就任中から訴訟代理人に就任することを意図していた場合であるとしている。同教授は、第三者委員会の依頼者について、これを全てのステーク・ホルダーであるとする見解を否定し、これを設置した企業等を依頼者であると捉える。そして、最判昭和61・2・18民集40巻1号32頁が株式会社の独立役員がその会社の特定の訴訟において訴訟代理人となることは旧商法276条（現会社法335条2項）に反しないとしていることなどを根拠とし、この兼併を許容するのである。

しかし、監査役[43)]と第三者委員会とを同様に位置づけることが当を得て

---

42)　森田・前掲注19）77頁。

43)　なお、この昭和61年最判は、株式会社の監査役である弁護士が特定の訴訟について委任を受けて訴訟代理人となる場合に訴訟代理権があるかを判断したものであり、「独立役員と会社の訴訟代理人との兼併」については何も判示していない。「独立役員」とは、東京証券取引所が規定する独立役員のことをいうのが一般であるが、同制度の創設は平成21年であって、昭和61年最判の事案

いるかには疑問がある。設置企業との間の「距離」は、監査役と第三者委員会とで異なるものと考えられる。また、この昭和61年の判決は、訴訟代理権に欠缺があるという主張に対する判断であるところ、その結論と、弁護士倫理上の問題、すなわち職務基本規程に反するかの問題は、一応は別である。さらに、委員である時からその後に代理人に就任することを意図していた場合については例外とする点も、意図を基準に結論を峻別することが可能かについての疑問がある。

Ⅶ　その他の「委員会」についての若干の検討

1　検討対象

第三者委員会と同様に、その委員であった弁護士の兼併が議論されることが多いいくつかの委員会について検討する。企業等によって設置され弁護士が委員となる「委員会」には多様なものがあるのであって、検討はごく限定的であることを理解されたい。

2　内部調査委員会

(1)　内部調査委員会とは何か

梅林啓弁護士[44]は、企業の不祥事における危機管理対応（事実調査）の形態を、企業等自身が主催者となる内部調査によるものと、それを完全に外部の第三者に委ねる第三者委員会型に分類したうえで、その中間型として、あるいは内部調査の派生形として、内部調査委員会を位置づけている。そして、内部調査委員会を、「不祥事等に直面した企業等が、弁護士等の外部の有識者のみで組織する委員会等を設置して調査を委託し、事実調査、原因の解明と再発防止策の提言を行わせる」委員会であると定義している。もっとも、一方で、日弁連ガイドラインに依拠した第三者委員会とは区別すべき委員会の総称として「内部調査委員会」という名称と使うとも述べられており、一貫した定義になっているかにやや疑問もある。

の当時は存在しない。

44)　梅林啓「第三者委員会と内部調査（内部調査委員会）」（日本弁護士連合会弁護士業務改革委員会編『「企業等不祥事における第三者委員会ガイドライン」の解説』（商事法務、2011年）113頁以下）。

(2) 弁護士倫理を論ずる場合における「内部調査委員会」について

ここでは、企業等の不祥事があった場合に、その調査のために、企業者が主催者となって、つまり企業経営者が主導するものとして設置されるものを「内部調査委員会」と呼ぶこととする。つまり、企業の経営陣等が指揮をして調査を行う委員会である。

梅林弁護士の前者の定義は、内部調査委員会についても、「弁護士等の外部の有識者のみで組織する」としている。しかし、内部の者が加わった場合にも、「内部調査委員会」にあたると考えるべきであり、むしろそのほうが一般的な語感や、内部調査の派生形という位置づけに合致する（同弁護士の定義によってしまうと、内部の者が加わった委員会に対する適切な呼称がなくなる）。他方、同弁護士の後者の定義にいう、日弁連ガイドラインに合致しない委員会を全て内部調査委員会とすることは、同ガイドラインから少しでも外れた委員会を「第三者委員会」ではないものとして扱うことになり、兼併についての議論がしにくい。これは、同ガイドラインが第三者委員会のベストプラクティスを示したものにすぎないということ、つまりその要件を全て満たさなくても第三者委員会たりうるとしていることと相容れない。企業等が主催し主導して行うものを「内部調査委員会」と呼ぶことが妥当と考える。

この点は、次のⅧでさらに少し整理する。

(3) 兼併の可否

以上のような意味での内部調査委員会の場合、その委員であった弁護士には、兼併禁止の規制はない。当該企業等との間に一定の距離を置くという関係にはなかったからである。

3　責任調査委員会

(1) その意義

「責任調査委員会」とは、企業等の不祥事に際し、関係者の責任を追及する訴訟を提起するかを検討する委員会をいう。不祥事の原因分析等を行う第三者委員会とは別組織とするべき場合が多いと考えられている[45)]。提訴をするかどうかの判断についてアドバイスをすることになるから、この委員会

45)　企業等不祥事における第三者委員会ガイドラインの注１

の委員の全部または多数が弁護士であることが一般である。

(2) 責任追及訴訟とは

企業等において不祥事があった場合に、それによって当該企業が被った損害の賠償を関係者に追及する訴訟（責任追及訴訟）である。株式会社において取締役等に対して損害賠償を請求する訴訟（会社423条）が典型である。監査役等は、取締役の任務懈怠によって会社が損害を被ったと思量する場合に、当該取締役に賠償を求め訴訟を提起する。株主からの提訴請求が先行する場合が多いが、それに限られない。監査役会設置会社では、監査役がこの訴訟で会社を代表するとされており（会社386条1項）、提訴するか否かの判断も監査役が行う[46)]。その判断に際し、勝訴可能性は当然考慮されるが[47)]、加えて[48)]、回収可能性や請求可能額僅少による費用倒れのおそれも考慮するべきとの見解や[49)]、政策的判断に基づく不提訴を認める見解も有力である[50)]。この訴訟の機能には、企業の損害回復と健全性確保の2つがあるとされる[51)]。しかし、特に大規模な会社においては損害補填機能の現実的な意義は大きくはないとの指摘もある[52)]。これらを考えると、提訴すべきか否かの判断は容易ではない。

責任調査委員会は、監査役等によるこのような判断に際して助言をするも

---

46)　指名委員会等設置会社の場合、取締役等に対する責任追及訴訟で会社を代表するのは選定監査委員であるが（会社408条1項。監査委員たる取締役に対する場合を除く）、選定監査委員を選ぶのが監査委員会であるから、判断者は監査委員会と考えられている。

47)　東京高判平成28・12・7金判1510号47頁は、監査委員の不提訴につき、勝訴可能性についての判断に基づくものとして、善管注意義務違反にはあたらないとした。

48)　会社法施行規則218条3号は、勝訴可能性があるが責任追及はしないという判断の余地を肯定しているように見える。

49)　山下友信「取締役の責任・代表訴訟と監査役」同『商事法の研究』（有斐閣、2015年）92頁。

50)　江頭・前掲注25）564頁は、責任追及により取締役が破産をしてその地位を失うよりその地位にとどまらせたほうが会社にとって将来の利益が大きいといったことや、取締役の責任追及は会社の信用を害するといったことを判断要素とすることの是非について、否定説が多いが、としながら、監査役は、取締役の責任の一部免除する議案が株主総会等に出された場合にこれに同意する権限があること等を理由にあげて、肯定する。田中亘『会社法〔第4版〕』（東京大学出版会、2023年）311頁も、「勝訴見込みの程度のほか、問題となっている違法行為の重大性、提訴に要する費用、解任・降格等の社内処分の有無等、諸般の事情を考慮し、提訴しないことが会社の利益になると判断することが不合理でない場合には、監査役の善管注意義務違反にはならないと解するべきである」とする。

51)　『会社法コンメンタール9』（商事法務、2014年）223頁〔森本滋〕。

52)　髙橋陽一『多重代表訴訟制度のあり方』（商事法務、2015年）149頁以下は、株主代表訴訟について、生じる損害と被告の資力のアンバランス、代表訴訟提起による会社の不利益（評判の低下やコスト）を理由に、この点を指摘している。D＆O保険による補填がある場合には前者の問題はカバーされうるが、同保険には免責条項も多く、損害の完全な補填とはならない場合もある。

のである。

(3) 責任調査委員会の位置づけ（兼併の可否）

責任調査委員会の委員であった者が、そこで検討された結果に基づいて、その企業等の代理人として、取締役等に対する賠償請求を行うことについては、弁護士法や職務基本規程上の問題はなく、禁止されないと考える。上述した責任追及訴訟の目的・機能、あるいは提訴・不提訴を判断する際に考慮されるべきいくつかのファクターから見ても、提訴をするか否かの判断は、もっぱらその企業の利益の観点からなされるものである。それをいわば補助する役割を有する責任調査委員会による判断も同様であり、当該企業から一定の距離を保つという関係にはないからである。

(4) 責任調査委員会についての「独立性」「利害関係」

独立性　企業等が設置する責任調査委員会は、企業との関係において、「独立」と位置づけられることがある。この位置づけから、企業等と同委員会との関係が、通常の委任関係と異なるもの、言い換えれば第三者委員会のように企業と距離を置いたものとして捉えられることもあるように思われる。

職務基本規程は、その20条「依頼者との関係における自由と独立」において、「弁護士は、事件の受任及び処理に当たり、自由かつ独立の立場を保持するように努める」と規定している。「独立」という語の意義は多義的であり、設置する側の企業が用いる語の解釈に職務基本規程を用いることにはやや疑問もありえようが、弁護士について、特に弁護士倫理について考える以上は、やはりこれを出発点とすべきである。

職務基本規程は、その一方で、依頼者の意思の尊重も定めている（22条1項）。弁護士は、一見矛盾するこの2つの要請の狭間において、バランスをとりながら仕事をしている。ある仕事において独立性があるということは、このバランスの中で、独立性を重視した依頼形態であることを意味する。一般的な調査を受任した場合、弁護士は、その範囲や手法についても、個別に依頼者の了解を得る必要があるが、独立性を認めるということは、それについて委員である弁護士の裁量を広く認めることを意味する。それは、提訴をするか否か等の判断を適切に行うために有意義であるからであって、依頼者である企業等の利益のための独立性である。その意味で、独立性とは、弁護士の職務にとって通常のあり方の一側面であり、特別なことではない。「独立」という語が使われているからといって、その委員会について第三者委員会的なものと考えることは適切ではない。

利害関係がないこと　　責任調査委員会の委員であった弁護士がその責任追及訴訟において会社から委任を受けることが約されている場合、あるいは約されてはいなくても受任する可能性が高い場合、責任追及訴訟を提起すべきと結論することは、その委員である弁護士がその訴訟により弁護士報酬を得られることを意味する。それを利益と考えると、その弁護士は、責任調査委員会の結論に利害関係を有するようにもみえる。規程28条4号は、依頼者と弁護士との経済的利益が相反する事件の受任を禁止している。

しかし、弁護士は、事件に関しては、ほぼ常に報酬請求権を有している。例えば委任を受けた事件での敗訴判決に対して上訴をすべきかの判断を求められた場合、上訴をすべきとの判断をすれば、弁護士には自ら上訴審も受任して報酬請求権を得る可能性が生じる。しかし、これは規程28条4号の利益の相反には当たらないと考えられている[53)]。責任調査委員会の場合も同様であって、責任追及訴訟における受任可能性があるとしても、利害関係があることにはならない。

Ⅷ　改めて「第三者委員会」の定義について

委員であった弁護士の兼併の禁止との関係では、「第三者委員会」とは、不祥事があった企業等によって設置される、原因の調査・分析や再発防止策等を提言する委員会のうち、その主催者が、企業ではなく、当該委員会自体となるものとするのが適切である。日弁連ガイドラインの定義と類似する。ただ、例えばその委員に従前からの顧問弁護士が加わったとしても、主催が委員会自身にあれば、第三者委員会と扱い、兼併禁止の対象とすることが適切であり、同ガイドラインの全ての要件を充足する場合に限定するべきではない。

その名称には「第三者委員会」が冠されることが多いであろうが、それも必須の要件とするべきではない。

53）解説93頁。

これに対し、当該企業が主催するものが内部調査委員会である。ただし、中間的な委員会も考えられるところであり、両者を画然と区別できるとは限らない。単位会の戒告を覆したⅢ記載の日弁連の懲戒の判断は、「委員会等が設置された目的や態様の考慮」のほか、「当該弁護士の委員会等における立場、申立てをした者及び申し立てられた相手方に対する説明内容、その後に代理した事件の性質や審理状況、その事件における当該弁護士の活動内容等、それぞれの案件に現れた諸般の事情を総合的に勘案、考慮して判断する」としている。「第三者委員会か内部調査委員会か」という二者択一的判断から一律の結論を導くのではなく（あるいは導くことはできず）、兼併によって何を行うかによっても結論が違うとしているようである。このような考え方が正しいかには議論の余地があるが、「第三者委員会か否か」の判断の難しさを示している。

具体的な区別については今後の議論や事例の集積を待つ必要がある。第三者委員会にあたるとして委員であった弁護士による兼併が禁じられる範囲を無闇に広くしすぎず、限定的に考えるべきというのが私見である。

Ⅸ　終わりに代えて

1　弁護士倫理上のその他の問題

第三者委員会に関しては、他にも多くの論点がある。例えば、ある企業の不祥事に関してヒアリングの対象となる人物が、その不祥事についての企業との交渉等について代理人弁護士を選任している場合、その人物本人からヒアリングを行うには、その代理人弁護士の承諾をとる必要があるか（規程52条）という問題がある。報酬に関しても、報酬に関する条項を含んだ委任契約書を作成すること（同30条1項）、金額が適正かつ妥当であること（同24条）のほか、弁護士以外の委員との間での報酬分配が適正に行われていること（同12条）といった問題もある。さらに、第三者委員会の調査結果などの公表に際しては、相手方に対する配慮義務[54]はどのように考えられるべきかの問題もある。例えば記者会見などのあり方などは、弁護士倫理の問題に

54）　相手方に対する配慮義務一般については、石田京子ほか「（座談会）相手方に対する配慮義務」髙中正彦・石田京子編『新時代の弁護士倫理』（有斐閣、2020年）150頁以下収録）に詳しい。

とどまらず、刑事民事の責任にも結びつく可能性がある問題である。

最も重要で難しい問題は、守秘義務であろう。依頼者と考えるべき設置企業の秘密と、それ以外の者（ヒアリング対象者など）の秘密は、それぞれどのように保護されるべきか。守秘義務違反を適切に避けるためには、企業等やヒアリング対象者からどのような了解を得ておくべきか。守秘義務の例外については、どのように考えるべきか。重要な問題であるが、紙幅と著者の能力が足りず、本稿では触れることができない。

2　弁護士倫理の観点からの更なる検討の必要性

第三者委員会の問題について、従来、弁護士は、業務改革といった観点を中心に検討をしてきた。日弁連ガイドラインは第三者委員会のあり方を規定するものとして大きな役割を果たしてきている。しかし、その一方で、弁護士倫理の観点からの検討はそれほど自覚的になされてきたとはいえない。本稿は、そのような問題意識から、あえて従来の弁護士倫理の議論（職務基本規程等）の枠組みの中で、第三者委員会について検討したものである。

8　社外通報窓口を巡る実務上の諸問題
――顧問弁護士による「受付」業務を中心に

鳥山半六

Ⅰ　はじめに――検討の対象

昨今の企業不祥事発覚の端緒は、大半が内部告発によるものである。

企業内の闇や不正を誰よりもよく知悉しているのは内部者であり、告発の大半は（少なくとも主観的には）正義感に基づくものである。従来、得てして隠されがちであった企業内部の情報を活かし、企業自ら早期に不正を発見し自浄することで企業価値が修復され、公益が回復される。このような観点から、通報窓口、とりわけ社外通報窓口は、内部統制システムの一環としてその重要性が認識されている[1]。

わが国では、平成18（2006）年４月に公益通報者保護法（以下「保護法」という）が施行されたが、その目的は、公益通報者の保護を図るとともに、国民の生命、身体、財産その他の利益の保護に関わる法令の規定の遵守を図ることにある[2]。これは、通報対象事実を刑事罰等の「特定の法令違反」に限定した「公益型」（以下「公益通報」という）である。

これに対し、各企業が設置する通報窓口（以下「企業窓口」という）は、法令

1）　もっとも、理想をいえば、直属の上司に何でも気兼ねなく相談できる組織こそが望ましく（保護法上は、これも公益通報の１つとされる）、それができないことを前提とした社外通報窓口というのは、ある意味、寂しい制度ともいえる。

2）　令和４（2022）年６月に改正法が施行されたが、その狙いは、事業者自ら不正を是正しやすく、また、通報者が安心して通報しやすくすること、行政機関等への通報を行いやすくすること、通報者がより保護されやすくすることにあり、そのためには、自らが特定されることを懸念する通報者の不安を払拭することが何よりも重要である。

違反に限らず、企業行動憲章違反やハラスメントその他の企業コンプライアンス違反を広く対象とし、「公益型」をも包含した「包括型」である[3)]。それは、いわば「会社の、会社による、会社のための」通報制度であり、基本的には会社が任意に運用すればよいものであるが、公益通報に該当する場面では保護法による強行規定的な規制が及ぶ[4)]。企業窓口では、このような二面性があることを意識して「通報対象事実」を見極め、「守秘義務」を運用していくことが重要である。

本稿は、「包括型」の社外通報窓口（以下単に「社外窓口」という）を顧問弁護士[5)][6)]が担当する場面を中心に、主として弁護士倫理の観点から実務上の諸問題について検討するものである[7)]。

参考までに、本稿における類似する用語を「窓口」（通報先の設置場所）に対応して整理すれば次のとおりである。

【窓口】	【用語】
□ 企業窓口	「内部通報」
・社内窓口	「社内通報」
・社外窓口	「社外通報」（※本稿）
□ 行政・監督官庁等 □ マスコミ等	「内部告発」

なお、以下の内容は、筆者の所属する法律事務所の見解を代表するものではなく、筆者個人の見解であることをお断りしておく。

3）　理論的には、企業窓口と別に、保護法の公益通報窓口を設置することも考えられるが、リソースやコストの節減を重視する企業の実務においては、特段の事情がない限り、考えにくい。

4）　ただし、そのような公益通報は比較的レアケースである。

5）　一口に「顧問弁護士」といっても様々で、会社や法律事務所の規模により関係性に濃淡がある。例えば、オーナー社長とボス弁が昵懇の、濃厚な関係もあれば、巨大企業（グループ）と大手法律事務所のように分野ごとに担当弁護士が分担する例もある。一般には、前者のイメージのもとに「顧問弁護士」が論じられる例が多いように思われる。

6）「顧問契約の当事者」という観点でみると、弁護士が個人として顧問契約をしている場合と、法律事務所として顧問契約をしている場合があり、後者にも弁護士法人と組合、両者の併用形態がある。

7）　本稿は、愛知法曹倫理研究会主催の公開シンポジウム（2023年10月7日）「公正と党派性の狭間で――弁護士が第三者的職務を兼ねるとき」（以下「兼併シンポ」という）において、「『兼併』の視点――『職務の公正』と『依頼者の正当な利益』を考える」と題して筆者が報告した内容を整理したものである。貴重なご意見や示唆を頂戴した各位には本紙面をお借りして厚く御礼申しあげたい。

Ⅱ　社外窓口の概況

1　社外窓口の設置場所

「平成28年度 民間事業者における内部通報制度の実態調査報告書」（消費者庁）によれば、社外窓口の設置場所は「顧問弁護士」が49.2%で最も多く、「顧問でない弁護士」が21.6%である。つまり、社外窓口の7割超が弁護士で、そのうち、顧問弁護士が顧問でない弁護士の2倍強を占めている。もっとも、その4年前の平成24年度は、顧問弁護士が58.0%、顧問でない弁護士が13.9%で、前者が後者の4倍強であったことを考えると、次第に顧問弁護士から顧問でない弁護士にシフトする傾向が窺える。

なお、「その他」としては、親会社や関連会社、通報受付の専門会社、労働組合などが挙げられているが、このうち、親会社や関連会社は、平成24年度の19.0%から平成28年度には22.7%へと増加傾向にあり、顧問弁護士に次いで多い。これは、社外窓口を設置している会社の大半は、従業員数300人を超える企業・企業グループ（以下「大手企業」という）であること、それ以外の会社では社外窓口が未だ十分に整備されていないこと等の事情によるものと推察される[8)]。わが国企業の99%を占める中小企業にも社外窓口を浸透させていくことが今後の重要課題である。

2　社外窓口の実情

さて、筆者の所属する法律事務所では、顧問先を中心に約30の企業・企業グループの社外窓口を担当しているが、筆者の知る範囲でその実情を概観すると次のとおりである。

①社外窓口業務の内実は、各社の制度設計や委嘱契約によって決まるため一様ではないが、大きく「受付」「調査」「是正」の3つに分けられる。

②そのうち中核は「受付」であり（本稿もこの点を扱う）、「調査」や「是正」は、その旨の定めがあっても、受付担当の顧問弁護士が関与することは稀で、

8）　かかる現状を踏まえ、「社外通報当番弁護士」という弁護士会によるプラットフォームを提唱するものとして柿崎環明治大学教授、また、ガイドラインの策定を提言するものとして横山敏秀弁護士（いずれも兼併シンポ）。

通常は会社が行っている。

③通報内容で最も多いのは、パワハラや職場内の人間関係等、人事・労務がらみの案件である。

④通報事案の中には、後述する「法律相談」的なものや主観的・属人的な不満も含め多種多様の情報が寄せられ、重大な法令違反の情報が矮小化され、その中に埋もれてしまう恐れがある[9)]。

⑤かかる観点から「相談」と「通報」を分離し、また、通報の中でもガバナンス上重要なものに限定し、一般の社外窓口と別に、「役員等の不正」に特化した窓口を設ける例もある。その場合は顧問弁護士でない弁護士に委嘱するのが望ましいと思われる。

3　イメージのズレ

ところで、筆者は、保護法制定前の平成23（2011）年3月、法曹倫理国際シンポジウムで「新たな弁護士業務」をテーマに報告をしたことがあったが[10)]、その際、最も質疑が集中したのが「会社の顧問弁護士が社外窓口を兼併[11)]すること」に対してであった。兼併を容認する筆者の報告に対し様々な質問や批判が寄せられたが、その際、感じたのは、社外窓口の実態とイメージとの間にズレがあるのではないか、ということである。

すなわち、①社外窓口の「受付」業務に「法律相談」も含まれると考えられているのではないか、②実際に社外窓口を設置しているのは、前述のとおり大手企業に限られているが（現実論）、論者の多くは、むしろ中小企業（わが国企業の99％を占め、社外窓口はほぼ未設置）を念頭に、「通報者の秘匿性を確保し通報しやすくするにはどうあるべきか」という「理想論」が志向されているのではないか。

9）　そのような矮小化を防ぐ意味でも、受付担当の法律知識や実務経験に裏打ちされたリーガルマインド、そしてヒアリング技術が重要である（後記Ⅲ 4 (1)）。

10）　鳥山半六「職域拡大・競争時代の弁護士倫理――『依頼者』との関係（20条から22条）を中心に」森際康友編著『職域拡大時代の法曹倫理』（商事法務、2017年）92頁以下。

11）　ここに「兼併」とは、「党派性」（partial）を本質として依頼者の「正当な利益」実現に努めるべき弁護士が、公私の団体、なかんずく「公」の団体の委嘱により一定の職を兼ねることをいう（兼併シンポでの筆者報告）。「公」の団体や「公務員」の本質は「不偏不党」（impartial）にあり、党派性の対極にあるが、それを同じ人間が兼ねるところに「兼併」問題の本質がある。森際康友編『法曹の倫理〔第3版〕』（名古屋大学出版会、2019年）285頁参照。

以上はあくまで筆者の仮説に過ぎないが、以下では、このような「ズレ」という点も１つの視点として、実務上の課題を検討してみたい。

Ⅲ　実務上の諸問題

1　顧問弁護士が社外窓口を担当することの可否

(1) 顧問弁護士

顧問弁護士とは、弁護士職務基本規程（以下単に「規程」という）の表現を借りれば、特定の依頼者に対し「継続的な法律事務の提供を約している」弁護士である[12)]。顧問弁護士が提供する「継続的な法律事務」は法律相談を中心に多岐にわたり、その実情は企業の業態や成長・発展（成熟）段階、規模等によって千差万別であるが（前掲注5）参照）、顧問弁護士がいる場合は、「会社のことを一番よくわかってくれている」その弁護士に社外窓口を依頼したいと考えるのはごく自然な流れである。それは、新規に法律事務所を開拓する社内手続の煩雑さもさることながら、長年のつきあいによる安心感、よりホンネでいえば、「できれば顧問料の範囲内か、せいぜいプラスα程度でお願いしたい」というコスト面が大きいのではなかろうか。前述のとおり、顧問弁護士以外の弁護士が社外窓口を担当する例は増加傾向にあるとはいえ未だ少数であるが、その背景には、このような会社にとっての「無理の言い易さ」もあるように思われる。

(2) 兼併の可否

問題の所在　さて、このようにして顧問先から社外窓口を依頼された場合、顧問弁護士はこれを拒否しなければならないか。言い換えると、顧問弁護士による社外窓口の兼併は禁止されているか。

弁護士法は、「弁護士は、当事者その他関係人の依頼又は官公署の委嘱によって、……一般の法律事務を行うことを職務とする」が（弁3条1項）、弁護士法、保護法、同法11条4項に基づく「指針」（法的効力をもつ。後掲注15）参照）といった法令上はもちろん、規程上もこれを禁止する規範はなく、

12）規程28条2号参照。同号で「顧問契約を締結している者」と明記しなかったのは、規程が制定された平成16（2004）年当時は顧問契約書の締結というかたちをとっていない例もあったためである。

兼併そのものは禁止されていない、つまり、弁護士の職務活動の自由と独立の範疇にあると考えるが、これに対しては、利益相反がある、報告義務や誠実義務、守秘義務に抵触する等と指摘されることがある。以下、この点について検討する。

利益相反（職務を行い得ない事件）との関係　社外窓口も法律顧問も「依頼者」[13] は会社であり、その間に利益相反（規程27条、28条）はない。

利益相反を主張する論者は、通報者を「依頼者」と考えるのかもしれないが、私見では、社外窓口の「依頼者」は会社であり[14]、通報者は（依頼者ではなく）「情報提供者」にすぎず、会社との「利益相反」は生じない。

もっとも、顧問弁護士が社外窓口を兼併すると、例えば、会社から「問題社員Aへの対応について相談したい」という相談を受けていたところ、Aから「会社による退職勧奨のパワハラがある」という通報を受けるといった事態も想定される。反対論者は、「このような立場に身を置くべきでない」という意味で「利益相反」とされているのかも知れない。しかし、この場合も、通報の「受付」にとどまる限り（後記2（4）参照）、利益相反の問題は生じない。

この点、保護法上の公益通報に関するものであるが、消費者庁のいわゆる「指針」[15] では、「事案に関係する者を公益通報対応業務に関与させない措置をとる」とされ（なお、傍点は筆者による。以下同じ）、「指針の解説」[16] では、「受付当初の時点では『事案に関係する者』であるかが判明しない場合には、

13）「『依頼者』が誰か」を考えることは、弁護士がその職務を行う上で非常に重要と思われる。余談ながら、筆者は、長年、日弁連会員サポート窓口の相談員を務めているが、会員（弁護士）から相談を受ける中で感じるのは、関係者の利害が錯綜してくると、いったい誰の利益を第一義に考えるべきかが混乱しがちで、そんなとき重要となるのが、「依頼者」は誰か、その「正当な利益」とは何かを考えることである。

14）「誰が依頼者であるかは、弁護士と面談したのは誰かとか、弁護士に報酬等を支払ったのは誰かという点からではなく、当該事件の直接の法的効果・経済的効果が誰に及ぶのかという事件の実体から判断するのが原則」である（解説43頁）。

15）「公益通報者保護法第11条第1項及び第2項の規定に基づき事業者がとるべき措置に関して、その適切かつ有効な実施を図るために必要な指針」（令和3年8月20日内閣府告示118号）の第4、1、（4）。なお、この指針は事業者の措置義務の内容を具体化したものであり、法的拘束力がある点には留意が必要である。会社が指針に沿った必要な措置をとらないときは、消費者庁による助言、指導、勧告等の対象となり（15条）、勧告に従わない場合は公表されることがある（16条）。ただし、常時使用する労働者数が300人を超える事業者は、指針に沿った措置を実施する法的義務があるが、それ以外の事業者では努力義務にとどまる。

16）「公益通報者保護法に基づく指針（令和3年内閣府告示118号）の解説」（2021年）。なお、この記述は「公益通報対応業務における利益相反の排除に関する措置」の項に記載されている。

『事案に関係する者』であることが判明した段階において、公益通報対業務への関与から除外することが必要である」とされている。

前述したAのようなケースは、「受付当初の時点では『事案に関係する者』であるかが判明しない場合」にあたるところ、社外窓口を担当する顧問弁護士の事務所では当該顧問先の担当弁護士は「従事者」から除外するのが通常であり、かかる対応をもって上記の疑念は一応クリアされるのではなかろうか。なお、レピュテーションリスクについては、後記2 (3) 参照。

守秘義務と報告義務・誠実義務の関係

①会社との関係――義務の衝突の有無　社外窓口の担当者には、「守秘義務」や「通報者の匿名を保持すべき義務」があるところ、反対論者は、これが顧問弁護士の顧問先に対する「報告義務」や「誠実義務」と抵触すると主張する。

しかし、顧問弁護士といえども、社外窓口を担当する以上、公益通報については保護法上の守秘義務[17]を負うほか、会社に対し、委嘱の趣旨に従い通報者が特定されないよう配慮すべき契約上の義務を負っている。このような義務は、会社の制度要綱や委嘱契約等でも明記されているはずで、それによって顧問契約上の報告義務は「上書き」されている。また、そうでなければ、怖くて誰も通報などできず、有益な通報は期待できないし、これでは、せっかくの通報制度が有名無実化し、結局、「委任の趣旨に関する依頼者の意思を尊重する」(規程22条)ことにもならない。

以上の意味で、「守秘義務」等が「報告義務」等に優先することは制度上、当然のことであり、もし反対論者が、「匿名性を保持したいという通報者の意に反してでも、会社に通報者名を伝えることが会社に対する報告義務であり、誠実義務だ」と解するのであれば、義務の理解があまりに表層的と言わざるを得ない。

もっとも、にわかに想定し難いケースであるが、例えば、社外窓口が設置されたオーナー型中小企業において、ワンマン社長が「いったい誰が通報したんだ？　通報者が誰か、顧問弁護士に教えてもらえ！」と迫るようなこと

17)　保護法12条は、従事者または従事者であった者は、「正当な理由がなく、その公益通報対応業務に関して知り得た事項であって公益通報者を特定させるものを漏らしてはならない」とし、違反には21条で刑罰罰が定められている。

が絶対にないとはいえない。

しかし、そのような要請に応えることは、公益通報であれば保護法に違反し、また、そうでなくても社内制度上の諸規定に違反する。のみならず、かかる要請は「依頼者[18]の正当な利益」（規程21条）とはいえないから、自由かつ独立の立場を保持すべき弁護士としてはこれを断るほかない（同20条）。これは弁護士としての義務であり、「顧問」弁護士であるかどうかにかかわらない。

以上要するに、顧問弁護士は、会社（現経営陣ではない。前掲注18）に対して誠実義務を負うからこそ、通報者の意に反してその身元が特定される情報を会社に伝えてはならないのであり、かかる理解は、少なくとも社外窓口が設置されている大手企業では常識といってよいと思われる。

②通報者との関係　以上に対しては、社外窓口を担当する弁護士は、「通報者」に対して守秘義務を負い[19]、それが顧問先に対する報告義務と抵触する、という意見もあるかもしれない。

そもそも弁護士が依頼者以外の第三者（この場合の通報者）に対して守秘義務を負うか否かについては見解の対立があるが[20]、いずれの立場にたつにせよ、公益通報に関しては、強行規定たる保護法が適用されるから、同法に基づく守秘義務を負うことは当然である。

しかし、そのような強行規定による規律を別にすれば、私見では、顧問弁護士は、会社に対して義務を負うことは格別、通報者に対して何らかの「義務」も負うものではないから（後記3（2）参照）、そもそも「義務の衝突」は生じない。

18）この場合の「依頼者」は、社長をはじめとする現経営陣ではなく、様々な利害関係者に支えられた「法人としての企業」であることに留意すべきである。

19）日弁連懲戒委平成21・10・26議決例集12集125頁は、通報者は「依頼者」に該当しないとしつつ、依頼者またはこれに準ずるものとして弁護士法23条の守秘義務を負う、とする（解説58頁参照）。この場合は、通報者に対する守秘義務と会社に対する報告義務が対立することになるが、前者が優先することになろう。

20）規程23条は「依頼者について職務上知り得た秘密を」としているため依頼者限定説にたつことは明らかであるが、弁護士法23条にはそのような文言上の限定がない。このため、弁護士法上の秘密保持義務については、依頼者だけでなく相手方や第三者にも負うと解する説もあり（非限定説）、見解が分かれている。前掲注19）の懲戒事例は非限定説に立っている。

2　顧問弁護士が社外窓口を担当することの当否

(1)「可否」と「当否」の区別

以上のとおり、私見によれば、顧問弁護士が社外窓口の委嘱を受けることを制約する規範はなく、兼併は禁止されていない。しかし、そのことと、顧問弁護士が社外窓口を兼併した場合、はたしてそれが会社にとってよいことか、会社の正当な利益の実現に資するか、とは別問題である。

(2) 誰のための窓口か——企業窓口と保護法との関係

そもそも企業窓口は、それをつくった会社のための制度であるから、顧問弁護士は、まずは「会社のためになるかどうか」を考えるべきである。もちろん、それは会社の「正当な」利益でなければならない。

これに対し、保護法は、「公益通報者の保護」をも目的にしているから（1条)、同法の適用がある場面では通報者の保護にも留意する必要がある（ただし、前述のとおり、そのような場面はレアケースである)。

(3) インフォームド・コンセント（説明義務）

顧問弁護士には顧問先に対する「説明義務」があるから、もし自分（顧問弁護士）が社外窓口を担当した場合、会社のための活動に制約が生じるのであれば、その旨をあらかじめ顧問先に説明し、同意を得る必要がある（インフォームド・コンセント)。とくに重要なのは、通報事案につき会社の代理人に就任することの可否であるが、これについては後記3で詳述する。

また、近年、社外窓口についても、「中立性・公正性」（公正らしさ）や「第三者性」が厳しく問われ[21)]、会社がレピュテーションリスクに慎重になっている場合もある。そのような場合は、所属する全弁護士と顧問先の企業グループ（子会社や関係会社も含む）との関係を洗い出し、利害関係の有無・程度についてその基準も含めて丁寧に説明し、対応を協議しなければならない。このような説明や協議の結果、顧問先が、兼併は好ましくないと判断した場合、顧問弁護士への委嘱をとりやめ、しがらみのない他の法律事務所に社外

---

21)　公益通報に関し、指針および指針の解説については前記1 (2) 参照。なお、指針の前身である「公益通報者保護法を踏まえた内部通報制度の整備・運用に関する民間事業者向けガイドライン（平成28年12月）では、「利益相反関係の排除」という表題のもとに「通報の受付や事実関係の調査等通報対応に係る業務を外部委託する場合には、中立性・公正性に疑義が生じるおそれ又は利益相反が生じるおそれがある法律事務所や民間の専門機関等の起用は避けることが必要である」とされていた。

窓口を委嘱することは当然あり得る。しかし、その選択は顧問弁護士ではなく、顧問先がすることである。委嘱の打診があったときに顧問弁護士がなすべきことは、所属弁護士全員を対象とした関係性[22]の確認と顧問先への説明であり、また、それに尽きる。

(4) 顧問弁護士が兼併する場合の留意点

「相談」を含めるべきではないこと　ところで、社外窓口の制度要綱や社内の案内サイトをみると、「受付」以外に「相談」を併記する例が散見される。しかし、ここでいう「相談」は弁護士が日頃行っている「法律相談」とはまったく異質のものであることには注意が必要である。

「法律相談」は、相談者の利益を目指したもので、もっぱら依頼者（相談者）のために党派的な立場から法的助言を行うものである（いわゆる「賛助」）。これに対し、社外窓口は、通報者の意向に応じその秘密を厳格に守りつつ、通報を「受け付ける」窓口であり、通報者とやりとりすることがあるとしても、あくまで「受付」の一環、つまり、通報者の意向と、通報内容が通報対象事案にあたるかどうかを確認し、事実関係を整理するためのもので、「法律相談」ではない。

繰り返し指摘しているとおり、社外窓口における「依頼者」は会社であるから、顧問弁護士は専ら会社の利益を考えなければならない。にもかかわらず通報者から「法律相談」を受けたときは、顧問弁護士でありながら会社と潜在的利害対立の可能性がある通報者を「依頼者」とすることになり、これは「継続的な法律事務の提供を約している者を相手方とする事件」（規程28条2号）として「職務を行い得ない事件」に該当する（なお、「事件」に「法律相談」が含まれることは確定した解釈である）。

利益相反を指摘する論者が、もしこのように、「受付」に「法律相談」が含まれることを前提とするのであれば指摘にも理由があるが、「受付」に特化した業務を行う限りは、「利益相反」となるものではない。この場合の通報者は「依頼者」ではなく、単なる「情報提供者」にすぎないからである。

以上の理由から、「受付」での通報者とのやりとりは、通報者の意向や通

22）所属弁護士が多数になると、企業グループや経営者個人との間に何らかのつながりがある場合も多い。これが巨大企業グループになると子会社等の数も半端ではなく、関係性の「線引き」も含め、確認・判断は容易ではない（後掲注37）参照）。

報内容を聞きとり、それが所定の「通報対象事実」にあたるかどうかの確認と、通報内容の整理・確認にとどめなければならない。この意味で、制度要綱や案内サイトに散見される「相談」その他これに類する文言はミスリーディングであり、通報者に「法律相談にのってもらえる」等の誤解を招きかねないから、顧問弁護士としてはこれらの文言は削除し、むしろ「法律相談ではない」旨を明記するよう、求めるべきである。

なお、以上は、顧問弁護士が社外窓口を担当することを前提にしたものであり、顧問弁護士でない弁護士の場合は「法律相談」も含めて受付で対応することは差し支えない。

顧問弁護士であることの事前開示　消費者庁の「指針の解説」12頁④では、「いわゆる顧問弁護士を内部公益通報受付窓口とすることについては、顧問弁護士に内部公益通報をすることを躊躇（ちゅうちょ）する者が存在し、そのことが通報対象事実の早期把握を妨げるおそれがあることにも留意する」とされ、「顧問弁護士を内部公益通報受付窓口とする場合には、例えば、その旨を労働者等及び役員並びに退職者向けに明示する等により、内部公益通報受付窓口の利用者が通報先を選択するに当たっての判断に資する情報を提供することが望ましい」とされている。

この点、筆者個人の肌感覚では、顧問弁護士であるがゆえに「躊躇する」者が存在するという実感はないが、中小企業や少人数のオーナー会社等ではそのような躊躇を覚える社員も存在するかもしれない。また、「社外」窓口という表示をみて、会社とは関係のない純粋に外部の弁護士が担当する窓口だと考えることがないとはいえず、そのような誤信のリスクは払拭しておくのが望ましい。

そこで、顧問弁護士としては、通報を躊躇する者の存在にも留意し、社外通報先を記載した社内サイト、パンフレット等には、担当弁護士が自社の「顧問弁護士である」旨を明示し、「中立・公正」の外観を払拭するよう求めるのが望ましい。

顧問弁護士であることの告知の要否　では、以上に加え、通報を受けたその際に、自身が顧問弁護士である旨（会社の側にたち、会社の利益のために働く旨）を告知・説明すべきか[23]。

私見では、通報者は「依頼者」ではないので、そもそも通報者に対し何らかの「義務」を負うものではなく、告知・説明の義務も負わない。もちろん、無用な誤解を生ぜしめたり、必要以上に信頼関係を形成したりしないよう「配慮」することは必要であり、そのような観点から、必要に応じ「法律相談には応じられない」旨を説明し、また、通報者の味方であるとか支援者である等、誤解を招きかねない発言は避けなければならないが、それ以上に、通報時にあらためて自らが顧問弁護士である旨の告知・説明する義務はないと考える。

この点を、会社に対する義務の観点から、より実務的に考えると、通報の受付に際し、顧問弁護士である旨を告知することが、はたして通報を促進し、依頼者（会社）の「正当な利益」に資するだろうか。

かかる場面における通報者の内心を想像すると、「自分が通報したことが会社にバレないだろうか」「ちゃんと聞いてもらえるだろうか」「うまく伝わるだろうか」等々、様々な不安や恐怖を抱えつつ、意を決して通報するものと思われる。そのような通報者にとって社外窓口のファーストインプレッション（第一印象）は非常に重要である。そこで開口一番、上記のように告げられたとしたら、通報を躊躇するのが当然ではなかろうか。

社外窓口において最も重要なことは、通報者が安心して通報できること、すなわち、通報者の意向や通報内容を的確に聞き取り、かつ、希望に応じ通報者が特定されないよう十分配慮して会社に伝えることである。かかる観点からすれば、「～という内容で担当部門に伝えます」「もし匿名を希望されるなら、身元が特定される情報を会社に伝えることは決してありません」という点さえ単純明快に伝えれば足り、あとは、顧問弁護士が自覚と責任をもって臨めばよいことである。

もちろん、社外窓口が「顧問弁護士であること」は事実であり、「事実はちゃんと伝えるべきだ」という発想は一般論としては正しいが、そのことから直ちに「だから、通報受付時にあらためて自分が会社の顧問弁護士であることを告知すべきで、後は通報者自身の選択に委ねればよい」——とりあえず告知しておけば自らの責めを免れる——というが如き発想には何か違和感

23）「会社顧問が内部通報窓口を兼任する場合には、特に会社との顧問契約によって弁護士がなすべきことを明確に限定し、会社顧問が内部通報窓口と兼任していることを余すことなく説明し、通報者に無用な期待を抱かせないようにしなければならない」とする見解として、横山敏秀弁護士（兼併シンポでの報告「内部通報窓口と会社顧問の兼任」）。

を覚える。パターナリステック（家父長主義的）な発想かもしれないが、通報のその場面で、わざわざ通報者の不安を煽るような告知を行うことが、制度の趣旨、ひいては会社の「正当な利益」に適うとは思われないのである[24)]。

兼併禁止論から想定される反論　以上については、「だからこそ、顧問弁護士が社外窓口になってはならないのだ」という兼併禁止論者の論拠にされるかもしれない。

しかし、社外窓口は基本的に「会社のため」の制度である。顧問弁護士には「顧問弁護士ならでは」のメリットもあるわけで[25)]、社外窓口を誰にするかは、内部統制システムの構築に責任を負う経営陣がその経営判断として決めればよいことである。その結果、会社が顧問弁護士に委嘱するという選択肢をとった場合に、顧問弁護士がその委嘱を拒まなければならない理由はない。

ただ、そのことと、通報者から法律相談を受けてよいか（前述2（4））、中立・公正であるかの如き外観を呈してよいか（前述2（4））、通報事案と関連する事案の代理人に就任してよいか（次述3）は別問題であり、私見では、反対論者は、これらを混同しているように思われるのである。

3　兼併後の留意点——通報事案に関し会社代理人に就任することの可否

(1)　問題の所在——「異時的兼併」問題

上記のとおり、「顧問弁護士と社外窓口の兼併が禁止されていない」ことと「兼併後は顧問弁護士としての職務が制限を受ける」ことは別の問題である。では、社外窓口として通報を受けた顧問弁護士が[26)]、当該通報事案（基本的事実関係を同じくする事案を含む。以下同じ）に関し、会社の代理人となることは許されるか。

私見は、許されない、と考えるものであるが、この点については必ずしも

---

24)　ちなみに、公益通報に関する消費者庁の「指針の解説」は、前述のとおり、「その旨を……明示する等により、……利用者が通報先を選択するに当たっての判断に資する情報を提供することが望ましい」とするにとどめ、通報を受けたそのタイミングで、顧問弁護士である旨を告知する義務があるとしているわけではない。

25)　費用面もあるが、それだけでなく、顧問弁護士だからこそ察知できること、直言できることもあると思われる。

26)　顧問弁護士でない弁護士であっても同様の問題は生じうるが、会社側代理人に就任するケースは顧問弁護士の場合が多いと思われる。

弁護士の認識は一致していないようである[27]。

また、近時、職務の類型は異なるが、これと似た「異時的兼併」の問題として[28]、ハラスメント相談窓口や内部調査委員会等に関し、次のようないくつかの判断が相次ぎ、世間の耳目を集めている。

①　法人のハラスメント相談窓口の担当者の代行を受任し、ある相談者から事情聴取を行った弁護士が、それと同一の事実を含む事実関係に基づいてその相談者から提起された訴訟において、法人の訴訟代理人に就任してその主張を争ったことについて、規程5条違反を理由に戒告とした懲戒議決例[29]

②　法人のハラスメント防止委員会から委嘱を受けて事実調査と法的分析を含むサポート業務の委託を受けた弁護士が、その後、民事調停の会社側代理人に就任したことについて、規程5条・6条違反を理由に戒告とした懲戒議決例[30]

③　②の処分を取り消した日弁連の裁決例[31]

④　会社の設置した取締役責任調査委員会の委員であった弁護士が、その後、会社側代理人に就任し、訴訟行為を行ったことにつき、元役員らが訴訟行為の排除を求めた事案で、排除を認めた大阪高裁決定[32]

⑤　④の決定を破棄した最高裁決定[33]

これらの多くは原決定を変更したもので（④の高裁決定は地裁決定を取り消したものであるが、⑤の最高裁決定はさらにそれを取り消している）、その判断の難しさを窺わせる。

以下では、これらも参考に、社外窓口を兼併する顧問弁護士が当該通報事案に代理人として関与することの可否について、その根拠も含めて考察して

---

27)　令和5年3月19日付け日本経済新聞（法務インサイド）、翌20日付け日本経済新聞。

28)　これらに共通するのは、「不偏不党」（impartial）と「党派性」（partial）という2つの根源的価値の対立である（前掲注11）参照）。そして、「異時的兼併」問題の根底にあるのは、たとえ不偏不党でなくても――不偏不党でないにもかかわらず――弁護士が情報の取得に際し必要な事項を告知・説明をせず、不偏不党であるかのような「外観」によってヒアリング対象者に誤解を生ぜしめているのではないかという、職務の公正さ・公正らしさ（規程5条、6条）にあると考えられる（543頁のイメージ図参照）。

29)　自由と正義2023年1月号95頁。

30)　自由と正義2023年1月号95頁。

31)　自由と正義2023年12月号64頁、『弁護士懲戒事件議決例集（第26集）』24頁。

32)　大阪高決令和3・12・22判タ1493号50頁以下。

33)　最決令和4・6・27判タ1503号17頁以下。

みたい。

(2) 私見

検討の視点――依頼者の「正当な利益」　前述したとおり、企業窓口（社外窓口）は、保護法の適用がある例外的な場面を除き、基本的に「会社の、会社による、会社のための」制度である。また、顧問弁護士は、依頼者である会社の「正当な利益」の実現に努めるべき立場にある（党派性。規程21条）。このため、顧問弁護士は、顧問先に対し、民法上の善管注意義務をはじめ、守秘義務、誠実義務、説明義務、利益相反の禁止、最善弁護義務等、様々な義務を負っている。

しかし、通報者との関係ではそのような「義務」を負うものではなく、ただ、「中立・公正である」とか「通報者の味方である」等の誤解を招いたり必要以上に信頼関係を形成しないよう、配慮する必要があるにとどまる。

このように考えると、依頼者たる会社がそれを望むのであれば、通報事案に関し会社の代理人になることも許されるようにも思われる。

しかし、それは結局、「会社のため」にならないし、会社の「正当な利益」に資するものでもない。

顧問弁護士は「会社のため」の存在であるが（党派性）、真の意味で「会社のためになるかどうか」は、相手方や第三者、窮極的には裁判所や社会一般のモノの見方をも考慮し、複眼的・俯瞰的に、いわば長い目でみて会社の利益になるかどうかを考えなければならない[34]。それは、決して現経営陣の「いいなり」になることでない[35]。

このような観点から通報者の立場でみたとき、自分の通報を聞き取った弁護士が、その後、会社側代理人として自らと対峙し、会社の利益のために会社を防御し、自分を攻撃してくるとすれば――もしあらかじめそう告知されていれば――そんな社外窓口に会社の不正を通報するだろうか。筆者なら絶

34)　このように、委嘱された職務の「真の依頼者」は誰か、その「正当な利益」は何かを探究することによって兼併に内在する規範を明らかするというアプローチが、「党派性」を本務とする弁護士の思考方法に最もよくなじみ、弁護士の「良心」（規程21条）に指針を与えることになるのではないか。

35)　鳥山半六「不当な事件」高中正彦・石田京子編『新時代の弁護士倫理』（有斐閣、2020年）39頁参照。「依頼者のためになるかどうか」は中長期的な企業価値向上の観点から、プロとしての矜持をもって会社の「真の利益」を考えることであり、要は、「後で感謝されるような辛口の助言をすること」ではなかろうか。これは、近江商人の職業倫理「無理に売るな、客の好むものも売るな、客のためになるものを売れ」にも通じる。

対に通報しないし、また、それが通常ではなかろうか。そのような通報先選択の意思決定に関する重要な情報を事前に告知せず、選択の機会も与えないまま通報を受け付け、事情を聞き取るのは、「誤解を招かない」どころか、ほとんど「騙し討ち」に近いものである。これは「顧問弁護士であること」を告知すべきかどうかというレベルの問題ではない。

この不公正感の根源はどこにあるのであろうか。それは、必要な説明を行なわず、「騙し討ち」に近い状態で情報を入手すること、それによって入手した情報を会社が利用可能な状態となること[36)]、たとえ利用しなくても、「流用されるのではないか」という不安が残ること。以上のような情報の取扱いに関する弁護士職務の「公正らしさ」に帰着するように思われる。

関与するために必要な告知　したがって、もし社外窓口を担当する顧問弁護士が、当該通報案件に関し通報者が会社と争うことになった場合に会社の代理人に就くのであれば、少なくともその旨もあらかじめ告知し説明しておく必要があると考えられる。

しかし、通報の受付でかかる告知・説明を行うことは、「顧問弁護士であること」以上に通報を躊躇させ、ほとんど社外通報制度自体を無意味にしかねない。なぜなら、それは「将来、会社の味方をするかもしれない弁護士に会社の不芳情報を通報せよ」ということであり、いわば敵に「自らの手の内を明らかにせよ」と求めることにほかならないからである。しかし、そのような通報は通常、期待できないから、結果的に会社の自浄能力を削ぐことになり、結局、「会社のため」にもならない。それゆえ、私見は、そのような説明をしなくてもよいよう、社外窓口を兼併する顧問弁護士は、通報事案に関し会社側代理人として関与することは一切避けるべきだと考えるものである。

通報者の怒りと弁護士に対する懲戒請求　では、もしかかる説明のないまま、社外窓口を担当した顧問弁護士が通報事案に関し会社側代理人として通報者と対峙したとしたらどうなるか。

通報者からすれば、それは自らを欺く（少なくともそう見える）点で「公正らしさ」[37)]に欠け（規程5条、6条）、「品位を失うべき非行」として懲戒請求[38)]を受ける可能性が高い。この場合の通報者の「怒り」の根底には、前

36)　保護法の適用がある場面では守秘義務違反に刑罰罰があることにも留意する必要がある。
37)　①②の事案の要諦はこの点にあるものと解される。

述したとおり、信頼を裏切られ、不公正に情報をとられたことに対する不信感がある。そして、その怒りには理由があるから、代理人に最善弁護義務の遂行を躊躇させる。懲戒請求を恐れながら本気で闘うことはできないからである。また、もし現実に懲戒処分を受けた場合は、社外窓口への信頼を失わせ、会社の正当な利益の実現を阻害する。つまり、会社のためにならない。

以上要するに、社外窓口を担当した顧問弁護士が通報事案に関して会社の訴訟代理人に就くことは、結局、会社のためにならず、そうであるが故に、代理人に就任することは避けるべきである。

最高裁決定との関係　ところで、⑤の最高裁決定は、ⓐ調査対象者が「独立かつ中立・公正な立場を信頼した」とか、ⓑ当該弁護士が「裁判官と変わらない立場にあった[39]」とはいえない場合にまで、弁護士法25条2号および4号を類推適用すべきではなく、訴訟行為を排除することはできない、と判断した。これは（社外窓口ではなく）会社設置の「取締役責任調査委員会」の委員に関するものであり、かつ、事例判断にとどまるが、結論として訴訟行為の排除は不要とする点で、代理人就任を否定する私見と逆方向のようにもみえる。

しかし、その理由（リーズニング）をみると、その基本的な考え方において「弁護士の党派性」を基調とする私見と対立するものではなく、むしろ軌を一にするものと思われる。

すなわち、ⓐを理由に2号（相手方の協議を受けた事件で、その協議の程度及び方法が信頼関係に基づくと認められるもの）の類推を否定する点は、通報者は「依頼者」ではなく「情報提供者」に過ぎないこと、党派的存在である顧問弁護士は通報者から「法律相談」を受けてはならず、また、通報者に中立・公正であるとか味方である等の誤解を生じさせぬよう配慮すべきことをいう私見と軌を一にする。

また、ⓑを理由に4号（公務員として職務上取り扱った事件）の類推を否定する点も、顧問弁護士は「不偏不党」の公務員と異なり「依頼者」である会社

---

38)　懲戒請求は「何人も」「弁護士……について懲戒の事由があると思料するときは」可能である（弁58条1項）。

39)　これは、④の高裁決定の文言であるが、⑤の最高裁決定が「裁判官と変わらない立場」であることを否定する点は、社外窓口が裁判のような「三面関係」（当事者対審構造・アドバーサリーシステム）ではなく、通報者との「二面関係」にあることをいうものと理解できる。

の「正当な利益」の実現を使命とする党派的存在であること、社外窓口も基本的に「会社のため」の制度であることをいう私見と軌を一にする。

さらにいえば、同決定は「弁護士に委任して訴訟を追行する当事者の利益（や訴訟行為の安定性等）」を指摘しており、この点も、依頼者である会社の「ためになるかどうか」を考えるべきことをいう私見と通底するところがあるものと考えられる。

「事務所単位」で考える必要があること　さて、社外通報窓口の代理人就任に関して注意すべきは、事は通報者から聞き取りをした当該弁護士だけの問題ではなく、事務所メンバー全員に適用されることである。

この点、「利益相反」は「事務所単位」が原則であるが（規程57条）、「公正らしさ」についても、同一事務所に所属するすべての弁護士に一律に規制が及ぶと解すべきである[40)]。蓋し、たとえ事務所の他の弁護士が訴訟代理人になったとしても、通報者がみれば、その事務所が「社外窓口」の事務所であることは明らかであるところ（当該訴訟では、顧問弁護士の事務所が送達場所とされ、答弁書にはその事務所名が記載される）、通報者からすれば事務所のメンバーはすべて一体であり、情報遮断措置をとっていた等の言い訳はまったく信用できないからである。実際、情報が遮断されていたかどうかは検証できないし、同じ事務所であれば会社から報酬を受けている点で「同じ穴の貉」とみるのは当然で、公正らしさを損なうことは明らかであろう。

したがって、顧問弁護士としては、社外窓口を兼併した場合、代理人就任制限は所員全体に及ぶという大きな制約があることを十分に踏まえたうえで、その得失を顧問先とよく協議し、最終的に兼併の当否を判断していくべきである。

4　電話対応上の留意点

以上、「兼併」に伴う問題を中心に検討したが、最後に、社外窓口での電話対応についても補足しておきたい。

(1)　初動対応と心構え

近時の通報は電子メールによるものが増えているが、電話での通報も一定

---

40)「座談会　これからの弁護士倫理を展望する」髙中・石田編・前掲注35）302頁参照。私見では、企業単体だけではなく、さらに企業グループで検討すべき問題である（306頁参照）。

数存在する[41)]。

当然のことであるが、電話は、突然、かかってくる。担当者は、それまでの業務を一旦中断して、迅速かつ誠実に受付の対応をしなければならないが、これは実務上、かなりの負担であり、また、注意を要する。

電話では、まず、「傾聴」の姿勢を保つ一方で「健全な懐疑心」も保持しなければならない。そのような2つの軸を保持しながら、不明点を質し、真実性の見立てを行い、会社所定の「通報対象事実」にあたるかどうか、保護法所定の「通報対象事実」（法令違反）にあたらないかどうか、を意識して聞き取りを実施する必要がある。

また、通報内容は、「六何の原則」（5W1H）に従い、簡潔明瞭に事実整理し、かつ、匿名の場合は通報者が特定される情報を捨象し[42)]、遅滞なく担当部署あてに通知しなければならない。このような業務を適切に遂行するためには、相応の法律知識とセンス、そして、ヒアリング技術が必要となる[43)]。さらに、電話では、通報者、とりわけ匿名の通報者あてに連絡をとることには慎重な配慮が求められるから、「聞き取りはワンチャンス」と心得、ポイントを漏らさないよう、緊張感をもって聴取する必要がある[44)]。筆者の経験では、このヒアリングに1時間以上を要したケースもあり、一定の経験を積むまでは、いつかかってくるかもしれない電話通報に備えるため、あらかじめ確認事項や留意点、チェックリストを専用デスクの前に貼り出しておく等の工夫も有益と思われる。

(2)　匿名通報であっても調査により身元が判明する可能性の告知

電話通報に限らないが、とりわけ注意を要するのが匿名通報[45)]への対応

41)　文書による通報もあるが、稀である。

42)　例えば、電話の場合は、その通報日時を伝えてよいか（就業時間中である場合には、それによって通報者が特定されてしまうのではないか等）、通報者の立場に配慮したうえで匿名化して伝達する慎重さが求められる。

43)　これは、日頃から「立証」を意識し、かつ、懲戒制度に裏打ちされた倫理規範のもとに法律事務を取り扱うプロフェッションたる弁護士に適した職務であり、社外窓口の中核が弁護士であることも十分首肯できるところである。

44)　現実問題として、受付後、通報内容を会社に連絡したところ、会社から質問を受けて再度事実確認が必要となる一方で、通報者に照会してもなかなか連絡がとれない、という事態も生じる。そこで、顕名通報の場合であれば、「確認の目的で別途、会社から連絡させてもらってもよいか」と通報者に確認しておくことも検討すべきと思われる（匿名通報の場合はもちろん不可）。

45)　最初から匿名の場合（完全匿名）と、当初は顕名であったが受付段階での弁護士とのやりとりの結果、匿名希望に変わる場合の2つがある。

である。「受付」段階ではいくら慎重のうえにも慎重に匿名化しても、その後の会社の調査により通報者が事実上推知されてしまう可能性があるからである。そこで、受付段階でも、そのような可能性があることをあらかじめ通報者に説明しておく必要がある。

(3)「承諾」取得のあり方

通報者が口頭で「会社に実名を伝えてもらってよい」と承諾している場合（顕名通報）であっても、後々、それが自発的かつ確定的な承諾であったかどうか、その前提として、実名通報によって生じうる不利益について十分に説明や理解がなされたかどうか（インフォームド・コンセント）が問題になることがある。

社外窓口の弁護士が通報者の実名を本人の承諾なく（ただし、争いがある）、または、適正な承諾手続を経ずに雇用者に通知し、通報者が不利益な扱いを受けたとして、弁護士が秘密保持義務違反を理由に懲戒処分を受けた例があるが[46]、この事例の教訓は、後々、実名開示の承諾の有無が争われる可能性があることも想定し、エビデンスの確保に留意すべし、ということである。

(4) 録音について

電話は、録音でもしない限り正確な記録を残すのは難しい。「言った・言わない」という不毛なトラブルを避けるためには、録音も検討することになるが、無断録音は避けなければならない。

では、録音しようとする場合、どのタイミングで、誰が、どのように告知すべきか。告知により、「ナマの録音通話内容が会社に伝わってしまうのではないか」「音声で特定されるのではないか」等と通報者が不安を抱き、通報を躊躇することも懸念される。そこで、例えば、受付の最初の段階で（事務局によることが多いと思われる）、この会話は録音すること、理由は正確に記録を残すためであること、録音は当事務所限りで、内容を会社に伝えることは一切ないことを説明し、了解を得ておくことが考えられる。

(5) 会社との意見交換会の奨め

通報内容を会社に伝えたところ、会社から追加の照会を受けることがある[47]。会社としては、必要な情報が欠けているのは通報者が開示を拒否し

---

46) 前掲注 19) 参照。
47) 前掲注 44)。

ているからなのか、弁護士のヒアリングや整理がまずいからなのか、疑問に思うこともあると思われ、これを放置しておくことは会社との信頼関係やコミュニケーションを阻害させかねない。そこで、年に1回程度は、会社との意見交換会を開催し、双方の悩みをざっくばらんに連携し、通報内容の連絡等のベストプラクティスについて意見交換を行うことが有益と思われる。

5　結語

以上、企業窓口の社外通報を巡る実務上の諸問題について、顧問弁護士による受付業務に絞って私見を述べた。本稿が些かなりとも実務の参考になるところがあれば幸いである。

〈注28）のイメージ図〉

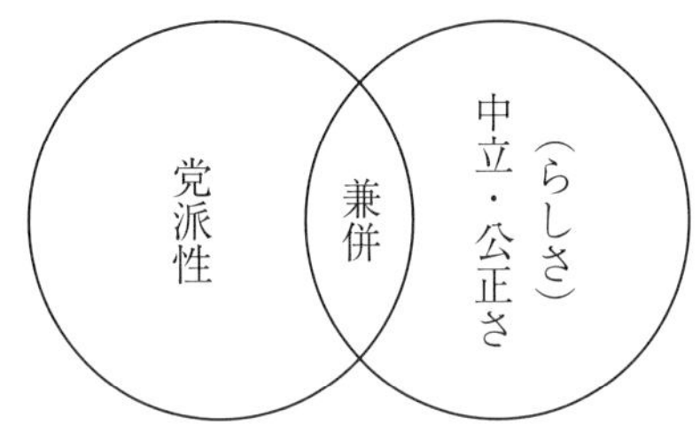

9　社外役員に関する弁護士倫理上の課題

安藤知史

Ⅰ　はじめに

わが国において、社外取締役および社外監査役（以下、「社外役員」という場合は、これらの総称である）制度が導入されて久しい[1)]。その後、社外役員が存することは会社のガバナンス強化に寄与するという評価の下で、上場会社を中心に制度としてすっかり定着している。本稿は、社外役員の制度自体を論ずるものではないから、これら制度の意義やその歴史の詳細について述べることはしないが、社外取締役についていえば、2014（平成26）年の会社法改正によって、公開大会社である監査役会設置会社で有価証券報告書提出義務を負う会社が社外取締役を設置しない場合には、社外取締役を置くことが相当でない理由の開示が義務付けられ、2021（令和2）年の会社法改正によって、それらの会社に対して社外取締役の選任が義務付けられるに至っている（会社法327条の2）[2)]。

1）　社外取締役は、2001（平成13）年の商法改正（施行は2002（平成14）年）によって導入された。また、社外監査役は、1993（平成5）年の商法特例法改正の際に、大会社について導入された（監査役の1人以上は、就任前5年間会社又はその子会社の取締役又は支配人その他の使用人でなかった者としなければならないとされた）。

また、東京証券取引所は、上場規則により、上場会社に対して最低1人の独立社外取締役の選任を求めている（有価証券上場規程（東京証券取引所）445条の4（以下「東証上場規程」という）。さらに2015（平成27）年6月に策定されたコーポレートガバナンス・コードでは、上場会社は社外取締役を2名以上置くことが求められ、さらに、2021（令和2）年6月の改訂では、プライム市場上場会社については、取締役の3分の1以上を独立社外取締役とすることが求められている[3]。

一定数の、ないしは一定の割合の社外役員を選任しさえすれば会社のガバナンスが強化されるかのような議論については、傾聴に値すべき批判もなされていたところであるが[4]、その点は措くとしても、社外役員が制度として定着し、各会社の役員に占める割合が大きくなっていくにつれて、社外役員のスキルや会社において果たしている役割などがこれまで以上に厳しく評価されることになっていくものと思われる。

会社にとっては、経営陣からの独立性を有し、かつ会社経営にとって必要かつ有益な助言をしうるだけの専門的スキルを有した者を見出すことは容易ではなく、弁護士は、社外役員の重要な供給源の1つとなってきた。そのため、後述するように、社外役員となる弁護士の数は近時大きく増加しているが、他方で、社外役員となった弁護士における弁護士倫理上の課題についてはさほど議論が深まっていないようにも思われる。

そこで、本稿は、社外役員に関する弁護士倫理上の課題を検討しようとするものであるが[5]、本稿において意見にわたる部分はいずれも筆者の個人的な見解であり、筆者が所属する日本弁護士連合会や第一東京弁護士会（各会の委員会を含む）、法律事務所、および筆者が社外役員等を務める会社その他

2）　監査等委員会設置会社では、監査等委員である取締役の人数は3人以上で、その過半数は社外取締役でなければならないとされている（会社法331条6項）。

3）　これを実施しない場合には、理由の説明が求められる。

4）　江頭憲治郎教授は、2014（平成26）年の会社法改正に関し、「会社のガバナンスがうまくいっていないからといって、会社法の規制を強化してもほとんど無意味であり、会社法が乗っている基盤（いわば「下部構造」）が変わらない限り日本の会社は変わらない」とし、「社外取締役（または独立取締役）が存すること、または、その数が増えることが会社の経営実体の改善につながるとの明確な根拠は、存在しないのである。」と述べられている（江頭憲治郎「会社法改正によって日本の会社は変わらない」法時86巻11号（2014年）59頁）。

5）　したがって、弁護士が業務執行役員として会社の経営に関与する場合（典型的には自ら起業して会社を経営する場合）における弁護士倫理上の課題には触れていない。

の団体とは何らの関係もないことを予めお断りしておく。

Ⅱ　弁護士への期待等

1　弁護士社外役員の増加

前記のとおり、制度としての歴史は社外取締役より社外監査役の方が古く、かつては弁護士が社外役員を務めると言えば、社外監査役に就任することが多かったようである。しかし、社外取締役制度が導入され、その員数が増加するに伴い、弁護士が社外取締役に就任するケースも年々増加しており、2012（平成24）年と2022（令和4）年とを比較すると、人数は10倍以上となっている[6]。もちろん、1人の者が複数の会社の役員を兼務するケースも少なくないから、弁護士全体の人数から見れば、社外役員を務めている者の割合はまだまだ少数ではあるが、東京、大阪などの大都市を中心として、弁護士が社外役員を務めることはもはや珍しいものではなくなっている。

また、近時は、取締役会や監査役会において多様性、とりわけ女性役員の登用が求められるようになっているが、東証上場規程で目標とされた期限[7]までに社内で女性の経営層を育成することが難しい場合に、女性の社外役員を登用する例が目立っており、女性弁護士が社外役員を務めるケースは今後も増加するのではないかと思われる。

2　弁護士社外役員に求められる役割

(1)　弁護士への期待

弁護士は、リーガル・マインドを有し、会社法をはじめとする各種の法令に精通していることなどから、会社経営においてコーポレート・ガバナンスやコンプライアンス経営などの重要性がますます高まっている状況において、

6）『東証上場会社コーポレート・ガバナンス白書2023』（株式会社東京証券取引所、2023年）によれば、弁護士である社外取締役は、2012年は社外取締役全体の13.1％、168人であったが、2022年には16.1％、1745人となっている。

7）内閣府男女共同参画会議が策定した「女性活躍・男女共同参画の重点方針2023」では、「企業における女性役員比率にかかる数値目標を設定した上で、その達成に向けた具体策を講じる必要がある」とされており、これを受けて、東京証券取引所では、プライム市場に上場する企業に対して、2025年を目途に女性役員を1名以上選任するよう努める、2030年までに女性役員の比率を30％以上とすることを目指す旨の数値目標を設定している（東証上場規程445条の7参照）。

他の取締役による業務執行を適切に監視、監督することができる存在として期待されているといえる。

日本弁護士連合会が策定している「社外取締役ガイドライン 2023年改訂版」（以下「ガイドライン」という）では、社外取締役にはそれぞれの専門性のほかに、「①様々な事業への理解力、資料や報告から事実を認定する力、問題及びリスク発見能力及びこれらに関連する質問力、応用力、説明・説得能力」と「②取締役会等の会議において、経営者や多数の業務執行取締役等の中で、建設的な議論を提起し、論点や争点を明確化した上で独立性・公正性を保って議論を客観的な立場から整理し、再調査、継続審議、議案への反対等の提案を行うことができる資質及び精神的独立性」が望まれているほか、「資本コストなどの財務に関する知識や会社法、金融商品取引法をはじめとする関係法令等の理解、サステナビリティに関する知見のアップデートなど、持続的な成長と中長期的な企業価値の向上に実効的に寄与していくために必要な知見を習得するよう、日々研鑽に努めるべきである」とされている（ガイドライン7頁）。

現に、取締役の善管注意義務、取締役会の権限・責任などに関する正確な理解や、経営上の課題における論点を整理する能力といった弁護士のスキルは、取締役会等における議論でも大いに役立つものである。近時は、会社が取締役（候補者）のスキル・マトリックス図を作成して、取締役の知見や専門性に関する情報を開示する例が多くなっているが、弁護士である取締役（候補者）については、「法務」、「コンプライアンス」、「リスク・マネジメント」といった項目にチェックが入れられる例が多い。また、弁護士が社外役員となる場合は、証券取引所に対して独立役員として届け出られることが多いと思われ、その独立性、経営判断や業務執行の監視、監督における客観性などが期待されているといえよう。

(2)　弁護士社外役員の責任

社外役員の会社に対する会社法上の義務に関しては、社外役員が弁護士であるからといって責任が加重されるものではないが、監視・監督義務違反が問題となる場面では、違法行為についての認識または認識可能性が重要なポイントとなるから、当該社外役員の弁護士としての経験や知見が考慮されることがありうる。ガイドラインでも「専門性のある社外取締役も、業務執行に関与しない社外取締役としての義務や責任については他の社外取締役と変わらない。ただし、特に専門的能力を買われて取締役に選任された者については、その専門分野については取締役として期待される注意義務の水準が高くなるという考え方もあるので、その意味において責任が重くなる可能性があることに留意する。」とされている（ガイドライン10頁）。この点、弁護士である監査役の注意義務について、「被告Yが弁護士であつて、監査役に就任した以上一般人に比して監査役の職務をより一層真摯になすべきことが期待される職責にあることをも斟酌すると、同被告には、監査役として重大な任務懈怠があり、任務懈怠につき悪意または重過失があるといわざるを得ない（本決算書中の貸借対照表をみると資産の95％強が流動資産であり、負債の100％が流動負債であつて、負債が資本金の145倍に当たること等が判り、弁護士がこれを真面目に検討すれば訴外会社が健全な経営を営んでいる会社かどうか相当の疑問を抱いたものと推測される。本決算書以前の決算期における決算書についても弁護士がこれを真面目に検討すれば同様な疑問を抱いたものと推認できる。被告Yが監査役就任した動機・理由、報酬の有無等はその責任の有無には直接関係がないといわざるを得ない。）」（東京地判平成4・11・27判時1466号146頁）とした裁判例がある。

(3) 弁護士倫理との関係

弁護士が社外役員として職務を遂行することは弁護士業務そのものではないが、そもそも弁護士は、「職務の内外を問わずその品位を失うべき非行があつたときは、懲戒を受ける」（弁56条1項）とされていることを理解しておく必要があろう。

また、前記のとおり、近時は、会社が取締役のスキル・マトリックス図などを作成して、取締役の知見や専門性に関する情報を株主に開示する例が多くなっている。したがって、株主の側から見れば、当該取締役が弁護士であることに対する信頼が寄せられていることも少なくないという点にも留意しておくべきである。換言すれば、法律家としての専門性だけではなく、弁護士が基本的人権を擁護し社会正義を実現することを使命とし（弁1条1項）、誠実かつ公正に職務を行うものとされている（職務基本規程5条参照）ことへの期待と言うこともできよう。

したがって、弁護士が社外役員として職務を遂行するにあたっても、弁護士倫理上の問題を無視することはできない。

Ⅲ　弁護士職務基本規程50条との関係

1　組織内弁護士の規律

弁護士が会社の役員となることに関する弁護士倫理上の規律としては、弁護士職務基本規程50条がある。ここでは、会社の取締役その他の役員となっている弁護士は、「弁護士の使命及び弁護士の本質である自由と独立を自覚し、良心に従って職務を行うように努める」と規定されている。

これは、組織に所属する弁護士は、自らが弁護士であるという自覚を持って当該組織に入り、組織内に法の支配を徹底していく責務を履践することが期待されているという前提のもとに、組織内弁護士が、組織内の規則・指揮命令に服しながらも、常に弁護士としての使命を自覚し、弁護士としての良心に従って職務を行うように努めることを規定したものである[8)]。

なお、株式会社の監査役は、その立法趣旨に鑑み、本条の「その他の役員」には含まれないと解されている[9)]。

2　違法行為等に対する措置

株式会社の取締役となった弁護士は、「良心に従って職務を行うように努める」ことが求められる。ここでいう「良心」とは、裁判官の良心（憲法76条3項）と同様に、職業上の良心を指す。弁護士は、依頼者の利益や権利を最大限実現すべきものであるが、社会正義や社会規範に違反してまで依頼者の利益が実現されるべきものではなく、これを画するものが「良心」であるとされている（解説48頁）。

したがって、社外取締役である弁護士は、会社において違法行為が行われ、または行おうとしていることを知ったときは、これに加担してはならないことは当然として、組織内における適切な措置を採らなければならず、黙認することも許されないことになる（職務基本規程51条）[10)]。弁護士職務基本規程

8）　解説147頁。

9）　従来は、「その他の役員」の範囲は、弁護士法30条1項2号に基づく営業の届出が必要な役員と同様に考えられてきたが、必ずしもそのように解する必然性はなく、非常勤の社外取締役や監査等委員である取締役を「組織内弁護士」とするのが妥当かといった観点から検討が必要であろう（解説148頁参照）。

は、このような場合において弁護士が採るべき措置を具体的に規定していないが、社外取締役であれば監査役への報告、取締役会で必要な意見を述べる、内部監査部門、監査役や監査等委員会、会計監査人と連携するといった対応が考えられる（ガイドライン解説[11] 102頁）。

なお、社外取締役である弁護士が会社による違法行為等に加担したり、それを黙認したりすれば、弁護士倫理を云々する以前に、取締役としての善管注意義務違反等の問題となるのが通常であろうと思われる。

3　「自由と独立」との関係

弁護士職務基本規程50条は、「弁護士の本質である自由と独立を自覚」することも求めており、ここでいう「自由と独立」とは、弁護士職務基本規程2条および同20条と同義とされている。社外取締役である弁護士について言えば、当該会社からの「自由と独立」を保持するということになるが、取締役である以上、会社との関係は委任関係であり、そもそも会社やその関係者に隷属するような関係にはなく、会社において違法・不当な行為が行われることがないよう業務執行を監督、監視する立場にあるのだから、社外取締役である弁護士が、取締役としての義務を尽くしてさえいれば、弁護士職務基本規程による「自由と独立」の要請には当然に応えることになるのではないだろうか。

Ⅳ　社外役員に就任する際の問題点

1　品位保持との関係

弁護士が会社の取締役に就任する場合には、営利業務従事における品位保持が求められ、「営利を求めることにとらわれて、品位を損なう行為をしてはならない」とされている（職務基本規程16条）。どのような行為が「品位を損なう行為」に該当するかを明確に示すことは困難であるが、日弁連が定めている「営利業務及び公務に従事する弁護士に対する弁護士会及び日本弁護

10）　組織内弁護士に求められるのは、あくまで組織内における適切な措置であり、外部通報義務を課すものではないことに注意を要する（解説151頁）。

11）　日本弁護士連合会司法制度調査会社外取締役ガイドライン検討チーム編『「社外取締役ガイドライン」の解説〔第3版〕』（商事法務、2020年）（以下「ガイドライン解説」という）。

士連合会の指導・監督に関する基準」では、情報の不当利用、利益相反行為、係争権利を譲り受ける行為、勧誘等（例えば、会社に対して自らに弁護士としての仕事を依頼するよう勧誘する行為など）、地位の不当利用を弁護士が行うことがないよう指導・監督するものとされている（同基準3条）ことが参考になる。

なお、従来は、弁護士が会社の取締役に就任することについては、弁護士の品位と信用の保持について弁護士会の指導・監督の遺漏なきを期するべく[12)]、所属弁護士会の許可を受けなければならないとされていた（平成15年法128号改正前の弁護士法30条3項）。現在は、所属弁護士会への届出で足りることとなっているが、これは、今日、弁護士の活動領域の拡大が強く望まれるようになったこと、弁護士が営利業務に携わることは必ずしも弁護士の品位と信用の低下をもたらすものではなく、各種の法的問題やコンプライアンス経営、企業倫理の確保といったニーズに弁護士が的確に対応することへの期待も増大していること（条解258頁～259頁）等によるものであるところ、就任にあたっての弁護士倫理上の問題については従前と変わるところはない[13)]。

2　違法行為の助長との関係

また、当該会社が反社会的団体であるなど、違法・不正な行為をしているような場合には、社外役員への就任自体を避けるべきであることは言うまでもない。仮に、弁護士がそのような会社の社外役員に就任し、当該会社が現に違法行為に及んだ場合には、弁護士が違法行為を助長した（職務基本規程14条）という弁護士倫理上の非難を受ける可能性があるし、違法行為の助長には該当しないとしても、弁護士の公益的使命や職務の構成に対する信頼を保持する観点からは問題があると言わざるを得ず、弁護士職務基本規程5条、6条違反の問題が生じる場合もありうるだろう[14)]。

12）　条解258頁。

13）　小島武司ほか編『法曹倫理〔第2版〕』（有斐閣、2006年）200頁（以下「法曹倫理」という）。

14）　近時、懲戒委員会等の議決において弁護士職務基本規程5条や6条を摘示する例が多い。もっぱらこれらの抽象的な規定を根拠として弁護士に対して懲戒処分をすることについては、疑問なしとしないが（解説222頁では、「これらの条項による場合は、規程の抽象性ともあいまって主観的判断に流れやすく、可能な限り具体的な条項に即して検討されるべきであろう」とされている）、本項のテーマではないので、これ以上深入りしないことする。

3　秘密保持義務との関係

弁護士が社外役員に就任する経緯としては、専門のエージェントや所属弁護士会等による紹介、当該会社の法律顧問をしている弁護士による紹介、会社の経営陣との個人的なつながりといった場合のほかに、もともと当該会社の法律顧問であったとか、代理人として法律事務を取り扱ったことがあったとかいった場合も少なくないと思われる。

そのような場合、社外役員に就任したからといって、弁護士としての職務上知り得た秘密について秘密保持義務が解除されるわけではないことには注意を要する。例えば、弁護士として過去に相談を受けていた案件が社外役員就任後に改めて問題となった際に、社外役員である弁護士が、過去に法律相談を受けていたことを明かした場合、状況によっては秘密保持義務違反の問題が生じかねない。多くの場合は、会社において弁護士に当該案件を相談していたことの記録が残っており、そのことを前提とした議論がなされるであろうが（そのような場合には、一定の範囲で秘密保持義務が解除されていると解することができると思われる）、弁護士に相談していたということを知っているのは特定の役員や社員のみといったケースもありうることから、慎重な対応が求められる。

V　社外役員の任期中に当該会社の法律事務を扱う場合

1 「自由と独立」との関係

(1) 過去の裁判例

会社の顧問弁護士が監査役を兼任することが許されるかという点に関して、顧問弁護士は「法律専門家としての自己の判断と責任において、受任した事件を処理しあるいは法律上の意見を述べるものであって、会社の業務自体を行うものではなく、もとより業務執行機関に対し継続的従属的関係にある使用人の地位につくものでもない」から、特段の事情のない限り、監査役と取締役・使用人の兼任を禁止した商法276条（現在の会社法335条2項）に違反するということはできないと解するのが相当であるとする裁判例がある（大阪高判昭和61・10・24金法1158号33頁。最判平成元・9・19集民157号627頁の原審）。日弁連も、昭和59年の理事会で、顧問弁護士と監査役との兼任は、慎重な配慮を要するものの、原則として適法であると決議している（以上について解説46頁以下参照）。

(2) 従前の議論の問題点

この点について、解説47頁では「顧問弁護士としての職務の実体が会社の業務執行機関に対し継続的従属性を有するか否かにより実質的に」兼任の可否を判断すべきとされている。しかしながら、弁護士が依頼者との関係において「自由と独立」の立場を保持するように努めなければならないという点は、当該弁護士が監査役であるか否かに関わらないのであって、そもそも顧問弁護士が会社（の業務執行機関）に対して「継続的従属性」を有しているとすれば、それ自体が弁護士の在り方として必ずしも適切ではないという評価もありうるのではなかろうか[15)]。そうすると、「顧問弁護士の職務の実体が会社の業務執行機関に対し継続的従属性を有するか否か」という基準は、顧問弁護士が監査役を兼任することの可否を判断するにあたり必ずしも有効な解を示していないように思われる。

また、取締役を兼任する場合は別の基準によるべきか（監査等委員会設置会社においては、監査等委員ではない取締役と監査等委員である取締役とで差異があるか）、顧問弁護士ではない者が会社の役員となっていた場合において当該会社から法律事務の委任を受けることについてはどうか、といった問題もある。

このように考えてみると、弁護士倫理上の「自由と独立」という観点から、会社の法律事務に関わる弁護士が当該会社の役員を兼任できるか否かに関する一律の基準を策定すること自体が困難と言わざるを得ないように思われる。

(3)「独立性」の意義

また、顧問弁護士などが当該会社の社外役員に就任するという問題が議論される際の「独立性」とは、多くの場合、会社法や上場規則その他のルールにおける「独立性」の問題であることが多い。これについては、証券取引所が定める独立性基準[16)]や各会社が定める独立性基準等に照らして問題がな

15）解説では、例として「顧問弁護士がその会社の組織機構の一員となり業務執行機関の指揮命令を受けるべき立場におかれるに至った場合やこれに準じてその会社に専属すべき拘束を受けている場合」が挙げられているが、顧問弁護士の立場（当該会社に雇用されているわけではない）にある者がこのような状況に置かれた場合には、弁護士職務基本規程2条、20条との関係で疑義が生じるように思われる。ただし、これらの規程は、あくまで弁護士の職務の行動指針又は努力目標であって、直接懲戒処分の根拠となるものではない（職務基本規程82条2項）。

いか、個々の事例ごとに判断され、最終的には、社外役員として株主の信任を得られるかという問題に帰着するもので、弁護士倫理上の問題とは区別されるべきものである。

以上述べたところを踏まえて、本稿では、顧問弁護士が役員に就任したり、役員が法律事務を取り扱ったりした場合に生じうる個別の倫理上の問題をいくつか取り上げて考察することとしたい。

2　依頼者の意思の尊重との関係

会社の社外役員である弁護士が、当該会社の依頼を受けて当該会社にかかる法律事務を扱う場合には、「依頼者の意思の尊重」（職務基本規程22条）との関係で問題が生じる可能性がある[17]。

仮に、「依頼者の意思」が違法・不当なものであった場合には、社外役員としてはもとより、弁護士倫理上もそれに従うことはできないという対応になるであろう。しかしながら、「依頼者の意思」が違法・不当なものとまでは言えないが、経営上の判断としては適切ではない（と社外役員である弁護士が考える）ものであるなど、経営陣から示された「依頼者の意思」が社外役員としての意見と異なるものであった場合には、当該弁護士が困難な立場に立たされる可能性がある。

このような場合であっても、社外役員としては反対を表明しつつ、弁護士としては「依頼者の意思」に沿って職務を遂行するということも不可能ではないと思われるが、事実上、そのような対応は困難であろう。

したがって、こうした事態が想定されうる場合には、社外役員と顧問弁護士との兼任を避ける（会社との間で個別の事案を受任することを避ける）ことが賢明ということになろう。

16）　東京証券取引所が定める「独立役員の確保に係る実務上の留意事項（2024年1月改訂版）」では、独立性に関する基準のうち「上場会社から役員報酬以外に多額の金銭その他の財産を得ているコンサルタント、会計専門家又は法律専門家（当該財産を得ている者が法人、組合等の団体である場合は、当該団体に所属する者をいう。）」に該当しうる場合として顧問弁護士等が考えられるが、顧問弁護士であれば必ず「多額の金銭その他の財産を得ている」者に該当するわけではないとされている。

17）　加戸茂樹「社外役員と弁護士倫理」自由と正義65巻12号（2014年）58～59頁では、これを理由の1つとして、社外役員と顧問弁護士との兼任はなるべく避けるのが望ましいとする。

3　秘密保持義務との関係

次に、秘密保持義務との関係を検討する。例えば、社外役員である弁護士が、弁護士として会社から法律相談を受けたとしても、当該相談にかかる情報が社内全体に共有されているとは限らないから、当該問題が取締役会等で議論されることとなった場合には、それに先立って法律相談を受けていたということを軽々に明らかにすることはできない。この点は、社外役員就任前に法律事務を取り扱った場合に関して述べたところと同様である。

また、取締役が経営判断をする際に、他の取締役や使用人などが収集、分析した情報については、その適正さについて疑いを抱かせる事情がない限り、これを信頼することが許され、たとえ当該情報に誤りがあった場合でも、当該情報に依拠して経営判断を行ったことについて、善管注意義務違反の責任を負わないとされている[18)]。これを前提にすると、仮に、弁護士として対応した際に把握していた事情と、取締役会等で提供された情報とに重要な齟齬があるような場合には、社外取締役である弁護士においては、当該情報の適正さに疑いを抱かせる事情がないとは言い難いことになると思われる。そのような場合には、弁護士としては、秘密保持義務違反の問題が生じないように配慮をしつつ、取締役会に適正な情報が提供されるよう社内での調整に努める必要があろう。

なお、社外役員の業務を遂行する上で知った秘密に関する問題については、Ⅶで述べる。

4　社外性との関係

社外取締役の資格の要件の1つに、現在その会社または子会社の業務執行取締役ではないこと、がある（会社法2条15号イ）。また、監査役はそもそも業務執行を行う立場にない（同335条2項）。社外取締役が行うことができない「業務執行」とは何か、という点についてはさまざまな議論があるところで、本稿ではすべてを紹介できないが、業務執行機関に従属的な立場で業務執行に関与すること[19)]、業務執行者の指揮命令系統に属して行われるも

18）　信頼の権利、信頼の原則などと言われるもので、下級審裁判例でも認められている（東京地判平14・4・25判時1793号140頁、横浜地判平25・10・22金判1432号44頁など）。

19）　田中亘「MBOにおける特別委員会」金融・商事判例1425号（2013年）14頁参照。

の[20]、といった見解が示されている。これらの見解を前提に考えると、例えば、社外役員を務める弁護士が会社から委任を受け、代理人弁護士として契約締結に関する交渉に臨んだような場合には、その委任事務の遂行は業務執行としての性質を有するのではないかという疑義が生じるように思われる。このことは、弁護士倫理上の問題ではないが、社外取締役が業務執行を行った場合には、社外取締役としての要件を満たさないこととなるし、責任限定契約についても将来に向かってその効力を失うとされている（会社法427条2項）ことから、注意が必要である。

監査役である弁護士が当該会社の訴訟事件の訴訟代理人となることを肯定した判例はあるが（最判昭和61・2・18民集40巻1号32頁[21]）、社外役員を務める弁護士が、会社の訴訟代理人となったり、交渉事件等において会社の代理人として行動したりすることには慎重であるべきと考えられる。

5　利益相反との関係

例えば、会社がある重要な問題に関して訴訟を提起するか否かが取締役会の議案となった場合において、弁護士が当該訴訟の訴訟代理人となって報酬を得ることが予定されていれば、当該議案の審議に関しては、利益相反取引の承認のための決議に類似する状況[22]にあるから、弁護士である取締役は、議決に加わるべきではないと考えられる（会社法369条2項参照）。

ここでいう「利益相反」は、あくまで社外役員の立場における利益相反であって、弁護士倫理上の問題（弁25条、職務基本規程27条、同28条）そのものではないが、弁護士職務基本規程10条との関係は留意しておく必要があろ

20）　田中亘ほか「座談会 会社法制の今後の課題と展望」商事法務2000号（2013年）83頁参照。

21）　この判決では「監査役が会社又は子会社の取締役又は支配人その他の使用人を兼ねることを得ないとする商法276条の規定は、弁護士の資格を有する監査役が特定の訴訟事件につき会社から委任を受けてその訴訟代理人となることまでを禁止するものではないと解するのが相当である。また、監査役は株主総会において選任され、監査役と会社との関係が委任に関する規定に従うものであり（商法280条1項、254条1項、3項）、かつ、監査役は会社、取締役間の訴訟について会社を代表することとされており（同法275条ノ4）、監査役が会社ひいては全株主の利益のためにその職務権限を行使すべきものであることは所論のとおりであるけれども、そのことから直ちに、一株主が会社に対して提起した特定の訴訟につき弁護士の資格を有する監査役が会社から委任を受けてその訴訟代理人となることが双方代理にあたるものとはいえない」とされている。

22）　訴訟提起自体は、会社と当該弁護士との取引ではないが、訴訟を提起した場合には、会社と当該弁護士との間に委任契約が締結されることが予定されているのであれば、実質的には利益相反の状況があると考えられる。

う。同条は「品位を損なう方法により、事件の依頼を勧誘」してはならないと規定しているところ、ここには依頼者または依頼者となるべき者の窮状に乗じて、実際に発生している事件の依頼を直接働きかける行為が含まれるとされる（解説25頁）ためである。この観点からも、前記のような議案の議決に加わることは避けるのが賢明であると考えられる。

6　不祥事対応

社外役員が扱う法的な事務として、近時は、会社で不祥事が発生した際の調査への関与がある。会社として不祥事の調査を行う場合、その調査自体が会社の業務執行そのものではないかという点も問題となるが、業務執行者から独立した立場で調査を行うために、会社が設置した内部調査委員会の委員として調査に加わることや、第三者委員会の設置に関与することなどは、業務執行者の指揮命令系統に属して行われない行為であるから業務執行には当たらないと考えられている[23)]。

むしろ社外役員には、積極的にそうした役割を果たすことが期待されているともいえるが、これは、社外役員が経営陣や支配株主から独立した立場にあるということが前提となっている。不祥事対応については、会社における事実解明という目的だけではなく、（特に上場会社においては）社内外のステークホルダーの理解を得るという側面も重要であるから、社外役員である弁護士が当該会社の顧問弁護士等である場合には、自らが調査に加わるなどすることが妥当か否かについて、事案に応じた検討が必要となろう[24)]。

Ⅵ　会社から経済的利益を受けることについて

弁護士が社外役員に就任すると、会社からは報酬（金銭に限らない）の支払いを受けることになるが、そのこと自体には弁護士倫理上の問題は生じない。また、役員報酬とは別に、社外役員がその会社の株式を定期的・継続的に購入することも少なくないが、そのこと自体も弁護士倫理上の問題を生じさせ

23）「コーポレート・ガバナンス・システムの在り方に関する研究会報告書・別紙3『法的論点に関する解釈指針』での整理」平成27年7月24日公表。

24）事案によっては、顧問弁護士など会社と関係性を有する者が調査のプロセスに関与することを一切遮断することが適切な場合がある。

るものではない[25]。ただし、インサイダー取引の疑念が生じないよう留意する必要はあり、社外役員在任中は当然のこととして、退任後も会社との間に一定の関係がある場合には、処分に関しては慎重である必要がある[26]。

また、社外役員が会社から金銭の貸付けを受けるというケースは、通常は想定しがたいが、仮にそのようなことがあった場合の問題点を検討しておきたい。

弁護士職務基本規程25条は、「弁護士は、特別の事情のない限り、依頼者と金銭の貸借をし、又は自己の債務について依頼者に保証を依頼し、若しくは依頼者の債務について保証をしてはならない」と規定している。この立法趣旨は、弁護士が依頼者との間で金銭上の貸借関係等の特別な利害関係を持つと、独立性を失い、過度に当事者的になって職務の公正を保ち得ないおそれが生じるためとされている（解説71頁）。弁護士職務基本規程25条は、あくまで弁護士と依頼者との関係を規律したものであるから、会社と社外役員である弁護士との金銭の貸借関係はその射程外と解するべきであろう。しかし、社外役員である弁護士が、当該会社の法律事務も取り扱っている場合には、弁護士と依頼者との間の金銭の貸借と評価される余地があるし、そうでないとしても、会社との関係で独立性を保持するよう努めるべきという観点（職務基本規程2条、20条、50条）からは、社外役員である弁護士が会社との間で金銭の貸借関係を有することは、弁護士倫理上、好ましくないものと言いうるのではなかろうか。

Ⅶ　秘密保持義務との関係

社外役員は、退任後は会社に対して善管注意義務等を負うことはないが、信義則上、会社に対して秘密保持義務を負うと考えられる（ガイドライン解説195頁）。これとは別に、弁護士法23条、弁護士職務基本規程23条に基づく

25）　社外役員が自社株を保有することについては、企業価値向上へのインセンティブが生じることなどからこれを積極的に肯定する見解と、独立性や社外性を強調して否定的に解する見解とがある（ガイドライン解説88頁参照）。この問題は、基本的には弁護士倫理上の問題ではなく、会社の方針（株主の意向）や個々の社外役員の考え方に委ねられている問題といえよう。

26）　報酬として株式等が付与されている場合には、一定期間処分を禁止するなどのルールが定められているのが通常である。

秘密保持義務を負うかについては議論のあるところであるが（解説58頁）、少なくとも社外取締役については、弁護士がその身分を持ったまま社外取締役に就任する場合には、弁護士としての使命を自覚し、良心に従って職務を行うよう努めることとされているのであるから（弁護士職務基本規程50条）、その在任中に知った会社の秘密を漏洩すれば、弁護士法23条および弁護士職務基本規程23条違反の問題が生じる可能性はあるのではないだろうか。

なお、秘密の保持という観点からすれば、社外役員退任後は重要な資料などは会社に返還したり、適切な方法で破棄したりすることが望ましいといえるが、自らに対する責任追及の可能性があるような場合には、自らの防御のためにそうした資料を保管しておくことも考えられる（ガイドライン解説195頁）[27]。

Ⅷ　会社を相手方とする事件等への対応

1　事件の受任等について

次に、弁護士が社外役員を務める会社が、当該弁護士の他の依頼者との間で重要な取引をする場合や紛争を抱えたりした場合における弁護士倫理上の問題について検討する。

仮に、弁護士が社外役員を務める会社を相手方とする事件を受任すれば、会社に対して負っている忠実義務等との関係で問題が生じることになる。

また、弁護士職務基本規程28条2号は、「受任している他の事件の依頼者又は継続的な法律事務の提供を約している者を相手方とする事件」については、職務を行ってはならないことを定めている。弁護士が社外役員を務めている会社は受任事件の依頼者や顧問先ではないから、この規定は、ある会社の社外役員を務める弁護士が当該会社を相手方とする事件を受任することを直接規制するものではない。しかし、前記の規定の趣旨は、事件の依頼者の利益を害するおそれがあるほか、弁護士の職務執行の公正に疑いを生じさせ、また、弁護士の品位と信用を害するおそれがあるところにある（解説87頁）ところ、この趣旨は、自らが社外役員を務める会社を相手方とする事件を受任する場合にも妥当するように思われる。したがって、弁護士倫理上も、こ

27）　情報管理の体制等については、日弁連の会規である「弁護士情報セキュリティ規程」を踏まえた対応が求められる。

のような事件の受任は避けるべきであろう。

法律相談を受けるにとどまる場合でも、相談者に対する助言が、社外役員を務める会社に対する忠実義務等との関係で問題になるおそれがある点は、事件を受任する場合と変わらない。

したがって、弁護士が社外役員を務めている会社を相手方とする事件の依頼を受けた場合、弁護士はその依頼を断らざるを得ないが、弁護士が社外役員であることは通常は秘密に属する情報ではないから（上場会社であれば一般に開示されている）、依頼を断る際に理由を告げることに問題は生じないと思われる。

さらに付言すれば、このような事案の依頼を受けたとして、結果、事がうまく運ばなかったような場合には、依頼者の側から、職務の公正さに疑義が呈されるといったリスクも考えておくべきであろう。

2　取締役会決議における問題

例えば、弁護士Aが取締役を務めるX社が、Aが法律顧問を務めるY社と取引を開始するか否かが取締役会の議案になっているという場合において、AがX社の取締役会での決議に加わることに問題はないだろうか。まず、会社法上は、Aが決議について特別の利害関係を有する取締役であるか否かが問題となる。特別の利害関係とは、特定の取締役が、当該決議について、会社に対する忠実義務を誠実に履行することが定型的に困難と認められる個人的利害関係ないしは会社外の利害関係を意味すると解される[28)]。AがY社の法律顧問であるというだけで、直ちに決議から除かれるべき特別の利害関係があるとまでは言い切れないが、当該決議の公正さを確保するためには、Aは決議に加わるべきではないように思われる。ただし、その際に、決議に加われない理由を明らかにするにあたっては、Y社に対する秘密保持義務違反の問題が生じないよう留意が必要となる。

仮に、Aが決議に加わるとなると、審議に際してY社に関してAが有している情報を提供できない（Y社との関係で秘密保持義務違反の問題が生じる可能性があるため）が、当該情報がX社にとって有益なものである場合にX社に対

---

28)　落合誠一編『会社法コンメンタール8　機関（2）』（商事法務、2009年）292頁〔森本滋〕。

する忠実義務等に反するのではないかという困難な問題に直面する可能性もある。また、Y社との取引についてネガティブな意見を述べるなどすれば、Y社に対する誠実義務との関係で問題が生じる場合もありうる。

3　社外役員に就任する際の留意

このように考えると、弁護士としては、依頼者（特に法律顧問先など）との間に利害対立が生じる可能性がある会社の社外役員に就任することについては慎重であるべきということになる。弁護士が会社の社外役員に就任する経緯として、当該会社の経営陣と顧問先などの依頼者とが近しい関係にあって紹介されるという場合もありうるが、両社の間に取引関係があるような場合には、将来において利害対立が顕在化する可能性を見極めて、就任を承諾するか否かを検討する必要がある。

Ⅸ　おわりに

冒頭に記載したとおり、弁護士が社外役員を務める際の弁護士倫理上の課題については、それほど議論が深まっていないと思われ、そのためか、「弁護士倫理上の独立性」と会社法や上場規則その他のルールにおける「独立性」とが明確に区別されないまま議論されているようなきらいがあるように思う。「利益相反」や「独立性」といった概念（用語）は、会社法等にも弁護士職務基本規程にも現れるため、議論が混乱しがちであるから注意が必要である。

弁護士の職務も会社の社外役員としての職務もその範囲は多岐にわたり、かつ近時は、その活動領域（期待される役割）が拡大しつつある。おそらくその傾向は今後も続くものと思われ、弁護士社外役員の増加も相まって、社外役員を務める弁護士における弁護士倫理上のさまざまな課題が浮き彫りになる場面も今後増えてくることが予想される。

そうした課題についてどのように考えるかについては、その都度の議論に委ねるほかないが、本稿がその一助となれば幸いである。

10　利益相反規律の問題について
——利益相反の同意解除と利益相反解除を狙った事件辞任

太田秀哉

Ⅰ　はじめに——問題の所在

利益相反禁止義務は、守秘義務とともに弁護士の中核的義務内容とされる。利益相反禁止義務については、依頼者の同意によって禁止が解除されるとされているものがあるが、そもそも同意によって解除される根拠は何か、実際の場面でどのように同意による解除が行われるのか、また、この同意を事前に取得しておくことが有効なのかについて検討を行い、利益相反解除を狙った事件辞任の問題を扱うことが本稿の目的である。

Ⅱ　職務基本規程における利益相反規定の概要

1　利益相反禁止の意義

弁護士法1条2項では、弁護士に誠実に職務を遂行すべき誠実義務を課している。柏木俊彦は、「弁護士法上の弁護士の依頼者に対する誠実義務は、弁護士の積極的な依頼者の利益実現努力義務および消極的な利益相反禁止義務を主要な具体的な義務内容とすることになる」としている[1)]。

2　利益相反規定の概要

利益相反について、弁護士法および弁護士職務基本規程では、弁護士法25条各号、弁護士職務基本規程27条、28条に規定されている[2)]。

これらのうち、依頼者の同意により受任禁止が解除されるのは、規程27条3号、規程28条1号から4号である。

(1) 規程27条3号

本号は、受任している事件の相手方から、別の事件の依頼を受けてその事件を受任することを禁止するものである。本号の趣旨は、受任している事件と別の依頼を受けた事件について、事件の内容、報酬等を比較して、別の依頼を受けた事件の依頼者を優先させて、受任している事件の遂行の矛先を鈍らせるおそれがあり、受任している事件の依頼者に対する忠実義務を確保するためであるとされる[3)]。

(2) 規程28条1号

本号は、相手方が配偶者、直系血族、兄弟姉妹または同居の親族である場合に受任を禁止するものである。本号の趣旨は、弁護士と特別な関係にある者を相手方とする事件においては、弁護士が職務執行に手心を加える等して依頼者の利益を害するおそれがあることから禁止されたものである。

(3) 規程28条2号

本号は、受任している事件の依頼者または顧問先を相手方とする事件の受任を禁止するものである。これは、受任事件の依頼者を相手方とする事件を受任することはそのこと自体が受任事件の依頼者に対する忠実義務に違反する。さらに、弁護士が第1の受任事件と依頼者を相手方とする第2の事件を比較して、より利益を生む第2の事件を優先させるというおそれも出てくる。顧問先を相手方とする事件の受任の禁止は、忠実義務違反であるだけでなく、顧問先という関係から多くの法律問題の相談を受けており、広い範囲での秘密の保有の蓋然性が高いことから受任を禁止することによって顧問先に対す

1）　森勇編著『弁護士の基本的義務』（中央大学出版部、2018年）143頁〔柏木俊彦〕。
2）　以下、本論稿では、職務基本規程の条項によるものとし、弁護士法の条文は省略する。
3）　日本法律家協会編『法曹倫理』（商事法務、2015年）148頁〔柏木俊彦〕。

る忠実義務、守秘義務を確保しているとされる[4)]。

(4) 規程 28 条 3 号

本号は、依頼者の利益と他の依頼者の利益が相反する事件の受任を禁止するものである。利益の相反のうち、同一事件で対立関係にある場合は規程 27 条 1 号、2 号が適用され、同一事件でなく、事件の相手方から別事件の依頼を受けるのは規程 27 条 3 号、依頼者を別事件の相手方にする場合は規程 28 条 2 号が適用される。したがって、本号が適用されるのは、これら規程 27 条 1 号から 3 号まで、規程 28 条 2 号の規定に該当しない依頼者どうしの利益相反である。

たとえば、同一債務者に対して債権を有する複数の債権者から別々に債権回収の依頼を受け、債務者が債務超過である場合、1 人の債権者の回収を優先して進めると債務者の資産がなくなり、別の債権者の債権回収ができなくなることがある。このような同一パイの奪い合いの場合である。

(5) 規程 28 条 4 号

本号は、依頼者の利益と弁護士自らの経済的利益が相反する場合の規定である。これは、弁護士が自己の経済的利益を優先して職務を怠ることを防止するためである。このような利益相反の事件を受任することは弁護士の依頼者に対する忠実義務に違反し、弁護士の公正な職務の執行への信頼を損なうものであるので禁止されている。

Ⅲ　利益相反における依頼者の同意

1　同意によって利益相反が解除される根拠

利益相反には、依頼者の同意によって禁止が解除されるものと依頼者の同意によっても禁止が解除されないものがある。

規程 27 条 1 号、2 号、4 号、5 号は同意によって禁止が解除されず、規程 27 条 3 号、および規程 28 条各号は依頼者の同意によって禁止が解除される。

規程 28 条 2 号は相手方の同意も必要となる。

利益相反の禁止の趣旨は、①当事者の利益保護、②弁護士の職務執行の公

4)　日本法律家協会編・前掲注 3) 152 頁〔柏木〕。

正の確保、③弁護士の品位保持と職務に対する社会的信用の確保にあるとされる。

依頼者の同意によって禁止が解除されるのは、禁止の趣旨が第一義的には依頼者の保護にあるからであるという説明がされている[5)]。

しかしながら、当事者の利益保護は、同意によって禁止が解除されない利益相反の場合にも禁止の趣旨とされており、なぜ、規程27条1号、2号、4号、5号が同意によって禁止が解除されないのかという理由はこれでは明らかではない。

依頼者の同意について、依頼者が弁護士に対する利益相反禁止請求権を有し、依頼者の同意を依頼者の弁護士に対する利益相反請求権の放棄と解することはどうか。

この点について、柏木俊彦は、「弁護士法および職務基本規程は、弁護士職に対して社会的制度として依頼者や相手方を含む第三者との関係における規律のために職務上の一方的義務を課しているのである。職務上の義務の名宛人となるのは弁護士のみであり、依頼者や相手方を含む第三者に対して弁護士の職務上の義務に対応する個別具体的な権利を付与しているわけではない。したがって、弁護士の利益相反禁止義務は、依頼者の権利を伴うものではなく、依頼者の同意は弁護士に対する権利放棄となる性格をもつものではない」として、この考え方を否定する[6)]。

市川充は、利益相反に同意によって禁止が解除されるものとそうでないものがあるのは、利益相反の類型によって濃淡があるのであり、27条1号、2号のような同一事件型は、民法108条で双方代理の効力が原則的にはないと規定されているのと類似の類型であり、利益相反の中核的な部分であり、同意によって禁止の解除がなされない。これに対し、27条3号や28条2号のような別事件型の場合には相対的禁止と考えられるという。そして、相対的禁止の場合に同意があれば、禁止が解除されるのは、依頼者が同意した以上、依頼者が自ら利益を放棄した、権利を放棄したといえること、依頼者が同意した以上は受任したとしても、弁護士の職務に対する社会の信頼が傷つけられるものではないというように評価されるからであるとする[7)]。

5）　解説84頁。
6）　森編著・前掲注1）162頁〔柏木〕。

以上、なぜ依頼者の同意によって禁止が解除されるのか、利益相反の禁止のなかに同意によって解除されるものとされないものがあるのはなぜかについては、必ずしも明確な理由付けがなされているとは言いがたい。

2　利益相反禁止の依頼者の同意による解除に関する比較法的検討

柏木俊彦によると、アングロサクソン法系の国での利益相反は、弁護士の依頼者に対する忠実義務に由来し、依頼者の権利とされているために、依頼者の同意によって原則として利益相反が放棄されるが、これに対し、大陸法系の多くの国では、利益相反を弁護士の職務の公正に対する信頼の確保に基礎を置くものとし、依頼者の権利から独立した弁護士職としての義務としており、依頼者の同意による放棄を認めていない。日本の利益相反は、アングロサクソン法系と大陸法系の折衷型とでも呼ぶべき位置づけであるという[8)]。

日本の利益相反の規定がこのような本来根拠の異なる法系のものを継受したために、依頼者の同意による解除が認められないものと認められるものについての根拠の統一的な説明ができなくなっているものと考えられる。

3　同意による禁止の解除条項の制定の経過

弁護士法25条3号の「受任している事件の相手方からの依頼による他の事件」（ただし、受任している事件の依頼者が同意した場合は、この限りでない）との規定について、福原忠男は、この規定が制定された趣旨として、「係争中の事件について、相手方の弁護士の活躍を封じるために、その事件とは全く関係のない事件であっても、これをその弁護士に依頼して多額の報酬を提供するような場合を考えると、その弁護士の職務の執行が公正であろうとも、そこに疑惑をさしはさまれる余地があり、弁護士の品位と信用を傷つけるおそれが多分にあるからである」とし、同意により禁止が解除されるのは、「現に受任している事件の依頼者がその点につき同意しているような場合には、初めから公正を疑われることもないのでこれを除外したのである」という。そして、「弁護士の数の少ない地域においては、この除外例を適用しなければならない事例が特に考えられるところである」という[9)]。

7）　森際康友編著『職域拡大時代の法曹倫理』（商事法務、2017年）173～174頁〔市川充〕。
8）　日本法律家協会編・前掲注3）139～140頁〔柏木〕。

高中正彦は、「職務基本規程28条の立案過程では、日弁連の理事会で大議論があり、同意による禁止の解除がないと、実際に事件を受任するときに手かせ足かせがあまりにも強く何もできなくなってしまうおそれがあり、同意による禁止の解除をできる限り広く認めるべきであるという意見がかなり出て」、その経緯もあって規程28条ではかなり広く同意による禁止の解除を認めているのだという[10)]。

このような経過からみると、利益相反の同意による解除については、制定に際してその理論的な検討がなされたわけではなく、当時の弁護士数から実際に除外例を広く認める必要があったことや、弁護士自身が事件の受任にあたっての制約をなるべく少なくするといった意向が働いていたものと考えられる。このような経緯によって、利益相反の同意による解除が規定されたのである。

次に、こうした利益相反の同意による解除が実際にどのように行われるのかについてみていくこととする。

Ⅳ　規程それぞれにおける同意取得の態様

1　規程27条3号の場合

受任している事件の相手方からの依頼による他の事件を受任することが禁じられている。たとえば、弁護士XがAからBに対する貸金返還請求訴訟（甲事件）を受任し、その訴訟中に、相手方であるBからCに対する売買代金請求訴訟（乙事件）を依頼される場合である。この場合、弁護士Xは、乙事件を受任するためには、Aから同意を得ることが必要となるが、そのためには、乙事件の内容をAに説明しなければならない。乙事件の内容については、弁護士Xは、守秘義務を負っているので、これをAに説明するためには、Bから守秘義務解除についての許諾を得ることが必要となる。したがって、弁護士Xは、相手方Bから乙事件を依頼された際に、相手方Bに対して、乙事件を受任するためにAの同意が必要であること、その同意を

9）　福原忠男『弁護士法』（第一法規出版株式会社、1976年）142〜143頁。
10）　高中正彦「利益相反行為の諸問題——同意取得と辞任を中心として」『現代法律実務の諸問題〔平成25年度研修版〕』（日本弁護士連合会、2014年）686頁。

得るため、乙事件の内容をAに説明しなければならないことを話す必要がある。説明が必要となる乙事件の内容としては、その事件の性格、概要、反復性、報酬内容となる。これらの内容をAに伝えることについての相手方Bの同意を得ておくことが必要になる。

そのうえで、弁護士Xは、Aに対して乙事件の内容を説明したうえで、乙事件の受任についてAの同意を得ることになる。

そもそも規程27条3号が受任を禁止しているのは、弁護士Xが相手方Bから事件を受任することによって、依頼者Aに対する誠実義務が損なわれるのではないかということが理由である。すなわち、乙事件の受任によって多額の報酬を得た場合に、甲事件において弁護士Xの相手方Bに対する矛先が鈍るのではないかということである。

実際に弁護士甲がAに対して乙事件の内容を説明した場合に、その内容によっては、Aが同意を与えないこともありうるであろう。

2　規程28条2号の場合

受任している他の事件の依頼者を相手方とする事件の受任が禁じられている。たとえば、弁護士Xが依頼者AからBに対する貸金返還請求事件（甲事件）を受任していたところ、Cから依頼者Aに対する売買代金請求事件（乙事件）の依頼を受けたという場合である。この場合に、弁護士XがAとCから同意を得ることができれば、乙事件の受任ができる。

まず、Cから同意を得るためには、Cに対して甲事件の内容を説明する必要がある。この場合、弁護士Xは、Aから守秘義務解除の同意を得ないとCに対して甲事件の内容を説明できない。このため、Aに守秘義務の解除を求めるのであるが、その際に、Cから依頼があったことをAに説明する必要がある。このため、先にCから依頼があった時点で、AにCの依頼内容を告げてよいかを聞いて、Cから守秘義務解除の同意をとる必要がある。しかし、弁護士Xは、Cに対して、なぜAにCの依頼内容を告げなければならないのかついては、説明することができない。なぜなら、弁護士Xは、Aから事件を受任していることについて、Aに対して守秘義務があるので、Aの同意がない以上、Cに告げることはできないからである。

したがって、弁護士Xとしては、Cに対して、抽象的に、弁護士倫理上の制約があるので依頼内容を第三者に明らかにすることに同意をしてもらうということにならざるを得ない。しかしながら、このような説明での同意では到底守秘義務解除の同意ということはできず、実際上、利益相反解除の同意を得ることは困難である[11)]。

以上から、このような場合に、利益相反解除のための同意を得るということは実際上不可能であろう。

次に、継続的な法律事務の提供を約している者を相手方とする場合、たとえば、顧問会社を相手方とする場合はどうであろうか。

弁護士甲がA社の顧問弁護士であった場合に、CからA社に対する事件の受任ができるかということである。28条2号では、この場合も顧問会社のA社とCの同意があれば、利益相反は解除される。

弁護士甲は、Cの同意をとるために、Cに対して、A社が自らの顧問会社であることを説明する必要がある。A社にとって弁護士甲と顧問契約をしていることが秘密に該当するかが問題となる。秘密とは、一般に知られていない事実であって、本人が特に秘匿しておきたいと考える性質の事項（主観的意味の秘密）に限らず、一般人の立場から見て秘匿しておきたいと考える性質をもつ事項（客観的意味の秘密）をも指す。A社が弁護士甲に対して顧問契約をしていることを秘密にしておくように申し入れをしていたような特別の場合を除いて、通常は、A社にとって、弁護士甲と顧問契約をしている事実が、このような秘密に該当するということはないと考えられる。

したがって、弁護士甲は、Cに対して、A社が自分の顧問会社であることを話し、A社に対して、CからA社に対する訴訟の内容を説明することについての同意を得ることになる。A社が弁護士甲の顧問会社であることを知らされたCがそれでも弁護士甲に対して、自らのA社に対する訴訟を依頼したいと考えるか疑問である。自らの顧問会社に対する訴訟の委任を受けようとする弁護士甲に対して不審を抱くことが通常ではないかと考える。

仮に、CがA社に対する事件内容の説明に同意したとして、今度は、A社がこのような話しがあった場合に同意するとは考えにくい。そもそも、弁護士甲が自らの顧問会社に対する訴訟を受任しようとするか疑問なしとしな

11）　加藤新太郎『コモン・ベーシック弁護士倫理』（有斐閣、2006年）90頁。

い。そのようなことがあれば、弁護士甲と顧問会社との間の信頼関係が崩れることにもなりかねないであろう。

このように、規程28条2号後段の継続的な法律事務の提供を約している者を相手方とする事件の受任というのは、両者の同意を得れば可能と規定されているが、実際の実務において、そのようなことが起こることは考えにくい。

3　規程28条3号の場合

依頼者と他の依頼者の利益が相反する事件の受任が禁じられているが、依頼者と他の依頼者のいずれもが同意した場合には受任ができるという規定である。

典型的な例としてあげられているのが、同一パイの奪い合いの場合である。すなわち、弁護士Xが債権者Aから債務者Cへの債権回収業務を受任した後に、債権者Bから同一の債務者であるCへの債権回収の依頼を受けたケースである。この場合、債務者Cが債務超過に陥っており、債権者Aの回収が成功すれば、債権者Bの取り分がなくなるという場合には、債権者Aと債権者Bの利益が相反することになる。

同一パイの奪い合いの場合の同意の取り方について考えてみる。

債権者Bから依頼を受けた弁護士Xは、債権者Aの同意をとる必要がある。債権者Aの同意をとるためには、債権者Aに債権者Bからの依頼内容を説明する必要がある。そこで、まず、債権者Bから債権者Aに対して依頼内容を説明してよいかの守秘義務解除の同意を得る必要がある。しかし、守秘義務解除の同意をとるための説明の際に、なぜ債権者Aに説明をしなければならないのかを説明するためには、債権者Aから依頼を受けていることを債権者Bに話さなければならず、このことは、債権者Aの秘密であるから、予め債権者Aから秘密解除の同意を得ておかなければならない。しかし、債権者Aの秘密解除の同意をとるためには、債権者Bからの依頼について説明しなければならず、このことについて、債権者Bから秘密解除の同意をとってない以上、説明することができないのである。

このように、守秘義務との関係で考えた場合、実際に、守秘義務違反をせずに同意をとることは極めて困難であると考えられる。

しかも、このような同一パイの奪い合いのような場合に、債権者Aが弁護士Xが債権者Bからの依頼を受任することを同意することは考えにくい。そもそも、弁護士Xとしても、このようなケースで利益相反する両当事者から受任して、公平な事件対応が可能かどうかも疑問である。

4　規程28条1号の場合

弁護士と特別な関係にある者を相手方とする場合を利益相反とする規定である。本号は、その趣旨が第一義的には依頼者の保護にあるから、事件の依頼者が同意した場合には、職務禁止を解かれるとされる。

本号の場合、弁護士が相手方と一定の親族関係にあることは相手方にとって秘密ではないから、依頼者にそのことを開示して同意を得ることは可能である。

5　規程28条4号の場合

本号は、弁護士自身の経済的利益と依頼者の経済的利益が相反することにより、弁護士が依頼者の利益を犠牲にして自己の経済的利益のために事件処理をおろそかにすることを防止するための規定である。

本号の場合、依頼者の同意があれば禁止は解除される。

市川充は、弁護士と依頼者との間の利益相反関係は、弁護士の誠実義務（忠実義務）にかかわるものであり、依頼者と弁護士の利害が対立したときは依頼者の利益を優先すべきであり、依頼者の同意があっても受任できないとすべきであって、この点は、規定そのものに問題があると考えざるを得ないという[12)]。

柏木俊彦は、「弁護士の利益と依頼者の利益とが相反する場合に、利益が相反している当該弁護士自らに依頼者に対する説明および同意取得を委ねるのではなく、他の弁護士からの説明といったより客観的な説明が望ましいことである」と述べる[13)]。

確かに、依頼者からすれば、実際に依頼する際に、自己の利益と弁護士の利益が対立していて、その当事者である弁護士から説明を受けても到底客観

---

12)　森際編著・前掲注7）181頁〔市川〕。
13)　森編著・前掲注1）167頁〔柏木〕。

的なものとは考えられないであろうし、十分な判断をなし得るかは疑問であり、第三者の弁護士の中立的な説明を受け、そのうえで、同意するかを決定することが望ましいであろう。

V　同意取得する際の問題

1　守秘義務との関係

利益相反がある一定の類型では、当事者の同意を得ることによって禁止が解除され、受任をなし得る場合があると規定されている。しかしながら、同意を得るためには、利益が相反する他の事件についてその内容の詳細を説明する必要がある。しかし、利益が相反する他の事件の内容については、守秘義務があるので、その事件の依頼者に第三者に事件の内容を話してもよいという許可をとる必要があるが、その際に、他の事件の依頼者に、なぜ守秘義務解除を求めなければならないのかの説明をしなければならない。しかし、この場合、利益が相反する他の事件の依頼者から守秘義務解除の同意を得ておらず、説明はできないことになる。

2　同意取得のための方法

このように、将来他の事件との利益相反が発生した場合の同意取得のために、予め事件受任の際に、将来他事件との利益相反が発生した場合には、他の依頼者に対して事件内容を開示してもよいとする事前の同意を得ておくことが考えられる[14)]。

利益相反の同意による解除について、守秘義務解除の事前同意を得ていない場合には、守秘義務違反をせずに説明を行うことは困難であり、かつ、説明をしたとしても、実際に同意を得られるのは極めて困難であると考えられる。

単独の弁護士の場合には、依頼者との関係から考えても、利益相反が発生した場合に同意を得て事件を受任したり、事前に将来の利益相反を想定して事前に同意を得たりすることは考えにくいが、大規模な事務所においては、

---

14)　日本法律家協会編・前掲注 3) 153 頁〔柏木〕。

将来の利益相反を想定して対応しておくことは考えられる。Ⅵでは、このような事前同意について検討する。

Ⅵ　事前同意の問題

1　アメリカにおける利益相反の規律

アメリカにおいては、弁護士と依頼者の関係は、信認関係（fiduciary）とされ、依頼者に対する忠実義務（duty of loyalty）は弁護士の基本的義務とされている。

ABA模範倫理規則では、規則1.7条から1.12条まで、6か条が利益相反について規定している[15]。

規則1.7条（a）項は、利益相反の競合がある場合として、①ある依頼者の代理が、他の依頼者に直接的に対立する場合、または②1人または複数の依頼者を代理することが、自己の他の依頼者、かつての依頼者もしくは第三者に対する義務、または自己の個人的な利害関係により、重大な制約を受ける相当な危険があるときと規定する。

ただし、（b）項では、上記の利益相反の競合がある場合であっても、以下のすべての要件を満たす場合には、依頼者を代理できるとする。

ⓐ法律家が、影響を受ける各依頼者に対し、十分かつ熱心な代理行為を提供できると考え、かつそれが合理的であること。

ⓑ当該代理行為が、法律により禁じられていないこと。

ⓒ当該代理行為が同一の訴訟または他の審判手続において、法律家が代理する他の依頼者に対する請求の主張を含まないこと。かつ、

ⓓ関係する個々の依頼者が、インフォームド・コンセントを与え、かつ、それが書面により確認されていること[16]。

15）　ABA模範倫理規則1.7条から1.12条の内容の詳細は、石田京子「利益相反回避手段としての情報遮断措置の位置付け――アメリカにおける議論の変遷を参考に」『民事裁判の法理と実践　加藤新太郎先生古稀祝賀論文集』（弘文堂、2020年）632頁。

16）　藤原晧一郎監修（日本弁護士連合会訳）『完全対訳ABA法律家職務模範規則』（第一法規、2006年）76頁。

2 アメリカにおける事前同意

アメリカの大規模法律事務所では、依頼者から事前の同意による利益相反の放棄を求めるのは、一般的な実務慣行とされている[17]。

下條正浩の「米国における熟達した依頼者による事前同意の効力」には、アメリカにおける事前同意について、以下のような紹介がなされている[18]。

もともと倫理規範は単独の弁護士または数名のパートナーからなる法律事務所を対象として作成され、したがって、同一事務所のある1人のローヤーのすることは他のローヤーにも効果が及ぶとされた。ところが、法律事務所が大規模になり、最近では世界の多くの国に支店を設けるというように法律事務所が非常に大きくなった。

他方、依頼者である会社も非常に大規模になり、案件によって多くの事務所を使い分けるようになってきた。このため、コンフリクトの発生する可能性が高まった。このため、事前の同意ということが問題とされるようになった。

委任契約における事前の同意条項の1つの例として、「貴社または貴社の関連会社が利害相反関係を有するいかなる案件についても、当事務所が貴社または貴社の関連会社のために行っている法律事務に重大な関連を有しない限り、当事務所は現在または将来の依頼者を代理することができることに貴社は同意するものとする」があげられている。これは、依頼者も案件も全く特定されていない、一般的な同意の放棄である。このほか、依頼者や案件を特定するという条項もある。

3 ABA法律家職務模範規則

ABAの法律家職務模範規則では、規則1.7条の注22に将来の利益相反に対する同意について以下の通り述べられている。

すなわち、事前の同意は、1.7条（b）項の4つの要件を遵守すること、そして、権利放棄がもたらす重大なリスクを依頼者がどの程度合理的に理解しているかにより判断され、将来あり得る代理の類型およびそれらの代理がもたらす現実的で合理的に予測可能な不利な帰結について包括的な説明がな

17） 森際編著・前掲注7）165頁〔柏木〕。
18） 森際編著・前掲注7）166頁〔下條正浩〕。

されるほど、依頼者が十分な理解を得る蓋然性はより大きくなる。したがって、依頼者が既によく知っているある特定の類型の利益相反に同意を与えたときは、その同意は通常、当該類型の利益相反に関しては有効となるであろう。同意が一般的かつ無制限のものであるときは、当該同意は通常無効となるであろう。なぜなら、依頼者が関係する重大なリスクを理解したであろうことにつき合理的な蓋然性がないからである。他方、依頼者が当該役務について経験豊かな利用者であり、かつ相反があり得るリスクに関して合理的に情報が伝えられているときは、同意が有効となる蓋然性は大きいとされている。とりわけ、依頼者が同意を与えるに際し他の法律家による独立した代理を受けており、かつ、当該同意が当該代理のテーマと関連のない将来の利益相反に限定されているときは、有効とされる蓋然性が高い[19)]。

4　裁判例

アメリカで事前同意の効力が争われた裁判例として、VISA　U.S.A Inc vs. First Data Corp. 事件がある。

このケースは、商標侵害事件であったが、被告であるFirst Dataは原告VISAの代理人であるA法律事務所が別件の特許侵害事件でFirst Dataを代理しているとして、A法律事務所はVISAを代理できないと申し立てた。

当該事務所は、First Dataから委任を受ける際に、A法律事務所が長年VISAを代理してきていることを告げ、将来A事務所は、VISAを代理してFirst Dataを訴えることもあり得ることを説明し、事前の同意をとっていた。

裁判所は、事前の同意を支持した。その際、First Dataは、Fortune 500の会社の1つであり、50人のローヤーからなる法務部を持つものであり、当然このようなリスクはわかったうえで同意を与えていると認めた[20)]。

5　事前同意の撤回

事前の同意をした依頼者がこれを撤回した場合、どうなるのか。この点について、ABAの法律家職務模範規則の規則1.7条の注21では、同意の撤回によって、当該法律家が他の依頼者の代理をできなくなるかについては、そ

---

19)　藤原監修・前掲注16) 85頁。
20)　森際編著・前掲注7) 169頁〔下條〕。

の利益相反の性質、依頼者が状況の重大な変化を理由として同意を撤回したのか否か、他の依頼者の合理的な期待、および結果として他の依頼者または当該法律家に重大な損害が生じるか否かなどの状況によるとしている[21)]。

Ⅶ　日本における事前同意について

1　日本における事前同意

アメリカの大規模法律事務所において、実務慣行として行われている事前の同意による利益相反の放棄は、日本では、一般的であるとはいえないが、そのような事前同意が有効となるかについて検討する。

既に検討したように、日本の職務基本規程では、27条3号と28条1号から4号が依頼者の同意により受任禁止が解除される（28条2号では相手方の同意も必要である）。事前同意の場合も、これらの類型の場合が対象となるのであり、同意による受任禁止の解除が認められない類型については、事前同意を得ていても受任禁止の解除は認められないと考えられる。

アメリカの場合、先に述べたように、事前同意は、ABA模範規則1.7条（b）項の4つの要件を遵守し、権利放棄がもたらす重大なリスクを依頼者がどの程度合理的に理解しているかにより判断される。そして、依頼者が当該法的役務について経験豊かな利用者であり、かつ相反があり得るリスクに関して合理的に情報が伝えられているときは、同意が有効となる蓋然性が大きい。とりわけ依頼者が同意を与えるのに際し他の法律家による代理をうけている場合である。

日本においては、事前同意に関する要件は定められていないが、事前同意をするにあたって、依頼者が権利放棄がもたらす重大なリスクをどの程度合理的に理解しているかという点、依頼者が当該法的役務について経験豊かな利用者であるかについては、重要な要素として考慮されるべきである。

以下、職務基本規程において、依頼者の同意により受任禁止が解除される場合の事前同意について検討する。

21）　藤原監修・前掲注16）85頁。

2　規程27条3号の場合

弁護士XがAからBに対する貸金返還請求訴訟（甲事件）を受任する際に、Aから将来相手方Bからの別事件（乙事件）を受任することができる旨の事前同意を得ることを想定してみる。

先に検討したように、このケースで弁護士Xが乙事件を受任するに際して、Aの同意を得なければならないのは、弁護士XのAに対する誠実義務が損なわれるのではないかということが理由であった。すなわち、弁護士Xが乙事件の受任によって相手方Bから多額の報酬を得た場合に、甲事件において、弁護士Xの相手方Bに対する矛先が鈍るのではないかということである。このような事情を考慮したうえで、Aは同意するかを決定することになる。

そうであるとすれば、弁護士XがAから甲事件を受任する時点では、相手方Bからの別事件（乙事件）の内容が全くわからないので、判断のしようがない。そのような状況で、Aが事前の同意を与えたとしても、それは、権利放棄がもたらす重大なリスクを合理的に理解したとは言えないであろう。

3　規程28条2号の場合

弁護士Xが依頼者AからBに対する貸金返還請求事件（甲事件）を受任する際に、将来依頼者Aに対する売買代金請求事件（乙事件）の依頼を第三者（たとえばC）から受任することができる旨の事前同意を依頼者Aから得ることが想定される。

先に、検討したように、事後的にこのような事態になった場合には、弁護士Xとしては、AとCから同意を得ることができれば乙事件の受任ができる。しかしながら、弁護士Xは、依頼者Aの同意をとるために乙事件の内容を説明しなければならないが、そのためには、Cから守秘義務解除の同意をとる必要がある。しかし、弁護士Xは、依頼者Aの守秘義務解除がなされない限り、Cに甲事件のことを説明できない。甲事件の説明なしに、Cから守秘義務解除の同意は得られず、実際上、このケースでの利益相反解除の同意を得るのは困難と考えられた。

この場合に、弁護士Xが、第三者Cから依頼者Aに対する別件の訴訟の依頼を受任することができる旨の事前同意が得られていれば、弁護士Xは第三者Cの同意を得れば、第三者Cから依頼者Aに対する別訴訟の受任ができることになる。

しかしながら、個人の弁護士が、甲事件を受任する際に、その依頼者であるAから、将来Aに対する訴訟を受任できるとする事前同意をとるということは現実的とはいえないであろう[22]。

また、事前同意する際に、将来の別訴訟の内容が全くわからないことからも、そのような状況では、依頼者にとって、権利放棄がもたらす重大なリスクを合理的に理解したとは言いがたいであろう。

4　規程28条3号の場合

(1) 同一パイの奪い合い

依頼者と他の依頼者の利益が相反する事件の受任が禁じられているケースである。同一パイの奪い合いの場合の事前同意について検討する。

弁護士Xが債権者Aから債務者Cへの債権回収業務を受任する際に、将来別の債権者（たとえばB）から同一の債務者Cへの債権回収業務の受任のために、債権者Aから事前に同意を得ること、その前提として、事件内容の説明のための守秘義務の解除を求めておくことが考えられる。

先に検討した際には、このケースで、事件内容の説明をするために債権者Aから守秘義務の解除を得ることは困難であった。しかし、事前に債権者Aから守秘義務解除の同意を得ていれば、弁護士Xは、債権者Bに対して債権者Aの依頼内容を説明して同意を得ることは可能になる。このように、事後の債権者A、債権者Bの同意を得るために、債権者Aから守秘義務解除の事前同意を得ておくことは意味があると考える。

しかしながら、将来の別の債権者及びその依頼内容が未定の段階で、債権者Aが、弁護士Xが将来別の債権者の事件を受任することについての事前同意をすることは考えがたい。また、仮に同意したとしても、それは権利放棄がもたらす重大なリスクを合理的に理解したといえるか疑問がある。

したがって、この場合は、利益相反解除の事前同意ではなく、守秘義務解

22）　石畔重次は、「将来あなたを相手方とすることに同意する」というような書面に判を押せと言えば、依頼者は「あなたは私を敵にするつもりか。そこまで考えているのか」ということになるから依頼者との信頼関係を築くことができない」という。森際編著・前掲注7）186頁〔石畔重次〕。

除の事前同意を得ておき、将来別の債権者からの事件依頼があった段階で、利益相反する依頼者双方に説明のうえ、同意を取るということになると考える。

(2) 遺産分割事件

遺産分割事件で数人から依頼を受ける場合がある。受任の段階では、数人の間に利害対立はないが、将来利害対立した場合に、その内の誰の依頼を辞任し、誰の依頼を残すとして、受任の時点で事前同意を得ておくということが考えられる。

このような場合、利益相反の状態が顕在化したときは、職務基本規程27条1号の問題となるとする見解が有力である[23)]。

この見解は、利益相反状態が顕在化して、当事者どうしが対立することになれば、同一の遺産分割手続の中で紛争解決するのが原則であるから、依頼者である各当事者は同一事件において互いに相手方同士となることを理由とする。この見解では、利益相反状態が顕在化した場合は、すべての依頼者の代理人を辞任すべきこととなる。

したがって、この見解によるときは、事前に同意を得ていたとしても一部の当事者の代理人を継続することはできないことになる。

5　事前同意の可能性

個人の弁護士の場合、守秘義務解除について、事前に同意をとっておくことはあり得るが、将来の利益相反を想定して事前に同意をとることは実際には想定されないであろう。アメリカにおいても、事前同意は、大規模な事務所において利用されていた。日本においても、大規模な事務所ができてきており、依頼者も非常に多くなり、所属弁護士について規程27条、28条が相互に適用になるため、依頼する場合に相手方がなんらかの関係をもっているということが数多く発生するようになった。また、依頼者も大会社の場合、会社の中の部門ごとにいろいろな事務所に依頼するようになり、そういったことからもコンフリクトの発生する可能性が高くなっている。他方で、自分の信頼する事務所に依頼したいという依頼者側の要請もある。

---

23) 解説92頁。

大規模事務所の場合には、個人の事務所では考えられなかった依頼を受ける際に将来依頼者に対する訴訟を受任できるという事前同意についても、所属部門が全く異なる場合においては、想定されないわけではない。

そこで、事前同意が有効かは、依頼者が権利放棄がもたらす重大なリスクをどの程度合理的に理解しているかという点、依頼者が当該法的役務について経験豊かな利用者であるかについて、重要な要素として考慮されるべきである。

相手方や案件について限定がない事前同意もあり得るが、一般的には、相手方や案件が限定されている方が、依頼者が権利放棄がもたらす重大なリスクを合理的に理解したとされやすいであろう。

また、事前同意がされていたとしても、その後実際に事件の受任がされる時点において、依頼者の同意の前提となった状況や当時の予測が変化したなどの事情があれば、改めて同意を得る必要がある場合も生じる[24)]。

また、依頼者が事前同意をしていても、その後に実際に別事件を受任することとなった場合に、依頼者が事前同意を撤回することも考えられる。

依頼者がいったん同意をして、別事件が受任され継続した後に、依頼者が同意の撤回をした場合にどのように扱われるのか。

市川充は、同意の撤回がなされた以上、同意を撤回した依頼者の側に相当の問題点がある場合や、別事件を辞任することにより当該事件の依頼者に不測の損害を与えることになる場合など、特別の事情のない限り、受任の継続は難しいとする[25)]。

事前同意の場合、未だ別事件の受任がなされる前であれば、別事件の依頼者に不測の損害を与えることは少ないと考えられる。また、事前同意自体、将来の不確定な事態を予測して行うものであるから、依頼者の撤回が認められる必要性もある。したがって、事前同意が撤回されれば、別事件の受任はできないと考える。

このように、事前同意については、そもそも有効とされるためには依頼者が権利放棄がもたらす重大なリスクを合理的に理解したとされる限定的な場

---

24)　ロナルド・D・ロタンダ（当山尚幸ほか訳）『第4版　アメリカの法曹倫理——事例解説』（彩流社、2015年）124頁。

25)　森際編著・前掲注7）177頁〔市川〕。

合に有効とされるに過ぎず、その後の状況の変化によっては改めて同意を得る必要がある場合もあり、依頼者側が同意を撤回することも考えられる。事前の同意については、このような問題があることから、事前同意を得ていたとしても、後に別事件を受任する際に、改めて同意を得るべきであろう。

Ⅷ　利益相反解除を狙った辞任

1　ホットポテト法則

弁護士が現在の依頼者の事件の相手方から事件を受任するのは、現在の依頼者の同意がない限り、規程27条3号によって禁止されている。既に述べたように、一般的には、現在の依頼者の同意を得ることは難しい。

規程27条3号の依頼者は、過去の依頼者は含まれないとされている。そこで、弁護士は、受任している事件を辞任すれば、現在の依頼者ではなく、過去の依頼者になるため、規程27条3号の適用はなく、相手方からの事件を受任することができることになる。

しかしながら、このように、弁護士が現在の依頼者の相手方からの事件を受任するために、意図的に現在受任している事件を辞任することによって、規程27条3号の規程の適用を免れようとすることは、現在の依頼者に対する忠実義務に違反し、許されない場合がある。アメリカの判例で認められているホットポテト法則といわれるものである。この呼称は、ピッカー・インターナショナル事件（Picker International, Inc. v. Varian Associates, Inc., 670 F. Supp. 1363 (N.D. Ohio 1987)）に由来するとされる[26)]。

この判例では、経済的に大幅な利益増になる相手方からの事件を受任するために、現在の依頼者の事件を辞任したことに対して、「法律事務所は、依頼者を熱いポテトを放り投げるが如く扱ってはならない。ましてや金銭的に大幅な利益増になる理由をもって依頼者を選択するなどは論外である」とした。

このように、弁護士は、規程27条3号によって受任が禁止されている、より利益をもたらす事件を受任するために、現在依頼されている事件を辞任

---

26)　ロタンダ・前掲注24）125頁。

することによって、意図的に現在の依頼者を過去の依頼者とするようなことは倫理的に許されるものではない。

2　日本における懲戒事例

このようなホットポテト法則と同一の考え方を示して、対象弁護士の行為を品位を失うべき非行と評価されるべきであるとした例（日弁連綱紀委平成18・6・22議決例集9集136頁）がある。

日弁連綱紀委員会は、X弁護士がAから受任している事件は、形式上、被告は国であるが、実質上はB国立大学が被告と認められ、X弁護士がB国立大学法科大学院内の法律事務所長に就任することは弁護士法25条3号（規程27条3号）に違反する。X弁護士とB国立大学とで業務委託契約が正式に締結されたのは、X弁護士が前記訴訟事件を辞任した後であるが、X弁護士は、同訴訟継続中に、積極的に上記法律事務所長に応募し、その内定後にB国立大学から同大学を相手方とする訴訟を遠慮して欲しいといわれ、裁判所からも辞任を勧告されて、辞任やむなきに至るまでそのことをAに秘匿していたものであり、このようなX弁護士の一連の行為は、依頼者であるAの信頼を著しく損なう行為であり、弁護士法25条3号（規程27条3号）に直接違反していないにしても、その精神に違反し、弁護士が職務を行うについて守るべき信義誠実義務に著しく違反しているとし、X弁護士の本件辞任に至るまでの一連の行為は、品位を失うべき非行と評価されるべきであるとした。

本件では、B国立大学との間で正式な有償の業務委託を締結したのは、B国立大学を被告とする訴訟事件の代理人を辞任した後であるから、弁護士法25条3号（規程27条3号）には違反しないことになる。しかしながら、その辞任が27条3号違反を回避するためのものであれば、そのような身勝手な行為を許すべきではない。藤川和俊は、この日弁連綱紀委の判断は、アメリカのホットポテト法則と同一の考え方を示したものとして重要であるとしている[27)]。

本件は、原弁護士会の綱紀委員会では、X弁護士が訴訟代理人を辞任する

27）　溝口敬人・清水俊順・藤川和俊『弁護士懲戒の状況と分析』（新日本法規出版、2023年）149頁〔藤川〕。

にあたり、Aに対し、事前にその辞任に至る経緯および理由について種々説明を試みており、Aがその辞任を了解した形跡はないが、少なくともその間に弁護士としての品位を失うべき非行があったとはいえないとして、懲戒不相当としていた。

これに対して、日弁連綱紀委員会では、X弁護士の辞任に至った原因となったその法律事務所長に対する応募・内定・正式決定を承諾するX弁護士の行為は、辞任に至るまでの一連の行為として評価されるべきであって、正式契約こそなされていない段階においては、弁護士法25条3号（規程27条3号）に直接違反こそしていないにしても、その精神に違反し、弁護士が職務を行うについて守るべき信義誠実義務に著しく違反しているとして、懲戒委員会の審査を求めることを相当とし、差し戻された原弁護士会の懲戒委員会は、X弁護士に対して、戒告の処分を行った。

日弁連綱紀委員会は、X弁護士の辞任に至った原因となったその法律事務所長に対する応募・内定・正式決定を承諾するX弁護士の行為は、辞任に至るまでの一連の行為として評価されるべきであってX弁護士の一連の行為が品位を失うべき非行にあたるとしており、ホットポテト法則の考え方をどこまで取り入れているかは明確ではない。

Ⅸ　おわりに

1　事前同意の可能性

利益相反がある場合に、同意によって解除されるとされている場合があるが、実際に同意を得ようとした場合に、守秘義務との関係で同意を得るのは現実的には難しい。そこで、依頼を受ける際に、将来同意を得るために必要な説明のための守秘義務の解除の同意を得ておくことは考えられる。しかし、将来の利益相反を想定して事前に同意を得ておくことは、個人の弁護士の場合には、現実的ではない。

大規模事務所においては、アメリカにおいて利用されているように、事前同意を得ることは考えられる。実際に有効とされるかについては、アメリカで問題とされているのと同様に、依頼者が経験豊かで権利放棄がもたらす重大なリスクを合理的に理解したといえるかについて十分な検討がなされる必要がある。

また、事前の同意であるので、依頼者の同意の前提となった状況等が変化した場合、弁護士としては、依頼者に説明したうえで、改めて同意を得る必要がある場合も生じる。依頼者としては、事前の同意を撤回することも考えられる。

事前同意には、このような問題があることから、事前同意を得ていても、実際に別事件の受任をする際に、改めて同意を得るべきであると考える。

2　利益相反解除を狙った辞任

依頼者の同意が得られる見込みがないため、利益相反解除を狙った辞任ということが考えられるが、このような行為は、依頼者に対する忠実義務違反として許容されるものではない。このような考え方は、アメリカにおいては一般的であるが、日本においても、同様になっていくものと考えられる。

11　弁護士法25条利益相反禁止違反行為を巡る諸問題

田村陽子

Ⅰ　はじめに

弁護士には職務をしてはいけない事件があると説かれている[1)]。すなわち、不当な事件を受任してはならないし（弁護士職務基本規程31条）、同一の事件につき複数の依頼者があり、その相互間に利害対立が生じるおそれがあるときは、後の依頼者の事件を受任するにあたり、依頼者それぞれに対し、辞任の可能性その他の不利益を及ぼすおそれがあることを説明しなければならないし（規程32条。不利益事項の説明）、利益相反により職務を行えないことがある（弁25条、規程27条1号ないし4号）[2)]。

1）　加藤新太郎「利益相反」髙中正彦＝石田京子編『新時代の弁護士倫理』（有斐閣、2020年）62頁以下参照。
2）　条解198頁以下参照。

Ⅱ　弁護士の職務規範

1　日本の弁護士の職務規範のあり方と弁護士自治との関連性

弁護士の職務についての規範には、ドイツや日本では、立法府で定められた「(ドイツ) 連邦弁護士法 (BRAO)」[3] や「弁護士法」といった弁護士のための基本法がある。また、それらの授権に基づき、職務の詳細事項について、ドイツの連邦弁護士会 (BRAK) や日本弁護士連合会 (日弁連) が、職業団体の自治規範としての「(ドイツ) 連邦弁護士職業規則 (BORA)」や「弁護士職務基本規程」に規律を定めている。弁護士会の自治規範をめぐる事項については、自治団体たる弁護士会が処分を取り扱うのが基本であり、弁護士法違反行為は司法裁判所の事件となるのに対し、自治規範違反に留まる弁護士の行為については、弁護士会が取り扱うことと解されている (後掲最決令和3・4・14)。

また、日本では、弁護士職務の規律主体に関しては、強制加入の弁護士会という一元的な職業団体による自治規制を重んじており、裁判所の介入については、二次的・抑制的になっている[4]。

これに対し、アメリカでは、弁護士の職務規範に関する、連邦や州における制定法はない。弁護士の任意団体のアメリカ法律家協会 (ABA) が制定したABA弁護士職務行為模範規則 (Model Rules of Professional Conduct) を元に、各州が独自に修正した規則を適用している。また、弁護士の身分のままで裁判官や検察官の地位に就く法曹一元制度の下、弁護士団体ではなく、州の最上級審裁判所が、弁護士の資格付与・懲戒・剥奪、職務規範の制定など、弁護士職務の規律に関し、固有の権限を広く有している[5]。

弁護士の規律について、日本およびドイツでは、職業団体たる弁護士会の高度な自治が認められているところが、法曹一元制度下のアメリカとの基本的な違いと言えよう。

---

3)　ドイツ法の関連規定の訳については、例えば、森勇編著『弁護士の基本的義務』(中央大学出版部、2018年) 499頁以下参照。

4)　柏木俊彦「日本における利益相反の問題について」森編著・前掲注3) 137頁以下参照。

5)　石田京子「米国における弁護士自治——過去・現在・未来」弁護士自治研究会編著『新たな弁護士自治の研究——歴史と外国との比較を踏まえて』(商事法務、2018年) 95頁以下参照。

以下、弁護士の利益相反行為に関する問題の取扱いや規制のあり方についても、各国で差があることには注意が必要であろう。

2　依頼人との委任契約と弁護士法および弁護士職務基本規程との関係

個々の依頼者・弁護士関係は、日本では一般的に委任契約や準委任契約（民643条・656条）による[6)]が、弁護士が従うべき上位の法規範として、弁護士法および弁護士職務基本規程（以下「規程」という）があり、これらを前提として弁護士は職務を行うことは言うまでもない。

法の支配の担い手として、弁護士には、弁護士法および規程に基づき、依頼者との間のみならず、相手方を含めた第三者、他の弁護士や裁判所等との関係について規律が課せられている。弁護士の職務規範は、弁護士の社会的制度としての職務規範であり、私的な生活関係を規律し私的自治を原則とする民法の規律から独立した規範として把握されなければならないのである[7)]。

3　弁護士の職務上の義務の発生根拠について

弁護士には、契約上の善管注意義務に加えて、弁護士法および規程の職務規範上、特に誠実義務が課されている（弁2条）。この誠実義務の性質については、従来、この義務を、善管注意義務を重くした特別の加重義務として捉えるか、それとも、一般的な注意義務とは異なる別の義務と捉え、依頼者（ほか受益者など）に対する固有の職務専念義務としての忠実義務あるいは信認義務と解するか、といった議論がある[8)]。

性質の捉え方は、職務内容などの主体・客体もしくは時的範囲に関連する。依頼者との関係では、特に弁護士の誠実義務を重く考えるべきであり、そこ

6）　ただし、弁護士の書類作成義務を中心とする業務については、委任と請負の混合契約とみるべきであり、また、社内弁護士の場合には、雇用契約ないしは委任と雇用の混合契約とみるべきであるとの見解もある（小林秀之「弁護士の専門家責任」別冊NBL28号（1994年）77頁以下参照）。また、ドイツやフランスなどでも、弁護士全般について、請負契約や雇用契約（役務契約）との混合契約であるとか、無名契約であるといった解釈がなされているようである（田村陽子「弁護士の誠実義務と職務の独立性」髙中＝石田編・前掲注1）30頁以下参照）。定型的な書類の作成などは、裁量の余地がほぼない業務であり、法の専門家の義務としては、善管注意義務を尽くすだけでは足りず、建物のように完成義務までが課されるべき場合もあるとの認識に基づく。弁護士と依頼者との間の契約類型についても、各国で差があることにも留意が必要であろう。

7）　柏木・前掲注4）137頁以下参照。

8）　田村陽子「日本の法制度における信認関係と契約関係の交錯――注意義務と忠実義務の横断的考察」筑波ロー・ジャーナル21号（2016年）111～151頁参照。

から利益相反禁止義務が生じるという点については意見に相違がないと思われるが、そのほかの受益者や第三者ひいては一般社会に対して、弁護士の義務がいかに関わるかについては、誠実義務や注意義務の基本的な解釈次第では、利益相反禁止義務の内容や範囲のとらえ方に差異が生じることになる点に、注意が必要であろう。

また、規程21条では、「弁護士は、良心に従い、依頼者の権利及び正当な利益を実現するように努める」と規定し、弁護士に対して依頼者の権利および正当な利益の実現に尽くすべき積極的な努力義務（利益実現努力義務）を課している。この弁護士の依頼者に対する利益実現努力義務は、依頼者に対する積極的な誠実義務となると解されている。さらに、弁護士の誠実義務を実効化するためには、積極的な誠実義務としての利益実現努力義務のほか、依頼者の利益擁護の遂行が制約され希薄化されるおそれのある状況で職務を行うことを回避するための消極的な誠実義務も弁護士に課すことが必要とされるが、その消極的な誠実義務の具体的な内容が利益相反禁止義務であり、依頼者に対する弁護士の誠実義務の制度的な保障として規定されていると解されている[9)]。

弁護士の利益相反禁止義務は、弁護士の基本的義務である依頼者のための判断の独立性保持義務および依頼者に対する党派的な誠実義務によって基礎づけられる「弁護士の中核的義務内容」とも言われるところである[10)]。

Ⅲ　弁護士法25条の意義・趣旨および範囲

1　弁護士法25条の意義および趣旨

弁護士法25条は、弁護士が利益相反にあたるとして職務を行い得ない事件を1号ないし9号に列挙している。利益相反は、弁護士の禁止義務の1つであり、特に弁護士の依頼者のための判断の独立性保持義務および依頼者に対する党派的な誠実義務に基礎づけられる禁止義務にあたる。すなわち、同条は、一面において依頼者を保護するものではあるが、同時に弁護士をして

9）　柏木・前掲注4）142頁。より積極的な説明としては、「弁護士の法専門職としての機能を全うさせるための保全措置」であるとも言われる（石田京子「弁護士による調査と訴訟代理」『早稲田大学法学会百周年記念論文集第1巻　公法・基礎法編』（成文堂、2022年）473頁参照）。

10）　柏木・前掲注4）144頁。

誠実にその職務にあたらせ、その品位および信用を失墜することのないように配意したものである（最判昭和30・12・16民集9巻14号2013頁）[11]。

利益相反禁止義務は、もっぱら弁護士の職務に関しての、弁護士の非弁提携禁止義務あるいは（相手方に弁護士がついている）相手方本人との直接の接触禁止義務、もしくは（依頼者の行為や目的の違法性・不当性を回避するべく）弁護士の依頼者に対する違法行為助長禁止義務等の禁止義務の領域とは異なる[12]。

弁護士法25条1号ないし3号は、関与した依頼者と別の依頼者との利益相反に関するものである。1号・2号の行為を禁ずるゆえんは、弁護士が知りえた相手方の内情その他の秘密を利用する等、相手方の不利益となる結果に至る弊があるのみならず、相手方をして弁護士の職務上の信用に疑惑を懐かせるおそれがあるためである（大判大正4・6・12刑録21輯807頁）とされる。3号は、これらの趣旨をさらに徹底させるためのものと言われている[13]。

同4号・5号は、弁護士が公務員あるいは仲裁人という身分で取り扱った事件は、弁護士の職務として関与できないとする。6号ないし9号は、弁護士法人の社員、使用人である（あった）こととの関係で職務を行い得ない場合である。

これら弁護士法25条1号から9号の趣旨は、①依頼者の利益の保護、②弁護士および弁護士法人（以下「弁護士」という）の職務執行の公正の確保、および③弁護士の信用・品位の保持にある。同条に関する判例は、同条各号の趣旨が、①ないし③までのいずれに該当するのかまたは重点を置くものかを各号ごとに把握しようとする傾向にあり、判例の各号の重点的な趣旨の解釈の態度と、各号違反の場合の訴訟行為の効力についての問題は関連する傾向にあると評価されている[14]。

2　弁護士法25条各号の意義および趣旨

同条の1号は、先に当該弁護士を信頼して協議または依頼した第1の依頼者の信頼を裏切ることになるので、第1の依頼者を相手方として第2の依頼者[15]のために同号所定の事件について職務を行うことは、弁護士の品位を

11）　福原忠男『弁護士法』（第一法規、1976年）127頁。
12）　柏木・前掲注4）144頁。
13）　福原・前掲注11）127頁。
14）　条解201頁以下参照。

失墜させるのでこれを未然に防止することにあるとされる（最大判昭和38・10・30民集17巻9号1266頁）。

このような職務を行うことは、弁護士の判断の独立性保持義務および第1の依頼者に対する党派的な職務専念義務たる誠実義務に反するおそれのある裏切りともなるため、利益相反の結果の有無や、当事者の同意を要件とすることなく、本号所定の事実の充足自体を利益相反として予防的に職務を禁じている[16]。

また、事件の同一性を要件とするところ、弁護士が第1の依頼者から当該事件についての秘密の開示を受けている蓋然性は高く、第1の依頼者から開示を受けた秘密を、第2の依頼者のために利用することを防ぎ、弁護士の第1の依頼者に対する守秘義務を制度的に保障し、秘密が守られるとの信頼をも保護するという趣旨を含む。

さらに、弁護士が第2の依頼者のために第1の依頼者を同一事件で相手方とすることは、弁護士が第1の依頼者等のためになした弁護活動について、第2の依頼者のために否定したり矛盾したりする行為をなすおそれもあり、弁護士の職務に対する社会的信頼を損なうことになることを予防する趣旨もある。

2号についての判例は少ないものの、その趣旨は1号と同じく、弁護士の品位保持と当事者の保護にあると解されている（東京高判昭和41・7・12東高民時報17巻5号147頁）。相手方より信頼され協議を受けた事件について、対立する当事者のため行動するというのでは裏切り行為であり、弁護士はそのような節操のない者として、世人のそしりを受けることになる。ただし、単に協議を受けたというだけでその事件にまったく関与できないとすると、悪意ある当事者から、あらかじめその弁護士が相手方の代理人となることを防止する意図をもっていわゆる封じ込みのため、一応の協議を持ちかけておくと

15）　弁護士が協議を受けて希望する一定の結論ないし利益を擁護する見解（賛助）を示したりあるいは信頼関係を築いたりした依頼者に準じる者（依頼者となりうる者）を相手方として同一事件の職務を取り扱うことを禁じる利益相反である。さらに、事件の継続中の現在の依頼者および依頼者に準じる者に限定していないため、事件終了後の過去の依頼者および依頼者に準じる者をも同一事件で相手方とすることも利益相反として禁じている。したがって、厳密には、現在であると過去であるとを問わず、依頼者および依頼者に準じる者を総称して「依頼者等」といった表現（柏木・前掲注4）149頁参照）を使うべきかもしれないが、内容の説明をする際には、やや煩雑な表現になりそうであるので、ここではさしあたり「依頼者」としておく。

16）　柏木・前掲注4）149頁以下参照。

いうような不都合なことも考えられるので、「協議の程度及び方法が信頼関係に基づくもの」という限定がついているのである[17)]。

3号は、第1の依頼者の相手方を第2の依頼者として、第2の依頼者の第三者に対する他の事件についても受任することを禁じている。これは、弁護士が第1の依頼者の相手方を第2の依頼者とすることは、第三者に対する同一性のない事件の職務であっても、第2の依頼者の事件の内容、報酬額や依頼事件を多数持ち込む可能性などから、弁護士が第2の依頼者の利益擁護に傾き、第1の依頼者のために第2の依頼者を相手方とする事件の矛先が鈍り、弁護士の第1の依頼者に対する党派的な誠実義務が損なわれるおそれがあるから予防的に禁止されている[18)]。

3号の趣旨も、1号および2号と同様にみえるが、本条但書において当事者（受任事件の依頼者）の同意（最判昭和41・9・8民集20巻7号1341頁）がある場合は当該行為の禁止が解かれることになっていることからは、本条の他の各号に比して、①依頼者の利益の保護の要請が、②弁護士の職務執行の公正確保もしくは③弁護士の信用・品位の保持の要請よりも、強いといえる。

4号の趣旨は、将来弁護士として事件の依頼を受けることを予定して公職に就いている間に事件の処理に手心を加え、あるいは公職在任中の縁故等を誇張することにより、事件依頼者に対して過大な信用を持たせる弊害に加え、公職にあって処理した事件について、立場を変えて弁護士として依頼者のためにその処理を失当として非難すること、もしくは逆に、公職在任中の職務にこだわって弁護士としてもその処理に無理をおかすことがあっては弁護士としての品位・信用を失墜することになりかねないからと言われている[19)]。

①ないし③のいずれに重点が置かれているかについては、①依頼者の利益の保護の要請に重点があるとする見解（最判昭和42・3・23民集21巻2号419頁）と、②弁護士の職務執行の公正確保ならびに③弁護士の信用・品位の保持の要請に重点があるとする見解（先述の最大判昭和38・10・30における横田正俊意見、高松地判昭和48・12・25訟月20巻5号52頁）とがある。前者は、4号においてその利益を保護されるべき当事者とは、相手方当事者とし、後者は相手方当事

17）福原・前掲注11）135頁。
18）柏木・前掲注4）150頁以下参照。
19）矢野邦雄「判解」『最高裁判所判例解説民事篇昭和42年度』96頁以下。

者のみならず事件依頼者をも指すと解する。なお、公務の職務執行の公正担保は、4号の反射的効果として認められるものと解されている[20)]。

5号の仲裁人の職務に関連する規定の趣旨も、4号と同様である。4号および5号の利益相反は、まとめて役割相違の利益相反ともいわれる。すなわち、当事者に対する中立・公平な制度的役割を現在または過去に担っていた者が、弁護士として同一事件の一方当事者を依頼者として党派的な役割を引き受けることは、事件当事者に対する中立・公正な役割と矛盾することになり、依頼者の党派的な役割の遂行に影響を与えるとともに、弁護士の判断の独立性保持義務に反し、また前職の守秘義務を破るおそれがあるなどから、弁護士職を含む法制度全体に対する社会的信頼を損ねるおそれが生じるからである。それゆえ、依頼者をはじめ事件当事者の同意や関係機関の同意等は、禁止を解除する理由とはならず、同意の有無に関わりなく、利益相反として職務が禁止される[21)]。

6号および7号は、弁護士法人の社員等であったときに、当該弁護士法人の事件に当該社員等自身が相手方に関与した事件（その後当該法人を脱退した場合と現在も社員等である場合の両者を含む）についての職務の禁止規定であるが、自己がこれに関与した事件を別の依頼者のために取り扱うことは、弁護士法人を信頼して協議または依頼をした相手方の信頼を裏切り、また弁護士の品位を害することを趣旨とする。そのため、弁護士法人のすべての事件ではなく、自己が関与していない事件については、相手方の信頼を裏切ることも考えにくいということで、禁止されてはいない。大規模事務所から大規模事務所に異動する場合があることを考えると、原則的には妥当と思われる。ただし、当該弁護士の異動の時期や事件の関わりの程度と、異動先での部門が前に関与した事件を扱う部門との情報遮蔽措置の有無や遠近さなどからは、問題がないわけではなさそうである（規程28条にも関わるので、後述）。

8号および9号は、弁護士法人が相手方から受任している事件との関係で、社員等が個人で受任すること、あるいは弁護士法人が相手方からの依頼により受任する他の事件について個人として受任することは、形式的には双方代理にはならないが、これを認めることは、実質的には当該弁護士法人との利

20)　条解202頁。
21)　柏木・前掲注4）154頁参照。

害衝突を招き、弁護士法人の依頼者に不測の損害を与え、また弁護士の品位、信用を害するおそれがあるため、職務を行い得ないとされている。

ただし、9号については、3号と同様に、弁護士法人の依頼者の事件に関与中の弁護士が、個人として相手方からの依頼による別の事件の処理をすることについて、当該依頼者が同意をすれば差し支えないとされている（25条柱書但書）。また、弁護士法人の受任している事件の相手方からの依頼による他の事件であっても、当該弁護士が、弁護士法人の受任事件に関与していなければ、当該受任事件の依頼者の同意を得ることなく、自然人たる弁護士として職務を行っても、9号に違反することにはならない（競業の問題としては、弁護士法30条の19第2項によるとされる）。

弁護士と弁護士法人との関係における職務（業務）を行い得ない事件を法律上どのように規律するかについては、倫理的観点からかなり議論のあったところであるが、法律上の規定としては、弁護士法30条の19および30条の18となった。そして、倫理上の規制として、弁護士職務基本規程が制定されるに至り、本条6号ないし9号の規定については、同規程63条が同一内容の定めを置き、廃止前の弁護士倫理27条に相当する規程については、同内容として規程64条が置かれるにとどまった。なお、弁護士法人の業務を行い得ない事件については、弁護士法30条の18よりも厳しい規制内容を含むものが規定された（同規程65条・66条）[22]。

Ⅳ 職務基本規程27条・28条の意義および趣旨

1 規程27条の意義および趣旨

規程27条1号ないし4号は、弁護士法25条1号ないし4号とパラレルに同様の規定を置いている。同5号のみ、裁判外紛争解決（ADR）に関する基本法（裁判外紛争解決手続の利用の促進に関する法律）の制定を視野に入れて、仲裁に限らず、調停、和解あっせんその他の手続機関の実践者としての職務に広げた規定になっているが、趣旨は同様である[23]。

22） 弁護士法30条の18における弁護士法人の禁止される業務の趣旨は、自然人たる弁護士についての25条の規定の趣旨と同様であるが、詳細は、条解294頁以下を参照されたい。
23） 柏木・前掲注4）149頁。

2　規程28条の意義および趣旨

(1) 規程28条の定め方について

規程28条は、弁護士法にはない固有の定めとなるが、同1号・4号は、依頼者と弁護士自身との間での人的な利益相反に関する定めである。1号は、「相手方が配偶者、直系血族、兄弟姉妹又は同居の親族である事件」の場合で、4号は「依頼者の利益と自己の経済的利益が相反する事件」の場合である。

同2号・3号は、依頼者と別の依頼者との間での利益相反に関する定めである。2号は「受任している他の事件の依頼者又は継続的な法律事務の提供を約している者を相手方とする事件」であり、3号は「依頼者の利益と他の依頼者の利益が相反する事件」である。

ただし、同1号の相手方が配偶者、直系血族等の事件および4号の依頼者の利益と自己の経済的利益が相反する場合については、依頼者の同意があれば弁護士は職務を行っても良く、同2号・3号の他の事件の依頼者や継続的な職務提供を約している依頼者を相手方にするような事件については、現在の依頼者および相手方となる従前の依頼者が同意すれば、弁護士は職務を行って良いとされている。

利益相反に関する規定の定め方としては、弁護士が取り扱う職務を基準とする定め方と、依頼者を基準とする定め方がありうるところ、弁護士法25条各号および規定27条各号は職務を基準とし、規程28条各号は、現在の依頼者を基準として人的関係に着目して規定していると言われる[24)]。

また、大陸法系の多くの国は、弁護士の専門職（Profession）としての公正な職務のあり方に着目して利益相反を考えているのに対し、英米法系のアメリカなどは、弁護士依頼者間の信頼関係・信認関係に着目して依頼者の利益保護の観点から利益相反を考えているが、日本の弁護士法25条および規程27条は、前者の大陸法的な発想にまずは立っているのに対し、規程28条については、後者のアメリカ的な発想に立っているとも言われる。

弁護士の職務を基準とするか、あるいは依頼者の利益の保護を基準とするかの両者の差は、依頼者の同意があれば、利益相反にあたる場合であっても、

---

24)　柏木・前掲注4）144頁以下。

例外として職務を行いうるか否かに関わる。すなわち、利益相反禁止の趣旨につき、アメリカ法的な依頼者の利益保護を中心に捉えると、依頼者が同意すれば問題がなくなるのに対し、弁護士の専門職としての公正な職務のあり方を中心に捉えると、依頼者の同意があろうとも、利益相反行為として行い得ないことになる。

なお、弁護士法 25 条および規程 27 条・28 条は、弁護士法 1 条に掲げられている基本的人権の擁護と社会正義の実現という使命を負った弁護士の職責に反するとされる行為の典型を挙げてこれらを行うことを禁止したものである。利益相反として職務の禁止にあたるか否かは、弁護士の公正な職務に対する依頼者の信頼のみならず、広く国民の信頼を確保するという弁護士の品位の保持という目的にもかなっているかも、解釈の際の重要な視点となる[25]。

(2) 規程 28 条各号の規定の要件について

規程 28 条 1 号・2 号は、利益相反の有無は要件とされておらず、所定の事実の要件が満たされれば利益相反該当性が認められるのであり、所定の事実の充足自体を抽象的な危険として、依頼者の利益保護のための予防的規定となっており、利益相反の程度も要件とはなっていない[26]。

これに対し、同 3 号・4 号の利益相反は、所定の事実それ自体を要件とする利益相反とは異なり、「利益相反」という規範的概念を要件としている。弁護士法にも規程にも「利益相反」の定義規定はないため、利益相反が実際に発生して顕在化していることが要件か、利益相反が顕在化する実質的なおそれ（リスク）が顕在化していることで利益相反の要件を満たすかの議論が生じる。また、「利益相反」の程度も問題となる。利益相反の程度が軽微で弁護士の依頼者のための判断の独立性や依頼者のための利益擁護活動が実質的に制約を受けない場合には、本号の要件を満たすものではない。利益相反の程度は、個別の事実関係に基づく実質的な判断である[27]。

25） 加藤・前掲注 1）65 頁参照。
26） 柏木・前掲注 4）158 頁参照。
27） 柏木・前掲注 4）158 頁参照。

V　利益相反禁止行為をめぐる概念と解釈

ここで、利益相反禁止行為に関わる要件内容について、いくつか確認しておきたい。

1　依頼者の利益

依頼者の利益をいかにみるかについて、ドイツでは、主観説的に、依頼者の視点が重要とされている（BGH NJW 2012. 3039 Rn.14）が[28]、日本でも、依頼者保護を重要視しており、同様に依頼者からの視点が重要であることは言うまでもない。ただし、比重が異なるところがあることは、すでに指摘したとおりである。

2　利益相反行為の時間的な範囲の捉え方

利益が相反するとは、具体的な現在の利益の相反のことであり、潜在的・将来的な相反は、あたらないとされている。これは、比較法的にみても、ドイツでも同様のようである。

(1)　ドイツでの利益相反行為の時間的範囲と対応

ドイツでは、例えば、連帯債務者全員の訴訟代理は、連帯債務者内部での潜在的な求償関係（ドイツ民法（BGB）426条1項1文）の訴訟での利益相反の可能性があるが、ドイツ連邦弁護士法（BRAO）43条a第4項の禁止に該当しないとされている。連帯債務者内部で求償が問題となるときに、初めて問題となりうるにすぎないが、そのときは委任を辞することになる。また、例えば、配偶者双方から協議（合意）離婚の付添いを委任された弁護士は、配偶者間で離婚訴訟に発展した場合、その時点で、双方の委任を辞さなければならないことになる。同様に、弁護士が、1つの相続の構成員2人と外部の第三者との間の訴訟で、2人を代理する場合にも当てはまる。ここでも、両依頼者間の紛争発生が即時の辞任義務を理由づける。なお、当初の2人から共同で相談を受ける際、潜在的な利益相反の危険性についての説明義務があ

28)　マルティン・ヘンスラー（應本昌樹訳）「相反する利益代理の禁止——ドイツ弁護士法の永遠のテーマ」森編著・前掲注3）97頁以下。

ると解されている[29)]。

かように、ドイツでは、複数の依頼者について一緒に代理する場合は、依頼者間で将来的・潜在的に利益相反が生じる危険性について説明し同意を得たうえで事件を受任し、現実に依頼者間で争いが生じたときに、どちらの代理も辞任しなければならないとされている。

(2) 日本での利益相反行為の時間的範囲と対応

日本でも、例えば、貸金請求訴訟において、被告側の主債務者とその連帯保証人から被告訴訟代理人になってほしいと依頼された場合、主債務者と連帯保証人の間で将来的に求償関係の紛争が生じる蓋然性があるが、その場合、弁護士は、「同一の事件について複数の依頼者があってその相互間に利害の対立が生じるおそれがあるときは、事件を受任するに当たり、依頼者それぞれに対し、辞任の可能性その他の不利益を及ぼすおそれのあることを説明しなければならない」（規程32条）が、この説明を履践すれば、依頼者の意向と状況次第で、いったん事件を受任することは可能であり、その後、複数依頼者の利害対立が顕在化したら、弁護士は、「依頼者それぞれに対し、速やかに、その事情を告げて、辞任その他の事案に応じた適切な措置を採らなければならない」（規程42条）とされる。なお、依頼者の同意が得られないのに、複数の依頼者のうちの一方のみを辞任することは、弁護士法25条および規程27条・28条に反して許されず、双方を辞任する必要があると解されている[30)]。

また、日本で遺言執行者の関連訴訟の受任について、遺言執行者の任務は、被相続人の遺志である遺言を執行し、被相続人の利益（遺志）を擁護する性質のものであり、被相続人が依頼者であるとむしろ考えるべきものである（遺言信託の構成でいう委託者に類似する）。すなわち、相続人（受益者に類似する）との関係では、特定の相続人を利することなく等距離を維持するべきものであるから、その後、遺留分侵害額請求事件が発生したとしても、特定の相続人の訴訟代理人となることは、弁護士の信用・品位の保持および職務公正の確保という観点から問題があると考えられる。また、実体法的にも、本来の遺言執行者が誰のための執行者かという観点からも問題があろう。

---

29)　ヘンスラー・前掲注28）104頁以下、102頁以下。
30)　加藤・前掲注1）71頁以下参照。

ただし、従来、どのような構成になるかについては、争いがあり、①規程5条の信義誠実および同6条の名誉と信用に反するという見解、②利益相反回避の精神に照らして職務を行うことができないと解する見解（規程27条1号類推説あるいは規程28条2号・3号違反説もしくは規程27条5号説の諸説）があり、それぞれ一長一短と言われてきたところである。およそ遺言執行者の地位についてあいまいにされていたことが、根本にあるようには思われる（倒産事件の申立代理人と管財人の地位についても同様の問題がありうる（後述の最決平成29・10・5民集71巻8号1441頁など））[31)]が、いずれにせよ、近時は、依頼者の利益、公正な職務遂行、弁護士の信用・品位が害されたかという観点から、実質的かつ個別的に判断して規律することが要請されている[32)]。

そうだとすると、もとより複数依頼者から事件を受任する際には、利害対立が顕在化するおそれがあることの十分な説明と、顕在化した場合の調整方法、辞任方法に配慮した委任契約を締結しておくことが肝要であろう[33)]。

3　当事者の同意による利益相反の解除

依頼者の同意で利益相反が解除されるか。弁護士法25条1号・2号（規程27条1号・2号）および弁護士法25条4号・5号（規程27条4号・5号）に規定されている利益相反の職務については、依頼者の同意があっても禁止を解除しえない。他方で、弁護士法25条3号（規程27条3号）のほか、規程28条各号に定められている利益相反の職務については、依頼者の同意等があれば、行為禁止が解除される。

①受任している事件の相手方からの依頼による他の事件（弁25条3号、規

31）　依頼者から再生手続開始の申立て等について委任を受けた弁護士が、依頼者が破産した後、破産管財人の提起した否認権行使に基づく訴訟において、相手方被告の訴訟代理人として訴訟行為をすることが弁護士法25条1号に違反するとされた（中野琢郎「判解」ジュリスト1519号（2018年）80頁）。

32）　中野・前掲注31）74頁以下参照。なお、日本では、これまで弁護士層のリソースの総量（弁護士過疎地域があるなど）から、リーガル・サービスへのアクセスを保障するべく、依頼者から強く要望されると事件を受任することが少なくなかったが、現在は、そうした配慮の必要は減少しているという背景事情にも留意すべきであろう、とも言われている。規程の改正論議において、遺言執行者が職務を行い得ない事件（規程27条6号関係）として、「遺言執行者として職務上取り扱った遺言の相続財産に係る事件であって、当該遺言に係る相続人又は受遺者の依頼によって他の相続人又は受遺者を相手方とするもの」という条項を新設する改正案があるが、それも職務の公正・公平さが疑われる行動はとるべきではないとの考え方と同旨であろう（同81頁参照）。

33）　大川康平「利益相反の顕在化の際の対応」高中＝石田編・前掲注1）82頁以下参照。

定27条2号）

②相手方が配偶者、直系血族、兄弟姉妹または同居の親族である事件（規程28条1号）

③受任している他の事件の依頼者または継続的な法律事務の提供を約している者を相手方とする事件（規程28条2号）

④依頼者の利益と他の依頼者の利益が相反する事件（規程28条3号）

⑤依頼者の利益と自己の経済的利益が相反する事件（規程28条4号）

4　弁護士法25条各号の類推適用による訴訟行為排除の可否

(1)　近時の最高裁決定

近年、会社が設置した取締役責任調査委員会により、会社の元取締役らに対する事情聴取が行われた後、当該会社が原告となり、元取締役らを被告とし、その際当該委員会の委員であった弁護士を訴訟代理人として、会社法423条1項に基づく損害賠償責任を追及する訴訟を提起した場合において、当該弁護士の行為は、元取締役らに対し、弁護士法25条2号及び4号の利益相反行為に類する行為だとして排除されるべきか否かが争われた事件（「関西電力事件」最決令和4・6・27集民268号323頁）[34]がある。

最高裁決定は、上記委員会が（原告会社のために）被告の元取締役としての責任の有無等を調査、検討するために設置されたものであり、被告らが事情聴取の結果が後の（被告らに対する）訴訟で証拠として用いられる可能性があることを当然認識していたというべきであるとして弁護士法25条2号の守秘義務を含む信頼関係の保護による利益相反禁止規定の類推適用を否定し、また委員の職務内容は、裁判官（中立の判断権者）と変わらない立場にあったということもできないとの事実関係の判断により、弁護士法25条4号の役割相違の利益相反禁止規定の類推適用も否定し、本件弁護士の訴訟行為を被告らが排除することはできないとした。

(2)　最高裁決定の解釈をめぐって

本件最高裁は、明確には言及してはいないものの、推論すると、本件弁護

---

34)　判タ1503号17頁、判時2543·2544合併号47頁。髙中正彦・判例秘書HJ100152、加藤新太郎・NBL1225号（2022年）96頁、戸髙広海・税務事例54巻12号（2022年）87頁、酒井博行・新・判例解説Watch（2022年）（z18817009-00-061442264）、柳田幸三・銀法896号（2023年）16頁・石毛和夫・同106頁など。

士による責任調査委員会の委員および訴訟の代理人としての職務行為は、どちらも会社側のためであって被告ら元取締役のためではなかったうえ、責任調査委員会委員であった弁護士と被告らの間には、賛助や依頼の承諾に比する強い信頼関係が形成されていなかった、という事実関係の判断に基づいて、利益相反該当性を否定したものであると解されている。事件の事実関係において、弁護士の両立場は利益が相反する状況ではなかったと判断され、それゆえ、利益が相反することを禁止した弁護士法25条2号・4号の類推適用を、前提から該当しないとして否定したものであると解される。それゆえ、本決定の射程範囲は、このような責任調査委員会を対象とした事例限りであるとの意見が散見される。

したがって、他方で、関係者の責任の調査・検討を直接の目的とするものではなく、企業の不祥事の内容や原因を解明し、企業の社会における信頼を回復するための」第三者委員会に関しては、「依頼の形式にかかわらず、企業等から独立した立場で、企業等のステークホルダーのために、中立・公正で客観的な調査を行う」との基本原則（「企業等不祥事における第三者委員会ガイドライン」第2（2010年日弁連策定））に従い、一方当事者の訴訟代理人になることは慎まなければならない。本決定は、このような趣旨での、外部的・中立的な信頼を得るべき第三者委員会（名称もこれに限らないと言われている）については、射程外であるとみるべきだと言われている[35]。

また、調査を行う弁護士は、一般的に、調査の目的にかかわらず、調査対象者の支援者であると誤解されることがないように、十分な説明を尽くすことが望ましいことは言うまでもないところであり、こういったことを弁護士会研修では検討する必要があろう。すなわち、中立的・客観的な立場の第三者委員会かあるいは当事者の内部的調査や内部者の責任追及委員会なのか明らかにするべく、例えば、①調査目的（調査対象者のためではなく、事案解明および社会への説明であるか否かなど）、②担当弁護士の立場（第三者的な職務かあるい

35）石田京子「弁護士による調査と訴訟代理」早稲田大学法学会編『早稲田大学法学会百周年記念論文集第1巻公法・基礎法編』（成文堂、2022年）467頁・481頁以下、松中学・資料版商事法務461号（2022年）100頁、堀清史・法教508号（2023年）131頁、伊藤隼・ジュリスト1583号（2023年）102頁、手賀寛・民商法雑誌159巻2号（2023年）66頁以下、柳川鋭士・判時2573号（2023年）135頁、坂尾佑平・ビジネス法務23年3号（2023年）72頁、遠藤元一・金商1678号（2023年）7頁など。

は依頼者の代理人的な職務か)、③調査後に調査対象者を相手方とする訴訟代理人となる可能性の有無、④収集した情報の取扱い（その後、調査対象への責任追及に使うのか否かなど)、⑤調査対象者が独自に弁護士の助言を得ることが可能であることなどを、あらかじめ調査対象者に説明する必要がある[36)]。

また、前述の最高裁決定は、傍論的ではあるが、そもそも依頼当事者の利益や訴訟手続の安定等を考慮すると、弁護士法25条に違反する弁護士の訴訟行為を排除する判断において、同条の規定をみだりに拡張または類推解釈すべきではないと述べているが、自治的な規程にあっても弁護士法にない弁護士の利益相反規律行為について、団体自治を尊重し、弁護士法の類推適用および拡張解釈に否定的な最高裁の方向性を示すものである。

Ⅵ　弁護士法25条の利益相反禁止条項違反の効力

1　懲戒処分および刑事罰の適用の有無について

ドイツでは、利益相反禁止行為を行った弁護士は、弁護士裁判所によって、弁護士や弁護士事務所に対して、戒告、譴責、5万ユーロ（令和6年4月、約800万円前後）以下の課徴金、1年から5年の間での一定期間の一定法領域での業務停止、弁護士業の廃止（法曹界からの排除）といった懲戒処分がありうる（ドイツ連邦弁護士法（BRAO）113条・114条)。また、ドイツ刑法356条により3月以上5年以下の自由刑が課されうる。さらに、相手方と協議して利益相反したときは、1年以上5年以下の自由刑が適用されうる。

日本では、利益相反禁止行為に対し、懲戒処分（弁56条）はあるものの、ドイツのような刑事罰の適用はない。

2　弁護士法25条違反行為の効力

弁護士法25条の利益相反禁止違反が判明した後の訴訟行為については、もはや当該弁護士が担当することは許されず、訴訟追行から排除されなければならないことは言うまでもないだろう。

争いがあるのは、特に同法25条1号事案である。かつて相手方当事者の

---

36)　石田・前掲注35）482頁以下参照。

依頼を承諾した事件について受任した場合である。現在の依頼者である当事者本人の利益のみでなく、むしろ相手方当事者の利益が問題となる点に特色がある。

同条号違反行為が判明した以降の訴訟行為については、もはや当該弁護士が担当することは許されず、訴訟追行から排除されるべきではあろう。他方で、それ以前（およびそれ以降についても）当該弁護士による訴訟行為の効果については争いがある。弁護士会の懲戒処分を受けることは当然だとしても、訴訟上の行為が影響を受けて無効となるのかまたは有効のままか、もしくは当事者の選択などに委ねて相対的に考えるか、が問題となってきた。

「有効説」は、25条違反の行為も行為自体は有効であるとする。同条号は直接には弁護士の職務規律であり効果も懲戒処分であるので、職務上の訓示規定であって、その弁護士の訴訟行為の効力には関係しないとする。「絶対的無効説」は、同条違反の行為は当事者本人の利益を害するので無効とする。「追認説」は、同条違反の行為は無効ではあるが利害関係者の追認を許すとする。「異議説（責問権喪失説）」は、当事者の保護を重視しながらも、当該弁護士の行為がすべて無効となるとかえって当事者にとって不都合な場合がありうることから、例えば、1号事案では、相手方当事者の具体的もしくは主観的な利益状況を重視し、違反行為をされた相手方当事者が弁護士法25条違反を知りまたは知り得たにも拘わらず異議を述べずに訴訟手続を進行させ第2審の口頭弁論を終結させたときは、当該訴訟行為は効力を生じ、弁護士法違反を理由に無効を主張できないとする[37)]。

判例は、おおむね、初期の「絶対的無効説」（大判昭和7·6·18民集11巻1176頁など）から「追認説」（大判昭和13·12·19民集17巻2482頁など）を経て、「相対的無効説」（最判昭和30·12·16民集9巻14号2013頁）、折衷説的な「異議説」（最大判昭和38・10・30民集17巻9号1266頁）へと変遷した。

異議説については、責問権の一種と解され、異議権者からの異議が口頭弁論終結時などまでになければ、25条違反行為も有効とするものである[38)]。不利な結論になった場合に限って異議を主張して従前の手続を覆す、という訴訟戦術を防ぐ趣旨と解されている[39)]。

---

37)　手賀寛「判批」『民事訴訟法判例百選〔第6版〕』18事件、40頁以下。
38)　宮田信夫「判解」『最判解民事篇昭和38年度』271頁、274頁。

3　異議権者の範囲および異議の主張方法

相手方当事者は、25条違反の事実を知った場合には異議を述べることができる。同条違反の訴訟行為を排除する裁判を求める申立てにより異議が述べられた場合には、裁判所は、この申立てについて決定の形式で裁判し（最決平成29·10·5民集71巻8号1441頁）[40]、当該訴訟行為は無効となる。

また、訴訟行為を排除する決定に対しては、相手方当事者は、即時抗告を提起して争うことができると解されている（民訴25条5項類推適用）。なお、訴訟代理人本人には即時抗告権は認められない。訴訟代理人は訴訟行為の排除につき自らの依頼者である当事者と別個に不服申立ての機会を必要とするほどの独自の利害関係を有しているとは言えないからとされている。自身の弁護士法違反の有無については、別途懲戒手続等で当事者として争うことは可能であるとされる。また、排除決定に対し相手方当事者が即時抗告をするとき、排除対象となった弁護士は、独自に即時抗告をし得ないとしても、引き続き訴訟代理行為を行うことを認めて良いかは別途問題となりうる。即時抗告のためだけに新しい訴訟代理人を選任させるなどは形式的にすぎ、当事者にも負担となるし、当事者と共に訴訟代理人本人に争う機会を認めて良いと解されている[41]。

これに対して、相手方当事者が違反について知り、または知り得べきであったのに、遅滞なく異議を述べなかった場合には、後で無効主張をすることは許されないと解されている[42]。

4　違反行為の無効の遡及の有無

異議説では、異議を認める場合、当該異議を述べる以前の訴訟行為は遡及して排除されるかについても問題となる。当該訴訟代理人弁護士の訴訟に関与したこと自体への異議とみて、それまでの訴訟行為すべてを無効にするべく遡及効を認めるべきだとする見解がある[43]。ただし、遡及的無効説でも、

39）　三木浩一ほか『Legal Quest 民事訴訟法〔第4版〕』（有斐閣、2023年）121頁以下。
40）　判タ1444号104頁、判時2361号48頁など。
41）　手賀寛・ジュリスト1518号（2018年）145頁、山本研・新・判例解説Watch 23号（2018年）161頁以下（z18817009-00-060981622）など。
42）　三木ほか・前掲注39）121頁以下参照。
43）　例えば、青山善充「弁護士法25条違反と訴訟法上の効果」ジュリスト500号（1972年）320頁。

上訴や時効の期間経過後に異議がなされた場合、上訴提起・訴え提起は有効と扱うか、訴訟行為の追完（民訴97条）を認めるべきとする。

他方で、将来効のみを認める見解もある44)。

いずれにせよ、原則的に遡及的無効とする説でも、将来効のみを認める説でも、異議を述べられた弁護士の訴訟行為すべてを無効とするわけではなさそうである。異議説は、依頼者の意思を尊重する考えであるところ、無効の範囲についても、当該依頼者の意思や保護に従った具体的な異議内容に従うのが良いように思われる。そうだとすると、理論的な解決というよりも具体的事案のところで解決するのが妥当であるが、依頼者保護の観点からは、原則として違反行為は遡及的無効とするのが良いように思われる。

Ⅶ　共同事務所における利益相反の規律のあり方

1　共同事務所における利益相反の規律の現状（職務基本規程57条）

日本でも、共同事務所の数は相当あり、共同事務所の大規模化も相当に進んでおり、今や7割以上の弁護士が共同事務所に所属している45)。

依頼者が共同事務所の弁護士に依頼する場合、当該事務所の有名な弁護士を頼りに訪れたとしても、実際に事件を依頼するときの依頼者の信頼は、終局的には共同事務所自体に向けられたものと思料されることから、規程57条は、共同事務所を1つの単位として、事務所単位で利益相反を捉えている。事務所所属の弁護士に27条・28条の利益相反が認められれば、同事務所の他の弁護士にも利益相反の規制が及ぶとされている。

しかしながら、現状の法的課題としては、弁護士法には、共同事務所における利益相反禁止行為の範囲について具体的な規定がないことである。自治規範たる規程で足りるので共同事務所の問題が処理しきれるのであればよいが、もし裁判沙汰になったときに、裁判規範としては、弁護士法上に共同事

高橋宏志『重点講義民事訴訟法（上）〔第2版補訂版〕』（有斐閣、2013年）229頁注22、手賀・前掲注37）41頁なども肯定的である。

44）　例えば、吉村徳重・民商法雑誌56巻3号495頁・501頁、小原将照「弁護士法25条違反と訴訟行為の効力」南山法学46巻3・4号（2023年）296頁以下など。

45）　最新のデータは日々更新されるが、『弁護士白書〔2023年版〕』を参照。共同事務所の現状については、「〔座談会〕共同事務所」高中＝石田編・前掲注1）177頁以下（石原修、桑山斉発言など）も参照。

務所における弁護士間の利益相反禁止行為に関する条項を置く必要があるのではないか、ということである。

2 規程57条違反による裁判上の異議の可否

(1) 近時の最高裁決定

弁護士の自治規範たる規程違反を理由に当該弁護士の違反行為を裁判上争えるか。規程の裁判規範性の有無が争点となった最決令和3・4・14民集75巻4号1001頁[46]は、当該弁護士の訴訟行為が、弁護士法25条には違反せず、日弁連の会規である規程57条に違反するものに留まる場合には、その違反は、当該行為の効力に影響を及ぼすものではないとし、裁判上の異議は認めず、規程の裁判規範性を否定した。

「基本規程は、日本弁護士連合会が、弁護士の識務に関する倫理と行為規範を明らかにするため、会規として制定したものであるが、基本規程57条に違反する行為そのものを具体的に禁止する法律の規定は見当たらない」「民訴法上、弁護士は、委任を受けた事件について、訴訟代理人として訴訟行為をすることが認められている（同法54条1項、55条1項、2項）。したがって、弁護士法25条1号のように、法律により職務を行い得ない事件が規定され、弁護士が訴訟代理人として行う訴訟行為がその規定に違反する場合には、相手方である当事者は、これに異議を述べ、裁判所に対しその行為の排除を求めることができるとはいえ、弁護士が訴訟代理人として行う訴訟行為が日本弁護士連合会の会規である基本規程57条に違反するものにとどまる場合には、その違反は、懲戒の原因となり得ることは別として、当該訴訟行為の効力に影響を及ぼすものではないと解するのが相当である」。「よって、基本規程57条に違反する訴訟行為については、相手方である当事者は、同条違反を理由として、これに異議を述べ、裁判所に対しその行為の排除を求めることはできないというべきである」。

これに対し、裁判官草野耕一の補足意見がある。

「本件に関する私の見解は法廷意見記載のとおりであるが、これはB弁護士らがA弁護士の採用を見合わせることなく本件訴訟を受任したことが弁

46) 石田京子・判例秘書（2021年9月）HJ100128、手賀寛・ジュリスト1570号（2022年）105頁、田村陽子・新・判例解説Watch 30号（2022年）165頁（z18817009-00-061292102）。

護士の行動として適切であったという判断を含意するものではない」。「ある事件に関して基本規程27条又は28条に該当する弁護士がいる場合において、当該弁護士が所属する共同事務所の他の弁護士はいかなる条件の下で当該事件に関与することを禁止または容認されるのかを、抽象的な規範（プリンシプル）によってではなく、十分に具体的な規則（ルール）によって規律することは日本弁護士連合会に託された喫緊の課題の一つである。日本弁護士連合会がこの負託に応え、以って弁護士の職務活動の自由と依頼者の弁護士選択の自由に対して過剰な制約を加えることなく弁護士の職務の公正さが確保される体制が構築され、裁判制度に対する国民の信頼が一層確かなものとなることを希求する次第である」。

本件最高裁は、日弁連の内部規範たる基本規程の裁判規範性（法源性）を否定して、当該弁護士の処遇は、日弁連の懲戒制度といった自治的解決に委ねた。

(2) 最高裁が基本規程の裁判規範性を否定した理由

本件最高裁決定は、弁護士法25条には、本件のような事案にあてはまる直接の規範はなく、また規程57条ただし書も「職務の公正を保ち得る事由」という文言が曖昧で解釈が困難であり、さらにこの基本規程自体は、もとより日弁連の内部規範であるとして、弁護士法25条の趣旨拡張による基本規程57条の裁判規範性を否定し、かつ傍論で判断基準の明確性も否定した。

規程57条と弁護士法25条の相違点については、①法律の規定であるか、それとも内部規律の規定であるか、②利益相反の程度が異なるか、すなわち弁護士法25条違反の場合には、同一の弁護士に係る利益相反でありその不公正さは絶対的と言えるのに対し、規程57条違反の場合には、別の弁護士に係る利益相反でありその不公正さは仮定的と言える、③違反に当たるか否かの判断方法が弁護士法25条違反の場合は事実要件で構成されていて該当性判断が容易であるのに対し、規程57条の場合は「職務の公正を保ち得る事由」という規範的要件があり、個別の事案における評価根拠事実と評価障害事実の総合考慮を要するため、該当性判断が必ずしも容易ではない、ことが挙げられている[47)]が、本件最高裁は、相違点のうち、①の法形式の違いのみを挙げている。

これに対し、下級審とりわけ原審の理由は、基本規程の裁判規範性を弁護士法25条1号の趣旨を及ぼして、弁護士法25条1号の場合と同様に訴訟行為の排除の申立権が認められるとしている[48]。規程57条に違反して訴訟行為が行われると、相手方当事者の利益が損なわれる（おそれがある）ことから[49]、弁護士法25条1号違反の訴訟行為について排除が認められる場合と同様に、規程57条違反の訴訟行為についても、弁護士法25条1項の趣旨を及ぼし、または同項の類推解釈により、排除を認めている。

元来、民事訴訟法違反ではなく、弁護士法違反が訴訟行為の排除の申立事由になるのかという前提問題があり、弁護士法違反でも当該申立事由にならないという議論もあったが、近時の最高裁の見解は、少なくとも相手方が異議を述べたときは訴訟上申立事由になるとしている（前述、異議説）。このように弁護士法の裁判規範性の内容についてすら裁判上争いがあった上で、本件のように、弁護士法の条文の趣旨を拡張解釈もしくは類推適用により、弁護士会の内部規範たる規程が訴訟行為排除の異議申立事由になるか、が議論となったことからすると、規程までもが裁判規範となるか否かは、たしかに遠い議論であったとは思われる。

他方で、本件最高裁が、日弁連の基本規程の裁判規範性を、弁護士法の趣旨の拡張もしくは類推適用も検討せずに否定し、弁護士の公正性の司法判断に踏み込まなかった姿勢については、批判もあり得よう。弁護士制度に対する信頼を裁判上も担保するといった観点からは、裁判所も司法判断に積極的に踏み込み、かつ弁護士の公正性を厳しく判断するべきであったとも思われるからである。しかしながら、最高裁は、一貫して弁護士会の自治を重視する方向で、規程の裁判規範性を否定し、かつ弁護士法の類推・拡張解釈を否定して、弁護士の禁止行為の範囲を厳密に解している。

47）　野中伸子・ジュリスト1567号（2022年）96頁参照。

48）　原審については、判例秘書L07520216参照。なお、1審は同L07530986参照。

49）　当該判例に関して、解説169～170頁は、いかに厳格な情報遮断措置がとられていても、典型的に相対立する同一事件の原告代理人と被告代理人を同一事務所の弁護士が務めることを容認するのは困難とする。石田京子「利益相反回避手段としての情報遮断措置の位置づけ」加藤新太郎先生古稀祝賀『民事裁判の法理と実践』（弘文堂、2020年）641頁以下も参照。アメリカの判例状況について詳しい。州にもよるが、異動してきた弁護士に、代理による利益を共有することを防ぐことを要件とするところもある。

Ⅷ　おわりに

1　利益相反を規律する裁判所の役割と弁護士会の役割

弁護士の非倫理的な行為に対する制裁は、原則としては弁護士会の懲戒手続や個々の弁護過誤訴訟に委ねられるべきではある。

しかしながら、共同事務所の規模も千差万別であるし、マネジメントのあり方もさまざまであること、個々の弁護士の意見も異なることからは、日弁連による新たな規律策定は期待しにくく、例えば会規として拘束力のないガイドラインから始めるのが現実的であるとしても、その道も険しいことが言われている。そのため、現時点では、全国弁護士会の懲戒処分の分析とその結果を反映した研修の強化といったところが現実的な方向性とも言われるが、研修で使用できる数の懲戒処分例の教材を収集できるか、またその研修を深刻に捉えられるかについても、弁護士の中で温度差がありそうである[50)]。

そのため、「看過することが裁判手続の公正を損なうような深刻な弁護士の利益相反行為については、裁判所は、裁判手続の公正確保のため、当該行為を無効とし、積極的に排除していく姿勢が求められ」るところであるが、弁護士法に規律がない行為については、類推適用や拡張適用を控える判例が続いている現状からは、裁判所は、基本的には、弁護士自治にあまり踏み込まず、今後の弁護士会の自助努力がまずは重要そうである[51)]。

2　立法の課題

弁護士法改正による立法政策問題としては、法と経済学的アプローチによる検討の重要性も指摘されている。現行の規律の下では、共同事務所内においてある弁護士の利益相反関係が他の弁護士にも影響するか否か、あるいは影響しうるとしても依頼者の同意などがあるもしくは情報遮蔽措置などをすれば問題ないか、に関する基本規程57条の文言が曖昧であるため、これに基づき職務を排除されるおそれがあれば、取引費用が増大し、弁護士に対す

50)　高中・前掲注34）8頁以下は、日弁連による新たな規律策定の見通しが難しいことについて詳しい。

51)　石田京子「利益相反を規律する裁判所の役割」上野泰男先生古稀祝賀『現代民事手続の法理』（弘文堂、2017年）23頁、35頁以下。

る萎縮効果が生じうると言われている。

そのため、仮に弁護士法25条の趣旨に照らして、利益相反行為についての具体的な規定が必要であるなら、弁護士法に具体的な規定を置くべきであるとも言われている[52]。

昨今の事件が多様化・専門化・広域化する中で、弁護士が他の事務所等に異動する際の条件を明確にするためにも、内部自治規範たる規程の整備に加え、裁判規範としての弁護士法の規定の整備も急務であるが、裁判所は消極的な態度であるし、弁護士会も意見をまとめにくい状況では、弁護士法で明確に定めることはおろか、内部規程での明確化すら、まだまだ困難な途のようである。

大規模事務所の場合は、依頼者が大企業であることが多く、依頼者自身がコンプライアンス（法令遵守）の実施に厳しいために、事件を受けるための前提として、事実上、利益相反チェックなどの事務所内ルールを相応に厳格化している（もしくはせざるをえない）と仄聞する。大規模事務所であれば、依頼者のコンプライアンスに対する厳しい目という外圧がかかり、現状の弁護士法あるいは規程の要請になくても、依頼者が利益相反のおそれがあると躊躇しそうな行為については控えるといった慣行によって、利益相反（のおそれ）の防止が事実上可能となっているとしても、大規模事務所に、所内の基準を全国的に平準化したルール作りの役割が課されているわけではない。

そうだとすると、職業自治団体たる弁護士会としては、本来の役割としての弁護士法25条により守るべき依頼者の保護の観点すなわち依頼者側の目線に立って、とりわけ大企業などの社内で厳しいコンプライアンス体制を整備している依頼者の意見などを参考に、共同事務所や組織内弁護士を巡る利益相反に関する具体的な規律事項のあり方を検討し、手始めにはガイドラインを作成しながら、規程および弁護士法での明文化に向けて、今後段階的にでも尽力することが肝要ではないかと思われる。

52）　太田勝造「相手方企業の組織内弁護士であった者を入所させた法律事務所の他の弁護士の訴訟行為を排除することの可否（最高裁判所第二小法廷令和3年4月15日決定）」NBL1199号（2021年）63頁以下参照。

12　共同事務所・弁護士法人における利益相反対策

桑山　斉

Ⅰ　はじめに（問題の所在）

弁護士の活動において、共同事務所・弁護士法人の存在感は、非常に大きい。弁護士の４分の３が共同事務所に所属しているのであって、弁護士の活動の大半が共同事務所に所属する弁護士により行われている。

大規模事務所を中心に、共同事務所・弁護士法人の存在が社会的に認知され、世間の目からも、弁護士誰それではなく、何々法律事務所、あるいはＡ法律事務所の弁護士Ｂという見方をされるようになり、法律事務所ランキングというものも見聞きする。

共同事務所・弁護士法人の側においても、一匹狼の「士（サムライ）」が、ただ同じ場所に集まっただけ、というのではなく、組織的な一体性を有するようになっており、また、組織的な運営が必要となっている。法律事務所にも統治体制（ガバナンス）が必要ということである。

他方、弁護士職務基本規程（以下、「規程」という）の前文や２条にあるように、弁護士は、職務の自由と独立を要請されており、共同事務所と所属弁護士との間でも一定の独立性を有すると考えられ、共同事務所・弁護士法人のガバナンスは、各所属弁護士の独立性を尊重したものとなる。

共同事務所・弁護士法人において最低限必要となるガバナンスの体制の1つが、規程を遵守する体制であり（規程55条および61条）、その主要な部分が、利益相反（職務ないし業務を行い得ない事件）に関する体制である。この体制がとられていなければ、規程に反する事態を招来し、存続すら危ぶまれかねない[1)]。

このように、共同事務所・弁護士法人において利益相反に関する体制が非常に重要なことは、言を俟たない。

そうしたところ、最決令和3・4・14民集75巻4号1001頁の草野耕一裁判官による補足意見として、「ある事件に関して基本規程27条又は28条に該当する弁護士がいる場合において、当該弁護士が所属する共同事務所の他の弁護士はいかなる条件の下で当該事件に関与することを禁止または容認されるのかを、抽象的な規範（プリンシプル）によってではなく、十分に具体的な規則（ルール）によって規律することは日本弁護士連合会に託された喫緊の課題の一つである。日本弁護士連合会がこの負託に応え、以って弁護士の職務活動の自由と依頼者の弁護士選択の自由に対して過剰な制約を加えることなく弁護士の職務の公正さが確保される体制が構築され、裁判制度に対する国民の信頼が一層確かなものとなることを希求する次第である」とされた（以下、「草野意見」という）。

本稿では、共同事務所・弁護士法人の昨今の状況に加えて、利益相反に関する体制の状況、規程57条の「職務の公正を保ち得る事由」、これに関する課題等について、草野意見も踏まえつつ、述べることとしたい。当然ながら、この論稿は、私個人の意見であり所属する弁護士法人の意見ではない。

なお、本稿においては、弁護士法人についても、共同事務所とほぼ同様と考えられることから、特に区別して論じたところを除き、共同事務所について述べていることは、弁護士法人についても同様である。

1）　利益相反ではないが、非弁提携により所属弁護士および弁護士法人の懲戒処分がされ、弁護士法人の破産に至った例がある。

Ⅱ　共同事務所・弁護士法人の現在の概況

弁護士法には、弁護士法人に関する定めはあるが、共同事務所に関する定めはない。日本弁護士連合会（以下、「日弁連」という）が、最上位規範である会則に次ぐ規範である会規として、弁護士の職務に関する倫理と行為規範を定めた規程によれば、共同事務所とは、複数の弁護士が法律事務所を共にする場合であり（55条）、弁護士が2人以上所属していれば共同事務所である。

日弁連が編集した『弁護士白書』（2023年）によれば、2023年3月31日現在の弁護士総数4万4916人のうち1人事務所に属する弁護士が1万1299人、2人以上の事務所に所属する弁護士が3万3617人、率にして74.8％である。

また、事務所数からみれば、2023年3月31日現在の法律事務所の数1万8276のうち、1人事務所が1万1299、61.82％を占めるが、101人以上の事務所が11、51～100人の事務所が16、31～50人の事務所が40、21～30人の事務所が60、11～20人の事務所が261を数え、11人以上の事務所として合計すると388ある[2)]。

弁護士法人については、2023年3月31日現在の弁護士法人数は、1598、所属する弁護士数は、社員弁護士と使用人弁護士を合計して、8568人である。社員数と使用人数の合計数を弁護士の総合計数で除した「法人組織率」は、19.1％となる。2013年3月31日の弁護士法人数は657、所属する弁護士数は3536人、法人組織率は10.5％であったから、この10年で倍増している。

事務所の規模については、1人事務所に加えて、5人までの事務所が、事務所数にして93％、所属弁護士数にして60％と大多数である。これらは、共同事務所の中でも、所属弁護士が顔の見える関係にあると言ってよい。これに対し、本稿の目的である利益相反対策を含めて、組織化の点で大規模事務所との中間にあると考えられるのが、6～10人事務所と考えられる。なぜならば、例えば、6～10人事務所の共同経営者（パートナー）と勤務弁護士（アソシエイト）の割合が50％とすれば、パートナーは、3～5人であり、お互

2）　これらの数字は、弁護士法人の主たる事務所、従たる事務所及びそれらの共同事務所をまとめて1事務所としてカウントし、事務所内に複数の法人が存在する場合も、まとめて1事務所としてカウントしているのであり、共同事務所と弁護士法人を併せたものである。

いに他がどのような事件を受任しているか、システム化しなくても自然とわかることが考えられるからである。6〜10人事務所は、事務所数にして4%、所属弁護士数にして13%である。

これに対し、おそらく組織化が必要と考えられる11人以上の事務所は、事務所数にして2%、所属弁護士数にして26%である。

11人以上の事務所について、2020年と2023年の比較を見ると[3]、この間の弁護士数の増2752人のうち、101人以上の事務所の人数増が790人（全体の増に対する割合28%）、51〜100人の事務所が479人（17%）増、31〜50人の事務所が271人（9%）増、21〜30人の事務所が90人（3%）増、11〜20人の事務所が162人増（5%）であった。

このように概観してみると、共同事務所に所属する弁護士は、大多数ではあるものの、相応の規模となる11人以上の事務所となると、まだ弁護士全体の人数として多いとは言えず、法律事務所の組織化の進み具合は、まだまだ途上である。その中で、2020年から2023年にかけての弁護士数の増加のうち、46%が51人以上の事務所であることからすると、弁護士の都市への集中につれて、大規模事務所が一層大規模化する傾向にあると考えられ、また、共同事務所の組織化も進んでいくと考えられる。

Ⅲ　利益相反に関する規程の構成、共同事務所・弁護士法人のガバナンス、コンプライアンス体制

共同事務所・弁護士法人の利益相反対策に関する規程の概要については、57条および58条において職務を行い得ない事件を定めた上に、59条では[4]、共同事務所の所属弁護士が「共同して」コンフリクト・チェックの体制を整える努力義務を課している。そして、55条において、所属弁護士を監督する権限のある弁護士には、所属弁護士が規程を遵守するための必要な措置を採る努力義務を課しているのであって、共同事務所の経営者弁護士は、事務所の内部統制システムにおいて、規程を遵守する体制を整備する努力義務が

3）　2022年の数値は、『弁護士白書』（2022年）による。

4）　所属弁護士は、職務を行い得ない事件の受任を防止するため、他の所属弁護士と共同して、取扱い事件の依頼者、相手方および事件名の記録その他の措置を採るように努める。

あると解される。

このように、共同事務所の経営者弁護士は、少なくとも規程の遵守について、内部統制システムを整備する必要があり、このうちコンフリクト・チェックに関しては、経営者弁護士のみならず所属する弁護士全員の努力義務が定められているのである。

そして、弁護士法人についても、同様に、63条から66条までに職務ないし業務を行い得ない事件についての定めがあり、68条において弁護士法人にコンフリクト・チェックの体制を求め、総括的に61条において社員弁護士に対して規程を遵守する体制の整備を求めている。

共同事務所・弁護士法人所属の弁護士は、以上に述べた体制の整備に関する義務について、あらためて十分認識して、義務を果たすべきである。なお、「努める」として努力義務とした定めについては、規程82条2項において「弁護士の職務の行動指針又は努力目標を定めたものとして解釈し適用しなければならない。」と定められているものの、弁護士会の懲戒実務においては、5条および6条をはじめ、努力義務とされた規定を根拠に懲戒処分がなされており、上記規定についても、違反した場合には懲戒もあり得ることに留意が必要である。

Ⅳ　コンフリクト・チェックの体制

1　大規模事務所

共同事務所のコンフリクト・チェックの体制については、所属弁護士500人超の大規模事務所においては、ほぼ同様の体制を執っており、①データベースによるチェック、②所属全弁護士への電子メール送信によるチェック、③内部委員会における協議・決定等によるチェック、の3重チェックの体制である[5)]。電子メール送信のタイミング等の利用方法など、各事務所により多少の差異はあるが、概ね同じであり、スタンダードといってよいと思われる。

①データベースによるチェックとは、訴訟のみならず、法律相談を含めて、

---

5)　髙中正彦・石田京子編『新時代の弁護士倫理』（有斐閣、2020年）180頁の石原弁護士発言。その後筆者が聞いたところでも同じである。

コンピュータ・システムに構築されたデータベースに受任案件の依頼者名・相手方名・事件名・関連当事者・事務所における担当弁護士その他の情報が登録されており、案件の進捗管理その他に利用しているところ、新たに受任を検討するについて、当該事件の情報をデータベースに入力し、検索することにより、コンフリクト・チェックを行うものである。

所属弁護士の数が多くなると、所属する各弁護士がどのような依頼者・相手方の案件を受任しているか、各弁護士の記憶で把握することは不可能となり、また、顧問契約を締結している法人・個人（規程28条2号に定める「継続的な法律事務の提供を約している者」）についても、同様となるから、コンピュータ・システムを利用しなければ、コンフリクト・チェックは不可能である。

データベースによるチェックだけで十分とも考えられるが、今まさに別の所属弁護士が受任を検討している事件がデータ入力されていないなど、データが最新とは限らず、また、次の2で述べる関係者および3で述べるビジネス・コンフリクトがデータベース上完全には網羅できていないことがあり得ることから、②所属全弁護士への電子メール送信によるチェックにより、ダブルチェックをしている。

そして、コンフリクト・チェックにより、データ上抵触する既受任の案件があった場合には、担当弁護士間で協議して、新規受任をするか、差し控えるかを判断するが、判断が付かない場合には、コンフリクトに関する事務所内の委員会、または経営を担当する弁護士の会議体等において協議し、決定することになる（③内部委員会における協議・決定等によるチェック）。通常、③にまで至ることは少ない。

筆者が所属する事務所は、現在所属弁護士100人超程度の弁護士法人であるが、ほぼ同じシステムであり、筆者の知る限り、同程度の事務所もほぼ同じである。

このように、大規模事務所は、3重のチェックにより、「取扱い事件の依頼者、相手方及び事件名の記録その他の措置」を採っている。

2　依頼者の関係者（子会社など）

例えば、貸金請求事件の債権者を受任する場合に、今般受任する相手方は債務者のみであるときの保証人については、ひとまず相手方とはならないとしても、将来相手方となる可能性がある。このような場合にデータベース上関係者としてコンフリクト・チェックを行い、当初債務者のみを相手方とするに際しても、受任の可否の判断材料とすべきである。そして、保証人が別件の依頼者であれば、債務者を相手方とする事件を受任しないことがあり得る。そのため、コンフリクト・チェックの際に、相手方関係者として、データベースに登録する。

また、受任事件の依頼者であったり、顧問先である法人について、その子会社など、同一企業グループに属する法人は、別件で相手方として受任しても、形式的には規程に抵触しないが、実質的には抵触すると考えざるを得ないことがある。特に完全子会社の場合などは、仮に、共同事務所の別の弁護士が完全子会社を相手方とする案件を受任するとすれば、先に受任している依頼者である親会社としては、実質一体と考えて、自身を相手方とする事件の受任と同一視して、トラブルとなるおそれがある。したがって、このような法人についても、関係者に含めてデータベースに登録しておくことが行われている。

懲戒事例として、懲戒請求者（異議申出人）と顧問契約を締結している弁護士が、懲戒請求者の親会社（株式保有割合は、ほぼ100％）が提起した損害賠償請求訴訟において、被告代理人に就任した事件について、規程28条2号に抵触する可能性があるが、原弁護士会懲戒委員会に事案の審査を求めることが相当とまでは言えないと判断した例（日弁連綱紀委員会平成25・5・15議決例集16集138頁）がある[6]。

この例は、「品位を失うべき非行」（弁56条）とはならなかったが、法律顧問契約を締結している会社としては、自社のために法的サポートをしてくれると信頼している顧問弁護士が、自社の子会社や親会社と敵対する訴訟の代理人となることを受け入れられないのが通常と思われる。特に完全子会社の場合には、親会社内部の事業部ないしそれより小さい組織と実質的に同一の場合が多いのであり、利益相反による職務禁止の規定が準用ないし類推適用される可能性が相当程度あると考えざるを得ない[7]。

他方、完全子会社ではない場合や、持分法適用会社に過ぎない場合、ある

6）　解説90頁。
7）　解説90頁も「顧問先及び相手方の同意がない限り受任を差し控えることが望ましい」とする。

いは、それに加えて、事件内容が訴訟ではなく、利害対立が薄い契約締結交渉である場合など、同意を得るなどにより受任が可能となったり、「職務の公正を保ち得る事由」に該当するとして、利益相反による職務禁止に該当しない場合もあると考えられる。

したがって、法律顧問契約を締結している会社の親会社、子会社および関係会社については、コンフリクト・チェックにおいて、検索によりピックアップできることが望ましいのであり、必要と考えられる範囲で、データベースに登録しておくことが望ましい。

3　ビジネス・コンフリクト

2の「関係者」よりもさらに範囲を広げて、継続的な法律事務の提供を約していない過去の依頼者や、過去に事件を受任したことはないが、業務上深い関係がある法人、個人、例えば、よく事件で協力し合う関係にある公認会計士、税理士その他の専門家やその属する法人については、規程に抵触しないことは明らかであった場合でも、相手方とする事件の受任を控える場合がある。

2の「関係者」のうちのグループ会社や、上記のような場合を、ビジネス・コンフリクトと称することがある。

4　大規模事務所以外の事務所

大規模事務所以外の事務所について、日常より、また2019年ころおよび2023年に筆者が複数の法律事務所に非公式に尋ねるなどして知る限りでは、その実情は次のとおりである。

共同事務所であっても、所属弁護士が10人以下である場合には、ワンフロアで執務していることがほとんどであることと、その人数から、所内での執務の状況や、お互いの話の中で受任事件がわかる。また、事件に関する情報は、事務局が把握していることも多いので、利益相反に該当する事件は、特に意識しなくても察知できるのであり、このような相互の意思疎通による方法以外に特段の措置を採っていない事務所も多い。

確かに、所属弁護士2人が机を並べるようにして同じ部屋で執務している事務所や、所属弁護士が4人であっても、パートナー弁護士が2人で、あとの2人はもっぱらパートナー弁護士が受任する案件を担当している事務所ないしこれに類する事務所は、規程が定める「共同事務所」に違いないが、特段の措置をとらなくても、お互いの受任事件がわかるように思われる。

そして、依頼者層について、法人は少なく、ほとんどが個人の依頼者であれば、個人の依頼者が法律事務に関する事件を複数抱えていることは多くなく、Aという依頼者について、共同事務所の他の弁護士が同時に別件で相手方としてしまう、というケースはほとんどないであろう。

これに対し、依頼者層が株式会社など法人中心であるとき、法人の場合は、様々な事業を各地で行っていることがあり、依頼を受けた依頼者A社に対して、依頼を受けた案件と全く別の事業に関する法律問題で、同時に共同事務所の別の弁護士の依頼者の相手方となることは大いに考えられる。A社が顧問先であれば、現に個別の事件受任をしていなくても、A社と当該事件の依頼者の同意なしにA社を相手方とすることは禁止されており、このような受任を防ぐ必要がある。

以上述べたところからすれば、小規模の共同事務所においては、その人数や、パートナー弁護士とアソシエイト弁護士の人数構成および依頼者層などにより、事務所の実情に合わせて、利益相反を防ぐ措置が採られていればよく、必ずしもデータベースによるコンフリクト・チェックが必須ではないと考えられる。

しかしながら、所属弁護士が10人以下の事務所であっても、所属弁護士のすべての受任事件について、自然と認識できるとは限らず、必ず漏れが生じていると思われ、意識的に網羅的なチェックをすることなしに、十分なコンフリクト・チェックができるかは疑わしく、結果的に問題が生じなかっただけに過ぎないのではないかとも考えられる。そもそも、黙示を含む相互の意思疎通による察知は、職務を行い得ない事件の受任の防止を目的とした措置といえるかは疑問であり、少なくとも、能動的な措置ではない。仮に、利益相反の事件受任を防ぐには漏れが多いのが実情となると、規程59条に定める「取扱事件の依頼者、相手方及び事件名の記録その他の措置」が採られているとは認められないのではないか。

人間のすることに「漏れ」はつきものであり、さらには、法人の依頼者や顧問先、さらには、顧問先の親会社や子会社を相手方とする可能性を考えると、すべての共同事務所について、受任に際して、ソフトウェアの検索機能を利用したデータベースによるコンフリクト・チェックの体制を採ることが望ましいと考える。

そして、所属弁護士が10人を超える事務所になると、相互の意思疎通による察知のみではコンフリクト・チェックはできず、組織的な体制を採っている。それでも、大規模事務所とは異なり、聞く限り、データベースによるチェックを基本とし、電子メールによるチェックは実施していない場合、電子メールによるチェックを基本とする場合、弁護士および事務局の記憶によるチェックおよび補助的に電子メールを利用する場合など事務所の実情に合わせて様々である。

比較的少数の顧問先から受任する案件が主である事務所では、コンフリクトが生じることが少なく、生じてもチェックから漏れるおそれが低いことから、データベースによるチェックは行わずとも足りるであろうし、多数の個人を依頼者とする事務所であると、記憶に頼ることはできず、データベースによるチェックを行うが、受任判断に迷うことは少なく、電子メールを弁護士に送る必要はないと考えられる。利益相反による受任を防ぐ体制ができていれば、それぞれの事務所の実情に応じた独自のシステムであっても、規程59条の「取扱い事件の依頼者、相手方及び事件名の記録その他の措置」を採っていると言える。

5　まとめ

以上のとおり、コンフリクト・チェックの体制については、大規模事務所においては、ほぼスタンダードと言える体制が採られている。その他の規模の事務所においては、実情に合わせて様々であるが、利益相反の受任を防止できる体制となっていればよい。そうはいっても、すべての共同事務所について、受任に際して、ソフトウェアの検索機能を利用したデータベースによるコンフリクト・チェックの体制を採ることが望ましい。

V　同意による禁止解除

1　はじめに

共同事務所の所属弁護士は、依頼者ないし相手方から同意を得ることにより規程27条および28条に該当しない場合には、職務を行うことができるのであり、これを同意による禁止解除という。

なお、所属弁護士の離脱・移籍により生じる問題については、本書の別稿のテーマであり、本稿では触れない。

2　同意を得る場合と控える場合

例えば、所属弁護士XがAを相手方とする事件の受任の可否を検討したところ、Aは、所属する法律事務所の他の所属弁護士Yの顧問先であった場合、規程28条2号、57条に該当するが、Xの依頼者であるCと、相手方でありYの顧問先であるAの双方の同意があれば28条但し書きに該当することから、結局57条には該当しないこととなる。

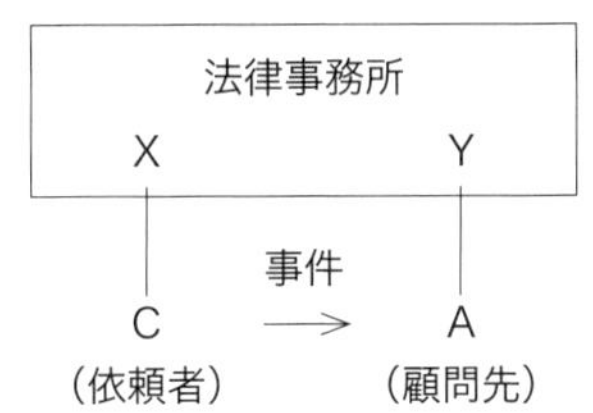

この場合、CおよびAには、利益相反に該当する旨と事案の概要を説明し、インフォームド・コンセントを確保したうえで、利益相反に該当する事件の受任に関する同意を得る必要がある。

前述したビジネス・コンフリクトの観点から、依頼者ないし相手方（他の所属弁護士の顧問先）に説明して同意を得ようとすることにより、依頼者または他の所属弁護士の顧問先との信頼関係に影響があり、それが看過できないと判断して、同意を得ようとせずに、受任を控えることがある。筆者自身の経験では、そのような事情で受任を控えることの方が多い印象であり、他事務所の弁護士からもそのような印象を述べられることが多い。

同意を得ようとすること自体を控える理由としては、利益相反による受任禁止や同意による禁止解除という制度が弁護士特有のものであって、弁護士以外の者が理解しにくいことがある。

この点については、上記の例のA（受任しようとする事件の相手方であり、他の所属弁護士の顧問先）に企業内弁護士が在籍している場合には、当該弁護士が弁護士特有の制度を理解していることから、制度自体の説明を省略でき、禁止解除の同意を得やすい。そして、企業内弁護士が在籍することにより、その在籍する企業Aにおいて企業内弁護士以外にも理解が進み、制度自体の説明を省略できることによって、同意を得ることをためらわずに済むようになって、同意を得て受任する場合が増加するということが言える。

近年、企業内弁護士が飛躍的に増加していることから、筆者の印象では、利益相反の同意を得やすくなっていると思われる[8)]。

Ⅵ　職務の公正を保ち得る事由と情報遮断措置

1　はじめに

職務の公正を保ち得る事由について、解説169頁においては、依頼者の信頼確保、弁護士の職務の公正確保という規程57条の趣旨に照らして、所属弁護士が、他の所属弁護士が規程27条または28条の規定により職務を行い得ない事件について職務を行ったとしても、なお弁護士の職務に対する信頼感を損ねるおそれがなく、弁護士の職務執行の公正さを疑われるおそれがないと判断される特段の事情（事由）をいうとされ、そして、信頼感や公正さとは、法的な観点から客観的・実質的に判断されるべきであり、単なる感情的な反発や好悪のレベルであれば、それらが損なわれるとまでは言えない、さらに、職務の公正を保ち得る事由とは、一種の規範的要件であるから、その事由の有無は、具体的事案に即して、事情を総合考慮して個別具体的かつ実質的に判断されるべきであり、考慮すべき事情として当該共同事務所における情報遮断措置の体制、当該事案（事件）の性格、当該事案における利害

8）　同意の方法について、近年、電子メールの送受信により行うことが増えている。また、受任後に利益相反が判明した場合に同意により受任を継続できるのか、継続できない場合にどのような措置が適切かについても、注意が必要だが、本稿では割愛する。

対立の程度、内容その他合計８項目の事情が挙げられる。

これらは、他の所属弁護士が規程27条または28条に抵触し、依頼者ないしは相手方の同意を要する事件についても、同意を得ないままに受任することが許される事由であるから、利益相反禁止の趣旨を裏返して述べたもので、言わば理の当然であり、異論のないところである[9)]。

そして、情報遮断措置について、解説は、典型的なものとして、合計７個の措置を挙げており、これらにより、共同事務所の所属弁護士の業務が厳格に分離され、職務上の秘密が内部的に開示されず、秘密の共用または漏示を阻止する体制が構築されていることを要するとされるが、これらについても、実務において、特段の異論なく受け入れられている[10)]。

2　職務の公正を保ち得る事由に関する実情

職務の公正を保ち得る事由があるとして、規程57条但書に基づいて受任する事案としては、入札案件における、複数の応札企業の受任の例がある。大規模法律事務所では、同じ入札案件に応札する複数の企業から同時に相談を受けることが往々にして生じており、これらは、次に述べる情報遮断措置を含めて、職務の公正を保ち得る事由があるとして、受任する場合が多い実情にあると考えられる。

他方、対立関係が厳しい訴訟事件については、いかに情報遮断措置を採ろうとも、職務の公正を保ち得る事由があるとは言えず、受任しないのが通例と考えられる[11)]。

以上については、実務において定着していると考えられる。

これ以外については、定着した実務慣行がなく、個別に考えざるを得ない。例えば、顧問先から契約書の条項に関する助言を求められたところ、当該契約の相手方が、共同事務所の他の所属弁護士の顧問先という場合に、代理人として対外的な活動をしないで、助言にとどまり、助言を受けた顧問先にお

9）加藤新太郎教授は、解説の考え方は相当と解され、懲戒手続実務においても通説的となっているとし、また、合計８項目の考慮要素および判断枠組みについても相当なものとして支持するとされている（加藤新太郎「『職務の公正を保ち得る事由』としての情報遮断措置体制の位置付け」NBL1179号（2020年）56頁）。

10）解説170頁。加藤前掲も、違和感はなく、相当であるとする。

11）解説170頁も、基本的には困難とする。

いても助言を参考に内部判断して顧問先自身の行為として他方に返答するときには、そもそも「相手方」となっておらず規程28条2号に該当しないとも考えられるが、仮に該当するとしても、情報遮断措置等他の事情も相まって、受任が許される場合があると考える。

3　職務の公正を保ち得る事由および情報遮断措置に関する裁判例

(1) はじめに

職務の公正を保ち得る事由については、裁判例や懲戒事例がなかったところ、令和3年に、裁判例が現れ、注目を集めた（前掲最決令和3・4・14民集75巻4号1001頁）。事例の乏しい現時点で貴重な参考事例と考えられる。

(2) 事案の内容

医薬品に関する特許権侵害事件という基本事件があるところ、基本事件における被告の訴訟代理人である弁護士Aおよび弁護士Bが所属するE事務所の所属弁護士であった弁護士Cは、E事務所に所属する前に基本事件の原告の社内弁護士として、基本事件の訴訟に係る業務を担当し、これに深く関与していたとして、基本事件が、C弁護士との関係では、弁護士法25条1号および規程27条1号の「相手方の協議を受けて賛助した事件」または弁護士法25条2号および規程27条2号の「相手方の協議を受けた事件で、その協議の程度及び方法が信頼関係に基づくと認められるもの」に当たり、A弁護士およびB弁護士との関係では、規程57条本文の「他の所属弁護士（所属弁護士であった場合を含む。）が27条の規定により職務を行い得ない事件」に当たるから、A弁護士およびB弁護士が基本事件において被告の訴訟代理人として訴訟行為をすることは基本規程57条に違反すると主張して、A弁護士およびB弁護士の各訴訟行為の排除を求めた事案である。

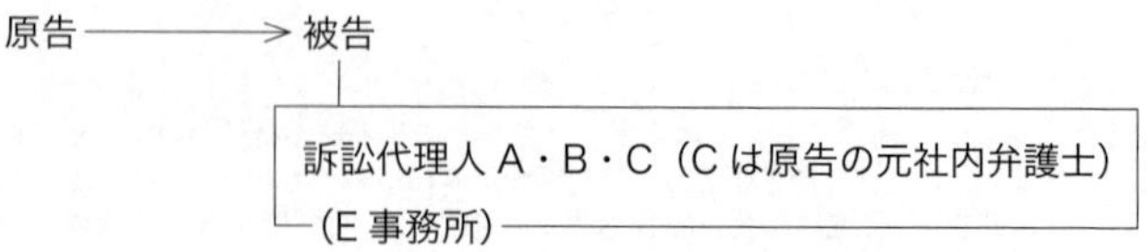

(3) 地裁および高裁決定

第1審の東京地裁[12]および第2審の知財高裁[13]ともに、弁護士法25条1号に違反する訴訟行為について排除の裁判を求める申立権を有することからすれば、規程57条違反の訴訟行為についても排除の裁判を求める申立権を有すると解するのが相当と判断し、そして、A弁護士およびB弁護士について、規程57条本文に該当するとした。

57条但書「職務の公正を保ち得る事由」の有無について、第1審は事由ありとして排除を認めなかったが、東京高裁は事由があるとは認められないとして、排除を認めた。東京高裁の理由の概要は次のとおりである。

職務の公正を保ち得る事由の意義については、規程57条につき、所属弁護士がその事件について職務を行うことは、依頼者に所属弁護士の職務の公正に対する疑念と不安を生じさせるものであり、他方で、先に他の所属弁護士または共同事務所を離脱した他の所属弁護士を信頼して協議または依頼をした当事者においても、所属弁護士の職務の公正に対する疑念を生じさせるものであることから、依頼者の信頼を確保し、依頼者および上記当事者の利益を保護するとともに、弁護士の職務執行の公正を確保し、弁護士の品位を保持することを目的とするものであり、かかる57条の規定の趣旨に照らすと、職務の公正を保ち得る事由とは、所属弁護士が、他の所属弁護士が規程27条1号により職務を行い得ない事件について職務を行ったとしても、客観的および実質的にみて、依頼者の信頼が損なわれるおそれがなく、かつ、先に他の所属弁護士を信頼して協議または依頼をした当事者にとって所属弁護士の職務の公正らしさが保持されているものと認められる事由をいうものと解するのが相当であるとした。

そして、職務の公正を保ち得る事由の有無については、①基本事件は医薬品に関する特許侵害訴訟であり、原告と被告の間の利害の対立が大きい事件であると認められること、②基本事件の主要な争点と予想されるものは、発明の構成要件を充足するか、および均等論の要件を充たすかどうかであり、そのことからすると、C弁護士がE事務所に所属する前に基本事件の原告の社内弁護士として、基本事件の訴訟に係る業務を担当し、関与していたこ

---

12) 東京地決令和2・3・30D1-LAW28291373。
13) 知財高決令和2・8・3最高裁ホームページ。

とにより知り得た情報は、基本事件の訴訟追行において重要な意味を有するものと解されること、③被告は、基本事件の訴訟が提起された当初の段階では、E事務所とは異なる法律事務所に所属するD弁護士らに基本事件の訴訟追行を委任し、基本事件の第1回口頭弁論期日にはD弁護士が被告の訴訟代理人として第1審裁判所に出頭したが、C弁護士が令和2年1月1日にE事務所に入所した後、同月16日、A弁護士およびB弁護士に基本事件の訴訟追行を委任する旨の訴訟委任状を第1審裁判所に提出し、一方で、D弁護士は同月18日には被告の訴訟代理人を辞任する旨の辞任届を第1審裁判所に提出したことに照らすと、C弁護士がE事務所に入所した時期と近接した時期に、基本事件の被告の訴訟代理人がE事務所とは異なる法律事務所に属するD弁護士からE事務所に所属するA弁護士およびB弁護士に切り替わったものと言えること、以上の①から③までの事情は、原告にとって、A弁護士およびB弁護士が基本事件の被告の訴訟代理人として職務を行うことについて、その職務の公正らしさに対する強い疑念を生じさせるものであるものと認められる、とした。

そのうえで、情報遮断措置については、A弁護士は、①（C弁護士への指示とC弁護士の誓約）令和2年1月1日にC弁護士が入所することが内定していた状況下の令和元年12月27日に基本事件の受任を合意した後、同日C弁護士と面談して、C弁護士に対し基本事件について発言しないよう伝え、原告在職中に担当した基本事件を含む一切の秘密情報をE事務所に洩らさないことを誓約する旨の誓約書の提出を受けたこと、②（事務所所属の弁護士、弁理士および事務局職員への指示）同日、E事務所に所属するB弁護士、弁理士および事務局の職員に対し、C弁護士から基本事件の情報を一切受け取らず、C弁護士にも漏洩しないことにすること等を指示した上、基本事件に関するメールでのやり取りはC弁護士以外のE事務所の所員全員間で行い、その際のメールの宛先は全員とし、宛先の追加または削除をしないこと、勤務時間の内外を問わず、基本事件についてC弁護士からは一切聞かず、C弁護士に一切伝えないこと、基本事件に関するファイルをE事務所のサーバコンピュータ内のC弁護士がアクセスできないように設定されたフォルダにのみ入れるものとし、誤ってC弁護士がアクセスできるように設定されたフォルダに入れた場合には、直ちに削除するとともに、A弁護士に報告すること、基本事件に関する打合せおよび会話は、C弁護士が執務室に不在でもE事務所の第2会議室のみで行うこと等の指示をしたこと、③（紙媒体およびデータの管理に関する指示と措置）基本事件に関する紙媒体の管理の徹底や基本事件に関する書類をスキャンしたデータの管理の徹底などをC弁護士が不在の場で弁護士、弁理士および事務局に指示をし、また、基本事件の訴訟記録を弁護士および弁理士の執務室から離れた事務局の執務室の鍵付きのキャビネットに保管させ、A弁護士と事務局のみがそのカギを管理するようにしたこと、他方、④（執務室の構造）C弁護士がE事務所で執務を開始した当時、E事務所には合計8名の弁護士および弁理士が所属し、同じ執務室で執務を行っていたが、執務室内の構造としては、各弁護士および弁理士個人の周囲三方がノートパソコンの2倍程度の高さの仕切りが設けられていたにとどまること、⑤（事務局の態勢）E事務所では、各弁護士および弁理士の間で、補助する事務局の職員を別にするといった態勢は執られていなかったこと、という事実が認められた。このうち①から③までの措置は、基本事件に関する情報の共有や漏洩を防止することを目的とする情報遮断措置に相当すると認められるが、④および⑤の事情に照らすと、E事務所においては、C弁護士とA弁護士およびB弁護士を含む事務所の他の弁護士および弁理士らとの間における口頭による基本事件に関する情報の伝達、交換、共有等を遮断するには一定の限界があり、基本事件に関する情報遮断措置として十分なものであったものと認めることはできない、そうすると、A弁護士が講じた情報遮断措置は、原告における、A弁護士およびB弁護士が基本事件の被告の訴訟代理人として職務を行うことについての職務の公正らしさに対する疑念を払しょくさせるものということはできない、また、その他の主張についても認められないとした。

そして、A弁護士およびB弁護士に規程57条但書の「職務の公正を保ち得る事由」があると認めることができず、規程57条に違反するから弁護士法25条1項の趣旨に鑑みて訴訟行為を排除する旨の裁判を求めることができると判断した。

(4)　最高裁決定

最高裁第2小法廷は、判断の直接の対象である訴訟行為の排除については、次のとおり判断して高裁決定を覆し、排除を認めなかった。

弁護士法25条1号のように、法律により職務を行い得ない事件が規定され、弁護士が訴訟代理人として行う訴訟行為がその規定に違反する場合には、相手方である当事者は、これに異議を述べ、裁判所に対しその行為の排除を求めることができるとはいえ、弁護士が訴訟代理人として行う訴訟行為が日弁連の会規である規程57条に違反するものにとどまる場合には、その違反は、懲戒の原因になり得ることは別として、当該訴訟行為の効力に影響を及ぼすものではない。

そして、そうである以上、これ以上の判断は不要であるから、高裁決定が示した規程57条の解釈については判断を示さなかった。

(5) 草野意見

そして、草野裁判官は、「本件に関する私の見解は、法廷意見記載のとおりであるが、これは甲弁護士らがA弁護士[14]の採用を見合わせることなく本件訴訟を受任したことが弁護士の行動として適切であったという判断を含意するものではない」としたうえで、前掲した草野意見を述べた。

(6) 考察（私見）

最高裁の判断　最高裁の判断については、民事訴訟法の解釈問題であるから、その点は他の論稿に委ねるが、高裁決定のように、日弁連の総会の多数決で定められる会規について、「趣旨が同じ」というだけで弁護士法と同等の効力を認めることは、これを法的根拠と同様に扱ってよいのかという疑問がある上に、特に本件のように、規範的要件である「職務の公正を保ち得る事由」の適用が問題となると、解釈の幅が大きすぎて、法的安定性が保てないことから、妥当性を欠くと考える[15]。

規程57条に該当して懲戒処分を受けるおそれがあると周知されれば、訴訟代理人となって訴訟行為をすることを控えるであろうから、結果として、排除するまでもなく、懲戒処分のリスクを回避するために受任しないことにより、間接的に同じ結果となる。

したがって、最高裁の判断は、妥当と考える。

草野意見については、後に、Ⅷで述べる。

---

14)　本稿においては、甲弁護士がA弁護士で、A弁護士がC弁護士（前掲略図）。

15)　加藤新太郎「弁護士職務基本規程57条違反に基づく訴訟行為の排除を求める申立て（否定）」NBL1195号（2021年）91頁も同旨。

高裁決定の「職務の公正を保ち得る事由」　高裁が判断した「職務の公正を保ち得る事由」については、最高裁決定からすれば、不要な判断をしたものであり、最高裁は、言わば、弁護士会の会規違反については弁護士会の判断に任せておくと判示したのであるから、裁判例としての今後の実務への影響は限定的であるが、高裁決定が重視していると考えられるのは、「先に他の所属弁護士を信頼して協議または依頼をした当事者」すなわち本件においては原告にとって、C弁護士の職務の公正に対する疑念である。高裁決定は、「職務の公正を保ち得る事由」の解釈を、客観的に行うというよりは、C弁護士が社内弁護士として職務を行った原告の立場から行ったように読める。この点は、「公正らしさ」と「らしさ」を基準に置いたところに表れているが、客観的・実質的に判断されるべきとする解説の立場と異なって、主観や感情に流されやすい点で妥当でないうえに、原告により過ぎてバランスを失した観点の置き方と考える。しかしながら、後に述べるように、「職務の公正を保ち得る事由」を認めないという結論としては妥当である。

高裁決定は、情報遮断措置のうち、書面やデータ、電子メールに関しては遮断措置として妥当と判断し、残る口頭の情報遮断に対する措置については、原告によるC弁護士に対する職務の公正らしさへの不安を重視して、公正らしさに疑念が残るとした。

口頭の情報遮断に対する措置について不十分とされたのは、場所と事務局職員の遮断の点であるが、事務所を共にしている以上、口頭による情報の遮断は、究極的には不可能である。同じ事務所を名乗りながら実際の事務所の経営は別々でも、コンフリクト・チェックは行わねばならないから、受任事件は相互に知り得ることになる。

高裁決定からすると、口頭による伝達に対する情報遮断については、場所においては、最低限部屋を別にする必要がある。それでも、遮断が不十分との判断の余地があることから、フロアが別、あるいは建物が別であることが望ましいことになるが、そこまで求める意味があるかは疑問である。また、パーティションの高さが問題とされたが、高さがより高くても同じではないか。また、事務局については、共通の事務局としないことが求められる。

このように、高裁決定が求める情報遮断措置については、妥当であるか疑問な点もあるが、大規模事務所でなければできないということはなく、小規模事務所が受任できなくなるといったことはないと考えられる。小規模の共同事務所であっても、書面やデータ、電子メールについて遮断するとともに、貸室を別途確保し、事務局員を共通としない対応を採ることは可能と考えられ、要は、それに見合う弁護士報酬の確保が見込まれるかという費用対効果が認められるかどうかということと考えられる。

高裁決定は、情報遮断措置に関して参考となる一事例として貴重であるが、筆者としては、A弁護士は、情報遮断措置として行い得ることをほぼすべて実行したのであり、情報遮断措置としては足りないとは言えないと考える。

本件におけるA弁護士の対処（最高裁決定の結論の妥当性）　本件の事実経緯の中で、被告から受任の可否の問い合わせを受けた令和元年12月26日時点では、C弁護士は、数日後の令和2年1月1日からE事務所に入所することが内定していた。A弁護士は、情報遮断措置を採ったうえで、基本事件の受任をしたものであるが、基本事件が製薬会社間の薬品に関する特許権侵害に関する訴訟事件であることからすれば、いかに情報遮断措置を整えるなど職務の公正を保ち得る事由を充足するための手立てを尽くそうとも、事案の性格、利害対立の程度の要因から、受任を避けざるを得ず、私見では、その判断に迷いを生じる事案ではなく、明確と考えられる（草野裁判官は、「A弁護士の採用を見合わせることなく本件訴訟を受任したことが弁護士の行動として適切であったという判断を含意するものではない」と述べるが、弁護士倫理上はA弁護士の採用を見合わせれば受任できても、内定している弁護士の採用を断って受任することが、妥当とは考えられない）。

この点については、その後様々な場面で本件について弁護士間で意見交換をする機会があったが、筆者の経験する限り、異論のないところである。

Ⅶ　弁護士法人

1　規程の概要

弁護士法人は、弁護士法人、弁護士法人に所属する弁護士（社員および使用人）、および使用人である外国法事務弁護士といった法主体から構成されており、弁護士法人に所属する弁護士は、弁護士法人としてではなく個人としても事件を受任することができる。

このことから、利益相反行為（職務を行い得ない事件および業務を行い得ない事件）について、それぞれの法主体との関係に応じて規律を設けている。弁護士法人が、弁護士法人自身並びに弁護士および外国法事務弁護士の受任等の関係で業務を行い得ない場合の規律が弁護士法30条の18、規程65条および66条、そして、所属する弁護士が弁護士法人、弁護士および外国法事務弁護士の受任等の関係で職務を行い得ない場合の規律が弁護士法25条6号から9号まで、規程63条および64条である。

2　問題点（私見）

弁護士法人に対する利益相反の規律について、筆者は、共同事務所との関係でアンバランスがあると考えている。確かに、共同事務所と弁護士法人とは、法人格のあるなしという違いがあるが、それは形式であり、その実質は、事件受任および事務所運営全般について、弁護士法人と共同事務所とに異なるところはない。共同事務所は、民法上の組合とされるが、弁護士法人も、債務に対して原則として無限責任を負い、組合的な性格を有する会社法の持分会社に関する規定を主に準用するなど、法制度としても近い。

ところが、弁護士法人においては、弁護士法人の受任事件とした場合には、その関与弁護士が一部にとどまっていても、弁護士法人としては、65条1号から4号までに該当して、但書を充足できないと、一切業務を行うことができない。これが、共同事務所であれば、規程57条により、他の弁護士が27条または28条に該当したとしても、それ以外の弁護士は、「職務の公正を保ち得る事由」があれば、職務を行うことができる。弁護士法人においても、所属弁護士全員が担当して業務を行うのではなく、共同事務所と同様に、所属弁護士の一部が、分担して事件受任するのであるし、対外的に「○○法律事務所」という1つの「看板」すなわち事務所名のもとで職務を行っているのも、違いはないのであるから、共同事務所と異なる規律をする合理的理由はなく、共同事務所について「職務の公正を保ち得る事由」のある場合には受任を認めるのであれば、弁護士法人における法人受任の事件どうしについても、認めて然るべきである。現行の規律は、業務の実質を見ずに、形式論に捉われているのではないだろうか。

Ⅷ　今後の課題

1　職務の公正を保ち得る事由の明確化

草野意見の言わんとするところは、規程57条但書「職務の公正を保ち得る事由」の明確化であって、最高裁判所判事から日弁連に向けられた課題である。憲法76条により司法権の最高位にある最高裁判所の決定における意見であるから、司法の一翼を担う弁護士、その集まりである日弁連としては、尊重すべきである。

しかしながら、職務の公正を保ち得る事由は規範的要件であり、具体的事案に即して実質的に判断されるものであるから、もとより一律にルール化することがそぐわない上に、事例が少なく、懲戒審査における判断の予測も困難であり、規則化は困難である。

私見としては、規則化は困難としても、指針やガイドラインの制定は可能であり、日弁連は、規則化に至らないまでも、ガイドラインを示して、会員である弁護士の注意を促すとともに、広く議論の対象として、不断に加除修正すべく、ガイドラインを提示すべきである。

現時点では、既に述べたように、訴訟事件については、いかに情報遮断措置を採ろうとも、原則として職務の公正を保ち得る事由があるとは言えないことであるとか、入札案件や、契約書の条項に関する助言については、職務の公正を保ち得る事由を認める余地があるというように、部分的に示すことができるに過ぎないが、そうであっても、日弁連の意思決定を経たガイドラインとして、示すべきではないかと考える。ガイドラインを策定するについては、加藤新太郎教授および石田京子教授が論じているように[16)]、類型を分けて職務の公正を保ち得る事由および情報遮断措置を分析・考察することが有用と考える。

2　システムの標準化・汎用化

コンフリクト・チェックについては、すべての共同事務所がデータベース

---

16)　加藤・前掲注9）72頁、石田京子「利益相反回避手段としての情報遮断措置の位置付け」加藤新太郎先生古稀祝賀論文集「民事裁判の法理と実践」（弘文堂、2020年）。

によるチェックの体制を整えることが望ましいが、小規模事務所が、経済コストの面でも、使い勝手においても、利用しやすいシステムの標準化・汎用化が待たれるところである。

3　出向

法律事務所から、依頼企業や官公庁に「出向」するということが行われている。依頼先としては、法務人材の増強のニーズがあり、依頼を受ける法律事務所としては、単に依頼されたことに応えるのみならず依頼先との関係強化につながり、「出向」する所属弁護士としては、経験・キャリアを加えることになる。このようなことから、「出向」は、東京の大手企業と大規模法律事務所を中心に、広く活用されている。

「出向」とは、通常の会社員の場合には、在籍型出向について、「いわゆる出向は、出向元事業主と何らかの関係を保ちながら、出向先事業主との間において新たな雇用契約関係に基づき相当期間継続的に勤務する形態である」[17] とされ、出向元との雇用契約が維持されつつ、出向元と出向先との出向契約により、出向先と労働者とも雇用関係が成立しているが、弁護士の場合、具体的には、個々別々であろうが、法律事務所と出向先との委任契約に基づいて、雇用関係ではなく、委任事務処理を出向先の事業所にて行うものが通例と思われる。週5日まるまる出向先で執務する場合や、週のうちの一部、何日か出向先で執務する場合がある。以下このような「出向」形態を前提に論じる。

「出向」している弁護士が担当する職務の利益相反をどのように考えるのかについて、「出向」している弁護士は、法律事務所に所属しているから、当該弁護士が出向先企業等で担当する職務について、規程57条に反することのないように、コンフリクト・チェックが必要ということになる。ところが出向先においては、出向先企業における日々の法務業務を、出向先企業の一社員と同様の執務状況でこなしていくというのが実情であり、そのすべてについてコンフリクト・チェックを行うとすると、所属する法律事務所のコンフリクト・チェックが終了しないうちは、業務にとりかかれないこととな

17)　厚生労働省ホームページ。https://www.mhlw.go.jp/shingi/2008/02/dl/s0229-5d.pdf

り、業務が円滑に行えない。また、例えば、所属する法律事務所の顧問契約先が相手方となる契約交渉において契約書のチェックをしたとしても、出向先内部の作業にとどまり、自ら相手方との面談の場に出たり、自らの名前で電子メール等の通知を送ったり、名前が出るのでなければ、所属事務所においてコンフリクト・チェックをしていないというのが実情ではないかと思われる。なお、コンフリクト・チェックをして、コンフリクトがある場合には、当該業務の担当を控えることになる。

この点について、その実情が弁護士倫理上妥当なのか、それとも、出向先において担当するあらゆる業務について、相手方がある以上、すべてコンフリクト・チェックをしなければならないのか、問題となるが、契約交渉において契約書のチェックをしたとしても、出向先内部の一担当者の作業にとどまり、自ら相手方との面談の場に出たり、自らの名前で電子メール等の通知を送ったり、名前が出るのでなければ、当該業務は、独立した弁護士としての業務というよりは、出向先企業の手足、歯車の一部であって、その場合は、規程57条本文に該当しないのであって、そのためにコンフリクト・チェックをして、チェックの間1、2日作業にとりかからずにチェックの結果を待つまでもないと考える。なお、仮に規程57条本文に該当すると考えざるを得ないとしても、紛争性がなく、自ら名乗る業務ではなく、その業務を行う場所は法律事務所ではなく出向先企業であって情報遮断の措置ができているのが通常であるから、「職務の公正を保ち得る事由」が認められると考えられる。

Ⅸ　おわりに

弁護士の活動領域の拡大や国際化により、共同事務所および弁護士法人の利益相反対策は、一層重要となると考えられる。得られた知見や、懲戒事例などをもとに、規程の定めのあり方、職務の公正を保ち得る事由および情報遮断措置について、より具体的に分析・考察し、規則（規程）ないしガイドラインへと高めていくことが、弁護士活動を委縮させずに、拡大・発展に導く一助となると考えられ、不断にその努力をすることが、現状でき得ることと考える。

13　共同事務所の離脱・移籍を巡る諸問題

加戸茂樹

Ⅰ　共同事務所

1　法律事務所

弁護士の事務所を「法律事務所」というが（弁 20 条 1 項）、すべての弁護士に事務所設置義務があるから[1)]、弁護士の数だけ弁護士法上の「法律事務所」が存在することになり、そのような意味の「法律事務所」概念は相当に観念的なものとならざるを得ない。たとえば、事実上業務を引退して自宅を登録事務所としている弁護士の場合は、その自宅に事務所というにふさわしい設備を備えていなくても当該自宅が法律事務所である。ただし、いくら事務所概念が観念的であるとはいっても、法律事務所は弁護士の職務上の本拠地であり弁護士会からの指導・連絡・監督の宛先となるから、何らの実体も要しないというわけではなく一定の場所・空間が確保される必要がある。解説 160 頁も同旨と思われる。

2　共同事務所

弁護士職務基本規程（以下「基本規程」という）55 条は、制定当時の外国弁

1）　条解 153 頁。

護士による法律事務の取扱いに関する特別措置法（以下「旧外弁法」という）45条2項2号（現行の外国弁護士による法律事務の取扱い等に関する法律では46条2項2号）を参考にして、共同事務所である場合を「複数の弁護士が法律事務所を共にする場合」と定義した[2)]。ここに「法律事務所を共にする」とは、「同一の法律事務所を共通にする」ことと説明されており、「法律事務所」という一定の場所を共通にすることにより「機能的に1つの複合体として運営される事務所」が形成され、それを共同事務所ということになる。この点に関し、旧外弁法49条の5（現行法の54条）の「事務所を共にし」につき、「物理的なものではなく観念的なものであるから、機能的に一体として運営され、社会的に同一場所を共用していると認められる場合には、事務所を共にしているといえる（必ずしも同じビルの同じフロアの同じ部屋まで共用することまでをも要求するものではない）」「事務所が1つか、複数であるかの判断は、弁護士法20条3項の複数事務所の判断と同じである」[3)]との解釈があり、これは弁護士等と外国法事務弁護士との共同事務所の説明だが、弁護士間の共同事務所についても同様に解される。ただし、これは弁護士法20条3項の複数事務所禁止の解釈における機能的単一性説（条解160頁）を念頭に置いたものであり、同一の場所・施設を共用していても機能的に一体として運営されていなければ共同事務所ではないとの意味ではなく、物理的に同一スペース・区画を共通にすれば共同事務所に該当するのが通常であろう。換言すれば、場所を共通にしていながら機能的に一体として運営されないということは通常は考えにくい。

上記に、「同一の法律事務所」、すなわち共同事務所が複合体であると述べたが、そのことは共同事務所が常に一種の団体ないしは組織体を形成することを意味するものではない。既に述べたように多分に観念的な法律事務所を共同すれば共同事務所となり、複数の弁護士が事務所の場所を共通にしてさえいれば、通常はそれだけで共同事務所である[4)]。したがって、共同事務所

2）　なお、基本規程55条の共同事務所の定義規定は法制執務に沿っていないと思われ、何を定義しているのかわかりにくい。本来は特定の用語をもって（以下「○○」という。）とすべきであろうが、55条では「共にする場合」に続けて、「（以下この法律事務所を「共同事務所」という。）」としている。いずれにせよ、共同事務所の定義としては本文中のように解することとなろう。

3）　大場亮太郎＝横井朗「改正外国弁護士法の概要（下）」NBL775号（2003年）60頁。

4）　複合体が形成されるというよりは、場所を共通にしているという「状態」が共同事務所であるというに近いといっても過言ではない。なお、このような共同事務所概念の諸外国の例との異同は

形態はさまざまなものとなるうえ、わが国では依然として事務所施設を共用して、その費用を分担し合うだけの経費共同形態が多数を占めるところであり、その組織性・一体性には乏しい（所属弁護士が共同してサービスを提供しようという契機がないことが少なくない）。1人の弁護士が勤務弁護士を雇用した場合も共同事務所であるが、経費も負担しないが、給与等の支給もされない弁護士に自己の事務所を登録事務所とすることを認めているだけの場合（客員弁護士やいわゆる「ノキ弁」の場合）でも基本規程上は共同事務所となる。事務所の経営に責任を持つ者1名と全く持たない者1名との2名だけで事務所を共にしていても共同事務所であるし、冒頭の引退した弁護士の例でいえば、夫婦で弁護士をしていて共に引退して自宅を登録事務所とすればそれも共同事務所である。なお、組織内弁護士の場合も、当該組織に登録事務所を置くときは、前記の基準で他の組織内弁護士と事務所を共通にしていると解される限り共同事務所となろう[5)]。

3　共同事務所の種類その1（法律事務所設置主体別の分類）

基本規程55条では、「複数の弁護士が法律事務所（弁護士法人又は共同法人の法律事務所である場合を除く。）を共にする場合（以下この法律事務所を「共同事務所」という。）」と規定しており、複数の弁護士（自然人たる弁護士）が法律事務所を共にすることにより共同事務所が形成されることは明らかである。

ここに、括弧書きで「弁護士法人又は共同法人の法律事務所である場合を除く」とあるのは、例えば、甲弁護士法人の主たる法律事務所に社員弁護士AおよびBならびに使用人弁護士Cがいる場合にその法律事務所は弁護士

知らないが、本稿はわが国の共同事務所概念そのものが特殊だと必ずしも主張するものではない。ただ、共同事務所について特に法的な規制がある国では大きく異なってくる可能性があるし、自然人弁護士にも複数事務所が禁止されていない法制のもとでは、「場所」を共通にせずとも共同事務所たりうるとするのではあるまいか（主事務所・従事務所併せて1つの事務所組織と捉える等）。また、後述の弁護士法人とその法人に所属しない弁護士との共同事務所のような例も特殊かもしれない。これらの点は、諸外国の共同事務所に対する規律を参考にする際にも念頭に置くべきと思う。

5）　もっとも、組織内弁護士には当該組織を離れた意味での「機能的一体性」はないとして、場所を共通にしていても共同事務所ではないとの考え方もあり得ないではない。しかし、基本規程55条の文言からは無理があるように思うし、57条の適用がないとの帰結も問題が残る。ただ、実際にどの範囲で共同事務所となるかの事実認定にも難しいこともあろう。同じ法務部で机を並べているような場合は共同事務所であろうが、部内でセクションが分かれ、部屋も別で、担当業務も共通しないというような場合は別異に解する余地がある。ただし、大規模事務所内で同様の体制であってもそれは情報遮断措置の有無・程度の問題にしかならず共同事務所性が否定されないことにも留意するべきであろう。

法人の法律事務所として基本規程第８章で規律することとし、A、BおよびCの３名の弁護士の共同事務所としては規律しない（第７章の適用がない）という趣旨である[6)]。

しかしながら、現在では、共同事務所の形態として弁護士法人とその弁護士法人に所属しない弁護士との共同事務所も認められており、前述の例でいえば、甲法人と甲法人に所属しない弁護士Xとで事務所を共にすること、すなわち共同事務所を形成することが可能であり、このような場合には基本規程第７章の適用がある。甲法人内部では第７章の適用がなく第８章で規律されるが、甲法人とX弁護士とによる共同事務所としては第７章により規律されることになる。

弁護士法人と法人に所属しない弁護士との共同事務所があるのは、弁護士法は、自然人たる弁護士と並んで、弁護士法人にも法律事務所設置主体性[7)]を認めたという考え方に基づくものだが、弁護士法人制度導入時にはそのような考え方はされておらず、同制度導入後しばらくして日弁連内で事務所名称規制が議論されていた際に突如として政府関係者から示されたものであった[8)]。これに対しては、例えば医療法は医療法人が病院の開設主体であることが明らかな規定ぶり（医療法42条等）なのに対して弁護士法では異なることや、一般の依頼者からは、上記の例でいうX弁護士が甲法人に所属していないことや、その一方で共同事務所の内部に甲法人が存在すること自体がわかりにくく、誤認・混同等のおそれもあると考えられ異論も少なくなかった（解説160頁）。他方、このような議論とは別に、弁護士の側でも、

6）　この場合に、基本規程の適用関係は別として、弁護士法上の事務所設置義務との関係で、甲弁護士法人の法律事務所のほかにABCらの個人の法律事務所が存在することになるのかについては、個人としての事務所概念があるとされている（黒川弘務・高木佳子・坂田吉郎『Q&A弁護士法人法』（商事法務研究会、2002年）147頁）。そうすると、ABC3名の共同事務所であるというだけでなく、（本文にも記載のとおり弁護士法人が法律事務所設置主体であるとすると）甲法人と（その法人所属の）ABCの３名とでも共同事務所を形成しており、基本規程55条の括弧書きは、その意味での共同事務所いずれにも第７章が適用されないことを意味すると理解するのが正確であろうか。

7）　法律事務所設置主体という概念自体は間違いではなかろうが、これをあまり強調するのもどうかと思う。後に後掲注13）で触れるような問題も既にあるが、さらには仮に現行法と異なり自然人弁護士にも複数事務所設置が認められたならば、A・B両弁護士が共同事務所を形成している場合、A・Bが別々に従事務所を設置できるという帰結になりかねず妥当であろうか。また、そうなった場合、共同事務所の組織性・一体性はますます希薄化するのではなかろうか。

8）　筆者は日弁連側の担当者としてその場に同席していて唖然としたことを覚えている。立法当時に日弁連はそのような説明は受けていなかったのでまさに寝耳に水であって、日弁連ではそのようなことを前提とした会則・会規の整備は全くなされていなかったからである。

共同事務所の一部だけを法人化するような形で、法人と自然人たる弁護士との共同事務所を形成する動きも当時既に見られていた。事務所を法人化することにより従たる事務所を設置することができるが、共同事務所全体を法人化することの難点[9]を考慮して、一部のみを法人化してその法人に従たる事務所を設置させようとするものであった[10][11]。

結局、その後に旧外弁法49条の5（現行法の46条2項2号）がこのような共同事務所形態も適法であることを前提として改正されたので、立法的に解決され、日弁連でもそれに応じた規定整備がなされた。そして、外国法事務弁護士法人制度、さらに弁護士・外国法事務弁護士共同法人（以下「共同法人」という）制度の導入により、事務所設置主体[12]としては、弁護士、弁護士法人、共同法人、外国法事務弁護士及び外国法事務弁護士法人の5個があることとなり、それらを組み合わせて共同事務所を形成することも可能となろう[13]。

4　共同事務所の種類その2（経営形態別の分類）

共同事務所の経営形態としては、従来から、収入共同型と経費共同型の別

9）　税務上の都合や一部のパートナーのみが法人化を望んでいる等の理由によるようである。

10）　ただし、従事務所を設置できるのはあくまで弁護士法人だけであり、法人に所属しない弁護士はもとより法人所属の弁護士であっても設置できない。法人に所属する弁護士であっても自己の届出事務所以外の事務所（法人が設置したものであっても）を自己の事務所として用いれば複数事務所禁止に抵触することとなる。従事務所を設置できるのは法人のみであり、従事務所を持つ法人に所属する弁護士といえども自身の事務所は常にひとつしか存在しない。ちなみに、法人と当該法人に所属しない弁護士との共同事務所があるとき、すなわち当該法人とその事務所が完全に一致しないときに、「うちの事務所には従事務所（支店）がある」という言い方をするのも本来適当でない。共同事務所自体が従事務所を持つわけではないからである。

11）　共同事務所の一部を法人化して弁護士法人を設立し、その法人の主事務所では法人に属していないA弁護士と共同事務所を、法人が別に設置した従事務所では法人に所属しないB弁護士と共同事務所を形成することも可能となろう。この場合、AとBは法人にも同一の共同事務所にも所属していないが、AB間での依頼者情報の共有も認めざるを得ないし、基本規程第7章または第8章の類推適用等を検討する必要があるように思う。

12）　外国法事務弁護士及び外国法事務弁護士法人は法律事務所を設置できないが、弁護士等の法律事務所と事務所（法律事務所と外国法事務弁護士事務所の上位概念としての事務所）を共にすることは可能である（外弁法54条）。共同法律事務所は形成されないが共同事務所は形成されることになる。

13）　ただ、そのような共同事務所に対する規律は非常に複雑なものとならざるを得ず、妥当な解釈・立法であったかは疑問が残らないではない。また、例えば、「弁護士法人X法律事務所」が懲戒による業務停止が予想される場合に、同法人所属弁護士の大多数を法人から分離しつつ、法人と自然人弁護士の共同事務所として「X法律事務所」を設け、自然人弁護士としても事件を共同受任しておくことにより、法人の業務停止を実質的に免れるような脱法的な行為が容易となることなども大きな問題であろう。そのようなケースは懲戒処分の潜脱としてそれ自体懲戒に値しないかをも検討する必要がある。

があるとされているが、これに親弁型を加えて3分類とされることもある。親弁型とは1人の経営者弁護士（親弁）が1人またはそれ以上の勤務弁護士を雇用している形態であり、経費共同型は、複数の経営者弁護士が共同で事務所の経費を負担し、事件処理はそれぞれの弁護士が単独または共同して行う形態である。収入共同型については、複数の経営者弁護士が共同で事務所の経営および事件処理にあたり、収入は事務所に帰属し、収入から共同の経費を控除した残りを収益として経営者弁護士間で分配されるともいわれるが、経営者弁護士全員が事件処理まで常に共同しているとは限らないであろう。

すべての共同事務所がこの3類型のどれかに当てはまるわけではない。親弁型でも、勤務弁護士がその個人受任事件について事務所に経費（例えば事件報酬の何割という形で）を入れる場合もあるし、所属弁護士間に経営者・勤務弁護士の区別がなく、経験年数等によって経費負担額に相違を設け、新人弁護士には経費負担も給与もないが先輩弁護士と個別に事件を共同受任することにより収入を得るようにするというような形態もある。共同事務所内の収支の共同・経費負担については契約により自由に設定できるからその態様も千差万別とならざるを得ない。加えて、前述のとおり、弁護士法人と自然人弁護士との共同事務所も可能であるし、組織内弁護士の場合でも複数の弁護士が同一の組織にあれば共同事務所たり得る（当該組織が経費を負担し、弁護士は誰も経費を負担しないことになろう）。したがって、経営形態は説明概念としては有益であっても、形態別に規制を異にすることなどは実際には不可能であろう。

また、以前は、収入共同型が共同事務所の最も発展した形態であるとされ、さらには、その先に共同事務所の弁護士法人化があるかのような説明がなされることもあった[14)]。確かに、かつては、共同事務所を法人化するには、その事務所が収入共同型でなければ難しいのではないかという理解もあった。しかしながら、弁護士法人の社員は他の社員の承諾があれば個人受任が可能であり（弁護士法30条の19第2項）、あらかじめ法人内部で取り決め等をして

14）　例えば、長谷部由起子「法律事務所の共同化――課題と展望」民事訴訟雑誌50号（2004年）70頁、74頁。かつては、そのように発展するにつれて共同事務所の一体性・組織性が高まり、そこで提供される法的サービスも充実していくという認識があったように思うが、現実にはそのような経過には必ずしもなっておらず、本文中の共同事務所内の一部を取り出して法人化する例に見られるように事務所経営手段としての便宜性が前面に出ている観がある。

おけば、社員弁護士は受任しようとする事件をある事件は法人受任とし、別の事件は個人受任とするように振り分けることも可能となって（事件報酬も振り分けられることになる）、結果として弁護士法人であっても経費共同的な運用も可能なように思われる。加えて、前述のとおり、共同事務所内の一部だけを取り出して法人化する例もあることからすると（著名な事務所でもその例が見られる）、そのような図式は必ずしも当てはまっていない。

Ⅱ　共同事務所における弁護士倫理上の規律

基本規程７章は共同事務所における規律を定めているが、同章の各規定の名宛人は個々の弁護士であり、各弁護士の行為責任を問うものとなっており、組織体としての共同事務所の責任あるいは共同事務所の構成員としての個々の弁護士の連帯責任を問うものとはなっていない。

アメリカ合衆国の例では、わが国の基本規程57条に相当する、ABA法律家職務模範規則の規定（1.10条）の趣旨のひとつとして、依頼者に対する忠実義務は事務所が一体として負うべきであることがあげられている[15)]。このような理解は、海外の例や研究者の主張[16)]にとどまるものではなく、弁護士の側でも以前からそのような理が強調されることがあった。例えば、基本規程制定前のものであるが、「……甲野・乙山法律事務所と表示し、同一事務所で、同一事務員を共用して執務している場合、本来は甲野氏と乙山氏が、いわゆるパートナーとして受任事務につき共同して責任と負担を分担しているのが標準形態であろう。従って依頼者側からみても、甲野・乙山両名が一体となって、自分のために尽力してくれるものと信ずることとなろう。……従って『甲野・乙山法律事務所』と表示している以上、両名はパートナー関係にあって受任事件は一体となって責任と負担を引受けているとの前提で行動しなければならないのではなかろうか」[17)]と述べるものがある[18)][19)]。

15）　石田京子「利益相反回避手段としての情報遮断措置の位置付け」加藤新太郎先生古稀祝賀『民事裁判の法理と実線』（弘文堂、2020年）636頁。
16）　例えば、髙中正彦・石田京子編『新時代の弁護士倫理』（有斐閣、2020年）206頁〔手賀寛〕は、「事務所という共同体に対する信頼」に言及する。
17）　尾崎行信「共同事務所をめぐる弁護士倫理」自由と正義39巻7号（1988年）30頁。
18）　加藤新太郎『コモン・ベーシック弁護士倫理』（有斐閣、2006年）91頁等これに賛同するものしかしながら、前述のとおりわが国の共同事務所は団体性・組織性は未だ希薄であるうえ、多くを占める経費共同の事務所では経済的一体性にも乏しい。共同事務所の構成員の立場は様々であり、一様に責任を負わせることは妥当でないし、共同経営者（パートナー）に限定して責任を負わせるとしても、経営者弁護士を定義すること自体甚だ困難である[20)]。また、共同受任をしていない他の弁護士の事件処理に介入することが許されないのが原則なのは、共同事務所内であっても変わりないのであって、それは事務所内で他の弁護士の秘密情報に触れてしまうことがありうることや、助言を求められて事件処理について協議することがあり得ることなどとはまた別論である。基本規程55条以下の規定も、事務所を共にすることに関連して、その事務所を共にしている個々の弁護士に対して義務を課すことにより、依頼者の信頼確保・弁護士の職務の公正確保を図ろうとしたものと理解される[21)]。そもそも、共同事務所としての責任を強調したところで、実際に責任を負うのは個々の弁護士であり[22)]、当該弁護士の行為を離れて連帯責任[23)]を問うことは適当ではない。尾崎・前掲注17）33頁も「勿論他のパートナー等の行為すべてにつき、責任を負わせ、違反に対して懲戒手続を執り得るとまでは言い得ないであろう」としつつも、「違反行為を許可したり、それを知りつつ利用して業務を遂行した場合には、違反の共犯者として懲戒に服させるべきものとする米国の先例がある。更に事務所で行われている不当行為につき怠慢や過

が多いが、筆者は、このような認識そのものに少しく疑問がある。大規模事務所であればともかく、弁護士2名の共同事務所であれば、甲野・乙山各弁護士と依頼者との個人的な信頼関係に基づいて依頼されることも少なくなく、この（共同）事務所だから依頼するという契機はむしろ乏しいことが多かろう。なお、現状、日弁連の法律事務所等の名称等に関する規程5条2号により死亡した弁護士の氏名を事務所名称に用いることが認められているが、そのような理解をするならばこれも改めないと一貫しないであろう。

19）　最近のものとして、例えば、森際康友編『法曹の倫理〔第3版〕』（名古屋大学出版会、2019年）58頁〔尾関栄作・松本篤周〕も、共同事務所における事件情報・秘密の共有に関して「共同事務所の一体性」を強調する。しかし、共同事務所ではその定義にあるように個々の弁護士が場所を共通にしていることに伴い情報等の共有がされると解すれば、「一体性」を持ち出すまでもないと思われる。

20）　基本規程制定時に、その55条の名宛人を「共同事務所を経営する弁護士」とすることも検討されたが「経営」の文言が不明確であることなどを理由に見送られている（解説161頁）。

21）　日弁連弁護士倫理に関する委員会編『注釈弁護士倫理〔補訂版〕』（有斐閣、1996年）127頁参照。

22）　なお、法的には弁護士会から見て共同事務所それ自体は直接の指導監督の対象にならず、構成員に対してしか指導監督はできない。また、東京の場合は3つの弁護士会があるので、共同事務所を構成する弁護士・弁護士法人の弁護士会が異なることも多く、実際にも弁護士会が直接、共同事務所に宛てて何か指導等をすることはできない。

23）　倫理上の責任である以上行為責任であるべきで、一種の法定責任とすべきではない。

失から発見や矯正を行わなかった場合にも責任が認められるとされている」とするが、そのような場合は個別の事情のもとで一般条項により懲戒に値する非行とされることもあり得るのだから[24]、共同事務所としての責任をことさら持ち出す必要はないし、むしろそのような観点を持ち出すことはかえって共同事務所に関する理解が混乱しかねない。前述のとおり懲戒上の責任はあくまで個人の行為責任として捉える必要があるが、その場合、共同事務所の構成員は他の構成員に対してどのようなことを要求する権利があり、また、要求が容れられなかったときにはどのような手段を採りうるのかなども明確でなく現実に機能するとも思われない。

Ⅲ　基本規程 57 条

1　規定の趣旨

基本規程 57 条は、共同事務所の所属弁護士は、他の所属弁護士が 27 条または 28 条の規定により職務を行い得ない事件について、職務を行ってはならない旨規定する。アメリカ合衆国での表現を借りると、ある弁護士について存在する利益相反による禁止が、同じ事務所の他の弁護士にも「拡張」されることになる。拡張の根拠については、依頼者は依頼した弁護士だけではなく事務所全体を味方と信頼することが強調されることがあるが[25]、言葉の問題かもしれないが、前述のとおり、あたかも共同事務所として受任しているかのような理解をするまでの必要性はなく[26]、拡張をせずに他の所属

24)　ただし、共同事務所の他の構成員の仕事ぶりを監視する義務まではないから「事務所で行われている不当行為につき怠慢や過失から発見や矯正を行わなかった」責任を認定することには相当な慎重さが必要であろう。

25)　髙中・石田編・前掲注 16) 205 頁〔手賀〕。尾崎・前掲注 17) 31 頁も同趣旨。

26)　もっとも、ある事務所が「当事務所では事務所全体で受任している」といった表明をしていたときにそのような表明をしたことに基づく責任を観念することはできるかもしれないが、それは 57 条から直接導き出される結論ではない。なお、筆者は、弁護士が事務所体制につき創意工夫をすることを否定するものではない。ある共同事務所において事務所全体で受任し、所属弁護士の 1 人の行為につき他の所属弁護士全員が連帯責任を負うというのであれば、その旨表明し、委任契約書等にも明記することが考えられる。その結果クライアントの信用を得て業績が上がり、逆にそのような態勢を採ってない事務所は市場で淘汰されていくというのであれば、それはそれで自由主義経済下では一種のあるべき姿であろう。逆に、場所を共通にするだけで組織性のない共同事務所（共同体意識のない共同事務所）の存在が最初から許されないとするのも現行法上妥当でない。経費軽減のためにのみ共同事務所化したとしても、それは弁護士費用の高騰化を防ぐ面もあるから消費者の利益に資することがないともいえない。

弁護士の受任を可能とすると、依頼者に疑惑と不安を生ぜしめ、弁護士の職務執行の公正さが疑われることに規定の趣旨が求められる（解説163頁）。そして、一律に職務遂行を禁止することは、共同事務所の現実を無視し、不必要な規制を加える結果となりかねないため、57条に但書を設け、職務の公正を保ち得る事由がある場合は例外としたのである。

2　適用範囲

以下、解説166頁の下記設例および図を借用して論じたい。

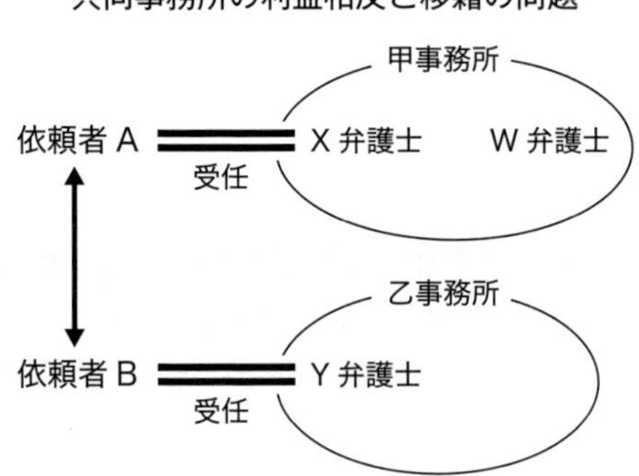

X弁護士とW弁護士とが所属する共同事務所（甲事務所）と、Y弁護士が所属する乙事務所があり、AB間の事件につき、X弁護士がAの代理人となり、Y弁護士がBの代理人となっていたとする。なお、W弁護士自身は、Aからの受任事件の事務処理に関与していない前提である。X弁護士は基本規程27条1号に該当しBの代理人となることはできず、その禁止は同一事務所のW弁護士にも拡張されるからW弁護士もBの代理人となることはできない。X弁護士が甲事務所を離脱した後も、57条括弧書きにいう「所属弁護士であった場合」に該当するから同様である。以上が57条が直接規定するところである。

これに対して、W弁護士が甲事務所を離脱した場合には57条の適用はない（解説167頁の適用否定説）。ABA法律家職務模範規則でも原則としては同様である。この点の理解として、共同事務所（共同体）としての責任を強調する立場から、例えば、「共同体に対する信頼の保護には、当該共同体に所属する弁護士は依頼者の敵にならないことが保障されれば十分であろう。移籍した弁護士が在籍中に得ていた情報を用いて依頼者に害をなすことは、……守秘義務の問題と捉えるべきである」との説明がある[27)]。

57 条の解釈としては以上のとおり、W 弁護士の離脱後は守秘義務の問題が残るだけとなるのが原則であり、利益相反禁止の拡張に伴う受任禁止による依頼者保護には限界がある。ただ、そのよう割り切ることには躊躇も覚える。甲事務所在籍中に A の相当程度に重要な秘密に接していた場合はいかに守秘義務があろうとも B から受任すべきではないことが多かろう（解説 167 頁）[28)]。事案によっては、基本規程 23 条、57 条の趣旨に反し、また 5 条、6 条等の一般条項に反するものとして非行とされることもあり得る。（甲事務所の離脱後の同事務所依頼者についての）コンフリクトチェックの困難などから B から受任してしまって、後日になって A が X 弁護士の依頼者であることが明らかとなったような場合には、A に生ずる実害、中途辞任することにより B に生じる不利益等を勘案して（例外的ではあるが）なお辞任すべきと判断されることもあり得ないではない。

3　移籍自体の可否

設例の W 弁護士が乙事務所に移籍すること自体を禁止する規定はない。共同事務所に関する規律を考えるとき、古くは尾崎・前掲注 17）34 頁も「依頼者の弁護士選択の自由を不当に制限しないか、弁護士の勤務の機会に対する制約が過大とならないか、新しい弁護士が新しい事務所を組織し、依頼者を獲得する自由は侵されないか、これらを許した場合の弊害との比較衡

27）　髙中・石田編・前掲注 16）205 頁〔手賀〕。私見とは異なる立場だが、その立場からは理論的な説明である。ただ、このように考えることは、構成員の受任事件につき、その所属する共同体としてもあたかも受任したかのように考えて信頼保護を図ることとなり、利益相反禁止が「共同体に拡張」されるとの理解となろうか。しかし、わが国の法制や共同事務所概念からすれば、拡張される先は共同体＝共同事務所ではなく、あくまで共同事務所の構成員と解すべきである。したがって、離脱した元構成員（本文中の W 弁護士）に 57 条の適用がなくなるのは、理論的にそうなる（共同体の外には保護が及ばない）のではなく、基本規程がどういう規制を採用しているかの問題である（解説 166 頁以下）。また、共同体としての信頼保護を議論の出発点に置いたとしても、いったん共同体に所属した以上は離脱後も「敵にならないことが保障される」べきという結論もあり得ないとまでは解されず、適用否定説が論理必然的に導かれるものでもないように思われる。

28）　受任そのものが直ちに制限されないとしても、B の代理人に就任しても A に対する守秘義務は解除されないから、実際の事件処理においては A に対する守秘義務と B に対する誠実義務が相反して職務遂行が困難となることが予想される。

量、……といった新しい論点が生まれてくると予想される」と述べているが、移籍の自由の確保をはじめ、そこに述べられたような事情に対する配慮はかつて以上に重要である。

この点、解説168頁では移籍が基本的に自由であることを前提に、「W弁護士が、甲事務所内にいて、Aの事件処理はせずとも、Aの極めて重大な秘密を知るに至ったような場合には、秘密の内容・重大性、秘密を知るに至った経緯、事務所移籍の経緯等を総合的に考慮して、乙事務所に移籍すること自体を差し控えるべきものと評価される場合もあるように思われる。」と述べるが、移籍の自由を尊重しつつ例外的にそのような場合もあるという意味に留まるのであれば妥当であろう。なお、移籍自体が認められても、Bからの受任が制限されることがあり得ることは前述のとおりである。

4　共同事務所の分裂・解散

前述の設例で、甲事務所がX弁護士とW弁護士の2名のみの共同事務所であるとして、W弁護士が離脱するのではなく、XとWとの協議により共同事務所が分裂ないしは解散する場合の規律は難問である。前記適用否定説によれば、W弁護士のBからの受任の可否について、X弁護士の離脱と考えれば57条の括弧書きに該当するから受任が禁止され、W弁護士の離脱と考えれば禁止されていないことになるはずである。2名のみの事務所の分裂を例に取ったが、もちろん、X_1〜X_5弁護士と、W_1およびW_2弁護士の計7名の共同事務所から、W_1およびW_2弁護士が甲事務所から離れて丙事務所を設ける場合もある。

私見はまとまっているものではないが、とりあえずは次のように考えたい。まず、「離脱」と「分裂・解散」は峻別できないことに注意する必要がある[29)]。W弁護士らが甲事務所を離れるというとき、それが離脱なのか、分裂なのか自分たちでも意識していないことが少なくないであろう。前者（甲事務所がXとWだけの事務所の場合）の例では甲事務所はW弁護士が離れれば、双方単独事務所となりもはや共同事務所はいずれにも存在しなくなるが、そ

29)　既に述べたように、わが国の法制では共同事務所が一般に団体であるといえるかも疑問であり、団体であったとしてもどのような事象をもって離脱、分裂・解散というのかは判然としない。団体からの離脱、団体としての分裂・解散と分類して考察するより、個別の事案・現象についてどのような結論をとるのが適当なのかを考える方向が妥当であろう。

れだけをもって結論を変えるのも妥当でないであろう。

その上で、共同事務所（設例の甲事務所）がある程度の同一性をもって存続していると解される場合は、当該共同事務所から離れた弁護士については、結果として離脱と同様に解して 57 条の適用はないと解したい。同一性をもって存続していないと解される場合は、もはやいずれの弁護士にも 57 条の適用はないことになろう。ここに共同事務所が「ある程度の同一性をもって存続している」とは、事務所名称の続用、事務所施設の続用、事務職員も含めたスタッフの継続性、離脱（分裂）時の対外的な説明その他の事情を総合的に考慮して判断することとなろう。事務所名称の続用については、設例の W_1 弁護士および W_2 弁護士の方（少数派）が続用する一方で[30)]、他方、X 弁護士らが従前の事務所施設をそのまま使う場合もあるが、そのような場合にはいずれの事務所にも同一性がないとされることもありうる。

ただし、分裂・解散と離脱とで全く結論が変わるのは好ましくなく、57 条の適用がないとしても、適用がある場合に受任が禁止される事件については差し控えるのが望ましいことになろうか[31)]。

5　職務の公正を保ち得る事由

基本規程 57 条は、共同事務所に所属する弁護士に、他の所属弁護士の利益相反の禁止が拡張される場合でも、職務の公正を保ち得る事由があるときは禁止が解除されるとしている。この「職務の公正を保ち得る事由」とは、客観的・実質的に考えたときに、依頼者の信頼確保、弁護士の職務の公正確保という本条の趣旨に照らして、所属弁護士が、他の所属弁護士が基本規程 27 条または 28 条の規定により職務を行い得ない事件について職務を行ったとしても、なお弁護士の職務に対する信頼感を損ねるおそれがなく、弁護士の職務執行の公正さを疑われるおそれがないと判断される特段の事情（事由）をいうとされている（解説 169 頁）。ここにいう信頼感や公正さとは、法的な観点から客観的・実質的に判断されるべきであり、単なる感情的な反発や好悪のレベルであればそれらが損なわれるとまではいえない。この点につ

30)　共同事務所設立時に、参画した W 弁護士らがもともと用いていた事務所名称を採用した場合などにあり得る。

31)　前述の W 弁護士の離脱の場合の考察が妥当する。

いて、加藤新太郎[32]は、主観・客観の両面から「職務の公正」が保持されていると認められることが規程57条但書該当性の分水嶺となるとし、「職務の公正」の疑念が客観的な裏付け（基本事件の情報の伝達、交換、共有等が行われたことの何らかの徴表の存在）がある場合には、「職務の公正を保ち得る事由」なしと評価されるが、そうでない場合には、主観的な憶測を一人歩きさせるような判断をしてはならないとする。正当な分析だが、弁護士業務においては当事者の疑念や不安を招かないようにすることが必要な場面もあり（主観的な「公正らしさ」の確保が不要なわけではない）、後述するように、訴訟事件のような典型的な相対立する事件において両当事者の代理人が同一事務所に所属するに至るような事態は、何らの「徴表」が認められないというだけで「職務の公正を保ち得る事由」ありとするのであれば妥当でない。利害対立が強いことは、主観的な公正らしさをより強く要請することもあろう。

6 「職務の公正を保ち得る事由」の考慮事情

「職務の公正を保ち得る事由」は、一種の規範的要件であるから、一律の基準をもって解釈することは硬直化するおそれがあってかえって適当ではなく、その事由の有無は具体的事案に即して実質的に判断されるべきことになり、具体的には、基本規程27条および28条各号に掲げる事由の趣旨に即して、様々な事情を総合考慮して個別具体的かつ実質的に判断されることとなる（解説169頁）。その事情には、「職務の公正を保ち得る事由」を認定する方向に働く事情（評価根拠事実）と否定する方向に働く事情（評価障害事実）とがあり得るが、両者を総合的に判断することが必要である[33]。

従来、考慮事情の例としては以下のようなものが挙げられている（解説169頁）[34]。①当該共同事務所における情報遮断措置の体制、②当該事案（事件）の性格、当該事案における利害対立の内容、程度等（なお、相手方が明示または黙示に同意していることは、利害対立の程度が弱いことを示すと思われる）、③当該事

32）　加藤新太郎「基本規程57条違反に基づく訴訟行為の排除を求める申立て」NBL1181号（2020年）74頁。

33）　加藤新太郎「『職務の公正を保ち得る事由』としての情報遮断措置体制の位置づけ」NBL1179号（2020年）69頁。

34）　解説における考慮事情の記載順は同事情の重要性とは無関係であろう。裁判例および懲戒先例において①の情報遮断措置が殊更重視されていることがあるが、①が筆頭に掲げられていることからそのように解されているとすれば妥当でない。

案における秘密の共有・漏洩や証拠流用のおそれの有無、④相手方等との特別関係についての依頼者への告知の有無、そのような特別関係を知ったうえでの職務遂行への依頼者からの同意の有無、⑤基本規程 27 条 3 号または 28 条 2 号に該当する場合にあっては、事件相互の共通の争点や関連性の有無・程度等、⑥基本規程 27 条または 28 条の規定により職務を行い得ない弁護士がすでに共同事務所を離脱している場合にあっては、当該職務を行い得ない事情が生じた時期（時の経過）、当該職務の内容や当該弁護士のそれへの関与の程度・内容等、⑦共同事務所に参加した弁護士が参加前に職務を行い得なかった場合にあっては、参加前の職務の内容や当該弁護士の関与の程度・内容、職務を行い得なかった時期（時の経過）等、⑧その他の事情、である。

7　共同事務所から離脱、共同事務所への参加と「職務の公正を保ち得る事由」

職務を行い得ない弁護士が既に共同事務所を離脱している場合にも、基本規程 57 条の適用があるが、この場合、職務を行い得ない者が現に所属している場合に比べて、職務の公正を保ち得ない事情は希薄化していくことが多い（解説 171 頁）。そして、職務を行い得ない事由が共同事務所に在籍中に生じたものであるか、もっぱらそれ以前に存在していたものであるか、（基本規程 27 条 4 号、同条 5 号、28 条 1 号による場合など）離脱した者の個人的事情に基づくもの[35]であったか否かなどを考慮することにより、その者が在籍中（共同事務所所属中）である場合よりも職務の公正を保ち得る事由が広めに認められることがある（解説 171 頁は考慮事情の⑥として斟酌されることになるという）。

次に、職務を行い得ない者が共同事務所に参加した場合には（設例で X 弁護士が A の代理人を辞任して乙事務所に移籍するケース等。設例では A の代理人は X 弁護士だけであるが、甲事務所の複数の弁護士が受任しており、そのうちの 1 人が辞任して移籍することがありうる）、参加前に生じていた職務を行い得ない事由の内容、その事由に係る職務への当該弁護士の関与の程度、その事由が生じた時点から共同事務所参加までの間の時間的経過の程度などが、職務の公正を保ち得る事由の考慮事情⑦として斟酌されることになるとされる（解説 172 頁）。ま

35）　加藤・前掲注 32）74 頁にいう「職務の公正」の疑念が客観的な裏付け（基本事件の情報の伝達、交換、共有等が行われたことの何らかの徴表の存在）が乏しいものの例となろう。例えば、説例の X 弁護士が B の兄弟姉妹であることにより A の代理人にはなれない場合（基本規程 28 条 1 号）、X の共同事務所離脱後に W 弁護士が A の代理人となることは比較的ハードルが低くなる。

た、情報遮断措置（①）が構築されている事務所に参加する場合には、現に事務所を共にしている他の所属弁護士に職務を行い得ない事由があるケースに比べて、より職務の公正を保ち得る事由を肯定する方向で①があることを重視することが許されるとされている（同）。

この職務を行い得ない弁護士が共同事務所に移籍により参加した場合に、当該共同事務所の所属弁護士の訴訟行為を基本規程57条違反を理由に排除することができるか争われた事案として、最決令和3・4・14民集75巻4号1001頁（以下「本決定」という）がある。節を改めて検討したい。

Ⅳ　最決令和3・4・14民集75巻4号1001頁について

1　事案

本決定は、X会社に組織内弁護士として所属し、平成30年2月から令和元年10月までの間、特許権者であるXらがY社を被告として提起する訴訟の準備を担当していたA弁護士が、同年12月31日、X社を退職して、令和2年1月1日、B弁護士らが所属するZ法律事務所に入所し、同月8日、B弁護士らが、Xが提起した訴訟でYの代理人となったことについて、基本規程57条違反を理由にB弁護士らの訴訟行為の排除を求めることはできないとしたものである。日弁連会規違反を理由に訴訟行為の排除はできないとしたもので、本決定においては基本規程57条違反があったか否かの判断はなされていない。

補足意見があり、弁護士出身の草野耕一裁判官が「本件に関する私の見解は法廷意見記載のとおりであるが、これはB弁護士らがA弁護士の採用を見合わせることなく本件訴訟を受任したことが弁護士の行動として適切であったという判断を含意するものではない。ある事件に関して基本規程27条又は28条に該当する弁護士がいる場合において、当該弁護士が所属する共同事務所の他の弁護士はいかなる条件の下で当該事件に関与することを禁止または許容されるのかを、抽象的な規範（プリンシプル）によってではなく、十分に具体的な規則（ルール）によって規律することは日本弁護士連合会に託された喫緊の課題の1つである。日本弁護士連合会がこの負託に応え、以って弁護士の職務活動の自由と公正さが確保される体制が構築され、裁判制度に対する国民の信頼が一層確かなものとなることを希求する次第である」と述べている。

なお、本決定の原決定（知財高決令和2・8・3判時2491号32頁）および原々決定（東京地決令和2・3・30金商1622号24頁参考収録）は、いずれも基本規程57条違反を理由に訴訟行為の排除を求めることができるとしたうえで、「職務の公正を保ち得る事由」の有無については異なる判断をした。

2　基本規程違反を理由にした訴訟行為排除の可否

日弁連会規違反を理由とした訴訟行為の排除は認められないとする本決定は妥当と思うが、その詳細を論じるのは本稿の目的ではない。むしろ、共同事務所における利益相反の禁止の拡張に関してどのような場合に訴訟行為が排除されるべきかについては、基本規程の解釈や弁護士倫理上の考察を十分に前提としつつも、それとは別に訴訟法上の立法的解決がなされるべきではなかろうか。すなわち、訴訟行為の排除はそれこそ明確な基準により迅速に判断される必要があり[36]、そのためには当事者の弁護士を依頼する自由などに十分に配慮しつつも画一的な判断を可能とする観点から、一律な規制を設けることが考えられる。そして、画一的判断処理がされる関係で、（できるだけ避けるべきではあるが）必ずしも基本規程に反せず、あるいは弁護士倫理上の問題がない場合でも訴訟行為から排除されてしまうことがあってもやむを得ない面もあると考える。その結果、訴訟行為からは排除されるが、懲戒事由には該当しないというケースが生じてしまっても必ずしも不当ではないであろう。

3　懲戒根拠規定としての明確性について

本決定の事案においては、最高裁では「職務の公正を保ち得る事由」の有無についての判断はされていないが、原決定と原々決定とでその判断が分かれ、また、補足意見においても「抽象的な規範（プリンシプル）によってではなく、十分に具体的な規則（ルール）によって規律す」べきことが指摘され

36)　本決定後に、弁護士法25条2号および4号の類推適用により訴訟行為を排除することはできないとした最決令和4・6・27判タ1503号17頁は「弁護士に委任をして訴訟を追行する当事者の利益や訴訟手続の安定等を考慮すると、弁護士法25条に違反する弁護士の訴訟行為を排除する判断において、同条の規定についてみだりに拡張又は類推して解釈すべきではない」という（同19頁）。

たこともあって、「職務の公正を保ちうる事由」が規範的・抽象的事由であり結果として一義的に禁止されている範囲が明らかではないこと[37]を捉えて、より明確な規定により規律すべきであるとする議論が生じた。

加藤新太郎[38]は、「懲戒処分は不利益処分であるから、刑事法にいう罪刑法定主義と同様の原則が妥当する。すなわち、実定懲戒規範は、行為の禁止や義務の事由を明示するものでなければならず、一義的に明確な定めであることを要するほか、要件該当性の解釈についても、文理解釈を基本として、類推解釈など拡大解釈にわたる解釈は許されない。また、行動指針・努力目標については、それらの違反自体を懲戒事由とすることも相当とはいえない」と述べる。この見解自体は正当であろう。現に、解説222頁は、「職務基本規程における各規定のうち、この指針または目標を定めた規定については、これに形式的に違反する行為があったとしても、それによって直ちに懲戒の事由と判断されるものではなく、弁護士法56条1項の『品位を失うべき非行があったとき』として評価されるかどうかの判断の一要素になるに過ぎない。近年、懲戒委員会等の議決において職務基本規程5条や6条を摘示する例が散見されるが、これらの条項による場合は、規定の抽象性ともあいまって主観的判断に流れやすく、可能な限り具体的な条項に即して検討されるべきであろう。職務基本規程5条や6条による場合は、具体的事実に即した実質的な解釈がとりわけ重要となる」と述べている。

上記各記述ももとより前提としていることで釈迦に説法であるが、弁護士法56条1項は「品位を失うべき非行」を懲戒事由としており、実質的にこれに該当するとされれば懲戒されうる。同項は、懲戒事由として、①弁護士法違反、②会則（会規等も含まれる）違反、③所属弁護士会の秩序・信用を害したとき、④その他職務の内外を問わず品位を失うべき非行があったときの4個を挙げており、会則・会規に定めのある具体的な行為規範違反がなければ懲戒できないとするのは弁護士法に反する取り扱いとなる。実際、「品位を失うべき非行」として懲戒される例は枚挙にいとまなく、そこでは、基本規程5条・6条のような一般条項に違反することや、行為規範を定めた規定

37）　野中伸子「判解」法曹時報75巻7号（2023年）193頁。
38）　加藤新太郎「遺言執行者に就任した弁護士の関連訴訟の受任の可否」NBL1213号（2022年）63頁。

の「趣旨」に反することを理由とされることも多く、結果として、非常に開かれた構成要件というべき「品位を失うべき非行」の判断において、行為規範の類推・拡大解釈や、一般条項の利用は行われているといわざるを得ない[39)]。刑事罰におけるような厳格な罪刑法定主義を貫いて、具体的な規定違反に該当しない限り懲戒しないとすることは、法の定める懲戒事由に「品位を失うべき非行」が置かれている以上無理であるし、実際それでは品位保持を図ることができないというべきである[40)]。

何が品位を失うべき非行なのか定義づけることは困難とされており、結局のところ、ある職務行為が弁護士の品位を失うべき非行に該当するかどうかは、市民感覚を背景として、弁護士一般の常識的な判断に委ねられるほかない。弁護士一般の健全な通念・実務慣行等に照らして基本規程5条・6条のような一般条項に違反し、あるいは基本規程の各行為規範の趣旨に反するとされて、さらには弁護士の品位を失うべき非行に該当するとされ、かつ、当該弁護士がその行為に出る際において倫理上問題がないと判断したことに無理がないといったような事情がなければ、懲戒に値するとの判断がされることもあり得るというべきである[41)]。弁護士の懲戒が弁護士の自治に委ねら

---

39)　前掲注11）で触れたように共同事務所でないものにその規定を類推適用する必要もありうる。また、遺言執行者と特定の相続人の代理人との兼併が許されないことにつき基本規程27条、28条違反ではなく、一般条項である5条、6条違反とされることがあるが、後者の場合は、遺言執行者と特定の相続人の代理人が同一事務所である場合に57条の類推適用がされることがある（解説165頁）。なお、この遺言執行者のケースで、遺言執行者に就任した弁護士自身に直接、5条、6条違反としての中立・公正義務違反を検討して57条の類推適用を持ち出さない例として日弁連綱紀審査会議決平成30・11・13平成30年弁護士懲戒事件議決例集21集215頁があるが、当該議決でも実質的に「職務の公正を保ち得る事由」の有無を検討しており、検討の枠組みとしては57条の類推適用に類似する。

40)　「弁護士職務基本規程57条本文のような十把一絡げ（overinclusive）の規定や『職務の公正保ちうる事由』というような曖昧な一般条項によってではなく、職務を行う弁護士が市場のニーズに対応する際に安心して業務執行ができるための必須の条件である予見可能性が確保されるような具体的な規定とすることで、取引費用の増加を防止すべきである。とりわけ、現行のような十把一絡げの規定によって、懲戒処分や訴訟行為排除などの重大な不利益を弁護士に科すことは、罪刑法定主義など日本国憲法の精神に反するおそれなしとしない」（太田勝造「相手方企業の組織内弁護士であった者を入所させた法律事務所の他の弁護士の訴訟行為を排除することの可否」NBL1199号（2021年）65頁）との指摘があるが、「品位を失うべき非行」を懲戒すること、すなわち「品位保持」を図ること自体がその「品位」という概念・性質からして、抽象的な性格を有するものにならざるを得ない。

41)　安易な一般条項による懲戒は一種の「一般条項への逃避」であって好ましくなく、できる限り行為規範・義務規定による懲戒を検討すべきであるが、だからといって一般条項による懲戒を避けるがために、行為規範・義務規定となっている条文の解釈を安易に拡げるのはそれはそれで問題であろう。一般条項による懲戒であれば、一般条項故にその都度慎重な検討がされることが期待できるが、いったん行為規範・義務規定の解釈を拡げると、もともと類推解釈が許されていることから

れているのは、単に権力の介入を排するというだけではなく、上述のような弁護士一般の理解を前提にしなければ、「非行」の該当性の判断が困難な事例があることにも理由がある。

また、仮に、懲戒根拠規定（実定懲戒規範）を明文で詳細に規定したとしても、当該明文規定の趣旨に反する行為が「品位を失うべき非行」として懲戒されることがあり得るから、詳細な明文規定が増えれば、その周辺部分（すなわち趣旨に反する部分）も増えることともなり、一義的に明確な基準が確立されることには直結しない。むしろ、一般的な弁護士倫理に基づく倫理規範・行動規範については、政策的な行為規制の意味合いが強い規範の場合は別として、基本的な規範・規定は当該規定を一読してその背後にある倫理的命題を直ちに読み取れるようなシンプルな規定ぶりであることが望ましい。その方が、弁護士は当該規定の「趣旨に反する」範囲を自ら判断することが容易となるのであって、規定を詳細にすれば品位保持が容易になるとは限らない[42]。

4　基本規程改正の要否

基本規程57条について、解説172頁も「従前の規定、解釈で対応が十分かは今後検討が必要である」とするところであるが、本決定の事案を契機として、同条の規律について研究者からも様々な批判がなされることとなった。たとえば、ⓐ「あたかも親弁とイソ弁からなる古いタイプの小規模な法律事務所だけを念頭に置いたような十把一絡げの規定になっている」[43]、ⓑ「過去に所属していた弁護士の事件についても適用されるという意味では適用範囲が広い一方、……具体的に他の所属弁護士が受任を禁じられる事件がどの

して、かえって安易に懲戒する方向に流れやすいともいえるからである。また、例えば、前掲注39）のとおり、遺言執行者と特定の相続人との兼併が禁止される根拠について一般条項によるとする説と27条、28条違反とする説があり、私見はこの兼併を制限するのであれば一般条項によるべきと思うが、単なる適用条文の違いとすることには反対である。この問題に限らず、一般条項によって懲戒する以上は、個別事案における具体的な諸事情を吟味してより慎重に懲戒に値するかが検討されるべきである。

42）　阿部泰隆「期間制限の不合理性——法の利用者の立場を無視した制度の改善を」小島武司先生古稀祝賀『民事司法の法理と政策（下巻）』（商事法務、2008年）39頁以下は、研究者から弁護士登録をして研修により国選弁護人を務めて何をどこまでなせば良いのか（何をしないと懲戒になるのか）判然としないことに戸惑う状況が克明であるが、弁護士業務においてはある種避けられない事態である。

43）　太田・前掲注40）65頁。

ような場合であるのかが必ずしも明確でない」[44]、ⓒ「規範的要件である『職務の公正を保ちうる事由』の評価根拠事実と評価障害事実を総合考慮しないと職務禁止の可否を判定することができないのである。このように多様な考慮要素を総合考慮しないと判定できない規程57条が果たして規律の仕方として最適といえるか、という根本的な問題があるように思う」[45]などといった批判がある。

しかしながら、規定を細かく定めて明確化をすれば済むという問題ではないことは前述のとおりであるが、ⓐについては、基本規程が共同事務所の類型・形態により規制を異にしていないのはそのとおりであるが、古いタイプの小規模な法律事務所だけを念頭に置いているわけではないし[46]、また、規制を異にするのであれば共同事務所の類型・形態ごとに厳格な定義づけが必要となるところ、前述のとおり共同事務所類型・形態は千差万別であってそのような規制の仕方自体に相当に困難を伴うであろう（むしろ不可能に等しい）。ⓒについては、基本規程上、規範的要件に類するものは他にもあるし（例えば、23条（秘密の保持）における「正当な理由」）、規範的要件でない明確な規定であっても当該規定の「趣旨に反する」ことを理由に懲戒されることがある以上、弁護士が、職務執行をするに当たって、それが倫理的に許されるかについて多様な考慮要素を総合考慮せざるを得ないことは57条に限った問題ではない。

そもそも、本決定を契機に拙速な改正論議をすることには些か困惑を覚える。本事案について原決定と原々決定とで結論が分かれたのであたかも禁止の範囲が不明確であるかのように捉えられているが、当該事案における限り、B弁護士らがY社からの受任を差し控えるべきは明らかというべきである[47]。X社を退社したA弁護士について、Z法律事務所は採用内定を出し、現に入所後に、同事務所のB弁護士らは、X社提起の訴訟の被告であるY社の代理人となっているのであるが、Y社から依頼の打診があった時点で、

44）石田京子「日本における弁護士倫理の今日的課題」法の支配200号（2021年）63頁。
45）加藤新太郎「弁護士職務基本規程57条違反に基づく訴訟行為の排除を求める申立て（否定）」NBL1195号（2021年）92頁。
46）なお、基本規程制定以前に著された長谷部・前掲注14）66頁は、当該論文で共同事務所を論じる際には「所属弁護士が10人以下」の事務所を想定している旨を述べるが、本決定の事案において問題となった共同事務所も原決定判示によれば弁護士6名、弁理士2名の事務所である。
47）石田京子「判批」判例評論767号7頁（判時2539号、2023年）109頁も同趣旨を述べる。

A弁護士がつい最近までその相手方であるX社の組織内弁護士であったことは認識したはずであり、Y社からの受任前に、Aに当該案件への関与の有無・程度を確認すべきであった。当該事件は当事者にとって重大事件であることが容易に想像できるところであって、しかも利害対立の程度は明らかに非常に大きい上に（考慮事情②）、AのX社における事案関与の程度も大きく（同③⑦）、Y社からの受任が職務の公正を保ちうるとは到底いえない事案である[48]。仮に、なんらかの事情で受任時には分からなかったとしても、直ちに確認をし、判明した時点で遅滞なく辞任すべきであった[49]。結局のところ、上記経緯のもとでは、B弁護士らが、基本規程57条の解釈との関係で受任の可否につき判断に迷うようなところはないといってよい事案である。むしろ、同条の規定を待つまでもなく、弁護士一般の常識的な理解としても受任を避けるべきであったといってもよいであろう。そうであれば、別段不明確な故に処理に悩むような事案ではないのであり、かような事案が発生したことをもって、基本規程57条の解釈論を進化させる契機とするのは良いとしても、一挙に基本規程の改正等まで俎上に載せるのは些か疑問なしとしない。

改正に関する具体的な提言としては、基本規程57条が利益相反事由を27条・28条を区別せずに一律に拡張させ、かつ除外事由も「職務の公正を保ちうる事由」としてのみ定めていることを批判して、「少なくとも、弁護士法25条とほぼ同様の規定であり、かつ同意による解除が認められていない規程27条1号、2号、4号、5号に該当する行為と、依頼者の同意による解除が認められる規程27条3号および28条各号に該当する行為については、別の規定を設け、同一事務所に所属する弁護士に原則として利益相反を拡張するのか否か、解除の具体的要件は何であるかについて、弁護士の行動指針として具体的な規範を示す」必要があるとするものがある[50]。禁止の必要

48）　考慮事情④は存在せず、同⑤および⑥は関係しない。後述のとおり、同②等との関係で同①の情報遮断措置が決定的な意味をなす事案ではない。また、当該事案が高度に専門分化された分野の訴訟なので訴訟追行しうる弁護士が限られているとの主張は同⑧の主張といえるが、そこまで特殊な分野であるとまではいえないであろう。

49）　実際には、B弁護士らは辞任せず、A弁護士が退所するにとどまっている。この点、A弁護士が事後的に退所したところで問題が解決するわけではない。また、A弁護士が退所を余儀なくされたとすれば、同弁護士の内定・入所が先行していたことからすると、移籍の自由や勤務弁護士の雇用の安定を確保する観点からも好ましい処理であったかも疑問が残る。

50）　石田・前掲注47）7頁。

性が高い類型についてはより厳しい規制が妥当とするのは指摘のとおりであり、その方向性は理念的には正当であろう。例えば、弁護士法25条1号＝基本規程27条1号による利益相反の拡張については、「職務の公正を保ちうる事由」による禁止の解除をしないということなどが考えられる。共同事務所の所属弁護士が双方代理となるような事件については、他の所属弁護士も例外なく受任できないようにすることである。しかしながら、双方代理であればそのように規制されてしかるべきと考えられるところではあるものの、ひとくちに基本規程27条1号該当のケースといっても、現実には当事者の同一性や事件の同一性が問題となることがあり、一義的に明確であるとは限らない[51]。事件の同一性が認められるか否かという二者択一ではなく、同一性にバリエーションがあることもあり[52]、そうであれば、同一性の程度と、他の事情とを総合考慮した方がむしろ妥当な解決を図りうるというべきである。自らの双方代理であっても同一性の判断はときに難しいことがあるが、他の所属弁護士についての双方代理について事件や当事者の同一性を判断するというのは必ずしも容易とは限らない。また、事務所が合併して、原告代理人と被告代理人が事後的に同じ事務所になった場合などは、基本的には双方が辞任すべきであるが、当該訴訟がほぼ終了間近であるというような場合（利害対立が少なくなっている）で、特に依頼者も反対していないなら辞任を強制するまでの必要がない場合もあり得よう。同じように合併の場合に、一方の事務所のアソシエイトが国選弁護人として、被害者代理人を務める他方の事務所のアソシエイトと示談交渉をしていたような場合（なお、一般に、事務所の合併においてアソシエイトがその協議に参加しているとは限らない）、国選弁護人にあっては解任を求め、被害者代理人は辞任すべきが原則ではあろうが、依頼者の同意がなくても、情報遮断措置の有無・程度、事案における利害対立の程度・内容、事案の進行の程度、秘密の共有・漏洩や証拠流用のおそれの現実的可能性の有無等をも考慮して受任継続を可とすることが妥当な場合も

51）　なお、ほかにも、遺産分割協議は基本規程27条1号に該当するとするのが有力説であるとされるが（解説95頁。なお、私見は異なる）、28条3号説もあり、27条1号説の中でも利益相反が顕在化していない複数の相続人からの受任が許される場面もあるとされる説もあるので、具体的事案において一義的に禁止されているかの判断はそう簡単ではない。

52）「職務の公正を保ち得る事由」該当性と同様、27条1号に文字どおり該当する場合もあれば、同号の趣旨に反する場合や、類推適用もありうる。

全くないとまではいえない[53]。

禁止の解除を規範的要件に係らしめることは明確性には欠けることがあるかもしれないが、他方で事案に応じた妥当な結論を導くことができるのであり、現状では、なお相対的には優れた規制の仕方であると考える。太田・前掲注40）64頁は、基本規程57条により弁護士の受任の際に萎縮効果が生じることを指摘し、同条を機械的に適用すれば多様化する国民のリーガル・ニーズに弁護士が呼応する上での阻害要因となると述べるが、これから委任しようとする国民の側からすれば自身の利益が適切に保護されることも市場のニーズのひとつであろう。「適切な保護」とは何かは当該事案において判断されなければならないが、その結果弁護士が受任に迷う場面も出てくる。そして、無難な選択として受任を回避しがちとなることも否定できない。しかし、それは基本規程57条の適用場面に限らず、基本規程全般にいえることであり、「緻密で詳細で予見可能性が確保できる規定」[54]によってのみ懲戒できるとすることは、弁護士倫理規定をいわゆる業法化するものであって、（業法に倫理性がないとはいわないが）規定の倫理性を後退させ、規定に書いてあるものだけを守れば良いという傾向を招きかねないものであろう。

5　弁護士の移籍と情報遮断措置体制の関係

本決定の原決定および原々決定では、情報遮断措置の内容について言及がされているが、解説170頁が情報遮断措置をあくまで考慮事情の1つとして位置づけているにすぎず、「いかに厳格な情報遮断措置がとられているからといって、典型的な相対立する事件（②の利害対立の程度が大きい）、たとえば訴訟事件において、原告代理人と被告代理人が同一事務所の弁護士であることを容認することは（他の考慮事情にもよらないわけではないが[55]基本的には）困

53）なお、本決定の原決定における「職務の公正を保ち得る事由」は認められないとする部分の結論に私見は賛同するが、原決定の説示が、当該事案においては別として一般論として口頭での情報漏洩のおそれを極端に重視しているように解されるところは首肯しがたい。また、同説示につき「総合考慮による判断となっていない嫌いがある」とする加藤・前掲注32）75頁の指摘がある。もっとも、総合考慮に欠ける傾向にあるのは懲戒実務でもときに同様である。例えば、（実質的に「職務の公正を保ち得る事由」該当性を判断している）前掲注39）の議決例も、結論としては懲戒審査不相当としたものだが、情報遮断措置体制については考慮しているものの他の事情の考慮や、全事情の総合考慮には欠けていたように思われる。

54）太田・前掲注40）65頁。

55）この「他の考慮事情によらないわけではない」というのは、「（容認することが）基本的に困

難である」と述べているように、このようなケースでは情報遮断措置の有無・程度は決定的な意味をなすとはいえない。

加藤・前掲注31）72頁は、弁護士Aと同Bが同一事務所に所属している場合に、基本規程27条1号または2号により弁護士Aが職務を行い得ない事件（XY間の事件）に該当する場合について、弁護士の移籍問題を絡ませて、次のような類型を挙げている。すなわち、①**【同時期所属型】**AとBが共同事務所に所属し、AがXから協議を受けて賛助していたとき、②**【A入所型】**Aが共同事務所移籍前にXから協議を受けて賛助したが、AとXとの関係は移籍時に解消（辞任）したとき、③**【A退所型】**Aが共同事務所所属時にXから協議を受けて賛助し、BはXからの協議は受けていなかったが、Aが事務所を移籍したとき、の3類型であり、いずれも、弁護士BはYから受任し得ないのが原則であるが、各類型における情報遮断措置の有効性について分析をしている。

【A入所型】では、移籍してきた弁護士AはXの代理人を辞任しているから、Xの情報が共同事務所に蓄積することはなく、Xの情報が流れるとすれば専らAの口頭による伝達であり、物理的な情報遮断措置は意味が乏しく、Aと（Yから受任している）Bとの間で、口頭での情報伝達を行わないことを誓約することがXに対する関係で極めて有用な情報遮断措置であるとして、**【A入所型】**（のXの情報）においては必ずしも物理的な情報遮断措置が完備していなくても「職務の公正を保ち得る事由」が認められ得るとする趣旨のようである。

有用な分析であるし、上記の例では物理的な情報遮断措置の意義が乏しいこともそのとおりであるが、XY間の事件が利害対立の激しい事件であるときに弁護士の口頭での情報伝達を行わないことの誓約を重視して、「職務の公正を保ち得る事由」を認めるとするのであれば賛成しかねる。もともと守秘義務を負っている弁護士が改めて誓約することの意義は、共同事務所の内部では一般に依頼者の秘密が共有されうることを前提にして特定の案件については例外としてうっかり話したりしないように気をつけるという程度の意味に留まるのではなかろうか。そして、それは、弁護士Aにおいて、弁護

難」とあるように、本文中の事務所合併の際の利害対立が僅少な事案など、継続受任がむしろ望ましいなどのような特殊な例外的事案を念頭に置いたものであろう。

士ＢがＹの代理人をしていることを認識していれば当然に負う責務であろうからＡが誓約をしても創設的な意味での誓約ではなく確認的な意味しかない[56)]。もちろん意義はあるが決定的なものとするのは必ずしも妥当でない[57)]。前述のとおり、当事者間に利害対立が強いことは、主観的な公正らしさ＝当事者の疑念・不安を払拭する必要性をより強く要請するところである。実害に乏しく当事者の疑念・不安が感情論に類するというのであれば別であろうが、Ａから情報が流出しているかどうかを当事者が判断することは困難であり[58)]、相当程度以上の実害発生のおそれがある上に、その実害がＡに起因するかどうかを外部から確認できないという事態はなるべく避けるべきであろう。前述のとおり、利益相反禁止の拡張に伴う受任禁止という共同事務所に関する規律による依頼者保護には限界があり、個々の弁護士の守秘義務に最後は頼らざるを得ないところがあるとしても、本決定のような事案では、（入所型であるとしても、上記類型にいう）Ａの入所を受け入れたＢ弁護士の受任禁止による依頼者Ｘの保護を図るべき場面があるというべきである。本決定の草野裁判官の補足意見も、単に明確なルールを設けるべしというだけでなく、問題となった受任が弁護士倫理上適切であるかどうか議論がありうるという認識を前提としたものと理解すべきではなかろうか。

Ｖ　移籍等に際しての情報開示の問題

共同事務所における利益相反の問題は、当該弁護士自身について利益相反事由があるのではなく、他の所属弁護士の利益相反事由が拡張されるものであるから、利益相反事由があることが分からなければ対処ができない。したがって、他の所属弁護士の受任事件についての情報開示が必要となる。

このことは、現に共同事務所に所属している者同士であれば、何らかの仕組み（コンフリクトチェックの体制）を作れば相当程度に対応可能であろうが、

---

56)　「共同事務所内では情報は共有される」という抽象論を前提とすれば、誓約により当該情報だけが（創設的に）遮断されるという理解もあり得ようが、いくら事務所内とはいえ問題性を認識しながら殊更に情報伝達することが誓約しない限り許されるとはいえないであろう。

57)　前掲注 53）で触れたように口頭での情報漏洩のおそれを極端に重視するのも問題であるが、逆に誓約すれば良いというものでもないであろう。

58)　石田・前掲注 47）7 頁は、本文中の例でいう X が「当該情報漏洩について立証することは極めて困難であろう」と指摘する。

弁護士の移籍や法律事務所の統合（合併）に際して、どの程度情報開示をすることができるかは守秘義務との関係で難しい問題である。例えば、移籍の場合は、移籍の前に情報開示がなければ当該弁護士を受け入れることができるか否かの判断ができないが、それを広く認めることが問題なのは明らかである[59)]。この点、アメリカ合衆国では詳細な検討がなされているようであるが、わが国においては、当面は、移籍等に際して、当事者の同一性を判断するに必要な最小限の事由を基本とし、さらに必要に応じて事件・事案の同一性を判断するのに必要最小限の事由の開示は、守秘義務に関する基本規程23条の「正当な理由」があるものと取り扱うほかはないであろう[60)][61)]。

Ⅵ　まとめに代えて

本稿は、些末な現状分析と従来の枠組みの維持を主張するに終始し、「新時代の～」という書名に相応しくなかったかもしれない。しかし、「共同事務所の一体性」等を強調することが理論的・体系的理解に資することは否定しないが、それが現行法制と整合し、また個別具体的な事案の理解にどう影響するかは必ずしも明らかでない。まずもって重要なことは、高い理想・理念を現行法制に整合的に位置づけ、具体的な事案において、弁護士業務に過度な規制とならないように配慮しつつ依頼者等の当事者の利益を保護するこ

59)　このことは、大規模事務所や組織内弁護士の場合に特に難しい問題となるように思われる。例えば、アメリカ合衆国では、移籍する弁護士や移籍しようとする先の事務所が、独立した（外部の）弁護士に依頼して、利益相反情報を受領・分析させるという方式（依頼者の秘密をその独立した弁護士の守秘義務で保護する趣旨）まで提案されているようである（American Bar Association, Standing Committee On Ethics And Professional Responsibility, Formal Opinion 09, p.455, 2009. 石田京子教授よりご教示いただいた）。また、本決定の事案では、組織内弁護士として勤務していたX社から移籍したA弁護士は同社内において問題の事案を担当していたのであるが、当該事案に全く関与せず、または関与してはいないものの定例の会議で簡単な報告だけは聞いていたような組織内弁護士の場合はどのように解すべきか。一律にX社の相手方代理人が所属する事務所には移籍はできないとするならばわかりやすい結論かもしれない。X社という当事者名だけを開示すれば（組織内弁護士である以上開示するまでもなく当然に判明している）、それだけで移籍不可と判断できるからである。ただ、今少し移籍の自由を尊重しようとして、事案への関与の度合いを考慮するとすれば今度は事案の概要を移籍しようとする先に開示する必要が生じる。しかし、そのような情報開示は所属していた組織とすれば許容しがたいことが多いと思われる。

60)　森際編・前掲注19）56頁も「正当な理由」がある一例という。

61)　本文中の理解のほかに、基本規程59条からも分かるように共同事務所において情報共有がなされることは当然であるとし、同23条の「正当な理由」該当性を論ずるまでもなく、移籍等に際しては当然に必要最小限の開示が許されるとする考え方があり得る。

とであり、そのためには、多くの場面で諸事情の総合的考慮は結局欠かせないことである[62]。これを、規範的要件によらずに、詳細・明確な規定で過不足なく規制し、類推適用等を排除するのはそれはそれで困難であろう。本稿のテーマに関しては、「職務の公正を保ち得る事由」という規範的要件の解釈・適用についての検討を深めていくといういわば地道な途がむしろ弁護士倫理の将来に必要なものと思う。

62）懲戒処分の検討に際して、行為の背景事情、事案の実体・実態を踏まえるべきことを指摘するものとして、宮川光治「日弁連における懲戒事件審議の実情と今後の課題」自由と正義58巻3号（2007年）85頁。

14　業務承継の対価授受をめぐる弁護士倫理の課題
――引退に伴う事業譲渡を中心として

馬場　陽

Ⅰ　はじめに

弁護士職務基本規程 13 条は、弁護士による依頼者紹介の対価授受を禁止している。それでは、引退する弁護士が、その事業――そこには、依頼者との契約関係や潜在顧客との人的関係が含まれる――の全部または一部を他の弁護士に譲渡し、その対価を受領することは許されるか。現行制度がこれを許容しない場合、制度を変更してこれを許容すべきか。いずれかの次元でこれを許容すべきと結論づけた場合、その条件はいかにあるべきか。本稿では、これらの態度決定に向けた課題の抽出を行う。

本稿の構成は、次のとおりである。Ⅱでは、弁護士の引退に伴う有償事業譲渡を禁止するという政策的価値判断が自明でないことを確認し、問題が解釈論および制度論の次元に存すること、いずれかの次元においてこれを許容する場合には、具体的許容条件まで検討すべきことを述べる。Ⅲでは、弁護士職務基本規程 13 条の趣旨について、一般的にどのような説明が行われてきたかを振り返るとともに、従来の説明の問題点を述べ、制度趣旨を再考する。Ⅳでは、Ⅲの検討結果も冒頭の問題に一義的解を与えないことを確認し、弁護士間の業務承継、とくに、引退に伴う事業承継の対価授受を一定範囲で許容すべきという価値判断（以下、「許容論」という）と厳格にこれを禁止すべきという価値判断（以下、「禁止論」という）の実質的論拠を明らかにする。これによって、業務承継とその対価授受をめぐる議論がもつ弁護士倫理上の意義が同定される。それらの成果をふまえて、Ⅴで、弁護士の引退に伴う有償事業譲渡の可能性を追求した最近の解釈論を取り上げ、検討を加える。最後に、Ⅵで、対価授受の許容条件を考察し、将来の態度決定に向けた検討課題を論定する。

以下では、事業の全部または重要な一部の承継として「事業承継」という語を用い、個別事件の承継を含むより広い概念として「業務承継」という語を用いる。弁護士職務基本規程13条の射程および規律の妥当性を論ずるためには、業務承継全般を視野に収める必要がある一方で、とくに、対価授受の許否が論議される類型として、引退に伴う事業承継を取り上げることに合理性があると考えるからである。

なお、本稿は、一般財団法人司法協会の助成を受けて愛知法曹倫理研究会が主催したシンポジウム『弁護士の花道と依頼者――高齢化社会における弁護士会の役割』（2021年3月7日）における筆者の第1報告「花道の舞台裏――退出に伴う弁護士倫理上の諸問題と弁護士会の役割」[1)]ならびに公益財団法人日弁連法務研究財団の助成を受けて愛知法曹倫理研究会および中京大学法務研究所が共催したシンポジウム『弁護士業務の承継と依頼者――職務基本規程13条の再検討』（2022年10月22日）における筆者の第1報告「依頼の承継と対価の授受――『弁護士の花道』各論としての弁護士職務基本規程13条」[2)]で行った検討をベースとして、その後の考察を追加したものである。

Ⅱ　問題提起

弁護士職務基本規程13条は、次のように定める。「弁護士は、依頼者の紹

1）　一般財団法人司法協会に提出された『報告書　弁護士の花道と依頼者――高齢化社会における弁護士会の役割』（2021年）9～15頁に収録されている。

2）　公益財団法人日弁連法務研究財団に提出された『報告書　弁護士業務の承継と依頼者――職務基本規程13条の再検討〔研究番号166〕』（2024年）12～25頁（https://www.jlf.or.jp/wp-content/uploads/2024/05/kenkyu_no_166houkoku.pdf）〔最終確認2024年7月4日〕に収録されている。

介を受けたことに対する謝礼その他の対価を支払ってはならない」(1 項)。「弁護士は、依頼者の紹介をしたことに対する謝礼その他の対価を受け取ってはならない」(2 項)。

これらの文言を素直に読む限り、弁護士職務基本規程 13 条は、依頼者紹介の対価授受を一律に禁止している。引退に伴う事業承継の場合も例外でないとすると、同条は、弁護士間のスムーズな事業承継ないし事業統合を妨げないだろうか[3)]。

海外に目を転じると、米国法曹協会（ABA）の法律家職務模範規則（Model Rules of Professional Conduct）は、一定の条件の下、引退に伴う法律業務の売却を認めている（1.17 条）[4)]。日本でも、弁護士間の業務承継、とくに、引退に伴う事業承継について、対価の授受を認める余地がないか[5)]。

問題は、3 つの次元に存在する。第 1 に、弁護士職務基本規程 13 条の解釈として、弁護士間の業務承継に伴う対価の授受を一定範囲で許容しうるか否か。第 2 に、現行制度がこれを許容しない場合、制度を変更してこれを許容すべきか否か。第 3 に、いずれかの次元において対価の授受を許容するのが適切であると結論づけた場合、いかなる条件の下でこれを許容すべきか。3 つは密接に関連しているが、別個の問題である。

Ⅲ　弁護士職務基本規程 13 条の趣旨

1　従来の説明

弁護士職務基本規程 13 条 1 項は、1990 年制定の弁護士倫理 13 条を引き継ぐ規定である。弁護士職務基本規程 13 条 2 項は、2004 年の弁護士職務基本規程制定の際に新設された規定である。

通説と目される見解によれば、1 項の趣旨は、依頼者紹介の対価支払が弁

3）　日本弁護士連合会第 21 回弁護士業務改革シンポジウム（2019 年 9 月 7 日）の第 1 分科会「法律事務所の事業承継」（基調報告書）26 頁〔小松亀一〕には、「事件及び顧問の有償譲渡については、職務基本規程の解釈において問題のある事項であることから、慎重に検討する必要がある」と記載されている（https://www.nichibenren.or.jp/library/pdf/document/symposium/gyoukaku_sympo/21th_keynote_report_1_tr.pdf）［最終確認 2023 年 12 月 22 日］。

4）　藤倉皓一郎監訳『完全対訳 ABA 法律家職務模範規則』（第一法規、2006 年）145 頁参照。

5）　欧州の状況については、クラウディア・ザイベル（田村陽子・手賀寛・石田京子仮訳、森際康友補訳）「弁護士による弁護士『ブローカー業』の禁止」前掲注 2）報告書 58～70 頁参照。

護士と事件周旋業者の結びつきを誘発し、ひいては弁護士の品位を損なうこと、弁護士が支払う紹介料が依頼者に転嫁され、過大報酬となる懸念があることなどから、依頼者紹介の対価支払を禁止するものである、と説明されている[6)]。2項の趣旨については、依頼者紹介の対価支払を禁止するならば、当然にその受領も禁止すべきこと、弁護士が何ら法律事務を行わず、依頼者を紹介したというだけで対価を受領するのは品位にもとること、紹介料を目当てに事件集めをする行為が品位を失わせることなどから、依頼者紹介の対価受領を禁止するものである、と説明されている[7)]。

2　事件周旋業者の排除

前記1のとおり、通説は、弁護士職務基本規程13条のねらい（の1つ）を事件周旋業者の排除にみている。事件周旋業の規制としては、弁護士法72条が非弁護士による事件周旋業を全面的に禁止しており、弁護士法27条は、弁護士が非弁業者から事件の周旋を受けることを禁止している。弁護士職務基本規程13条1項は、これらに加えて「事件」の周旋に至らない依頼者の紹介、それも弁護士間で行われる依頼者紹介にまで規制を拡大した上で、その対価授受を禁止している。非弁提携禁止の徹底を図ったものと思われるが、弁護士法が禁止していない弁護士間の依頼者紹介についてまで対価授受を禁止する趣旨は、必ずしも明らかでない。依頼者紹介の対価授受が不当勧誘を誘発しかねず、ひいては弁護士の信用を害するともいわれるが[8)]、弁護士法がすでに非弁護士による事件周旋業を禁止し、かつ、非弁提携を禁止している以上、あとは弁護士による不当勧誘それ自体を規制すれば足りるようにも思われるからである。

次に、通説は、紹介料の金額が弁護士報酬として依頼者に転嫁される危険を指摘している。しかし、弁護士が多額の広告料をかけて業務広告を行う場合や、潜在顧客との面識を得るために多額の会費を要する団体・会合に参加する場合も、本来は同じ問題がある[9)]。

このように議論の余地はあるものの、現行制度を正当化することは可能で

6）　解説29頁参照。
7）　解説29頁参照。
8）　森際康友編『法曹の倫理〔第2.1版〕』（名古屋大学出版会、2015年）242頁〔北川ひろみ〕参照。
9）　森際康友編『法曹の倫理〔第3版〕』（名古屋大学出版会、2019年）213頁〔馬場陽〕参照。

あると考える。依頼者紹介の対価授受を解禁すれば、それを業とする者が現れ、依頼者・弁護士関係に介入することになる。それが横行すれば、弁護士の能力よりも紹介料の多寡によって事件の供給先が決定されることが常態化しかねない。弁護士も、事件の供給を受けるために多額の紹介料を支払うようになり、その負担が依頼者に転嫁される。その結果、依頼者も、目の前の弁護士が誠実で有能だからではなく、紹介料を多く支払ったから自分を紹介されたのではないかと不信感を抱きかねない。その弊害は、事件周旋業者が弁護士資格を有するか否かによって何ら変わるものではない。投下した金額が集客を左右するという点では業務広告にも同様の危険はあるが、業務広告による依頼の勧誘は、市民による吟味と選択を可能にし、一般に、サービスおよび価格の透明性を高めることが多いと考えられている[10)]。これに対し、事件周旋業者による弁護士選択の基準および紹介料の転嫁の実態は、一般に、依頼者にとって不透明なものとなりがちである[11)]。一方で業務広告を許容し、他方で依頼者紹介の対価授受を一律に禁止する現行制度は、ひとまず合理性があるといえそうである。

3　品位の保持

通説は、依頼者紹介の対価授受が弁護士の「品位にもとる」というが、その意味は判然としない。まず、事件周旋業者の発生を抑止する必要があるならば、それを規制の根拠とすればよく、あえて品位を持ち出す必要はない。不透明な媒介や転嫁の危険、それらに伴う信用の低下についても同様である。次に、通説は、弁護士が何ら法律事務を行わず、ただ依頼者を紹介して金品を受領したり、紹介料を目当てに事件を集めることが品位にもとるという。しかし、法律家であればこそ他の法律家の資質がわかるというのも1つの真理であり、弁護士が法律家としての見通しに基づいてより適切な弁護士を紹介することは、市民にとっても有益なサービスでありうる。依頼者の紹介と弁護士の紹介がしばしば1つの現象の表と裏であることを考えると、依頼者

10)　棚瀬孝雄「弁護士広告の機能」同『現代社会と弁護士』（日本評論社、1987年）196～197頁、和田仁孝「弁護士業務規制のゆくえと広告の解禁」自由と正義49巻6号（1998年）30頁、米国の議論の紹介として、大野正男「わが国弁護士の業務広告問題とその意義――ベイツ判決の検討に関連して」法学志林83巻3号（1986年）62～64頁参照。

11)　森際編・前掲注9）214頁〔馬場〕参照。

と弁護士を媒介し、その一方または双方から報酬を受領することが、ただちに品位にもとるとはいえないように思われるのである。

そこで、少し対象を広げて、依頼の勧誘における弁護士の品位について過去の議論を振り返ってみたい。周知のとおり、依頼の勧誘における品位の問題は、しばしば、業務広告について論じられてきた。これは、かつて英国のバリスタに上流階級の出身者が多く、商業を蔑視したことに由来するといわれる[12]。集客のための自己宣伝は、高貴な職業集団にふさわしくない下品な行為とみられたのである[13]。日本の弁護士の場合、そのような文化的基盤はなかったが、弁護士の社会的信用が十分でない時代にそれを高めようとする運動[14]の中で、弁護士自ら「上流士人に相応しい能力と品位」を求めるようになり、集客のための自己宣伝を「商売人のすることとして蔑視する傾向」を深めていったとされる[15]。さらに、プロフェッションの能力は業務広告によって推し量ることができないから、業務広告を解禁すれば、一般市民が悪質な弁護士のところに誘導されるおそれがある、といったタイプの広告禁止論も有力に主張された。その当否は措くとして、最後の理由は、誤導の危険およびそれに伴う弁護士職の信用低下の問題として整理すれば足り、品位という概念を用いなければ説明できないものではない。その後、米国では、1977年に連邦最高裁が弁護士の品位および誤導の危険に依拠した広告禁止論をいずれも排斥し、業務広告の全面禁止を違憲としたこと[16]、日本でも、1987年から段階的に弁護士の業務広告が解禁されていったことは、よく知られているとおりである[17]。

12）　司法研修所『米国法曹協会弁護士倫理規範及びその解説――ドゥリンカー氏「法曹倫理」によって（司法研修所調査叢書4号）』（司法研修所、1958年）［Henry S. Drinker, *Legal Ethics*, Columbia University Press, 1953の抄訳］45頁参照。E.A.パーリー（櫻田勝義訳）『弁護の技術と倫理――弁護の道の七燈』（日本評論社、2015年）78頁（初出1968年）は、15世紀の法律家が遺した記録を紹介し、「古来、法曹学院（インズ・オブ・コート）（ないしは寄宿舎（ホステル））は、貴族や上流紳士の子弟を入れることになっていた」とする。ただし、パーリーの原著が公刊された1923年までには、貧しい家庭からも少なくない数の著名な弁護士が輩出されていたようである（同書32頁参照）。

13）　大野・前掲注10）45頁参照。

14）　代表的なものとして、鳩山和夫「日本辯護士協會ノ任務」日本辯護士協會祿事1號（1897年）30頁、岸清一「辯護士刷新論」日本辯護士協會録事16號（1898年）37頁がある。

15）　大野・前掲注10）52頁参照。「他面、それらには、理想主義的な職業像を追うあまり、多くの弁護士のおかれている現実を低くみて、自らをもって高しとする傾向があった」。大野正男『職業史としての弁護士および弁護士団体の歴史』（日本評論社、2013年）69頁［初出1970年］。

16）　Bates v. State Bar of Arizona, 433 U.S.350（1977）。

17）　さしあたり、森際編・前掲注9）198〜199頁〔馬場〕参照。

そのような歴史をもつ業務広告と並んで、長年にわたり、依頼者・弁護士関係の入口として規制の対象とされてきたのが、依頼者紹介の対価支払である。ABAの弁護士倫理典範（Canons of Professional Ethics）（1908年）も、事件周旋人や客引きの使用、依頼者の誘導に対する謝礼の支払いを禁止しており（28条）、この規範は、「広告及び仕事求めを禁ずる」規範と「密接な関係」がある、とされた[18]。たしかに、不透明な媒介は、不当表示と同様、市民による弁護士の選択を妨げる弊害がある。しかし、弁護士選択の自由は、それ自体として保護されるべき市民の利益であり、弁護士の品位とは別の問題である。残された可能性は、業務広告が「客引き類似の行為」であり、「世人の蔑視を招き、プロフェッションとしての弁護士の品位をそこなう」[19]というタイプの議論である。業務広告が客引き類似の行為であるならば、紹介者に対価を支払ってまで依頼者の紹介を受けるのは客引きの利用に類する行為であり、紹介料を目当てに事件を集めるにいたっては、弁護士自ら客引きとなる行為といえよう。要するに、金儲けのために紹介者に金品を渡したり、金儲けのために事件を集めて売ることは、「上流士人」（人士）にふさわしくない下品な行為と考えられたのではないだろうか。

仮にそうだとすれば、そこには反省の余地がある。第1に、弁護士自身が「上流士人」（人士）でありたい、人々からそう思われたい、という願望は、「必ずしも依頼者の共有しない、弁護士に固有の関心」である[20]。そのような弁護士に固有の関心は、時として市民の利益に反することがある[21]。第2に、憲法が営業の自由を保障する日本国憲法の下において、営利活動を下品とみる理由は存在しないはずである。現に、大半の弁護士は、法律事務所の経営によって生計を立てており、事業から生じた利益を自ら手にしている。

18）司法研修所・前掲注12）63頁参照。

19）伊藤彦造「職務倫理からみた弁護士実務の具体的検討」石井成一編『弁護士の使命・倫理（講座現代の弁護士1）』（日本評論社、1970年）300頁。

20）品位をめぐる議論の中に弁護士自身の願望が投影されていることも含めて、棚瀬・前掲注10）190頁参照。

21）たとえば、小島武司ほか編『テキストブック 現代の法曹倫理』（法律文化社、2007年）216～217頁〔馬場健一〕は、「弁護士及び弁護士法人並びに外国特別会員の業務広告に関する指針」（2012年全部改正前のもの）において「消費者金融店内」や「低俗な風俗雑誌」への広告が禁止されていることを取り上げて、「人権擁護と社会正義を謳う弁護士法1条の精神は、悪所の前で立ち止まるのであろうか」、「怪しげな非弁業者やヤミ金業者の三行広告が溢れている低俗な雑誌や新聞などにこそ、弁護士は対抗して広告を打ち、被害の拡大を防ぐべきなのではなかろうか」と述べ、指針の態度の中に「エリート意識がなお見え隠れしている」ことを指摘している。

それにもかかわらず営利活動を下賤とみるのは、現実を隠蔽する欺瞞的態度であるといえよう[22)]。

もちろん、営利にとらわれて弁護士の使命をないがしろにすることは許されないが、それは、単純に、弁護士の使命に忠実であるか否かという問題である。このとき、弁護士の行動が倫理的であるか否かは、市民の権利保障およびそれを通じた社会正義の実現という弁護士制度の目的に忠実であるか否かによって評価されるべきである。弁護士職務基本規程は、上記の観点から弁護士の行動規範を実定化したものであり、13条も例外ではない。したがって、同条は、弁護士の品位を守るためにあるというよりも、非弁提携禁止の趣旨を徹底し、不透明な媒介および転嫁を抑止することによって、市民の弁護士を選択する自由および経済的利益を保護し、弁護士職の信用維持を図った規定と解すべきである。同条について、その他に品位という概念を用いなければ説明できないものはないように思われる[23)]。

4　小括

以上のとおり、弁護士の品位を根拠として弁護士職務基本規程13条の規律を正当化することは困難である。依頼者紹介の対価授受を規制する実質的根拠は、非弁提携禁止の徹底による市民の弁護士依頼権の保障、具体的には、不透明な媒介の抑止による弁護士選択の自由の保障、不透明な転嫁の抑止による市民の経済的利益の保護であり、それによって、弁護士職への信用を維持することにあると考えるべきである。その他に、「品位」という表現を用いなければ説明できないものは、弁護士職務基本規程13条に関する限り、ないと思われる[24)]。

---

22)　業務広告をめぐる米国の議論の紹介として、大野・前掲注10) 56～67頁、日本での議論として、棚瀬孝雄「プロフェッションと広告」同『現代社会と弁護士』(日本評論社、1987年) 119～136頁、小島ほか編・前掲注21) 208～224頁〔馬場〕参照。また、議論の要約として、森際編・前掲注9) 198～199頁〔馬場〕参照。

23)　このように理解することの具体的帰結として、弁護士が、不動産業者に対し、当該不動産業者にとっての顧客を紹介し、当該不動産業者から紹介料を受領する行為は、市民による弁護士の選択と関わりがないから、本条2項には抵触しないと解すべきである。反対、解説30頁。

24)　品位という表現の中にそれらを超える倫理的価値があるならば、その内容を積極的に言語化すべきであるが、弁護士職務基本規程13条に関し、そのような試みは今のところ成功していないように思われる。

Ⅳ　業務承継の対価と市民の権利保障

1　利益相反という視点

非弁提携禁止の徹底、不透明な媒介および転嫁の抑止という弁護士職務基本規程13条の趣旨から、弁護士の引退に伴う有償事業譲渡を禁止すべきか否かについて、一義的な解は導かれない。この問題を解くためには、さらに、引退に伴う弁護士間の有償事業譲渡を許容することが市民の権利保障にとっていかなる積極的意味をもちうるかを確認した上で、そのような議論の当否を吟味する必要がある。

その際は、依頼者・弁護士間の利益相反に着目することが有益である。そもそも、弁護士倫理とは、弁護士自身の利害が依頼者の利害や社会正義の要請と対立しうる状況において、弁護士が弁護士制度の目的に忠実であるための行動様式を明らかにしたものである[25)]。弁護士間の業務承継においても、依頼者と弁護士の利害は当然に対立しうる。そこで、Ⅳでは、依頼者・弁護士間の潜在的利益相反という視点から、弁護士間の業務承継に伴う対価の授受、とくに、引退に伴う有償事業譲渡を許容すべきとする論（許容論）と、それにもかかわらずこれを禁止すべきとする論（禁止論）のそれぞれについて、根底にある価値観を割り出し、この論争がもつ弁護士倫理上の意義を同定する。

2　許容論の価値判断

役務の途中で依頼者を放り出すことが誠実な職務追行でないとすれば、弁護士が、自らの退出にあたり依頼者を信頼できる他の弁護士へと託すことは、1つの倫理的態度であるといいうる。すべての弁護士が退出と無縁でないこと、弁護士の退出が経済面でも事件処理の面でも依頼者に多大な負担を生じさせることを考えると、弁護士の脳裏に、どこかのタイミングで事業承継という選択肢が浮かばないはずがない。

ところが、弁護士にとって、顧問先を含む依頼者および潜在顧客との関係

25)　森際編・前掲注9）68頁〔馬場陽＝宮田智弘〕、245頁〔森際康友〕参照。

は収入の源であり、それを他の弁護士に譲るということは、生活の糧を手放すことを意味する。業務の承継が依頼者にとって有益であるという前提に立つならば、（他の弁護士の関与によって得られる）依頼者の利益と（依頼者を独占したいという）弁護士の利益は、根本的なところで対立している。この種の潜在的利益相反状況において弁護士の行動を依頼者の利益へと動機づけるものが弁護士倫理であるとするならば、弁護士が能力的・時間的限界を感じたとき、業務承継を早期に決断できるよう後押ししてくれる制度が、弁護士倫理の観点からも望ましい、ということになる[26)]。

こうした問題が伏在するのは、引退や死亡により弁護士が退出する場面に限られない。たとえば、自らの手に余る事件に遭遇したとき、速やかに信頼できる他の弁護士へと依頼者を託すインセンティブがあってもよいのかもしれない。もちろん、能力を超える事件を引き受けることは弁護士にとってリスクが大きいから、現在でも、多くの弁護士は、そうした依頼を断り、他の弁護士を推薦するなどの適切な対応をしていると思われる。しかし、経済的利益に目が曇り、リスクを過少評価してしまうことはないだろうか。今は適切な判断ができたとしても、病気、高齢、社会の変化等により、依頼の数が減り、自らの手に余る事件の数が増えてきたとき、弁護士は、何の制度的後押しもなしに、潔く身を引く決断ができるのであろうか。弁護士倫理の制度は、こうした人間の弱さを自覚的に織り込んだ上で、弁護士を適切な行動へと動機づけるものでなければならない。

これが、営利企業であれば、事業譲渡や顧客紹介の対価が設定されることによって、事業者間の業務承継が自然と促進される。市場からの離脱にあたり適正な対価が支払われることは、退出を逡巡しているプレイヤーにとって、退出を早期に決断・計画・準備・実行する誘因となる。それは、結果として、市場における新陳代謝を促すことにもつながるはずである。このような考え方に立つならば、業務承継における対価の授受を一定範囲で許容する解釈論ないし立法論が求められることになる[27)]。

もちろん、弁護士の退出に伴う業務の引継ぎや依頼者の紹介は、これまで、

26)　馬場陽「花道の舞台裏――退出に伴う弁護士倫理上の諸問題と弁護士会の役割」前掲注1）報告書11～12頁参照。

27)　馬場陽「依頼の承継と対価の授受――『弁護士の花道』各論としての弁護士職務基本規程13条」前掲注2）報告書14～15頁参照。

インフォーマルな人間関係の中で、その多くが無償で行われてきた。そうした人間関係の果たす役割は、現在も大きい[28)]。しかし、それが適切に作用するのは、そのような環境に恵まれた当事者が、適切なタイミングで、それを活用する必要性を自覚した場合に限られる。また、それがインフォーマルなものであるだけに、依頼者保護が制度的に担保されにくいという側面もある。

前記のとおり、弁護士倫理とは、依頼者・弁護士間に利益相反が潜在する状況において、弁護士がどのように行動すれば（依頼者の権利保障という）その使命に忠実であることができるのか、その行動様式を言語化したものである。それを制度として設計し、よりよく国民の権利を保障できる体制を整えることは、弁護士会の責務であるといえよう。そうであるとすれば、この倫理問題の解決を、個々の弁護士の自律に委ねるだけでは不十分である。弁護士会は、弁護士の業務承継を制度的に後押しするために、弁護士職務基本規程13条の規制ないし解釈を緩和すべきではないか。

許容論は、以上のような価値判断をその実質的論拠とする。

3　禁止論の価値判断

他方で、弁護士間の業務承継に当たって対価の授受を認めるということは、弁護士が依頼者との関係を金銭に交換するということである。業務承継の対価が退出・承継の動機として働けば働くほど、承継先を探している弁護士にとって、対価の多寡が関心事とならざるをえない。そこでは、「誰が自分の依頼者にとって最善の弁護士か」ということよりも、「誰が自らの事業に対して高い値段をつけてくれるか」ということが、後継者を指名する強力な動機となりうる。ここでは、弁護士の経済的利益と依頼者の「弁護士を選ぶ自由」との間で深刻な利益相反が生じる。そのような問題までを視野に収めるならば、依頼者を「売る」ことを全面的に禁止し、問題の発生自体を回避する、という判断もありえよう。この場合には、依頼者紹介の対価授受を厳格に禁止する方向に進む[29)]。

---

28)　弁護士同士のインフォーマルな人間関係の価値を指摘するものとして、松尾陽「最前線の誠実義務と後方支援」髙中正彦＝石田京子編『新時代の弁護士倫理』（有斐閣、2020年）44頁参照。

29)　馬場・前掲注27）15頁参照。

禁止論に対しては、弁護士職務基本規程13条の制度趣旨を「紹介料の転嫁の抑止」(①) および「事件漁り・事件周旋業者との癒着の抑止」(②) に求める通説的立場から、これらの危険がない弁護士間の事業譲渡、とくに弁護士の引退に伴う1回限りの事業譲渡を規制の対象とすることにどれほどの意味があるのか、といった疑問も呈されている[30)]。しかし、前記のとおり、依頼者紹介の対価授受を禁止する実質的理由は、「弁護士の信用・能力よりも紹介者に支払う対価の多寡によって事件の供給先が決まるシステムには問題がある」(③) という点に求めることもできる。③の観点からは、引退に伴う弁護士間の事業譲渡であっても問題状況は変わらないというべきである。また、引退は、1弁護士につき1回とは限らず、引退に伴う弁護士間の事業譲渡であれば非弁業者が介在しないという保証もない。もし仮に、集客・引退・登録を不自然に繰り返す弁護士が現れたならば、そこに非弁業者の介在を疑うのが自然であろう。このように考えると、②の観点からも引退時の対価の規制は不可欠である[31)]。

さらに、禁止論に対しては、集客が得意な弁護士と事件処理が得意な弁護士の協働に途を拓くべきではないか、といった批判もありうる[32)]。開業弁護士と勤務弁護士の分業は、そのような協働に近い。しかし、開業弁護士と勤務弁護士の場合、集客をした開業弁護士は、自らも委任契約の当事者として依頼者に対して責任を負い、または、勤務弁護士を監督する責任を負う(職務基本規程55条参照)。これに対し、紹介者は、依頼者に対してそこまでの責任を負わない。もしこれが、商法に定める営業譲渡であれば、譲渡人は、原則として債権者に対して弁済の責任を負う(商法17条1項参照)。しかし、弁護士を廃業した譲渡人が、譲受人による委任事務の履行を監督し、依頼者に対して履行の責任を負うことは、法律上も不可能である(弁72条参照)。

4　「弁護士を選ぶ自由」の保障

許容論と禁止論に共通する問題意識を一言で表すならば、それは、「市民の弁護士に依頼する／しない自由をいかに実効的に保障するか」ということ

---

30)　松尾陽「特定質問」前掲注1) 報告書51～52頁参照。

31)　森際編・前掲注9) 214頁〔馬場〕、「発言録——特定質問およびシンポジウム」前掲注1) 報告書69頁〔馬場陽発言〕、馬場・前掲注27) 17頁参照。

32)　松尾陽「特定質問」前掲注2) 報告書105頁参照。

に尽きる。

業務承継の対価授受を認めない禁止論の制度構想は、（弁護士に売り買いされる）依頼者にとって、弁護士の熱意・能力・誠実さを評価し、弁護士によって準備された契約関係から自らの意思で離脱することが現実には難しい、という現状認識を出発点とする。このような（脆弱な）依頼者像は、許容論も、暗に前提としている。すなわち、「契約関係から離脱する弁護士が、取り残される依頼者のために次の選択肢を提示すべきである（制度として、それを後押しすべきである）」という主張の根底には、依頼者が自力で弁護士を探し出し、弁護士の熱意・能力・誠実さを評価して自由に契約関係を取り結んでいくことが現実には難しい、という現状認識がある。もちろん、市場には、弁護士との契約関係から自由に離脱し、自力で弁護士を選び出すことができる市民も少なくない。むしろ、それが本来の形ではあろう。しかし、そうでない市民の数も多い。その線引きは、ぎりぎりのところでは不可能である[33]。また、弁護士の選択を自力で行うことができる依頼者であっても、弁護士の変更に伴う様々な負担は避けられない。こうした依頼者像および現状認識を互いに共有した上で、「市民の弁護士を選ぶ自由は、いかなる制度の下において最も効果的に保障されるか」という形で問題を捉え直すことによって、議論の方向も見えてくるのではないか[34]。

弁護士の退出に当たり、依頼者の負担を増加させず、信頼できる後任の弁護士へと着実に委任事務の引継ぎを行うことができて、しかも、依頼者の離脱の自由を完全に保障すること。この３つの要請を同時に実現する選択肢を開発できるか否か。これが、さしあたっての問題である。

V　解釈論の展開

Ｖでは、Ⅳでみた３つの要請を同時に追求した最近の解釈論を取り上げ、その意義および限界を論じる。

33)　「発言録」前掲注 31）69 頁〔馬場発言〕、馬場・前掲注 27）16 頁（注 6）参照。

34)　馬場・前掲注 27）16 頁参照。

1　限定許容説の登場

筆者の知る限り、現行制度の下で弁護士間の業務承継に伴う対価授受を無制限に許容する見解は存在していない。これに対し、現行制度を前提に、引退に伴う事業譲渡に限定して対価授受を許容する解釈論（以下、「限定許容説」という）を展開し、その具体的条件を追求した試みとして、2022年10月22日に中京大学で行われたシンポジウムにおける市川充弁護士の第5報告「弁護士の事業承継と職務基本規程13条　解釈による対応——立法趣旨と守備範囲の考察を通じて」（以下、「市川報告」という）がある[35]。

2　限定許容説の概要

市川報告は、弁護士職務基本規程13条の制度趣旨である「品位」とは価値観そのものであるから、価値観を転換することによって、解釈で規制を乗り越える余地がある、と論じる[36]。これは、「品位」という用語が曖昧で、それだけでは解釈の指針として通用しない、という本稿と共通の問題意識から出発しつつも、その内容を積極的に言語化することによって、規制の範囲を絞り込んでいく試みである。

市川報告では、弁護士職務基本規程13条の制定過程が改めて検討される。具体的には、規制の沿革をたどり、「事業承継のような包括的な譲渡を明示的に禁止したものであるという議論の経過が残っているわけではない」[37]こと、「制定の際に弁護士の引退や死亡に伴う業務の承継や事業の譲渡については検討されたことはなかった」[38]ことを確認した上で、1項で保持を求められている品位は「非弁活動を助長しない」という品位であり、2項で保持を求められている品位は「依頼者の周旋を業として行わない」という品位であるから、弁護士の引退に伴って、弁護士間で1回限り行われる有償事業譲渡は禁止されていないのではないか、と論ずる[39]。また、1項の前身である弁護士倫理13条について、日本弁護士連合会弁護士倫理に関する委員会

35)　市川充「弁護士の事業承継と職務基本規程13条　解釈による対応——立法趣旨と守備範囲の考察を通じて」前掲注2）報告書83〜91頁。

36)　市川・前掲注35）88頁参照。

37)　市川・前掲注35）85頁。

38)　市川・前掲注35）86頁。

39)　市川・前掲注35）87〜88頁参照。

が欧州共同体弁護士会評議会（CCBE）の1988年の規程も参照した上で、「死亡弁護士の遺族に年金や報酬分配金を支払う例」は「本条の問題とはならない」、「引退、退所した弁護士に対する功労金、慰労金、年金等の支払いについても、同様である」[40]と解説していたことから、1990年の弁護士倫理制定当時、引退する弁護士への慰労金の支払いは問題ないとされていたことがわかる[41]、とする。そして、弁護士の引退に伴う1回限りの事業譲渡は、遺族への報酬分配金や退職慰労金の支払と同質の側面があるから、問題は、「これまで共同事務所で行われてきた『対価を伴う事業承継』を事務所の外にまで広げることが弁護士の品位を害するかという点に帰着するように思われる」と述べ、議論の焦点を定める[42]。このような整理を行った上で、市川報告は、有償事業譲渡の許容条件として、依頼者紹介に伴う対価授受の弊害を回避するための措置を提案する。具体的には、①依頼者の負担増を抑止する、または、負担増について依頼者の同意を得る、②譲受弁護士の手抜きを防止する措置として、役務の内容を契約で明確にする、依頼者の解除権を保障する、譲渡弁護士にアフターサービスを義務づける、③譲渡弁護士に譲受弁護士の品質を保証させる、④譲渡弁護士による十分な説明を義務づけ、依頼者の真摯な同意を得る、といった諸条件を設定し[43]、これらの遵守を要件として、1弁護士につき1回に限って事業の有償譲渡を許容する（ただし、専門性のある事件分野については譲受側弁護士が限定されるため、事件分野ごとに包括的に事業を譲渡することは許されるべきである）[44]、という解釈論を提示している。

3 限定許容説の評価

市川報告は、弁護士職務基本規程13条の沿革をふまえた精緻な論を展開しており、許容説に立つ解釈論として、1つの到達点を示している。しかし、そこに異論の余地がないわけではない。形式的にみれば、引退に伴う事業譲渡が依頼者の紹介に当たることは明白であり、文理解釈としては禁止説のほ

40） 日本弁護士連合会弁護士倫理に関する委員会編『注釈弁護士倫理〔補訂版〕』（有斐閣、1996年）57頁。
41） 市川・前掲注35）85頁（注5）、87～88頁参照。
42） 市川・前掲注35）88頁参照。
43） 市川・前掲注35）89～91頁参照。
44） 市川・前掲注35）91頁参照。

うが素直である。そこで、市川報告は、規定の趣旨・目的から、弁護士職務基本規程13条の適用範囲を限定するという解釈手法をとる。限定解釈という手法の選択は適切であると思われるが、共同事務所内であれば対価を伴う事業承継も許されるという前提およびそこから導かれた許容条件は、適切であろうか。

弁護士間における依頼の売買は、依頼者を紹介する弁護士と依頼者の紹介を受ける弁護士の双方に経済的利益をもたらす一方で、能力や誠実さよりも紹介料の多寡がものをいいかねない不透明な媒介および不透明な転嫁の温床となる可能性がある。それが市民の選択の自由を害し、経済的利益を脅かすことから、弁護士職務基本規程は、弁護士間での紹介料の授受をも禁止することによって、市民の利益を保障し、弁護士職に対する信用の維持を図っている。弁護士職務基本規程13条の制度趣旨をこのように理解するならば、共同事務所内で行われるものや引退に伴うものであっても、有償事業譲渡は依頼の売買そのものであり、問題状況は、基本的に他の場合と異ならない。

こうした危険を正しく認識しているからこそ、市川報告は、譲渡人である弁護士が引退して事業に復帰しないことに加えて、①ないし④の4つの条件を設定し、有償事業譲渡の無害化を図る。これも米国のモデル・ルールをふまえた妥当な条件設定であると思われるが[45)]、解釈論のレベルでそのような条件を設定することは可能であろうか。規制のあり方は、一方では市民の利益に、他方では弁護士の財産権（憲法29条）ないし営業の自由（憲法22条）にかかわる。そのような重要な権利の調整を解釈で行うのが適切か否かは議論がありえよう。また、仮に、譲渡人に引退を義務づけることができたとして、解釈で再登録を禁止することは可能であろうか。それが不可能であるならば、引退後の再登録・集客・事件処理までは認めた上で、2度目の有償事業譲渡を認めない、という処理にならざるをえない。しかし、1度目の譲渡を許容し、2度目の譲渡を禁止する根拠はやはり不明である。その場合、1度目の譲渡は、まさに弁護士職務基本規程13条が禁止する顧客の売買そのものであったことになるが、現行制度上、これを許容する根拠の説明は困難である。

45）ABA法律家職務模範規則1.17参照。

また、市川報告は、有償事業譲渡と退職慰労金支給との同質性を指摘している。しかし、働き方も組織との関係も多様化した現代において、1人の弁護士が1回しか退職慰労金を受け取らないという想定は適切であろうか。弁護士会が複数回にわたる退職慰労金の受給を禁止できないとすれば、それを許容しながら、事業譲渡の対価に限って1回しか受領を認めない根拠が問われよう。そうであるからといって、2度目以降の有償事業譲渡も同様に許容するとなれば、登録・集客・廃業・譲渡を繰り返す行為をどのように規制するか、という難問に行きつく。そのとき、弁護士会は、「通常の引退」と「濫用的な引退」を判別し、後者のみを取り締まるのか。そのようなことは、事実上不可能である。

Ⅵ　制度選択の課題

解釈による解決にも困難が伴うとすれば、制度変更の是非およびその具体的許容条件も検討しておく必要がある。1では、仮に制度を変更するならば、少なくとも何を検討し、何を書き込むべきか、ABAのモデル・ルールを参照しながら有償事業譲渡の具体的許容条件を考察する。2では、そもそもそのような制度を目指すべきか否かを検討するために、今後、何を調査し、何を分析しなければならないか、制度選択に向けた研究課題を論定する。

1　有償事業譲渡の許容条件

ABA法律家職務模範規則は、次のように定める。

規則1.17：法律業務の売買

法律家または法律事務所は、以下のすべての要件を満たす場合には、暖簾を含む法律業務または法律業務の一部を売却または購入することができる。

(a) 売主が、法律業務を行ってきた［地理的範囲］［法域］（法域によりいずれかを選択することができる）における自己の法律業務または売却した法律業務の一分野への従事をやめること。

(b) 法律業務全体または法律業務領域全体が、ひとりもしくは複数の法律家またはひとつもしくは複数の法律事務所に売却されること。

(c) 売主が、以下のすべての事項に関し、書面による通知を、売主の個々の依頼者に対して行うこと。

(1) 売却案。

(2) 依頼者が他の法律家に委任する権利または事件記録の引渡しを受ける権利。

(3) 依頼者が通知の受領後（90）日以内に何らかの行動を取らずまたは異議を申し出ない場合は、依頼者が依頼者の事件記録の譲渡に同意したものと推定されるという事実。依頼者に通知することが不可能であるときは、管轄裁判所によりそれを認める命令が登録された場合に限り、当該依頼者の代理を買主に譲渡することができる。売主は、事件記録の譲渡を認める命令を得るために必要な範囲でのみ、裁判所に対し、当該代理に関する情報を他に公開されない手続により開示することができる。

(d) 依頼者に請求される報酬は、売却を理由として増額されてはならない[46)]。

ABAの注釈（Comment）によれば、(a) は、法律業務を売却して廃業した法律家が公職の選挙で落選し、あるいは公職を退いた場合に、情況変化の結果として業務を再開することまで禁止するものではなく、公的機関や企業で法律家として雇用されることを禁止するものでもない、とされる[47)]。日本においても同様の考え方をとるべきか、再登録の要件を明文化すべきか、会則ないし会規の定めで足りるか、といったことを検討しておく必要があろう。

再登録を許す場合、譲渡人の競業禁止義務についても、ルールを定めておく必要はないだろうか。商人間の営業譲渡については、商法16条1項（営業譲渡人の競業の禁止）があり、譲渡人は、原則として、同一の市町村（東京都の特別区の存する区域及び地方自治法252条の19第1項の指定都市にあっては区）および隣接市町村の区域内において20年間の競業禁止義務を負う。弁護士業務の譲渡人についても同様の規律が妥当か。妥当でない場合、無規律でよいか。

46）訳文は、藤倉監訳・前掲注4）145頁によった。
47）藤倉監訳・前掲注4）146頁参照。

弁護士業務の性質および譲渡を引退時に限定する趣旨からは、いかなる規律が導かれるのであろうか。

(a) は、売却の条件として、一定の範囲において法律業務から撤退することを求めている。これは、通常、法域からの撤退を意味する。しかし、州によっては広域であるため、一定の地理的範囲を退いた場合に売却を認めるという選択肢を提示している[48]。日本の場合、弁護士は国内全域ですべての法律業務を行うことができるから、地理的範囲、審級、事物管轄等で売却範囲を画することは適切ではない。結果として、譲渡人は国内全域からの撤退を要求されることになろう。

(a) では、「法律業務の一分野への従事をやめる」ことを条件に、当該一分野の売却が認められている。弁護士にも得意・不得意があるから、依頼者の最善の利益を考えるならば、業務分野ごとに譲受人を選定することは許されてよい。しかし、実際には、業務分野の線引きは困難である。そうすると、問題は、事件単位の譲渡を認めるか否かという点に帰着するように思われる。これを許容する余地はあると考えるが、さらに部分廃業を認める場合には、その履行状況を調査し、執行する仕組が必要である。この困難な役割を弁護士会が担いきれないならば、譲渡人は、事件単位の譲渡を行う場合でも、全ての法律業務を廃止し、弁護士登録を抹消すべきである。

(a) との関係では、弁護士法人の場合をどのように規制すべきかという問題もある。弁護士法人は、自然人と違い、物理的な意味での寿命をもたないから、そもそも引退に伴う有償事業譲渡を認める必要があるか否かも検討の余地がある。また、執行の面でも、自然人とは別の考慮が必要である。たとえば、名称や住所を変えて解散・譲渡・設立を繰り返す行為に対し、弁護士会は、解散した旧法人と設立された新法人の同一性を認定し、新法人の解散を命じることができるか。そこには、かなりの困難を伴うであろう。このように考えると、弁護士法人を解散し、社員が個人の名で業務を承継してからでなければ有償事業譲渡ができないという仕組のほうが簡明である。しかし、その場合でも、解散および事業譲渡に先立って一部の社員のみ退社させ、これに退職金を支給しておけば、退職金を受給した社員は、事実上、事業譲渡

48)　藤倉監訳・前掲注 4) 147 頁参照。

の対価の一部を受け取りながら事業を再開することができる。規制の実効性を担保するためには、ここにも何らかの手当が必要である。

(c) は、依頼者への通知事項を定める。通知事項には、依頼者の選択を保障するために、事業譲渡の当事者となる弁護士の所属弁護士会、事件係属裁判所、事件関係者の連絡先等も含めるべきである。また、(c) では、依頼者が異議を申し出なければ事件記録の譲渡について依頼者の同意が推定されることになっているが、日本で同様の処理が可能か否かは疑わしい。むしろ、離脱の自由を保障した上で、依頼者から個別の（真摯な）同意を要するという制度設計のほうが適切であろう。しかし、依頼者からの個別の同意を要件とすると、同意がない依頼者との契約の扱いで深刻な問題を生じる。すでに譲渡人の廃業が予定されている以上、明確な同意のない依頼者との契約は、停止期限付で解除されると考えるのが素直であるが、それは、かえって依頼者の保護に欠けないか。だからといって、譲渡人からの一方的な解除を許さないとすると、譲渡人は、売却に同意しなかった依頼者の事件が終了するまで引退できないことになる。

停止期限付解除が依頼者の利益をどの程度害するかは、実際には、辞任をめぐるルールのあり方にも左右される。適切なタイミングでの説明、その後の選択肢の提示等、辞任時の対応を高い倫理的水準で行うことによって、この問題は回避できるのかもしれない。しかし、少なくとも現行弁護士職務基本規程は、こうした場面で弁護士がとるべき行動について、具体的な指針を示すことができていない。

同様の問題は、利益相反と守秘義務をめぐっても生じる。たとえば、事業譲渡を進めるためには、譲受人と依頼者の間の利益相反の有無を確認する必要がある。譲受人も、事業価値を評価しなければならない。そのためには、当然に守秘義務の解除が必要である（弁23条、職務基本規程23条、56条参照）。のれんに含まれるであろう潜在顧客の情報についても同様の問題がある。そうだとすると、実際には、(c) のような通知に先立って、情報開示について依頼者の同意を取得する手続（それを不要とするのであれば、そのような制度ないし運用の確立）が必要であろう。

このように、弁護士の引退に伴う事業譲渡の制度設計は、様々な倫理規範の履行水準を「引退に伴う事業譲渡」という特定の場面に即して具体化することによって行われる。少なくとも、弁護士職務基本規程22条1項（依頼者の意思の尊重）、23条・56条（守秘義務）、24条（報酬）、27条・28条・57条（利益相反）、29条（受任の際の説明等）、30条（委任契約書の作成）、36条（事件処理の報告及び協議）、40条（他の弁護士の参加）、41条（受任弁護士間の意見不一致）、44条（処理結果の説明）、45条（預り金の返還）等の諸規定に体現されている価値を保障するには何をすればよいか、その具体的な行動規範を言語化すべきである[49)]。

2　制度選択の課題

制度選択のためには、さらに、以下のような調査・研究が不可欠である。

(1)　市民のニーズ

そもそもユーザーである市民は、弁護士間の業務承継をどの程度必要としているのか。弁護士の引退、死亡によって実害をこうむった依頼者は、どの程度存在するのか。制度設計の出発点となるべき重要な論点である[50)]。

また、弁護士の事業承継ないし事業統合を推進することが、本当に市民にとって好ましい結果をもたらすのか。この点も、研究が必要である。とくに、事業承継／事業統合を推進していけば、将来的には少数の事務所による寡占を生じ、かえって市民の選択肢を奪うことにならないか。こういった研究は、十分でない。

(2)　弁護士のニーズ

弁護士の側に、制度選択を後押しする立法事実はあるか。従来から、依頼者紹介や事業承継は無償で行われてきたし、対価を伴わない事業統合も行われてきた。その範囲を超えて、対価授受を許容しなければならない差し迫った事態は、どの程度発生しているか。

また、弁護士の業務承継・事業統合には、様々な選択肢がある。実際にそれらを行った／行おうとしている弁護士の中で、既存の手法によったのでは解決できない困難な問題に遭遇した者はどのくらい存在するのであろうか。

この点の調査・分析も期待される。

---

49)　その他にも、譲受人による委任事務の履行について、譲渡人がどこまで責任を負うべきかという問題がある。本稿Ⅳ3参照。

50)　そのような研究として、前掲注1）報告書31～40頁に収録されている高橋裕教授の第3報告「高齢弁護士の引退と依頼者のニーズ」がある。

(3) 業務承継の諸態様

前記のとおり、弁護士業務の承継には様々な態様がある。たとえば、①依頼者との委任契約を合意解約し、依頼者と他の弁護士の間で新たに委任契約を締結する方法がある。②契約上の地位の移転（民法539条の2）により受任者の地位を移転する方法もある。③事業譲渡もある。④個別の事件を共同受任して報酬を分配する方法もある。⑤事業を統合して共同事務所とする方法もある。⑥弁護士法人を設立して業務を法人に移し、後継者を社員とする方法もある。いずれの方法によるとしても、前任の弁護士が後任の弁護士と依頼者を引き合わせる場合は、「依頼者の紹介」に当たるというべきであろう。

このとき、弁護士間で着手金および報酬金の分配、清算が行われ（①②④）、または、のれんや人的・物的設備の対価が授受されることがある（③）。家賃、設備利用料、人件費、助言料等の名目で負担金が授受されることもあれば（⑤）、社員となって、業務執行の報酬、退職金、年金等を受け取ることもある（⑥）。提供した価値と受け取る対価が均衡している限り問題はないが、対価の設定にあたり顧客獲得への貢献を考慮すれば、実質的には、依頼者紹介の対価を支払っているのと同じことになる[51]。のれんや人的・物的設備の中には潜在顧客（過去の依頼者や顧問先）に対する訴求力をもつものがあり、そのような訴求力を承継することについても、同じ問題がある。

制度選択にあたっては、これらの事業承継スキームの評価も検討しておかなければならない。とくに、報酬金分配や業務執行報酬等の名目で受け取る対価の算定にあたり、顧客獲得への貢献を考慮することの当否が問題である。第1に、弁護士職務基本規程13条に抵触しない適正な手法として現行規程の解釈上も是認する立場がありうる。その場合、支払の実態も当事者の認識も依頼者紹介の対価であるのに、わざわざ他の形式を整えなければならないのは迂遠である。この立場を突き詰めていけば、弁護士間における依頼者紹介の対価授受を許容するのが自然な帰結であると思われるが、それは、現行制度の基本方針と相容れない。第2に、こうした事態を規制の潜脱として否定的に評価する立場がありうる。その場合、弁護士会は、報酬金分配や業務

51）日本弁護士連合会弁護士倫理に関する委員会編・前掲注40）57頁は、「紹介者が自ら雇用する事務職員である場合でも、弁護士が、その事務職員に対し、その紹介を理由とする歩合給又は特別賞与を支給することは、本条の問題となり、ひいては、第12条の問題ともなる」としていた。

執行報酬と実質的な紹介料を区別するという困難な課題に遭遇することになる。第３に、前任者が共同受任者ないし弁護士法人の社員となり、依頼者に対して無限責任を負う場合に限り、報酬金分配や業務執行報酬等の算定にあたり顧客獲得の功績を評価することが許されるという立場がありうる[52]。第３の立場をとったとしても、顧客獲得に多大な功績のあった弁護士が事業統合の翌月に引退し、多額の退職金を受給することをどのように評価すべきかという問題は残る。

(4) 実効性を担保する周辺の制度

論争の核心が「市民の弁護士を選ぶ自由をいかに実効的に保障するか」という点にあるのだとすれば、具体的な制度設計は、「市民の弁護士を選び、利用する力」に左右される。そのような市民の力を涵養することも、制度の実効性を担保する上で重要な課題となる[53]。

加えて、市民が自分自身のために最も好ましい選択肢を検討できるようになるためには、「多くの弁護士に容易にアクセスでき、どの弁護士を選んでも（あまり）失敗しない」という状況を作りだすことが必要である。弁護士の退出や紹介に伴う弊害は、広報、研修、広告等の充実によって、一定程度まで解消できるのかもしれない[54]。

制度の選択にあたっては、権利保障の実効性を裏から担保するこれら諸条件の達成度も視野に収める必要がある。

(5) 弁護士の基本権保障

最後に、弁護士自身の財産権ないし営業の自由（憲法29条、22条）といっ

52）ABA法律家職務模範規則1.5(e) は、①その分配が各法律家の行った役務の割合に応じたものであること、または各法律家がその代理に対して共同の責任を負っていること、②依頼者が、各法律家が受領することになる割合を含む当該分配に同意し、かつ、その同意が書面で確認されていること、③報酬の総額が合理的であること、という条件をすべて満たす場合に限り、同一事務所に所属しない法律家間の報酬分配を許容するというモデル・ルールを提示している。藤倉監訳・前掲注4）61～62頁参照。

53）馬場・前掲注27）16頁参照。市民の法的素養が法曹倫理の実践にとってしばしば決定的な要素となることを論じたものとして、「法教育の目指すものと法曹養成教育のあり方――その相互の関連性と協働の可能性」法曹養成と臨床教育13号（2021年）61～73頁、「法学部は『法の支配』の定着にいかに関わるか――臨床教育に着目して」法曹養成と臨床教育15号（2023年）186～202頁参照。

54）馬場・前掲注27）19頁参照。高橋・前掲注50）39～40頁は、業務の引継ぎに当たって「弁護士の態度・姿勢が相当大きな意味を持つ」こと、「ルールや制度の整備だけでは対応できない、個々の弁護士としての望ましい『技法』・『作法』を各弁護士が身につけることも、個々の依頼者からの満足度を高めるうえでは非常に重要である」と指摘している。

た視角からの検討も必要である。一般論として、市民の権利をよりよく保障するために、弁護士法が明確に禁止していない行為を弁護士会の自治規範で禁止することは可能である[55]。弁護士職務基本規程28条、56条、57条などは、その種の制約の典型である。しかし、自治規範による制約にも限界はある。米国では、かつて弁護士会による業務広告規制の合憲性が正面から争点となり、業務広告の全面禁止は違憲と判断されている[56]。弁護士職務基本規程13条との関係においても、一切の有償事業譲渡を禁止することや、登録抹消を有償事業譲渡の条件とし、再登録を制限することが、弁護士の基本権を侵害しないかという検討は必要であろう。

Ⅶ　おわりに

本稿の検討をまとめる。弁護士職務基本規程13条は、非弁提携禁止の徹底と不透明な媒介・転嫁の抑止を図り、それによって、依頼者の利益と弁護士の信用を保護する規定である。しかし、そのような同条の趣旨から、弁護士の引退に伴う有償事業譲渡の可否について、一義的な解は与えられない。そこで、本稿は、業務承継の対価授受を一部肯定する許容論とこれを厳格に否定する禁止論の根底にある価値を同定し、この問題の核心が、依頼者・弁護士間の潜在的利益相反状況における依頼者の権利保障、とくに、弁護士を選ぶ自由の保障であることを論じた。そこでは、弁護士の引退にあたり、依頼者の選択を最大限に保障しつつ、弁護士の交替に伴う依頼者の負担を最小限に抑制する方法の開発が求められている。そのような試みとして、近年、弁護士の引退に伴う1回限りの有償事業譲渡を許容する解釈論（限定許容説）が提唱されている。そこで、本稿も、この見解を取り上げて検討した。限定許容説が提唱する有償事業譲渡の許容条件は、ABAのモデル・ルールを参考にしたもので、実質的にも妥当な内容を含むと思われるが、譲渡人の引退、

55）日本国憲法22条、29条は、「公共の福祉」の観点から、国家が法律により私人の経済活動に条件を課すことを認めている。そして、弁護士法は、日弁連および単位弁護士会に会則制定権を与えている（弁46条、33条）。日弁連および単位弁護士会が、会則・会規の制定を通じて弁護士の経済活動に条件を設定することは、市民の権利保障という弁護士制度の目的に適うものである限り、許容されると解すべきであろう。

56）Bates v. State Bar of Arizona, 433 U.S.350（1977）。

譲渡人によるアフターケアといった条件を解釈によって設定できるかは議論の余地がある、というのが本稿における暫定的な結論である。そこで、次に、制度変更の可能性を含めて、具体的許容条件を検討した。少なくとも、引退後の再登録条件、再登録後の競業のあり方、事業の一部を譲渡することの可否、弁護士法人を譲渡人とする事業譲渡の可否、依頼者への必要的通知事項の内容、譲渡または情報提供に同意しない依頼者との法律関係の消長、コンフリクト・チェックおよび事業価値評価のための守秘義務の解除等について、明確なルールを設けておくべきであろう。

また、本稿では、制度選択にあたって検討されるべき将来の課題も論じた。第1に、市民のニーズを調査・分析する必要がある。第2に、弁護士のニーズも調査・分析すべきである。第3に、様々な業務承継スキームの評価について、態度決定が求められる。第4に、市民の弁護士選択を担保する他の制度として、法教育、広報、研修、広告規制等の達成度を視野に収める必要がある。第5に、弁護士の基本権を侵害しない制度でなければならない。

こうした問題に目配りしながら、それぞれの選択肢が「依頼者の権利保障」という弁護士制度の目的にとっていかなる意味を持つのか（あるいは持たないのか）、それをできる限り言語化し、弁護士自身の私欲や弱さをも直視した上で、実行可能かつ正当化可能な専門職倫理を探求していく必要がある[57)]。

57）馬場・前掲注27）25頁参照。

15　弁護士の広告活動を巡る諸問題

上妻英一郎

Ⅰ　はじめに（弁護士業務広告に関する日弁連会則等の経緯等）

弁護士業務広告が原則自由化となって、四半世紀近くが経過しようとしている。日本弁護士連合会（以下「日弁連」という）における経過を概観すると、おおむね以下のような経過をたどっている。

1　原則禁止時代（昭和30年日弁連弁護士倫理8条）

「弁護士は、学位または専門の外、自己の前歴その他宣伝にわたる事項を名刺、看板等に記載し、または広告してはならない」とされ、原則として弁護士の業務広告は全面禁止されていた。

弁護士は、公共的な奉仕者であって、個人的な利益追求者と異なり、依頼者獲得の競争をするために宣伝広告することは弁護士の職を冒涜し、品性を低下させるものである、濫訴の弊を生ずる、弁護士に対する一般の尊敬の念を失うに至る、との考えに基づくものであった。

2　一部解禁時代（昭和62年3月日弁連会則29条の2新設）

昭和62年3月、日弁連会則29条の2の規定（「弁護士は、自己の業務の広告をしてはならない。但し、本会の定めるところに従つて行う場合は、この限りでない」（1項)。「前項の広告に関し必要な事項は、会規及び規則をもつて定める」（2項））が新設され、「弁護士の業務の広告に関する規程」と「弁護士の業務の広告に関する規則」が制定された。

上記規則においては、広告することができる事項は、氏名・住所、事務所の名称・所在地、電話番号等12項目であり、広告を載せることのできる媒体も、名刺・封筒、看板、挨拶状、職業別電話帳等7種類に限定されていた。

その後、弁護士倫理（平成2年日弁連総会議決）において、「弁護士は、品位をそこなう広告・宣伝をしてはならない」（10条）とされた。

3　原則自由化時代（平成12年3月24日日弁連総会以降）

平成12年3月24日日弁連総会において、前記会則29条の2が改正され、「弁護士は、自己の業務について広告をすることができる。但し、本会の定めに反する場合は、この限りでない」（1項）。「前項の広告に関し必要な事項は、会規をもつて定める」（2項）とされ、また、従来の弁護士の業務の広告に関する規程・規則は廃止され、新たに「弁護士の業務広告に関する規程」（現「弁護士等の業務広告に関する規程」。以下「広告規程」という。なお、外国法事務弁護士等についても同様の定めが置かれているが、ここでは、便宜上割愛する）が制定され、これらは、同年10月1日施行された。

ここにおいて、弁護士の業務広告は原則として自由化され、規制に合理的理由があると認められる場合に例外的に規制されることとなった。これは、弁護士の広告に関する規制が時代の要請に適合しなくなったこと、弁護士の情報が極端に不足していること、利用者である国民の不満や批判が高まったことなどによる。

また、広告規程は、その解釈および運用を明確化するため理事会の承認を得て指針を定めることができるものとし（広告規程13条）、「弁護士及び外国特別会員の業務広告に関する運用指針」（現「業務広告に関する指針」。以下「広告指針」という）が制定された。広告指針においては、当初、弁護士情報提供ウェブサイトへの掲載に関しても指針が置かれていたが、厳密には広告規程の指針というより、非弁提携に関する指針であることなどから、平成30年1月18日、「弁護士情報提供ウェブサイトへの掲載に関する指針」（以下「ウェブサイト掲載指針」という）として独立した指針が置かれることとなった。

なお、平成17年4月1日から施行された弁護士職務基本規程（以下「基本規程」という）においても、「弁護士は、広告又は宣伝をするときは、虚偽又は誤導にわたる情報を提供してはならない」（9条1項）、「弁護士は、品位を損なう広告又は宣伝をしてはならない」（同条2項）および「弁護士は、不当な目的のため、又は品位を損なう方法により、事件の依頼を誘発し、又は事件を誘発してはならない」（10条）との規定が置かれている。

また、債務整理事件処理の規律を定める規程（平成23年4月1日施行。以下「債務整理処理規程」という）18条においては、債務整理事件に関する業務広告を行う際の、報酬基準表示努力義務（1項）、受任の際面談を必要とする旨の表示努力義務（2項）および過払金返還のみを行うことに不利益がないかのように誤認、誤導するおそれのある広告の禁止（3項）の各規定を置いている[1)]。

Ⅱ　広告規程・広告指針等による広告規制の概要

弁護士業務広告の現在における規制の主たる考え方は、広告規程と広告指針等により、その内容が示されている。以下、その概要を示す。

1　広告の定義等

広告規程が対象とする広告とは、「弁護士又は弁護士法人が、口頭、書面、電磁的方法その他の方法により自己又は自己の業務を他人に知らせるために行う情報の伝達及び表示行為であって、顧客又は依頼者となるように誘引することを主たる目的とするものをいう」とされているが、広告というも、宣伝というも、ほぼ同義であり、厳密な区別をする意味はないとされている[2)]。

弁護士が、弁護士である肩書きを付して、事務所所在地、連絡先等を表示する場合、自己の業務等を他人に知らせるために行う情報の表示といいうるが、名刺、封筒、年賀状、著作物の著者紹介欄等にこれらの表示を行ったり、弁護士として祝電を打ったりするのみでは顧客誘引が主たる目的とは認められない（広告指針第2の2（3））。YouTube等の映像作品などにおいて、協賛者として弁護士としての氏名を表示する場合、通常の営利企業である場合は広告の典型例ではあるものの、弁護士が協賛者として氏名のみを表示するなど事務所の連絡先等の表示を伴わない場合は、顧客誘引目的があるとまでいい

1）　以上、条解19頁参照。
2）　解説23頁参照。

がたいのではなかろうか。

2　広告規程による規制の概要

広告規程は、まず、原則的に禁止される広告を3条で概括的に示し、さらに、表示できない特定の広告事項の4例を4条にあげ、また、訪問等による広告の原則禁止を5条に、特定事件の勧誘広告の原則禁止を6条に規定し、さらに、禁止される広告の態様として有価物等の供与の禁止を7条に、第三者による広告規程違反行為への協力の禁止を8条に、氏名および所属弁護士会の表示義務等を9条に、通信手段による受任の場合の記載事項について9条の2に、郵便等による場合の広告であることの表示等の義務を10条に、広告の記録等の保存義務を11条に、弁護士会による違反広告の排除等に関する規定を12条に置いている。

3　広告規程3条により禁止される広告

広告規程3条は、およそ禁止されるべき広告がいかなるものであるか、次のとおり、概括的に規定している。なお、これらの禁止の趣旨は、広告が一般国民等を対象とするものである以上、国民の目から見て品位を損なうものであるか否かが判断基準となる（広告指針第3の1）

①事実に合致していない広告
②誤導または誤認のおそれのある広告
③誇大または過度な期待を抱かせる広告
④困惑させ、または過度な不安をあおる広告
⑤特定の弁護士等または法律事務所もしくは外国法事務弁護士事務所と比較した広告
⑥法令または日弁連もしくは所属弁護士会の会則および会規に違反する広告
⑦弁護士の品位または信用を損なうおそれのある広告

(1)　虚偽広告（広告規程3条1号）

事実に合致していない広告が禁止されることは、弁護士に限らず、当然である。特に注意を要するものとして、広告指針第3の2は、経歴詐称等、実在しない人物の推薦文をあげ、さらに、実体が伴わない「……研究会」など

の団体名を表示するなども、事実に合致しない例としている。

(2)　誤導・誤認広告（広告規程3条2号）

これも許されない広告の代表的なものであるが、取り扱った事件の種類や数などを誤認させるような表現、弁護士報酬についての曖昧で不正確な表現が広告指針第3の3において例示されている。

(3)　誇大広告等（広告規程3条3号）

誇大広告や過度な期待を抱かせる広告も、誤導・誤認広告の一種であるが、広告指針第3の4は、どんな事件でも解決するとか、たちどころに解決する等の表示を例示している。弁護士の場合は、受任の際の説明として禁止されている、有利な結果の請け合い（基本規程29条2項）、結果が得られる見込みの装い（同条3項）などに該当するおそれのあるような表示が、おおむね禁止される広告となるものと考えてよいであろう。

なお、誤導・誤認広告と誇大広告等は、同種であり、広告指針第3の9は、その複合例をあげている。

(4)　困惑広告等（広告規程3条4号）

困惑させたり、過度に不安をあおったりして事件を受任しようとする態度そのものが弁護士としての品位を損なう方法であり、広告指針第3の5が例示するところである。実体験として虚偽ではなく、過度に不安をあおるような表現でなければ、実際の解決例などをあげることが直ちにこれに該当するものではないと解される。

(5)　比較広告（広告規程3条5号）

特定の弁護士等またはこれらの事務所と比較した広告は、それのみで品位を損なう広告とされる。特定の弁護士等の氏名・名称または事務所の名称が表示されていない場合であっても、全体的な表現から特定のものを指しているものと認められるときは、同様とされる（広告指針第3の6）。

(6)　法令会則等違反広告（広告規程3条6号）

法令違反広告としては、広告指針第3の7（1）があげるとおり、弁護士法（以下「法」という）違反、景品表示法違反はもちろん、名誉毀損・信用毀損、プライバシー侵害、著作権・商標権侵害となる広告などもこれに該当する。また、他士業と共同して広告を行う場合に、当該他士業の者が、権限を超えて弁護士と共同できるかのような表示や、二重事務所違反となるような表示、外国弁護士による法律事務の取扱い等に関する法律（以下「外弁法」という）違反となるような広告に注意を要するが、広告の規制以前の問題でもある。

事務所の実態を伴わない、いわゆる「バーチャルオフィス」については、法20条の事務所設置義務に抵触するものと考えられ、認められないと思われるため、バーチャルオフィスを連絡先とするような業務広告も、法に違反する業務広告と考えられるので、注意を要する。近年コロナ禍を経て、リモートワークが広く行われているが、二重事務所を設置したような外観とならないようにこれも注意を要すると考えるべきであろう。

その他、会則等違反広告としては、広告指針第3の7（2）、（3）があげるとおりであるが、事務所の名称とは別に「○○交通事故相談センター」、「○○遺言相続センター」等別の組織、施設等の名称を用い、法律事務所等の名称等に関する規程6条等の複数名称の禁止等に違反する広告が、実際の違反例も多いようであり、特に注意を要する。

(7) 弁護士等の品位または信用を損なうおそれのある広告（広告規程3条7号）

品位または信用を損なうおそれのある広告の禁止は、非常に抽象的かつ包括的な禁止条項であるので、問題のとらえ方の例として、広告指針で示すところを挙げることとする。

広告指針第3の8　広告指針第3の8（1）は、違法行為もしくは脱法行為を助長し、またはもみ消しを示唆する広告の例を、同（2）は、奇異、低俗または不快感を与える広告の例を、それぞれあげているが、弁護士としての品位や信用を損なうか否かという基準は、時代によっても異なりつつあるように感じられ、今後は益々判断が困難となっていくものと思われる。「法の抜け道を教えます」というのはもちろん現在でも違法行為を助長するかのような表示であり、弁護士としての品位や信用を損なうものと考えられるが、自己破産を推奨するかのような広告は、他の債務整理等によることが適当ではなく、真に自己破産申立てを必要とするような者もいることから、その表示方法次第であろうか。

広告指針第3の9（広告規程3条2号および3号の複合例）　広告指針第3の9（1）は、弁護士等の選択にとってあまり重要でない事項をあたかも重要であるかのように強調して表示するような例を、同（2）は、不正確な基準を用いて実際よりも優位であるかのような印象を与えるような、実際は保釈請求件数であるにもかかわらず保釈決定に係る実績であるように表示するような例を、それぞれ挙げている。

広告指針第3の10（キャッチフレーズ）　キャッチフレーズは、広告主の印象を上げるために使われることも多いが、表現が抽象的でかつ説明が十分でないことから、広告の受け手に対し、誤解や過度な期待を与えかねないため、誤導・誤認広告や誇大広告等に該当しないよう、その表現に十分注意しなければならないとされている。もちろん、虚偽の事実を記載するようなことは許されないし、その表現が低俗等であることも、品位を損なう広告と評価されうることは当然である。

広告指針第3の11（役職、経歴等に関する表示）　役職や経歴を広告に表示することは、当然ながら許されることであるが、実体のない団体や社会的信頼を損なう団体の役職等を表示すること（同(1)）や、その役職または前履歴によって特に有利な解決が期待できることを示唆する表示を伴う場合（同(2)）は許されないとされている。

広告指針第3の12（専門分野と得意分野の表示）　専門分野の表示は、その情報提供が最も市民から期待される広告事項である。しかしながら、現状においては、弁護士会、日弁連においてもさまざまな取り組みがされているものの、専門分野と認定できるシステムはいまだ確立しているとはいいがたい。そこで、この指針においても、「客観性が担保されないまま専門家、専門分野等の表示を許すことは、誤導のおそれがあり、国民の利益を害し、ひいては弁護士等に対する国民の信頼を損なうおそれがあるものであり、表示を控えるのが望ましい」とされている（同(1)）。

また、「得意分野」という用語は主観的評価に過ぎないことから、明らかに不得意なものを表示するなどした場合を除き、品位を損なう広告とはいえないものとされており（同(2)）、望ましい表示方法（同(3)）や、単に取扱い分野として表示することなどが示されている（同(4)）。

広告指針第3の13（文脈によって問題となり得る用語）　「最も」、「完璧」等、用いられている文脈次第で、虚偽広告、誤導・誤認広告、誇大広告等に該当することがある用語の使用について十分注意するよう規定されている。ここでは、「『信頼性抜群』、『顧客満足度』その他実証不能な優位性を示す用語」（同（3））が要注意とされているが、近年世上に氾濫している「～に強い」との表現も、実証不能な優位性を示す用語であると考えるべきであろう。

広告指針第3の14～22（広告の方法、表示形態、場所等に関する解釈適用指針）　ここでは、広告の方法等が奇異、低俗な場合や、ネオンサインなど景観を害する表示形態の場合、屋外広告物その他広告の場所等について、品位を損なう広告となり得る場合の解釈指針を示している。特に近年増加しているテレビ、ラジオ等による広告については、「短時間で視聴者の感覚や感情に直接印象づける性格の媒体であって、情報量が十分でなく、そのため不正確な印象を強く視聴者に与えるおそれがあり、かつ、当該印象は是正が困難である等の問題点があることを考慮し、広告の表現内容について、事前に広告制作者及び出演者と十分に打ち合わせ、規程第3条各号に抵触しないようにすることが望ましい」（第3の17（1））等の注意がされている。

4　広告規程4条により禁止される広告

広告規程4条は、広告規程3条において抽象的に禁止される広告のうち、次に掲げる具体的な例を示すものであると考えてよい。

(1) 訴訟の勝訴率

広告規程3条2号の誤導・誤認広告の例とされる（広告指針第4の2）

(2) 顧問先または依頼者

守秘義務違反のおそれがあるものとして、顧問先または依頼者の書面による同意がある場合を除き、禁止されている。広告規程3条6号の法令会則等違反広告の例である（広告指針第4の3。なお、その趣旨のほか、顧問先等の範囲、同意を得る方法等も示されている）。

(3) 受任中の事件

(2) と同様であるが（広告指針第4の4）、依頼者が特定されず、かつ、依頼者の利益を損なうおそれがない場合は除外されている。

(4) 過去に取り扱い、または関与した事件

(3) と同様であるが（広告指針第4の5）、広く一般に知られている事件も除外されている。

5　広告規程５条・６条

広告規程５条および６条は、広告の方法等による広告規程３条違反の例を示すものといえる。品位を損なう広告は、内容のみならず、その方法、態様等によっても生じ得るものである。

(1)　訪問等による広告の禁止（広告規程５条）

広告規程５条は、相談を希望する者や刑事事件で親族等から弁護人選任を受けたり、公益上の必要があるとして所属弁護士会が承認したような場合を除き、面識のない者に対し、訪問したり、直に電話したりする方法または電子メールによる方法の広告を禁止している。広告規程３条７号の品位または信用を損なうおそれのある広告の例とされるが（広告指針第５の１(1)）、同条４号の困惑広告等の例とも考えられる。電子メールについては、特定商取引に関する法律12条の３の趣旨を敷衍したものとされている（広告指針第５の１(2)）。

(2)　特定の事件の勧誘広告（広告規程６条）

広告規程６条は、公益上の必要があるとして所属弁護士会が承認したような場合を除き、面識のない特定の事件の当事者や利害関係者に対し、郵便その他直接到達する方法で、当該事件の依頼を勧誘する広告を禁止している。いわゆるアンビュランス・チェイサーと呼ばれるような方法の禁止であり、広告規程３条７号の品位または信用を損なう広告の例とされるが（広告指針第５の３)、同条４号の困惑広告等の例とも考えられる。特定の事件の勧誘広告と一般的な広告とを区別する基準は、広告指針第５の４に示されている。

6　広告規程７条（有価物等供与の禁止）

広告規程７条は、社会的儀礼の範囲を超える有価物等の供与は、依頼者の自由意思を歪めるおそれがあり、かつ、品位を損なうことにつながることから、これを禁止している（広告指針第６)。

7　広告規程８条（第三者の抵触行為に対する協力禁止）

広告規程８条は、第三者が弁護士等の業務に関して広告ないし宣伝に類する表示行為についても、弁護士等が行えば広告規程違反となるようなものについて金銭その他の利益を供与したり、協力したりすることは、自ら行うことと変わりがないとして、禁止している（広告指針第7）。なお、後述のステルスマーケティングは、これに該当する場合が多いと思われる。

8　表示義務（広告規程9条・9条の2・10条）

広告規程9条および9条の2は、弁護士が広告中に表示すべき事項について定めている。責任の所在を明らかにし（9条・広告指針第8の1）、特定商取引に関する法律11条の趣旨に応じて途中解約ができる旨を明らかにする（9条の2・広告指針第8の2）趣旨である。

(1)　表示すべき事項等

広告規程9条により表示しなければならない事項は、氏名または弁護士法人については名称および事務所名称ならびに所属弁護士会が必須とされるが、共同広告については、代表者1名について表示されれば足りるとされている。弁護士による業務広告は、所属弁護士会を超えて広範囲になされることも想定されたため、その責任の所在を明らかにするため、所属弁護士会の表示は必須とされている。

(2)　通信手段により受任する場合、面識のない者に対する広告物等

広告規程9条の2（通信手段により受任する場合の広告記載事項）は、電話、電子メールその他の通信手段により広告をするときは、さらに、受任する法律事務の表示および範囲、報酬の種類、金額、算定方法および支払時期ならびに委任事務の終了に至るまで委任契約の解除ができる旨および委任契約が中途で終了した場合の清算方法についても表示することを要するとしている。

また、面識のない者に対する広告物については、広告であることの表示義務が定められている（広告規程10条）。

9　所属弁護士会の調査権限等―広告規程11条・12条

広告規程は、以上のほか、所属弁護士会の業務広告に関する調査等観点から、広告の記録の保存義務（広告規程11条）、広告規程に違反した場合の所属弁護士会の調査権限等（同12条）について規定している。

(1)　保存義務

広告をした弁護士等は、次の記録等を当該広告が終了した時から3年間保存しなければならない。

①広告物またはその複製、写真等の当該広告物に代わる記録
②広告をした日時、場所、送付先等の広告方法に関する記録
③広告規程4条2号から4号までの依頼者等の同意を証する書面を取得して同条の業務広告を行った場合はその書面

(2) 広告規程12条による違反行為の排除等

広告規程12条は、次のように弁護士会等に調査権限等を定めている。
①所属弁護士に対する業務広告の記録の提出等を求める調査権限
②弁護士等の弁護士会の調査への協力義務
③弁護士等に対する広告内容が事実に合致していることを証明するよう求める権限
④弁護士等が事実に合致していることの証明ができなかったときの広告規程3条1号該当性みなし権限
⑤弁明の機会を与えて、違反行為の中止、排除その他の必要な事項を命じる権限、ないし再発防止のための必要な措置を採る義務
⑥措置に従わない場合・中止もしくは排除が困難な場合において被害発生防止のため特に必要があるときの措置を採った事実および理由の要旨の公表権限
⑦他の弁護士会に所属する弁護士等に広告規程違反があると思料するときの、当該他の所属弁護士会に対する通知権限ないし通知を受けた他の所属弁護士会の行った調査および措置の報告義務
⑧日弁連および弁護士会の相互協力義務

10　ウェブサイト掲載指針

(1) 趣旨（ウェブサイト掲載指針1）

弁護士情報提供ウェブサイトは、国民が弁護士等の情報を得るために、もはや現在は必須のものといえる。また、法曹人口の拡大に伴い、弁護士等にとっても業務の充実に向けて、重要なものとなっていることは間違いがない。

一方、弁護士情報提供ウェブサイトへの掲載は、弁護士を紹介ないし周旋するものとなりやすく、注意を怠れば、弁護士法27条、基本規程11条から13条までに容易に違反することとなるおそれが高く、現に違反しているのではないかと思われるウェブサイトも存在しているものと思われる。

そのため、弁護士情報提供ウェブサイトへの掲載がこれら基本規程等に違反することとなるような場合の基準を明らかにして弁護士会が適切な指導・監督を行えるようにするため、規定された。

(2) 概要

ウェブサイト掲載指針３（1）　掲載を依頼する情報提供事業者が、報酬目的で法律事件に関して法律事務の周旋を業として法72条に違反する者である場合は法27条に、法72条に違反すると疑うに足りる相当な理由のある者である場合は基本規程11条に違反することとなることに留意することが求められる。

これは、当然のことのように思われるが、経験の浅い弁護士等にとっては、皆が掲載している情報提供ウェブサイトへの掲載が非弁提携に該当するおそれがあるのではないかという意識自体低い場合も多いと思われ、必要な警告であると思われる。

ウェブサイト掲載指針３（2）（周旋について）　周旋に該当するということはどのような場合かという基準として、以下のような場合は、周旋（と疑うに足りる相当な理由がある）と認められるものとされている。

①提供される弁護士情報の内容について、あらかじめ明示された客観的な検索条件に基づくことなく、情報提供事業者の判断により選別・加工を行うような場合

②情報提供事業者から閲覧者・掲載弁護士に対する連絡が、法律事務の提供の勧奨、面接日時の調整、情報の追加的提供等を行ったり、閲覧者からの相談等の内容を掲載弁護士の選定の用に供したりするような場合

③原則として、閲覧者と掲載弁護士との間の意思疎通のための通信の内容に加工を行うような場合

④その他、実質的に判断して、その弁護士情報提供ウェブサイトが閲覧者・掲載弁護士に弁護士等・法律事務取扱いを紹介するものと認められるような場合

ウェブサイト掲載指針３（3）（報酬目的について）　報酬目的があるということはどのような場合かという基準について規定されている。以下のような場合は、周旋の対価でないと認められる特段の事情があるような場合を除き、報酬目的がある（と疑うに足りる相当な理由がある）と認められるものとされて

いる。

①情報提供事業者が閲覧者から金銭その他の利益を受領するような場合

②前項の周旋に該当する場合において、情報提供事業者が掲載弁護士から金銭その他の利益を受領するような場合

③②以外の場合であっても、情報提供事業者が掲載弁護士から受領する掲載料等が、ⓐ紹介を受けた事件数に応じて算定されたり、ⓑ紹介を受けた事件に係る法律相談料その他の弁護士報酬の額に応じて算定されたりするような場合

ウェブサイト掲載指針４（報酬分配ないし紹介の対価の授受の禁止）　基本規程 11 条に違反するものと認められない場合であっても、弁護士等の報酬を情報提供事業者との間で分配するものと認められるような事情があるときは基本規程 12 条に、掲載弁護士が情報提供事業者に対し依頼者の紹介を受けたことに対する謝礼その他の対価を支払うものと認められるような事情があるときは基本規程 13 条 1 項に、それぞれ違反するおそれがあることに留意することが求められる。

11　債務整理処理規程による規制

債務整理処理規程が、その 18 条において、債務整理事件に関する業務広告を行う際の、報酬基準表示努力義務（1 項）、受任の際面談を必要とする旨の表示努力義務（2 項）および過払金返還のみを行うことに不利益がないかのように誤認、誤導するおそれのある広告の禁止（3 項）の各規定を置いていることは先述したとおりであるが、そもそも、この規程は、大量広告による大量処理というシステムについて一定の規制を課したものと考えられ、この点については後述する。

Ⅲ　弁護士業務広告の現状、展望等諸問題について

1　総論

弁護士業務広告の規制の状況については、以上にみたとおり、広告自由化となってからも、微に入り細に入り詳細な規定と指針が置かれているということができる。

これは、弁護士としての品位を損なうか否かということは、相当に抽象的な評価概念であるから、やむを得ない規制であるといえる。

一方、これほど詳細な規定等を置いているにもかかわらず、業務広告の自由化によって、世上、さまざまな問題が生じているともいわれている。

そもそも、業務広告とは、広告規程2条において規定しているとおり、「顧客又は依頼者となるように誘引することを主たる目的とするもの」であるから、基本的に顧客獲得のための競争であって、まさに営業的行為であり、営利のための手段的行為の最たるものであるといえる。

弁護士の職務は、法3条に規定するとおりであるが、その前提として、法1条は、「弁護士は、基本的人権を擁護し、社会正義を実現することを使命とする」(1項)、「弁護士は、前項の使命に基き、誠実にその職務を行い、社会秩序の維持及び法律制度の改善に努力しなければならない」(2項)と、法2条は、「弁護士は、常に、深い教養の保持と高い品性の陶やに努め、法令及び法律事務に精通しなければならない」と規定している。そのような弁護士の職務は、営利を目的とするものではないと考えられてきたところである。そうであるからこそ、かつて弁護士の業務広告は原則禁止とされてきたのである。

同様にながらく許可制であった営利業務への従事は、平成15年弁護士法改正により届出制に変更された(弁30条)。基本規程16条は、これを受けて、営利業務従事における品位保持として、「弁護士は、自ら営利を目的とする業務を営むとき」等について、「営利を求めることにとらわれて、品位を損なう行為をしてはならない」と規定した。弁護士の職務が営利業務でないとしても、営利のための手段的行為である業務広告においては、顧客獲得目的にとらわれて、品位を損なう行為となるようなことがないよう求められることは同様なのである。

2　弁護士業務広告に関連する諸問題

(1) 一般的な業務広告の工夫、注意点等

現在、業務広告の主流はウェブサイトやSNS等の活用であろうと思われる。相当手の込んだものでない限り、立ち上げそのものには巨額の費用までは要せず、比較的自分の思うような表現が可能であるうえ、対象には原則と

して制限がないからである。現在、自らの事務所のホームページを作成することは、通常行われているところであり、ホームページそのものを目立たせる工夫、取扱分野等顧客を誘引したい項目を目立たせる工夫など、弁護士会でも独立する若手会員向けにセミナー等を開催していることは多いと聞く。

ウェブサイトの検索エンジンで上位に表示されるために、いわゆるリスティング広告が広く行われているようであるが、それなりに費用が増大しやすいことが難点である。リスティング広告は、取扱分野などの検索ワードを入札し、落札した単価により、アクセス数などの成果に応じて広告料金が加算されていくものであり、より上位に表示されるためにはそれなりに高額なものとなるようである。このように成果により広告料が増減するものは、周旋の対価とみられるような場合もあり得るので、先述のウェブサイト掲載指針などを参照すべきであろう。

業務広告一般にいえることであるが、費用対効果にとらわれて、見込みのない事件や、法的手段をとることが必ずしも適切でない事件を受任するなどしたり、自身の処理能力を超えて受任して手が回らなくなったり、不適切な弁護士報酬を提示するなどしてトラブルになったりしないように注意しなければならない。これは、業務広告の方法にかかわらず、当然のことである。しかしながら、業務広告により自ら顧客を誘引している場合は、その手前、なかなか適切な対応がしにくい場合も多いであろうと思料される。

また、ホームページの掲載内容も、他の事務所との差別化を図り、顧客獲得のために工夫を凝らしているところであろうが、取扱分野の表示その他については、先にみたように、広告指針がさまざまな注意点を挙げているところである。

たとえば、先述した会則等違反広告である、事務所の名称とは別に「○○交通事故相談センター」、「○○遺言相続センター」等別の組織、施設等の名称を用い、法律事務所等の名称等に関する規程６条等の複数名称の禁止等に違反する広告（広告指針第３の７（3））など、注意を引きやすい表現であることから、実際の違反例も多く、東京弁護士会では、そのホームページにおいて注意喚起を行っている（https://www.toben.or.jp/know/iinkai/hibenteikei/news/post.html）。

また、広告規程、広告指針により注意を促されている、解決事例、成功事例などとして、シミュレーションや机上事例といった実際に取り扱った事例でないものを多数表示するなどしている業務広告も散見されるようで、同様に東京弁護士会ではこの点についても注意喚起を行っている（https://www.toben.or.jp/know/iinkai/hibenteikei/news/post_3.html）。

広告であるとわからないような方法により、第三者に対し、あたかも当該第三者が推薦しているかのような表示をさせるような広告方法は、それを見た者に信憑性を持たせる方法として実際に世上では用いられてきた。消費者庁は、ステルスマーケティングについて、令和5年10月1日から規制の対象としている。不当景品類及び不当表示防止法（以下「景品表示法」という）5条3号は「商品又は役務の取引に関する事項について一般消費者に誤認されるおそれがある表示であつて、不当に顧客を誘引し、一般消費者による自主的かつ合理的な選択を阻害するおそれがあると認めて内閣総理大臣が指定するもの」の表示を禁止しているが、同日からステルスマーケティングはこの指定の対象とされたのである。ここで、ステルスマーケティングの定義は、おおむね「事業者が自己の供給する商品又は役務の取引について行う表示であって、一般消費者が当該表示であることを判別することが困難であると認められるもの」とされているが、主として、先述したような、広告であることを表示しないで、第三者が依頼主の商品または役務に関して宣伝となるような表示を行う場合が想定されている。

弁護士が第三者にステルスマーケティングを依頼するということは、広告であることを表示しないというそれのみでも品位を損なう方法と考えられるが、景品表示法における規制の趣旨と同様、国民に対する誤認のおそれがある広告として広告規程3条2号、3号および6号に違反するおそれが高く、また、広告規程9条の氏名および所属弁護士会の表示義務についても違反することになる場合が多いであろう。広告規程8条（第三者の抵触行為に対する協力禁止）に該当する典型例ではないかと考えられる。

(2) 弁護士情報提供の問題と弁護士の紹介等

そもそも、弁護士の業務広告が自由化となった主な理由の1つは、極端に不足しているとされていた市民への弁護士情報の提供にあった。

ところで、市民の望む弁護士情報としては、その弁護士の専門分野や実績はどのようなものであるか、それらを通じて、自身の事件解決のために有用で信頼できる弁護士であるのか、というような点にあることは明らかであろう。

しかしながら、これらの情報提供には、さまざまな問題がある。たとえば、専門分野の表示に関しては、先述のとおり、広告指針第3の12において、「客観性が担保されないまま専門家、専門分野等の表示を許すことは、誤導のおそれがあり、国民の利益を害し、ひいては弁護士等に対する国民の信頼を損なうおそれがあるものであり、表示を控えるのが望ましい」とされている（同(1)）。また、訴訟の勝訴率などの実績を広告することは、誤導・誤認広告の例とされ（広告指針第4の2）、顧問先または依頼者、受任中の事件や過去に取り扱い、または関与した事件を挙げることは、守秘義務違反のおそれがあるものとして、書面による同意等がなければ表示することができない（広告指針第4の3〜5）。

以上のように、市民が真に欲する情報については、弁護士会が専門認定制度などを確立して、客観性を担保することが求められているのであるが、その評価は、なかなかに困難であり、その必要性が認識されて相当期間が経過しているが、いまだ実現したとの話は聞かない。弁護士会においても、法律相談センターにおける取扱分野ごとの担当制度や、弁護士紹介を行うシステムを導入し、その紹介弁護士などについては、たとえば一定の研修を履修するなどしたものを名簿に載せるなどの工夫を凝らし、ある程度は市民への弁護士紹介システムを確立しつつあるようにも思える。弁護士会は、弁護士または弁護士法人ではないが、弁護士の推薦に関する規定を会則事項として定めることが法定されているなど（弁33条2項10号）、弁護士の紹介を行うことが違法な周旋とはならない例外的な存在である。そもそも弁護士会の公共的な目的に鑑みれば、積極的に市民への弁護士の適切な情報提供はもちろん、適切な紹介システムの確立も求められているといえる。しかしながら、適切な名簿への登載には一定の研修の履修や客観的な経験が要件として求められるし、そもそも登載を求めるか否かは任意であって、このようなシステムに登載されている弁護士がほとんどであるとは必ずしもいえないため、巷に氾濫する弁護士情報に比して、なお、十分な情報提供に至っているとはいえないものと思われる。

このような状況においては、世上相当広範囲に利用されている弁護士情報提供ウェブサイトは、事実上、市民への弁護士情報の提供の一定程度の役割を果たしているものであり、現在では主流的な広告方法であるともいえ、無視しがたい現状にある。

業務広告や弁護士情報提供は、弁護士にとっても、情報を受ける市民にとっても、直接的な効果があることがより望まれるものであることはやむを得ないところであるが、それは、違法な事件の周旋につながるものでもある。特に、弁護士大増員時代の若手弁護士にとっては、顧客獲得に向けた業務対策は切実なものがあり、より直接的な効果を求めがちである。そのため、先にみたウェブサイト掲載指針は、弁護士情報提供ウェブサイトについて、違法な周旋等となるような場合について注意を促し、適切な利用がされるよう定められたものであり、その注意点は先述したとおりである。

なお、余談となるが、自らの意思でなく、勝手に情報提供事業者が地域ごとに弁護士全般を掲載するようなウェブサイトもある。休日なしの24時間対応などと勝手に掲載されていることもあり、削除要請等を検討すべきといえるが、このようなウェブサイトは世上に氾濫しており、一々相手にすることも煩瑣きわまりないところである。

(3)　全国的大規模広告の問題

全国的かつ大規模に広告を行って集客していた弁護士法人が、過払金請求の着手金に関し、期間限定で値引きする内容の広告を長期間反復継続してウェブサイトに表示する等したことが景表法に違反する有利誤認表示に該当するとして消費者庁から当該表示の禁止の措置命令を受け、また、広告規程3条等に違反したとして所属弁護士会から業務停止の懲戒処分を受けたことは、記憶に新しいところである。

先にみたように、債務整理処理規程18条は、債務整理事件に関する業務広告を行う際の、報酬基準表示努力義務（1項）、受任の際の面談表示努力義務（2項）および過払金返還のみを行うことに不利益がないかのように誤認、誤導するおそれのある広告の禁止（3項）の各規定を置いているところであるが、このような景表法違反広告などは想定していなかったところである。

ところで、債務整理事件は、定型的な処理になじみやすく、弁護士が適切に監督しつつ行うときは、多数の事務職員を指揮して大量の債務者からの委任事務処理を行うことが可能である。しかしながら、債務整理事件処理の目的である債務者の経済的更生のためには、種々ある法的手段のうちから適切な手段を選択する必要があるが、ともすれば自己に不都合な事情を隠しがちな債務者から必要な情報を聴き出して検討をするためには、弁護士自身が、債務者の収支状況等に関する資料を直に確認しつつ、面談しながら事情聴取を行い、適切にアドバイスを行うことが必須である。

しかしながら、業務広告の自由化と相まって、そのような債務整理事件を専門的に扱う弁護士は、チラシ配布からテレビCMに至るまでさまざまな全国規模の大量広告による大量処理の手法を用いたビジネスモデルを展開していった結果、そのような債務者からの直接の面談による事情聴取を行わないばかりか、そもそも事情聴取を事務員任せにして何ら監督を行わないとか、果ては非弁業者が準備したそのような大量処理システムに名義を貸すのみであるような非弁提携弁護士による被害が拡大するなど社会問題化したことから、平成23年、債務整理処理規程が定められ、債務整理事件処理に当たっての債務者との面談が義務化されるに至ったものである。

以上のような意味では、債務整理処理規程は、業務広告に関する規定は18条の1箇条で上記のような規定を置いているに過ぎないが、大量広告による大量処理というシステムについて一定の規制を課したものと考えられるのである。

また、債務整理事件については、先述のとおり、大規模広告を行って広く依頼者を募ることがビジネスモデルとなっており、その業務形態は定型的な大規模処理によることが通例であって、非弁業者の介在を生じさせやすい業態であるといえる。

実際に、非弁提携を理由とする債務整理事件処理に関する懲戒事例も多く生じている（弁護士懲戒事件議決例集8集92頁、200頁、14集65頁、15集181頁等）。

このうち、弁護士懲戒事件議決例集15集181頁の事例は、半年あまりの間に事務職員が代表者である会社に新聞折り込み広告を依頼し、毎月500万円の宣伝広告費の支払をしていた（当該会社から更に謝礼が事件紹介者に多数回支払われていた）というケースであった。

また、事実上広告業者をかたる非弁業者に法律事務所の設置運営をされて数十億円の債務超過が生じ、所属弁護士会から破産手続開始申立てをされて、懲戒手続にも付されている弁護士法人および代表弁護士の例もある。この例では、被害対策全国弁護団が、依頼者等が預かり金を不法領得されたとして、整理屋等の法人等に対して約6000万円の損害賠償請求訴訟を提訴している。

(4) いわゆる国際ロマンス詐欺被害に関する業務広告等

外国人を装って、SNS、マッチングアプリ等を通じて接近し、恋愛感情を抱かせるなどして金銭を貢がせたり、投資に誘ったりして多額の被害を生じさせる特殊詐欺事件である、いわゆる国際ロマンス詐欺事件が近年急増している。その被害額は数千万円に至るものも珍しくないという。このような事件は、そもそも接近してきた者がどこの誰であるか判明することは難しく、アカウントの調査を行っても海外在住者であったりして、責任追及することは困難であるとされる。また、接近してきた者と振込先口座とは通常別名義であるようであり、そもそも、詐取した金銭を振り込ませた口座に保管したままであることは考えがたく、犯罪利用預金口座等に係る資金による被害回復分配金の支払等に関する法律による口座凍結を行っても、被害回復につながる可能性はきわめて低いといわれている。

それにもかかわらず、国際ロマンス詐欺事件の被害回復を専門的に行うかのような業務広告を行う弁護士が相当数おり、高額の回収を期待させるような文言で広告規程に違反するようなケースが散見されるとのことである。このような事案で被害回復の可能性について明確な説明をせずに受任すれば、当然ながら受任の際の説明義務違反（基本規程29条1項）にも抵触する。

3　弁護士業務広告に関する弁護士会の対応等に関する問題・展望等

(1) 弁護士会における取組みの状況

令和5年12月5日、大阪府警察が東京弁護士会所属の弁護士ほかを逮捕したとの報道があった。被疑事実は非弁提携による名義貸し（弁27条違反）であるとのことである。

各弁護士会の市民窓口においても、国際ロマンス詐欺事件に関する被害者が、被害額に応じた高額な着手金を支払ったのに、いつ連絡しても事務員しか対応しない、口座凍結の手続をしたから着手金は返還しないなどという被害の相談が多いといわれている。

以上のような事態に応じて、東京弁護士会や千葉県弁護士会では、「国際ロマンス詐欺案件を取り扱う弁護士業務広告の注意点」を公表し、そのような弁護士に対する注意喚起を行っている。大阪弁護士会、第一東京弁護士会、第二東京弁護士会等においても、各ホームページにおいて、同様の注意喚起を行っている。

また、大阪弁護士会は、懲戒手続に付したことの公表を令和5年12月20日に行ったが、その内容は、同会の会員が、国際ロマンス詐欺事件について、被害金の回収が難しいケースであっても、サイト上では高額の回収が可能との誤解を生じかねない業務広告を行って被害者からの相談をSNSで募り、実際の対応は法律事務を行う資格のない業務委託先の広告会社関係者に任せ、1800人以上から計9億円超の着手金を受け取ったと推計されるというケースであった。これも非弁提携の事案とされている。

その他、東京弁護士会においても、同月25日、同様に非弁提携が疑われるものの、国際ロマンス詐欺事件の被害者からの受任事件に関する事務職員に対する監督義務違反で懲戒手続に付したことの公表が行われており、千葉県弁護士会では同年8月に会員の国際ロマンス詐欺事件に関する業務広告についての懲戒事由について懲戒委員会で審査中である旨公表している。

(2)　今後に向けた更なる取組みの課題等

先に見たように、広告規程12条は、弁護士会に、所属弁護士に対する業務広告の記録の提出等を求める調査権限を規定している。そして、当該弁護士等に対しては弁護士会の調査への協力義務を定め、また、弁護士等に対する広告内容が事実に合致していることを証明するよう求める権限を弁護士会に認め、弁護士等が事実に合致していることの証明ができなかったときは虚偽広告であるとみなす権限を認める。さらに、弁明の機会を与えたうえで、弁護士会に、違反行為の中止、排除その他の必要な事項を命じる権限、ないし再発防止のための必要な措置を採る義務を弁護士会に課するなど、非常に具体的かつ強力な権限等を規定している。

以上のような、弁護士等に対する調査や措置を行う権限は、通常の弁護士業務に対しては、弁護士の職務の独立性から、きわめて消極的に解されているところであり、例外的な弁護士会の指導・監督権限であると解される。しかしながら、弁護士会および日弁連は、そのような調査権限等が付与されているがゆえに、その不行使についても責任を問われることが想定されるのである。

ことに、国際ロマンス詐欺事件に関する業務広告については、先述したように、その被害回復はきわめて困難と解されていることから、これを安易に行えるかのような業務広告が氾濫している事態を放置しているとみられるときは、弁護士会に対しても、その結果生じた被害について、何らかの責任追及がなされるおそれが十分考えられるのである。

各弁護士会の対応は、(1) にみたように、精力的に行われてはいるものの、上記のような業務広告の調査権限等に鑑みれば、詐欺により甚大な被害を被った被害者に更に追い打ちをかけるような弁護士による二次被害を拡大させる業務広告を放置するときは、弁護士・弁護士会への信頼は維持できないものとなるおそれが大きいことを肝に銘じなければならない。

いままでも、非弁提携弁護士による大々的な債務整理等に関する業務広告の問題はあったが、国際ロマンス詐欺被害に関する業務広告により生じる問題は、より鮮明なものであるように感じられる。

各弁護士会はもちろん、日弁連においても、弁護士等による業務広告の調査等を担当する専門部署の確立、連携等、対策の強化がいっそう求められているといわざるを得ない[3)]。

3）現在、日弁連においては、ワーキンググループを設置して対策を検討中のところである。また、各弁護士会の対策もその後拡大している。

16　技術革新と弁護士倫理

石田京子

Ⅰ　本稿の目的

本稿の目的は、技術革新が弁護士倫理に与える影響を分析し、弁護士が直面する倫理的課題を明らかにすることにある。さらに、これらの課題に対処するための弁護士の行為規範の在り方を検討し、技術革新の中で弁護士がプロフェッショナリズムを維持するための戦略を探求する。

現代社会における技術革新は、法律業界にも前例のない変化をもたらしている。特に、ChatGPT に代表される生成型 AI や、クラウドコンピューティングといった技術は、リーガルサービスの提供方法、依頼者との関係、さらには弁護士の日常業務管理に至るまで、既に多岐にわたる影響を及ぼしている[1)]。これらの技術革新は、生産性および効率性の向上や、利用者のリーガルサービスへのアクセスの拡大といった数多くの利点をもたらすことが予想される一方で、弁護士倫理に関する新たな課題を引き起こしているものの、技術の発展が急速に進んでいることもあり、必ずしも十分な検討がなされていない。

例えば、AI を用いたリーガルリサーチサービスや、契約書等関連業務支援サービスなどのリーガルテックの進化は、弁護士が依頼者に提供するサー

1）　ChatGPT が法律実務に与える将来的な影響については、松尾剛行『ChatGPT と法律実務――AI とリーガルテックがひらく弁護士／法務の未来』（弘文堂、2023 年）参照。

ビスの質と速度を飛躍的に向上させる可能性を秘めている。これまで資料室で物理的に文献を複写し、さらに関連文献を検索し複写し、そして文献リストを作成するために注意深く手で打ち込む、といった伝統的に行われてきたプロセスが、ほんの数ステップをPC画面に打ち込むだけで可能になった。AIを活用した契約書等関連業務支援サービスでは、これまで人の目で行ってきた時間を要する契約書の審査や管理等についてAIが支援することで、弁護士がより複雑な法的問題に集中できるよう支援することができる[2)]。しかし、これらの技術は同時に、弁護士の専門職としての独立性の維持や依頼者情報についての守秘義務との関係などにおいて、新たな問題を引き起こす可能性がある。

以下では、技術革新がリーガルサービス市場に与える影響を確認し、これらが弁護士の提供するリーガルサービスについてどのような課題を提示しているのかを検討する。そして、技術革新が弁護士倫理の基本原則にどのような影響を与えるのか、また、技術革新によって新たに出現する弁護士倫理上の課題にはどのようなものがあるのか、アメリカでの議論を参考に考察する。まとめとして、現状の弁護士職務基本規程を中核とした弁護士の行為規範の在り方について、具体的な検討課題を提示する。

Ⅱ　技術革新がもたらすリーガルサービス市場の変容と法専門職への影響

1　DX時代のリーガルサービス市場

コロナ禍を経て日本社会のデジタル化は急速に進んだが、これにより企業や組織の在り方も大きく変容し、まさにDX（digital transformation）時代を迎えている[3)]。このような技術の発展は、弁護士が身を置くリーガルサービス市場の状況にも大きな変化をもたらしている。図1は、DX時代のリーガル

2）　小林一郎「契約実務におけるリーガルテックの活用とその将来展望（上）（下）」NBL1217号38〜47頁、1218号40〜48頁（2022年）。

3）　DXの定義自体は、もともとは「ICTの浸透が人々の生活をあらゆる面でより良い方向に変化させること」（Erik Stolterman, Anna Croon Fors (2004) "Information technology and the good life", Information Systems Research:Relevant Theory and Informed Practice）であったとされるが、現在では厳密には統一的な定義は存在しないとされる。総務省「令和3年版情報通信白書」78頁。

サービス市場の状況を図式化したものである。リーガルサービス市場は、以下の６つの側面から、技術革新により今後も大きな変容を求められると考える。

図１　DX 時代のリーガルサービス市場の状況

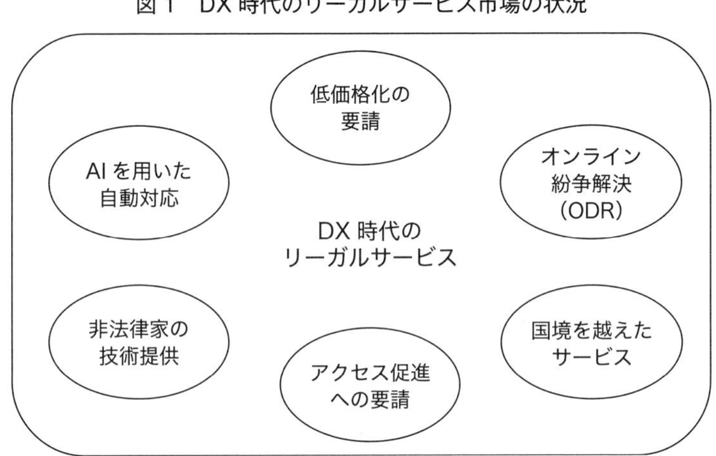

①低価格化の要請：技術革新による効率化が可能になると、リーガルサービスについても、生産性を上げて価格を低廉にせよ、という要請が高まる。

②オンライン紛争解決（ODR）：日本政府はこの間、ODR 推進政策を進めてきた[4]。令和４年には民事訴訟の IT 化のための民事訴訟法改正も行われ、今後、裁判外でもより一層、ICT を用いた、対面でない形式での紛争解決手続が発展していくことが予測される[5]。

③国境を越えたサービス：ICT 技術の発展は、地理的な制限を超えてリーガルサービスを提供することを可能にする。例えば、アメリカに在住する依頼者に対しても、オンラインで法律相談を行い、法的文書作成の支援をすることは技術的には可能である。反対に、海外に存在する法律事務所が、日本にいる依頼者にリーガルサービスを提供することについても同様である[6]。

4）　ODR 活性化検討会「ODR 活性化に向けた取りまとめ」（2020 年３月 16 日）https://www.kantei.go.jp/jp/singi/keizaisaisei/odrkasseika/pdf/report.pdf

5）　山田文「デジタル社会における ODR の意義――取引デジタル・プラットフォームを中心に」NBL1248 号（2023 年）44～49 頁。

6）　弁護士をめぐるグローバル化特有の問題については、本書第１部２の須網隆夫「『弁護士の国際

④アクセス促進への要請：技術革新が進み、ICTを通じたリーガルサービスの提供やAIによるリーガルリサーチサービスなど、技術的に可能なことが増えると、リーガルサービスへのアクセスを促進し、より多くの人々が法的支援を受けられるようにするべきである、という要請はますます高くなっていく。

⑤非法律家の技術提供：オンラインでのリーガルサービスを提供するシステムの開発には、必ずしも法律専門家でない技術者が加わることもあろう。すなわち、DX化は、非法律家である技術者がリーガルサービスに関与する機会を拡大する。

⑥AIを用いた自動対応：人工知能（AI）技術を利用して自動で対応するシステムは、既に様々な場面で導入されている。リーガルサービス市場においても、今後AIを用いた自動対応を法律事務所が広告戦略や導入的な法的助言等に組み込む実務が、これまで以上に見られることになるであろう。特に注意が必要なのは、ChatGPTなどの生成型AIは、例えば無資格者による、あたかも法律家が介したかのような契約書類等の自動作成や、法的助言の提供を、技術的には可能にするということである。

このように、DX社会においては、リーガルサービス市場全般が技術革新による大きな影響を受けるのであり、今後さらにその傾向は強まるであろう。

2　DX化により法専門職が受ける実務上の影響

図2は、DX時代において、技術革新によって法専門職が受ける影響を図式化したものである。法専門職は、以下の6つの側面から、今後も実務上の影響を受けるであろう。

①市場のグローバル化：法律家を規律する法や法律それ自体は、現在のところ、国境による仕切りが存在するものの、ICT技術の進展により、リーガルサービスは前述の通り国境を越えて提供できるようになった。このため、法専門職はこれまで以上に、世界中から依頼者や事件を得ることが可能になる。

②法専門職の多様化：ICT技術やAIを用いてリーガルサービスを提供す

化』の現状と課題」を参照。

図２　DX 時代の法専門職が受ける実務上の影響

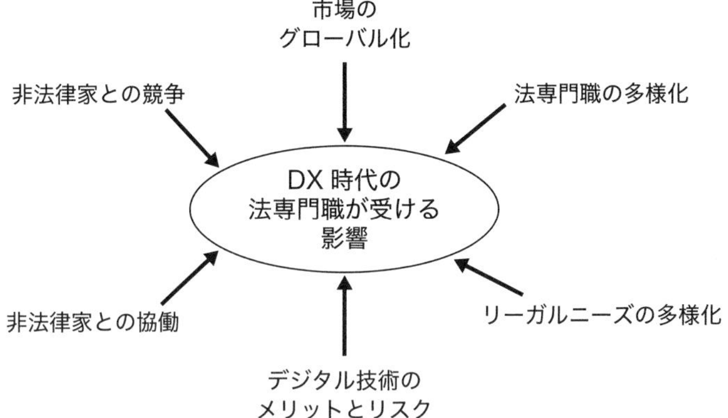

る弁護士は、既に珍しくない。提供できるリーガルサービスの形態が多様化することにより、法専門職自身もさらなる多様化が進むであろう。

③リーガルニーズの多様化：DX 化により、ビジネスや社会はより複雑化し、新たな法的問題が出現するにつれ、リーガルニーズは多様化する。例えば、ICT 技術を用いて国境を越えたビジネスが促進されることに伴う新たな法的問題は、その一例である。

④デジタル技術のメリットとリスク：技術革新は効率性や生産性を高めるなど多くのメリットをもたらす一方で、情報セキュリティにおけるリスクや、これまで意識されてこなかった倫理的な課題との直面など、新たなリスクも顕在化させる。

⑤非法律家との協働：DX 社会においては、弁護士は意識していなくても、法律事務処理において、IT 専門家や他の非法律家と協働することがこれまで以上に多くなる。例えば、法律事務所内のセキュリティ強化や、オンラインでの依頼者とのコミュニケーションのための新たな技術の導入の際には、非法律家の助言が必要になることもあろう。

⑥非法律家との競争：AI 技術の発展により、テック企業がリーガルサービスにも参入してきている。弁護士法 72 条により、弁護士には一定の業務独占が認められているものの、例えば、2023 年 8 月には法務省が契約等関連業務支援サービスについて、一定の業務につき、テック企業等がサービス

を提供することが弁護士法72条に抵触しないことを示すガイドラインを公表している[7)]。リーガルテックは、企業法務部の業務を強力に支援する可能性がある。そうすると、テック企業の提供するサービスの一部については、これまで弁護士が関与してきた部分と競合する可能性がある。

総じて図2は、DX時代における法専門職が自身の職業の未来を考える上で、グローバルな視点、法専門職とリーガルニーズの多様化、技術への理解、非法律家との協働と競争のバランスを含む幅広い要素を考慮する必要があることを示している。これらの要素は、弁護士が今後現代の法的課題に効果的に対応し、質の高いサービスを提供するために不可欠なものである。

Ⅲ　弁護士倫理と技術革新

1　日弁連による弁護士倫理の規律の変遷

弁護士倫理は、プロフェッションとしての弁護士を規律する行為規範（職業倫理）である。日本でプロフェッションとしての弁護士が具体的に意識されるようになったのは比較的遅く、1960年代に入ってからであるといわれる[8)]。もっとも、日本弁護士連合会（以下、日弁連）による初めての「弁護士倫理」（昭和30年月19日制定、以下、旧々弁護士倫理）の制定自体は、1955年の理事会の決議によるものであった[9)]。旧々弁護士倫理は全体で35条からなり、その構成は、第1章 一般規律、第2章 法廷等における規律、第3章 官庁との規律、第4章 弁護士間の規律、第5章 依頼者との規律、第6章 事件の相手方との規律、第7章 その他の規律、であった。

その後、1990年には、弁護士の業務範囲が拡大し多様化したことを理由に、

7）　法務省大臣官房司法法制部「AI等を用いた契約書等関連業務支援サービスの提供と弁護士法第72条との関係について」（2023年8月）https://www.moj.go.jp/housei/shihouseido/housei10_00134.html
　AIを用いた契約書等関連業務支援サービスと弁護士法との関係については小塚荘一郎「AIを用いたリーガルテックと契約法務」学習院59巻1号（2023年）227頁が詳しい。リーガルテックと弁護士法の規制の在り方については、筆者も以下の文献で検討した。石田京子「リーガルサービスの規制と技術革新」慶應法学52号（2024年）23頁。

8）　高中正彦『法曹倫理』（民事法研究会、2013年）6頁。

9）　旧々弁護士倫理制定の経緯については、日本弁護士連合会弁護士倫理に関する委員会編『注釈弁護士倫理〔補訂版〕』（有斐閣、1996年）（以下、注釈弁護士倫理）4～5頁参照。

旧々弁護士倫理を全面改正する形で、日弁連の総会決議により旧弁護士倫理（平成2年3月2日臨時総会決議）が制定された[10)]。旧弁護士倫理は全体で61条からなり、その構成は、第1章 倫理綱領、第2章 一般規律、第3章 依頼者との関係における規律、第4章 他の弁護士との関係における規律、第5章 事件の相手方との関係における規律、第6章 裁判関係における規律、第7章 弁護士会との関係における規律、第8章 官公庁との関係における規律、であった。

そして、司法制度改革を経て、2004年に現在の弁護士の行為規範である、会規としての弁護士職務基本規程（平成16年11月10日会規70号、以下、規程）が制定された[11)]。規程は、会規として弁護士に対し法的な拘束力を持つという意味で、旧々弁護士倫理および旧弁護士倫理とはその性質が異なるが、そのことに加えて、全体で第13章82条からなり、これまでの弁護士倫理では存在しなかった章（第5章 組織内弁護士における規律、第7章 共同事務所における規律、第8章 弁護士法人における規律、第13章 解釈適用指針）が設けられた点も特徴的である。

このように見ていくと、弁護士倫理は、その時々のプロフェッションとしての弁護士がいわば主戦場としている実務の現場における行為規範を定めているのであり、旧々弁護士倫理の時代には、専ら法廷における規律に主眼が置かれており、依頼者との規律は官庁との規律や弁護士間との規律に順序として劣後していた。旧弁護士倫理の時代においては、依頼者との関係は一般規律の直後に置かれているものの、実務の現場はやはり裁判が中心であったことがわかる。他方、規程制定時には、司法制度改革により弁護士が「国民の社会生活上の医師」[12)]となることが期待されたこともあり、依頼者との関係はより詳細に規律され、企業に雇用されることも原則解禁となったことから（弁護士法30条の平成15年改正）、組織内弁護士の行為規範が独立の章として規定された。さらに、事務所経営形態の多様化により、法律事務所内に

10）　もっとも、旧弁護士倫理も懲戒事由の規定化ではなく、「宣明」であった。高中・前掲注8）22頁。

11）　規程制定までの経緯については、高中・前掲注8）23～24頁、解説における「（初版）提案理由の骨子と制定経緯の概要」〔山田勝利〕参照。

12）　司法制度改革審議会「司法制度改革審議会意見書――21世紀の日本を支える司法制度」（平成13年6月12日）。

おける弁護士の行為規範も意識されるようになった。

今日、規程の制定から20年が経過した。そして、既に述べた通り、DX社会の中で、リーガルサービス市場も法専門職も、技術革新における大きな影響を受けている。そのような中で、弁護士の行為規範もまた、技術革新を受けて再検討すべき事項が顕在化している。以下では、技術革新により、これまでの伝統的な弁護士倫理の原則がどのような影響を受けるのかを検討する。

2　伝統的な倫理原則はどのような影響を受けるか

(1)　適格性（コンピテンス）

弁護士の適格性（Competence／コンピテンス）は、弁護士が依頼者に対して提供するリーガルサービスの質に直接関わる重要な原則である。弁護士は、依頼者のために適切なリーガルサービスを提供できる能力を持つことが求められる[13)]。日本では、弁護士として有能であるべき義務をそのまま規定した条文は見当たらないが、弁護士法2条で法令精通義務が規定されている。これを受けて日弁連の規程では37条1項で法令調査が義務規定として規定され、さらに7条では弁護士が法令および法律事務に精通するために研鑽に努めなければならないと規定されている。

他方、アメリカにおいては、アメリカ法曹協会（American Bar Association, 以下ABA）が定める模範規則1.1において、「弁護士は、依頼者に有能な代理を提供しなければならない。有能な代理には、代理に合理的に必要な法的知識、技術、徹底した準備が必要である」とある[14)]。技術革新が進む現代では、ここで求められる適格性には、法的な知識のみならず、新しい技術やその法律に関する理解も含まると理解されている[15)]。ABAでは、2012年にABA

13)　加藤新太郎『コモン・ベーシック弁護士倫理』（有斐閣、2006年）24頁以下。

14)　American Bar Association, Model Rules of Professional Conduct, https://www.americanbar.org/groups/professional_responsibility/publications/model_rules_of_professional_conduct/model_rules_of_professional_conduct_table_of_contents/

模範規則の翻訳としては以下があるものの、模範規則自体は下記の翻訳公表後も修正が続いている点に留意されたい。藤倉皓一郎監修／日本弁護士連合会訳『〔完全対訳〕ABA法律家職務模範規則』（第一法規、2006年）。

15)　Anita Bernstein, Minding the Gaps in Lawyers' Rules of Professional Conduct, 72 *Okla. L. Rev*, p.125 (2019). この論文では、技術の発展をABAがどのように捉え、2012年の模範規則1.1注釈改正に至ったかを論じている。

法律家職務模範規則（ABA Model Rules of Professional Conduct. 以下、模範規則）1.1の注釈を改正し、「適格性の維持（Maintaining Competence）」と題した注釈［8］において、以下の下線部分の記述を加えた[16)]。

> 弁護士は、必要な知識と技能を維持するために、関連する技術に関連する利益とリスクを含めて、法令および実務の変化を常に把握し、継続的な学習教育に従事し、弁護士が受けるべきすべての継続的法教育要件（continuing legal education）を遵守すべきである。

すなわち、2012年改正前においても、アメリカの弁護士には、模範規則上、適格な法律事務の提供に求められる知識と技能の維持が義務付けられていたが、2012年の改正により、そのような適格性の維持には、関連する技術についての利益とリスクを習得することも含まれることが注釈で明記された。

技術革新により、弁護士業務に関連して、データ保護、サイバーセキュリティ、AIを用いたサービス、ブロックチェーン技術などの新しい領域が生まれている。これらの技術は、新たな法的課題や規制の必要性を生み出し、既存の法律を再解釈する必要を生み出す場合もある。弁護士には、これらの新しい領域に関する知識を維持し、常に更新することが求められているのであり、そのためには継続的な研修の受講や自己学習が不可欠である。さらに、リーガルテックのソフトウェアは、法律文書の作成や契約管理など、多くの法律実務を効率化し、弁護士がより高い品質のサービスを提供できるよう支援する。しかし、これらのツールを適切かつ有効に使用するためには、やはり弁護士が十分な法的知識を前提とした上で、適切な技術的知識やスキルを持ち、リスクを理解していることが求められる。アメリカでは既にこのような継続的な学習は、その技術を弁護士が用いることの倫理的課題の検討も含めて、倫理的な義務であることが当然に受け入れられている[17)]。

16）改正の背景として、2009年にキャロリン・B・ラムABA会長（当時）によって創設された「Ethics 20/20」委員会が、テクノロジーの進歩と法律実務のグローバルな発展との関連で、ABAも模範規則と「Ethics 20/20」全米の弁護士規制制度を全面的に見直す、という動きがあった。詳細については、以下のABAサイトを参照。ABA Commission on Ethics 20/20, https://www.americanbar.org/groups/professional_responsibility/committees_commissions/aba-commission-on--ethics-20-20/

17）Drew Simshaw, Ethical Issues in Robo-Lawyering: The Need for Guidance on Developing and Using Artificial Intelligence in the Practice of Law, 70 *Hastings L. J.* 173 (2018).

そして、技術革新は、弁護士と依頼者との間のコミュニケーションのあり方にも変化をもたらしている。電子メール、オンラインミーティング、メッセージングサービスなど、新しいコミュニケーションツールの使用は、依頼者とのやり取りをより効率的にするものの、これらのツールの利用には、以下で述べる通り、機密保持やセキュリティに関する新たな課題が伴う。したがって、これらの技術を使用する際には、弁護士がこれらの課題に対処し、依頼者との信頼関係を維持するための適切な方策を講じることが適格性の一部となるであろう。

このように見ていくと、技術革新は、弁護士の適格性に多大な影響を及ぼしていることが分かる。日本の文脈でいえば、規程7条の研鑽には、今日これらの新しい技術を適切に弁護士業務に用いるための知識、技能を会得するための研鑽も含まれると考えるべきであろう。

(2)　弁護士の独立

規程2条は、「弁護士は、職務の自由と独立を重んじる」と定める。この条文の趣旨は、「弁護士は職務上自由でなければならず、他の支配・影響を受けることなく独立してこれを行わなければならないことを、理念として明らかにするものである」という[18)]。ここにいう自由と独立とは、主として権力からの自由と独立、依頼者からの自由と独立、他の弁護士との関係からの自由と独立の3つの要素を含むもものの、それに尽きるものではないと解されている[19)]。そして、依頼者との関係において公共的使命を果たすため、弁護士は依頼者との関係で判断の独立性、行動の独立性、経済面の独立性を維持しなければならないとされる[20)]。

技術革新との関係においては、弁護士業務に技術を用いてもなお、自らが専門職として独立した判断（independent professional judgment）を行うことが倫理的課題となろう。実際、技術革新、特にリーガルテックの台頭は、弁護士の独立性に顕著な影響を与える可能性がある。例えば、弁護士や法律事務所が、契約書の作成や審査において、リーガルテックツールに過度に依存すると、そのベンダーのビジネスモデル（提供される情報の情報源やその種類、ツール

18)　解説5頁。注釈弁護士倫理27頁。
19)　同上。
20)　高中・前掲注8）42頁。

の課金制度など）や技術的制約によって、弁護士の判断が影響を受ける可能性がある[21]。自分が利用する技術について、どのようにしてその情報が提示されたのか、なぜそのような指摘が表示されるのかを弁護士としての判断をもって確認せずにリーガルテックに依存してしまうことは、弁護士としての判断の独立性を損なう行為といえよう。結果的に、依頼者に対する最善の助言や、リーガルサービスの提供ができない状況になってしまう恐れがある[22]。

この問題は、アメリカでは主として模範規則 2.1 助言者（Advisor）の規定との関係で議論されてきた[23]。模範規則 2.1 では、「依頼者を代理する際、弁護士は、独立した専門的判断を行使し、率直な助言を行わなければならない。助言を提供するにあたっては、弁護士は、依頼者の状況に関連する可能性のある、法的事項のみならず、道徳的、経済的、社会的、政治的要因などの他の考慮事項に言及することができる」と定められている。この規定の根拠としては、弁護士の自律は尊重されなければならず、弁護士は事件の事実について十分な知識を持ち、個別に判断することができるため、どのように事件を進めるべきかを判断する最善の立場にある、というものである[24]。

当然のことながら、AI の重要な限界の 1 つは、AI 自身が自由に参照できる観察データ以外の情報を考慮できないことである。依頼者に関する機微な情報や記録されたくない情報、弁護士がこれまでの経験知として会得している感覚、AI がアクセスできない可能性のある関連する法的でない要素など、多くの情報は 2024 年現在、データ化されていないか、データ化できない。Shimshaw は、したがって、リーガルテックのベンダーはそのサービスの提供にあたり、弁護士の専門的判断の原動力となるこれらの情報を疎外してはならないことを強調するべきであるとするが[25]、これは現状、日本語で提

21） Cyphert は、それぞれの法情報検索サービスが、特定のアルゴリズムを利用しており、それによって特定の結果が出ることを理解せずに弁護士が利用していることに懸念を表している。Amy B. Cyphert, A Human Being Wrote This Law Review Article: GPT-3 and the Practice of Law, 55 *Uc Davis L. Rev.* 401 (2021), p.418.

22） このこと自体は、弁護士の依頼者に対する誠実義務（規程 5 条）、正当な利益の実現（同 21 条）との関係でも問題となろう。

23） Katherine Medianik, Artificially Intelligent Lawyers: Updating the Model Rules of Professional Conduct in Accordance with the New Technological Era, 39 *Cardozo L. Rev.* 1497 (2018), pp.1517-1520; Simshaw, *supra* note 17, pp.204-205.

24） Katherine R. Kruse, Professional Role and Professional Judgment: Theory and Practice in Legal Ethics, 9 *U. St. Thomas L.J.* 250 (2011).

供されるリーガルテックについても同様のことがいえるであろう。AIによる文書確認や、法律家「らしい」文書の作成は、適切に利用すれば弁護士業務の効率性を高めるものの、出力された文書について弁護士としての専門的な判断を行うことを怠れば、それは専門職としての判断の独立性が維持できていないことになる。まずは、リーガルテックを用いる弁護士自身が、その技術の限界を正しく認識したうえで、過度な依存をせずに、技術を何のために用い、自らは専門職として何を判断して業務にあたっているのか、自覚的な利用をしなければならない。

その意味では、DX社会における弁護士の「自由と独立」という行為規範（規程2条）には、技術を用いた弁護士業務において、なお専門職としての判断の独立を保持する義務が含まれると考えるべきである。

(3) 守秘義務

守秘義務が弁護士にとって最も重要かつ基本的な専門職倫理であることは明らかである[26)]。特に、弁護士の依頼者に対する守秘義務は、専門職としての弁護士の職務の基盤となる中核的なものであり、規程においても23条で定められている[27)]。これまで、弁護士の依頼者に対する守秘義務については、その秘密が「職務上知りえた秘密」か否か、「漏示・利用」とはどのような場合か、守秘義務が解除されるのはどのような場合かなど、主として23条の文言の解釈論として議論が展開されてきた[28)]。

技術革新、特にデジタル通信とデータ保存の進歩は、弁護士の守秘義務に新たな課題をもたらすと指摘される。電子メール、クラウドサービス、オンラインドキュメント管理システムなどの技術の弁護士業務への利用は、弁護士と依頼者間のコミュニケーションを効率化し、アクセスを容易にすると同時に、依頼者情報が不正アクセスやデータ漏洩のリスクにさらされる可能性も高めることになる。そもそも紙ベースの情報をファイルで保管していた時と比較するならば、弁護士の守秘義務遵守のために取るべき対策は、今日根

25）　Shimshaw, *supra* note 17, p.204.

26）　弁護士の守秘義務自体の今日的課題については、本書第2部5の手賀寛「守秘義務を巡る諸問題」参照。

27）　解説54〜66頁。

28）　例えば、尾関栄作・松本篤周「第3章守秘義務」森際康友編『法曹の倫理〔第3版〕』（名古屋大学出版会、2019年）42〜65頁、手賀寛「守秘義務」髙中正彦・石田京子編『新時代の弁護士倫理』（有斐閣、2020年）45〜55頁。

本的に変化したといえる。

ABAでは模範規則1.6において守秘義務が規定されており、その文言は「弁護士は、依頼者がインフォームド・コンセントを行わない限り、依頼者の代理に関する情報を漏らしてはならない」という消極的義務規定を基本としていたが、2012年改正により「(c) 弁護士は、依頼者の代理に関連する情報の不注意または不正な開示、不正なアクセスを防止するために、合理的な努力を払わなければならない」との規定が挿入され、さらに注釈において「弁護士は、依頼者の代理に関連する情報を、不注意または不正な開示から保護するために適格に行動しなければならない」との記述が入り、守秘義務についてもより積極的な行動義務が規定されるに至った[29)]。注釈ではさらに、「依頼者の代理に関連する情報を含む通信を送信する場合、弁護士は、その情報が意図しない受信者の手に渡ることを防ぐために合理的な予防措置を講じなければならない」とも規定している[30)]。

アメリカの弁護士倫理の議論では、2012年の模範規則1.6本文および注釈の改正以降、守秘義務の議論はほぼ全面的にセキュリティに焦点を当てていると指摘される[31)]。その意味では、守秘義務の具体的内容が質的に変化したともいえる。もっとも、AI技術を開発し発展させていくには、システムに情報を学ばせなければならず、ここにAIを用いたリーガルテックの開発と守秘義務との間のそもそもの対立構造がある[32)]。現状においては、アメリカでも、どのような同意をとれば依頼者の事件に関連した情報をAIの開発に用いることができるかについて、明文のルールは存在せず、どのようなインフォームド・コンセントであれば適切な同意があったと考えられるのか、AI時代の「依頼者の合理的な期待」とはどのようなものかについて、議論がなされている[33)]。

---

29) ABA Model Rules of Professional Conduct, Rule 1.6, Comment 18.

30) ABA Model Rules of Professional Conduct, Rule 1.6, Comment 19. 改正文書は、以下を参照。Commission on Ethics 20/20, REPORT TO THE HOUSE OF DELEGATES, 105A (2012), http://www.americanbar.org/groups/professional_responsibility/aba_commission_on_ethics_20_20.html

31) Shimshaw, *supra* note 17, p.200.

32) 石田京子・岡野原大輔・古川直裕「鼎談・AIのインパクトと法実務」ジュリスト1589号（2023年）75頁〔古川・石田発言〕。

33) Shimshaw, *supra* note 17, p.199; Daniel W. Linna Jr. & Wendy J. Muchman, Ethical Obligations to Protect Client Data when Building Artificial Intelligence Tools: Wigmore Meets AI, *The Professional Lawyer* Vol.27, No.1 (October 02, 2020).

依頼者の同意なしに依頼者情報をリーガルテック開発の利用に用いることは、日本の文脈においても、規程23条の「利用」に該当し、守秘義務違反となるであろう。その意味では、DX時代における守秘義務の保護は、単に情報セキュリティを十分なものとするだけに留まらない。弁護士には守秘義務遵守の前提として、自らの業務に用いるAIシステムがどのように機能するかを理解することが求められ、依頼者情報が同意なしにAIシステムの開発に利用されることはあってはならず、どのような範囲であれば、どのような依頼者の同意に基づいてシステム開発への利用が可能となるのか、慎重な検討が求められる。そして、自らの弁護士業務にリーガルテックを用いる場合には、必要に応じて、第三者を含むAIのシステムの設計者や管理者に守秘義務の重要性を理解させることも求められよう。

日本では、日弁連で2022年6月に弁護士情報セキュリティ規程が制定された（令和4年6月10日会規117号）。全部で7条から構成されるこの規程では、弁護士に対し取扱情報の種類、性質等に応じた情報セキュリティに対する危険を把握するよう努める義務（3条）、安全管理措置を講ずる義務（4条）、情報のライフサイクルを管理する義務（5条）、安全管理措置及びライフサイクル管理の点検及び改善義務（6条）、漏えい等事故が発生した場合の対応義務（7条）を定めている。日本においても守秘義務に関する主要な行為規範は、「漏らさない」の基本に加えて、「漏えいさせない積極的な管理措置」を採ることが既に加えられたように見える。技術がさらに発展していく中で、現在適切であると認識されている管理措置が、今後不十分であると認識されることもあろう。また、依頼者がより新しい技術による情報管理を求めることもありうる。その意味でも、弁護士業務に関連する技術の発展に関する弁護士の理解は、守秘義務遵守の前提になっている。

Ⅳ　技術革新による弁護士倫理上の新たな課題

1　弁護士業務に用いる技術についての監督義務

規程19条では、「弁護士は、事務職員、司法修習生その他の自らの職務に関与させた者が、その者の業務に関し違法若しくは不当な行為に及び、又はその法律事務所の業務に関して知り得た秘密を洩らし、若しくは利用することのないように指導及び監督をしなければならない」と定め、弁護士の事務職員等の指導監督義務を規定している。では、弁護士が業務に事務職員ではなく、新たな技術を用いるようになった場合、その技術への監督義務もこの規定から導くことができるだろうか。

現状において、規程 19 条は典型的には法律事務所の事務職員や司法修習生を想定しており、また、そもそも「自らの職務に関与させた者」となっているため、ヒトでないソフトウェアなどを直接的に含めることは難しい。ただし、例えば弁護士の所属する法律事務所の業務のためにカスタマイズしたリーガルテックを開発導入することを企画した場合に、そのような技術を開発して提供する者に対し、ソフトウェアの導入に関連して、規程 19 条により弁護士の監督義務が及ぶ者と解することもできそうである。例えば、情報漏えいを防止するための措置を採らせたりすることはこれに該当するであろう。今後、さらに技術革新が進み、一定規模以上の法律事務所において、事務所ごとにカスタマイズしたリーガルテックを導入するような実務が広がった際には、事務所における技術の導入やその後の保守に際して関与する非弁護士に対する弁護士の監督義務は、この条文からでも導くことはできそうである。

ABA 模範規則においては、2012 年の Ethics20/20 の議論の際に、既にこの点が議論になっていた[34]。模範規則 5.3 は、「非弁護士の補助に関する責任（Responsibilities Regarding Nonlawyer Assistance）」と題し、弁護士が自らの弁護士業務に関連して用いた非弁護士の行動について、弁護士が責任を負うことを定めている。2012 年までは、この規定のタイトルは「非弁護士である補助者に関する責任（Responsibilities Regarding Nonlawyer Assistants）」であり、“Assistants” と明らかにヒトを想定していたが、これを “Assistance” とした。この改正について、ABA の 2019 年の説明では、「この変更により、規則 5.3 の適用範囲には、人間であるか否かにかかわらず、非弁護士が含まれることを明確にした。弁護士には、リーガルサービスの提供に利用される AI の作業を監督し、その技術を十分に理解し、その遵守を保証する義務がある。これには、AI が作成する作業成果物が正確かつ完全であり、依頼者

34）　Ethics20/20 については、石田京子「日本における弁護士倫理の今日的課題」法の支配 200 号（2021 年）54 頁以下参照。

の機密情報を開示するリスクを生じさせないようにすることが含まれる」とある[35)]。

日本の文脈においても、非弁護士である事務職員であれ、ソフトウェアであれ、これを用いた結果として提供されたリーガルサービスの質に責任を負うのが弁護士であるべきなのは同様であろう。技術の利用がより広範に、かつ弁護士業務の質に関する部分に浸透していく傾向にある中で、技術への安易な依存を防止するためにも、用いる技術とそれに基づく成果物に対する弁護士の責任はより明確にする必要がある。

2　生成型AIに基づく固有の倫理問題の認識

2024年3月の時点での生成型AIについては、いまだバイアスや誤り（ハルシネーション）の問題が存在する。例えば、2020年6月にリリースされたChat GPT-3においては、「彼女はとても [...] だった（"she was very …"）」というプロンプトには、「彼」を用いたプロンプトを与えたときより、外見に焦点を当てた言葉（"beautiful" や "gorgeous"）で文を終える傾向が高かったことや、特定の宗教と「テロリズム」という言葉を近くに置く傾向が報告されている[36)]。そもそも生成型AIは、アクセス可能な情報の中から、統計的に最もあり得そうな言葉を探して回答を生成する[37)]。端的に表現すれば、「もっともらしい」回答をするだけであり、場合によっては誤っていることもあり得る。より問題なのは、アクセス可能な情報の中から探すということは、その情報が偏っている場合には、回答にもバイアスがかかる可能性が高いということである。さらには、その社会において定着している法規範では解決できないような、新たな課題への指針となる創造的な回答を期待することも難しいであろう。

ABAでは2019年の段階で、「ABAは、裁判所および弁護士に対し、法律業務におけるAIの利用に関連する、(1) AIによる自動化された判断の偏り、説明可能性、透明性、(2) AIの倫理的かつ有益な利用法、(3) AIお

35)　American Bar Association House of Delegates, Resolution 112 (August 2019), ABA Section of Science & Technology Law, https://www.americanbar.org/content/dam/aba/directories/policy/annual-2019/112-annual-2019.pdf, at p.6.

36)　Cyphert, *supra* note 21, p.414.

37)　法実務の文脈における現状の課題については、松尾・前掲注1）19頁以下参照。

よびAIを提供するベンダーの管理・監督を含む、新たな倫理的・法的問題、に取り組むよう促す」との決議を行っている[38]。特に議論されている模範規則としては、既に述べた規則1.1（適格性）および規則5.3（非法律家の監督）に加えて、2016年改正によって新たに加えられた規則8.4（非行）(g) がある[39]。規則8.4 (g) では、「弁護士は、弁護士業務に関連する行為において、人種、性別、宗教、国籍、民族、障害、年齢、性的指向、性自認、配偶者の有無、または社会経済的地位に基づくハラスメントまたは差別であることを知りながら、または合理的に知るべきでありながら、そのような行為に関与すること」が専門職上の非行に該当すると規定している。この規定の根拠については、同条の注釈が、弁護士による差別は「法専門職と法制度に対する信頼を損なうものである」からであると説明している[40]。AIを用いて同条が問題となるケースとしては、例えば法律事務所がAIによる法律相談を行い、そこでAIが特定の性別や国籍、年齢などに基づいて差別的な回答をした場合が考えられる。このようなことが起こるならば、弁護士はAIを用いて間接的に差別の再生産に与してしまうことになる。

日本においては、弁護士の行為規範として差別の禁止を明示的に規定したものは存在しないが、弁護士法上の弁護士の使命や、規程5条に定められた誠実義務に鑑みれば、弁護士業務において差別的な行為を行ってはならないことは当然の規範である。そうすると、日本の弁護士もまた、自らが弁護士業務において用いる技術における倫理的課題について正確に理解し、技術を用いた結果として社会的差別が助長されるようなことがないように対応することが求められよう。

38）　American Bar Association House of Delegates, *supra* note 35.

39）　2016年に模範規則8.4が改正された背景については、石田京子「弁護士の行為規範としての性差別の禁止――ABA弁護士職務模範規則におけるハラスメント等禁止規定の導入に関する覚書」島田陽一ほか編『「尊厳ある社会」に向けた法の貢献――社会法とジェンダー法の協働』（旬報社、2019年）607頁以下参照。

40）　ABA Model Rules of Professional Conduct, Rule 8.4(g), Comment 3.

V　まとめにかえて――当面の課題

1　基本的倫理原則の前提となる技術的理解と自覚的思考の習得

弁護士が依頼者に対して適切にリーガルサービスを提供することは、弁護士に対する信頼を維持し、弁護士自治や弁護士による一定の法律事務の独占を市民に納得させる前提となるものである。DX 社会において、リーガルサービスの市場にも弁護士業務にも大きな変化が生じていることを正しく理解することは、法令の変化を継続的に把握していくのと同程度に重要である。ここまで論じた通り、弁護士の基本的な倫理原則が技術革新により大きな影響を受けており、基本原則を遵守する前提として、弁護士業務に用いる技術への理解が不可欠である。弁護士会は、規程7条の「研鑽」にこのような技術への理解が含まれるとして、行為規範遵守のために必要な研修を必修の倫理研修として提供し、弁護士に対して習得させる必要がある。

ChatGPT がリリースされてからのこの2年程度でも、リーガルテックを含め、弁護士業務に関連する技術は飛躍的に発展した。今後この速度は上がることはあっても、落ちることはないように思われる。そうすると、上で挙げた現在の生成型 AI の倫理的課題も将来は克服されるかもしれないし、またその先で新たな課題が生じることも考えられる。新たなリーガルテックが開発された際には、その都度その技術を弁護士業務に用いることで弁護士の独立や守秘義務がどのような影響を受けるのか、慎重な検討が必要である。そしてその思考の自覚的営み――自分がどのような技術を用いて、法専門職としてどの部分を機械に委ねているのか――をこれからの弁護士は習慣化させていく必要がある。その意味では、法科大学院生や司法修習生などこれから弁護士となる者には早い段階から、弁護士業務を行う上での必須の技能として、修得させるべきであろう。

2　技術を用いた結果への責任の明確化

現時点において、情報セキュリティ規程の制定により、技術を用いて依頼者情報を管理する際の弁護士の行為規範は一定程度明確になっているものの、様々な技術が弁護士業務のあらゆる部分に浸透しつつある。法律業務のいかなる過程において、いかなる技術を用いても、依頼者に提供するリーガルサービスの質に最終的に責任を負うのが弁護士であることについて、明確にする必要がある。このことにより、弁護士も技術に過度に依存しない弁護士業務を自覚的に行うようになり、結果として依頼者が受けるリーガルサービスの質もより良いものに保たれるであろう。

3　非弁護士との対話を踏まえたリーガルサービスのガバナンスの検討

上に挙げたABAの2019年決議では、ABAが「(3) AIおよびAIを提供するベンダーの管理・監督を含む、新たな倫理的・法的問題」に取り組むことが提案されている。技術革新により、リーガルサービスの提供に、事実上、これまで以上に非法律家が関与するようになった。リーガルテックのベンダーが弁護士でない場合には、法的には弁護士会の指導監督は及ばない。しかし、多くの弁護士が様々なリーガルテックを用いるようになった際には、弁護士が依頼者に提供するリーガルサービスの質を向上していく上で、ベンダーや技術者との対話も必要になってくるのではなかろうか。弁護士の自治や業務独占とは別の課題として、リーガルサービスのガバナンスを司法の担い手である弁護士が主導することには十分な理由がある。DX社会におけるリーガルサービスの在り方について、国がAIガバナンスの在り方として提唱している「アジャイル」な方法で、長期的展望をもって検討する時期に入っていると考える[41)]。

＊本研究は、本稿は、JSPS科研費基盤研究（B）23H00771の助成による研究成果の一部である。

41)　アジャイルガバナンスについては、羽深宏樹『AIガバナンス入門――リスクマネジメントから社会設計まで』（早川書房、2023年）114頁以下参照。

執筆者紹介

編者

髙中正彦（たかなか・まさひこ）

早稲田大学卒業。弁護士（東京弁護士会所属。髙中法律事務所）。
『判例弁護過誤』（弘文堂・2011年）、『法曹倫理』（民事法研究会・2013年）、『弁護士法概説〔第6版〕』（三省堂・2020年）。

石田京子（いしだ・きょうこ）

ワシントン大学ロースクール修了（LL.M, Ph.D）。早稲田大学法学学術院教授。
『民事訴訟の実像と課題』（共編著・有斐閣・2021年）、『新時代の弁護士倫理』（共編・有斐閣・2020年）、「日本における弁護士倫理の今日的課題」法の支配200号（2021年）。

著者（執筆順）

渡辺千原（わたなべ・ちはら）

京都大学大学院法学研究科基礎法学専攻博士後期課程満期退学（法学博士）。立命館大学法学部教授。
『訴訟と専門知――科学技術時代における裁判の役割とその変容』（日本評論社・2018年）。

須網隆夫（すあみ・たかお）

東京大学卒業。早稲田大学大学院法務研究科教授。
『平成司法改革の研究』（編著・岩波書店・2022年）、『EUと新しい国際秩序』（編著・日本評論社・2021年）。

平田彩子（ひらた・あやこ）

カリフォルニア大学バークレー校ロースクール法と社会政策プログラム博士課程修了（Ph.D. in Jurisprudence and Social Policy）。東京大学法学政治学研究科准教授。
『行政法の実施過程――環境規制の動態と理論』（木鐸社・2009年）、『自治体現場の法適用――あいまいな法はいかに実施されるか』（東京大学出版会・2017年）。

澁谷　歩（しぶや・あゆむ）

名古屋大学法科大学院卒業。弁護士（愛知県弁護士会所属。安藤・澁谷法律事務所）。

稲田知江子（いなだ・ちえこ）

一橋大学卒業。弁護士（高知弁護士会所属。ひいらぎ法律事務所）。
「『合成写真的事実認定』を問う」季刊刑事弁護116号（2023年）、「子の引渡しの直接強制――事例を基に」新民事執行実務14号（2016年）。

石原　修（いしはら・おさむ）
早稲田大学卒業。弁護士（東京弁護士会所属。TMI 総合法律事務所）。
『著作権の法律相談 Ⅰ・Ⅱ』（編著・青林書院・2016 年）、「食品製造業者を取り巻く各種法律問題とその対応（1）——法律基礎知識編」「同（2）実際に発生したら——リスクマネジメント・コンプライアンス編」食品と科学 2016 年 11・12 月号、「判例評釈 ロッキード事件丸紅ルート最高裁判決」佐々木史朗編『判例経済刑法大系 3 巻』（日本評論社・2000 年）。

市川　充（いちかわ・みつる）
東京大学卒業。弁護士（東京弁護士会所属。リソルテ総合法律事務所）。
日本弁護士連合会調査室編著『条解弁護士法〔第 4 版〕』（分担執筆・弘文堂・2007 年）、日本弁護士連合会弁護士倫理委員会編著『解説弁護士職務基本規程〔第 3 版〕』（分担執筆・日弁連・2017 年）、『弁護士倫理のチェックポイント』（共著・弘文堂・2023 年）。

加藤新太郎（かとう・しんたろう）
名古屋大学卒業。博士（法学、名古屋大学）。弁護士（第一東京弁護士会所属。アンダーソン・毛利・友常法律事務所）。
『コモン・ベーシック弁護士倫理』（有斐閣・2006 年）、『民事事実認定論』（弘文堂・2014 年）、『四日目の裁判官』（岩波書店・2024 年）。

神田安積（かんだ・あさか）
慶應義塾大学卒業。弁護士（第二東京弁護士会所属。弁護士法人東京フロンティア基金法律事務所）。
『はじめて読む憲法の判例』（共著・一橋出版・1998 年）、「刑事弁護の教育」後藤昭ほか編『弁護人の役割（実務体系 現代の刑事弁護 第 1 巻）』（第一法規・2013 年）、「弁護活動の質の確保と弁護士会の責務」渡辺咲子先生古稀記念『変動する社会と格闘する判例・法の動き』（信山社・2017 年）。

石黒清子（いしぐろ・きよこ）
名古屋大学卒業。弁護士（東京弁護士会所属。野田記念法律事務所）。
『弁護士会照会制度〔改訂版〕』（共著・商事法務・2002 年）、『事例でみる 借地借家の契約解除』（共著・新日本法規・2004 年）、『遺言執行実務』（共著・三協法規・2011 年）。

南野佳代（みなみの・かよ）
京都大学法学研究科博士後期課程中退（修士）。京都女子大学法学部教授。
『法曹継続教育の国際比較——ジェンダーから問う司法』（日本加除出版・2012 年）

池永知樹（いけなが・ともき）
早稲田大学卒業。弁護士（埼玉弁護士会所属。埼玉東部法律事務所）。

「法律扶助の世界動向と新たなグランドデザインへの試み――2019年国際法律扶助会議と司法アクセス・グローバル・プロジェクト」自由と正義2020年1月号、アール・ジョンソンJr.（池永知樹訳）「民事事件とアクセス・トゥ・ジャスティス：さらに斬新かつ広範な焦点」総合法律支援論叢9号（2017年）、クレベル・フランシスコ・アルヴェス／ディオゴ・エステヴェス／池永知樹「ブラジルにおける司法アクセス ブラジルの法律扶助モデル」自由と正義2017年7月号。

伊藤倫文（いとう・みちふみ）

中央大学卒業。弁護士（愛知県弁護士会所属。伊藤倫文法律事務所）。

愛知県弁護士会研修センター運営委員会編『弁護士が分析する 企業不祥事の原因と対応策』（編著・新日本法規・2012年）、愛知県弁護士会編『事件類型別 弁護士会照会〔第2版〕』（編集・日本評論社・2020年）、「地方公共団体における第三者委員会について――日弁連の指針も踏まえて」法の支配206号（2022年）。

井上英昭（いのうえ・ひであき）

京都大学卒業。弁護士（大阪弁護士会所属。井上・吉田総合法律事務所）。

「大規模訴訟」三宅省三ほか編『新民事訴訟法体系―理論と実務―第3巻』（青林書院・1997年）、「少額訴訟に関する特則」滝井繁男ほか編『論点 新民事訴訟法』（判例タイムズ社・1998年）、「和歌山訴訟最高裁判決の意義と今後の課題」（共著）自由と正義2016年12月号。

飯田　高（いいだ・たかし）

東京大学大学院法学政治学研究科修士課程修了。東京大学社会科学研究所教授。

『〈法と経済学〉の社会規範論』（勁草書房・2004年）、『法と社会科学をつなぐ』（有斐閣・2016年）。

石畔重次（いしぐろ・しげじ）

名古屋大学卒業。弁護士（愛知県弁護士会所属。小栗・石畔法律事務所）。

「各国の弁護士倫理の現状」自由と正義2003年1月号、「国際弁護士倫理を考える――UIA弁護士倫理会議を契機として」自由と正義2011年8月号、森際康友編『法曹の倫理〔第3版〕』（分担執筆・名古屋大学出版会・2019年）。

榎本　修（えのもと・おさむ）

京都大学卒業。弁護士（東京弁護士会所属。ひかり弁護士法人アイリス法律事務所）。

『ローヤリングの考え方』（名古屋大学出版会・2022年）、『入門 法科大学院 実務法曹・学修ガイド』（共著・弘文堂・2012年）、『実務 ロイヤリング講義〔第2版〕』（共著・民事法研究会・2009年）。

西田弥代（にしだ・みよ）
慶應義塾大学卒業。弁護士（東京弁護士会。隼あすか法律事務所）。
『取締役になるときいちばん最初に読む本〔改訂2版〕』（アニモ出版・2021年）、『弁護士の周辺学――実務のための税務・会計・登記・戸籍の基礎知識〔第2版〕』（共著・ぎょうせい・2021年）、「相手方に対する配慮義務」髙中正彦・石田京子編『新時代の弁護士倫理』（共著・有斐閣・2020年）。

手賀　寛（てが・ひろし）
東京大学法学政治学研究科修士課程修了。東京都立大学法学政治学研究科教授。
「依頼者の死亡と弁護士の証言拒絶権」髙橋宏志先生古稀祝賀論文集『民事訴訟法の理論』（有斐閣・2018年）、「守秘義務」髙中正彦・石田京子編『新時代の弁護士倫理』（有斐閣・2020年）。

藤川和俊（ふじかわ・かずとし）
広島大学卒業。弁護士（広島弁護士会所属。藤川和俊法律事務所）。
「守秘義務の対象及び『正当な理由』」自由と正義2018年8月号、「弁護士にとって最高の広告とは？」髙中正彦・石田京子編『新時代の弁護士倫理』（分担執筆・有斐閣・2020年）、『弁護士懲戒の状況と分析――守秘義務と利益相反』（共著・新日本法規・2023年）。

髙橋　司（たかはし・つかさ）
京都大学卒業。弁護士（大阪弁護士会所属。勝部・髙橋法律事務所）。
『弁護士倫理〔第2版〕』（共著・慈学社・2014年）。

鳥山半六（とりやま・はんろく）
京都大学卒業。弁護士（第一東京弁護士会所属。色川法律事務所東京事務所）
『いちからわかる「コンプライアンス」Q & A』（第一法規・2024年）、『いちからわかる・使える「契約」Q & A』（第一法規・2022年）、「これからの弁護士倫理を展望する」髙中正彦・石田京子編『新時代の弁護士倫理』（共著・有斐閣・2020年）

安藤知史（あんどう・さとし）
早稲田大学卒業。弁護士（第一東京弁護士会所属。大西昭一郎法律事務所）。
『会社法務のチェックポイント』（共編著・弘文堂・2019年）、『担当部門別・会社役員の法務必携』（共編著・清文社・2007年）、『弁護士倫理のチェックポイント」（共著・弘文堂・2023年）。

太田秀哉（おおた・ひでや）
一橋大学卒業。弁護士（東京弁護士会所属。太田秀哉法律事務所）。
『民事弁護と裁判実務 損害賠償Ⅱ』（共著・ぎょうせい・1996年）、「判例・不正競争防止法入門」NBL404〜432号（共著・1988年〜1989年）、『わかりやすい医療裁判処方箋』（共著・判例タイムズ社・2004年）。

田村陽子（たむら・ようこ）
上智大学大学院博士後期課程法律学専攻修了。筑波大学法科大学院教授。
「弁護士の職務上の秘匿特権と通信秘密をめぐる比較法的考察」筑波ロー・ジャーナル27号（2019年）、「信託と信認法理の公的意義――国民の基本権の保障と法曹三者の信認義務」筑波ロー・ジャーナル33号（2022年）、「弁護士の職務上の義務と特権――アメリカの信認法理に基づく弁護士の信認義務を手がかりとして」小林秀之先生古稀祝賀論文集『民事法の現在地と未来』（弘文堂・2022年）。

桑山　斉（くわやま・ひとし）
京都大学卒業。弁護士（大阪弁護士会所属。弁護士法人御堂筋法律事務所）。
『弁護士倫理〔第2版〕』（共著・慈学社・2014年）、森際康友編『法曹の倫理〔第3版〕（分担執筆・名古屋大学出版会・2019年）、「英国 ペントランド社――超優良ファミリービジネスの企業統治と家族統治」ビジネス・インサイト27巻2号（共著・2019年）。

加戸茂樹（かと・しげき）
中央大学卒業。弁護士（第二東京弁護士会所属。四谷東法律事務所）。
日本弁護士連合会調査室編著『条解弁護士法〔第4版〕』（分担執筆・弘文堂・2007年）、日本弁護士連合会弁護士倫理委員会編著『解説 弁護士職務基本規程〔第3版〕』（分担執筆・日弁連・2017年）、「弁護士報酬と預り金管理」髙中正彦・石田京子編『新時代の弁護士倫理』（共著・有斐閣・2020年）。

馬場　陽（ばば・よう）
名古屋大学法科大学院修了。弁護士（愛知県弁護士会所属。大津町法律事務所）
「企業の内部通報制度と弁護士の倫理――contracting-outによる通報者保護の限界」法曹養成と臨床教育9号（2016年）、「民事における依頼者弁護士関係⑴――勧誘・受任」森際康友編『法曹の倫理〔第3版〕』（分担執筆・名古屋大学出版会・2019年）、「依頼者の利益と子の利益――弁護士倫理の視点から」二宮周平編集代表『実践　離婚事案解決マニュアル』（日本加除出版・2020年）。

上妻英一郎（こうづま・えいいちろう）
早稲田大学卒業。弁護士（東京弁護士会所属。上妻法律事務所）。
日本弁護士連合会調査室編著『条解弁護士法〔第4版〕』（分担執筆・弘文堂・2007年）、日本弁護士連合会弁護士倫理委員会編著『解説弁護士職務基本規程〔第3版〕』（分担執筆・日弁連・2017年）。

編者

高中　正彦

早稲田大学卒業。弁護士（東京弁護士会所属。高中法律事務所）。

『判例弁護過誤』（弘文堂・2011年）、『法曹倫理』（民事法研究会・2013）、『弁護士法概説〔第6版〕』（三省堂・2020年）。

石田　京子

ワシントン大学ロースクール修了（LL.M, Ph.D）、早稲田大学法学学術院教授。

『民事訴訟の実像と課題』（共編著・有斐閣・2021年）、『新時代の弁護士倫理』（共編・有斐閣・2020年）、「日本における弁護士倫理の今日的課題」法の支配200号（2021年）。

論究 新時代の弁護士——多様化社会における弁護士の役割と倫理

2024（令和6）年10月15日　初版1刷発行

編　者　高中正彦・石田京子

発行者　鯉渕友南

発行所　株式会社　弘文堂　101-0062　東京都千代田区神田駿河台1の7
TEL 03(3294)4801　振替 00120-6-53909
https://www.koubundou.co.jp

装　丁　松村大輔
組　版　堀江制作
印　刷　三陽社
製　本　牧製本印刷

ISBN 978-4-335-36002-2